Sigrun Lehnert
Wochenschau und Tagesschau
in den 1950er Jahren

Sigrun Lehnert

Wochenschau und Tagesschau in den 1950er Jahren

UVK Verlagsgesellschaft Konstanz · München

Bibliografische Information der Deutschen Nationalbibliothek
Die Deutsche Nationalbibliothek verzeichnet diese Publikation in der Deutschen Nationalbibliografie; detaillierte bibliografische Daten sind im Internet über http://dnb.d-nb.de abrufbar.

ISBN 978-3-86764-479-2

Einband: Susanne Fuellhaas, Konstanz
Printed in Germany

UVK Verlagsgesellschaft mbH
Schützenstr. 24 · 78462 Konstanz · Deutschland
Tel.: 07531-9053-0 · Fax: 07531-9053-98
www.uvk.de

Inhalt

Danksagung

Zunächst danke ich Prof. Dr. Knut Hickethier als betreuenden Professor für die wichtige Unterstützung in der Zeit der Erstellung der Arbeit. Weiterhin danke ich allen Archivleitern und Archivmitarbeitern, die meine Recherchen ermöglicht und unterstützt haben – besonders bei der Deutschen Wochenschau GmbH und beim NDR in Hamburg (ARD aktuell, NDR Fernseharchiv und Abteilung Presse Recherche & Buch/Unternehmensarchiv) sowie am Staatsarchiv Hamburg. Besonderer Dank gilt Dr. Karl Stamm in Bonn sowie Prof. Dr. Joan Kristin Bleicher und Dr. Hans-Ulrich Wagner in Hamburg für ihre hilfreichen Hinweise auf Quellen und Bereitstellung von Materialien.

1. Zur Einleitung: „Weg mit der Wochenschau!“[1]

Die Wochenschau sollte der nachrichtlich-informierende Teil des deutschen Kinoabends sein – platziert vor dem bildungsbeflissenen Kulturfilm und dem unterhaltenden Spielfilm. Sie brachte im Beiprogramm des Kinos Information und zugleich Unterhaltung – eine Mischung von Neuigkeiten aus unterschiedlichen Bereichen in einer Reihe von kurzen Beiträgen.

> *„Zehn bis fünfzehn Minuten Zeitgeschichte auf Zelluloid [...] – jedes Ereignis würdigt man im Durchschnitt mit einer Minute: Politik, Kunst, Mode, Sport, Unwetter, [...] Erfindungen, Ausstellungen, Kongresse, Messen, [...] der Kinder-Zoo und vieles andere – das alles zieht als ‚Wochenschau‘ an uns vorüber, bevor wir uns dem Hauptfilm widmen.“*[2]

Die Wochenschau war jahrzehntelang ein erfolgreiches – das einzige audiovisuelle – Informationsformat und hatte eine große Bedeutung für alle, die sich in Zeiten des Wiederaufbaus und der Modernisierung orientieren wollten. Sie lieferte laufende Bilder, die Informationen aus Hörfunk und Tageszeitung ergänzten. Solange die Themen beim breiten Publikum auf gehobenes Interesse stießen (wie z.B. Sport) und die Wochenschau zu einem angenehmen oder spannenden Kinoerlebnis beitrug, nahmen die Zuschauer den Programmteil hin – bis das Fernsehen mit der *Tagesschau* und anderen Informationssendungen kam und es hieß: „Weg mit der Wochenschau!“[3] Zur Einführung geht es im Folgenden um die Darstellung und Beschreibung der medialen Formen Wochenschau und *Tagesschau* im Kontext ihrer Medien – Kino und Fernsehen.

1.1 Die Wochenschau und das Kino

Schon seit Anfang des zwanzigsten Jahrhunderts vermittelten Filmwochenschauen ‚Aktualitäten‘, d.h. Aufnahmen von kürzlich Geschehenem. Wochenschauen waren nicht nur Informations-, sondern auch national ausgerichtete Präsentations- und Pro-

---

[1] Keil, J. (1960): Weg mit der Wochenschau? Harte Szenen – langweilige Späßchen. In: Bild Nr. 127 vom 1.6.1960, DW-Allgemein Kritiken Werbung ab 1960, DW.

[2] von Zglinicki, 1956, S. 330.

[3] Keil, J. (1960): Weg mit der Wochenschau? Harte Szenen – langweilige Späßchen. In: Bild Nr. 127 vom 1.6.1960, DW-Allgemein Kritiken Werbung ab 1960, DW. Die *Bild-Zeitung* beschreibt die Wochenschau als „alten Zopf“ – Hunderttausende Kinogänger würden klagen, dass die Wochenschau eine „abgestandene Vorspeise zum Hauptfilm“ sei – viele forderten: „Weg mit der Wochenschau!“ Einige Kinobesitzer ließen „die Filme schlicht und einfach ohne Wochenschau“ laufen.

pagandainstrumente[4] und erhielten in diesen Funktionen staatliche Unterstützung. Die Geschichte der Wochenschauen in den deutschen Kinos zeigt, dass sich Regierungen immer dann für Nachrichten in laufenden Bildern interessierten, wenn es darum ging, ihr Land und sich selbst zu profilieren – besonders in Kriegszeiten. Der Filmpionier Oskar Messter produzierte ab 1914 seine *Messter-Woche*, die von Anfang an als „Kriegswoche" angelegt war.[5] Das Wochenschau-Angebot fächerte sich weiter auf – es kam immer wieder zu Aufkäufen und Einstellungen von Wochenschauen. Bei Ausbruch des Zweiten Weltkriegs erschienen die *Ufa-Woche*, die *Ufa-Auslandswoche*, die *Deulig-Woche* der Deutschen Lichtbild-Gesellschaft und die *Tobis-Wochenschau* sowie die *Fox Tönende Wochenschau.*[6] Unter den Nationalsozialisten wurden die verschiedenen Wochenschauen in der *Deutschen Wochenschau* zentralisiert und diese zur Propaganda genutzt. Die Abfolge des Kinoprogramms aus Werbung, einer Wochenschau, Kulturfilm und Spielfilm wurde bereits 1934 mit dem Reichslichtspielgesetz festgelegt.[7] Ab Oktober 1938 war die *Deutsche Wochenschau* bzw. ihre Vorgänger-Reihe, die *Ufa-Tonwoche* (bis zur Zentralisierung aller Wochenschauen 1940), in jeder öffentlichen Vorstellung vorzuführen.[8]

Nach dem Zweiten Weltkrieg kontrollierten die Alliierten die Medien in Deutschland, um einer neuen feindlichen Propaganda vorzubeugen. Sie setzten in ihren Besatzungszonen eigene Wochenschauproduktionen mit Vorführzwang und Botschaften zur Re-Education der deutschen Bevölkerung ein. In den Westzonen waren das: die von Frankreich verantwortete Wochenschau *Blick in die Welt* und die von Amerikanern und Briten angeleitete *Welt im Film*. Ferner gab es die *Fox Tönende Wochenschau* von einer privaten amerikanischen Gesellschaft. In der sowjetischen Besatzungszone wurde *Der Augenzeuge* gezeigt.[9]

Den Deutschen war durch die Alliierten die Produktion, das Vertreiben und Aufführen von Medien zunächst verboten. Schließlich wurde aber der 1949 gegründeten Bundesrepublik (bei noch beschränkter Souveränität) ein hohes Maß an Selbstregulierung eingeräumt.[10] Das nahm die Bundesregierung zum Anlass, eine Wochenschau

---

4 Propaganda hier verstanden als systematisch persuasiv eingesetzte politische Information, um Sichtweisen zu beeinflussen oder zu prägen; zum Einsatz der Wochenschau für Propaganda im Dritten Reich vgl. Bartels, 2010.

5 von Zglinicki, 1956, S. 337. Zuerst nannte Messter die Wochenschau „Dokumente zum Weltkrieg".

6 von Zglinicki, 1956, S. 341.

7 Vgl. Hickethier, 2006, S. 277. Das Reichslichtspielgesetz war zudem mit der Einrichtung einer Vorzensur ein massiver Eingriff des nationalsozialistischen Staates in die Filmproduktion; vgl. Lichtspielgesetz 1934; verfügbar unter: http://www.filmportal.de/thema/lichtspielgesetz-1934 [14.6.2012].

8 Fuhrmann, 2009, S. 24. Der Vorführzwang war eine Anordnung des Präsidenten der Reichsfilmkammer.

9 Aufstellung der Nachkriegs-Wochenschauen mit Daten zur Einführung und Einstellung im Anhang.

10 Besatzungsstatut zur Abgrenzung der Befugnisse und Verantwortlichkeiten zwischen der zukünftigen deutschen Regierung und der Alliierten Kontrollbehörde vom 10.5.1949, es trat am

auf den Markt zu bringen, die ausschließlich unter deutscher Leitung, also ohne den Einfluss der Besatzungsmächte, erstellt werden sollte: die *Neue Deutsche Wochenschau* (*NDW*). Die erste Ausgabe der *NDW* kam Anfang Februar 1950 in die Kinos. Ihr Anspruch war, das Aktuellste aus aller Welt zu berichten – besonders aber dem Ausland „die wichtigsten deutschen Geschehnisse auf allen Gebieten des öffentlichen Lebens mit deutschen Augen“[11] zu zeigen.

Die vorliegende Untersuchung setzt 1950 an und befasst sich mit dieser neuen deutschen Wochenschau-Produktion. Wie auch jede andere Wochenschau in dieser Zeit, bot die *Neue Deutsche Wochenschau* den Zuschauern ein Themenspektrum aus dem In- und Ausland. Es reichte von Politik (meist am Anfang), über Katastrophen, Feuilleton mit Sensationen, Mode, Erfindungen bis zu Sport (meist am Ende). Die *NDW* bestand aus bis zu 13 Sujets und war ca. 300 Meter und damit etwa 10 Minuten lang. Da die Filmaufnahmen meist stumm aufgenommen worden waren, wurde jeder Beitrag mit Musik unterlegt. Eine Stimme aus dem Off rief den Kommentartext mehr als sie ihn sprach; der Text konnte von sachlich über ironisch bis witzig und in Reimen gefasst sein. Für Auslandsberichte stand die *Neue Deutsche Wochenschau* in einem weltweiten Austausch mit anderen Wochenschau-Unternehmen. Die Qualität und Aktualität der ausländischen Filme konnte sie jedoch nicht beeinflussen.

Den zeitgenössischen Autoren Roeber und Jacoby zufolge diente das gesamte Kinoprogramm – auch die Wochenschau – dem „Unterhaltungsbedürfnis der Filmbesucher“[12]. Darüber, ob die Wochenschau in erster Linie als Informationsinstrument oder zur Unterhaltung der Zuschauer produziert wurde, bestehen unterschiedliche Ansichten. Nach Reimers hat „kein Medium der Masse(n) [...] so beständig Bilder von Aktualität, Muster von Unterhaltung produziert und transportiert und persuasiv manipuliert“ wie die Wochenschau.[13] Hickethier spricht dagegen vom Kino als „Informationsmedium“, zu dem es durch die nachrichtlich ausgerichtete Wochenschau wurde.[14]

Die Wochenschau war durch ihr Distributionssystem geprägt. Als Teil der Filmwirtschaft waren die Wochenschauen von Verleihern und deren spezifischer Vertriebsorganisation abhängig. Die *Neue Deutsche Wochenschau* wurde von der damals angesehenen Schorcht Filmgesellschaft an Kinos der Westzonen vermietet. Obwohl das Produktionsunternehmen der *NDW*, die Neue Deutsche Wochenschau GmbH, auf Initiative der Bundesregierung geschaffen wurde, und die Bundesregierung Gesellschafter war, hatte es kommerziell zu agieren und Erträge zu erwirtschaften. Die Konkurrenz der anderen Wochenschauen auf dem Markt war jedoch groß, besonders

21.9.1949 in Kraft; verfügbar unter: http://www.hdg.de/lemo/html/dokumente/Nachkriegsjahre_verordnungBesatzungsstatut/index.html [15.2.2012].

[11] Geschäftsbericht konst. Sitzung am 28.1.1950, Protokolle Aufsichtsrat 1949-1952, DW.

[12] Roeber & Jacoby, 1973, S. 52. Stamm hat aus Gesprächen mit Redakteuren herausgearbeitet, dass diese die Wochenschau stark als „Unterhaltungsmedium“ verstanden; Stamm, 1983, S. 103.

[13] Reimers, 1983, S. 34.

[14] Hickethier, 2003c, S. 10.

durch die *Fox Tönende Wochenschau*. Zur Absicherung des Unternehmens wurden außer der *NDW* zusätzlich Dokumentarfilme im Auftrag der Bundesregierung hergestellt, Auslandswochenschauen für den südamerikanischen Raum (*El mundo al instante* und *O mundo em noticias*) sowie ab 1953 ein Monatsmagazin *Deutschlandspiegel*, mit dem die Bundesrepublik im Ausland gezielt für sich warb.[15]

Als Instrument der Public Relations für die Politik noch relevant, verlor die *Neue Deutsche Wochenschau* für das breite Publikum zunehmend an Bedeutung und wurde 1959 als überflüssig kritisiert: Das „öde Beiprogramm" sei das Schlimmste an einer Kinovorstellung; es habe eine „einfallslose Art", mit der man das Publikum bis zum Hauptfilm hinhalte, den man zu sehen doch nur gekommen war.[16] Der Theaterkritiker Friedrich Luft wies zudem auf das aufkommende Fernsehen als Konkurrenz hin. Wenn jeder eine „Fernsehkiste" habe, wachse sich die Wochenschau zu einem „nervtötendem Anachronismus" aus.[17]

Wie war es möglich, dass aus der Wochenschau als bedeutende audiovisuelle Informationsquelle innerhalb von nur einem Jahrzehnt zu einer ‚Belästigung' der Zuschauer geworden war? Es ist anzunehmen, dass dies nicht durch einen Faktor allein erklärt werden kann, denn die Veränderungen von Technik, institutioneller Organisation und Gesellschaft – von Produktion, Distribution und Rezeption – waren in den 1950er Jahren vielfältig.

1.2 Die *Tagesschau* und das Fernsehen

Nicht lange nach dem Markteintritt der *Neuen Deutschen Wochenschau* begann beim Nordwestdeutschen Rundfunk (NWDR) in Hamburg das Fernseh-Versuchsprogramm[18]. Interessant ist, dass die Entwicklung der Medien Fernsehen und Film bis dahin etwa parallel verlaufen war. Paul Nipkow in Berlin hatte 1883 mit der nach ihm benannten Scheibe die Idee für die entscheidende Grundlage der Fernsehtechnik.[19] Die Erfindung bestand jedoch nur „auf dem Papier" und wurde nicht gebaut oder erprobt.[20] Das Fernsehen war noch nicht einsatzbereit, während schon 1895 die

[15] Vgl. Roeber & Jacoby, 1973, S. 770-771.

[16] Luft, F. (1959): Das öde Beiprogramm. In: Film-Telegramm Nr. 51-52, 15.12.1959, UFA-Kritiken, DW.

[17] Ebd.

[18] Vgl. Bleicher, 1993a, S. 46. Das erste Testbild wurde im Juli 1950 gesendet, das regelmäßige Versuchsprogramm begann beim NWDR in Hamburg im November 1950.

[19] Nipkow fand 1883 die Lösung für ein „elektrisches Teleskop": Einen Apparat, der ein an einem Ort A befindliches Objekt an einem beliebigen Ort B sichtbar machen kann; Bruch, 1967, S. 15. Mittels einer „rotierenden Scheibe mit spiralförmig angeordneten Löchern" wurde ein Bild abgetastet. Das Licht, das durch die Löcher fiel, wurde in elektrische Impulse umgewandelt und über Kabel weitergeleitet; Gröschl, 1997, S. 73.

[20] Hickethier, 1998, S. 15.

Brüder Skladanowsky in Berlin und die Brüder Lumière in Paris einem Publikum einen Film vorführen konnten. Als der Film um 1925 einen „ersten ökonomischen und technischen Höhepunkt“ hatte, wurde die Entwicklung des neuen Mediums Fernsehen vorangetrieben.[21] Im März 1935 begann die deutsche Reichs-Rundfunk-Gesellschaft (RRG)[22] mit einem regelmäßigen Fernsehbetrieb, darin eingebunden war u.a. die Übertragung von Wochenschau-Ausschnitten.[23] Erste Volks-Fernsehempfänger wurden in Serie hergestellt. Der Überfall auf Polen am 1. September 1939 beendete die Produktion – die Kapazitäten wurden für die Rüstung gebraucht.[24] Ab 1941 hatte das Fernsehen verstärkt die Aufgabe der Soldaten- und Verwundetenbetreuung.[25] Britische Bomber zerstörten am 23. November 1943 den Berliner Sender und der Fernsehprogrammbetrieb wurde schließlich am 21. Juni 1944 eingestellt.[26]

Nach dem Krieg entstand der NWDR gemäß der Verordnung 118 der britischen Besatzungsmacht. Die Rundfunkanstalt sollte Nachrichten und unterhaltende, bildende sowie belehrende Sendungen bieten und nach dem Vorbild der BBC politisch unabhängig sein.[27] Für den Wiederaufbau des Fernsehens war von den sechs bestehenden Rundfunkanstalten[28] der NWDR am besten geeignet, da in seinem Sendegebiet etwa die Hälfte der Bevölkerung der Westzonen erreicht wurde.[29] Durch die zu erwartenden Gebühren, die die Rundfunknutzer zu zahlen hatten, sollte eine Finanzierung realisierbar sein. Für den NWDR sprach weiterhin, dass sich nach Kriegsende ehemalige Mitarbeiter des NS-Fernsehens in Hamburg zusammengefunden hatten – so waren Fernseh-Wissen und Ferseh-Erfahrung vor Ort.[30]

Die Techniker entwickelten die Voraussetzungen für den Wiederbeginn des Fernsehens und damit für ein schnelles Informationsmedium. Der wichtigste Unterschied zwischen Kino und Fernsehen bestand darin, dass beim Fernsehen Produktion und Distribution zusammen fielen. Die Information kam ohne Verleih und Vorführung im Kino, d.h. ohne Umwege, zum Zuschauer. Live-Bilder konnten ihm das Gefühl des unmittelbaren ‚Dabeiseins‘ im Moment des Geschehens geben, was die, im Vergleich zur Wochenschau, schlechtere Bildqualität und anfänglich improvisierte Sen-

[21] Gröschl, 1997, S. 73.

[22] Unter der Reichs-Rundfunk-Gesellschaft arbeiteten alle regionalen Rundfunkgesellschaften zusammen und wurden ab 1933 in der RRG zentral organisiert; vgl. Pohle, 1990, S. 93.

[23] Vgl. Gröschl, 1997, S. 74.

[24] Hickethier, 1998, S. 52.

[25] Vgl. ebd., S. 56; vgl. Winker, 1994, S. 314.

[26] Hickethier, 1998, S. 56-57.

[27] Vgl. Hickethier, 1998, S. 64; vgl. Lührs, 2006, S. 61-62.

[28] Bayerischer Rundfunk (BR), Hessischer Rundfunk (HR), Nordwestdeutscher Rundfunk (NWDR), Radio Bremen (RB), Süddeutscher Rundfunk (SDR), Südwestfunk (SWF); vgl. Hickethier, 1998, S. 65.

[29] Hickethier, 1998, S. 67.

[30] Ebd., S. 66.

dungsgestaltung wieder ausglich. Gesendet wurde das Programm aus einem alten Hochbunker auf dem Heiligengeistfeld in Hamburg.

Nicht nur beim Personal, auch bei den Fernseh-Inhalten gab es Kontinuitäten aus der NS-Zeit – Programmformen des damaligen Fernsehens wurden wieder aufgegriffen.[31] Zu unterscheiden waren Studiosendungen, Live-Sendungen und Filmsendungen.[32] Die Programmgestalter sahen Filmausstrahlungen jedoch nur als einen „Notbehelf“ an, während die Live-Sendungen das Fernsehen repräsentieren sollten.[33] Innerhalb des Programms waren als Sendungsformen u.a. vorgesehen: Kabarettvorstellungen, Fernsehspiele, Tanzspiele, Bunte Abende, Ratgeber, Puppenspiele und eine Wettervorhersage sowie Nachrichtensendungen.[34]

Ab 1951 gab es im Fernsehversuchsprogramm auch eine Sendung mit aktuellen Informationen. Analog zum *Echo des Tages* im Hörfunk sollte es ein *Bild des Tages* im Fernsehen geben. Im Dezember 1951 erschien zum ersten Mal eine Sendung mit dem Titel *Tagesschau* – aus betexteten Standfotos und einigen Kurzfilmen gestaltet.[35]

Am 25. Dezember 1952 startete der regelmäßige Programmbetrieb und am 26. Dezember 1952 wurde die erste *Tagesschau* ausgestrahlt. Am Anfang kaufte die Redaktion für die Herstellung der *Tagesschau* noch Filmstreifen von der Neuen Deutschen Wochenschau GmbH, in deren Untergeschoss der Hamburger Heilwigstraße 116 sie sich eingemietet hatte. Der Chefredakteur Martin S. Svoboda textete zu den Bildern den Kommentar, der live während der Sendung gesprochen wurde. Musik und Geräusche wurden im Moment der Sendung zugemischt. Gestaltung und Struktur konnten und sollten jedoch ganz anders sein als bei der Wochenschau. Bald gab es die Möglichkeit, für Inlandsmeldungen eigene Kameramänner zu engagieren. Um die eigene Position gegenüber der Wochenschau zu stärken und nicht mehr von deren Auslandsmaterial abhängig zu sein, nahm die *Tagesschau* schnell Kontakt zu internationalen Filmdiensten auf. Am 1. April 1955 trennte sich die *Tagesschau*-Redaktion von der *NDW* und bezog Räume im neu gebauten Fernsehstudio in Hamburg-Lokstedt.[36]

Alle Rundfunkanstalten der Arbeitsgemeinschaft der Rundfunkanstalten (ARD), die 1950 gegründet wurde, trugen zur Zusammenstellung der *Tagesschau* bei. Für Auslandsmeldungen konnte die *Tagesschau* durch den Verbund der ARD-Funkhäuser auf ein Korrespondentennetz zurückgreifen.[37] Im Vergleich zur Wochenschau besaß die *Tagesschau* unbestreitbar die höhere Aktualität, obwohl sie zunächst nur dreimal pro Woche erschien. Dies trieb zwar ihre Etablierung voran – trotzdem

[31] Vgl. Bleicher, 1993a, S. 10-14.
[32] Vgl. Hickethier, 1998, S. 74. Programmstatistik des NWDR-Versuchsprogramms 1951.
[33] Ebd., S. 73.
[34] Vgl. Hickethier, 1998, S. 77. Eröffnungsprogramm des NWDR-Fernsehens 1952.
[35] Vgl. Drengberg, 1986, S. 129.
[36] Vgl. Svoboda, 1983, S. 131-136.
[37] Vgl. Pörzgen, 2010, S. 23.

musste sich das Format[38] weiterentwickeln, um für die verschiedenen Interessengruppen des Publikums attraktiv zu sein.

1.3 Die Bedeutung von Aktualität in den 1950er Jahren

Die Schnelligkeit der Berichterstattung ist heute eine Selbstverständlichkeit im Nachrichtengeschäft. Dass morgens in der Tageszeitung zu lesen ist, was am Abend vorher im Fernsehen gezeigt wurde, ist heute normal,[39] war aber beim Start der *Tagesschau* noch umgekehrt. Über Neuigkeiten las man zuerst in der Zeitung oder man hörte etwas darüber im Radio.

Die Berichte der Wochenschau im Kino dagegen konnten nicht im heutigen Sinne aktuell sein. Am Dienstag war Redaktionsschluss, aber erst am Freitag kam die neue Ausgabe der Wochenschau ins Kino. Ereignisse vom Mittwoch konnten also nicht mehr in der neuesten Nummer der Wochenschau erscheinen. Die Wochenschau-Filmrolle wurde eine Woche lang gespielt und danach an einen so genannten Folgespieler weitergegeben – an ein Kino, das sich keine ‚aktuelle' (teurere) Folge leisten konnte. Da die ‚Aktualitätenschau' teilweise erst nach einem Monat in entlegene Kinos gelangte, wurden die Sujets oft so gewählt, dass sie für die Kinobesucher für längere Zeit interessant waren. So merkten vermutlich die „wenigsten" unter ihnen, dass es sich nicht um aktuelle Berichte handelte.[40] Oder sie nahmen das Hinterherhinken wegen der bewegten Bilder „gerne in Kauf",[41] denn es waren die einzigen audiovisuell aufbereiteten Informationen. Es konnte somit vorkommen, dass in der Wochenschau beispielsweise die Regensburger Domspatzen noch ‚Stille Nacht' sangen, während man im Ort schon die Narrenkappen zum Karneval trug.[42]

In den 1950er Jahren wuchsen durch den Wirtschaftsaufschwung nicht nur die Anforderungen an die Reaktionsfähigkeit der Menschen und Unternehmen, sondern es gab neue Bedrohungen durch den Kalten Krieg, Atomversuche und Wiederbewaffnung. Dazu kamen die Flüchtlinge aus den ehemaligen deutschen Ostgebieten,

---

[38] Medieninhalte können beides sein: Information und Unterhaltung; die Einordnung als unterhaltend liegt im Ermessen des Nutzers. Bei der Einordnung von Wochenschau und *Tagesschau* greife ich daher statt ‚Genre' den Begriff ‚Format' auf. Nach Hickethier stammt der Begriff aus dem aus dem Lizenzeinkauf von Sendekonzepten. Dabei ist bedeutend, dass das audiovisuelle Medienprodukt in seiner „Inszenierungspraxis" (Hickethier, 2001a, S. 4) und Inhalten nach einem genau vorgegebenen Muster hergestellt wird. Unter ‚Format' ist daher hier ein Konstrukt mit festen Bestandteilen zu verstehen, anhand derer der Nutzer eine Einordnung in seine Begriffswelt vornehmen kann und eine gewisse Eindeutigkeit erzielt.

[39] Vgl. Jaedicke, 2002, S. 7-8.

[40] Enzensberger, 1964, S. 109.

[41] Jaedicke, 2002, S. 7.

[42] Vgl. Klinkenberg, Niederau (Zuschauer) Brief an Bavaria, Düsseldorf, 13.2.1959, Korrespondenz ab 1958, DW. Der Zuschauer beklagt sich über den Aktualitätsrückstand durch die Vorführung einer 3. Folge einer *NDW*.

die sich integrieren mussten – was zu sozialen Spannungen führte. Die Großstädte wuchsen und wurden unübersichtlicher. Gleichzeitig konnte man es sich nach den schlechten Wohnverhältnissen im Krieg allmählich leisten, ein neues Heim zu schaffen. Das hatte zur Folge, dass sich die Menschen in einer neuen Häuslichkeit einrichteten und ein Medium als Fenster in die Welt brauchten, um über alles Wichtige ständig informiert zu sein.[43] Die *Tagesschau*, die täglich – oder im Zusammenhang mit der Programmausweitung – auch mehrmals täglich erschien, entließ den Zuschauer nach kurzer Zeit mit der Gewissheit, nun einen Überblick zu haben.[44]

1.4 Entwicklungen bei Wochenschau und *Tagesschau*

Wesentliche Entwicklungsschritte entstehen meist in Umbruchs- und Übergangs-Phasen. Auch bei der Wochenschau und *Tagesschau* gab es solche Phasen. Ende der 1950er Jahre waren Anzeichen einer Krise für das Kino bemerkbar – die Einspielergebnisse gingen drastisch zurück. Im Jahr 1956 gab es in Westdeutschland rund 818 Millionen Kinozuschauer, im Jahr 1959 aber nur noch 671 Millionen. Die Einnahmen der Filmtheater sanken in dem Zeitraum von 956 Millionen auf 926 Millionen.[45] Der Rückgang der Kinozuschauer hing unbestreitbar zu einem großen Teil mit dem Erfolg des Fernsehens zusammen, das 1957 den millionsten angemeldeten Teilnehmer begrüßen konnte.

Mit dem Kino kam zugleich die Wochenschau in Bedrängnis. Um für die Kinos und die Zuschauer interessant zu bleiben, visierte sie verschiedene Ansätze an, um ihre Gestaltung zu verändern. Die Verantwortlichen der *NDW* selbst sowie die Autoren Roeber und Jacoby behaupteten, es habe ein „Stilwandel“ in Richtung Dokumentarfilm stattgefunden.[46] Dies ist jedoch fraglich, denn in vielen Zuschriften von Kinobetreibern und Zuschauern an die *NDW* kommt zum Ausdruck, dass das Kinopublikum vornehmlich abwechslungsreiche Sujets mit lustigen und temporeichen Bildern sehen wollte. Bei einer Gestaltungsveränderung hätte die Wochenschau mögli-

[43] Vgl. o.V. (1959): Ferngesehen. In: Mendener Zeitung vom 16.7.1959, Rundfunk Programm Fernsehsendung Tagesschau von 8/52 bis 1/66, NDR. Die Presse hebt die Eigenschaften der *Tagesschau* hervor: Sie sei die „wohl wichtigste Sendung“, ein „Zauberfenster“ würde jeden Abend für eine Viertelstunde geöffnet. Man werde mit dem „Leben der gesamten Menschheit“ verbunden, in das „kleine und große Alltagsgeschehen eingeschleust“ und werde so zu einem „Weltbürger“. Ereignisse in weiter Ferne nähmen „Gestalt“ an und machten den Zuschauer zu einem Augenzeugen.

[44] Vgl. Meyen, 2001, S. 14.

[45] Vgl. Roeber & Jacoby, 1973, S. 286 (Tabelle 12). Trotz einer vorübergehenden Steigerung der Eintrittspreise und damit steigenden Einnahmen, konnte der Besucherrückgang nicht aufgefangen werden, und die Kasseneinnahmen sanken drastisch ab.

[46] Roeber & Jacoby, 1973, S. 265. Roeber & Jacoby geben an, identifizieren zu können, dass sich die Wochenschauen in einen in „Themengruppen aufgegliederten Dokumentarfilm mit dem Charakter der Aktualität“ gewandelt haben. Zu Umgestaltungsansätzen ausführlicher in Abschnitt 3.7.

cherweise diesen Teil der Zuschauerschaft verprellt. Sie hätte außerdem ihren eigenen Anspruch, eine ‚Aktualitätenschau' mit aktuellen Informationen zu sein, nur noch schwer aufrechterhalten können.

Auch bei der *Tagesschau* kam es Ende der 1950er Jahre zu Weiterentwicklungen. Diese standen ganz im Zeichen gesteigerter Aktualität: durch die Verbesserung der Übertragungswege des Fernsehens, die Möglichkeit von Umschaltungen zu den anderen Rundfunkanstalten und durch die Verkürzung von Umschaltzeiten. So konnte die Berichterstattung der *Tagesschau* ab März 1959 innerhalb ihrer Sendezeit zu anderen ARD-Rundfunkhäusern wechseln.[47] Auch die inhaltliche Gestaltung und die Struktur veränderten sich[48] – ab 1960 war die Form entstanden, wie wir sie heute kennen, d.h. die Zuschauer wurden von einem Sprecher auf dem Bildschirm begrüßt und durch die Nachrichten begleitet, Wort- und Filmbeiträge wechselten sich ab. Im Gegensatz zur *NDW* konnte die *Tagesschau* zudem ihre Erscheinungsfrequenz erhöhen. In Etappen wurden tägliche Sendungen sowie Spät- und Sonntagsausgaben in das Fernsehprogramm aufgenommen. Warum aber unternahmen die Medien ständig neue Anstrengungen, um noch schneller und aktueller zu werden? Die Gesellschaft hatte sich im Kontext der weltpolitischen und weltwirtschaftlichen Ereignisse verändert. Es kam nicht mehr nur darauf an, über ein Thema Bescheid zu wissen, das den eigenen Lebensbereich betraf, sondern schnell über ein weltweit relevantes Ereignis Kenntnis zu erhalten. Man wollte vorausschauend planen und agieren können.[49]

1.5 Erklärungsansätze der Medienentwicklung

Zur Erklärung des Wesens von Kino und Fernsehen sowie der Ursachen, die zur Ablösung der Wochenschau führte, sind drei ausgewählte Ansätze bedeutend, die miteinander verbundene Ebenen aus Format, Medium und verschiedenen Kontexten bearbeiten.

1. Bei dem Dispositiv-Ansatz geht es um die Beziehungen zwischen Medientechnik, Institutionen, Programm und Rezeption, die die Wahrnehmung der Medieninhalte durch die Zuschauer bedingen. Im Fernsehdispositiv befindet sich der Zuschauer in einem privaten Raum, der (meist) nicht (vollständig) abgedunkelt ist. Die

[47] Am 6.3.1959 wurde zum letzten Beitrag nach Frankfurt umgeschaltet, um über die Rückkehr Willy Brandts von seiner Weltreise zu berichten; vgl. Sendeprotokoll der *TS* Nr. 1297 vom 6.3.1959, Sprecher: Köpcke, Voss, ARD aktuell, NDR. Am 9.3.1959 kam der erste Beitrag der *Tagesschau* aus Berlin, nach einer Umschaltung alle weiteren aus Hamburg; vgl. Sendeprotokoll der *TS* Nr. 1299 vom 9.3.1959, Sprecher: Böning, Voss, ARD aktuell, NDR.

[48] Vgl. Lührs, 2008, S. 300-301. Statements von Horst Jaedicke und Hans Wilhelm Vahlefeld. Zunächst habe es auch bunte Geschichten und saloppe Formulierungen gegeben – erst in den Jahren 1955-1957 habe sich die redaktionelle Kraft so weit entwickelt, etwas „Wichtiges" zu gestalten.

[49] Vgl. Reinisch, 1963, S. 16. Referat von Joseph Rovan: „Fernsehen und Gesellschaft".

Blickrichtung des Rezipienten ist in einer „zentralen Achse“ auf das Fernsehbild ausgerichtet und ebenso wie im Kino wird ein Realitätseindruck vermittelt oder auch suggeriert.[50] Beim Kinodispositiv befindet sich der Zuschauer in einem dunklen öffentlichen Raum inmitten vieler, ihm fremder Personen auf einem festen Platz vor einer Leinwand. Im Kino ist der Besucher zwischen dem Projektionsapparat und der Projektionsfläche platziert. Beim Fernsehen wird der Bildschirm erhellt, d.h. das Bild entsteht vor dem Zuschauer und nicht wie im Kino durch ein Gerät, das das Bild über seinen Kopf hinweg auf eine Leinwand projiziert. Zur Betrachtung der Fernsehbilder ist es zwar noch immer notwendig, dass sich der Zuschauer vor dem Bildschirm befindet, er kann jedoch (wie beim Radiohören) auch aufstehen, sich bewegen, daneben etwas anderes tun und nur noch „akustisch teilhaben“[51]. Bei der Rezeption entsteht aber bei beiden Medien ein Realitätseindruck. Der Dispositiv-Ansatz ist nach Hickethier keine „in sich abgeschlossene Theorie“, sondern er fordert dazu heraus, „ihn in der Auseinandersetzung mit dem historischen Material zu erproben und weiterzuentwickeln“.[52] Daher sind die Auswirkungen der Medienentwicklung in den 1950er Jahren auf Elemente der Dispositive, wie Zeit, Raum und Rezipient zu betrachten.

2. Die Entwicklung neuer Medien muss sich im Mediensystem auf die bestehenden Medien auswirken. Verschiedene Ansätze zur Erklärung von Medienentwicklungen stützen sich auf das Rieplsche Gesetz,[53] das aussagt, dass kein ‚altes‘ Medium von einem ‚neuen‘ Medium je ersetzt wurde. Vielmehr entstehen Funktionsverschiebungen: Um weiter genutzt zu werden, kann sich das ‚alte‘ Medium nur noch auf bestimmte Aufgaben konzentrieren und bekommt neue Funktionen zugewiesen. Neue Medienentwicklungen basieren u.a. auf technischen Erfindungen und anderen dispositiven Elementen, die in einem Kreislauf zu akzeptierten und genutzten Innovationen werden können. Da die Wochenschau aus ihrem Medium vollständig verdrängt wurde, ist zu diskutieren, inwieweit der Ansatz von Riepl für die Kino-Wochenschau und die *Tagesschau* im Fernsehen anwendbar ist und inwieweit Innovations-Modelle[54] passen.
3. Bei der Betrachtung von Medienentwicklungen sind Kontexte, wie gesellschaftliche und ökonomische Veränderungen in der Nutzergemeinschaft, heranzuziehen und zu berücksichtigen. Für die 1950er Jahre können wiederhergestellte Wohnungen oder moderne Neubauten, eine positive Entwicklung des Arbeitsmarktes, der Arbeitssituation und der verfügbaren freien Zeit genannt werden. Es gab bessere Verkehrsmittel, vermehrte Freizeitangebote und darüber hinaus eine veränderte sozialpsychologische Konstellation: der kulturelle Anspruch, unmittelbar dabei sein zu wollen. Allgemein interessierende Großveranstaltungen, gesellschaftliche

[50] Vgl. Hickethier, 1995, S. 64.
[51] Ebd., S. 65.
[52] Hickethier, 1997, S. 68.
[53] Vgl. Riepl, 1913/1972; vgl. Peiser, 2008, S. 158-159.
[54] Vgl. Stöber, 2008, S. 139-141.

und sportliche große Ereignisse[55] boten Anlässe für mediale Weiterentwicklungen und Versuchsfelder, z.B. in Bezug auf die Übertragungstechnik über europäische Grenzen hinweg. Es trägt zum grundlegenden Verständnis der Medienentwicklung bei, die Umstände zu erforschen, die herrschten, als das Fernsehen seinen Siegeszug antrat.

1.6 Fragestellungen und Vorgehen

Bemerkenswert ist, dass die Wochenschau selbst dann noch produziert wurde, als sich die Fernsehnachrichten und anderen Informationsformen lange etabliert hatten.[56] Es gab Kinobesucher, die absichtlich zu spät zur Vorstellung kamen und die Wochenschau im Vorprogramm versäumten, weil sie die Neuigkeiten schon aus dem Fernsehen kannten.

Wie Körber Mitte der 1990er Jahre betont, wird die Wochenschau zunehmend zu einer wissenschaftlich interessanten Quelle, „je ferner uns die Zeit der Aufnahmen rückt".[57] Zwar befassten sich bereits Ende der 1980er Jahre Historiker mit dem Thema „Film als historische Quelle" – bezogen auf die Wochenschau und visuelle Propagandatechniken –, „die Produktionsbedingungen von Bildern, der Bildgebrauch und die Rezeptionserfahrungen" blieben aber bisher außerhalb der Betrachtung.[58] So gilt es, Bedingungen aufzeigen, unter denen sich Medienentwicklungen vollzogen haben und Muster zu erklären, die sich zukünftig wiederholen können.

Vor dem Hintergrund der bisherigen Ausführungen ist die zentrale Frage: Wie ist die Ablösung der Filmwochenschau durch die *Tagesschau* im Fernsehen in den 1950er Jahren bis 1963 zu erklären? Die Annahmen, aus denen sich weitere konkretisierende Fragen[59] ergeben, beziehen sich auf:

---

[55] Das waren Ereignisse, wie z.B. die Feierlichkeiten zur Krönung von Elisabeth II von England am 2.6.1953 und die Fußball-Weltmeisterschaft im Juni 1954 in der Schweiz.

[56] Beispielsweise wurde die *Ufa-Wochenschau*, später unter dem Titel *Ufa-Dabei*, erst Ende 1977 eingestellt; vgl. Informationen verfügbar unter: http://www.deutsche-wochenschau.de/wir_ueber_uns [14.2.2012].

[57] Körber, 1994, S. 150.

[58] Paul, 2006, S. 8-9.

[59] Forschungsfragen sind: Wie hat sich die *Neue Deutsche Wochenschau* im Kino der 1950er Jahre entwickelt? Wie hat sich die *Tagesschau* im Fernsehen der 1950er Jahre etabliert und entwickelt? Was hat die Gestaltungsentwicklung der *NDW* und der *Tagesschau* beeinflusst? Welche Zäsuren sind in der Entwicklung von *NDW* und *Tagesschau* festzustellen? Welche Erwartungen hatten Dritte gegenüber der *NDW* und der *Tageschau*? Wie unterschieden sich *Neue Deutsche Wochenschau* und *Tagesschau* in Struktur und Gestaltung? Welche Muster sind festzustellen? Wie haben sich Funktion und Bedeutung der Wochenschau entwickelt? Und welche funktionalen Vorteile hatte die *Tagesschau* gegenüber der Wochenschau?

1. Unterschiede und Parallelitäten in der gestalterischen und strukturellen Entwicklung von *Neuer Deutscher Wochenschau (NDW)* und *Tagesschau*, die in Phasen eingeteilt und durch Zäsuren gekennzeichnet werden können.
2. Erwartungen und Einflüsse in Bezug auf die Gestaltung von *NDW* und *Tagesschau*, was zu Unterschieden in der Entwicklung führte.
3. Veränderungen bzw. Verschiebungen in der Bedeutung und Funktion von Wochenschau und *Tagesschau* für die Zuschauer und andere Interessengruppen.

Der Untersuchungszeitraum erklärt sich aus Gemeinsamkeiten bei Beginn und Ende von Entwicklungsschritten: 1950 begann nicht nur die Produktion der *Neuen Deutschen Wochenschau*, sondern auch das Versuchsfernsehen in Hamburg. Bemerkenswert ist, dass das Jahr 1963 in vielfacher Hinsicht eine Zäsur für die Wochenschau und die *Tagesschau* bzw. für das Fernsehen bedeutet. Beispielsweise bekam die ARD durch die Gründung des Zweiten Deutschen Fernsehens (ZDF) Konkurrenz. Am 24. Oktober 1963 war das Fernsehen nach Jaedicke bei der Berichterstattung über das Grubenunglück von Lengede zum ersten Mal schneller und aktueller als die Printmedien.[60] Die Ära der *Neuen Deutschen Wochenschau* endete 1963 durch die Umbenennung zu *Zeit unter der Lupe* (*Zeitlupe*). Zudem ging die Amtszeit von Bundeskanzler Konrad Adenauer zu Ende, der versucht hatte, ein Regierungsfernsehen einzuführen. In der Reaktion auf sein Vorhaben entstanden grundlegende verfassungsrechtliche Bestimmungen für den Fernsehfunk.

1.6.1 Der Stand der Forschung

Publikationen über Wochenschauen beschäftigen sich zum einen mit der Wochenschaugeschichte in Verbindung mit der Geschichte des dokumentarischen Films[61] und zum anderen beschäftigten sie sich oft mit bestimmten Aspekten in Verbindung mit verschiedenen Phasen der Wochenschaugeschichte. Da sind z.B. Jaeger und Regel, die Dokumentarfilm und Wochenschau in der unmittelbaren Nachkriegszeit behandeln – dabei jedoch nicht explizit die *Neue Deutsche Wochenschau*.[62] Gröschl geht auf den Aspekt der Propaganda und den Einfluss der Besatzungsmächte ein.[63] Bei Stamm geht es um die moderne Kunst in Wochenschauen der 1950er Jahre.[64] Schwarz untersuchte die Wochenschau der 1950er Jahre schwerpunktmäßig im Hin-

[60] Vgl. Jaedicke, 2002, S. 72-73.

[61] Drei Bände in unterschiedlicher Herausgeberschaft unter dem Titel: Geschichte des dokumentarischen Films in Deutschland (Kaiserreich 1895-1918, Weimarer Republik 1918-1933, „Drittes Reich" 1933-1945). In Bezug auf Wochenschauen sind folgende Autoren hervorzuheben: Loiperdinger, Jung, Kreimeier und Hoffmann sowie Garncarz.

[62] Jaeger & Regel, 1976.

[63] Gröschl, 1997.

[64] Stamm, 1983.

blick auf geschlechterspezifische Themen.[65] Voigt charakterisierte und analysierte verschiedene Wochenschauen, um ein 70 Jahre überspannendes Wochenschau-Bild zu zeichnen.[66]

Dazu kommen Veröffentlichungen, die Zeitzeugen erzählen lassen: Bei Reimers, Lerch-Stumpf und Steinmetz handelt es sich um eine Veröffentlichung zu einer Hochschul-Akademie-Studienwoche in Tutzing, auf der Erinnerungen und Fakten zum Übergang von der Kino-Wochenschau zum Fernsehen zusammengetragen wurden.[67] Stamm führte ein Gespräch mit dem ehemaligen *NDW*-Kameramann Klaus Brandes.[68] In die Kategorie der verarbeiteten Zeitzeugenaussagen fallen auch Studienarbeiten der Universität Hamburg unter Leitung von Hickethier aus dem Jahr 2003[69]. Einzelne Artikel von Paschen in der Zeitschrift des Film- und Fernsehmuseums Hamburg *Hamburger Flimmern* befassen sich im Zusammenhang von Jubiläen und im regionalen Bezug mit der Wochenschau.[70] Zeitgenössische Wochenschau-Studien der Universität Münster aus den 1950er Jahren von Hagemann geben u.a. Auskunft über die Gestaltung von Kino-Wochenschauen.[71] Alle diese Veröffentlichungen beziehen sich zumeist auf die westdeutschen Wochenschauen. In Bezug auf die Wochenschau und Propagandafilm für den Osten in der Kriegszeit sowie die Wochenschau in der damaligen ‚Ostzone' sind weitere Autoren zu nennen, wie Agde und Forster in dem Sammelband von Bock, Distelmeyer und Schöning zur „Film-Produktion und Propaganda 1940-1950".[72] Fuhrmann beschäftigt sich im selben Sammelband mit Kontinuitäten in verschiedenen Bereichen der Gestaltung bei der Kriegswochenschau und Nachkriegs-Wochenschau.[73] Zusammenfassungen zu Zielen und Gestaltung von Wochenschauen in West- und Ost-Deutschland nach 1945 (bis 1950) liefert Hickethier[74] sowie auch Ausführungen zum Übergang zur Nachrichtenpräsentation im Fernsehen[75].

Für unser Wissen über die *Tagesschau* beschreibt der ehemalige Redakteur Horst Jaedicke als unmittelbar Beteiligter und Zeitzeuge die Entstehungsgeschichte der *Tagesschau* und geht dabei auch auf die Rolle der *Neuen Deutschen Wochenschau* ein.[76] Auch andere Redakteure oder Kameramänner veröffentlichten ihre persönlichen Erlebnisse während ihrer Arbeit für Film und Fernsehen, wie z.B. der *Tagesschau*-

65 Schwarz, 2002.
66 Voigt, 2004.
67 Reimers, Lerch-Stumpf & Steinmetz, 1983.
68 Stamm, 2005.
69 Benckert, Czerwinski, Hickethier & Willkomm, 2003.
70 Paschen, 2005; Paschen, 2010.
71 Hagemann, 1959; vgl. auch Schwarz, 2002, S. 143.
72 Agde, 2009; Forster, 2009; Bock, Distelmeyer & Schöning, 2009.
73 Fuhrmann, 2009.
74 Hickethier, 2006.
75 Hickethier, 2011.
76 Jaedicke, 2002.

Reporter Josef Mühlbauer als „Augenzeuge für Millionen“ (Buchtitel)[77] oder Kameramann Carsten Diercks zu den Anfängen des Fernseh-Dokumentarismus beim NWDR[78]. Bei der Verwendung dieser Publikationen ist der mögliche Effekt einer ‚gefärbten', individuellen Erinnerung der Erzähler zu bedenken. Weitere Veröffentlichungen gehen zwar auf die Geschichte der *Tagesschau* ein, beziehen sich aber zumeist jüngere Entwicklungen der *Tagesschau*, wie Matzen und Radler[79] oder beschäftigen sich mit der Analyse der Wortwahl der Berichte und Texte, wie die Arbeit von Schmitz[80].

Für angrenzende Gebiete sind Publikationen über die Geschichte des Wiederaufbaus des Nordwestdeutschen Rundfunks zu erwähnen, besonders von Wagner[81] und Lührs[82]. Einen Gesamtüberblick über die Geschichte des Fernsehens von den Anfängen bis in die 1990er Jahre bietet Hickethier[83] – auch in einer Reihe mit mehreren Bänden zu Teilaspekten der Fernsehgeschichte wie „Institution, Technik und Programm“[84] mit Bleicher zur Institutionsgeschichte des Fernsehens[85]. Winker beschreibt in „Fernsehen unterm Hakenkreuz“ dezidiert die Umstände der Fernsehentwicklung im Dritten Reich und geht auf Kontinuitäten ein, die sich in Programm, Organisation und Personal in das Nachkriegsfernsehen ergeben haben.[86] Übersichtliche Chroniken, wie von Bleicher,[87] liefern geordnete Fakten zur Fernseh- und Programmentwicklung. Zu erwähnen sind zudem die Ergebnisse des Sonderforschungsbereiches 240 der Deutschen Forschungsgemeinschaft „Ästhetik, Pragmatik und Geschichte der Bildschirmmedien“ Ende der 1980er und Anfang der 1990er Jahre[88]. Mit der Entwicklung (audio)visueller, zuschauertauglicher Darstellungstechnik, Nebeneinander und Zwischenstationen von Kino und Fernsehen beschäftigt sich Zielinski in „Audiovisionen“.[89] Peter Zimmermann geht auf erkennbare Kontinuitäten in der

[77] Mühlbauer, 1962.
[78] Diercks, 2000.
[79] Matzen & Radler, 2009.
[80] Schmitz, 1990.
[81] von Rüden & Wagner, 2005; Wagner, 2008. Es handelt sich um zwei Bände zur Geschichte des Nordwestdeutschen Rundfunks (NWDR). Weitere Aufsätze, z.B. Wagner (2006) in Heft 3 der Hamburger Hefte zur Medienkultur von Hickethier (Hrsg.) zur Mediengeschichte als Unternehmensgeschichte.
[82] Lührs, 2006, in Heft 3 der Hamburger Hefte zur Medienkultur von Hickethier (Hrsg.) zur Mediengeschichte als Unternehmensgeschichte; Lührs, 2005 und Lührs 2008, im den Bänden zur Geschichte des NWDR.
[83] Hickethier, 1998.
[84] Hickethier, 1993.
[85] Bleicher, 1993b.
[86] Winker, 1994.
[87] Bleicher, 1993a.
[88] Z.B. Kreuzer & Schanze, 1991.
[89] Zielinski, 1994.

Entwicklung der Wochenschau ein, besonders aber auf die Entwicklung von Kulturfilm und dokumentarischen Formen im Fernsehen.[90]

Weiterhin existieren eine Reihe zeitgenössischer Publikationen, u.a. über den Aufbau und die Funktionen des Rundfunks, wie von Eckert mit dem Titel „Die Kunst des Fernsehens"[91], und Veröffentlichungen von 1963 zum zehnjährigen Bestehen des Fernsehens unter Mitherausgeberschaft von Eckert[92]. Oder von Hagemann mit seiner Einführung in das Fernsehen – auch im Vergleich mit Amerika – und die Wirkung auf den „Fernsehhörer"[93] als Rezipienten. Bruch, der Erfinder des Farbfernsehverfahrens (PAL), bearbeitet sehr detailreich in „Kleine Geschichte des Fernsehens" vorwiegend technische Aspekte.[94] Weitere Literatur wurde von Hans Brack zur Organisation und den wirtschaftlichen Grundlagen des Hörfunk und des Fernsehens in Deutschland verfasst,[95] der als Justiziar und Vertreter des NWDR 1950 im Aufsichtsrat der *Neuen Deutschen Wochenschau* saß[96] und 1958 Geschäftsführer des Werbefernsehens des WDR wurde[97]. In die Kategorie der Werke über die Institutionsgeschichte fällt das Standardwerk „Rundfunk in Deutschland" von Herausgeber Hans Bausch (Intendant des Süddeutschen Rundfunks von 1958-1989).[98] Für diese Retrospektiven wurde mangels Aufzeichnungsmöglichkeiten kein audiovisuelles Quellenmaterial verwendet, sondern die Autoren richteten sich nach schriftlichen Dokumenten.[99]

Als empirische Untersuchungen der Fernsehnutzung bestehen außer den Erhebungen der frühen Hörerforschung des NWDR auch universitäre Forschungen wie die des Forschungsinstituts für Soziologie der Universität Köln. Das Institut erstellte 1965 einen „Bericht über das Verhältnis von technischer Entwicklung und soziokulturellen Veränderungen"[100]. Der Bericht zeigt u.a. den Stand der technischen Entwicklung des Fernsehens für 1964: Produktionstechnik (z.B. Kameras, Ausleuchtung, Informationswandler, Programmspeicher), Sendernetz und Fernsehempfänger

90 Zimmermann, P., 1991.
91 Eckert, 1953.
92 Eckert & Niehus, 1963.
93 Hagemann, 1954, S. 19.
94 Bruch, 1967.
95 Brack, 1968.
96 Vgl. 1. Sitzung des Aufsichtsrates am 28.1.1950, Protokolle Aufsichtsrat 1949-1952, DW.
97 Information zur Gründung der Westdeutsches Werbefernsehen GmbH (WWF) verfügbar unter: http://www.wdr-mediagroup.com/unternehmen/eckdaten/fuenfzig_jahre.phtml [3.11.2011].
98 Erschienen in fünf Bänden, davon hier relevant: Bausch, 1980a, Erster Teil: 1945-1962 und Bausch, 1980b, Zweiter Teil: 1963-1980.
99 Vgl. Fickers, 2005, S. 12. Fickers nennt es kurios, dass die „Rekonstruktion der hör- und sehbaren Vergangenheit […] fast ausschließlich auf der retrospektiven Aneignung der schriftlich fixierten Überlieferung" geschehe.
100 Der Bericht lagert in der Bibliothek der Abteilung Presse Recherche & Buch/Unternehmensarchiv des NDR; die zwei Bände wurden vom Archiv des Axel Springer Verlags übernommen – vermutlich war der Verlag der Auftraggeber.

aber auch Ergebnisse über die Wirkung des Fernsehens auf die Gesellschaft. Der Untersuchungsbericht wurde jedoch nicht veröffentlicht.

Zum Verständnis um die Verbindung der Wochenschau zum Film ist Literatur über Filmgeschichte heranzuziehen, besonders sieben Bände „Mediengeschichte des Films" von Herausgeber Segeberg,[101] weiterhin z.B. Jacobsen, Kaes und Prinzler als Gesamtdarstellung von Filmgeschichte in einem Herausgeber-Band[102] und Wende und Koch über das „Krisenkino" (Buchtitel)[103]. Stamm schreibt über die Ähnlichkeiten in der Ästhetik von Filmen Leni Riefenstahls und der Wochenschau mit Kontinuitäten für die *Neue Deutsche Wochenschau.*[104] Paech und Paech beschäftigen sich mit der Geschichte des Kinos und der Rezeption von Film im Kino.[105] Roeber und Jacoby tragen als zeitgenössische Autoren in ihrem „Handbuch der filmwirtschaftlichen Medienbereiche" sehr viel Material über die filmwirtschaftlichen Medienbereiche zusammen[106] – was besonders interessant ist, da zum Zeitpunkt der Veröffentlichung Wochenschauen noch hergestellt wurden (wie die *Ufa-Wochenschau*, später umbenannt in *Ufa-dabei*, bis 1977 und die *Fox Tönende Wochenschau* bis 1978).

Als angrenzende Publikationen sind solche über wirtschaftliche Wettbewerbsverhältnisse der Medien zu nennen, wie die Dokumentation der ARD mit Untersuchungsergebnissen von Vergleichen der Entwicklung von Fernsehen und Presse sowie Fernsehen und Film.[107]

Weitere Quellen für das Verständnis der Rezeptionsbedingungen der audiovisuellen Information können soziologischer Art sein, wie z.B. Abelshauser mit einer Untersuchung der „Langen Fünfziger Jahre"[108] mit einem besonderen Fokus auf Wirtschaft und Gesellschaft von 1949 bis 1966. Besonders kritisch äußert sich Schelsky über die Beeinflussung der Gesellschaft durch die Medien mit Reflexionen über die „Rolle der Publizistik" in der damaligen Gesellschaft und deren „Realitätsverlust".[109]

Im Band von Schildt und Sywottek zur „Modernisierung im Wiederaufbau" behandelt Schildt die westdeutsche Gesellschaft der 1950er Jahre in Verbindung mit der Entwicklung der Massenmedien,[110] die Studie von Schildt von 1995 widmet sich speziell sozial-kulturellen Themenfeldern, wie Freizeit, Konsum, Mobilität und Medien (Radio und Fernsehen) im Spannungsverhältnis von Rekonstruktion und rascher Veränderungen in der Bundesrepublik der 1950er Jahre.[111]

[101] Hier besonders relevant: Segeberg, 1996 (Band 1); Müller & Segeberg, 1998 (Band 2); Segeberg, 2006 (Band 5); Segeberg, 2009 (Band 6).
[102] Jacobsen, Kaes & Prinzler, 2004.
[103] Wende & Koch, 2010.
[104] Stamm, 2011.
[105] Paech & Paech, 2000.
[106] Roeber & Jacoby, 1973.
[107] ARD, 1969.
[108] Abelshauser, 1987, S. 15.
[109] Schelsky, 1965, S. 310-327 und S. 391-404.
[110] Schildt, 1998; Schildt & Sywottek, 1998.
[111] Schildt, 1995.

Helmes nennt weitere Forschungsgebiete, die mit dem Wandel des Lebens nach der Anschaffung des Fernsehgerätes in Verbindung stehen: Sozialgeschichte, Medizin (wegen Befürchtung gesundheitlicher Schäden durch Fernsehen), Mentalitäts- und Kommunikationsgeschichte, Familiensoziologie, Pädagogik oder Wirkungsforschung.[112] Ansätze, die sich mit Wirkung auf Rezipienten befassen, können hier jedoch nicht berücksichtigt werden, denn die Wirkung kann nicht mehr eindeutig nachvollzogen werden.

Es fehlt aber noch an historischer Rezeptionsforschung.[113] Eine an Originaldokumenten wie Protokollen, Schriftwechsel und Medienkritiken sowie audiovisuellen Stücken belegte Gegenüberstellung von Wochenschau und *Tagesschau* aus einem übereinstimmenden Zeitraum der Nachkriegszeit, wie in dieser Forschungsarbeit, wurde noch nicht geliefert. Viele mediengeschichtliche Untersuchungen bezogen sich bisher nur auf Einzelmedien.[114] Die parallele Entwicklung von Wochenschau und *Tagesschau*, die mit der Ablösung und dem ‚Verschwinden' des einen audiovisuellen Formats – nämlich der Wochenschau – endete, ist jedoch ein einzigartiges Phänomen und im Hinblick auf die beständige Medienentwicklung untersuchungswürdig. Mit dem Beispiel der Illustrierten, die durch bebilderte Tageszeitungen zur Änderung ihrer inhaltlichen Struktur gezwungen waren,[115] lässt sich das Verhältnis Wochenschau zu *Tagesschau* nur bedingt vergleichen.

Nach Gerhard Paul gibt es u.a. vielfältige Ansätze zur Visualität der Geschichte. Es geht darum, Bilder als Medien zu untersuchen, die Sehweisen konditionieren, Wahrnehmungsmuster prägen und historische Deutungsweisen transportieren.[116] Die vorliegende Untersuchung kann so in den Bereich der Visual History als Schnittstelle zwischen Geschichts- und Medienwissenschaft eingeordnet sowie in einer Historiografie oder Archäologie des Fernsehens verortet werden. Das Projekt beleuchtet das Nebeneinander von Wochenschau und *Tagesschau* durch jeweils eine ‚Innensicht' aus internen Dokumenten und Protokollen und eine ‚Außensicht' wie Rezensionen und Kritiken von Zuschauern und professionellen Kritikern, um ein möglichst ganzheitliches Bild dieses Teils der Medienentwicklung zu zeichnen. Davon ausgehend werden ausgewählte *Tagesschau*-Berichte und Wochenschau-Ausgaben exemplarisch analysiert und gestalterische Unterschiede und Gemeinsamkeiten herausgestellt.

[112] Vgl. Helmes, 2000, S. 61.
[113] Vgl. Vowinckel, 2010, S. 12.
[114] Vgl. ebd., S. 4.
[115] Vgl. Luft, F. (1957): Sind die Tage der Wochenschau gezählt? In: Süddeutsche Zeitung vom 9./10.3.1957, Rundfunk Programm Fernsehsendung Tagesschau von 8/52 bis 1/66, NDR. Der Theaterkritiker Friedrich Luft vergleicht in dem Artikel die Situation der Wochenschau mit der Situation der *Berliner Jllustrierten*, die von der Tageszeitung ‚überrundet' wurde.
[116] Vgl. Paul, 2006, S. 25.

1.6.2 Die Quellenlage

Für die Untersuchung wurden besonders Primärquellen aus dem Archiv der Deutschen Wochenschau GmbH (DW), aus Archiven des NDR (Abteilung Recherche Presse & Buch/Unternehmensarchiv, ARD aktuell und NDR Fernseharchiv) und aus dem Staatsarchiv Hamburg (STAHH) herangezogen.[117]

Die Ausgaben der *Neuen Deutschen Wochenschau* sind auf Video archiviert und im Filmarchiv der Deutschen Wochenschau GmbH in Hamburg vollständig recherchierbar. Es gibt Sichtungsmöglichkeiten für die Wochenschau-Filme und die dazugehörigen Musikaufstellungen; Sprechertexte bzw. Inhaltsangaben sowie Presse-Rezensionen und Beurteilungen der Filmtheaterbesitzer und Zuschauer sind einsehbar. Die Sprechertexte der *Neuen Deutschen Wochenschau* sind mit dem Wortlaut im Film nicht völlig identisch – es handelt sich vor allem um Inhaltsangaben zur Information für den Kinobesitzer, um mit dem Kinoprogramm werben zu können. Die Musikaufstellungen, d.h. die tabellarische Auflistung aller verwendeten Musikstücke pro Sujet mit Länge und Komponist bzw. Bezugsquelle und Archiv-Nr, sind vollständig erhalten.

In Bezug auf die Recherche-Umstände zur Entwicklung der *Tagesschau* kann Hoff angeführt werden. Hoff konstatiert, dass die Fernseharchive „nicht zu überbrückende Lücken" haben, weil die täglich neu erstellten Programme nicht als bewahrenswert betrachtet wurden.[118] Tatsächlich sind von den *Tagesschau*-Sendungen nur einzelne Einspielstücke in Sendemitschnitten beim NDR Fernseharchiv in Hamburg-Lokstedt recherchierbar – für die 1950er Jahre nur mit großen Lücken. Erst ab 1955/56 wurde regelmäßig archiviert. Die Einsichtnahme der Bandaufzeichnungen der Einspielfilme ist nach Absprache mit der Ressortleitung des Fernseharchivs möglich. Die Sendeprotokolle bzw. Sprechertexte der *Tagesschau* sind dagegen vollständig auf Microfiche erhalten und spiegeln mit den darauf befindlichen handschriftlichen Textänderungen und Anweisungen der Redakteure die tägliche Improvisationsarbeit in Redaktion und Produktion wider. Die Texte sind beim NDR in der Abteilung ARD aktuell einsehbar.

Von der Abteilung Recherche Presse & Buch/Unternehmensarchiv des NDR wurden darüber hinaus die *Tagesschau* betreffende Presseausschnitte, Pressemitteilungen sowie das Hausblatt *Die Ansage* gesammelt (diese jedoch nur bis 1955 und nicht ganz vollständig). *Die Ansage* wurde zum ersten Mal am 18. November 1946 in Form von hektografierten Blättern herausgegeben und diente zunächst zur Übermittlung von programmlichen, technischen, personellen und organisatorischen Mitteilungen an die Redaktionen der Funkfachpresse und der Tageszeitungen. Später wurden auch andere Institutionen angesprochen. Ab 22. November 1951 erschien sie in gedruckter Form. Ein weiterer Teil des Schriftwechsels, Protokolle von Gremiensitzun-

[117] Hinweise zur Zitierweise aller Dokumente und Materialien aus den Archiven im Anhang.
[118] Hoff, 2000, S. 39.

gen und andere Produktionsunterlagen des NWDR sind im Staatsarchiv in Hamburg öffentlich verfügbar untergebracht; außerdem gibt es weitere relevante Protokolle im Gremienbüro des NDR sowie in Archiven der Rundfunkanstalten (z.B. WDR). Im Bundesarchiv (BArch) in Koblenz befinden sich Akten des Bundespresseamtes mit Dokumenten in Bezug auf die Gründung der *Neuen Deutschen Wochenschau* und ihrem Verhältnis zum Fernsehen. Dr. Karl Stamm in Bonn hat aus seinem Besitz zwei Exemplare des Hausblattes der NDW (*Das Neueste – von der Neuen Deutschen Wochenschau*) sowie eine Privatkorrespondenz aus dem Nachlass von Heinz Kuntze-Just (Chefredakteur bei der *NDW* bis 1952) zur Verfügung gestellt.

Die Schriftstücke, die ursprünglich in mehreren Aktenordnern für die *Neue Deutsche Wochenschau* bzw. allgemein zum Thema Wochenschau gesammelt wurden, sind nicht durchgängig erhalten. Sie stammen aus den Jahren 1950 bis 1952, und dann wieder von 1955 sowie Ende der 1950er/Beginn 1960er Jahre bis 1963/64. Grundsätzlich gilt, dass historisch forschende Medienwissenschaftler nur mit dem vorhandenen oder zugänglichen Materialkorpus arbeiten können (ein Aufstocken oder Ergänzen, wie bei empirischen Arbeiten, ist nicht möglich).[119] Die angeführten Dokumente geben jedoch erhellende Einblicke in die Einflüsse, der die Wochenschau ausgesetzt war und gibt wieder, wie sie damals beurteilt wurde – so lässt sich ein Erwartungsprofil erstellen.

Analog dazu existiert für die *Tagesschau* lediglich ein einzelner Aktenordner mit gesammelten Presseausschnitten und anderen Schriftstücken – dafür sind die Sammlungsstücke durchgängig für die Jahre von 1952 bis 1966 erhalten. Ein weiterer Ordner enthält Protokolle und Schriftwechsel der Intendanten und Gremien, Vorschläge für die Gestaltung der *Tagesschau*-Sendung, Kalkulationen, Personalentscheidungen, Abschriften von Presseartikeln. Sie wurden bisher noch nicht ausgewertet und konnten erstmals in eine Forschungsarbeit eingehen.

Für Recherchen in audiovisuellen Materialien ist die jeweilige Herstellungsweise ausschlaggebend. Wochenschauen sind fertig gemischte Filme, sodass die Berichte vollständig mit sämtlichem Bildmaterial, Musik, Kommentar, Grafiken usw. eingesehen werden können. Da eine *Tagesschau*-Ausgabe erst im Moment der Sendung mit Musik, Geräusch und Sprache entstand, wurden diese Komponenten zum großen Teil getrennt aufbewahrt. Vieles davon muss als verloren gelten, denn Aufzeichnungen vollständiger Sendungen begannen erst Anfang der 1970er Jahre. Außerdem wurden aus den Bändern der *Tagesschau* zumeist Beiträge herausgeschnitten, um sie im *Wochenspiegel* zu verwenden, wo sie dann verblieben. Für die *Wochenspiegel*-Ausgabe wurden diese Beiträge aber noch einmal umgearbeitet, sodass vielfach die Fassung des Original-*Tagesschau*-Beitrags nicht mehr rekonstruiert werden kann. Viele der Musikstücke und Geräusche, die live während der *Tagesschau*-Sendung zugespielt wurden, sind nicht erhalten, ebenso wie die live gesprochenen Kommentare. Eine Ausnahme bildet der *Wochenspiegel* als wöchentliche Zusammenfassung der

[119] Vgl. Lengwiler, 2010, S. 91.

wichtigsten Ereignisse, dessen Beiträge ausgefeilter, ausführlicher und aufwendiger waren – in *Wochenspiegel*-Ausgaben sind noch oft Begleitmusik sowie O-Töne zu finden.

Beim Umgang mit historischen Quellen sind historische Kontexte und Abhängigkeiten kritisch zu prüfen – Wochenschaufilme bilden dabei keine Ausnahme. Ein Brief der *NDW* an die Filmzeitschrift *Film-Echo* zeigt, dass die Rezensionen der Wochenschauen offenbar nicht immer darauf beruhen, was die Kritiker selbst gesehen hatten, sondern auf Pressemitteilungen der *NDW*. In einem Brief bedankt sich der *NDW*-Redakteur für die günstige Besprechung der Wochenschau und zeigt sich verwundert, dass ein Bericht „Weltraumfahrer" genannt wurde, der aber gar nicht mehr gebracht werden konnte und nur in der Presseinformation der *NDW* vorkam.[120] Das relativiert zwar möglicherweise alle damaligen Rezensionen – es ist jedoch nicht mehr nachvollziehbar, welche Wochenschauen von den Kritikern tatsächlich angesehen wurden. Auch muss bei Schriftwechseln und Presseartikeln eingeräumt werden, dass es sich oft um persönliche Meinungen und Beurteilungen Einzelner handelt, bzw. bei Zeitungen um redaktionell geprägte Berichte. Protokolle können ebenfalls vom Verständnis des Protokollanten geprägt sein. Sie wurden darüber hinaus nach der ersten Niederschrift stark überarbeitet, wie das Beispiel des Protokolls der 14. Sitzung des NDW-Aufsichtsrates[121] zeigt. Da der Entwurf mit den handschriftlichen Streichungen und Änderungen erhalten ist, ist zu erkennen, wie viele aufschlussreiche Informationen durch die Reinschrift verloren gingen; vermutlich wurde mit allen Protokollen auf diese Weise verfahren.

Offenbar kam es wiederholt vor, dass die in den Inhaltsangaben angekündigten Sujets dann doch nicht in der *NDW* gezeigt wurden.[122] Das bedeutet, dass die in den Archiven lagernden Inhaltsangaben nicht unbedingt dem entsprechen, was die Zuschauer letztendlich sahen. Es ist darüber hinaus belegt, dass Kinobesitzer unliebsame Sujets eigenmächtig aus der *NDW* herausschnitten – beispielsweise Drehberichte über einen neuen Film, den das jeweilige Kino nicht im Programm hatte[123] oder Sujets, auf die Zuschauer anderenorts bereits negativ reagiert hatten[124]. Um alle Einzelheiten des Medienwandels zu verstehen, müssten Quellenbestände aufgegriffen werden, die abseits der öffentlich zugänglichen Archive liegen und die in transdisziplinärer Zusammenarbeit mit Fachleuten in Archiven aufzuarbeiten sind.

---

120 NDW (Groll) Brief an Film-Echo (Herzberg), Berlin, 12.9.1958, Korrespondenz ab 1958, DW.

121 14. Sitzung des Aufsichtsrates am 29.2. und 1.3.1952, Protokolle Aufsichtsrat 1949-1952, DW.

122 Vgl. Schorcht, Hamburg, Brief an Schorcht, 18.3.1950, Beurteilungen bis 1952, DW. Es wird kritisiert, dass bereits zweimal angekündigte Berichte nicht in der *NDW* erschienen waren – ein Beitrag, der für Nr. 5 angekündigt war, kam erst in Nr. 7 und in Nr. 7 fehlte wiederum ein anderer Bericht.

123 Vgl. Schorcht (Zimmermann) Brief an NDW (Roellenbleg), 1.3.1950, Beurteilungen bis 1952, DW; vgl. o.V. (1958): Die tapferen Schneider. In: Der Spiegel Nr. 51, 17.12.1958, S. 58-59.

124 Der Beitrag vom 32. Jahrestag der Roten Armee in *NDW* Nr. 5 vom 28.2.1950 hatte Proteste ausgelöst; vgl. Schorcht, Hamburg Brief an NDW, 20.3.1950, Beurteilungen bis 1952, DW.

1.6.3 Das Untersuchungsvorgehen

Da man bei der Recherche in Archiven oder Dokumentationsstellen kaum auf vollständige Datenbankbestände zurückgreifen kann, folge ich der Meinung von Bernhard Zimmermann, dass „selbst die größte Menge validierter Mikrodaten [...] noch immer keine Makrogeschichte" ergibt; je dichter das „Netz der Mikrodaten" aber ist, desto plausibler werden Deutungsmöglichkeiten.[125] Die Zusammenschau zahlreicher Originalbelege und ihre Interpretation zeichnen ein historisches Bild von der Bedeutung der Wochenschau und der *Tagesschau* im Alltag der Nutzer. Da es forschungsökonomisch nicht möglich wäre, sämtliche Wochenschauen zu sichten bzw. sämtliche Sprechertexte der *Tagesschau* anzusehen, war folgendes Vorgehen sinnvoll:

1. Eine Analyse schriftlicher Dokumente der *Neuen Deutschen Wochenschau* und der *Tagesschau* aus den Aktenordnern, um Entwicklungen zu ermitteln. Dabei wurden die Aspekte Institutionsentwicklung, Struktur- und Gestaltungsentwicklung und Anforderungen bzw. Beurteilung der Formate berücksichtigt. Erkenntnisse über eine mögliche Bedeutungs- und Funktionsverschiebung ließen sich daraus ebenfalls gewinnen.
2. *NDW*-Filme und *Tagesschau*-Sendungen bzw. ihre Beiträge, die in diesen Dokumenten als herausragend beschrieben sind, wurden eingehender analysiert und die Sprechertexte untersucht. Es sind solche, die gelobt oder negativ kritisiert wurden, die Zäsuren markieren, einen besonderen Bezug zu ausgewählten bedeutenden historischen Themen haben und Beispiele für Produktions-Prinzipien darstellten. Diese historischen Themen sind: der Aufstand in Ungarn im Jahr 1956, die Lage der Flüchtlinge in Berlin 1958 und der Bau der Berliner Mauer im August 1961.
3. Zu diesen Filmen oder Sendungen bzw. Sendungsbeiträge wurde jeweils der entsprechende *NDW*- bzw. *Tagesschau*-Beitrag oder mehrere *Tagesschau*-Beiträge analysiert, um Vergleiche in Bezug auf die Gestaltung anstellen zu können. Dazu ist anzumerken, dass es nur wenig wirkliche parallele Berichte gegeben hat und keine gleichen Themenzusammenstellungen – dies schon allein aus dem Anspruch beider Formate, sich abgrenzen zu wollen, und aufgrund ihrer Erscheinungsweise. Teilweise war es sinnvoll, zusätzlich den *Wochenspiegel* des Fernsehens heranzuziehen, um z.B. ausführliche Kontextinformationen zu gewinnen und die Verwendung gleicher Bilder zu prüfen.
4. Für Erkenntnisse, wie Wochenschau und *Tagesschau* in das Programm eingebunden waren, wurden Kinokritiken und Literatur zur Filmgeschichte bzw. Informationen zum damaligen Fernsehprogramm aus *Die Ansage* genutzt.
5. Die Aussagen von Wolfgang Esterer, leitender Redakteur der *Ufa-Wochenschau* (ab 1961) und Geschäftsführer der Deutschen Wochenschau (1966-1970), der zu einem Gespräch am 15. Dezember 2010 in den Räumen der Deutschen Wochen-

[125] Zimmermann, B., 1991, S. 29.

schau GmbH bereit war, sowie Statements aus einem Gespräch mit *NDW*-Kameramann Justus Pankau auf der Tagung „Zwischen Aktualität und Unterhaltung" im Oktober 2010 in Stuttgart ergänzen die Untersuchung.

1.6.4 Aufbau und Kapitelbeschreibung

Nach der Einleitung werden im zweiten Kapitel die ausgewählten Erklärungsansätze zur Medienentwicklung erläutert, die die Untersuchung untermauern. Im dritten Kapitel wird die Entwicklung und Etablierung von Wochenschau und *Tagesschau* durch Fakten aus der Literatur und Interpretation der genannten Quellen, wie Protokolle, Schriftverkehr und Kritiken, belegt. Der Aufbau der zugehörigen Institution, Konkurrenz- und Marktverhältnisse, Einbindung in den Programmkontext, Redaktion (Zusammenstellung der Inhalte), Produktionsbedingungen, Distributionsart sowie Image und Selbstverständnis werden erklärt. Die Umbruch-Phase des Fernsehaufstiegs und der Kinokrise (ab 1957/58) markiert eine Zäsur: In diesem Zusammenhang wird erläutert, welche Maßnamen zur Umgestaltung die Wochenschau entwarf, um wettbewerbsfähig zu bleiben, welcher Umbau der *Tagesschau* stattfand, um auf die wachsenden Zuschauerbedürfnisse zu reagieren, und wie nach der gescheiterten Einführung des ‚Adenauer-Fernsehens' die *Tagesschau* für die Konkurrenz zwischen ARD und ZDF 1963 eine hohe Bedeutung bekam. Im vierten Kapitel „Gestaltungsentwicklung von Wochenschau und *Tagesschau*" geht es zunächst im Sinne einer historischen Rezeptionsforschung um die Erwartungen in Bezug auf Gestaltung der Formate, die von dritter Seite (z.B. in Beurteilungen) geäußert wurden. Die Gestaltungsentwicklung wird anhand ausgewählter Beispiele erläutert: Wochenschauen bzw. einzelne Sujets und *Tagesschau*-Beiträge zu drei bedeutenden Themen der 1950er und 1960er Jahre werden analysiert sowie Vergleiche zwischen *NDW* und *Tagesschau* gezogen, um deren Entwicklungslinien und Darstellungsprinzipien aufzuzeigen. Das fünfte Kapitel thematisiert die Funktions- und Bedeutungsveränderungen bei Wochenschau und *Tagesschau* – ganz besonders die Bedeutung der Aktualität sowie weitere Präsentationsfunktionen für Wirtschaftsunternehmen, Politik sowie für Film und Fernsehen. Im sechsten Kapitel werden die Auswirkungen der Medienentwicklung auf die Rezipienten und ihren Umgang mit Zeit, ihre Medienkompetenz und neue Medien-Räume behandelt sowie die Substitution oder Ergänzung von Medien und deren Ursachen. Des Weiteren werden zehn Faktoren identifiziert, die in ihrem Zusammenwirken zur Ablösung der Wochenschau durch Fernsehen und *Tagesschau* entscheidend beigetragen haben. In einem abschließenden Fazit sind die Forschungsfragen den Annahmen entsprechend zusammenfassend beantwortet und es wird ein Ausblick auf weiterführende Untersuchungsaspekte gegeben. Im Ganzen wird unter Einbezug des historischen Kontextes gezeigt, wie sich ein Format etabliert und einen Bedeutungs- und Funktionswandel vollzogen hat.

2. Ansätze zur Medienentwicklung

Ein Ziel der vorliegenden Arbeit ist, die Bedingungen, Gründe und Zusammenhänge zu untersuchen, die zur Ablösung der Filmwochenschau führten. Für Hickethier geht es bei der Medienentwicklung um ein Modell mit verschiedenen Faktoren. Es handele sich bei mediengeschichtlichen Veränderungen um ein multifaktorielles Zusammenspiel: Die Ausgangspunkte seien dabei unterschiedliche „Vorstellungen und Erwartungen an eine neue Technologie" in der Gesellschaft und das Entstehen von unterschiedlichen „Nutzungsinteressen und -praktiken" im Umgang mit der Technologie.[1] Auch die ökonomischen Interessen von Medienunternehmen spielten eine Rolle. Je mehr sich aber die verschiedenen Nutzungsinteressen miteinander verbinden ließen, desto leichter lasse sich ein Medium in die Gesellschaft einbringen.[2] Dabei ergeben sich Entwicklungen auf mehreren Ebenen:

1. Medien: Etablierung des Fernsehens als ‚neues' Medium
2. Format: Bedeutungsverlust der Wochenschau durch verbreitete Nutzung der *Tagesschau* und anderer Informationsformate des Fernsehens
3. Kontexte: Entwicklungen technischer, gesellschaftlicher und (medien-)politischer Art

In diesem Abschnitt werden ausgewählte Ansätze zur Erklärung von Medienentwicklungen erläutert, die auf diesen Ebenen mit dem Beispiel von Wochenschau und *Tagesschau* angewendet werden.

Die Vorstellungen von Menschen können auf Perspektiven basieren, die aus den Medien stammen; sie bauen während der Rezeption Wahrnehmungsmuster auf. Für die Aufnahme und Bewertung von audiovisuellen Informationen ist der Rezeptionsort entscheidend und wie sich Zuschauer darin zum dargebotenen Bild anordnen. Diese Anordnungsstruktur kommt im Dispositiv-Ansatz zum Tragen.[3] Die Unterschiede des Kino- und Fernsehdispositiv der 1950er Jahre stehen wiederum mit technischen, ökonomischen und gesellschaftlichen Entwicklungen dieser Zeit in Verbindung.

Während sich der Dispositiv-Ansatz mit der Rezeptionssituation und deren Auswirkung auf die Wahrnehmung beschäftigt, geht es im Ansatz von Riepl um die Ebene des Mediums bzw. Medienprodukts: ob und in welcher Weise Komplementarität oder Substitution von Medien und Funktionsverschiebung von alten zu neuen Medien auch für mediale Formen gelten. In Verbindung damit steht wiederum ein Innovationskreislauf für Medien, Formate und dispositive Elemente.

---

[1] Hickethier, 2003b, S. 50.
[2] Ebd.
[3] Vgl. Hickethier, 2003a, S. 187-195.

Da Medien keinen Selbstzweck haben und Nutzung voraussetzen, geht der Medienwandel mit einem Gesellschaftswandel einher. Krotz stellt dazu drei Typen von Ansätzen dar: (1) Medienwandel als Teil und Ausdruck von gesellschaftlichen Veränderungen, (2) Medienwandel als Folge von gesellschaftlichen Veränderungen und (3) Medienwandel als Ursache gesellschaftlicher Veränderungen. Alle drei Typen sind in einem Zusammenhang zu sehen und spielen sich vermutlich parallel ab.[4] Daher sind die gesellschaftlichen Entwicklungen der 1950er Jahre als Erklärungsansatz in die Betrachtung einzubeziehen.

2.1 Mediendispositive

Um einem Kinofilm folgen zu können, muss sich der Zuschauer auf eine bestimme Weise zur Projektion auf der Leinwand positionieren. Ähnliches gilt für den Fernsehzuschauer, der sein Gerät nutzt, um sich eine Sendung anzusehen. So ergibt sich eine Anordnung der Menschen und Medien in Raum und Zeit. Zu den „Erklärungskonzepten" der Funktion und Bedeutung von Medien für Individuum und Gesellschaft gehört das Mediendispositiv.[5] Der Dispositiv-Ansatz bietet eine ganzheitliche Sicht, die sich nicht nur auf die Anordnungen der Rezipienten im Kino oder vor dem Fernsehgerät bezieht, sondern die Wirkungen dieser Anordnungen integriert, um z.B. einen Realitätseindruck zu gewinnen. Für die Untersuchung bedeutet dies, dass das Kino- bzw. Fernsehdispositiv bei der Entwicklung und Bedeutung von Wochenschau bzw. *Tagesschau* eine Rolle gespielt haben müssen. Dazu werden nachfolgend der Dispositiv-Ansatz und die Überschneidung von Kino- und Fernsehdispositivs erläutert.

2.1.1 Der Dispositiv-Ansatz

Dispositiv (franz.: *dispositif*) bedeutet Vorrichtung, Anordnung, Apparat. Die Medienwissenschaftler, die sich Ende der 1980er und Anfang der 1990er Jahre mit dem Dispositiv-Begriff befassten, versuchten einen neuen Ansatz in die Medientheorie und Mediengeschichtsschreibung einzubringen und die Aufteilung in Kommunikator- und Rezeptionsforschung zu überwinden. Das Modell berücksichtigt nicht nur die Medieninhalte, sondern zudem auch die Art und Weise der Vermittlung, die Ästhetik der Medien und auch, wie sich das Medium und die mentalen Wahrnehmungen des Rezipienten miteinander verknüpfen.[6]

[4] Vgl. Krotz, 2003, S. 15.
[5] Hickethier, 2003a, S. 186.
[6] Vgl. Hickethier, 1997, S. 67-68.

Der Gebrauch des Dispositiv-Begriffs als „medientheoretische Kategorie“ geht auf Jean-Louis Baudry[7] zurück. Er wendet ihn zur Beschreibung des Kinos und seiner räumlich-technische Anordnung der Apparate an und erklärt damit ihre Auswirkung auf die „filmische Wahrnehmung“:[8] Die Kinobesucher halten jegliche Darstellungen auf der Leinwand für real. Baudry „paralellisiert“ dabei die Kinosituation mit dem platonischen Höhlengleichnis. Platons Text (von 374 vor Chr.) beschreibt eine Gruppe von Menschen, die in einer dunklen Erdhöhle gefesselt sind und von Kindheit an nichts als die Schattenbilder sehen, die in ihrem Rücken und vor einem Feuer entstehen – was der Anordnung der Situation im Kinosaal in „frappanter Weise“ entspricht.[9] Da die ‚Höhlenmenschen des Kinos‘ zunächst nichts anderes kennen, halten sie das Gesehene für wirklich existent.

Baudry greift den Begriff des Dispositivs auf, den der französische Philosoph, Historiker und Soziologe Michel Foucault definierte, wobei dieser Elemente der Anordnungen aufzeigt:

> *„Das, was ich mit diesem Begriff zu bestimmen versuche, ist erstens eine entschieden heterogene Gesamtheit, bestehend aus Diskursen, Institutionen, architektonischen Einrichtungen, reglementierenden Entscheidungen, Gesetzen, administrativen Maßnahmen, wissenschaftlichen Aussagen, philosophischen, moralischen und philanthropischen Lehrsätzen, kurz, Gesagtes ebenso wie Ungesagtes, das sind die Elemente des Dispositivs.“*[10]

Für Foucault war wichtig, dass es ein Zusammenwirken auf verschiedenen Ebenen gibt. Auf diesen Ebenen können sich gesellschaftliche Normen und Werte bilden, sich durchsetzen und damit Macht ausüben. Dispositive sind Anordnungen, die regeln, wie Menschen innerhalb einer Kultur etwas wahrnehmen. Sie lassen etwas sichtbar werden, ohne selbst bewusst wahrgenommen zu werden. Mediendispositive „organisieren“ die Wahrnehmung der Zuschauer, die dies unbewusst erleben und als selbstverständlich annehmen.[11] Durch die Anordnung und Perspektive des Menschen im Dispositiv gibt es für ihn erkennbare und unsichtbare Dinge, die einen Einfluss auf seine Wahrnehmung haben. Beispielsweise ist der Filmprojektor für den Kinobesucher nicht sichtbar. Der Projektor ist jedoch die Grundvoraussetzung für die Sichtbarkeit der Filmbilder auf der Leinwand – ohne ihn verliert der Kinosaal seine Funktion. Beim Fernsehen ist es die Bildröhre im Innern des Gerätes, die sich dem Sichtfeld des Zuschauers entzieht, aber dafür verantwortlich ist, dass er Fernsehbilder betrachten kann. Außerdem stehen schon vor dem Einschalten des Fernsehgerätes Übertragungsleitungen und Antennen bereit – ebenfalls für den Zuschauer im Moment der Rezeption unsichtbar. Ein ins Bild hängender Mikrofon-Galgen kann bei-

[7] Vgl. Baudry, 1986a, 1986b.
[8] Hickethier, 1995, S. 63.
[9] Winkler, 1989, S. 21.
[10] Foucault, 1977, S. 392-395, zit. nach Agamben, 2008, S. 7-8.
[11] Hickethier, 2003a, S. 187.

spielsweise die Illusion eines Films zerstören. Der Zuschauer weiß zwar, dass er im Kino oder vor dem Fernsehgerät sitzt – aber für das spezifische Erlebnis ist entscheidend, die „Gesamtmaschinerie des Films“ nicht wahrnehmen zu müssen.[12]

Überträgt man weiterhin Foucaults Definition auf das Kino und das Fernsehen, sind ‚architektonische Einrichtungen‘ die Filmproduktions- und Fernsehstudios. Die Meinungen in den Institutionen werden von Gremienmitgliedern geäußert und Staatsverträge für den öffentlich-rechtlichen Rundfunk sind die ‚Gesetze‘. Dabei gibt es ‚Gesagtes‘, was schriftlich in Briefen oder Protokollen oder anderen Texten fixiert ist und damit der wissenschaftlichen Untersuchung zur Verfügung steht, sowie ‚Ungesagtes‘, was sich beispielsweise nur durch historische Handlungen ausgedrückt hat.

Foucault interpretiert das Dispositiv zudem als das „Netz“, das man zwischen diesen Elementen knüpfen kann oder auch: „eine Art [...] Gebilde, das zu einem historisch gegebenen Zeitpunkt vor allem die Funktion hat, einer dringenden Anforderung nachzukommen“[13]. Das Dispositiv hat nach Agamben eine „konkrete strategische Funktion“.[14] Weil das Dispositiv eine strategische Funktion hat, ist seine Basis eine „Verschränkung von Macht- und Wissensverhältnissen“.[15] Das Dispositiv ist immer „in ein Machtspiel eingeschrieben“.[16] So ist anzunehmen, dass auch Wochenschau und *Tagesschau* von Wirtschaft und Politik genutzt wurden und sich dieser Einfluss auf die Gestaltung und die Bedeutung der Formate und Medien ausgewirkt hat. Zu fragen ist dann, ob die Nutzer diese Einflussnahme bemerkten und wie sie damit umgingen.

Maletzke spricht von einem „Zwang“, den jedes Medium aufgrund seiner technischen Gegebenheiten auf den Rezipienten ausübe. Medien würden „dem Rezipienten bestimmte Verhaltens- und Erlebensweisen nahelegen oder vorschreiben“ und zwar in Bezug auf Wahrnehmung, Verhaltensfreiheit oder Verhaltensbindung, Zeitgebundenheit, Nutzung einer räumlichen Situation und soziale Situation im Moment des Medienkonsums.[17] Und dann ist noch entscheidend, ob er eine Live-Darbietung oder eine Aufzeichnung sieht.[18] Maletzke geht somit von dem veralteten Ansatz aus, der die Frage stellte: Was machen die Medien mit den Menschen? Auch Agamben bezieht sich auf eine Kontrolle durch die Medien und definiert als Dispositiv alles, „was irgendwie dazu imstande ist, die Gesten, das Betragen, die Meinungen und die Reden der Lebewesen zu ergreifen, zu lenken, zu bestimmen, zu hemmen, zu formen, zu kontrollieren und zu sichern“[19]. Dass Film und Fernsehen beobachtbar eine bestimmte Gewöhnung der Nutzer nach sich gezogen haben, bestätigt dies. Das Me-

[12] Winkler, 1989, S. 25.
[13] Foucault, 1977, S. 392-395, zit. nach Agamben, 2008, S. 8.
[14] Agamben, 2008, S. 9.
[15] Ebd.
[16] Foucault, 1977, S. 392-395, zit. nach Agamben, 2008, S. 8.
[17] Maletzke, 1963, S. 171.
[18] Vgl. ebd.
[19] Agamben, 2008, S. 26.

dienangebot diente auf der anderen Seite den Zuschauern dazu, ihrem Alltag eine Struktur zu geben.

Nach dem Uses-and-Gratifications-Ansatz[20] geht man seit den 1960er Jahren von der Perspektive aus: Was machen die Menschen mit den Medien? Die Zuschauer sind es selbst, die im Dispositiv Wissen, soziale Beziehungen, Unterhaltung suchen und bekommen und Gewohnheiten folgen, auch wenn sie dies möglicherweise nicht reflektieren. Das Verhalten der Rezipienten war jedoch von jeher kaum berechenbar – trotz aller Planungen der Medien – und es ist kaum möglich, jeden Nutzer zufriedenzustellen.[21] Diese Feststellung unterstützend ist der Mensch nach Hickethier kein „willenloses Opfer" und nicht „hermetisch von Medien umstellt", sondern bildet durch seine Auswahl einen „aktiv mitgestaltenden Faktor" für die Medien.[22] So ist anzunehmen, dass Zuschauer und andere Interessengruppen (wie z.B. Kinobesitzer) mit artikulierten Erwartungen bzw. ihrem Verhalten auch auf Wochenschau und *Tagesschau* eingewirkt und die Medienformate indirekt mitgestaltet haben.

2.1.2 Die Dispositive des Kinos und des Fernsehens

Als Ausgangspunkt für alle Überlegungen zu Mediendispositiven führt Hickethier das Kino an. Das Fernsehdispositiv dagegen habe sich „parallel bzw. zeitlich versetzt" zum Kinodispositiv entwickelt und baue auf seine Apparatekonstellationen und damit auf die Wahrnehmungsweisen auf,[23] die das Gesehene mit dem Realitätseindruck oder dem Gefühl des Dabeiseins verbinden. Dadurch, dass sich der „Sehstrahl" nach den physikalischen Gesetzen „geradlinig" anordnet, zwingen nach Maletzke alle visuellen Medien (Presse, Film, Fernsehen) den Rezipienten, sich sehr starr der Aussagequelle zuzuwenden – Zuschauer seien demnach in ihrem Verhalten festgelegt. Sie könnten daneben nur in engen Grenzen einer anderen Beschäftigung nachgehen.[24] Beim Hörfunk aber, bei dem sich der Schall „kugelförmig" ausbreite, sei es dem Rezipienten möglich, sich im Raum zu bewegen, sodass er zugleich auch andere Tätigkeiten ausführen könne.[25] Die alleinige Existenz des Mediums reicht aber nicht aus – es sind die Inhalte, die die Aufmerksamkeit binden. Dazu kommen filmische Mittel zum Einsatz, wie Kameraeinstellungen, Spiel mit Licht und Schatten, Musik des Openings etc.. Aber auch die Verdunkelung des Kinoraums dient der Aufmerk-

---

[20] Die Ursprünge des Ansatzes liegen bereits in den 1940er Jahren. Der Ansatz kehrt die aus dem Stimulus-Response-Modell stammende Frage: ‚Was machen die Medien mit den Menschen?' um; vgl. Schweiger, 2007, S. 60-62.

[21] Vgl. dazu auch Brechts Radiotheorie (1927-1932), in der er den Publikumsgeschmack „verzwickt", aber auch „einträglich" nennt; Brecht, 1967, S. 174.

[22] Hickethier, 2001b, S. 29.

[23] Hickethier, 1995, S. 64.

[24] Maletzke, 1963, S. 173.

[25] Ebd.

samkeitssteuerung. Einst nur zur Optimierung der Helligkeit des Bildes dienend, wurde die Dunkelheit im Zuschauerraum zu einem wichtigen Element des Kinos.[26] Die Wahrnehmung wird durch eine „ästhetische Anordnung" („ästhetisch" im Sinne von „Wahrnehmung organisierend") ausgerichtet.[27] Der starke Kontrast zwischen heller Leinwand und dem dunklen Raum, die starre Sitzanordnung – das alles führt zu einem intensiven Erleben.

Im Fernsehdispositiv ist der Zuschauer vor einem Bildschirm statt vor einer Kinoleinwand angeordnet. Das Bild wird hinter dem Bildschirm im Apparat erzeugt, strahlt auf den Zuschauer und zieht so seine Aufmerksamkeit auf sich. Der Zuschauer bekommt auf diese Weise den Eindruck, über den Empfangsapparat mit dem ‚Draußen' verbunden zu sein.[28] Bei Rundfunk und Fernsehen ist die gewohnte häusliche Umgebung die häufigste Rezeptionssituation. Die Kinovorstellung ist dagegen eine Veranstaltung in einem eigens dafür vorgesehenen fremden, meist großen Raum mit einer großen Bildfläche und einer besonderen sozialpsychologischen Situation. Der Kinobesuch wird damit zu etwas Außergewöhnlichem und bedeutet eine Unterbrechung des Alltags.[29] Jeder Mensch könnte so zwar grundsätzlich den Film allein ansehen – das ist jedoch nicht der Sinn des Kinoerlebens; während beim Fernsehen die Einzelsituation oder die miteinander vertraute Gruppe als normal anzunehmen ist.[30] In der Fernsehsituation kann der Rezipient wählen, mit wem er die Zeit des Medienkonsums teilt – im Kino gibt es diese Wahl nur in Bezug auf persönliche Begleitpersonen, während alle anderen Anwesenden fremd sein dürften.

So ist das Nutzungsverhalten des Zuschauers mit der Zeit- und Raumzuweisung gekoppelt. Beim Kino resultiert aus der anonymen Masse im Zuschauersaal eine „starre, konventionelle, hochstrukturierte soziale Situation",[31] bei der gewisse Verhaltensregeln notwendig sind.

Beim Fernsehen kann die Situation dagegen weniger strukturiert sein. Mit sich selbst allein und in der Familie in der häuslichen Umgebung ist das Verhalten ungezwungener – was sich auf das Erleben des Fernsehens auswirkt.[32] Aus dem Fernsehdispositiv resultiert eine „neue Beweglichkeit" für den Zuschauer.[33] Stauff führt außerdem dazu an, dass das Fernsehen kaum als eine einheitliche Anordnung definiert werden könne. Er macht deutlich, wie sich die Integration des Fernsehgerätes in den privaten Raum von Haus zu Haus unterscheidet – beispielsweise kann es im Wohnzimmer oder Schlafzimmer und dort wiederum unterschiedlich untergebracht sein. Stauff beschreibt den Kontext des Fernsehens als „fortlaufende Ablenkung", verbun-

---

[26] Vgl. Hickethier, 2003a, S. 192.
[27] Ebd., S. 191.
[28] Vgl. Hickethier, 2007, S. 18-19.
[29] Maletzke, 1963, S. 175.
[30] Vgl. ebd., S. 176-177.
[31] Ebd., S. 177.
[32] Vgl. ebd., S. 176-177.
[33] Hickethier, 2003a, S. 194.

den mit einem Austausch mit anderen anwesenden Personen oder wechselnder Mediennutzung (von z.B. Zeitungen, Zeitschriften, Büchern)[34] oder anderen Tätigkeiten (wie Bügeln, Stricken o.ä.). In dieser Hinsicht unterscheidet sich das Fernsehen bedeutend vom Kino.

2.1.3 Zusammenfassung zu den Mediendispositiven

Mediendispositive stellen nicht nur eine Anordnungsstruktur dar, d.h. wie Menschen während der Nutzung zu den Medien positioniert sind, sondern sie sind ausschlaggebend für die Wahrnehmung der Medieninhalte. Die Dispositive sind als ein Netz von Elementen – von Greifbarem und nicht Greifbarem – zu betrachten, in das sich die Zuschauer einfügen. Für die Medienentwicklung ist relevant, dass sich einzelne Elemente modifizieren können – die Konstellation ändert sich, sodass sich neue Nutzungsstrategien ergeben. Die Zuschauer konnten in den 1950er Jahren bereits zwischen mehreren audiovisuellen Optionen wählen: ins Kino gehen oder zu Hause bleiben, zu spät oder rechtzeitig zur Vorstellung erscheinen oder pünktlich den Fernseher einschalten; sich entweder die Wochenschau mit fremden Personen in einer abgedunkelten Kinoatmosphäre oder die *Tagesschau* in privater Umgebung im Wohnzimmer mit bekannten Personen ansehen. Mit dem Fernsehen wurde ein Dispositiv geschaffen, das sich im Privaten verankert und Öffentlichkeit neu erstehen ließ.[35] Und die Veränderungen sind nicht abgeschlossen. Weil sich das Fernsehen technisch und programmlich ständig weiterentwickelt, hat es einen „außerordentlichen Stellenwert“ in Gesellschaft, Politik und Mediendiskursen.[36]

[34] Vgl. Stauff, 2005, S. 145.
[35] Vgl. Hickethier, 1998, S. 13.
[36] Stauff, 2005, S. 71.

2.2 Ergänzung oder Ersatz von Medien

Die Geschichte eines Mediums kann als Folge von Phasen erklärt werden – von der technischen Erfindung, über die Etablierung und die schrittweise Verbreitung.[1] Danach beginnt ein Kreislauf der Innovation – eine ständige Weiterentwicklung. Auch beim Fernsehen kam es zunächst zu einer Nutzung durch diejenigen, die neuer Technik aufgeschlossen gegenüberstanden. Daraus entwickelte sich ein täglicher Gebrauch beinahe aller. Die Erfindung neuer Technik, die Entwicklung von Apparaten und die anschließende Nutzung könnten zwar die Etablierung eines neuen Mediums wie des Fernsehens und seiner Sendungen erklären, aber noch nicht die Meidung der Wochenschau; wobei zu beachten ist, dass das Kino noch immer genutzt wird. Im Folgenden werden Ansätze zur Medienentwicklung aufgegriffen, die zur Klärung der Frage bezüglich der Ablösung der Wochenschau beitragen können.

2.2.1 Der Ansatz von Riepl

Zunächst ist festzuhalten, dass Wochenschau und *Tagesschau* in unterschiedlichen Medien – im ‚alten' Medium Kino bzw. ‚neuen' Medium Fernsehen – angeboten und präsentiert wurden. Lerg führt zur Frage, ob alte Medien nur ergänzt oder ersetzt werden, das ‚Riepl'sche Gesetz'[2] an: Danach hat noch kein neues Medium ein älteres Medium verdrängt. Wolfgang Riepl stellte 1913 folgenden „Grundsatz der Entwicklung des Nachrichtenwesens" auf:

> *„[...] daß die einfachsten Mittel, Formen und Methoden, wenn sie nur einmal eingebürgert und brauchbar befunden worden sind, auch von den vollkommensten und höchst entwickelten niemals wieder gänzlich und dauernd verdrängt und außer Gebrauch gesetzt werden können, sondern sich neben diesen erhalten, nur daß sie genötigt werden können, andere Aufgaben und Verwertungsgebiete aufzusuchen."*[3]

Die wichtigsten Aussagen sind also, dass (1) Medien in Gebrauch bleiben und (2) ältere Medien beim Auftreten von neuen Medien eine andere Funktion erhalten. Lerg greift dazu auf Alltagsbeobachtungen zurück: Weder habe das Fernsehen den Hörfunk, das Kino und den Film, noch das Telefon den Telegrafen oder das Auto die Eisenbahn „verdrängt" – aber die „individuelle Nutzung" und der „soziale Nutzen" der

[1] Vgl. Wagner, 2011, S. 47.

[2] Vgl. Riepl, 1913/1972. Der Ansatz geht zurück auf eine Gesetzmäßigkeit von Wolfgang Riepl in seiner Doktorarbeit über das „Nachrichtenwesen des Altertums mit besonderer Rücksicht auf die Römer"; vgl. Peiser, 2008, S. 156.

[3] Riepl, 1913, S. 5.

alten Medien sei von den neuen Medien immer beeinflusst worden.[4] Ebenso „unbestritten“ sei, dass neue Medien „publizistische Formen und Funktionen älterer Medien“ veränderten.[5] Mediale Formen können jedoch trotzdem verdrängt werden, wie das Beispiel der Wochenschau zeigt. Nach Peiser würde man in modernisierter Ausdrucksweise Riepls ‚Gesetz‘ so formulieren:

> *„Ältere Medien überleben, müssen dazu aber eigenständige Funktionen erbringen. Sie werden dann für diese speziellen Funktionen verwendet. Das neue Medium und die älteren Medien verhalten sich demnach komplementär zueinander bzw. werden komplementär genutzt.“*[6]

Diese Gesetzmäßigkeit tauchte in der Kommunikationswissenschaft in den 1960er Jahren immer wieder auf. Man ging grundsätzlich von einer „Komplementarität“ (Ergänzung) und nicht von einer „Substitution“ (Ersatz) aus.[7] Durch eine Untersuchung zum Wettbewerb von Rundfunk und Tageszeitungen wurde festgestellt, dass kein Medium allein die Informations-Nachfrage befriedigen kann; gerade in diesem Feld ergänzen sich die Medien. Vielmehr ist es so, dass sich jedes Medium der neuen Nachfrage entsprechend im Sinne einer Aufgabenteilung anpassen muss.[8]

Wenn im Medienmarkt aber erkannt wird, dass das neue Medium einen hohen Einfluss auf die Nutzer hat, glauben die Vertreter der alten Medien an einen „Verdrängungswettbewerb“[9]. Diese „bedrängten Altmedien“ rufen dann nach „wirtschaftspolitischen oder gesellschaftserzieherischen Schutzmaßnahmen“.[10] Weil sich diejenigen Bundesbürger, die sich ein Fernsehempfangsgerät kauften, ihren Alltag auf das Fernsehen ausrichteten, entstand eine Diskussion über die Verdrängung anderer Medien durch das Fernsehen. Die Untersuchungsergebnisse der 1960er Jahre[11] ergaben aber eher, dass es zu einer „Koexistenz“, zu „punktueller Zusammenarbeit“ und auch zu „Komplementarität“,[12] d.h. zu einer Ergänzung und *keiner* vollständigen Verdrängung, kam. Mit Ausnahme des Kinos war kein anderes Medium durch das Fernsehen benachteiligt worden.

Das Fernsehen wurde bis Mitte der 1960er Jahre sogar schneller als die Tageszeitung. Die Tageszeitung wurde aber dadurch nicht erkennbar beeinträchtigt, sondern zur weiterführenden und vertiefenden Information genutzt.[13] Selbst durch das Werbefernsehen hatte die Presse keine Einbußen – im Gegenteil: Nach Einführung des

[4] Lerg, 1981, S. 193.
[5] Ebd.
[6] Peiser, 2008, S. 158.
[7] Wagner, 2011, S. 49.
[8] Vgl. ARD, 1969, S. 47.
[9] Lerg, 1981, S. 193.
[10] Ebd., S. 194.
[11] Vgl. ARD, 1969.
[12] Wagner, 2011, S. 50.
[13] Vgl. ARD, 1969, S. 31.

Werbefernsehens gab es erhebliche Zuwächse der Werbeeinnahmen für Presseerzeugnisse durch Anzeigenverkäufe.[14] Hier ist zwar der allgemeine wirtschaftliche Aufschwung zu berücksichtigen – jedoch ergibt sich für das Kino ein anderes Bild. Die Bruttoeinnahmen aus dem Kartenverkauf gingen von 1957 bis 1965 um 34 % zurück.[15] Der Rückgang des Kinobesuchs hatte noch andere Ursachen als den Aufstieg des Fernsehens und hing z.B. mit Veränderungen in den Strukturen der Filmwirtschaft zusammen.

Hickethier spricht außerdem von einer „Verdichtung des Medienkonsums“, die in den 1960er Jahren einsetzte – man war in der Lage, mehrere Medien gleichzeitig zu nutzen.[16] Das kann aber nur auf diejenigen Medien zutreffen, für die man die Wohnung nicht verlassen musste. Das Kino war nicht gleichzeitig mit anderen Medien zu nutzen – was sich möglicherweise nachteilig auswirkte. Beispielsweise war das Zeitunglesen wegen der Verdunkelung im Kinosaal ausgeschlossen, beim Fernseh-Konsum aber möglich. Im Kino wurde die Aufmerksamkeit der Zuschauer für die gesamte Zeit der Vorstellung gefordert. Das Dispositiv war entscheidend.

Es kann problematisch sein, nur den Ansatz von Riepl anzuführen, wenn es um das Verhältnis zwischen älteren und neuen Medien geht.[17] Eine wichtiger Kritikpunkt an dem ‚Riepl'schen Gesetz‘ und seiner Anwendung besteht in den unklaren Definitionen von ‚Medium' und ‚Neuheit von Medien‘.[18] Insofern ist hier zu prüfen, ob man es auf die Verdrängung der Wochenschau anwenden kann, da sie nur Teil eines Kino-Programms war. Auch war das Fernsehen kein ganz neues Medium, sondern wurde mit neuer Technik und ausgebauten Übertragungswegen massentauglich.

Da die *Tagesschau* in ihrer Anfangszeit Wochenschau-Material verwendete und die Unterschiede zwischen beiden noch nicht bahnbrechend hervortraten, war die *fff-press* im November 1953 der Meinung: „Das Vorhandensein der Tageszeitungen hat die Wochenschriften nicht vom Erdboden verschwinden lassen, und auch die Tagesschau wird nicht in der Lage sein, der Wochenschau die ihr zugeschriebene Aufgabe abzunehmen.“ Film und Fernsehen, *Tagesschau* und Wochenschau sollten „die Grenzen des sich gesteckten Aufgabengebietes“ erkennen und diese „nicht voreilig und masslos“ überschreiten.[19] Das Fachblatt erkannte die Funktionsverschiebungen – mahnte aber eine Eigenverantwortung der Medien an, in ihren Bereichen zu bleiben; die Nutzer-Bedürfnisse wurden bei diesem Appell nicht berücksichtigt.

---

[14] Vgl. ARD, 1969, S. 39 (Tabelle 183). Die Bruttoeinnahmen aus Wirtschaftswerbung stiegen für die Presse von 818,4 Millionen im Jahr 1959 auf 1.953,7 Millionen DM im Jahr 1966. Die Einnahmen des Fernsehens stiegen in diesen Jahren von 55,1 Millionen auf 537,7 Millionen DM.

[15] Vgl. ARD, 1969, S. 110 (Tabelle 206). Die Bruttoeinnahmen der Filmtheater aus Kartenverkauf sanken von 1.014 Millionen im Jahr 1957 auf 665 Millionen DM im Jahr 1965.

[16] Hickethier, 1998, S. 201-202.

[17] Vgl. Peiser, 2008, S. 156.

[18] Vgl. ebd., S. 162.

[19] O.V. (1953): Ein Offener Brief und eine Offene Antwort. Wird das Fernsehen die Wochenschau verdrängen? In: fff-Press, Nr. 46, 16.11.1953, BArch B 145/112.

Wenn das Kino als Medium erhalten blieb, aber sich seine Funktion änderte, bedeutete dies, dass es Aufgaben an neue Medien abgab. Statt Vermittler aktueller Information wurde das Kino zu einem vorzüglichen Kunst- und Unterhaltungsraum. Das war die Neubestimmung des Mediums im veränderten Kontext. Eine Form kann von einem Medium aufgegeben werden, aber das Medium selbst bleibt bestehen.

2.2.2 Der Kreislauf der Innovation

Wie aber kommt es zur Etablierung von Medien? Die Innovationsforschung unterscheidet drei Stufen: (1) Invention – etwas Neues wird entdeckt oder erfunden, (2) Innovation – die Gesellschaft nimmt die Neuerung an (oder verwirft sie) und (3) Diffusion – die Neuerung wird allgemein gebräuchlich, d.h. dass auch Zeit für die Nutzung gefunden wurde. Diese drei Stufen sind jedoch nur ein Ideal, d.h. sie können nicht immer scharf getrennt werden.[20] Wenn es darum geht, ein neues Medium einzuführen, ist die dritte Stufe die wichtigste. Nach Stöber wird eine revolutionäre Medien-Neuheit erst dann deutlich erkennbar, wenn das Medium in der Gesellschaft angenommen ist und sich eine neue Verwendung herausbildet.[21]

Am Anfang einer Medieninnovation steht meist eine „vage Unzufriedenheit“ mit der Leistung des älteren Mediums[22] – dies gilt auch für mediale Formen, was in Erwartungen geäußert wird. Sobald Nutzungsmöglichkeiten eines neuen Mediums erkannt sind und über negative und positive Folgen diskutiert wird, „setzen (rechts-) politische Auseinandersetzungen um das neue Medium ein“[23]. Stöber geht davon aus, dass das neue Medium zunächst in die „alte Rechtsordnung“ (als ‚unsichtbares‘ Element des Dispositivs) eingestellt wird, dies aber mit der Zeit der Nutzung nicht ausreicht.

Der Diskurs darüber führt dann zu neuen Gesetzen. „Dieser zyklische Prozess wiederholt sich bei jedem neuen Medium aufs Neue.“[24] Ähnliches gilt für die Medienökonomie – Geschäftsmodelle könnten im Lauf der Zeit unergiebiger werden, und es müssen neue Verdienstmöglichkeiten gefunden werden.[25] Sofern Medien mit privatwirtschaftlichen Strukturen verbunden sind, wird dies auch für ihre Formate zutreffen. Wenn eine alte Medientechnik an ihre Leistungsgrenze gestoßen ist, beginnt die Suche nach neuen und besseren Lösungen. Das können auch zunächst nur Einzellösungen sein, die sich im Verbund und im Dispositiv als leistungsfähig herausstellen. Es werden immer wieder Lösungen gefunden, die ein altes Medium oder

[20] Vgl. Stöber, 2008, S. 139-141.
[21] Vgl. ebd., S. 141.
[22] Ebd.
[23] Stöber, 2008, S. 141.
[24] Ebd.
[25] Vgl. ebd.

eine alte Form nachteilig erscheinen lassen und von der Nutzung abschneiden.[26] Dieser Kreislauf trifft auch auf die Entwicklung von *NDW* und *Tagesschau* bzw. Fernsehen zu.

2.2.3 Zusammenfassung zu Ergänzung oder Ersatz von Medien

Medien sind „ökonomisch zu attraktiv, politisch zu besorgniserregend, technisch zu interessant" sowie für den Alltag zu bedeutend, um nicht Änderungswünsche zu provozieren.[27] Zu untersuchen ist, unter welchen Bedingungen es zur Verdrängung von alten Medien-Formaten kommt. Dass aufkommende Medien bereits etablierte Medien nicht vollständig ersetzen, kann aus der Entwicklung des Mediensystems geschlossen werden. Der Riepl'sche Ansatz ist jedoch differenziert zu betrachten – je nachdem, ob sich der Fokus auf ein ganzes Medium oder auf die Inhalte wie Gattungen, Genres und Formate richtet. Zudem ist der Kontext der Nutzungsbedingungen im Dispositiv zu beachten. Je enger der Medienbegriff gefasst wird, desto weniger kann das ‚Riepl'sche Gesetz' zutreffen. Ebenso verhält es sich mit dem Kreislauf der Innovation, in dem nicht immer ganze Medien neu geschaffen werden, sondern möglicherweise nur Elemente – wie beispielsweise der Ton, der zum Film kam.

[26] Vgl. ebd., S. 142.
[27] Stauff, 2005, S. 51.

2.3 Strukturen der 1950er Jahre

Abelshauser bezeichnet die „Langen Fünfziger Jahre“ als die eineinhalb Jahrzehnte, in denen die grundsätzlichen wirtschaftlichen und sozialen Entwicklungen in der Bundesrepublik stattgefunden haben.[1] Für das zerstörte Deutschland war vorrangig, eine wirtschaftliche Regeneration zu erreichen, um den Wiederaufbau des Landes und schließlich die Unabhängigkeit von den Besatzungsmächten zu realisieren. Die Medien sollten dazu beitragen, Deutschland wieder als wirtschaftlich nützliches Mitglied der Welt zu präsentieren. Auf der anderen Seite sollte den Bürgern eine Teilnahme am Weltgeschehen ermöglicht werden. Im historischen Kontext, der von den Lebensverhältnissen der Menschen in den 1950er Jahren gestaltet wurde, verändern sich die Medien. Gleichzeitig waren die Lebensbedingungen und die Ereignisse der 1950er Jahre Gegenstand der aktuellen Berichterstattung in Wochenschau und *Tagesschau.* Nachfolgend wird gezeigt, welche Bedingungen gesellschaftlicher, wirtschaftlicher und politischer Art zur Entwicklung von Kino und Fernsehen beigetragen haben.

2.3.1 Besatzungsmächte und neue deutsche Regierung

Die Bundesrepublik Deutschland hatte zwar nach dem Besatzungsstatut von 1949[2] die volle gesetzgebende, ausführende und rechtsprechende Gewalt, die Alliierten bestimmten jedoch noch die politische Bühne. Dies prägte die Stimmung in der Bevölkerung. Die Bundesbürger waren der Meinung, dass die Alliierten zu viel Einfluss ausübten und Adenauer galt als zu „nachgiebig“ gegenüber den Besatzungsmächten.[3] In einer Umfrage des Instituts für Demoskopie Allensbach stimmten 1951 mehr als die Hälfte der Befragten (57 %) der Aussage zu, dass es egal sei, was Adenauer wolle oder sage – solange die Besatzungsmächte da seien, könne man doch nichts ändern.[4] Andererseits wurde der Schutz der Briten, Amerikaner und Franzosen geschätzt – hätte die Sowjetunion einen Vorschlag über den Abzug aller Alliierten unterbreitet, hätte das bei der Bevölkerung Befürchtungen ausgelöst.[5]

---

[1] Abelshauser, 1987, S. 15-16. Abelshauser fasst unter diesem Begriff die Jahre von 1949 bis 1966.

[2] Text des Besatzungsstatuts verfügbar unter: http://www.verfassungen.de/de/de49/ besatzungsstatut49.htm [7.10.2011].

[3] Noelle & Neumann, 1956, S. 170. In den Jahren 1951 und 1952 stimmten mehr als die Hälfte der befragten Bundesbürger bei der Aussage zu, Adenauer sei zu nachgiebig gegenüber den Besatzungsmächten; er tue im Grunde, was die Amerikaner wollen.

[4] Noelle & Neumann, 1956, S. 170. Obwohl den Befragten „Ansichten“ vorgegeben wurden, zu denen sie zustimmen konnten (richtig, falsch, keine Meinung), zeigen die Ergebnisse ein Stimmungsbild.

[5] Noelle & Neumann, 1956, S. 203. Im Jahr 1951 waren mehr als die Hälfte der Befragten dafür, dass die Besatzungstruppen aus Deutschland abgezogen würden. 1954 war die Meinung dazu unent-

‚Wiedervereinigung' und ‚Kriegs-Heimkehrer' waren 1955 besonders interessante Themen für die Bundesbürger.[6] Das politische Interesse der Bevölkerung war jedoch allgemein nicht sehr hoch. Im Jahr 1952 interessierten sich unter den Befragten 46 % der Männer für Politik, aber nur 11 % der Frauen.[7] Auf der anderen Seite fühlte sich 1953 nur etwa die Hälfte der Befragten (47 %) über politische Dinge ausreichend informiert.[8] Umso wichtiger wurde der Aufbau der audiovisuellen Medien. Sie konnten der Bundesregierung dazu dienen, ihre Ziele und ihre Arbeit im Kalten Krieg der Bevölkerung wirksam mit Bild und Ton nahezubringen und ihr demokratisches Image zu stärken – und daran angebunden, Wirtschaftshilfe zu bekommen[9].

2.3.2 Vertriebene und Flüchtlinge

Von den 47,7 Millionen Einwohnern des Bundesgebietes im Jahr 1950 waren 9,6 Millionen zugewanderte Personen. Jeder fünfte Westdeutsche gehörte damit zu einer Gruppe, die sozial entwurzelt war und existenzbedrohende Not erfuhr; diese Menschen mussten oft mit „sozialer Deklassierung" zurechtkommen.[10] Aus der DDR kamen „qualifizierte Fachkräfte" in den Westen, bis dies mit dem Bau der Mauer 1961 weitestgehend verhindert wurde.[11] In der ersten Hälfte der 1950er Jahre gab es einen starken Zuzug von Vertriebenen in die Großstädte der industriellen Zentren. Nordrhein-Westfalen mit seiner Schwerindustrie war eine bevorzugte Integrationsregion für Vertriebene und Flüchtlinge.[12] Die neue Bevölkerung war nicht nur eine ‚arbeitende Basis' für den wirtschaftlichen Aufstieg, sondern brachte auch neue Kinogänger und Fernsehfamilien hervor.

2.3.3 Industrie- und Wirtschaftsentwicklung

Das Besatzungsstatut vom 21. September 1949 beendete die Zeit der Militärregierung, das Petersberger Abkommen vom 22. November 1949 ermöglichte Konsulats- und Handelsbeziehungen zu westlichen Ländern – im Frühjahr 1951 erfolgte die Re-

schieden – besonders, wenn der Vorschlag von der Sowjetunion ausgegangen wäre – je 38 % waren dafür und ebenso viele Befragte dagegen.

6 Noelle & Neumann, 1956, S. 56. Von den Befragten würden 56 % über einen russischen Vorschlag zur Wiedervereinigung und 52 % würden über einen neuen Heimkehrer-Transport zuerst etwas in der Tageszeitung lesen, wenn sie eine entsprechende Überschrift sähen.

7 Noelle & Neumann, 1956, S. 51.

8 Ebd, S. 53.

9 Vgl. Doering-Manteuffel, 2011, S. 8. Wirtschaftshilfe aus den USA wurde jenen europäischen Ländern zuteil, die sich um parlamentarische Demokratie und freien Marktwirtschaft bemühten.

10 Abelshauser, 1987, S. 37.

11 Schildt, 1995, S. 61.

12 Vgl. Abelshauser, 1987, S. 40.

vision des Besatzungsstatuts und im selben Jahr konnte die Bundesrepublik dem Allgemeinen Zoll- und Handelsabkommen (GATT) beitreten.[13] Angeschoben durch den amerikanischen Marshall-Plan entstand eine rasante wirtschaftliche Entwicklung: Westdeutschland hatte die höchsten Zuwachsraten des Sozialprodukts unter allen westeuropäischen Ländern. Während 1950 das Bruttosozialprodukt das Vorkriegsniveau annahm, verdoppelte es sich im Laufe des Jahrzehnts.[14] Die Demontagen von Fabrikanlagen, zu denen Deutschland als Reparationsleistungen gezwungen war, waren zwar für die Unternehmer und die Arbeiter tragisch, doch sie ermöglichten die Modernisierung der Industrie durch neue Anlagen. Die Währungsreform 1948 wurde endgültig zur „Initialzündung" für die Integration in die Weltwirtschaft.[15] Wichtige Industriezweige mit Kohle und Stahl wurden zwar noch kontrolliert, was soziale Spannungen in der Arbeiterschaft aufkommen lies,[16] um 1950 begannen sich aber die Strukturen der „modernen Industriegesellschaft" abzuzeichnen.[17] Darüber hinaus wurde Amerika nach Doering-Manteuffel zum Vorbild einer hochentwickelten Industriegesellschaft, moderner Warenwelt, kultureller Avantgarde und gesamtgesellschaftlich akzeptierter Alltagskultur.[18]

Paradoxerweise war es gerade ein Krieg, der der deutschen Wirtschaft Vorschub leistete. Im Juni 1950 brach der Koreakrieg[19] aus. Dieser Krieg „erschütterte" die Weltwirtschaft so nachhaltig, dass auch Deutschland davon erfasst wurde: Die weltweite Nachfrage nach Investitionsgütern und Rohstoffen wurde angekurbelt.[20] Die westlichen Länder hatten infolge des Krieges die Rüstungsproduktion erhöht, aber den zivilen Sektor vernachlässigt. Da das Rüstungsgeschäft auf deutschem Boden durch die alliierten Verbote noch „blockiert" war, konzentrierten sich die westdeutschen Unternehmen darauf, die entstandene Auslandsnachfrage nach Investitions- und Konsumgütern zu bedienen.[21] Dass Deutschland zu dieser Zeit hohe freie Produktionsreserven zur Verfügung standen, begünstigte dies. Die Korea-Krise führte schließlich in der Bundesrepublik zu einem „sich selbsttragenden Wachstum und zur Vollbeschäftigung".[22] Daher war ‚Korea' 1950 ein wichtiges Thema in den Medien.

[13] Ebd., S. 25.
[14] Vgl. Schildt, 1995, S. 43.
[15] Ebd., S. 44.
[16] O.V. (1950): Beide gemeinsam an die Saar. In: Der Spiegel Nr. 11, 16.3.1950, S. 5-6, hier: S. 5.
[17] Schildt, 2003, S. 4.
[18] Doering-Manteuffel beschreibt „Amerikanisierung" als Adaption von Gebräuchen, Verhaltensweisen, Bildern und Symbolen und nennt dazu u.a. Werbung für Politik, Kunst, Kultur oder Wirtschaft, Inszenierungen zum Zweck der Information, Musikgeschmack (nach Jazz auch der Rock'n'Roll) und Mode (Jeans), in einer neuen Konsumgesellschaft mit Supermarkt und Selbstbedienungstankstelle; Doering-Manteuffel, 2011, S. 4-5.
[19] Nordkorea (mit Unterstützung der Volksrepublik China) und Südkorea (mit UNO-Truppen und besonders USA als Verbündete) standen sich gegenüber.
[20] Abelshauser, 1987, S. 21.
[21] Bührer, 2003, S. 34.
[22] Abelshauser, 1987, S. 21.

78 % der Männer, die in Nord- und Südbaden vom Institut für Demoskopie Allensbach befragt wurden, informierten sich laufend, 43 % der Frauen gelegentlich durch Nachrichten aus dem Kriegsgebiet.[23]

Der Export westdeutscher Erzeugnisse nach Westeuropa war ein Schrittmacher der Wirtschaftsentwicklung, dadurch wurde auch die Nachfrage im Inland gefördert. Deutschland hatte sich damit zumindest wirtschaftlich wieder in die Welt eingefügt. Nach Schildt kann man jedoch sagen, dass das Wirtschaftswunder der 1950er Jahre zum großen Teil ein „Industriewunder" war.[24] Die Wachstumsraten, durch „moderne Industriezweige" (Kunststoffverarbeitung, Automobilindustrie, Mineralölverarbeitung) hervorgerufen, betrugen im Jahr durchschnittlich fast 10 %.[25] In Industrie und Handwerk waren 1950 über 40 % der Erwerbstätigen beschäftigt und etwa ein Drittel im tertiären Sektor (Handel, Verkehr und Dienstleistungen).[26] Erfolge des Industriewunders spiegelten sich in den Berichten der Medien. Die Arbeit war in den 1950er Jahren meist körperlich anstrengend.[27] Ab 1957 galt es nicht mehr hauptsächlich, die Produktionsanlagen bestmöglich auszunutzen, sondern nun dominierten betriebliche Rationalisierungsmaßnahmen. Sie waren zugleich eine Voraussetzung für Arbeitszeitverkürzungen.[28]

2.3.4 Arbeiten im Wiederaufbau

Der Wiederaufbau in den 1950er Jahren sorgte für einen Anstieg der Erwerbstätigenzahl von ca. 20 Millionen bis auf ca. 26 Millionen. Die Arbeitslosenquote sank von 11 % im Jahr 1950 auf 1,3 % im Jahr 1960 und fiel danach sogar noch fast zur Vollbeschäftigung auf 1 %.[29] Somit konnten auch die Flüchtlinge und Vertriebenen in die Arbeitswelt eingegliedert werden. Durch die wirtschaftliche Entwicklung arbeitete man Mitte der 1950er Jahre in der Industrie meistens 49 Stunden an sechs Tagen pro Woche. Ab 1956 begann sich die Fünf-Tage-Woche durchzusetzen,[30] was zunächst noch eine Verlängerung der täglichen Arbeitszeit mit sich brachte. Überstunden und

[23] Noelle & Neumann, 1956, S. 53.
[24] Schildt, 1995, S. 442.
[25] Ebd.
[26] Schildt, 2003, S. 4. Die Anteile dieser beiden Bereiche vergrößerten sich noch, sodass bis 1960 fast die Hälfte der Erwerbstätigen in Industrie und Handwerk tätig war.
[27] Ebd., S. 5.
[28] Vgl. Schildt, 1995, S. 46.
[29] Ebd., S. 55.
[30] Der Deutsche Gewerkschaftsbund (DGB) forderte ab 1956 die Fünf-Tage-Arbeitswoche mit der Kampagne „Samstags gehört Vati mir!"; vgl. Schildt, 2003, S. 5. Im Jahr 1959 forderte der DGB – besonders der Vorsitzende Willi Richter – die Einführung der 40 Stunden-Woche; vgl. o.V. (1959): Urlaubsgesetz. Entspannung statt Überstunde. In: Der Spiegel Nr. 48, 25.11.1959, S. 30-32.

Schichtarbeit nahmen zu.[31] Der Gewinn eines ‚langen Wochenendes' ermöglichte es, sich neuen Möglichkeiten der Freizeitgestaltung zuzuwenden. Mit der Einführung der Fünf-Tage-Woche war jedoch auch die Tendenz zu einem frühen Arbeitsbeginns verbunden. Die Mehrheit stand vor 7.00 Uhr auf, um einen Arbeitstag mit etwa 11 Stunden zu beginnen und ging womöglich vor 22.30 Uhr zu Bett.[32] Diese Lebensumstände mussten auch die Medien im Zuge ihrer Entwicklung berücksichtigen, wenn sie ihr Publikum erreichen wollten, z.B. für Schichtarbeiter die richtigen Sendungsinhalte auf einem passenden Programmplatz anzubieten.

Für die Hausfrauen galt aber, dass sich auch durch die neu angeschafften Haushaltsgeräte nicht mehr Zeit zum Fernsehen oder anderen Freizeitaktivitäten ergab. Die Zeiten für Hausarbeiten blieben konstant und durch die fest gefügten „Rollenmuster" ist anzunehmen, dass auch die Männer die Hausfrauen und Mütter wenig entlasteten.[33] Dazu kam, dass die Ausweitung der Beschäftigung in den 1950er Jahren zu einem erheblichen Anteil durch Frauen geprägt wurde. In den 1950er Jahren stieg die Zahl von abhängig beschäftigten Frauen um 59 % auf 6,8 Millionen – sie halfen, für die Wohnungsausstattung zu sparen.[34] Daneben arbeiteten Frauen, um Kleider oder Wäsche oder Hausrat zu kaufen. Für sie gab es Modenschauen und Berichte über Haushaltsmessen in Wochenschau und Fernsehen. Die Anschaffung von Technischem, wie des Fernsehgerätes, war dagegen scheinbar den Ehemännern und Familienvätern vorbehalten.[35]

Während die körperlich schwere Arbeit in der Gesamtwirtschaft und der Industrie tendenziell zurückging, stiegen die Anforderungen an die Konzentration. Seit Mitte der 1950er Jahre ging damit ein starker Anstieg von Berufsunfällen einher.[36] Die modernen Maschinen waren in ihrer Bedienung nicht immer leicht zu überblicken. Um hier präventiv zu wirken und die Arbeiter und Angestellten dafür zu sensibilisieren, wurden belehrende Filme eingesetzt, wie die „Clever und Schussel"-Geschichten mit den Kabarettisten Jupp Hussels (Clever) und Walter Gross (Schussel) in den Wochenschauen, die die Folgen von Unachtsamkeit am Arbeitsplatz vor Augen führen sollten.

---

[31] Schildt, 2003, S. 5.

[32] Schildt, 1995, S. 85, S. 87. Anfang der 1950er Jahre ging die Mehrheit zwischen 22.00 und 22.30 Uhr zu Bett, denn die meisten begannen den Tag zwischen 5.45 und 7.15 Uhr; vgl. Noelle & Neumann, 1956, S. 8.

[33] Ebd., S. 90.

[34] Ebd., S. 56-57.

[35] Vgl. Helmes, 2000, S. 63.

[36] Vgl. Schildt, 1995, S. 89.

2.3.5 Wohnungsbau und Wohnverhältnisse

Ein Fünftel des Wohnraums war durch den Krieg im späteren Bundesgebiet zerstört worden. Große und mittelgroße Städte hatten teilweise mehr als die Hälfte des Wohnraums verloren. Vor allem in diesen Städten entstanden soziale Brennpunkte durch die "Wohnungsmisere" und große Enge – dies „verschärfte" sich durch die Flüchtlings- und Vertriebenenströme aus den „ehemaligen Ostgebieten".[37] Im ersten Nachkriegsjahr 1946 standen pro Kopf durchschnittlich 6 bis 9 Quadratmeter Wohnraum in Behelfsheimen in Trümmern, in Baracken, Wohnbuden, Garagen, Ställen und Schuppen oder den nun überflüssigen Bunkern zur Verfügung. Auf 20 Wohnungen kamen 100 Personen und das „Untermieterdasein" war massenhaft verbreitet.[38] In diesem Klima war an individuell gestalteten Medienkonsum nicht zu denken. Die Enge des Wohnraums, der möglicherweise sogar von Ämtern zugeteilt war, und der Zwang zur Gemeinschaft mit fremden Menschen, ließen den Wunsch nach „privater Häuslichkeit" wachsen.[39] Bis ein eigenes Heim geschaffen war, ging man ins Kino, um im Dunkel des Kinoraums etwas ungestört zu sein. Die Konvention, Damen- bzw. Herren-Besuch bei Unverheirateten durch die Vermieter spätestens um 22 Uhr zu beenden,[40] förderte diese Praxis.

Wohnraumwünsche der 1950er Jahre bezogen sich einerseits auf mehr Fläche und andererseits auf eine größere Anzahl von Zimmern. Diese Erweiterung konnte aber nicht in den Stadtkernen verwirklicht werden, sondern eher in einem Eigenheim an der „Peripherie der Ballungszentren", wo noch Bauland erschlossen wurde.[41] Für den Wiederaufbau der Wirtschaft brauchte man allerdings ein „leistungsfähiges und billiges Arbeitskräftepotential".[42] Niedrige Löhne bedeuteten aber auch, dass die Miete für den neuen Wohnraum gering sein musste. Abhilfe schuf der soziale Wohnungsbau und schließlich konnten eigene Häuser gebaut werden.[43] Der gesetzliche Mindeststandard war angesichts der knappen öffentlichen Mittel zwar niedrig, umfasste aber immerhin u.a. fließendes Wasser, WC in oder an der Wohnung, Fenster-Einfachverglasung, Versorgung mit Gas und elektrischer Energie und eine Steckdose für jedes Zimmer.[44] Mit der Möglichkeit, ein separates Wohnzimmer einzurichten und durch den Stromanschluss in diesem Raum waren die Voraussetzungen erfüllt, ein Fernsehgerät in Betrieb zu nehmen. Die engen und schlicht ausgestatteten Sozialwohnungen förderten das Muster der Kleinfamilie, die sich in die eigenen vier Wände zurückzog – und das Fernsehen, brachte ‚die Welt' in das eigene Heim. Der

[37] Ebd., S. 48.
[38] Ebd., S. 90-91.
[39] Schildt, 2003, S. 7.
[40] Vgl. Schildt, 1995, S. 91.
[41] Ebd., S. 94.
[42] Ebd., S. 50.
[43] Ebd.
[44] Vgl. ebd., S. 93.

Fernsehdirektor des Bayerischen Rundfunks, Clemens Münster, sagte 1955, das Fernsehen erweise sich als das „einzige heute noch tragfähige Instrument wirklicher Kommunikation zwischen der in ihren vier Wänden lebenden Familie auf der einen, der Welt und Gesellschaft auf der anderen Seite“[45].

2.3.6 Neue Mobilität für Arbeitswege und Reisen

Ein räumliches „Auseinanderrücken“ von Arbeitsort und Wohnort setzte ein.[46] Die Siedlungspolitik der 1950er Jahre stand im Zusammenhang mit dem Phänomen des Pendelns zwischen Wohnort und Arbeitsplatz. Diese Entwicklung ging einher mit der enormen Ausweitung des täglichen Personenverkehrs, der in den 1950er Jahren rasch anstieg. Für viele Berufspendler war der Kauf eines Personenkraftwagens eine absolute Notwendigkeit.[47] Während der 1950er Jahre hatte sich die Zahl der zugelassenen Personenkraftwagen verachtfacht.[48] Auch der öffentliche Personentransport stieg sprunghaft an – besonders in Bezug auf Omnibusse – ging aber 1957 wieder zurück und die individuelle Mobilität wuchs weiter.[49] Diese Entwicklung begünstigte die Eröffnung von zahlreichen Kinos in Städten, die auf diese Weise schnell zu erreichen waren. Ebenso wie die gefahrvolle Veränderung der Arbeitswelt, war die Verkehrsentwicklung ein Anlass für die Medien mit Ratgebern[50] zu reagieren.

Die Bundesrepublik übertraf mit der „Motorisierungswelle“ alle anderen damaligen Industriegesellschaften – schon 1954 wurden mehr PKW neu zugelassen als Krafträder.[51] Nach Schildt ist das Bild von Familien, die sich nun massenweise nach Italien in den Urlaub aufmachten, jedoch ein Klischee. Erst Mitte der 1950er Jahre – später als die wirtschaftliche Gesamtentwicklung es zugelassen hätte – kam die Reisewelle in Gang.[52] Die meisten Reisenden nutzten noch 1957 die Eisenbahn, ein Viertel den PKW[53] – nur wenige konnten sich den Luxus einer Flugreise leisten. Von der Aufnahme des Lufthansa-Flugbetriebes profitierten nicht nur die zukünftig Reisenden, sondern auch die aktuellen Medien. Durch die Aufnahme von Linienflügen war es möglich, z.B. Filmmaterial für Auslandsberichte schneller und zuverlässiger zu transportieren. Außerdem gaben das Fernweh, Exotik, Fliegen und Flugzeuge den Stoff für interessante Beiträge.

---

[45] Münster, 1955, S. 39-40, zit. nach Elsner & Müller, 1991, S. 16.

[46] Schildt, 1995, S. 442.

[47] Schildt, 2003, S. 8.

[48] Schildt, 2003, S. 8-9; vgl. auch Abelshauser, 1987, S. 57. Abelshauser spricht von einer siebenfachen Ausweitung des PKW-Bestandes von 1951 mit 700.000 auf 1961 mit 5 Millionen.

[49] Vgl. Schildt, 1995, S. 54.

[50] Wie belehrende Sketche in der „Clever-und-Schussel-Reihe“ der *NDW* und Fernsehsendungen.

[51] Schildt, 1995, S. 54.

[52] Ebd., S. 446.

[53] Schildt, 2003, S. 10.

2.3.7 Konsum und (Medien-)Freizeit

In den meisten Haushalten lebte man sehr bescheiden. Auch am Ende der 1950er Jahre prägte noch längst nicht „schlaraffenhaftes Wohlleben" den Arbeitnehmerhaushalt.[54] Es gab allerdings durch die im Krieg zerstörten Haushaltsgegenstände einen hohen Nachholbedarf an langlebigen Anschaffungen. Um sich diese leisten zu können, wurde gespart – die Ersparnisse der westdeutschen Bevölkerung wuchsen im Laufe der 1950er Jahre viermal so schnell wie die verfügbaren Einkommen.[55] Nur selten wurden für eine größere Anschaffung Teilzahlungskredite aufgenommen. Dies aber kam für Autos und Fernsehgeräte durchaus vor.[56]

Die Dauerhaftigkeit des wirtschaftlichen Aufschwungs konnte nur durch eine anhaltend große Nachfrage gesichert werden. Im Februar 1950 wurde in Düsseldorf der erste Lebensmittel- Selbstbedienungsladen Nordrhein-Westfalens eröffnet – zukünftig war das Angebot nach dem Leitsatz gestaltet, dass „der Kunde selbst sein bester Verkäufer ist".[57] Dies bildete den Hintergrund der steil ansteigenden Werbeumsätze. Als Werbeträger wurden vorzugsweise Zeitschriften und Illustrierte genutzt und ab 1956 auch das Fernsehen,[58] während die „relative Bedeutung" des Hörfunks für Markenwerbung zurückging[59]. Auch die Kinowerbung erlebte einen drastischen Einbruch.[60] Allerdings gewann die Produktwerbung Ende der 1950er Jahre an Bedeutung. Sie spielte eine große Rolle, indem sie stimulierend auf eine Gesellschaft traf, die über ein steigendes Einkommen verfügte. Es bestanden aber weiterhin erhebliche soziale Unterschiede.[61] Trotzdem konnte man mit einem „trickle-down"-Effekt rechnen, wonach ein Kauf in der besser verdienenden Gesellschaft beginnt und dann je nach Einkommen in die weniger gut gestellten Schichten durchreicht.[62]

In der Anfangszeit des Fernsehens konnte die Straße zum ‚Wohnzimmer' werden. In vielen Städten bildeten sich an jedem Abend Menschenansammlungen vor den Schaufenstern der Rundfunkgeschäfte, in denen schon Geräte in Betrieb waren.[63] In der ersten Hälfte der 1950er Jahre wurde das Fernsehen der breiten Masse bekannt. Das Institut für Demoskopie Allensbach stellte fest, dass 1953 erst 5 % der Befragten

[54] Schildt, 1995, S. 102.
[55] Ebd.
[56] Vgl. ebd., S. 103.
[57] O.V. (1950): Läden – Mit Samba-Rhythmen. In: Der Spiegel Nr. 8, 23.2.1950, S. 30.
[58] Am 3. November 1956 begann das Werbefernsehen des Bayerischen Rundfunks (von 19.30 bis 20.00 Uhr); Hans Bredow-Institut, 1963, S. 19A. Danach folgten immer mehr Rundfunkanstalten dieser Programmgestaltung im Regionalprogramm.
[59] Schildt, 1995, S. 105.
[60] Vgl. Roeber & Jacoby, 1973, S. 613. Innerhalb des Jahrzehnts 1959/1968 sind die Werbeumsätze in Filmtheatern um nahezu die Hälfte gesunken.
[61] Vgl. Schildt, 1995, S. 105.
[62] Schildt, 1995, S. 106.
[63] Vgl. o.V. (1953): Thema Nummer 1: Fernsehen. Zuschauer auf offener Straße – Überraschende Reichweiten. In: Die Ansage Nr. 106, 8.1.1953, S. 1.

ein Fernsehprogramm gesehen hatten, 1954 waren es schon 45 % und ein Jahr später 68 %.[64] Die überwiegende Mehrheit hatte das Fernsehen bereits einmal in einer Gaststätte gesehen. Mehr als die Hälfte, die ein Gerät besaß (52 %), hatte es sich 1954 gekauft (vermutlich anlässlich der Übertragungen der Fußballweltmeisterschaft).[65]

Das Rundfunkgerät und das Fernsehgerät wurden zum „Schichten übergreifenden Gemeingut"; für das Fernsehgerät galt das besonders mit dem Beginn seiner Massenproduktion Mitte der 1950er Jahre.[66] Diejenigen, die sich schon 1954 ein Fernsehgerät leisten konnten, verdienten meist mehr als 800 DM im Monat. Ab 1955 konnten sich schon wesentlich mehr Teilnehmer mit geringerem Einkommen, von 400 bis 800 DM und weniger, ein Gerät leisten.[67]. Das war im Sendegebiet des NWDR sofort spürbar. 1954 waren unter den Fernsehteilnehmern 53 % Privatpersonen (davon 9 % Arbeiter), 1955 gab es schon 70 % private Teilnehmer (davon 23 % Arbeiter).[68] Auch eine Befragung im Sendegebiet des Süddeutschen Rundfunks (SDR) im Jahr 1956 kam zu dem Ergebnis, dass der Fernsehgerätebesitz mit der Zugehörigkeit zur Arbeiterschaft verbunden war – ein Viertel der Teilnehmer waren Arbeiter.[69] Das bestätigen weitere Zahlen vom November 1958 aus dem Sendegebiet des Westdeutschen Rundfunks (WDR): In einigen Städten des Ruhrgebiets hatten bereits 22 % der Haushalte ein Fernsehgerät. An der Spitze lagen Bergarbeiterstädte, wie Bottrop und Gladbeck.[70] Außerdem war der Fernsehgerätebesitz offenbar mit dem Besitz anderer langlebiger Güter gekoppelt: Beispielsweise hatten 42 % der Fernsehteilnehmer ein Auto (aber nur 8 % der Gesamtbevölkerung), 57 % der Fernsehteilnehmer einen Eisschrank (aber nur 11 % der Gesamtbevölkerung).[71] Wer sich Fernsehen leisten konnte, war auch in der Lage, andere Geräte zur Erleichterung des täglichen Lebens anzuschaffen. Am Ende der 1950er Jahre besaß erst ein Viertel aller bundesdeutschen Haushalte ein TV-Gerät.[72] Im Jahr 1962 waren jeweils etwa 40 % der Haushalte von Selbstständigen, Beamten, Angestellten und Arbeitern mit einem Fernsehgerät ausgestattet (eine Ausnahme bildeten die Landwirte mit 13 %).[73]

[64] Noelle & Neumann, 1956, S. 82.
[65] Ebd.
[66] Schildt, 1995, S. 106.
[67] Noelle & Neumann, 1957, S. 83.
[68] Der Fernsehzuschauer 1954/1955. Ein Jahresbericht – Nordwestdeutscher Rundfunk, NDR (621-1-144), 956, STAHH.
[69] O.V. (1956): Wachsende Zufriedenheit der Fernsehzuschauer. Meinungsbefragung im Bereich des Süddeutschen Rundfunks. In: epd / Kirche und Fernsehen Nr. 17, 13.8.1956, S. 2-3.
[70] O.V. (1958): Bergarbeiterstädte haben die meisten Fernsehteilnehmer. Die Fernsehdichte in der Bundesrepublik – Die neuen Teilnehmerzahlen. In: epd / Kirche und Fernsehen Nr. 23, 17.11.1958, S. 4.
[71] O.V. (1956): Wachsende Zufriedenheit der Fernsehzuschauer. Meinungsbefragung im Bereich des Süddeutschen Rundfunks. In: epd / Kirche und Fernsehen Nr. 17, 13.8.1956, S. 2-3.
[72] Schildt, 1995, S. 447.
[73] Abelshauser, 1987, S. 85 (Tabelle 15); Quelle: Statistisches Jahrbuch für die Bundesrepublik Deutschland, 1964, S. 530.

Trotz einer spürbaren Rentenerhöhung im Zuge einer Reform des Sozialversicherungswesens im Jahr 1957, konnten es sich die Rentner nicht leisten, in dem Umfang zu konsumieren, wie die Erwerbstätigen.[74] Der Rentner schied somit als Fernsehkunde zunächst aus – auch ging er kaum noch häufig ins Kino; je höher das Alter, desto seltener ging man in ein Lichtspielhaus. Vor allem die jüngere Generation bis 30 Jahre war regelmäßiger im Kino als Personen bis 60 Jahre, die meist weniger als einmal im Monat ein Kino besuchten.[75] Die jüngere Generation war ab Mitte der 1950er Jahre das größere Zielpublikum der Kinos. Im Vergleich zur Vorkriegszeit war der Kinobesuch teuer. Von 78 Pfennig vor dem Krieg und ca. 86 Pfennig im Krieg[76] stieg der Preis bis 1959 – dann kostete der Kinobesuch durchschnittlich 1,38 DM.[77] In den Preissteigerungen drückten sich die Investitionen der Filmtheater in Technik, bequeme Bestuhlung etc. aus und trotz Preisbindung stiegen die Eintrittspreise langsam an. Die Preisbindung für Eintrittspreise und Filmmieten wurde im Mai 1952 aufgehoben. Als das Gesetz gegen Wettbewerbsbeschränkungen (GWB) Januar 1958 in Kraft trat, konnten die Kinobesitzer Eintrittspreise frei festlegen.[78]

Der Fernsehkonsum führte zum Rückgang der Radionutzung (zur gleichen Zeit Radio *und* Fernsehen zu nutzen, war kaum angebracht), konnte aber dem Lesen keinen Abbruch tun. Dabei wurden Illustrierte und besonders die Rundfunkzeitschrift eher gelesen als Bücher, denn Rundfunkzeitschriften gingen auch über die eigentliche Programminformation hinaus[79] und brachten für den Alltag nützliche Artikel und Kritiken. Die *Hör zu* von Verleger Axel Springer war ein „typisches" Produkt der 1950er Jahre.[80] Die Tageszeitungen wurden trotz des steigenden Fernsehkonsums gelesen. Presse und Fernsehen „ergänzten" sich und die Zeitung wurde sogar in „zunehmendem Umfang" genutzt.[81] Ein wichtiges Ressort der Tageszeitung blieben vorerst lokale Nachrichten, die das Fernsehen zunächst nicht bedienen konnte.[82] Eine Untersuchungskommission zum Wettbewerb der Medien in den 1950er Jahren ermittelte, dass „das Fernsehen die Nachfrage nach aktuellen Informationen erhöht hat".[83] So bewegte sich das Fernsehen in einem Zirkelschluss – die Notwendigkeit von ak-

---

[74] Vgl. Schildt, 1995, S. 101.

[75] Noelle & Neumann, 1957, S. 60. Im Jahr 1956 gingen von den 16-17-Jährigen 34 % zwei- bis dreimal im Monat ins Kino, 32 % einmal pro Woche; die Gruppe 18-29 Jahre verhält sich ähnlich (26 % zwei- bis dreimal im Monat, 28 % einmal pro Woche). Dagegen gingen 29 % der 30-44-Jährigen weniger als einmal im Monat ins Kino.

[76] Roeber & Jacoby, 1973, S. 308.

[77] Ebd., S. 286 (Tabelle 12).

[78] Roeber & Jacoby, 1973, S. 310.

[79] Vgl. Schildt, 1995, S. 444.

[80] Schildt, 1995, S. 444. Die Wochenschau würdigte die millionste Auflage der *Hör zu* mit einem eigenen Sujet in der *NDW* Nr. 34 vom 19.9.1959, darin ein O-Ton von Axel Springer.

[81] ARD, 1969, S. 7.

[82] Die regionalen Programme wurden erst Mitte der 1950er Jahre aufgenommen – zuerst von den südlichen Anstalten, wie HR, SDR und SWF; vgl. Hickethier, 1998, S. 135.

[83] ARD, 1969, S. 7.

tuellen Nachrichten wurde nicht nur durch die wirtschaftliche und gesellschaftliche Entwicklung hervorgerufen, sondern auch mit Nutzung des neuen Mediums selbst.

Eine auffällige „Modernisierung“ des Freizeitverhaltens bezieht sich auf die „eigenständige Jugendfreizeitkultur“. Der Beginn der Entwicklung fällt noch in das letzte Drittel der 1950er Jahre.[84] Die Arbeitszeiten der berufstätigen Jugendlichen waren jedoch ebenso lang wie die der Erwachsenen und die Raumnöte waren für sie noch erdrückender (beispielsweise hatten viele Jugendliche kein eigenes Zimmer). Nach Schildt galten für sie ebenso die „Dominanz der Häuslichkeit“ und das Lesen als Freizeitbeschäftigung.[85] Die „Halbstarken“ befanden sich in der Minderheit.[86] In den Sechzigerjahren entstanden die ersten Treffs, Clubs, Diskos, Läden als Teil der neuen Jugendkultur und der „konsumorientierten Zielgruppe“.[87] Dieser Jugendkultur versuchte die Filmwirtschaft entgegenzukommen.[88] In den Filmgeschichten fand die Jugend leicht eine Alternative zur erlebten eigenen Welt mit ihren Restriktionen in Elternhaus, Schule und Berufsausbildung. Bei einer Umfrage des Instituts für Demoskopie Allensbach im Mai 1962 gaben allerdings 45 % der Befragten (Bevölkerung ab 16 Jahre) an, sie seien schon seit Jahren nicht mehr im Kino gewesen.[89] Die gute Versorgung mit Fernsehen und anderen Freizeitaktivitäten Anfang der 1960er Jahre ist darin abzulesen.

2.3.8 Kinoerlebnis in den 1950er Jahren

Wie sah das Kino in den 1950er Jahren aus? In welche Atmosphäre begab man sich, wenn man die Wochenschau vor dem Hauptfilm sah? Die Zuschauer sollten sich wohlfühlen und der Film erstklassig sein, damit eine optimale Atmosphäre entstehen konnte. Zum Kino in den 1950er Jahren gehörte noch vielmehr, als nur die Projektion der Bilder: Die Kino-Atmosphäre sorgte dafür, dass der Film sozusagen schon beim Betreten des Kinos begann. Kinobesitzer sprechen von einer besonderen „Kino-Kultur“ in den 1950er Jahren[90] – nicht nur in Bezug auf die Qualität der Filme, sondern in Bezug auf das räumliche Ambiente.

Während zu Hause der private Fernsehraum individuell gestaltet werden konnte, war die Gestaltung des Kinosaals die Angelegenheit des Filmtheaterbetreibers. Wie luxuriös, modern, prachtvoll oder gemütlich ein Saal war, hing davon ab, welche Investitionen er sich für sein Einzugsgebiet (z.B. Vorstadt oder Innenstadt) leisten

---

84 Schildt, 1995, S. 78.
85 Ebd., S. 445.
86 Ebd., S. 446.
87 HDF, 2000, S. 41.
88 Vgl. Hickethier, 2002.
89 Institut für Demoskopie, Allensbach Brief an Deutsche Wochenschau, 19.1.1962, Korrespondenz ab 1958, DW.
90 Vgl. Bessen, 1989, S. 61. Ursula Bessen im Gespräch mit dem Kinobesitzer Egon Heukeshoven.

konnte. Durch die hohe Bedeutung, die das Fernsehen gewonnen hatte, war es notwendig geworden, das Kino attraktiver zu gestalten. Beispielsweise mit Verbesserungen in Ton und Bild, bequemeren Sesseln, größeren Leinwänden. Im Foyer des Wirtschaftswunderkinos gab es z.B. in den Raum hineinragende Galerien und freitragende Treppen, die mit Lichtbändern versehen waren. In den asymmetrischen Sälen sah man mit Stoff bespannte und „raffiniert" angestrahlte Wände sowie „Wasserspiele vor den üppigen Vorhängen",[91] die als eine Reminiszenz an die Jahrmarktszeiten[92] des Kinos gelten können. Neben der anheimelnden Atmosphäre mit vielen Bequemlichkeiten machten großer Klang und großes Bild im Kinosaal die Qualität eines Filmpalastes aus.

Die *Westfälische Rundschau* beschrieb im Februar 1956 ein neu eröffnetes Filmtheater mit einer 10 x 4 Meter großen Bildwand, moderner Tonanlage, guter Raumbelüftung durch eine „neuartige Klimaanlage".[93] Die Decke hatte eine „geschickte Abstufung", die Beleuchtungseffekte erzielte. Der Kinosaal fasste 450 Plätze mit einer hellen Bestuhlung vor einer Bühne mit einem schweren bunten Vorhang. Sämtliche Einrichtungen, wie z.B. die Verkaufsstände, waren ganz auf die „Bequemlichkeit der Gäste" abgestimmt.[94] Jacken gab man noch an der Garderobe ab und man wurde von Platzanweiserinnen empfangen.[95] Und auch jeder Bestandteil des Programm spielte eine Rolle: Werbung, die Vorschau-Trailer, die Wochenschau, der Kulturfilm und nicht zuletzt der Spielfilm, auf den die Zuschauer gewartet hatten.[96] Nach der Vorstellung sprachen sie möglicherweise auf dem Weg zur Garderobe mit anderen Besuchern über den Film und die Stars[97] – und vielleicht auch über die Wochenschau.

Bücher über gutes Benehmen und Etikette der Zeit beschreiben, was es zu vermeiden galt, um andere im Kino nicht zu stören, z.B. Damenhüte, die während der Vorstellung die Sicht versperrten.[98] Auf der anderen Seite war es in den 1950er Jahren noch erlaubt, intensiv zu reagieren, wie bei Höhepunkten von Western, wenn die Kavallerie kam und das Signal zum Sturm ertönte. Göhre beschreibt: Dann gab es im Saal ein Geschrei „als würde man mitreiten". „Da war wirklich Action, Kommunikation zwischen dem Film und dem Zuschauer."[99] Der Szenen-Applaus war im Kino noch lange üblich und erzeugte eine Zuschauer-Gemeinschaft – die Lacher während der Wochenschau waren ein Qualitätsurteil. Je weniger die Wochenschau im Laufe der 1950er Jahre gefragt war, desto wichtiger wurden die Reaktionen der Zuschauer.

[91] HDF, 2000, S. 22.
[92] Vgl. Müller, 1996, S. 301.
[93] Westfälische Rundschau, 26.2.1956, zit. nach Bessen, 1989, S. 74.
[94] Ebd.
[95] Vgl. Bessen, 1989, S. 61. Ursula Bessen im Gespräch mit dem Kinobesitzer Egon Heukeshoven.
[96] Vgl. Paech & Paech, 2000, S. 179.
[97] Vgl. Bessen, 1989, S. 61. Ursula Bessen im Gespräch mit dem Kinobesitzer Egon Heukeshoven.
[98] Vgl. Oheim, 1958, S. 295.
[99] Göhre, 1983, S. 110.

Für die Kinobesitzer war es besonders wichtig, ob das Publikum bei jedem einzelnen Sujet der Wochenschau mitging.

Um einen Film für die Zuschauer noch eindrücklicher werden zu lassen, wurde Anfang der 1950er Jahre das Breitwandformat Cinemascope eingeführt.[100] Die Filme und ihre Geschichten selbst hatten sich deswegen zwar kaum verändert – aber nun waren sie auf großen Leinwänden zu sehen. Die raumzeitliche Entrückung sollte durch noch größere Leinwände für noch größere Bilder verstärkt werden. Auch die *Neue Deutsche Wochenschau* stellte 1953 ihr Breitwandformat vor, das einen größeren plastischen Eindruck vermitteln und das Gefühl des Dabeiseins steigern sollte.[101] Modernisierungen mussten allerdings durch erhöhte Eintrittsgelder wieder eingenommen werden, was wiederum Qualitätsansprüche für alle Teile des Kinoprogramms (inklusive Wochenschau) weckte.

2.3.9 Fernseherlebnis in den 1950er Jahren

Die Intimität des Fernsehempfangs wurde im Vergleich zur öffentlichen Rezeption im Kino zu einer besonderen Qualität des Fernsehens. „Privatheit und Öffentlichkeit" wurden verschränkt und veränderten das Alltagsleben des Zuschauers.[102] Die Anschaffung eines Fernsehgerätes führte auch dazu, dass die Nachbarschaft häufiger zu Besuch kam. Die Hörerforschung des NWDR ermittelte, dass 1954/55 in rund 90 % aller privaten Haushalte der Fernseher im Durchschnitt täglich eine Stunde und 20 Minuten eingeschaltet wurde und vier Personen zusahen – neben der Familie auch ein Gast.[103]

Auf der Stuttgarter Fernsehschau im Januar 1955 wurde ein Gerät vorgestellt, das nur noch 698 DM kostete. Diese Preisgestaltung wurde von der Fernsehindustrie als „Initialzündung" für den Absatz in 1955 bezeichnet.[104] Doch zu diesem Preis kamen für den Fernsehteilnehmer weitere Kosten für die Antenne und deren Installation (150 bis 250 DM) sowie die Kosten für die laufenden Reparaturen, die damals nicht ausblieben.[105] Für den Heimempfänger begann das Angebot bei einer Bilddiagonale von 43 cm. Die Fachgeschäfte führten meist Größen von 53 cm, 59 cm und ab 1964

[100] Vgl. HDF, 2000, S. 14.

[101] Vgl. van Rennings, 1956, S. 100, zit. nach Schwarz, 2002, S. 235.

[102] Hickethier, 2000, S. 20-21.

[103] O.V. (1955): Die Faszination des Einfältigen. In: Der Spiegel Nr. 36, 31.8.1955, S. 28-36, hier: S. 34.

[104] O.V. (1955): Fernsehempfänger für 698 Mark. Stuttgarter Fernsehschau begann mit einer erfreulichen Überraschung. In: epd / Kirche und Fernsehen Nr. 3, 31.1.1955, S. 4.

[105] Mit drei bis vier kleineren oder größeren Reparaturen pro Jahr musste ein Gerätebesitzer rechnen; vgl. Forschungsinstitut für Soziologie der Universität Köln, 1965, S. 81, unveröff. Studie, NDR.

auch 61 cm.[106] Auch Projektoren und Großbildschirme wurden hergestellt – der Markt war jedoch minimal.[107]

Für gewöhnlich hatte das Fernsehgerät seine feste Ecke – dort, wo sich die Netz- und Antennenanschlüsse befanden. Bei der Anschaffung wurde für freie Sicht gesorgt: Die Hängelampe wurde umplatziert und niedrige Couchtische ersetzten den hohen Esstisch in der Mitte der ‚Guten Stube'.[108] Eine im Halbkreis aufgestellte Sitzgruppe signalisierte, wohin sich die Blicke richten würden – auf den Fernsehapparat.[109] Je mehr das Fernsehen in den Alltag der Menschen einzog, desto sorgfältiger war der Umgang mit dem Gerät und dem Raum, in dem es sich befand, z.B. umgab das Gerät ein gut gepflegtes Möbelstück oder das Gerät wurde selbst als „Wohnmöbel"[110] gestaltet. Die Gerätehersteller stellten sich schnell darauf ein und lieferten in verschiedenen Ausführungen.[111] Bei Helmes wird ein Gerät der Marke Siemens beschrieben: Es gab einen Ein/Ausknopf, Drehschalter, einen Stromanschluss mit Stecker und einen Anschluss für das Antennenkabel. Es war – als Gerät für gehobene Ansprüche – mit einem Gehäuse aus hochpoliertem Nussbaumholz ausgestattet.[112] Die Anschaffung des Fernsehgerätes zog die Anschaffung einer speziellen Fernsehlampe nach sich, die es in verschiedenen Formen gab und für „heimeliges Licht" sorgten sollte.[113]

Von der Filmkritik wurde die kurze Distanz beim ‚Heimkino' negativ herausgehoben: Distanz sei „genau das, was die Fernseh-Tagesschau nicht gewinnen kann".[114] Das Kino war ihrer Überzeugung nach das Medium mit der besten Rezeptionsmöglichkeit. Adorno stellt als Grund für die Popularität des Fernsehens die „Distanzlosigkeit" sowie eine „Brüderlichkeit und Solidarität" heraus, die er aber als „Parodie" bezeichnet.[115] Die Zuschauer schätzten jedoch die intime Nähe und direkte Ansprache, z.B. durch den Nachrichtensprecher. Dieser sprach zum Zuschauer, der sich nur wenige Meter vor dem Bildschirm entfernt befand. Während der Nachrichtensprecher (ab März 1959) zu sehen *und* zu hören war, riefen die Wochenschausprecher den Zuschauer, der mit anderen Besuchern weit weg im Kinosaal saß, noch immer aus dem Off an. Das Fernsehdispositiv ermöglichte eine persönliche Note – im Kinosaal führte höchstens das Dunkel zum Eindruck, privat zu sein. Auch Stars, wie Victor de Kowa, der noch 1950 in der 2. Ausgabe der *Neuen Deutschen Wochen-*

---

[106] Ebd., S. 82-83.
[107] Vgl. ebd., S. 90.
[108] Vgl. Helmes, 2000, S. 64.
[109] Vgl. Eurich & Würzberg, 1983, S. 48.
[110] Ebd., S. 41.
[111] Ebd.
[112] Helmes, 2000, S. 58-59.
[113] Ebd., S. 65.
[114] Kaha (Kürzel) (1958): Gibt es einen Ersatz für Aktualität? Konkurrenz zwingt zu neuen Wochenschau-Wegen. In: Film-Telegramm/Feuilleton Nr. 38, 16.9.1958, UFA-Kritiken, DW.
[115] Adorno, 1990, S. 165.

schau für seinen Kinofilm geworben hatte, ließen sich 1954 zur Werbung für das Fernsehen engagieren.[116] Die Stars kamen durch das Fernsehgerät zu Gast[117] – nur eben nicht in der Größe der Kinoleinwand. Zudem konnte der Fernsehzuschauer selbst entscheiden, wann er den Apparat einschaltete. Das Fernsehen führte zu einer weitgehenden Selbstbestimmtheit in Zeiteinteilung, Kleidung, Verhalten, Raumgestaltung sowie wahlweise Geselligkeit oder Alleinsein.

2.3.10 Zusammenfassung zu den Strukturen der 1950er Jahre

Abelshauser stellt resümierend fest, dass die „Hauptstützen der ‚Konsumgesellschaft'" in den 1950er Jahren die Motorisierung, der Tourismus und die Massenmedien waren und diese als Phänomene des Wirtschaftswunders „Spuren" im „öffentlichen Bewusstsein und im Lebensgefühl" der Menschen hinterlassen haben.[118] Die 1950er Jahre lassen sich in vielem als Beginn dessen beschreiben, was heute selbstverständlich ist: Fernsehen, Autofahren, Massentourismus und Jugendkultur. Die aufgezeigten Aspekte stellen den historischen Kontext dar, in dem sich das neue Medium Fernsehen etablierte und sich in den Alltag der Menschen integrieren konnte. Die politischen, gesellschaftlichen, wirtschaftlichen und technischen Veränderungen in den 1950er Jahren wirkten sich auf die Medienentwicklung aus. Sie beförderten nicht nur eine Entwicklung von Medien, sondern wurden oftmals selbst in Wochenschau und Nachrichten als Themen aufgegriffen, spiegelten sich in Filmen und Fernsehsendungen.

[116] Vgl. Eurich & Würzberg, 1983, S. 15.
[117] Vgl. Ebd.
[118] Abelshauser, 1987, S. 58.

3. Entwicklung der audiovisuellen Informationsformate

„Audiovisualität“ meint die Verbindung des „stehenden und bewegten“ Bildes mit „gesprochener und geschriebener Sprache“ und „allen Formen des Audiofonen“, wie Geräusche und Musik.[1] Im Vergleich zu Hörfunk oder Presse ergibt sich für Zuschauer durch diese Verbindung eine besondere Wahrnehmung. Beim Erleben einer Filmsequenz sind mehrere Sinne zugleich angesprochen – so wie es in realen Situationen geschieht. Es entsteht ein Eindruck, direkt dabei zu sein. Sowohl die Kino-Wochenschau als auch die *Tagesschau* im Fernsehen ermöglichen durch Audiovisualität eine umfassende sinnliche Wahrnehmung der Welt. Trotzdem wurde die Wochenschau nicht mehr gezeigt. Es mussten also andere Eigenschaften ausschlaggebend gewesen sein, die der *Tagesschau* im Fernsehen Vorschub leisteten. Nach Stöber stellt sich immer die Frage nach dem Anfang. Zwar wiederholen sich in der Geschichte niemals bestimmte Ereignisse, doch haben „vergleichbare“ Ausgangsbedingungen „ähnliche“ Folgen.[2] Um zu zeigen, dass die Wochenschau bis zum Beginn des Nachkriegsfernsehens ein erfolgreiches Format war, werden nachfolgend zunächst Ursprünge und Schlüsselfiguren vorgestellt. Es ergeben sich Entwicklungsmuster, die bis in die 1950er Jahre reichen. Auch für das Fernsehen ist auf eine Tradition zu verweisen, die Kontinuitäten[3] nach sich zog. Im weiteren Verlauf dieses Kapitels geht es um die begünstigenden Umstände und Hindernisse für die Gestaltungsentwicklung von Kino-Wochenschau und Fernseh-Nachrichten.

3.1 Der Weg der Filmwochenschau

Filme entstanden schon vor 1895 – doch nicht allein das Trägermaterial macht ‚den Film‘ aus, sondern die Anwesenheit von Zuschauern ist entscheidend. Das Jahr 1895 wird an den Beginn der Filmgeschichte gestellt, weil in diesem Jahr die Brüder Lumière in Paris und die Brüder Skladanowsky in Berlin Filme vor Publikum vorführten.[4] Es entstanden bereits die beiden bis heute geltenden Hauptformen des Films: Spiel- und Dokumentarform. Die Skladanowskys ließen vor der Kamera inszenieren und die Brüder Lumière nahmen Alltagszenen dokumentarisch auf. Ein bekanntes Beispiel dafür ist die Aufnahme ihrer Arbeiter, die ihre Fabrik in Lyon verlassen.[5] Ob diese Aufnahmen oder die 1896 von Skladanowsky aufgenommene

---

[1] Hickethier, 2003a, S. 28.
[2] Stöber, 2003, S. 208.
[3] Aufstellung über Kontinuitäten der Wochenschau- und Fernsehgeschichte im Anhang.
[4] Vgl. Müller, 1996, S. 295-296.
[5] Vgl. ebd., S. 298.

Straßenbahn auf dem Berliner Alexanderplatz, wie nach Zglinicki, „im Grunde die ersten Wochenschauen“[6] darstellen, ist diskussionswürdig. Fest steht aber, dass es die genaue Wiedergabe ihrer Umwelt und allgemein die Bewegungen dieser „lebenden Fotografien“ waren, die die Menschen fesselten.[7]

Die Struktur, wie sie später die Wochenschau mit ihren einzelnen kurzen Sujets aufwies, entstand schon in der ersten Zeit des Filmzeitalters. Die Lumières stellten kurze Filme von etwa einer Minute Länge zu Programmen von ungefähr zwanzig Minuten zusammen[8] und mieteten für ihre Vorstellungen eigens kleine Säle. Durch diese Art der Vorführung war es möglich, eine große Zahl von Zuschauern anzuziehen, denn die Vorstellungen fanden den ganzen Tag über statt und das Publikum konnte entsprechend oft wechseln.[9] Die Attraktion sprach sich herum und 1896/97 gab es in den wichtigsten westlichen Metropolen solche Filmveranstaltungen.[10] Für die Verbreitung des Films sorgten zudem reisende Filmschausteller, die auf Jahrmärkten Station machten – so entwickelte sich das „Jahrmarktskino“.[11] Das setzte allerdings voraus, dass die Vorführgeräte käuflich zu erwerben waren. Einer der ersten, der solche Apparate verfügbar machte, war Oskar Messter aus Berlin.[12] In Deutschland war der Film zunächst für staatliche Stellen nicht interessant. Daher wurden die kostspieligen Filmproduktionen nicht finanziell unterstützt.[13] So gab es nur wenige Käufer für die teueren Ausrüstungen. Oskar Messter, brachte seine Apparate deshalb in Varietés unter, die die ‚lebenden Bilder‘ als Schlussnummer anboten.[14]

3.1.1 Aktualitäten und nationale Präsentation

Als sich der Erfolg der Filmvorführungen abzeichnete, baute die Firma Lumière ein internationales Vertriebssystem auf. Firmeneigene „Operateure“ arbeiteten als Vorführer und Kameramänner. Sie sorgten für ständigen Nachschub an nicht-fiktionalen Filmaufnahmen.[15] Außerdem betätigten sich Wanderkinobesitzer als erste „Filmreporter“.[16] Sie hielten lokale Ereignisse auf Film fest, um sie als Nummer in ihr Jahrmarkt-Programm einzubinden. Auch Messter konnte Filme mit Inszenierungen und

[6] von Zglinicki, 1956, S. 333.
[7] Müller, 1996, S. 299.
[8] Ebd., S. 298.
[9] Vgl. Müller, 1996, S. 300-301.
[10] Ebd., S. 301.
[11] Ebd.
[12] Ebd., S. 301-302. Als gelernter Optiker und Mechaniker verkaufte Messter bereits im Juni 1896 seinen ersten Filmprojektor an einen russischen Schausteller.
[13] Vgl. von Zglinicki, 1956, S. 336.
[14] Vgl. Müller, 1996, S. 303-304.
[15] Loiperdinger, 2005, S. 46.
[16] von Zglinicki, 1956, S. 336.

dokumentarische Aufnahmen aus eigener Produktion liefern.[17] Ein wichtiges Thema war dabei die nationale Zurschaustellung – beispielsweise nahm Oskar Messter am 4. Mai 1897 Kaiser Wilhelm II. bei einem Stapellauf in Stettin auf.[18] Die Filminhalte änderten sich im Laufe der Zeit: von Alltagsansichten zu Reiseszenen mit Bildern aus dem Ausland, die zunehmend spektakuläre Perspektiven zeigten.[19] Alles das waren u.a. Inhalte, die später die Wochenschau bot. Bei der Kriegsberichterstattung hielt man sich aber zurück und zeigte statt Schlachtenbilder nur Bilder von Übungen oder vom Lagerleben. Spektakuläre Kriegsaktionen wurden für den frühen Film um 1900 aber höchstens nachinszeniert.[20] Inszenierungen waren auch noch in der Wochenschau der 1950er Jahre üblich.[21]

Schon in der Frühzeit des Kinos waren die kurzen Filme nicht objektiv, sondern von Parteiinteressen abhängig. Sie waren eine „nationale Nabelschau" für Bürger der gehobenen Klasse, die sich den Eintritt für das Varieté leisten konnten. Die anderen Bürger sahen Filme im Wanderkino. So wurde das Wanderkino zum „Motor" für die weite Verbreitung der frühen Filme: Es konnte mehr Zuschauer erreichen als das Varieté – es war nicht elitär und zog so die breite Masse an.[22]

1903/04 war Oskar Messter bestrebt, sein Filmangebot zu erweitern, indem er humoristische Spiel- und Trickfilme in sein Programm aufnahm. Dazu versuchte er, Programmbögen mit thematisch geordneten Filmstücken zu bilden, was wiederum eine Annäherung an die Wochenschau-Struktur darstellt. Als Novität kamen Sportberichte dazu, die in den späteren Wochenschauen eine zentrale Bedeutung bekommen sollten. Den Schwerpunkt bildeten ‚aktuelle Berichte'; außerdem zeigte Messter Reportagen, z.B. über die Herstellung einer Londoner Zeitung.[23] Die Mischung dieses Programms erster Kurzfilme zeigte bereits eine Palette, die sich in den Wochenschauen fortsetzte.

Tageszeitungen druckten zu dieser Zeit noch keine Fotos, sodass das Verlangen nach Bildern groß war. Die Filme brachten somit das „Bewegtbild zur Nachricht", die schon aus Zeitungen bekannt war.[24] Das blieb bis zu den Wochenschauen der 1950er Jahre so. Meist wurden Aktualitäten über vorhersagbare Ereignisse gedreht, z.B. Krönungen, Staatsbesuche. Bei nicht vorhersehbaren Ereignissen, wie Naturkatastrophen, wurden die Operateure in einem wahren Wettlauf an die Orte des Geschehens entsandt. Obwohl die Filme noch gar nicht gedreht waren, wurde bereits für sie geworben. Die Hersteller versuchten sich mit Schnelligkeit und ‚Aktualität' ge-

[17] Vgl. Müller, 1996, S. 302.
[18] Vgl. Filmografie Oskar Messter; verfügbar unter: http://www.filmportal.de/person/oskar-messter_95edc384ff074aaf99cd1502202a1591 [12.4.2012].
[19] Vgl. Müller, 1996, S. 312.
[20] Vgl. ebd., S. 312-313.
[21] Vgl. Vater, 1952, S. 64, zit. nach Körber, 1994, S. 142.
[22] Vgl. Garncarz, 2005b, S. 101.
[23] Müller, 1996, S. 322.
[24] Vgl. Garncarz, 2005c, S. 82.

genseitig zu überbieten.[25] Wie aktuell ein Film sein konnte, hing von den technischen Möglichkeiten ab: Belichtete Filmnegative mussten zunächst zum Ort der späteren Präsentation transportiert, entwickelt und auf Positivfilm kopiert werden.[26] Die Aktualitäten waren keine dramaturgisch durchorganisierten Nachrichtenfilme. Der Begriff ‚Aktualität' bezog sich nach Jung auch nicht auf die möglichst kurze Zeitspanne zwischen Ereignis und Aufführung, sondern auf eine „visuelle Vergegenwärtigung" unabhängig von der zeitlichen und räumlichen Distanz, d.h. es ging um die „Suggestion" für das Publikum, „einem Ereignis näher zu rücken".[27] Im Zusammenhang mit ‚Aktualität' war auch die Authentizität wichtig. Während die Filmemacher mit den Tageszeitungen nicht mithalten konnten, hatten sie durch die bewegten Bilder hinsichtlich der Authentizität den größten Vorteil.[28] Das dritte wichtige Attribut für die Filme war die Exklusivität. Die Produktionsfirmen stritten sich um Aufträge am kaiserlichen Hof.[29] Aktualität und Exklusivität waren auch genau die Maxime, die von den Wochenschauen angestrebt wurde.

Aktualitätenfilme eigneten sich jedoch nicht als dauerhafter Bestandteil der Wanderkinos, da die Filme nicht gemietet, sondern gekauft wurden. Ein gekaufter Film musste sich amortisieren und wurde so lange gespielt, bis das Geld durch die Eintrittserlöse wieder hereinkam. Auf der anderen Seite konnte er nur so lange eingesetzt werden, wie sich das Publikum für diesen Film interessierte.[30] Durch die Wanderkinos war somit kein regelmäßiges Angebot von ‚Aktualitäten' möglich.

Zwischen 1906 und 1910 setzte ein Boom der Gründungen ortsfester Kinos ein, der alle deutschen Städte bis in die Provinz hinein erfasste.[31] Nachdem für Kurzfilme ein Preisverfall eingetreten war, kam es 1910 zur Produktion von Langfilmen, an die sich zugleich eine neue Vertriebsform knüpfte – das Monopolverleihsystem. Der Handel mit Filmen wurde auf diese Weise zum ersten Mal lukrativ.[32] Somit stieg die Nachfrage nach allen Formen des Films – auch nach regelmäßig austauschbaren Aktualitätenfilmen. An dieses Verteil- und Distributionssystem wurde später die Wochenschau als Teil des Filmangebots angehängt.

3.1.2 Die ersten Wochenschauen und Imagefilme

Um mit gesicherter Regelmäßigkeit Ereignisse und Begebenheiten zu zeigen, wurden schließlich kurze Filme wöchentlich neu zusammengestellt – so entstanden die ersten

[25] Vgl. Jung & Loiperdinger, 2005, S. 166.
[26] Garncarz, 2005c, S. 89.
[27] Jung, 2005, S. 230.
[28] Vgl. Jung & Loiperdinger, 2005, S. 170.
[29] Vgl. ebd., S. 177.
[30] Vgl. Garncarz, 2005a, S. 115-116.
[31] Müller, 1996, S. 313-314.
[32] Vgl. Müller, 1998, S. 61.

Wochenschauen. 1906 war Charles Pathé dazu übergegangen, die einzelnen Filme „actualités de la semaine" zu einem Streifen zusammenzufügen und gründete das *Pathé-Journal*. Weitere Wochenschauen kamen hinzu. Der deutsche Markt wurde zunächst ab 1910 von französischen Wochenschauen beherrscht: vom *Pathé-Journal*, das *Eclair-Journal* (gegründet 1907) und der *Gaumont-Woche* (gegründet 1910 als *Gaumont Actualités*).[33]

Seit dem 15. November 1911 brachte die Deutsche Expreß-Filmgesellschaft in Freiburg eine Berichterstattung unter dem Titel *Der Tag im Film* heraus.[34] Um sich von der Konkurrenz abzusetzen, wurde die Einführung 1911 von „einfallsreichen Inseraten" begleitet.[35] Die Strategie von *Der Tag im Film* unterschied sich von anderen Filmherstellern: Es war keine „konfektionierte Folge von Wochenschau-Sujets" (als Ganzes angeboten),[36] sondern bestand aus einzelnen, jede Woche neu zusammengestellten, Kurzfilmen von 25 bis 30 Metern.[37] Damit wollte man schneller und ‚aktueller' sein – selbst der Tagespresse überlegen. Zudem stellte die Expreß Auslandsausgaben her: Das *Expreß-Journal* für Frankreich und *The Day in the Film* für England. Die Reporter beteiligten sich 1913 darüber hinaus als Kriegsberichterstatter am Balkankrieg,[38] um authentische Kriegsbilder zu liefern.

Ein weiterer Betätigungszweig für die Wochenschau-Produzenten entstand durch die aufstrebende Industrie. Die Kabelwerke Oberspree der AEG beauftragten 1912 die Messter-Projektions GmbH mit einem „großen Werksfilm", der die Herstellung elektrischer Kabel zeigte. Der kostspielige Film bekam in Fachkreisen des In- und Auslands hohe Aufmerksamkeit.[39] Die Filme hatten nicht nur zum Ziel, das Verständnis für die Technik zu fördern, sondern auch „Reklame" für das Unternehmen und seine Produkte zu machen.[40] Ebenfalls 1912 startete der deutsche Verleger Siegfried Weber in Leipzig eine Film-Propaganda für die deutsche Wirtschaft, die deutsche Industrie, den deutschen Handel und den Fremdenverkehr sowie für die deutsche Kultur. Der Anstoß dazu kam aus dem Ausland. Webers Direktor für Auslandswerbung im Verlag, Ludwig Klitzsch, erfuhr von den Werbefilmen der Engländer, Franzosen und Amerikaner für deren Industrie und Kultur. Von Klitzsch angeregt, unternahm Weber selbst Reisen nach Amerika, um mehr über die Werbewirkung des Films, seine technische Handhabung und Organisation einer Vorführung zu erfahren.[41] Auch als es darum ging, die erste deutsche Wochenschau auf den Markt zu bringen, arbeiteten Presse-Verlag und Film zusammen. Die Dürener Rohfilmin-

---

[33] von Zglinicki, 1956, S. 336; vgl. Jung, 2005, S. 239.
[34] Vgl. von Zglinicki, 1956, S. 336; vgl. Jung, 2005, S. 243.
[35] Jung, 2005, S. 243.
[36] Ebd.
[37] Vgl. von Zglinicki, 1956, S. 336; vgl. Jung, 2005, S. 243.
[38] Vgl. von Zglinicki, 1956, S. 336.
[39] Barkhausen, 1982, S. 17.
[40] Ebd., S. 18.
[41] Vgl. Barkhausen, 1982, S. 16-17.

dustrie Kino-Film-GmbH gründete 1913 die *Eiko-Woche* und kooperierte dazu mit dem Verlag August Scherl.[42] Dann begünstigte der Erste Weltkrieg das Wochenschaugeschäft.

Nach dem Kriegsausbruch 1914 stand die deutsche Filmwirtschaft vor der Situation, dass die französischen Wochenschauen plötzlich wegfielen. Der Mangel an Aktualitätenfilmen, die Kriegsgeschehen zeigten, wurde durch die Filmkritik beklagt.[43] Ab Oktober 1914 produzierte Oskar Messter seine „Kriegswoche" – seine Kameramänner sollten „an allen Fronten vertreten sein".[44] Im selben Jahr schloss Messter einen eigenen Verleih an, der nach Müller zum „erfolgreichsten deutschen Verleih" der 1910er Jahre wurde.[45] Die Oberste Heeresleitung ordnete aus Furcht vor Spionage an, dass die Filmfirmen, die Kameramänner an die Front schicken durften, „rein deutsch" sein und deutsche Apparaturen benutzen mussten.[46] So wurde der nationale Anspruch der Wochenschauen unterstrichen.

Im Jahr 1916 begann man auch in Deutschland, feindlicher Filmpropaganda mit dem gleichen Medium zu begegnen. Der Film wurde zum interessanten Objekt für die staatlichen Stellen. Das Auswärtige Amt und das preußische Kriegsministerium und die Oberste Heeresleitung überlegten, wie die bisher unbeachtete Kinematografie in die Propaganda eingebunden werden könnte. Das Volk sollte „über Sinn und Zweck des Krieges" aufgeklärt und im neutralen und befreundeten Ausland positive Stimmung für „die deutsche Sache" gemacht werden.[47] Im November 1916 wurde die „Kriegsfilmberichterstattung" von der „militärischen Film- und Photostelle" übernommen, die wiederum der Nachrichtenabteilung des Auswärtigen Amtes unterstand.[48] In der Folge wurden militärische Dokumentarfilme produziert, die die Flora-Film-Gesellschaft vertrieb.[49]

3.1.3 Die Wochenschau nach dem Ersten Weltkrieg

Während des Ersten Weltkriegs entwickelte sich in der Bevölkerung ein enormer Bedarf an aktuellen Informationen und die Reichsführung strebte eine gelenkte Filmpropaganda an, um ihre politischen und militärischen Ziele verfolgen zu können.[50] Die *Messter-Woche* war 1918 zwischen 170 und 190 Meter lang und brachte 10 bis

[42] von Zglinicki, 1956, S. 336. Scherl war Erfinder der General-Anzeiger-Presse in Deutschland.
[43] Vgl. Barkhausen, 1982, S. 21.
[44] von Zglinicki, 1956, S. 337.
[45] Müller, 1998, S. 62.
[46] Barkhausen, 1982, S. 21.
[47] Ebd., S. 3.
[48] von Zglinicki, 1956, S. 338-339.
[49] Ebd., S. 339.
[50] Vgl. Kreimeier, 2005, S. 322.

15 Sujets von etwa anderthalb Minuten.[51] Ab 1919 mischten sich darin „im dramaturgischen Gestus" der Vorkriegs-Bilder Themen aus Politik und Sport und „mondäner Glanz".[52] Sport und Freizeit standen gleichberechtigt neben politischen Themen und drängten diese an den Rand. Auch Kunst bekam einen Platz in der Wochenschau. Als naturwissenschaftliche Sujets wurden Tierwelten verwendet, Technik und Städtebilder kamen vor. Zwischentitel vermittelten Kontextinformationen zu den Sujets.[53] Diese strukturelle Gestaltung nahm die Wochenschau nach dem Zweiten Weltkrieg wieder auf.

Am 18. Dezember 1917 wurde die Universum-Film AG (UFA) gegründet. Messter trat seine Unternehmung an die UFA ab, da er die große Konkurrenz des staatlich gestützten UFA-Konzerns fürchtete.[54] Die UFA gab die *Messter-Woche* Anfang 1920 an die Deutsche Lichtbild-Gesellschaft (DLG) weiter. Die DLG übertrug die *Messter-Woche* wiederum an die Deulig-Film (eine gemeinsame Gründung der UFA und der DLG). Da die *Messter-Woche* zu einem Markennamen geworden war, blieb sie noch nach der Übernahme durch die UFA im Beiprogramm der deutschen Kinos bestimmend.[55] Januar 1922 begann die Produktion der *Deulig-Woche*, zu deren Gunsten die *Messter-Woche* beendet wurde. Die *Deulig-Woche* erschien ab Juli 1927 im UFA-Verleih.[56] Klitzsch, der im Verlag Weber die Arbeit mit Werbefilmen kennengelernt hatte, wurde 1927 Generaldirektor der UFA.[57]

Ab 1925 produzierte auch die UFA eine Wochenschau mit dem Ziel einer „Überfremdung des deutschen Filmmarktes" entgegenzuwirken.[58] Sie reagierte damit auf die ehemalige *Messter-Woche* und die *Deulig-Woche*, die sich stark der Auslandsberichterstattung gewidmet hatten.[59] Eine Verengung auf eine nationale Sichtweise und Ausrichtung auf Deutschland zeichnete sich damit ab. Es gab bereits Strategien, um die Akzeptanz des Publikums sicherzustellen: Heinrich Roellenbleg, Leiter der *Ufa-Wochenschau*, war klar, dass mit „Takt und Fingerspitzengefühl" vorzugehen war – es gehe darum, „die richtige Zusammenstellung zu finden, die ein gewisses dramatisches Moment nicht außer Acht lässt" und die auch die berichtende Wochenschau unterhaltend werden lässt. Zur Machart sagte er, dass alle Objekte „irgendwie be-

[51] Ebd., S. 326.
[52] Ebd., S. 336.
[53] Vgl. ebd., S. 336-337.
[54] Vgl. Kreimeier, 2005, S. 323. Nach von Zglinicki war Messter als „begeisterter Militarist" nicht fähig, sich auf Friedensberichte einzustellen und gab deshalb seine Filmwochenschau auf; von Zglinicki, 1956, S. 339.
[55] Kreimeier, 2005, S. 322-323.
[56] Vgl. von Zglinicki, 1956, S. 340.
[57] Vgl. Barkhausen, 1982, S. 196.
[58] von Zglinicki, 1956, S. 340.
[59] Durch die Verbindungen zum „Deutschen Übersee-Dienst" der *Deulig* gab es in der *Messter-Woche* Bilder aus „allen europäischen Staaten, den englischen Kolonien, den Vereinigten Staaten und Südamerika"; Kreimeier, 2005, S. 337.

wegt" sein müssten, um für die Wiedergabe im Kino tauglich zu sein.[60] Die UFA wurde ab Mitte der 1920er Jahre auf dem Gebiet der Wochenschau schnell zur „Marktführerin".[61] Mit dem Tonfilm war die Umstellung auf Ton auch für Wochenschauen notwendig. Die *Ufa-Wochenschau* nahm eine Vorreiter-Rolle ein: Im September 1930 erschien bereits die erste *Ufa-Tonwoche* – die anderen Wochenschau-Unternehmen folgten diesem Beispiel.[62]

3.1.4 Die Wochenschau in der NS-Zeit

Die vier in der Weimarer Republik gespielten Tonwochenschauen, die *Ufa-Tonwoche*, die *Fox Tönende Wochenschau*, die *Deulig-Tonwoche* und die *Emelka-Ton-Woche*, bestanden nach der Machtübernahme durch die Nationalsozialisten zunächst weiter. Die *Emelka-Ton-Woche* wurde mehrmals umbenannt: *Emelka-Bavaria-Tonwoche* (ab Dezember 1933), im September 1934 in *Bavaria-Tonwoche* und ab dem 17. August 1938 in *Tobis-Wochenschau.*[63] Durch den Besitz der beiden wichtigsten Wochenschauen, der *Ufa-* und der *Deulig-Tonwoche*, hatte die UFA die Kontrolle über den Markt – diese beiden Wochenschauen liefen 1937 mit den meisten Kopien in zwei Dritteln der Kinos.[64] Sie hatten eine Länge von zehn Minuten und umfassten acht bis zwölf Sujets – mit Themen nach dem Muster: „Menschen, Tiere, Sensationen".[65]

Die Nationalsozialisten legten zwar kaum Wert auf Sensationen, doch weil sich die Wochenschauen auch mit dem Ausland austauschen mussten, konnten Berichte über Katastrophen und feuilletonistische Berichte nicht wegfallen. Wie Hoffmann darlegt, gab es sogar einen „internationalen Standard" der dazu führte, dass die Beiträge der *Ufa-Wochenschau* von denen der großen internationalen Wochenschauen ästhetisch, wie auch in der „Auflösung der Motive" kaum zu unterscheiden waren.[66]

Die Wochenschauen waren als nationale Informationsträger mit politischen Interessen verbunden. Für Propagandaminister Goebbels war klar, dass der Film „eines der modernsten und weitreichendsten Mittel zur Beeinflussung der Massen ist, die es überhaupt gibt". Eine Regierung dürfe daher den Film „nicht sich selbst überlassen".[67] So galten auch für Filmschaffende die Zwangsmitgliedschaft in der Reichsfilmkammer und die „Arisierung" – Kameraleute benötigten überdies eine spezielle

[60] Roellenbleg, H. (1927): Beiwerk? In: Reichsfilmblatt, Nr. 24, 18.6.1927, zit. nach Kreimeier, 2005, S. 339.
[61] Kreimeier, 2005, S. 340.
[62] Vgl. von Zglinicki, 1956, S. 340.
[63] Hoffmann, 2005a, S. 211.
[64] Ebd.
[65] Ebd.
[66] Ebd., S. 212.
[67] Goebbels vor der „Reichsfachschaft Film", zit. nach Barkhausen, 1982, S. 200.

Dreherlaubnis.[68] Am 13. März 1933 wurde Goebbels Reichsminister für Volksaufklärung und Propaganda. Die „Belange der Presse, des Films, des Rundfunks und des Theaters“ gingen auf das Propaganda-Ministerium über.[69] Mitte 1935 wurde im Reichsministerium für Volksaufklärung und Propaganda (RMVP) unter der Leitung von Hans Weidemann das Deutsche Film-Nachrichtenbüro eingerichtet, sein Assistent wurde Fritz Hippler.[70] Unter Hippler[71] wurde im Frühjahr 1939 die Deutsche Wochenschauzentrale eingerichtet.[72] Hippler beeinflusste den Stil der Wochenschau und strebte einen Filmstil an, den er auch in seinen eigenen Filmen verfolgte. Er orientierte sich nach Stamm an der „Linie“ Leni Riefenstahls – was der „von oben“ gewollten Machart mit „wirkungsvoll gestalteten Einstellungen und einer eher ruhigen Montage“ entsprach.[73] Die Wochenschauen erhielten Vergünstigungen, um den Einsatz in den Kinos voranzutreiben. Das „Gesetz zur Erleichterung der Filmberichterstattung“ vom 30. April 1936 ermöglichte es der Wochenschau, urheberrechtlich geschützte Musik zu verwenden; die Musik hatte das Ziel, die Bilder spannend zu emotionalisieren.[74] 1938 ersetzte eine Pauschalvergütung von 3 % der Eintrittsgelder die Preisstaffelung für die Vermietung der Wochenschauen.[75] Am 5. Oktober 1938 wurde auf Forderung des Propagandaministeriums bei der Film-Treuhand Gesellschaft ein Dispositionsfonds gegründet, der zur „Verbesserung der Wochenschauen“ eingesetzt werden sollte. Allein für die UFA war ein hoher Betrag von 85.000 RM vorgesehen.[76] Die Verbesserung sollte durch die Vermeidung von Auflockerung herbeigeführt werden. Es sollten keine humoristischen Bilder vorkommen – aber auch keine „desillusionierenden Bilder“.[77]

Trotz erster Versuche von Weidemann, eine Einheitswochenschau zu schaffen, setzte sich der UFA-Vorstand dafür ein, die Eigenständigkeit der *Ufa-Wochenschau* zu erhalten. Diese Unabhängigkeit war jedoch faktisch beendet, als der „Reichsbeauftragte für die deutsche Filmwirtschaft“, Dr. Max Winkler,[78] im März 1937 die

---

68 Hoffmann, 2005a, S. 213-214.
69 Barkhausen, 1982, S. 192-193.
70 Vgl. Hoffmann, 2005a, S. 214-215.
71 Ab Mai 1935 arbeitete Hippler bei Hans Weidemann als Assistent und lernte das Sichten und Bewerten der Wochenschauen; vgl. Hoffmann, 2005a, S. 215. Im Januar 1939 wurde er an Weidemanns Stelle gesetzt; vgl. Kreimeier, 1992, S. 309. Hippler produzierte den Hetzfilm „Der ewige Jude“; vgl. Kreimeier, 1992, S. 321.
72 Vgl. Stamm, 2011, S. 209.
73 Ebd.
74 Hoffmann, 2005a, S. 214.
75 Ebd.
76 Barkhausen, 1982, S. 207.
77 Ebd.
78 Max Winkler diente als Finanzberater schon unter Stresemann und fortgesetzt bis unter Hitler. Winkler war Stadtverordneter, Bürgermeister, demokratischer Abgeordneter im Reichstag. Mit seiner Cautio Treuhandgesellschaft m.b.H. (1929 gegründet) arbeitete er als Treuhänder für das Propagandaministerium. Winkler kaufte im Reichsauftrag außerdem Verlage wie Mosse,

UFA-Aktien zu 100 % übernahm. So ist nach Hoffmann bereits von einer „Verstaatlichung“ zu sprechen.[79] Später kaufte Winkler auch die anderen Filmkonzerne Tobis, Bavaria und Terra für das NS-Reich und ermöglichte damit die Gleichschaltung des Films.[80] 1941 wurden auf Anweisung Hitlers alle aufgekauften Filmfirmen unter einer „Dachgesellschaft“, der Ufa-Film GmbH (UFI) zusammengefasst.[81] Winkler sorgte für einschneidende Personalveränderungen: Er setzte Dr. Schützler als Chef der *Ufa-Tonwoche* ab und hob dafür Heinrich Roellenbleg (vorher Chef der *Tobis-Bavaria-Wochenschau*) auf den Posten[82]. Die Wochenschauen wurden verpflichtet, ihr Material über einen Pool auszutauschen – Schnitt, Ton und Text wurden jedoch wieder jeder einzelnen Wochenschau überlassen.[83]

Durch die unterschiedlichen institutionellen Anbindungen unterschieden sich die Wochenschauen noch in ihrer Gestaltung. Die *Ufa-Tonwoche* war die „best ausgestattete“ und auch größte und wichtigste Wochenschau in den 1930er Jahren. Wie Hoffmann anführt, war sie von allen Wochenschauen inhaltlich am engsten mit der NS-Regierung verbunden. Im Vergleich zu den anderen Wochenschauen dominierte bereits 1933 die Politik und auf „humoristische Stücke“ wurde verzichtet.[84] Die *Deulig-Tonwoche* wurde von dem Medienunternehmer Alfred Hugenberg kontrolliert. Diese Wochenschau war die zweitwichtigste Wochenschau. Die politische Überzeugung des deutschnationalen Hugenberg spiegelte sich im Kontrast der Themen zwischen „technischem Fortschritt“ und „volkstümlichen Traditionen“.[85]

Zumindest bis 1937 standen als Themen Naturkatastrophen, Rekorde, Sport und Sensationen im Vordergrund. Außerdem gab es unterhaltende Sujets und Ironie. Dann wurden auch immer häufiger nationalsozialistische Veranstaltungen gezeigt. Dieser Wechsel des Stils in der Zeit von 1937 zu 1938 zeigte genau die Neuorientierung, die die Nationalsozialisten nun einforderten. Auflockerungen waren nicht mehr erwünscht.[86]

Bis Kriegsbeginn 1939 war der Wochenschau-Markt gedrittelt, wobei die UFA zwei Wochenschauen herstellte: die *Ufa-Tonwoche* und die *Deulig-Tonwoche*. Weiterhin waren die *Tobis-Tonwoche* und die *Fox Tönende Wochenschau* auf dem

---

Ullstein, Madsack, so dass die Presse wie der Film ihre Unabhängigkeit verlor; vgl. o.V. (1951): Bei der UFA machte man das so... Kino – das grosse Traumgeschäft. 18. Fortsetzung. In: Der Spiegel, Nr. 2, 10.1.1951, S. 22-25, hier S. 25.

[79] Hoffmann, 2005a, S. 215; vgl. auch Barkhausen, 1982, S. 203.

[80] Vgl. Barkhausen, 1982, S. 203; vgl. o.V. (1951): Bei der UFA machte man das so... Kino – das grosse Traumgeschäft. 18. Fortsetzung. In: Der Spiegel, Nr. 2, 10.1.1951, S. 22-25, hier S. 25.

[81] O.V. (1959): UFA – Die Auferstehung. In: Der Spiegel Nr. 4, 21.1.1959, S. 44-54, hier: S. 47.

[82] Roellenbleg soll jedoch kein ausgesprochener Nationalsozialist gewesen sein, sondern galt als Liberaler; Barkhausen, 1982, S. 207-208. Roellenbleg war später nur in der Anfangszeit kurz Geschäftsführer der Neuen Deutschen Wochenschau; vgl. Schwarz, 2002, S. 90.

[83] Vgl. Hoffmann, 2005a, S. 215.

[84] Ebd., S. 219.

[85] Ebd., S. 223-224.

[86] Vgl. ebd., S. 229.

Markt.[87] Die bestehenden Wochenschauen wurden 1940 schließlich zur *Deutschen Wochenschau* zentralisiert.[88] Für die Herstellung dieses Informationsorgans wurde die Produktionsgesellschaft Deutsche Wochenschau GmbH als Tochtergesellschaft der UFA in Berlin gegründet.[89] Da sich die Muttergesellschaft vollständig im Reichsbesitz befand, unterlagen Herstellung und Gestaltung dem nationalsozialistischen Regime. Mit den Redakteuren und Cuttern der Wochenschau wurden die Reihenfolge der Berichte, der Schnitt und der Kommentar festgelegt. Ab September 1939 nahm Goebbels jede Ausgabe der Wochenschauen ab.[90] Die redaktionelle Leitung der *Deutschen Wochenschau* bekam Heinrich Roellenbleg. Der Aufsichtsrat der GmbH bestand aus dem Reichsfilmintendanten, Ministerialrat Dr. Hippler, dem Oberregierungsrat Fischer (Propagandaministerium), dem ‚Aufkäufer' Dr. Winkler sowie Rechtsanwalt Dr. Pfennig von der Reichsfilmkammer und aus Ludwig Klitzsch für die UFA, Paul Lehmann für die Tobis, Erich Walter Herbell für die Bavaria.[91]

Laut Anordnung der Reichsfilmkammer waren alle Kinobesitzer verpflichtet, in jeder öffentlichen Filmvorstellung die *Deutsche Wochenschau* zu zeigen.[92] Den Kinobetreibern blieb es allerdings selbst überlassen, an welcher Stelle im Programm sie diese brachten.[93] Die Länge der Ausgaben überstieg mit zunächst 45 Minuten (30 Minuten noch bis 1943) bei weitem die Länge der Nachkriegs-Wochenschauen mit 10 bis 15 Minuten.[94] Bis Kriegsbeginn hatten die Wochenschauen eine Laufzeit von 16 Wochen – mit einer niedrigen Zahl von Kopien (insgesamt nur 400 Kopien).[95] Die *Deutsche Wochenschau* lief mit mehr als 1.900 Kopien wöchentlich vor 20 Millionen Zuschauern.[96] Sie war somit ein eindringliches Instrument der ideologischen Lenkung, das die breite Bevölkerung erreichte. Hippler schreibt in seinen Erinnerungen, dass es nicht um „objektive Berichterstattung" ging, sondern um „siegesbewusste Propaganda", um das „seelische Kampfpotential des deutschen Volkes" zu stärken. Dem mussten Bild, Sprache, Stimme, Texte und Musik entsprechen.[97]

Nach dem zweiten Weltkrieg konnte es eine neue deutsche Wochenschauproduktion nicht leicht haben, denn der Ruf war durch die Propaganda der NS-Wochenschau geschädigt. Den Kinobesitzern und Kinobesuchern klangen noch lange die „Kriegsfanfaren der Deutschen Wochenschau in den Ohren"[98]. Gerade in dieser

[87] Vgl. Barkhausen, 1982, S. 214.
[88] Vgl. Hoffmann, 2005a, S. 230.
[89] Vgl. Barkhausen, 1982, S. 214.
[90] Vgl. Hoffmann, 2005a, S. 215.
[91] Barkhausen, 1982, S. 214-215.
[92] Vgl. Fuhrmann, 2009, S. 24.
[93] Vgl. Hoffmann, 2005a, S. 214.
[94] Fuhrmann, 2009, S. 27.
[95] Barkhausen, 1982, S. 214.
[96] von Zglinicki, 1956, S. 341.
[97] BA R 109 Ufa-Vorstands-Protokoll 1407 vom 16.3.1940, zit. nach Barkhausen, 1982, S. 215.
[98] O.V. (1949): 300 Meter laufen weiter. Der Spiegel Nr. 26, 23.6.1949, S. 32.

Beziehung durfte es keine Kontinuität geben, und alles musste dafür getan werden, keinen auch noch so kleinen Propaganda-Verdacht aufkommen zu lassen.

3.1.5 Entwicklungsmuster der Wochenschaugeschichte

Die Wochenschaugeschichte zeigt zahlreiche Kontinuitäten. Da war zunächst die Rolle des Staates als Geldgeber mit seinem Interesse an nationaler Selbstdarstellung, wodurch die Wochenschau in ein Abhängigkeitsverhältnis geriet. Die Wochenschauen wurden stets politisch und national werblich genutzt. Den Markt prägten starke Konkurrenz sowie ständige Gründungen und Übernahmen von Wochenschauproduktionen. In der Folge kam es zur machtbesetzten Herstellung von zwei Wochenschauen durch ein einzelnes Unternehmen. Auch wenn sich einige kleine Filmunternehmen bildeten, war der Wochenschaumarkt zwischen drei großen Anbietern aufgeteilt. Die Einführung von neuen Wochenschauen wurde durch Werbemaßnahmen begleitet, da die Grundstruktur trotz staatlicher Unterstützung kommerziell ausgerichtet war. Eine weitere Kontinuität bestand darin, dass die Filmgesellschaften nicht nur Wochenschauen für das Inland herstellten, sondern auch Fassungen für das Ausland zur Außendarstellung der Nation. Kontinuitäten gab es ebenfalls in der Länge, der Anzahl der Sujets, des Thementableaus und in der Ergänzungsfunktion zur Tageszeitung mit laufenden Bildern. Kreimeier spricht von einem „Strukturprinzip eines frühen ‚Infotainments‘ ", das durch die *Messter-Wochenschau* geformt wurde: mit "Politik, ‚Soziales‘, fremde Länder, Technik, Mode, Film und Sport, Sensationen und Katastrophen, ein wenig Kunst und viel Kriminalität".[99] Durch das Themenrepertoire wurden die Wochenschauproduktionen austauschbar. Schon früh gab es die heute bekannten Berichterstattungsformen, wie Reportage und Dokumentarisches – auch mit integrierten Trickaufnahmen und mit Inszenierungen durch Statisten. Die Wochenschau-Sujets waren dramaturgisch gestaltet und von Schnelligkeit sowie sensationellen Bildeinstellungen geprägt.[100] In Anpassung an ihr Medium Kino musste ständig etwas in Bewegung gezeigt werden. Wochenschaugesellschaften stellten zudem Dokumentar- und Imagefilme her, um Material mehrfach zu verwerten und sich eine zweite finanzielle Grundlage zu schaffen. Bemerkenswert ist die stets große logistische Leistung der Wochenschau. Diese bestand in der Produktion und Verteilung einer hohen Kopienzahl an viele Filmtheater – allerdings nur einmal pro Woche. Obwohl Tagesaktualität und Objektivität ständig gefordert waren, konnte dies nicht bedient werden. Die Ideale von Authentizität und Exklusivität blieben bestehen, aber auch die Kritik an der Kleinteiligkeit und geringen Tiefe der Sujets, am Verfolgen von Schemata sowie an der nicht gegebenen ‚zeitlichen Aktualität‘[101].

[99] Kreimeier, 2005, S. 338.
[100] Vgl. von Zglinicki, 1956, S. 342.
[101] Zeitliche Aktualität im Sinne eines möglichst kurzen zeitlichen Abstandes zwischen Ereignis und Medienbericht.

3.2 Der Weg des Fernsehens

Wo die Wurzeln des Fernsehens liegen, wird für die Technik- und Programmentwicklung kontrovers diskutiert:[1] im Hörfunk, im Film, im Theater. Die meisten technischen Stationen auf dem Weg zum Fernsehen waren nur „theoretische Konstruktionen", d.h. die erfundenen Geräte wurden zunächst nicht gebaut.[2] Paul Nipkow hatte bei der Entdeckung des „Abtastens, Punktzerlegens und Wiederzusammensetzens mit rotierenden Lochscheiben" im Jahr 1883 noch nicht auf Kinotechnik zurückgreifen können.[3] Die ersten Filme wurden erst zehn Jahre später gezeigt.[4] Heinrich Hertz entdeckte 1887 mit den elektromagnetischen Schwingungen, die noch nicht an Bilder denken ließen, die „Voraussetzungen für die Entwicklung des Rundfunks".[5] Nach der Jahrhundertwende ging man dazu über, die zahlreichen technischen Entwicklungen auf dem Gebiet der elektrischen Bildwiedergabe systematisch zu erproben und nicht mehr nur zu tüfteln.[6] Die mechanische Zerlegung von Bildern in Bildpunkte war noch nicht zufriedenstellend gelöst. Die ersten Übermittlungen von elektrischen Signalen durch Radiowellen gaben der Entwicklung des Fernsehens „einen neuen Impuls"[7]. Die militärischen und die Weltmacht-Interessen der Industrienationen sorgten für eine Weiterentwicklung im Funkverkehr, was den Rundfunk und damit folgend auch das Fernsehen vorantrieb.[8] Der Erste Weltkrieg brachte einen starken Ausbau des Militärfunks mit sich, dessen Technik nach Kriegsende brach lag. Sie war jedoch so einfach durch technische Amateure zu handhaben, dass es für den Staat wichtig wurde, die Nutzung zu reglementieren. Es entstanden erste Sender und Programme.[9] Das Radio und der Film hatten sich bis in die 1920er Jahre erfolgreich etabliert und die „Medienindustrie" hatte sich bereits zu einem aufstrebenden „Wirtschaftszweig" entwickelt.[10]

Der Physiker und Elektrotechniker August Karolus erwarb 1924 ein Patent für die „Lichtsteuerung bei der Fernbildübertragung" und bediente sich dabei der Nipkow-Scheibe. Mit seinem „Großen Fernseher" übertrug Karolus erstmals bewegte Bilder. Er entwickelte die Nipkow-Scheibe weiter und konnte schließlich 96 Bildzeilen übertragen. Trotz der Vervierfachung von Nipkows anfänglicher Zeilenzahl, war die Bildqualität nicht mit der des Kinobildes vergleichbar – das Kino hatte einen hohen

[1] Vgl. Keilbach, 2005, S. 36.
[2] Hickethier, 1998, S. 15.
[3] Bruch, 1967, S. 15-16; vgl. dazu auch Hickethier, 1998, S. 15.
[4] Vgl. Bruch, 1967, S. 17. Max Skladanowsky begann 1893 Filme mit seinem privaten Projektor vorzuführen.
[5] Hickethier, 1998, S. 15.
[6] Vgl. ausführlich Hickethier, 1998, S. 15.
[7] Ebd., S. 16.
[8] Vgl. Hickethier, 1998, S. 16-17.
[9] Vgl. ausführlich ebd., S. 18-19.
[10] Ebd., S. 22.

Standard gesetzt.[11] Dénes von Mihály gelang es, staatliche Stellen für das Fernsehen zu interessieren, was zu einer Intensivierung der Entwicklung führte: Der Oberpostrat im Reichspostzentralamt (RPZ) in Berlin, Fritz Banneitz, und der spätere Präsident des Telegraphentechnischen Reichsamtes (TRA), August Kruckow, setzten sich für das Fernsehen bei der Post ein. 1926 bekam Banneitz offiziell den Auftrag, sich um das Fernsehen zu kümmern und auf dem Laufenden zu bleiben.[12]

3.2.1 Das frühe Fernsehen

1926 begann man bei der deutschen Reichspost mit der Entwicklung des Fernsehens. 1928 wurde von Mihály der Auftrag erteilt, seine Fernseh-Apparatur (900 Bildpunkte, 30 Zeilen, 16 cm^2) auf der 5. Großen Deutschen Funkausstellung vorzuführen. Am 8. März 1929 ermöglichte die Deutsche Reichspost die erste drahtlose Fernsehsendung. Von Anfang an wurden Film und Fernsehen zusammengebracht. Die nun täglich eingesetzten Versuchssendungen (mit einer Dauer von einer Stunde, meist von 13 bis 14 Uhr) bestanden aus Ausschnitten eines Spielfilms ohne Ton.[13]

Durch die 30-Zeilen-Norm, die die Post im Juli 1929 festlegte, wurde auch ein Standard für den Bau von Empfängern vorgegeben. 1930 konnte man erste Fernsehgeräte oder Selbstbau-Bastelsätze kaufen.[14] Die Fernsehindustrie kam durch Firmen wie Bosch, Zeiss Ikon oder Loewe voran, die sich zu einer Fernseh AG zusammenschlossen und damit „die Ära der Bastler und Erfinder“ beendeten.[15] Die Techniker verbesserten die Apparaturen – doch die Bildqualität blieb kritikwürdig.[16] Die Erfindung des Physikers Ferdinand Braun aus der Röntgenstrahlenforschung erbrachte die Lösung der technischen Probleme. Die Braun'sche Röhre ermöglichte ein elektronisches Aufnahmeverfahren, was zur Grundlage des Fernsehens wurde. Manfred von Ardenne experimentierte mit der Röhre und präsentierte 1931 öffentlich seine Versuche – mit Erfolg. Nun war ein 100-Zeilen-Bild möglich, sodass die Post einstieg.[17]

1932 entstand die nächste Zäsur in der deutschen Fernsehgeschichte, indem UKW-Sender für die Übertragung eingesetzt wurden.[18] Für die Übertragung galt der drahtlose Transport über Wellen als der Beste, denn man hatte mit den Ultrakurzwellen den idealen Frequenzbereich gefunden; es gab keine Überlagerungen mit anderen Sendern des Hörfunks.[19] Die Filmindustrie stellte für die Versuche (noch immer

[11] Ebd.
[12] Ebd., S. 23.
[13] Pohle, 1990, S. 87-88.
[14] Hickethier, 1998, S. 25.
[15] Ebd. S. 25-26.
[16] Vgl. ebd., S. 26-27.
[17] Vgl. ausführlich ebd., S. 28.
[18] Vgl. Pohle, 1990, S. 88.
[19] Vgl. Hickethier, 1998, S. 28-29.

stumm) beliebte Filme zur Verfügung. Filme waren also schon immer Bestandteil des Fernsehprogramms.

Zeitgleich wurden die ersten Heimempfänger entwickelt, die zum Teil schon statt der Nipkow-Scheibe die Braun'sche Röhre verwendeten.[20] Von den drei Möglichkeiten der Bildwiedergabe: (1) Direktaufnahme mithilfe eines Bildabtasters und einer Nipkow-Scheibe im Studio, (2) Direktaufnahme im Freien (noch nicht erprobt) und (3) Einsatz eines Films, war der Film die „problemloseste".[21] Die Technik dazu, ein Filmabtaster, stand schon seit den 1920er Jahren zur Verfügung. Fertige Filme zu senden, war aber den Fernsehpionieren zu wenig zukunftsweisend. Die Post und die Reichs-Rundfunk-Gesellschaft drehten deshalb 1930 den ersten „eigenen" Fernsehfilm.[22] Obwohl das Fernsehreferat der Reichspost in das Haus des Rundfunks in Berlin einzog, verhielten sich die Intendanten der Rundfunksender zunächst noch „distanziert".[23]

3.2.2 Das Fernsehen in der NS-Zeit

Unter der nationalsozialistischen Herrschaft übernahm das Propagandaministerium ab Juli 1933 „alle Aufgaben der geistigen Einwirkung auf die Nation, der Werbung für Staat, Kultur, Wirtschaft und der Unterrichtung der in- und ausländischen Öffentlichkeit über diese sowie der Verwaltung aller diesen Zwecken dienenden Einrichtungen".[24] Die einzelnen Rundfunkgesellschaften waren fortan Abteilungen der Reichs-Rundfunk-Gesellschaft (RRG).[25] Auch der „Fernsehsender Paul Nipkow" in Berlin war eine Abteilung der RRG.[26] Im Frühjahr 1934 begann die RRG mit Fernsehversuchen – auf technischer und Programmebene. In Zusammenarbeit mit der Post wurden die Fernsehversuche vorangebracht, um sobald als möglich ein Versuchsprogramm aufzunehmen.[27] Der Programmplan war aber mehr eine „Absichtserklärung" und teilte nur grob in Bild- und Tonsendungen ein.[28] Obwohl die Reichs-Rundfunk-Gesellschaft „Bildtonprogramme" zusammenstellte und in der Reichskanzlei ein Versuchsprogramm vorgeführt wurde, war es nicht etwa die NS-Führung, die das Fernsehen förderte, sondern Verantwortliche auf „mittlerer Ebene" (im Reichspostzentralamt und der Reichssendeleiter Hadamovsky).[29] Der Grund für die

[20] Vgl. Pohle, 1990, S. 88.
[21] Hickethier, 1998, S. 31.
[22] Ebd.
[23] Ebd., S. 32.
[24] Pohle, 1990, S. 93.
[25] Ebd.
[26] Ebd., S. 98.
[27] Vgl. Hickethier, 1998, S. 36.
[28] Ebd.
[29] Hickethier, 1998, S. 36-37.

Zurückhaltung war, dass sich das Fernsehen aufgrund seiner außerordentlich geringen Verbreitung noch nicht für eine politische Massenbeeinflussung eignete. Die Präsentation und Inszenierung von Macht war im Kino sehr viel wirkungsvoller, beispielsweise durch Filme Leni Riefenstahls[30] und durch Wochenschau-Filme, die von den Kameras der Propagandakompanien gedreht wurden.

Der regelmäßige Programmbetrieb des deutschen Fernsehens begann am 22. März 1935 – ohne Anwesenheit der NS-Spitze. Mit Grußbotschaften an Hitler und Goebbels versprach Hadamovsky einen „nationalsozialistischen Fernsehrundfunk" zu schaffen.[31] Das war der Start für die noch sehr geringe öffentliche Nutzung. Die „erste aktuelle Fernsehübertragung der Welt" (nach Eröffnung eines regelmäßigen Fernsehbetriebs) wurde am 30. April 1935 gesendet – der Anlass war der „Tag der nationalen Arbeit".[32] Es gab ausschließlich Aufnahmen von der Rednertribüne, um die propagandistischen Reden in ein Lokal in der Nähe zu übertragen, wo die Presse die Bilder sehen konnte. Dabei waren die Reden nicht das Wichtigste. Wichtiger waren bei den zukünftig geplanten Übertragungen überlebensgroß projizierte Aufnahmen von Rednern, um eine gespannte Atmosphäre zu vermitteln und bei „geschickter Inszenierung" das individuelle Denken zugunsten einer „Identifizierung mit dem Vortragenden" aufzulösen.[33] Der Vorteil der Fernsehübertragung, die eine zeitgleiche Teilhabe am fernen Geschehen ermöglichte, sollte auf diese Weise mit der ästhetischen Gestaltung, wie man sie aus der Wochenschau kannte, kombiniert werden. Die Suggestion der Teilnahme verstärkte sich durch die Großaufnahme und die Suggestion eines persönlichen Kontaktes.[34]

Mit der Aufnahme eines Programmbetriebes musste auch die Frage der Empfangsmöglichkeiten gelöst werden. Es gab zwar industriell gefertigte Fernsehempfänger, sie wurden aber nicht in größeren Stückzahlen gebaut – die Industrie wartete ab, denn die Bildqualität war noch schlecht und die zuletzt festgelegte 180-Zeilen-Norm wurde noch nicht als die letzte angesehen.[35] Die Post schuf in Berlin und in der näheren Umgebung (in Potsdam und Neuruppin) daher so genannte „Fernsehstellen" oder „Fernsehstuben" für den kollektiven Empfang,[36] ähnlich der Rezeptionssituation in einem Kino.

Im ersten Schritt des regelmäßigen deutschen Fernsehprogramms vom 22. März bis zum 19. August 1935 wurde an drei Abenden in der Woche (Montag, Mittwoch und Sonnabend) von 20 bis 22.30 Uhr gesendet. Die Live-Anteile bestanden in Ansager, Sänger oder Humoristen, kurzen Worten von Filmstars. Es konnte niemals mehr als ein „Einmannprogramm" geboten werden, denn der dunkle Aufnahmeraum

---

[30] Ebd., S. 37.
[31] Ebd.
[32] Pohle, 1990, S. 86.
[33] Ebd.
[34] Vgl. ebd.
[35] Hickethier, 1998, S. 39-40.
[36] Ebd., S. 40.

hatte die Größe einer Telefonzelle und damit keinen Platz für mehrere Personen.[37] Im weiteren Programm wechselten sich Tonfilme und Schallplattenmusik ab. Die Musik diente während des Tauschs der Filmspulen zur Überbrückung und als Pause für die Zuschauer, deren Augen durch den kleinen Bildschirm angestrengt wurden.[38] Das erste Fernsehspiel, das für Mitte Juni 1935 angekündigt war, bestand eigentlich aus einer Reihe von kabarettistischen Darbietungen einzelner Sänger, Chansonniers und anderen Musikern.[39] Vorherrschend blieben ohnehin die bereits bestehenden Filme und nicht etwa Übertragungen,[40] obwohl sie schon bei den Olympischen Spielen 1936 erprobt worden waren.[41] Im Rahmen der Funkausstellung 1937 in Berlin gab es ein dreistündiges Fernsehprogramm. Das offizielle Programm des Fernsehsenders „Paul Nipkow" war jedoch später üblicherweise etwa zwei Stunden lang.[42]

Für die Gestaltung von Programmformen und Präsentationsweisen wurden Anleihen bei den anderen Medien gemacht: bei Presse, Theater, Kino, Kleinkunst und auch bei der Musik. Für die Programmstrukturierung waren die regelmäßige Information (wie in der Presse), Nummern (wie beim Varieté) oder eine bestimmte Abfolge (wie beim Kinoprogramm) vorbildlich.[43] Hans-Jürgen Nierentz wurde Anfang 1937 Fernsehintendant und es entstand die organisatorische Struktur von Sendeleitung, Oberspielleitung, Dramaturgie, Zeitdienst, Musik und Film.[44] Im Herbst 1937 wurde ein fortschrittliches Fernsehstudio im Deutschlandhaus in Berlin bezogen, das auch über ein großes „Rundstudio" mit fünf Spielflächen verfügte, die durch drei Elektronenkameras erfasst werden konnten. Die Kameras waren nicht mehr an ihren Standort gebunden und auch ein Mischpult gab es schon.[45]

Die gestalterische Fernseharbeit war bereits sehr differenziert. Im alten Studio hatte man Totalen und Großaufnahmen erproben können. Überblendungen, optische Trickaufnahmen und Filmeinblendungen kamen nun dazu. Die Fernsehspiele konnten eine Stunde lang sein und zehn oder mehr Mitwirkende haben. Sogar große „Bunte Abende" und Ballettaufführungen waren möglich.[46] Die Nachrichtensendung des *Zeitdienstes* war eine halbe Stunde lang. Interviews wurden anschaulich, indem

[37] Pohle, 1990, S. 97.

[38] Vgl. Pohle 1990, S. 97.

[39] Vgl. ebd.

[40] Vgl. Roeber & Jacoby, 1973, S. 879.

[41] Vgl. Hickethier, 1998, S. 41.

[42] Vgl. Berlin hört und sieht 1938, Darstellung bei Hickethier, 1998, S. 49.

[43] Vgl. Hickethier, 1990, S. 368.

[44] Pohle, 1990, S. 99.

[45] Pohle, 1990, S. 99. Das Mischpult ist somit keine Erfindung des Nachkriegsfernsehens, wie es aus einem Bericht von *Die Ansage* über die Präsentationen des NWDR auf der Industrieausstellung 1951 in Berlin gedeutet werden könnte: Bei bisherigen Studioversuchen habe man „harte Übergänge" durch das Umschalten zwischen den Kameras erzeugen müssen. Die Funktion des Mischpults habe zum ersten Mal praktisch demonstriert werden können; Die Ansage Nr. 38, 21.9.1951, S. 3.

[46] Pohle, 1990, S. 100.

die Interviewpartner Tiere und Gegenstände mitbringen konnten. Ab 1938 gab es Jugendprogramme im Fernsehen (HJ- und BDM-Sendungen).[47] Das Programm im Dezember 1938 begann um 20 Uhr mit Information: *Zeitdienst* und *Aktueller Bildbericht* für jeweils 15 Minuten. Danach folgten die unterhaltenden Teile des Programms: ein Schauspiel mit Musik als „Unmittelbare Sendung", eine Filmsendung und eine weitere Live-Sendung mit Tanzmusik.[48]

Zwar war eine industrielle Fertigung von Fernsehgeräten möglich, aber selbst auf den großen Fernseh- und Funkausstellungen 1935 bis 1938 wurden keine Fernsehempfänger zum allgemeinen Verkauf angeboten. Der Empfang war auch 1939 nur in öffentlichen Fernsehstuben oder bei einer „Fernseh-Großbild-Stelle" („Fernsehtheater") möglich. Dort wurde das Bild mit einem Projektionsgerät auf 3 x 4 Meter vergrößert[49] und damit eine Atmosphäre wie in einem Lichtspielhaus geschaffen.

In Deutschland kam das Fernsehen im privaten Gebrauch nicht richtig zum Zuge. Dabei hätte es in der intimen Häuslichkeit gut als Propagandainstrument wirken und damit den Interessen der Nationalsozialisten dienen können.[50] Die Produktion von 10.000 Volks-Fernsehempfängern, die für jedermann erschwinglich sein sollten, wurde nach 50 ausgelieferten Geräten wieder eingestellt – nach dem Überfall Deutschlands auf Polen am 1. September 1939 hatte die Rüstung für den Krieg Vorrang.[51] Die Programmarbeit wurde mit Kriegsausbruch jedoch nicht beendet – sondern sogar auf sechs Stunden täglich ausgeweitet. Die Stadt Hamburg wurde an das Kabelnetz angeschlossen, das bereits von Berlin bis Nürnberg reichte.[52] Eine verbreitete individuelle Nutzung konnte jedoch nie erreicht werden. Zuletzt diente das Fernsehen noch zur Truppenbetreuung und in Lazaretten. Das Ende des Fernsehbetriebs wurde erst durch die Brandbomben-Zerstörung des Berliner Fernsehsenders am 26. November 1943 eingeleitet. Es gab keine Ersatzsender, da sämtliche UKW-Sender im militärischen Einsatz waren. Der Programmbetrieb lief nach der Zerstörung noch über Breitbandkabel und Drahtfunk einige Zeit weiter – wurde aber bald eingestellt.[53] Das Ende des offiziellen Sendebetriebs kam 1944.[54]

3.2.3 Entwicklungsmuster der Fernsehgeschichte

Im Fall des Fernsehens zeigen sich ebenfalls Kontinuitäten bei Technik, Institution und Programm. Im Gegensatz zum Kino war das Fernsehen von Beginn an nicht pri-

[47] Ebd.
[48] Berlin hört und sieht 1938, Darstellung bei Hickethier, 1998, S. 49.
[49] Pohle, 1990, S. 89.
[50] Vgl. ebd., S. 92.
[51] Hickethier, 1998, S. 52.
[52] Vgl. Pohle, 1990, S. 100.
[53] Vgl. ebd., S. 101.
[54] Vgl. Hickethier, 2008a, S. 269.

vatwirtschaftlich organisiert, sondern durch die kostenintensiven und kriegswichtigen Anlagen für die Übertragungstechnik in Staatshand, wobei die Post als wesentliche Initiatorin auftrat. Die Rezeption war zwar prinzipiell für einzelne Personen möglich, begann jedoch an öffentlichen Orten – in den ‚Fernsehstuben'. Das Programm wurde zunächst nicht an jedem Wochentag neu zur Verfügung gestellt, sondern nur dreimal pro Woche in einer Länge von zwei Stunden. Im Programm selbst wurden bereits Sendungsformen angeboten, die wir noch heute kennen – darunter eine Nachrichten-Sendung auf dem Platz um 20 Uhr, die den Fernsehabend bzw. das Hauptprogramm eröffnete. Das Fernsehen integrierte auch den Film – besondere Programmhöhepunkte waren und blieben jedoch Übertragungen. Um vom Film auf dem Unterhaltungssektor unabhängig zu sein, wurden fernsehgerechte Formen gefunden – wie das Fernsehspiel, das in den 1950er Jahren perfektioniert wurde, als Anleihe vom Theater[55]. Andere Formen stammten z.B. aus dem Varieté. Man begann in winzigen Studios, die nach und nach vergrößert und besser ausgestattet wurden. Das technische Expansionspotenzial des Mediums Fernsehen eröffnete vielfältige Möglichkeiten, das Programm und die Übertragungswege ständig weiter auszubauen und einem breiten Publikum zur Verfügung zu stellen. Technische Entwicklungen der 1930er Jahre wurden später aufgegriffen. Einiges wurde wiederhergestellt und dann in dem Zuge verbessert, wie Mischpulte für einen qualitätsvollen Fluss von Bildern. Die Entwicklungen im Fernsehbereich sind auch heute noch nicht abgeschlossen.

[55] vgl. Hickethier, 1998, S. 148-155.

3.3 Der Wiederaufbau der Filmwirtschaft

Die weitere Untersuchung der Entwicklung der audiovisuellen Medien und Formate setzt in der Nachkriegszeit an. Von den Zerstörungen des Zweiten Weltkriegs waren sämtliche Bereiche des öffentlichen Lebens betroffen. Das Kino gehörte dazu. Nach der entbehrungsreichen Kriegszeit hatten die Menschen einen Nachholbedarf an Unterhaltung. Aber die Unterhaltungsindustrie mit Filmproduktion und Kinoprogrammen konnte in Deutschland nur mit Wohlwollen und Zustimmung der Besatzungsmächte wieder aufgebaut werden. Eine funktionierende Filmwirtschaft mit geschickten und zugkräftigen Verleihern war zudem die Voraussetzung für Filmproduktionen und Filmangebote, die die Kinoprogramme füllen konnten. Das wiederum war die Basis für die Nachfrage der Filmtheater nach Beiprogrammen aus Kulturfilm und Wochenschau. In diesem Abschnitt wird dargestellt, wie die Zweige der Filmwirtschaft nach dem Krieg wieder erstanden (Filmproduktion, Filmverleih, Theaterbetriebe). Weiterhin wird gezeigt, in welchem filmwirtschaftlichen Klima sich die *Neue Deutsche Wochenschau* aufstellen und etablieren musste und wie sie im Filmprogramm eingebunden war.

3.3.1 Der Einfluss der Besatzungsmächte

Im besetzten Deutschland wurden umfangreiche Maßnahmen zur Regulierung der Massenmedien in Kraft gesetzt – die Medien sollten eine „Generalüberholung" erfahren.[1] Das Beispiel der UFA hatte gezeigt, wie das Filmgeschäft auf allen drei Ebenen – Produktion, Verleih und Filmtheater – allein von einem Konzern kontrolliert werden konnte.[2] Mit dem Gesetz Nr. 191 vom 24. November 1944 war für Deutsche „das Erzeugen, Vertreiben und Verleihen von Lichtspiel-Filmen und der Betrieb von Lichtspiel-Theatern vorbehaltlich anderer Anordnung oder sonstiger Ermächtigung durch die Militärregierung" verboten.[3] Unmittelbar nach der deutschen Kapitulation wurde das Gesetz Nr. 191 modifiziert: Eine Registrierung und Lizenzierung von Personen und Firmen wurde möglich, aber die Aufführung jeglicher Filme (mit der Ausnahme fallweiser Freigabe) war untersagt. Das Verfahren aus der NS-Zeit, den eigentlich privatwirtschaftlich organisierten Film, politisch und wirtschaftlich zu zentralisieren und damit staatlich zu kontrollieren, sollte sich nicht wiederholen. Durch

---

[1] van Eeghen, 2009, S. 139-140. Die Propaganda-Mitarbeiter der Alliierten hatten gemäß den Zielen der Entnazifizierung, Entmilitarisierung, Demokratisierung und wirtschaftlicher Dezentralisierung auch für die Massenmedien Maßnahmen geplant.

[2] Die UFA besaß eigene Produktionsgruppen, Verleihorganisationen im In- und Ausland, eigene Theater und Ateliers sowie Kopieranstalten. Ihre Abteilungen umfassten alle Arten von Filmen (Kultur-, Industrie- und Werbefilm) sowie die eigene Wochenschau; vgl. o.V. (1954): Bürgschaften – Geschenke an Erfolglose. In: Der Spiegel Nr. 48, 24.11.1954, S. 36-42, hier: S. 36.

[3] HDF, 2000, S. 8; Benz, 2003, S. 37.

das Gesetz Nr. 52 vom Juli 1945 wurde das unmittelbare und mittelbare Filmvermögen der öffentlichen Hand beschlagnahmt.[4]

Die Filmpolitik der Alliierten übte während des Wiederaufbaus auf die Strukturen der deutschen Filmindustrie großen Einfluss aus. Die Filmdienststellen der Nachrichtenkontrollabteilungen gründeten in den drei westlichen Besatzungsgebieten eigene „Filmbetriebsabteilungen".[5] Ihrer Kontrolle unterlagen u.a. die Produktion von Wochenschauen, der Verleih von Spielfilmen, die Verbreitung von Kulturfilmen sowie die Zensur von Vorkriegsfilmen. Bis zur Gründung der Freiwilligen Selbstkontrolle der Filmwirtschaft (FSK) im Juli 1949 entschieden nur die Filmdienststellen, ob deutsche Filme in die Kinos kamen.[6] Zum Zweck der Re-Education der Bevölkerung strömten Filme aus Amerika, England und Frankreich zunächst „ungehemmt" nach Deutschland.[7]

Nach Kriegsende betrieben die Alliierten die „Entflechtung" der UFI, des Film-Superkonzerns der Nationalsozialisten,[8] den Dr. Max Winkler durch seine Aufkäufe geschaffen und damit die Gleichschaltung des Films ermöglicht hatte. Zu diesem Superkonzern gehörten ursprünglich neun Produktionsfirmen (u.a. UFA, Tobis, Bavaria, Terra), der Verleih Deutscher Film-Vertrieb, die reichseigene Wochenschau, der Ufa-Ton-Verleih und der Filmphoto-Verleih – über allem standen die Ufa Film GmbH, vor ihr die Cautio-Treuhandgesellschaft und das „Büro Winkler".[9] Das Vermögen des UFI-Konzerns wurde zunächst „eingefroren".[10] Im Juni 1950 bat die Bundesregierung die Alliierte Hohe Kommission um die Liquidierung des Vermögens der UFI – aber unter deutscher Leitung. Bald darauf wurde das Gesetz Nr. 32 (Ufi-Gesetz) von den Alliierten erlassen. Das Ziel war, die UFA-Film GmbH (UFI) und Winklers Cautio-Treuhandgesellschaft so schnell wie möglich zu entflechten, um mit den Liquidationserlösen der notleidenden Filmwirtschaft in Westdeutschland zu helfen.[11]

Es gelang den Allierten jedoch nicht, den UFI-Konzern wirklich zu zerschlagen. Unter der Bundesregierung kam es im Gegenteil wieder zu einer Verflechtung.[12] Schon 1952 scheiterten Verkäufe an den hohen Kaufpreisen, so konnte z.B. die Bavaria nicht von der „Filmwirtschaftlichen Arbeitsgemeinschaft" (aus den Verlei-

4 Wortlaut des Gesetzes verfügbar unter: http://reichsamt.info/justizamt/vorlagen/SHAEF52.pdf [14.8.2011].

5 Roeber & Jacoby, 1973, S. 88.

6 Ebd., S. 90.

7 Ebd., S. 88.

8 Dorn, 2004, S. 227.

9 O.V. (1950): Filmindustrie – Immer kleiner. In: Der Spiegel Nr. 8, 23.2.1950, S. 30-31, hier: S. 31.

10 Dorn, 2004, S. 227.

11 Vgl. o.V. (1950): Unwürdige Tragikomödie. In: Der Spiegel Nr. 47, 22.11.1950, S. 37-38.

12 Vgl. Hickethier, 2009, S. 55; vgl. o.V. (1957): Ein politischer Kauf. In: Der Spiegel Nr. 7, 13.2.1957, S. 52-54; vgl. Kreimeier, 1992, S. 446.

hern Schorcht und Allianz sowie zwei Produzenten) erworben werden.[13] Die größten noch 1957 existierenden Stücke waren die Bavaria Filmkunst AG in München, die AFIFA AG (das Kopierwerk, Aktiengesellschaft für Filmfabrikation) in Wiesbaden, die Universum Film AG in Berlin (UFA) und die UFA-Theater-AG in Düsseldorf (mit 48 Ufa-Filmtheatern).[14] Nach Angaben des *Spiegel* setzte die Bundesregierung zwei Bankengruppen ein, um Atelier-Anlagen, Kopierwerk und die Ufa-Kinokette für 12,5 Millionen Mark zu kaufen, während andere interessierte Käufergruppen (dazu gehörte u.a. die Gloria Filmgesellschaft) keine Chance hatten. Die Bankengruppen fassten dann die Teile wieder zusammen: Aus den Lichtspielhäusern entstand die Ufa-Theater AG und aus den Produktionsanlagen die Universum-Film AG. Beide Unternehmen bekamen einen gemeinsamen Vorstand.[15] Dr. Max Winkler war als „graue Eminenz des deutschen Films" beratend beteiligt gewesen; bald darauf wurde wieder investiert, z.B. in neue Theater.[16]

Durch Enteignungen war (mit der DEFA) ein Großteil der Werte auf die russische Besatzungszone übergegangen. Für die Westzonen blieb nur ein Bruchteil übrig. Viele Filmkopien sind auch illegal ins Ausland geschafft worden,[17] sodass Vermögenswerte verschwunden waren.

Da 80 % der ehemaligen Produktionsstätten in der Sowjetisch Besetzten Zone (SBZ) lagen, konnten diese Ressourcen nicht für den Neuaufbau der Filmproduktion in den Westzonen genutzt werden.[18] Dadurch war das Kapital der bereits lizenzierten Filmfirmen knapp. Die Monopolanordnung vom 12. Februar 1945 verhinderte, dass sich einzelne Firmen, in mehreren filmwirtschaftlichen Sparten zugleich betätigten. Daher entstanden viele kleine Filmunternehmen, die aber in der Konkurrenz mit ausländischen Filmimporteuren nur wenig widerstandsfähig waren.[19] Diese „Zersplitterung" der deutschen Filmwirtschaft wirkt bis heute nach[20] – es zeigt sich in der Existenz vieler kleiner Filmproduzenten, die meist auf Filmförderung und auf Aufträge von Fernsehsendern angewiesen sind.

[13] O.V. (1952): Bavaria – Nicht jedes Geld annehmbar. In: Der Spiegel Nr. 34, 20.8.1952, S. 28-29, hier: S. 29.

[14] Vgl. o.V. (1957): Ein politischer Kauf. In: Der Spiegel Nr. 7, 13.2.1957, S. 52-54, hier: S. 52.

[15] Vgl. ebd., S. 52-53.

[16] Vgl. o.V. (1957): Ein politischer Kauf. In: Der Spiegel Nr. 7, 13.2.1957, S. 52-54, hier: S. 53.

[17] O.V. (1950): Unwürdige Tragikomödie. In: Der Spiegel Nr. 47, 22.11.1950, S. 37-38, hier: S. 38.

[18] Vgl. Politisch-rechtliche Rahmenbedingungen für den Aufbau einer Filmproduktion nach 1945; verfügbar unter: http://www.geschichte-projekte-hannover.de/filmundgeschichte/deutschland_nach_1945/zeitgenoessische-kurzfilme/hintergrundinfos-kurz/rahmenbedingungen-nach-1945.html [10.4.2013].

[19] Vgl. Dorn, 2004, S. 227.

[20] Ebd.

3.3.2 Der Wiederaufbau der Filmproduktion

Nach und nach erhielt der Film in der Bundesrepublik von den westlichen Alliierten mehr Unterstützung. Die Engländer stellten beispielsweise dem bereits unter der NS-Herrschaft bekannten Filmemacher Helmut Käutner („Große Freiheit Nr. 7“, 1943) eine Kamera zur Verfügung, die sie bei der Deutschen Wochenschau entdeckt hatten.[21] Es wurden also erfahrene Fachleute gefördert, die schon unter den Nationalsozialisten erfolgreich gewesen waren. Von einem kompletten Neuanfang der Filmproduktion nach 1945 kann daher nicht gesprochen werden.

Die Spielfilmproduktion lief in Hamburg 1946 zuerst bei Käutners camera-Film GmbH an – das Unternehmen produzierte jedoch nur bis 1952. Im Jahr 1947 entstanden die Real-Film GmbH mit der Lizenz auf Walter Koppel und andere, wie die Junge Film Union mit Rolf Meyer als Lizenzträger. Die Real-Film GmbH, gegründet von Walter Koppel und Gyula Trebitsch, entwickelte sich zum „bedeutendsten Filmproduzenten in Hamburg“.[22]

Der erste westdeutsche Spielfilm nach dem Krieg, „Sag die Wahrheit“ (Regie Helmut Weiss)[23], wurde im Dezember 1946 uraufgeführt. Die Filmproduktion stieg im folgenden Jahr an: 1947 wurden 9 Filme, zwei Jahre später 62 Filme hergestellt. Als sich die Bundesländer öffentlich für die Filme verbürgten, wurden im Jahr 1950 nochmals 20 Filme mehr produziert.[24] Trotzdem entwickelte sich der Film nicht zufriedenstellend und der Bedarf der Kinos konnte nicht gedeckt werden. Dafür wurden mehr ausländische Filme in die Kinoprogramme aufgenommen. Während im Jahr 1949 eine Zahl von 300 ausländischen Filmen angeboten wurde, sollte für 1950 die Zahl auf 500 Filme steigen.[25]

Nach der Aufhebung des Produktionsverbots durch die Alliierten kam es zu vielen filmwirtschaftlichen Neugründungen. Eine Filmgesellschaft zu errichten, war auch mit einem geringen Stammkapital möglich, wenn ein „makellos“ ausgefüllter Fragebogen zur persönlichen Vergangenheit im NS-Staat vorlag.[26] Den vielen kleinen Filmproduzenten im zersplitterten Filmgeschäft fehlte aber meist ausreichendes Eigenkapital, um die durchschnittlich 800.000 DM für die Produktion eines Spielfilms

---

[21] Vgl. Paech & Paech, 2000, S. 169. Statement von Heinz Pehlke, Kamera-Assistent bei Käutners Kameramann Igor Oberstein.

[22] Roeber & Jacoby, 1973, S. 209-210.

[23] In den Hauptrollen Gustav Fröhlich und Heinz Rühmann, produziert bei der Berliner Studio 45-Film GmbH.

[24] Roeber & Jacoby, 1973, S. 197.

[25] Vgl. o.V. (1950): Filmindustrie – immer kleiner. In: Der Spiegel Nr. 8, 23.2.1950, S. 30-31, hier: S. 30.

[26] O.V. (1954): Bürgschaften – Geschenke an Erfolglose. In: Der Spiegel Nr. 48, 24.11.1954, S. 36-42, hier: S. 37.

aufzubringen.[27] Filmverleiher mussten deshalb die deutsche Spielfilmproduktion mitfinanzieren und übernahmen Produktionsrisiken, was bei erfolglosen Filmen große Verluste für sie bedeuten konnte.[28] Im Jahr 1951 gab es mit 60 hergestellten Filmen einen „Einschnitt" – mehrere Produktions- und Verleihfirmen waren zusammengebrochen.[29] Der Filmausschuss in Bonn schlug daher der Bundesregierung vor, ein „Finanzierungsinstitut auf Bundesebene" einzurichten – als Sicherheit sollte das UFI-Vermögen (geschätzt 70 Millionen DM) herangezogen werden.[30]

Die Länderbürgschaften (1952) und die Gründung der Bundesbürgschaftsgesellschaft (1953) erbrachten wieder Mittel für den Film – die letzten 35 % der Herstellungskosten jedes Films wurden durch den Bund verbürgt.[31] 1952 gab es bereits 82 neue Filme – 1955 wurden von den 140 angekündigten Filmen 128 hergestellt.[32] Die Filmproduktion war auf dem Höhepunkt, aber eine neue Krise zeichnete sich ab. Durch die Bürgschaften entstand die Gefahr einer Überproduktion; dazu kamen noch die ausländischen Filme. Jeder Film brauchte etwa 2.300 Aufführungstermine, um die Herstellungskosten wieder zu amortisieren.[33] Selbst bei einem Filmwechsel zweimal pro Woche hätte ein Kino jährlich nicht mehr als 104 Filme spielen können.[34] Der Markt war gesättigt. Im September 1955 beschloss der Aufsichtsrat der Bundesbürgschaftsgesellschaft, die Bürgschaften einzustellen.[35] Die Bundesregierung nahm an, dass sich die deutsche Filmproduktion „genügend konsolidiert" hatte und der staatlichen Hilfe nicht mehr bedurfte.[36] Im Jahr 1956 wurden nur noch 127 Filme hergestellt – im Jahr darauf entstand ein Rückgang auf 112 Filme; nach kurzer, geringfügiger Erholung kam es wiederum zu einer rapiden Verminderung: 1960 wurden nur noch 96 Filme produziert,[37] denn auch die Zahl der Kinobesucher war stark zurückgegangen.

---

27 O.V. (1950): Filmindustrie – immer kleiner. In: Der Spiegel Nr. 8, 23.2.1950, S. 30-31, hier: S. 30; vgl. o.V. (1954): Bürgschaften – Geschenke an Erfolglose. In: Der Spiegel Nr. 48, 24.11.1954, S. 36-42.

28 Vgl. Roeber & Jacoby, 1973, S. 276.

29 Ebd., S. 197, S. 198 (Tabelle 1).

30 O.V. (1950): Filmindustrie – immer kleiner. In: Der Spiegel Nr. 8, 23.2.1950, S. 30-31, hier: S. 31.

31 O.V. (1954): Bürgschaften – Geschenke an Erfolglose. In: Der Spiegel Nr. 48, 24.11.1954, S. 36-42, hier: S. 37. Der Produzent musste die ersten 65 % der Herstellungskosten anderweitig absichern.

32 Roeber & Jacoby, 1973, S. 199, S. 198 (Tabelle 1).

33 O.V. (1954): Bürgschaften – Geschenke an Erfolglose. In: Der Spiegel Nr. 48, 24.11.1954, S. 36-42, hier: S. 36.

34 Ebd.

35 Roeber & Jacoby, 1973, S. 199.

36 Ebd.

37 Ebd., S. 252-253 (Tabelle 7).

3.3.3 Der Wiederaufbau des Verleihgeschäfts

Der Wiederaufbau der Filmproduktion stand in Wechselwirkung mit dem Aufbau des Verleihgeschäfts. Der Verleih erwarb vom Hersteller eines Films den Film und das Auswertungsrecht. Die Auswertung erfolgte durch Vorführlizenzen, die mit den Kopien zusammen an viele Filmtheater vergeben wurden.[38] Die Verleiher stellten aus bekannten Filmen oder Stars ein Verleihprogramm auf, das sie ab einem strategischen Zeitpunkt vermieteten. Das Programm wurde durch geplante oder in der Herstellung befindliche Filme ergänzt oder zu einem hohen Anteil aus solchen gebildet.[39] Verleihunternehmen brauchten Instinkt und Fantasie, um die Erfolgsaussichten für Filme einzuschätzen.[40] Das Filmgeschäft war stets risikoreich. Wie ein Film vom Publikum aufgenommen wurde, war niemals sicher. Ein Verleih konnte die Erfolgschancen nur erhöhen, wenn er möglichst viele Filme in das Angebot aufnahm und darunter solche waren, die das Potenzial hatten, Verluste auszugleichen.[41] Außerdem hatten alle großen Verleihunternehmen eigene Produktionsgesellschaften, bei denen sie Filme drehen ließen, oder sie finanzierten Produktionsgesellschaften, die in ihrem Auftrag und nach ihren Vorgaben Filme herstellten.[42] Mit diesen Maßnahmen versuchte man, den Erfolg im Filmgeschäft zu steuern.

Es kam aber nicht nur darauf an, „zugkräftige“ Filme zu drehen oder drehen zu lassen.[43] Die Kinobesitzer mussten dazu gebracht werden, die Filme möglichst bald nach der Unterbreitung des Angebots und dann möglichst lange zu spielen. Die Kinotermine wurden von Verleih und Kino vor dem 1. September (dem Tag des Beginns der Kinosaison) ausgehandelt. Bereits im Sommer reisten die Vertreter der Verleiher zu den Kinobesitzern.[44] „Der richtige Film ins richtige Haus“ war Devise der Verleiher und ihrer Vertreter, die die Kinos besuchten.[45] Die Vermietung erfolgte in Staffeln, d.h. die Uraufführungskinos zeigten die Filme beim Kinostart – die anderen Kinos später, denn die Kopien wurden jeweils von den Premierenkinos an die Folgespieler weiter gegeben. Der Verleih brauchte auf diese Weise nicht für jedes Kino eine eigene Kopie.[46]

Die Staffeln bestanden aus acht bis zwölf Filmen, die nur als Block geliehen werden konnten (Vierer, Achter oder Zwölfer). Aber von diesen angebotenen und von den Kinobesitzern zu ordernden Filmen war kaum ein Film fertig. Das Verleihpro-

38 Vgl. Roeber & Jacoby, 1973, S. 58. Die Verleiher erwarben vom Hersteller das Auswertungsrecht zuerst zum Festpreis – später auf prozentualer Basis für das vereinbarte Monopolgebiet.
39 Vgl. Roeber & Jacoby, 1973, S. 297.
40 Vgl. o.V. (1957): Det greift ans Herz. In: Der Spiegel Nr. 4, 23.1.1957, S. 38-44, hier: S. 38.
41 Vgl. ebd.
42 Vgl. ebd.
43 Ebd., S. 42.
44 Vgl. ebd.
45 HDF, 2000, S. 25.
46 Vgl. Hickethier, 2009, S. 54; vgl. ausführlich Roeber & Jacoby, 1973, 4. Teil, 2. Abschnitt.

gramm bestand vielmehr aus einer Liste mit „knalligen“ Titeln und „zugkräftigen“ Namen von Stars, „poetischen“ Beschreibungen und einer Versicherung, dass der Verleih „auch in diesem Jahr wieder“ die erfolgreichsten Filme drehen lassen wird.[47] Die Filmtheaterbesitzer buchten die Filme „blind“, also ohne sie selbst gesehen zu haben und ihren Erfolg abschätzen zu können.[48] Beim Blindbuchen stützten sich die Kinos wiederum auf die Namen der Stars – das Starsystem bekam damit eine große wirtschaftliche Bedeutung.[49] Erst wenn der Leihvertrag für eine Staffel vom Kinobesitzer unterschrieben war, begann die Finanzierung, die überhaupt erst die Produktion der bereits georderten Filme ermöglichte. Die Sicherheiten für das Bankhaus des Verleihs bestanden in den Leihverträgen und in den ‚großen Namen‘ von Schauspielern und Regisseuren der Filme.[50] Dementsprechend empfindlich verhielten sich die Banken bei drohenden Misserfolgen.

Auch das Risiko der Theaterbesitzer, nur geringe Kasseneinnahmen zu erzielen, war groß. Für die Vorführlizenz wurde der Verleih prozentual an den Kasseneinnahmen beteiligt – abzüglich der Vergnügungssteuer.[51] Die Vergnügungssteuer stellte wiederum einen Prozentsatz von den Erlösen der Eintrittskarten dar.[52] Der Filmtheaterbesitzer hatte außerdem die Jugendschutzbestimmungen der Freiwilligen Selbstkontrolle zu beachten.[53]

Der Vertrieb der Wochenschauen erfolgte nach dem gleichen Prinzip. Für die Verleiher waren die Wochenschauen allerdings nur ein „strategisches Programmelement“, um ein Komplettpaket anbieten zu können und auf diese Weise konkurrierende Verleiher aus den von ihnen belieferten Kinos heraushalten zu können.[54] Um die gezogenen Kopien optimal zu verwerten und ein großes Verleihterrain mit möglichst geringen Rohfilm-, Kopier- und Versandkosten abzudecken, wurden die Wochenschau-Kopien an die Erstfolgenspieler geschickt, die sie nach einer Woche an die Zweitfolgenspieler weitergaben. Bis zu acht Folgen wurden so verkauft – je höher die Folge, also je älter eine Wochenschau-Ausgabe, desto günstiger war die Leihmie-

[47] O.V. (1957): Det greift ans Herz. In: Der Spiegel Nr. 4, 23.1.1957, S. 38-44, hier: S. 42.

[48] HDF, 2000, S. 25.

[49] Vgl. ebd.

[50] Vgl. o.V. (1957): Det greift ans Herz. In: Der Spiegel Nr. 4, 23.1.1957, S. 38-44, hier: S. 42.

[51] Vgl. Roeber & Jacoby, 1973, S. 293.

[52] Der Vergnügungssteuersatz betrug 1946 für das Gebiet der westlichen Besatzungszonen 25 %; Roeber & Jacoby, 1973, S. 317. Die Länder gingen um die Zeit der Gründung der Bundesrepublik über, die Vergnügungssteuer durch Landesgesetze neu zu regeln. Die Steuer wurde bis 1971 fast völlig abgeschafft (Bayern und Niedersachsen mit noch geringen Sätzen von 4-6 %); Roeber & Jacoby, 1973, S. 319, S. 323 (Tabelle 16).

[53] Vgl. Roeber & Jacoby, 1973, S. 293.

[54] Schwarz, 2002, S. 88.

te. Anfang der 1950er Jahre sollte eine Wochenschau durchschnittlich 250 DM pro Kopie einbringen.[55]

Der Verleih beschaffte ebenfalls die Kulturfilme für das Beiprogramm und koppelte sie an das Spielfilmpaket.[56] Um die Bildung des Kinopublikums zu fördern, wurde gemäß der Vergnügungssteuergesetzgebung für die Vorführung eines Kulturfilms eine Steuervergünstigung gewährt. Daher waren Kultur- und Dokumentarfilme „feste Bestandteile" des Beiprogramms.[57] Allerdings waren nur solche Filme bei den Kinobesitzern gefragt, die ein Prädikat von der Filmbewertungsstelle (FBW)[58] erhalten hatten – alle anderen brachten keine Ermäßigung und waren deshalb kaum interessant. Für die Vorführung einer Wochenschau gab es dagegen keinerlei Steuervergünstigungen, wodurch der monetäre Anreiz für die Filmtheaterbesitzer fehlte, die Wochenschau zu zeigen. Die Motive für das Zeigen einer Wochenschau waren andere: zu vermuten sind Vollständigkeit des Programms, Tradition und nicht zuletzt die Verbundenheit mit der Spitzenorganisation der Filmwirtschaft (SPIO) [59]. Nach dem Wegfall des Reichslichtspielgesetzes durch das alliierte Kontrollratsgesetz Nr. 60 im Dezember 1947[60] gab es keinen Zwang mehr, ein Beiprogramm und damit eine Wochenschau vorzuführen[61]. Auf das hartnäckige Drängen der Kulturfilmproduzenten hin, beschloss aber die SPIO am 13. Dezember 1950, dass ein Verleih „verpflichtet" war, zu jedem „Spielfilm unter 2.600 Meter Länge" ein Beiprogramm zu liefern.[62]

---

55 Schwarz, 2002, S. 95; vgl. 9. Sitzung des Aufsichtsrates am 15.11.1950, Protokolle Aufsichtsrat 1949-1952, DW. Auch im Verleihgeschäft mit Aktualitätenkinos (AKI) waren 250 DM pro Woche zu erzielen.

56 Roeber & Jacoby, 1973, S. 255.

57 Ebd., S. 45.

58 Die Filmbewertungsstelle befindet sich seit 1951 in Wiesbaden, davor gab es unabhängige Prüfstellen in einzelnen Bundesländern; Informationen verfügbar unter: http://www.fbw-filmbewertung.com/historie [7.10.2011].

59 Vgl. HDF, S. 15. Die SPIO wurde 1950 gegründet; von der SPIO ging 1957 die heute noch bekannte Gemeinschaftswerbung mit dem Slogan „Mach' dir ein paar schöne Stunden, geh' ins Kino!" aus. Zu den Aufgaben der SPIO gehören neben film- und medienpolitischer Interessenwahrnehmung auch Servicefunktionen für ihre Mitglieder; vgl. Informationen verfügbar unter: www.spio.de [17.6.2012].

60 Vgl. Kontrollratsgesetz Nr. 60 Aufhebung der nationalsozialistischen Gesetzgebung betreffend Filme vom 19.12.1947, am 24. Dezember 1947 in Kraft getreten. In Art. I wird das Lichtspielgesetz vom 16.2.1934 aufgehoben; verfügbar unter: http://www.verfassungen.de/de/de45-49/kr-gesetz60.htm [14.6.2012].

61 Vgl. o.V. (1954): Kulturfilm – Als Fliegenfänger verkaufen. In: Der Spiegel Nr. 38, 15.9.1954, S. 31-33, hier S. 32. Zugleich wurden dadurch die Zensur und Eingriffsmöglichkeiten des Staates in den Film eliminiert; vgl. Lichtspielgesetz 1934; verfügbar unter: http://www.filmportal.de/thema/lichtspielgesetz-1934 [17.6.2012].

62 O.V. (1952): Kulturfilme – Das Plätschern der Etsch. In: Der Spiegel Nr. 11, 12.3.1952, S. 28-30, hier: S. 29.

Möglicherweise war dies die Basis, auf der die Verleiher den Kinobesitzern zusammen mit dem Spielfilmangebot auch ein Wochenschau-Abonnement aufdrängten[63].

Kurt Schorcht war unter den ersten Deutschen, die im Jahr 1947 eine Verleihlizenz erhielten[64] und seine Schorcht Filmgesellschaft, kurz Schorchtfilm, wurde zu einem der bedeutendsten Filmverleihunternehmen[65]. Schorchtfilm übernahm den Vertrieb der *Neuen Deutschen Wochenschau*. Nach 1945 gab es für die ausländischen Filmproduktionen bald eigene Verleihorganisationen, wie Centfox Film, Inc., Deutsche Fox Film GmbH, Columbia Filmgesellschaft, Inc. mbH, MGM, Warner Bros. Continental Films, Inc.[66] In der britischen Beasatzungszone hatte sich die „besatzungseigene" Atlas Film GmbH angesiedelt.[67] Diese Verleihorganisationen wurden von der ausländischen Muttergesellschaft mit Filmen beliefert und dienten als „Verteilerstellen" in Deutschland.[68] Sie befanden sich somit in einer wesentlich besser gesicherten Situation als deutsche Verleihunternehmen, denn sie trugen kein Produktionsrisiko.

3.3.4 Der Wiederaufbau der Filmtheater

Die Kinos waren die Abnehmer des Verleihs, sodass mit dem Aufbau der Kinoproduktion und des Verleihgeschäfts auch der Wiederaufbau der Filmtheater verbunden war. Durch die Zwangsmitgliedschaft in der Reichsfilmkammer in der NS-Zeit waren viele Filmtheaterbesitzer für die Alliierten nicht akzeptabel – sie entfernten sie kurzerhand aus ihren Kinos. Eine Vorführlizenz erwarb nur derjenige, der Fachkenntnisse (einen Filmvorführer-Schein) und einen Fragebogen mit tadellosen und zweifelsfreien Angaben vorweisen konnte. Die neuen Theaterbesitzer bezogen die Filme von dem „Allgemeinen Filmverleih" der amerikanischen Militärregierung in Geiselgasteig.[69] Dort wurde entschieden, wer in das Kinogeschäft einsteigen und wer die verbliebenen „Kassenschlager" aus dem UFA-, Bavaria- oder Tobis-Bestand in seinem Lichtspielhaus zeigen durfte. Der deutsche Berater der Amerikaner war Hans Kubaschewski.[70] Ende 1945 existierten noch 1.150 Filmtheater mit 402.000 Sitzplätzen, die einsatzfähig waren – dies entsprach 9 Sitzplätzen pro 1.000 Einwohner.[71]

[63] Vgl. Roeber & Jacoby, 1973, S. 269; vgl. Schorcht Brief an NDW (Kuntze-Just), 19.7.1950, Beurteilungen bis 1952, DW. Der NDW-Vertreter brachte den Kinobesitzern den Standpunkt nahe, dass die „Spielfilmkunden sich auch zu unserer Wochenschau bekennen sollen".

[64] Vgl. Roeber & Jacoby, 1973, S. 112.

[65] Vgl. Wilharm, 2007.

[66] Roeber & Jacoby, 1973, S. 279.

[67] Ebd., S. 280.

[68] Ebd.

[69] O.V. (1957): Det greift ans Herz. In: Der Spiegel Nr. 4, 23.1.1957, S. 38-44, hier: S. 40.

[70] Hans Kubaschewski war Ehemann der Inhaberin des Gloria Filmverleihs Ilse Kubaschewski; vgl. o.V. (1957): Det greift ans Herz. In: Der Spiegel Nr. 4, 23.1.1957, S. 38-44, hier: S. 40.

[71] Roeber & Jacoby, 1973, S. 306, S. 309 (Tabelle 14).

Durch die Flüchtlinge hatte sich die Bevölkerungsdichte auf dem Gebiet der Bundesrepublik gegenüber der Zeit vor 1945 verstärkt. Die Gruppe der Flüchtlinge und Vertriebenen bestand zumeist aus jüngeren und mittleren Jahrgängen bis 45 Jahre.[72] Das bedeutete gute Bedingungen für das Kino, denn auch die Flüchtlinge strömten in die Filmtheater, um die Probleme des Alltags für eine Weile zu vergessen. Dies hatte Auswirkungen auf den Bedarf an Sitzplätzen. Schon innerhalb des Jahres 1946 hatte sich die Zahl der Filmtheater und der Sitzplätze nahezu verdoppelt.[73] Durch das Nachholbedürfnis und mangels Alternativen bei der Freizeitgestaltung bekam das „Kino an der Ecke" Anfang der 1950er Jahre eine hohe Bedeutung im „Wochenablauf" einer Familie.[74] Bis 1959 wuchs das Angebot stetig weiter – und dies obwohl die Zahl der Filmbesucher schon seit 1957 zurückging – 1959 erreichte die Zahl der Kinos mit 7.085 ihren Höchststand.[75]

Auf dem Höhepunkt des Kinobooms 1955/56 wurden die Kinogebäude zu Investitionsobjekten mit aufwendiger Gestaltung. Die Erstaufführungstheater hatten oft mehr als 1.000 Plätze. Aus den USA kamen technische Neuerungen: Die Filme wurden über das traditionelle Bildformat hinaus erweitert – vom Breitwandbild bis zum CinemaScope-Verfahren. Diese Verfahren zogen eine kostspielige Umrüstung nach sich – mit der Verbesserung des Kinogeschäfts konnten sich die Filmtheater dies trotzdem leisten.[76] Ende 1953 gab es nur zwei Kinos mit dieser Ausstattung, 1955 gab es schon 2.011.[77] Für die Kinosaison 1955/56 wurden zum ersten Mal deutsche Spielfilme nach dem teuren CinemaScope-Breitwandverfahren gedreht.[78]

Als eine Spezialform des Kinoangebots, die auch für die Wochenschau bedeutend war, entstanden in den Großstädten ‚Aktualitätenkinos' (AKIs), die zumeist in Bahnhöfen oder deren Nähe angesiedelten waren. Im Jahr 1954 bestanden 18 derartige Kinos in der Bundesrepublik. Sie zeigten in endloser Folge Programme aus kürzeren Filmen, wie auch verschiedene Wochenschauen, zu denen die Zuschauer jederzeit Zutritt erhalten konnten.[79]

[72] Vgl. Abelshauser, 1987, S. 38.
[73] Roeber & Jacoby, 1973, S. 307; S. 309 (Tabelle 14).
[74] HDF, 2000, S. 19.
[75] Vgl. Roeber & Jacoby, 1973, S. 307, S. 309 (Tabelle 14). Ab 1959 setzte dann der Rückgang der Filmtheatereinnahmen ein, danach verringerte sich auch die Zahl der Filmtheater und der Sitzplätze stetig.
[76] Vgl. Hickethier, 2002.
[77] HDF, 2000, S. 14.
[78] O.V. (1955): Cinemascope. In: Der Spiegel Nr. 31, 27.7.1955, S. 32.
[79] Vgl. Gustmann, 1957, S. 11, zit. nach Hickethier, 2002.

3.3.5 Die Wochenschau und das Kinoprogramm

Die Wahrnehmung eines Films wird auch durch seine Platzierung im Programm geprägt, was zu unterschiedlichen Wertungen der Darstellung führt.[80] Daher ist die Wochenschau in Verbindung mit dem gesamten Kinoprogramm, und besonders im Zusammenhang mit dem Hauptfilmangebot, zu betrachten.

Die Briten als Besatzungsmacht erkannten, dass es notwendig war, für die „Umerziehung der Deutschen“ bei der Kultur anzusetzen und dass die Umerziehung ein Teil der Sicherheitspolitik nach dem Krieg sein musste.[81] Die Planungen dazu begannen sehr früh und bezogen sich auf die verschiedensten Bereiche, wie Erziehungswesen, Presse, Rundfunk, Musik und auch Film.[82] Durch den Wiederaufbau der Kinos entstanden gute Vorraussetzungen, die geplante Re-Education durch Film durchzuführen. Es gab jedoch zunächst nicht genügend Umerziehungsfilme und es mangelte an Unterhaltungsfilmen, mit denen die Bevölkerung in die Kinos gelockt werden konnte. So kamen in der britischen und französischen Besatzungszone die alten deutschen Filme (zum großen Teil noch während des Dritten Reiches hergestellt) und ausländische Filme in die Kinos.[83] In der amerikanischen Besatzungszone war jedoch die Vorführung der alten deutschen Filme grundsätzlich verboten, was später jedoch gelockert wurde.[84]

Alle deutschen Filme wurden zunächst beschlagnahmt (gemäß der Information Control Regulation No. 2) und einer Zensur unterworfen. Dazu wurden sie in Kategorien eingeteilt: (1) Solche, die vorgeführt werden konnten, (2) solche, die erst vor einer möglichen Vorführung geschnitten werden mussten und (3) solche, die grundsätzlich nicht gezeigt wurden.[85] Dokumentarfilme sollten die Deutschen über ausländische Entwicklungen informieren, die Hintergründe des Krieges aufzeigen und für das Vorgehen der Besatzungsmächte werben. Gleichzeitig sollten die Deutschen zum Wiederaufbau des Landes animiert werden.[86] Während der britische Dokumentarfilm den Deutschen Respekt vor Großbritannien einflößen wollte, war das Ziel des amerikanischen Dokumentarfilms, den ‚American Way of Life‘ zu vermitteln.[87] Weiterhin wurden Kurzfilme gezeigt, die als Werbefilme für den Marshall-Plan im European Recovery Program (ERP) fungierten – der Marshall-Plan wurde darin als Erfolg der amerikanischen Hilfeleistungen dargestellt.[88]

[80] Vgl. Hickethier, 2007, S. 21.
[81] Clemens, 2006, S. 243.
[82] Vgl. ebd., S. 244.
[83] Vgl. Clemens, 2006, S. 253.
[84] Vgl. ebd., S. 254.
[85] Ebd., S. 255.
[86] Vgl. ebd., S. 257.
[87] Ebd., S. 258-259.
[88] Vgl. ausführlich ebd., S. 263-265.

Die Entwicklung der Themen dieser Dokumentarfilme spiegelte sich in der britisch-amerikanischen Wochenschau *Welt im Film*. Die Themenkomplexe der Wochenschau umfassten die Leistungen der Besatzungsmächte, den Wiederaufbau Deutschlands und die „Abrechnung mit der NS-Vergangenheit".[89] Auf diese Weise wurde in den ersten Monaten nach der Kapitulation das Kinoprogramm dazu genutzt, den Deutschen die Verbrechen zu zeigen, die unter den Nationalsozialisten geschehen waren. Beispielsweise mit Filmen, die während der Befreiung der Vernichtungslager gedreht worden waren, wie der Dokumentarfilm „Die Todesmühlen" (Regie Hans H. Burger, 1945).[90]

Neben den ‚verordneten' Dokumentationen gab es die ersten neuen deutschen Spielfilme, die sich mit der Nazivergangenheit und den Trümmern auseinandersetzten. Und es wurden „unbedenkliche" UFA-Filme gezeigt, d.h. Filme die nicht unter das Verbot der Alliierten fielen:[91] beispielsweise „Frauen sind doch bessere Diplomaten" (Regie Georg Jacoby, 1941) mit Marika Rökk oder „Überläufer-Filme", die erst nach der Kapitulation fertiggestellt wurden.[92] Spielfilme, die der Umerziehung dienen sollten, kamen auch aus dem Fundus des eigenen Landes. Die britische Film Section wählte solche Spielfilme aus, die im „Einklang" mit der Besatzungspolitik standen und zugleich gute Unterhaltung brachten sowie dazu geeignet waren, das Ansehen des britischen Films zu steigern.[93] Dazu gab es amerikanische Filme, die man während des Krieges nicht sehen konnte, wie Western, Gangsterfilme und Komödien.[94] Filme von Roberto Rossellini („Germania anno zero", 1947) oder Vittorio de Sica („Fahrraddiebe", 1948) wurden neben Wolfgang Staudtes „Die Mörder sind unter uns" (1946) oder Helmut Käutners „In jenen Tagen" (1947) angeboten.[95]

Das Bedürfnis nach Ablenkung von der Wirklichkeit setzte sich aber bald gegen die Versuche durch, die Vergangenheit und Gegenwart mit Filmen zu bewältigen. In der Folge nahmen „belanglose" Komödien zu.[96] Ein wichtiges Filmgenre war der Heimatfilm, der an den Bergfilm der späten Weimarer Republik anknüpfte. Im Heimatfilm wurden Probleme, wie Integration von Flüchtlingen und Kriegsheimkehrern, Armut der Mittelschicht und Ausgleich sozialer Unterschiede, behandelt – und dies harmonisch und in „heiler Landschaft"[97]. Diese oft wenig anspruchsvollen Filme brachten einen riesigen „kommerziellen Erfolg"[98]. Ein Kinobesitzer beschrieb die

[89] Ebd., S. 259-260. In der *Welt im Film* Nr. 2 vom 25.5.1945 ist beispielsweise die Hinrichtung eines mutmaßlichen Spions zu sehen sowie plündernde Deutsche; Film archiviert durch DW.

[90] Paech & Paech, 2000, S. 163.

[91] Vgl. auch ausführlich dazu van Eeghen, 2009, S. 148-149.

[92] Paech & Paech, 2000, S. 165.

[93] Clemens, 2006, S. 266.

[94] Vgl. Paech & Paech, 2000, S. 165.

[95] Ebd., S. 166.

[96] Ebd.

[97] HDF, 2000, S. 20.

[98] Paech & Paech, 2000, S. 168.

Zeit der Heimatfilme als die besten Jahre – durch den Publikumszustrom, der in diesen Jahren entstand, habe man den Einfluss des Fernsehens noch nicht bemerkt.[99] Die Filme wurden nach Paech und Paech zum „Lebensmittel“ der Menschen,[100] denn die Gestaltung des Films erlaubte ein Miterleben und Mitfühlen mit den Figuren. Nach Hickethier orientierte sich der Spielfilm mit der Darstellung von Figuren und deren Verhalten an einem „affektiven Mainstream“ der Zuschauer, der wiederum mit dem „Gefühlshaushalt“ der Epoche korrespondierte.[101]

Die Wochenschau erfüllte ihre Aufgabe als audiovisueller Informationsanteil im Kinoprogramm. Sie spiegelte mit ihrem „dokumentarischen Modus“ das Zeitgeschehen, was auch weniger heitere Berichte über Unglücke, Konflikte und Katastrophen bedeuten konnte. Ihr Charakter war lebhaft, z.B. durch ihre schnell aufeinanderfolgenden Sujets, durch schnellen Schnitt und die oft stakkatohafte Sprache.[102] So entstand nach Hicketier ein „Gesamtband“ der Erregung, des pathetischen Gefühls, direkt Zeuge eines Teils des Zeitgeschehens zu sein.[103] Betrachtet man die Wochenschau im Zusammenhang mit der Programmkonzeption, dann lieferte die Wochenschau eine „vormediale“ Realität und der darauf folgende Spielfilm die Fiktion einer anderen Welt.[104] Diese Welt konnte einfach sein: übersichtlich, gerecht, Belohnung des Guten und Bestrafung des Bösen. Hickethier interpretiert die Stellung und Aufgabe der Wochenschau als die Präsentation eines „‚Vorstadiums‘ zur eigentlichen, besseren Realität im Spielfilm“.[105]

In dem *NDW*-Hausblatt *Das Neueste – von der Neuen Deutschen Wochenschau*[106] diskutiert Dr. Heinz Wiers, Geschäftsführer der *NDW*, im Oktober 1951 den besten Platz für die Wochenschau im Kino-Programm. Es habe sich die Abfolge Kulturfilm, Wochenschau, Hauptfilm eingebürgert. Die Wochenschau vor der Werbung zu bringen, sei keine Option. Wenn der Kulturfilm wegen einer Überlänge des Hauptfilms wegfalle, sei der Platz der Wochenschau so und so klar. Wiers plädiert aber auf jeden Fall dafür, die Wochenschau an die erste Stelle zu platzieren – vor allem dann, wenn ein Kulturfilm in Farbe gebracht werde. Der vorher laufende Farbeindruck schlage die Wochenschau „tot“.[107] Für den Zuschauer sei es schwierig, sich auf das „schwarz-weiß Tempo der Wochenschau-Stories“ umzustellen, sodass „deren Inhalt in Kürze und Prägnanz nicht voll begriffen werden können“.[108] Wiers hielt also die

[99] Vgl. Bessen, 1989, S. 32; Bessen im Gespräch mit dem Kinobesitzer Claus Haas.
[100] Paech & Paech, 2000, S. 166.
[101] Hickethier, 2006, S. 277.
[102] Vgl. ebd., S. 277-278.
[103] Ebd., S. 278.
[104] Ebd.
[105] Ebd.
[106] Es wurden zwei dieser Hefte als Werbeinstrument für die Filmtheaterbesitzer hergestellt: für September und für Oktober 1951. Ob und wie diese Hefte verteilt wurden, war nicht zu ermitteln.
[107] Das Neueste, Heft 2, Oktober 1951, S. 14, Privatbesitz Stamm.
[108] Ebd., S. 14-15.

Wochenschau an erster Stelle im Programm für sinnvoll, obwohl die Gefahr bestand, dass sie von den Zuschauern durch Zuspätkommen umgangen wurde. Rückblickend fasste er 1983 anlässlich einer Hochschul-Akademie-Studienwoche in Tutzing zusammen, dass die Wochenschau die Einstimmung auf den Unterhaltungsfilm nicht stören solle, sodass sie ebenfalls unterhaltend ausgelegt werden müsse.[109] An dieser grundsätzlichen Anforderung an ihre Funktion konnte die Wochenschau nichts ändern. Daher sei nach Wiers die Wochenschau als Mischform und als Beiprogramm im Kino „eben auch unterhaltend“, da das Publikum „im Wesentlichen wegen der Unterhaltung“ ins Kino gehe: „Wer geht schon wegen der Wochenschau ins Kino, ganz selten mal! Man geht ja wegen des Spielfilms hin.“[110]

„Die Leute woll’n im Kino nischt anderes, als sich unterhalten. Musik woll’n die Leute, lachen woll’n se, alles andere lehnen se ab“, sagte Ilse Kubaschewski, die Chefin des Gloria-Filmverleihs, die mit Heimatfilmen besonders erfolgreich war. Diese Filme trafen ihrer Auffassung nach „ins deutsche Gemüt“[111]. Die Filme wurden aber schon damals in der Presse als „schnulzig“ besprochen. Ilse Kubaschewski gab zu, dass sie selbst über ihre Filme lachte, war jedoch vom Publikumszuspruch der Filme überzeugt: „Aber die jehn“ [112]. Das Stammpublikum für die Heimatfilme bildeten Hausfrauen.[113] Die Strickmuster, nach denen die Produzenten die Filme zu erstellen hatten, waren: sympathische Charaktere als Hauptfiguren, Vermeidung von Rückblenden (die das Publikum verwirren konnten), ein Happy-End, Landschafts- und Tieraufnahmen, viel Musik (Volksweisen) und immer etwas zum Lachen.[114] Auch in der Wochenschau ging es um Heimkehr, Wiederaufbau, Hoffnung und Traditionen und bunte, leichte Stories mit eingängiger Musik waren stets Bestandteil. Die Wochenschau fügte sich so mit ihren Bildern, ihrer Gestaltung und ihren Themen in das ‚Heimatfilm-Programm‘ gut ein. Allerdings liefen in den Kinos unterschiedliche Filme wiederum mit unterschiedlichen Ausgaben einer Wochenschau, sodass eine zusammenhängende Betrachtung nicht mehr möglich ist.

3.3.6 Zusammenfassung zum Wiederaufbau der Filmwirtschaft

Die Verbote der Alliierten hatten sich mit der Gründung der Bundesrepublik gelockert, was einen Neuanfang für die audiovisuellen Medien ermöglichte. Die Kinos wurden wieder aufgebaut und investierten besonders Mitte der 1950er Jahre in Platzkapazität und Ausstattung. Erfahrene Filmleute aus der Vorkriegs- und Kriegszeit sorgten dafür, dass die Filmproduktion wieder ins Laufen kam. Es fehlte jedoch an

[109] Wiers, 1983, S. 113-114.
[110] Ebd.
[111] O.V. (1957): Det greift ans Herz. In: Der Spiegel Nr. 4, 23.1.1957, S. 38-44, hier: S. 39.
[112] Ebd.
[113] Vgl. ebd., S. 43.
[114] Vgl. ebd., S. 39.

finanziellen Mitteln, Filmen und Ausrüstung – auch das UFI-Vermögen stand wegen der unterdrückten Liquidierung nicht zur Verfügung. Aufgrund der fehlenden Finanzkraft der Filmproduzenten finanzierten Verleiher die Filme auf eigenes Risiko mit. Bund und Länder halfen zeitlich begrenzt durch Bürgschaften. Mit den Filmen zusammen boten die Verleiher eine Wochenschau an, um ein Komplettpaket zu liefern. Die Wochenschau konnte jedoch im Gegensatz zu prädikatisierten Kulturfilmen keine steuerlichen Vergünstigungen erbringen. Sie gehörte nach Beschluss der SPIO aber zum Programm. Obwohl sie nicht mehr vorgeschrieben war, wollten die Filmtheater ihren Besuchern eine Wochenschau bieten. Das Filmangebot bestand aus ausländischen Filmen, die durch die Besatzungsmächte nach Deutschland kamen, aus Dokumentarfilmen zur Umerziehung, aus alten Filmen, die als unbedenklich galten, sowie aus neuen deutschen Filmen, die das Lebensgefühl der Menschen aufgriffen. Das Publikum erwartete vom Kino in dieser Zeit der 1950er Jahre vor allen Dingen Unterhaltung und Ablenkung vom Alltag.

3.4 Der Aufbau der *Neuen Deutschen Wochenschau* (*NDW*)

Nach 1945 setzten die Alliierten in den unterschiedlichen Besatzungszonen Deutschlands eigene Wochenschauen ein. In der französischen Zone lief die *Blick in die Welt*, im amerikanischen und britischen Besatzungsgebiet wurde die *Welt im Film* gezeigt.[1] Die *Welt im Film* wurde ab Herbst 1945 von beiden Besatzungsmächten unter gemeinsamer Kontrolle und Leitung in den Bavaria-Studios in München-Geiselgasteig hergestellt.[2] Sie diente zunächst zur „Konfrontation" der Deutschen mit der Niederlage im Krieg. Nach und nach änderten sich die Inhalte zu beispielsweise „Konsum", „westliche Internationalität" und „Ost-West-Konfrontation".[3] Es gab aber nur wenige Inhalte, die auf die „deutsche Mentalität" eingingen.[4] Im Jahr 1950 kam die privat-kommerziell betriebene amerikanische *Fox Tönende Wochenschau* auf den deutschen Markt zurück. Als Wochenschau-Neugründungen möglich wurden, initiierte 1949 die Bundesregierung die *Neue Deutsche Wochenschau* (*NDW*), die eine gravierend andere Funktion ausfüllen sollte als die Besatzungswochenschauen. Das Deutschland des Wiederaufbaus wollte sich wieder in die Welt eingliedern und sich entsprechend präsentieren. Nachfolgend werden die Gründung und die ersten Entwicklungsschritte der *NDW* erläutert sowie das Konkurrenzverhältnis zu anderen Wochenschauen und dem Fernsehen. Des Weiteren geht es um die Einrichtung der Produktion, Herstellung und Distribution, die die Etablierung und das Image der *NDW* mitbestimmten.

---

[1] Vgl. ausführlich dazu in Anmerkungen bei Schwarz, 2002, S. 70.
[2] Vgl. Fuhrmann, 2009, S. 28-29.
[3] Ebd., S. 29.
[4] O.V. (1949): 300 Meter laufen weiter. In: Der Spiegel Nr. 26, 23.6.1949, S. 32.

3.4.1 Die Gründung der *NDW*

Nach der Errichtung des Besatzungsstatuts im April 1949[5] hatte die Bundesregierung das Ziel, eine deutsche, vom Ausland unbeeinflusste Institution für Film und besonders für eine Wochenschau zu schaffen. Am 8. August 1949 reichten Heinz Kuntze-Just[6] und Kameramann Erich Stoll bei dem „Beratenden Filmausschuß" in Hamburg einen Lizenzantrag für eine Wochenschau ein. Dieser wurde aber durch die Aufhebung des Gesetzes Nr. 191 (das das Filmschaffen von Deutschen verboten hatte) kurz darauf gegenstandslos.[7] Am 6. Oktober gab es eine erste offizielle Unterredung in Bezug auf eine neue Wochenschau, zu der der damalige stellvertretende Chef des Bundespresseamtes, Dr. Heinrich Böx, hinzugezogen wurde – in der Folge war er für Pläne zur Gründung einer „Neuen Deutschen Wochenschau" zuständig.[8] Ein Exposé von Kuntze-Just „Zur Frage einer deutschen Wochenschau", das er am 8. Oktober 1949 in Bonn einreichte, fand bei den Persönlichkeiten großer Parteien „allgemeine Zustimmung".[9]

Die neue Wochenschau sollte dazu dienen, die Bundesrepublik international präsent zu halten. Sie hatte die Aufgabe, dem Ausland „wieder die wichtigsten deutschen Geschehnisse auf allen Gebieten des öffentlichen Lebens mit deutschen Augen" zu vermitteln.[10] Die Wochenschau sollte außerdem helfen, den Export und damit die deutsche Wirtschaftsentwicklung anzustoßen. Als Vorbild in dieser Funktion galten die in alle Welt verkauften amerikanischen Filme, die auch zu einer Steigerung der Ausfuhr von amerikanischen Erzeugnissen geführt hatten. Außerdem verlangte der Marshall-Plan bis 1952 einen deutschen Exportüberschuss, um die ausländischen Zuschüsse abzulösen.[11] Daher war die nationale Werbung sehr wichtig.

Am 15. Januar 1950 wurden Vorbereitungen in Bezug auf Räume, Personal, Equipment, Synchronisationsprobe, Verwaltungs- und Verleihapparat etc. für eine neue Wochenschau aufgenommen.[12] Zuerst musste jedoch eine finanzielle Basis ge-

---

5 Aus dem Besatzungsstatut: „ I. Während des Zeitraumes, in dem die Besatzung noch fortdauern muß, wünschen und beabsichtigen die Regierungen Frankreichs, der Vereinigten Staaten und des Vereinigten Königreichs, daß dem deutschen Volk Selbstregierung in dem höchstmöglichen Maße, das mit dieser Besatzung vereinbar ist, zu Teil werden soll"; verfügbar unter: http://www.verfassungen.de/de/de49/besatzungsstatut49.htm [7.10.2011].

6 Heinz Kuntze-Just war ehemals Pressemann bei Terra und Tobis und Nachkriegskorrespondent bei diversen deutschen Tageszeitungen; vgl. o.V. (1949): neue deutsche unverfänglich – nur nicht die alte. In: Der Spiegel, Nr. 49, 1.12.1949, S. 40.

7 Dokument zur Untersuchung über die Frage der Rentabilität der NDW, 7.11.1952, BArch B 145/122.

8 Ebd.

9 Ebd.

10 Geschäftsbericht konst. Sitzung am 28.1.1950, Protokolle Aufsichtsrat 1949-1952, DW.

11 Vgl. ebd.

12 Dokument zur Untersuchung über die Frage der Rentabilität der NDW, 7.11.1952, BArch B 145/122.

schaffen werden. Eine besondere Rolle spielte dabei die im Januar 1947 auf Anordnung der Briten und Amerikaner gegründete Atlas-Filmgesellschaft in Hamburg. Sie wurde ursprünglich dazu geschaffen, die Filme der UFI, des zerschlagenen NS-Filmkonzerns, auszuwerten und einen Verleih für die britisch-amerikanische Militärwochenschau *Welt im Film* aufzubauen.[13] Die Verleihmieten dieser Wochenschau waren mit 4 % der effektiven Theater-Einspielergebnisse sehr niedrig und wurden später noch auf 3 % gesenkt.[14] Es entstand kein lohnendes Geschäft – die *Welt im Film* balancierte nur die Ein- und Ausgaben und wurde stark unterstützt; die Engländer und Amerikaner mussten den Rohfilm selbst finanzieren.[15]

Die Briten zogen sich 1949 aus der Herstellung der *Welt im Film* zurück.[16] Ihrer Auffassung nach passte die Information der deutschen Bevölkerung durch die Wochenschau nicht mehr „in den Aufgabenbereich einer Besatzungsmacht".[17] Die amerikanische Seite führte die Wochenschau allein fort und übertrug den Vertrieb unter dem Titel *Welt im Bild* dem Allianz Filmverleih in Frankfurt.[18] Im Zuge der Bemühungen um die Zerschlagung des UFI-Konzerns ordnete die Militärregierung die Liquidierung der Atlas-Filmgesellschaft an. Vom Ministerialrat des Oberfinanzpräsidiums, Dr. Hans Mortell, stammte der Plan, aus diesem Liquidationsvermögen eine Wochenschaugesellschaft zu finanzieren, die ohne ausländischen Einfluss unter deutscher Leitung produziert werden konnte.[19]

Zur Herstellung dieser deutschen Wochenschau wurde am 14. Dezember 1949 die Neue Deutsche Wochenschau GmbH gegründet[20] und am 28. Januar 1950 ein Aufsichtsrat konstituiert.[21] Der Aufsichtsrat hatte die Geschäftsführung zu überwachen und sollte mindestens einmal im Monat tagen.[22] Das Kapital betrug 20.000 DM. Der erste Aufsichtsrat war überwiegend mit Vertretern aus Politik und Finanzwelt der Stadt Hamburg besetzt: mit dem Direktor der Hamburgischen Landesbank Kurt Fengefisch, Ministerialrat Dr. Hans Mortell vom Oberfinanzpräsidium, Dr. Karl Söhling von der Behörde für Wirtschaft und Verkehr, Dr. Bruno Barkowski von der Finanz-

---

[13] Vgl. Roeber & Jacoby, 1973, S. 98-99; vgl. auch Geschäftsbericht konst. Sitzung am 28.1.1950, Protokolle Aufsichtsrat 1949-1952, DW.

[14] Geschäftsbericht konst. Sitzung am 28.1.1950, Protokolle Aufsichtsrat 1949-1952, DW.

[15] Vgl. o.V. (1949): 300 Meter laufen weiter. In: Der Spiegel Nr. 26, 23.6.1949, S. 32.

[16] Roeber & Jacoby, 1973, S. 261.

[17] O.V. (1950): Wochenschau – Aus technischen Gründen. In: Der Spiegel Nr. 19, 11.5.1950, S. 36.

[18] Roeber & Jacoby, 1973, S. 261. Die *Welt im Film* wurde ab Juli 1952 ganz eingestellt – die *Welt im Bild* wurde dann bis August 1956 von Allianz Filmverleih vertrieben; Roeber & Jacoby, 1973, S. 262.

[19] Geschäftsbericht konst. Sitzung am 28.1.1950, Protokolle Aufsichtsrat 1949-1952, DW.

[20] Roeber & Jacoby, S. 261. Die Gesellschaft wurde am 11.3.1950 in das Handelsregister Hamburg eingetragen.

[21] Geschäftsbericht konst. Sitzung am 28.1.1950, Protokolle Aufsichtsrat 1949-1952, DW.

[22] § 7 des Gesellschaftervertrags als Anlage zur Tagesordnung der konstituierenden Sitzung am 23.12.1949, Protokolle Aufsichtsrat 1949-1952, DW. Der Aufsichtsrat wurde von der Gesellschafter-Versammlung bestellt.

behörde und Dr. Götz-Dieter Wulf von der Hamburger Kulturbehörde. Auch der Rundfunk war mit Dr. Hans Brack, Justiziar des NWDR, vertreten sowie das Bundespresseamt mit Dr. Heinrich Böx und Dr. Kurt Betz. Fengefisch wurde zum Vorsitzenden des Aufsichtsrats und Mortell als sein Stellvertreter gewählt.[23] Paul Hach[24] und Heinz Kuntze-Just wurden Geschäftsführer.[25] Beide übernahmen jeweils 5.000 DM des Stammkapitals.[26] Am 27. Januar 1951 gingen die gesamten Gesellschaftsanteile an die Bundesregierung über.[27]

Heinz Kuntze-Just kannte sich aus – er war zuvor für die Pressearbeit bei den Filmproduktionsgesellschaften Terra und Tobis zuständig gewesen. In der von ihm verantworteten Filmzeitschrift *Filmpreß* hatte er sich bereits für eine neue deutsche Wochenschau eingesetzt. Die Idee wurde zwar von offiziellen Stellen wie den Kultusministern zur Kenntnis genommen, war aber nicht umgesetzt worden. Das Vorhaben scheiterte immer wieder an der Finanzierung, denn für die ersten 52 Produktionswochen wurde ein Kapital von 1 bis 1,5 Millionen DM benötigt.[28] Zudem bezweifelten die Banken, dass eine Wochenschau „rentabel" sein könnte,[29] denn die Erstellung einer Wochenschau war durch die verschiedenen Produktions- und Distributions-Stufen aufwendig. Dreharbeiten, Redaktion, Schnitt, Synchronisation und Kopieren sowie die Verteilung der Kopien an die Filmtheater mussten koordiniert werden.

Die Freisetzung der Mittel aus der Liquidierung der Atlas Filmgesellschaft verzögerte sich, sodass man nach Alternativen für die Finanzierung einer neuen Wochenschau suchen musste.[30] Die Stadt Hamburg hatte ein besonderes Interesse an der Gründung einer deutschen Wochenschau, die die wieder entstehende Filmwirtschaft in der Stadt komplettieren sollte.[31] Der Referent der Kulturbehörde Hamburg, Wulf, setzte sich deshalb für die Finanzierung ein. Außerdem engagierten sich Barkowski von der Finanzbehörde und Söhling von der Behörde für Wirtschaft und Verkehr so-

---

[23] Vgl. 1. Sitzung des Aufsichtsrates am 28.1.1950, Protokolle Aufsichtsrat 1949-1952, DW.

[24] Hach war ein „Bankmann", kaufmännischer Mitarbeiter bei der österreichischen Filmproduktionsgesellschaft Wien-Film (die der Cautio-Treuhandgesellschaft von Max Winkler gehörte; vgl. o.V. (1950): Filmindustrie – Immer kleiner. In: Der Spiegel Nr. 8, 23.2.1950, S. 30-31, hier: S. 31). Nach dem Krieg war Hach zunächst Oberbürgermeister in Erfurt; vgl. o.V. (1949): neue deutsche unverfänglich – nur nicht die alte. In: Der Spiegel, Nr. 49, 1.12.1949, S. 40;

[25] Vgl. 1. Sitzung des Aufsichtsrates am 28.1.1950, Protokolle Aufsichtsrat 1949-1952, DW.

[26] § 3 des Gesellschaftervertrags als Anlage zur Tagesordnung der konstituierenden Sitzung am 23.12.1949, Protokolle Aufsichtsrat 1949-1952, DW.

[27] O.V. (1951): Keinesfalls fürs Kinoprogramm. In: Der Spiegel, Nr. 24, 13.6.1951, S. 40-41, hier: S. 40; Roeber & Jacoby, 1973, S. 261.

[28] O.V. (1949): neue deutsche unverfänglich – nur nicht die alte. In: Der Spiegel, Nr. 49, 1.12.1949, S. 40.

[29] Ebd.

[30] Vgl. Geschäftsbericht konst. Sitzung am 28.1.1950, Protokolle Aufsichtsrat 1949-1952, DW.

[31] Vgl. o.V. (1955): Lebendige Filmstadt. Heute ist ‚alles da'. In: Die Welt, Mai 1955, S. 36, Presse-Veröffentlichungen 1955, DW.

wie der Hamburger Senat, um einen Kredit von 400.000 DM von der Hamburgischen Landesbank zu erwirken.[32]

Neben der Finanzierung war es außerdem problematisch, geeignetes Personal zu finden. Einige Filmspezialisten hatten sich in der Melophon-Filmgesellschaft in Wiesbaden zusammengeschlossen. Da es nur wenig erfahrene Filmleute gab, wurden vier Mitarbeiter der Melophon gleichzeitig leitende Angestellte bei der *Neuen Deutschen Wochenschau.* Darunter war auch Heinrich Roellenbleg[33]. Seine Anstellung bei der Melophon war zunächst eine „Tarnung", wurde aber später obsolet, da seine Tätigkeit als *NDW*-Chefredakteur in Fachkreisen bekannt wurde. Da Roellenbleg als unverzichtbar galt, wurde mit ihm ein separater Vertrag außerhalb der Melophon geschlossen.[34] Er wurde aber nur wenige Monate nach dem Start der *NDW* wegen „öffentlicher Proteste" aufgrund seiner ehemaligen Stellung bei der NS-Wochenschau entlassen.[35] Ab Mai 1950 bildeten Kuntze-Just und Söhling die Geschäftsführung. Im August 1950 wurde Söhling durch Wiers abgelöst.[36] Heinz Wiers war zuvor deutscher Produktionsleiter der *Welt im Film* bei der britischen Film-Section.[37]

Überhaupt verlief der Aufbau der *Neuen Deutschen Wochenschau* nicht ohne Kontinuitäten. Dr. Max Winkler, der in der NS-Zeit durch Aufkäufe die Gleichschaltung der Filmunternehmen in der UFI ermöglichte, war offenbar auch an der Gründung der *NDW* beteiligt. In einem Brief an Kuntze-Just bedankt sich Winkler für seine Erwähnung in einem Artikel in *Filmpreß*[38] zu seiner Rolle bei der Gründung der Neuen Deutschen Wochenschau GmbH:

> *„Sie hat mir damals wirklich viel Mühe und Arbeit gemacht und niemand hat einmal ‚danke' gesagt. Die Herren Beetz [sic]*[39] *und Genossen vom späteren Bundespresseamt haben im Gegenteil die Gelegenheit benutzt, mich damals bei Adenauer persönlich in Misskredit zu bringen, was ihnen gelang […]."*[40]

---

[32] Geschäftsbericht konst. Sitzung am 28.1.1950, Protokolle Aufsichtsrat 1949-1952, DW.

[33] Roellenbleg war in der NS-Zeit als „Hauptschriftleiter" bei der Deutschen Wochenschau direkt Goebbels unterstellt; vgl. Fuhrmann, 2009, S. 24, S. 32.

[34] Vgl. 1. Sitzung des Aufsichtsrates am 28.1.1950, Protokolle Aufsichtsrat 1949-1952, DW.

[35] Schwarz, 2002, S. 90.

[36] Vgl. 7. Sitzung des Aufsichtsrates am 9.8.1950, Protokolle Aufsichtsrat 1949-1952, DW. Im Dezember 1952 wurde Kuntze-Just entlassen, Wiers übernahm kommissarisch dem Posten des Chefredakteurs. Im Jahr 1954 übernahm er zusätzlich die Geschäftsführung; vgl. Schwarz, 2000, S. 94; S. 97. Manfred Purzer kam 1952 als Redakteur zur *NDW*, 1958 wurde er Chefredakteur und Geschäftsführer der Deutschen Wochenschau (mit Wiers). Als Wiers 1960 für ein Jahr zur UFA geht, tritt Schwamkrug in die Geschäftsführung ein; vgl. epd Kirche und Fernsehen Nr. 15, 16.6.1960, S. 3; vgl. Protokoll 61. Sitzung des Aufsichtsrates, 18.2.1960, DW.

[37] Vgl. o.V. (1949): 300 Meter laufen weiter. In: Der Spiegel Nr. 26, 23.6.1949, S. 32.

[38] Im Brief wurde auf die *Filmpreß* Nr. 38, 13.10.1955 Bezug genommen.

[39] Gemeint ist offenbar Oberregierungsrat Kurt Betz, Mitglied des Aufsichtsrates der NDW.

[40] Dr. Max Winkler, Düsseldorf, Brief an Kuntze-Just, Hamburg, 2.11.1955, Privatbesitz Stamm.

In *keinem* Protokoll der Aufsichtsratssitzungen tritt Winkler als Gründer in Erscheinung. Er wirkte somit im Hintergrund. Möglicherweise war Roellenbleg über Winkler zu dem Posten des *NDW*-Chefredakteurs gekommen, konnte sich wegen seiner Vergangenheit jedoch nicht halten und Winkler konnte in seiner Schattenposition offenbar nicht mehr lenken. *Der Spiegel* schrieb 1951 in einer Serie über die UFA: „Er [Winkler] dient auch heute wieder als inoffizieller Berater Bonner Persönlichkeiten",[41] was seine Rolle als Gründer der *NDW* wahrscheinlich werden lässt.

Nicht nur an der Führungsspitze, auch in der Produktion musste sich die Wochenschau aus Mangel an frischen Kräften auf solche verlassen, die schon in der NS-Zeit tätig gewesen waren.[42] Allen voran der Kameramann Erich Stoll, der ehemalige Chef-Kameramann der alten *Deutschen Wochenschau*, obwohl er an dem Hetzfilm „Der ewige Jude" (Regie Fritz Hippler, 1940) beteiligt gewesen war.[43] Stoll hatte bei den Engländern die Wochenschau *Welt im Film* mit aufgebaut und war auch bei der *Fox* tätig gewesen. Der US-Filmoffizier Winston, äußerte zunächst große Bedenken, Stoll zu engagieren: „Nur nicht die alte deutsche Wochenschau"[44]. Doch neue Kameramänner mussten erst ausgebildet werden und so konnten die ‚alten' Kameramänner den Stil der neuen Wochenschau prägen. So hielten sich alte „Produktionsnormen" durch die Weitergabe von den Älteren an die Jüngeren.[45] Für die Abdeckung des westlichen Bundesgebietes wurden vier Kamera-Teams geplant: in Hamburg (Stoll, Juppe und Assistent Luppa), in Berlin (Onasch und ein Assistent), in München (Moser und Assistent Pankau) und in Düsseldorf (Grund[46] und Assistent Breselow). Alle Kameramänner filmten mit eigener Kamera-Ausrüstung, d.h. mit Bild- und Tonkamera – bis auf das Düsseldorfer Team, das nur über eine Bildkamera verfügte.[47]

Für den operativen Aufbau der *Neuen Deutschen Wochenschau* wurde als erstes ein Verleihvertrag mit der Schorcht Filmgesellschaft geschlossen,[48] die einen Ruf eines anspruchsvollen Verleihs hatte und deren Inhaber als Pazifist galt – aber auch der CDU nahestand[49]. Bei der Überlegung, wo die Produktion angesiedelt werden

[41] O.V. (1951): Bei der UFA machte man das so… Kino – das grosse Traumgeschäft. 18. Fortsetzung. In: Der Spiegel, Nr. 2, 10.1.1951, S. 22-25, hier: S. 25. Nach Kriegsende wurde Winkler von den Briten für 13 Monate in Bad Nenndorf inhaftiert.

[42] Vgl. Stamm, 2011, S. 213-214.

[43] Vgl. Schwarz, 2002, S. 89-90.

[44] O.V. (1949): neue deutsche unverfänglich – nur nicht die alte. In: Der Spiegel Nr. 49, 1.12.1949, S. 40.

[45] Stamm, 2011, S. 214.

[46] Horst Grund hatte 1932 bei Filmproduktionsgesellschaft Tobis als Volontär angefangen, er war ab 1934 zweiter Kamera-Assistent und bei bekannten Regisseuren tätig. 1936 wurde er zum Arbeitsdienst eingezogen aber für die Produktion von Leni Riefenstahls Olympia-Film freigestellt. 1941 wurde er Kriegsberichterstatter; vgl. Barkhausen, 1982, S. 236.

[47] Vgl. Protokoll der konst. Sitzung am 23. Dezember 1949, Protokolle Aufsichtsrat 1949-1952, DW.

[48] Vgl. Geschäftsbericht konst. Sitzung am 28.1.1950, Protokolle Aufsichtsrat 1949-1952, DW.

[49] Vgl. Wilharm, 2007. Schorcht war Mitglied des CDU-Wirtschaftrates – möglicherweise gab das einen Ausschlag für die Bundesregierung, ihn als Verleih anzusprechen.

sollte, wurde schließlich Hamburg gewählt, obwohl der Stammsitz des Verleihs, Schorchtfilm, Wiesbaden war. Dort stand zwar die Kopieranstalt der Aktiengesellschaft für Film-Fabrikation (AFIFA), doch das Schicksal dieses Kopierwerks als Teil des treuhänderisch verwalteten UFI-Vermögens war unsicher. In Hamburg bestanden die Geyer-Werke, die der AFIFA technisch überlegen waren.[50]

Differenzen mit Dienstleistern kennzeichneten die erste Zeit der *NDW*. Schneideräume, Kameras und andere filmtechnische Anlagen wurden von Real-Film angemietet. Für die Synchronisationsarbeiten wurden versehentlich zwei Verträge geschlossen: mit der Real-Film (1949) und mit der Melophon (1950). Der Aufsichtsrat entzog daraufhin dem Geschäftsführer Hach das Vertrauen, und er durfte die Räume der Wochenschau nicht mehr betreten. So kamen Behörden-Vertreter auf die wichtigen Posten: Söhling (Behörde für Wirtschaft und Verkehr) trat als kaufmännischer Geschäftsführer als Ersatz für Hach ein; Wulf von der Kulturbehörde übernahm die technische und künstlerische Beratung.[51] Politische Institutionen hatten damit ihren Interessen gemäß Einflussmöglichkeiten.

Außer durch den Aufsichtsrat wurde die *NDW* von einem Verwaltungsrat (später in Beirat umbenannt) überwacht, der die Unabhängigkeit der *NDW* von politischen und ausländischen Einflüssen sicherstellen sollte.[52] Nach Angaben des *Spiegel* sollte der Verwaltungsrat aber intern „für die politische Linienlegung sorgen“ und mit Kritik und Anregungen als „erweiterte Redaktion“ fungieren.[53] Dem Verwaltungsrat gehörten 1951 Personen aus Medien (dpa, Filmproduktion, NWDR), Kulturpolitik (Filmausschuss des Bundestages, Kultusminister, Kultursenator), des Verbandes der Theaterbesitzer, des DGB-Vorstands sowie des Bundespresseamts an.[54] Im Laufe der Jahre wechselten die Mitglieder – z.B. kam dem regierungsnahen Institut für Demoskopie Allensbach Dr. Elisabeth Noelle-Neumann und aus der Wissenschaft Prof. Dr. Emil Dovifat, Leiter des Instituts für Publizistik der Freien Universität Berlin.[55]

3.4.2 Die Markteintrittsphase der *NDW*

Für eine erste Schätzung über die möglichen Einnahmen durch den Verleih der *Neue Deutsche Wochenschau* wurden die Einspielergebnisse aus den rund 3.600 Theatern des Bundesgebietes mit 400 Millionen DM veranschlagt (gestützt auf die Einspielergebnisse aus dem ersten Halbjahr 1949) – davon waren 100 Millionen DM Ver-

[50] Vgl. Geschäftsbericht konst. Sitzung am 28.1.1950, Protokolle Aufsichtsrat 1949-1952, DW.
[51] Vgl. 1. Sitzung des Aufsichtsrates am 28.1.1950, Protokolle Aufsichtsrat 1949-1952, DW.
[52] Vgl. Das Neueste, Heft 2, Oktober 1951, S. 4, Privatbesitz Stamm.
[53] O.V. (1949). neue deutsche unverfänglich – nur nicht die alte. In: Der Spiegel Nr. 49, 1.12.1949, S. 40.
[54] Vgl. Das Neueste, Heft 2, Oktober 1951, S. 1-3. Privatbesitz Stamm.
[55] Vgl. Deutsche Wochenschau Brief an Senator Heinrich Landahl, Hamburg, 23.10.1958, Verwaltungsrat 1958-1960, DW.

gnügungssteuer abzuziehen. Es blieben für die Abrechnung mit dem Verleiher also 300 Millionen DM. Davon errechneten die Teilnehmer der konstituierenden Sitzung 3 % als mögliche Verleihgebühren, also 9 Millionen DM, die von allen auf dem Markt befindlichen Wochenschauen zusammen abzuschöpfen waren.[56] Da die *Fox Tönende Wochenschau* aufgrund ihres noch von früher bekannten guten Namens eine hohe „Werbekraft" hatte, rechnete man damit, dass die *Fox* ein Drittel des Marktes gewinnen würde.[57] Die *Neue Deutsche Wochenschau* schätzte man als ebenso stark ein. Von den anderen Wochenschau-Unternehmen wurde eine Abschöpfung von einem Drittel erwartet. Den Wochenschaumarkt stellte man sich also dreigeteilt vor: ein Drittel für die *Fox Tönende Wochenschau*, ein Drittel für die *NDW*, ein Drittel für die anderen Wochenschauen (*Blick in die Welt* und *Welt im Film*). Bei 9 Millionen DM waren das Einnahmen von 3 Millionen DM für Schorcht durch die *NDW*. Dabei wurde mit Herstellungskosten von rund 1 Million DM kalkuliert.[58] Die *NDW* hatte so gesehen gute Aussichten auf dem Markt – doch die Konkurrenz war stark.

Reaktionen von Filmtheaterbesitzern aus der Anfangszeit belegen die Macht des Wettbewerbs. Ein Münchener Kino wollte den abgeschlossenen Vertrag nicht einhalten und die Bestellung aussetzen. Der Besitzer beurteilte die Musikuntermalung und Synchronisation von *NDW* Nr. 9 als mangelhaft – es fehle an „Schmiss". Er gab der *NDW* drei Monate Zeit zur Verbesserung.[59] Die Konkurrenz bot den Kinos bessere Konditionen – aufgrund der ausländischen Unterstützung konnten es sich die *Fox* und die *Welt im Film* leisten, von ihrer großen Kopienzahl auch kleinere und umsatzschwächere Kinos zu geringen Verleihsätzen zu beliefern. Diese kleinen Kinos konnten so die erste Folge der *Fox* bestellen[60] und ihren Zuschauern eine wesentlich aktuellere Wochenschau-Ausgabe bieten. Schorcht hatte in der Verhandlung mit den Kinos meist das Nachsehen. Auch mit Drängen auf die Erfüllung des Vertrages durch die Filmtheater konnte sich der Verleih nicht durchsetzen[61] – was den Qualitätsdruck auf die *NDW* erhöhte.

Die Verhandlungen mit den Kinobesitzern wurden von den Schorchtfilm-Vertretern genutzt, die Preise der Konkurrenz zu ermitteln. Sie konnten in Erfahrung bringen, dass von den anderen Wochenschauen nur 40 DM, 50 DM oder 55 DM für die erste Folge verlangt wurden.[62] In einem Münchener Vorort spielte ein Kino die

[56] Geschäftsbericht konst. Sitzung am 28.1.1950, Protokolle Aufsichtsrat 1949-1952, DW.

[57] Ebd.

[58] Ebd.

[59] Schauburg Erlangen (Kuchenreuther) Brief an Schorcht, München (Löbel), 6.4.1950, Beurteilungen bis 1952, DW.

[60] Vgl. Schorcht (Zimmermann) Brief an NDW (Kuntze-Just), 19.7.1950, Beuteilungen bis 1952, DW.

[61] Vgl. Schauburg Erlangen (Kuchenreuther) Brief an Schorcht, München (Löbel), 6.4.1950, Beurteilungen bis 1952, DW. In Schriftwechseln vom 3.4. und 4.4.1950 hatte Schorcht München von dem Kinobesitzer verlangt, die *NDW* „unter allen Umständen" zu zeigen und dies abzurechnen.

[62] Für die Leihgebühr und die Folgestaffelungen war beispielsweise ausschlaggebend, ob sich das Kino in Westdeutschland befand, ob links- oder westrheinisch angesiedelt und die Einwohner-

erste Folge sogar nur für 30 DM – diesem Kino hätte die *NDW* zu diesem Preis höchstens die dritte Folge liefern können.[63] Die *NDW* war also mindestens doppelt so teuer wie die Konkurrenz. Das macht klar, warum sich die Vertreter anstrengen mussten, die Vorzüge der *NDW* herauszustellen: eine deutsche, von ausländischen Einflüssen unabhängige Wochenschau.

Für die *NDW* musste aufgrund ihrer finanziellen Lage möglichst schnell eine hohe Anzahl von Verträgen abgeschlossen werden – daher wurden Werbemaßnahmen elementar. Der Schorcht Filmverleih wies schon am 13. Februar 1950 – kurz nach dem Erscheinen der zweiten Ausgabe – die Verantwortlichen bei der *NDW* an, dem Filmverleih eine große Anzahl „zustimmender Kritiken" von Kinobetreibern zusammenzustellen. Schorcht wollte daraus eine „Drucksache" an die Theaterbesitzer entwerfen – außerdem sollte die „Mundpropaganda" unter den Kinobesitzern genutzt werden.[64]

Durch den Wettbewerbsdruck, ausgelöst von der *Fox*, hatte sich der marktübliche Verleihsatz von 3 % auf 2,5 % verringert. Damit konnte nicht mehr mit Einnahmen von 3 Millionen DM, sondern nur noch mit Einnahmen von etwa 2,4 Millionen DM gerechnet werden. Nach Abzug des Herstellungskosten von 1 Million DM, der Kosten für Kopien und der Vertriebsspesen für Schorcht (mit einem Satz von 15 %) hätte sich eine Einnahme von 2,2 bis 2,3 Millionen DM ergeben können. Rein rechnerisch wäre trotz allem schon im ersten Jahr eine ausgeglichene Bilanz möglich gewesen.[65] Dazu ist es aber nicht gekommen.

Von Beginn an stand die *Neue Deutsche Wochenschau* unter Zeitdruck. Für den Aufbau der Unternehmung standen statt der normalerweise notwendigen Vorbereitungszeit von zwei bis drei Monaten nur sechs bis sieben Wochen zur Verfügung. Zunächst war man noch davon ausgegangen, die Finanzierung rechtzeitig sicherstellen zu können. Das war schon deshalb notwendig, weil Schorcht den Nachweis eines bestimmten Kapitals verlangte. Gemäß der Vereinbarung betrachtete Schorcht den Vertrag erst dann als bestehend, wenn 400.000 DM Kredit „einwandfrei" erbracht waren.[66] Aber die Bereitstellung der Mittel verzögerte sich, sodass der geplante Start verschoben werden musste. Erst am 7. Januar 1950 gab die Hamburgische Landesbank eine Kreditzusage.[67] Durch weitere Verzögerungen in der Geldbeschaffung verschob sich die Ausgabe der ersten *NDW* vom 27. Dezember 1949 auf den 3. Februar 1950. Dies veranlasste Schorcht dazu, jede Werbetätigkeit einzustellen und keine weiteren Verleihabschlüsse mit Kinobetreibern zu tätigen.[68]

---

zahl der Stadt, in der das Kino stand, d.h. wie viele potentielle Zuschauer angesprochen werden konnten; vgl. Schorcht (Zimmerann) Brief an NDW, 18.12.1950, Beurteilungen bis 1952, DW.

[63] Schorcht (Zimmermann) Kurzbrief an NDW (Wiers), 18.12.1950, Beurteilungen bis 1952, DW.

[64] Schorcht (Zimmermann) Brief an NDW (Roellenbleg), 13.2.1950, Beurteilungen bis 1952, DW.

[65] Geschäftsbericht konst. Sitzung am 28.1.1950, Protokolle Aufsichtsrat 1949-1952, DW.

[66] Ebd.

[67] Ebd.

[68] Ebd.

Die Wochenschau-Konkurrenz sorgte zudem dafür, dass in Fachzeitschriften bekannt wurde, dass die Filmtheater nicht an die Verleihverträge mit Schorcht für den Bezug der *NDW* gebunden sind, solange sich das Erscheinen der ersten Nummer verzögerte. So haben die meisten Theater die Verträge wieder gekündigt und sind dafür Verträge mit den Konkurrenzwochenschauen eingegangen – jedoch nur für eine kürzere Zeitspanne. Sie wollten ihren Besuchern eine unabhängige deutsche Wochenschau bieten und nach einiger Zeit wieder zur *NDW* zurückkehren.[69] Unter der Voraussetzung, dass „eine wirklich gute, technisch einwandfreie und aktuelle Wochenschau" auf den Markt gebracht werden konnte, rechnete Schorchtfilm damit, dass bis Mitte 1950 etwa 70 bis 80 Kopien in den Kinos liefen.[70]

Der Kinomarkt war jedoch eng und der Herstellungs- und Distributionsprozess zu kostspielig, als dass Wochenschauen rentabel[71] betrieben werden konnten. Durch den verzögerten Anlauf der *NDW* konnten nur 25 bis 30 Kopien mit einem Ertrag von insgesamt 5.000 bis 6.000 DM pro Woche abgesetzt werden. Die Herstellungskosten beliefen sich jedoch auf 20.000 DM, sodass ein wöchentlicher Verlust von etwa 15.000 DM entstand. Der Verleih rechnete zwar mit einem Anstieg der Kopien auf 50 bis 60 bis zum Herbst, doch bis dahin würde ein Fehlbetrag von 300.000 bis 400.000 DM anfallen. Dazu kam, dass die Liquidationssumme der Atlas-Film nur stückweise überwiesen wurde. Dies alles bewog den Aufsichtsrat der Neuen Deutschen Wochenschau GmbH, an den Bund heranzutreten. Um das Loch zu stopfen, wurde auf der 1. Sitzung des Aufsichtsrats 1950 beschlossen, dem Bund anzubieten, jede Woche 10 bis 15 Kopien für je 1.000 DM für seine Konsulate zu kaufen.[72]

Die finanzielle Basis der *NDW* hatte sich völlig verschoben, da fest mit der Ausschüttung der Atlas-Liquidationsmasse gerechnet worden war. Darüber hinaus lehnte die Stadt Hamburg eine Bürgschaft ab, solange die Bundesregierung nicht ihrerseits ihre Unterstützung erklärte. Doch der Etat der Bundesregierung war vom Bundestag noch nicht genehmigt worden, sodass auch von dieser Seite keine kurzfristige finanzielle Hilfe zu erwarten war. Mit dem Argument, die *NDW* sei eine „wichtige kulturpolitische deutsche Sache", wollte der Aufsichtsrat die Frage der Bürgschaftsübernahme durch den Bund vorantreiben.[73]

Zu allen Schwierigkeiten kam, dass dem Geschäftspartner Walter Koppel und der Real-Film ein Kredit von 245.000 DM eingeräumt worden war, der zum 20. Februar

[69] Vgl. Vereinigte Lichtspiele, Mölln (Brennecke) Einschreiben an Schorcht, Hamburg, 15.4.1950, Beurteilungen bis 1952, DW. Der Kinobesitzer macht von der Vertragsklausel Gebrauch, die es ermöglicht, nach zwei Folgen zurückzutreten. *NDW* Nr. 9 und 10 haben im Vergleich zur *Welt im Film* nicht gefallen. Sollte sich die Qualität der *NDW* aber bessern, würde man auf sie zurückkommen.

[70] Geschäftsbericht konst. Sitzung am 28.1.1950, Protokolle Aufsichtsrat 1949-1952, DW.

[71] Vgl. o.V. (1949): 300 Meter laufen weiter. In: Der Spiegel Nr. 26, 23.6.1949, S. 32.

[72] 1. Sitzung des Aufsichtsrates am 28.1.1950, Protokolle Aufsichtsrat 1949-1952, DW.

[73] 3. Sitzung des Aufsichtsrates am 8.2.1950, Protokolle Aufsichtsrat 1949-1952, DW.

1950 fällig wurde. Koppel zahlte den Kredit jedoch nur zögernd zurück, da die Mittel noch für die Produktion des Films „Gabriela" mit Zarah Leander benötigt wurden.[74]

Auch im März 1950 kamen die Ausschüttungen aus der Atlas-Film-Liquidierung nicht richtig voran.[75] Die bisher kalkulierten wöchentlichen Kosten von 20.000 DM betrugen tatsächlich 26.500 DM. Dazu kamen Positivkosten pro Kopie von 120 DM und Vertriebskosten, die 15 % der erzielten Einspielerlöse ausmachten.[76] Durch das öffentliche Interesse an einer deutschen Wochenschau konnte bis zum März 1950 aber eine Zahl von 348 *NDW*-Leihverträgen und davon 88 erste Folgen abgeschlossen werden. Tatsächlich gespielt wurde zunächst nur etwas über die Hälfte – 189 Kopien und davon nur 40 erste Folgen. Zusammengefasst war für das Jahr 1950 mit einem Verlust von 500.000 DM zu rechnen.[77] Die *NDW* stand somit unter einem erheblichen Erfolgsdruck, eine Qualität zu liefern, die einen hohen Absatz garantierte. Dies erklärt den Vorstoß der *NDW*, Kinobetreiber mit Beurteilungsbögen über das Gefallen und ihre Erwartungen an eine neue deutsche Wochenschau zu befragen.[78]

Ab dem 1. Juni 1950 waren 486 Verträge geschlossen – davon 112 erste Folgen. Doch erst bei mindestens 1.000 Verträgen mit einer adäquaten Staffelung konnte eine lohnende Einnahme erzielt werden.[79] Außerdem waren die Kapazitäten mit der Wochenschauproduktion nicht ausgelastet. Daher sah es der Aufsichtsrat im Mai 1950 bereits als „unerlässlich" an, den Produktionsplan mit Kultur-, Werbe- und Dokumentarfilmen zu erweitern.[80] Um finanzielle Risiken zu vermeiden, nahm die *NDW* aber nur Aufträge entgegen, trat also selbst nicht als Initiator von Filmprojekten auf. Image-Filme für Bundesministerien und andere regierungsnahe Einrichtungen[81] wurden zu den größten Geldbringern.

Schon im zweiten Monat des Bestehens der Gesellschaft mussten Einsparungsmaßnahmen ergriffen werden. Beispielsweise wurde versucht, einen Rabatt für die Synchronisationsarbeiten bei der Real-Film zu erwirken.[82] Als weitere Einsparungsmaßnahme wurde in Betracht gezogen, durch den fallweisen Einsatz freier Kameramänner, die Kamerateams auf zwei Teams zu reduzieren.[83] Damit bestand aber die

---

[74] Vgl. ebd.

[75] Vgl. 4. Sitzung des Aufsichtsrates am 27.3.1950, Protokolle Aufsichtsrat 1949-1952, DW.

[76] Ebd.

[77] Ebd.

[78] Ausgefüllte Fragebögen, Beurteilungen bis 1952, DW. Die Fragebögen geben ein Bild von den Erwartungen, die in Kapitel 4 erläutert werden.

[79] 5. Sitzung des Aufsichtsrates am 6.5.1950, Protokolle Aufsichtsrat 1949-1952, DW.

[80] Ebd.

[81] Vgl. Roeber & Jacoby, 1973, S. 769.

[82] Vgl. 3. Sitzung des Aufsichtsrates am 8.2.1950, Protokolle Aufsichtsrat 1949-1952, DW.

[83] Vgl. 5. Sitzung des Aufsichtsrates am 6.5.1950, Protokolle Aufsichtsrat 1949-1952, DW. Das Team in München (Gerzer und Assistent) wurde zum 31.7.1950 gekündigt (angeblich wegen schlechter Leistungen). Das zweite Hamburger Team (Juppe und Assistent) wurde nach München geschickt; vgl. 6. Sitzung des Aufsichtsrates am 15.7.1950, Protokolle Aufsichtsrat 1949-1952, DW.

Gefahr, dass interessante Ereignisse nicht in die Wochenschau aufgenommen werden konnten.

3.4.3 Die Etablierungsphase der *NDW*

Im Juli 1950 besserte sich die Lage – Bundeskanzler Adenauer wurde durch einen Brief des Bundesfinanzministers Schäffer über die Lage der *NDW* informiert, woraufhin die Bundesregierung eine Unterstützung gewährte. Außerdem konnten durch die Sparmaßnahmen die Kosten je Wochenschau-Ausgabe von 27.000 auf 22.000 DM gesenkt werden, sodass die bestehenden Kredite nicht mehr so stark in Anspruch genommen werden mussten, und sich der Erfolg einstellte. Die Anzahl der abgeschlossenen Verträge erhöhte sich auf 668 mit 157 ersten Folgen.[84]

Für einen noch größeren Erfolg der *NDW* waren die unabänderlichen Verträge mit Schorchtfilm und Real-Film hinderlich. Schorcht hatte trotz der guten Geschäftslage noch keine Überschüsse gezahlt, denn er wartete noch immer auf die Garantiesumme. Ein Wechsel des Verleihs kam nicht in Frage, da die Neue Deutsche Wochenschau GmbH dann vermutlich gar keine Zahlungen mehr von Schorcht erhalten hätte.[85] Als ungerecht empfand die *NDW*, dass der Inhaber von Real-Film, Walter Koppel, seine Synchronisationsanlagen an die britische Film-Section billiger vermietete als an die *NDW*. Um produktionstechnisch, organisatorisch und von Kosten unabhängiger zu sein und sich Ungleichbehandlungen nicht mehr bieten lassen zu müssen, erwog der Aufsichtsrat die Errichtung einer eigenen Synchronisationsanlage in Hamburg-Rahlstedt.[86] Gleichzeitig gab es einen herben Rückschlag in Bezug auf die Mittel der öffentlichen Hand: Das Bundesfinanzministerium wollte die gewährten Betriebsmittelkredite aus haushaltsrechtlichen Gründen nicht in Zuschüsse umwandeln – dies wäre aber dringend notwendig gewesen, um zahlungsfähig zu bleiben.[87] Mit einer Kostendeckung von Seiten des Bundes war in den folgenden Monaten nicht zu rechnen. Da half es auch nichts, dass der Aufsichtsrat auf die Verantwortung des Bundes hinwies, die sich allein schon aus dem Geschäftsanteil des Bundes an der *NDW* ergebe.[88] Allerdings war die Wochenschau in der Lage, bis zum Ende des 1. Quartals 1951 durch ihre Einnahmen auszukommen – besonders, weil gerade der erste Dokumentarfilm über den „Katholikentag in Passau" fertiggestellt worden war.[89]

Der ‚Durchbruch', d.h. die dauerhafte positive Wahrnehmung auf dem Markt, kann mit *NDW* Nr. 27 vom 1. August 1950 und den nächstfolgenden Nummern ange-

[84] 6. Sitzung des Aufsichtsrates am 15.7.1950, Protokolle Aufsichtsrat 1949-1952, DW.
[85] Vgl. 7. Sitzung des Aufsichtsrates am 4.8.1950, Protokolle Aufsichtsrat 1949-1952, DW.
[86] Vgl. ebd.
[87] Vgl. ebd.
[88] 8. Sitzung des Aufsichtsrates am 13.9.1950, Protokolle Aufsichtsrat 1949-1952, DW.
[89] Ebd.

setzt werden, die von den Kinobetreibern als wettbewerbsfähig zu den anderen Wochenschauen gelobt wurden.[90] Die *NDW* entwickelte sich weiter positiv: Im September 1950 wurden 722 Verträge für alle 8 Folgen gezählt, davon 162 Verträge für die erste Folge.[91] Der Aufsichtsrat erwartete, dass sich die *NDW* ab 1951 selbst trug – vor allem durch die Dokumentarfilmproduktion. Mit Schorcht wurden inzwischen Zahlungsbedingungen vereinbart, die ein schnelleres Zufließen von Einspielergebnissen möglich machten.[92]

Im November 1950 war die *NDW* offenbar so stark geworden, dass sie alle Geschäfte eigenständig hätte abwickeln können. Ihren Verleih, Schorchtfilm, konnte sie aber nicht abschütteln. Auch nicht, als einige Filmtheater die *NDW* nicht mieten wollten, gerade weil sie von Schorchtfilm verliehen wurde. Die *NDW* strebte daraufhin an, selbstständig in Verleih-Verhandlungen einzutreten. Grundsätzlich erklärte sich Schorcht damit einverstanden – allerdings nur gegen Nennung der Namen der Theaterbesitzer, die nicht mit Schorcht abschließen wollten.[93] Da dies jedoch vermutlich zu Kompromittierungen geführt hätte, verzichtete die *NDW* auf ihre Selbstständigkeit.

Obwohl das Geschäft nicht so gut vorankam, wie anfänglich erwartet, bekam die Wochenschau im November 1950 Unterstützung durch die großen politischen Parteien. CDU, SPD, FDP und Deutsche Partei (DP) waren bereit, der *NDW* zu helfen – der Haushaltsausschuss des Bundes bewilligte 100.000 DM und zeigte seine Zustimmung zu dem Wochenschau-Unternehmen.[94] Außerdem gab es offenbar Zuwendungen der Industrie: Geschäftsführer Dr. Wiers verkündete auf der 9. Aufsichtsratssitzung, dass es gelungen sei, „gewisse Industriehilfe in bescheidenem Umfange" zu erhalten.[95] Auf der anderen Seite wieder ein Wermutstropfen: Der Rundfunk, der NWDR, stellte sein Musikarchiv nicht mehr kostenlos zur Verfügung. Auf derselben Sitzung diskutierte der Aufsichtsrat wiederholt, nicht nur die Produktion von Dokumentarfilmen, sondern auch Sonderproduktionen von Kurzfilmen zuzulassen. Man befürchtete aber ein „zumindest unglückliches Bild" abzugeben, wenn „die NDW sehr stark in die typische Kulturfilmherstellung eingreifen" und die „freien Kulturfilmhersteller wesentlich unterbieten" würde.[96]

Als weiteres Feld der Nebenproduktion sollte kommerzielle Werbung ausprobiert werden. Im Februar 1951 hatte Wiers bereits mit verschiedenen Wirtschaftsunternehmen Verhandlungen aufgenommen. Die Neue Deutsche Wochenschau GmbH stellte somit nicht nur Industriefilme als Präsentationsfilme her, sondern plante auch

[90] Vgl. ausführlich dazu Abschnitt 4.1.9.
[91] Beschluss der Mitglieder des Aufsichtsrats der NDW, 8. Sitzung des Aufsichtsrats am 13.9.1950, Protokolle Aufsichtsrat 1949-1952, DW.
[92] Vgl. Ebd.
[93] 9. Sitzung des Aufsichtsrates am 15.11.1950, Protokolle Aufsichtsrat 1949-1952, DW.
[94] Ebd.
[95] Ebd.
[96] Ebd.

Wochenschau-Sujets für Public Relations-Zwecke. Auf der 10. Sitzung des Aufsichtsrates erklärte Wiers, dass „eine solche Werbung“ für die Firmen einen „ungeheuren Vorteil“ habe.[97] Von einer neutralen und unbeeinflussten Berichterstattung durch die *NDW* ließe sich so kaum sprechen.

Bei der *NDW* wurde „alles Mögliche“ versucht, um einzusparen.[98] Anfang 1952 wurde die Länge der Folgen verkürzt. Auf der Aufsichtsratssitzung wurde diese Maßnahme diskutiert: Die Theaterbesitzer hätten noch keine „Einwendungen“ vorgebracht. Es sei aber damit zu rechnen, denn die *Welt im Film* gehe „fast jede Woche über die allgemein gültigen 300 Meter hinaus“.[99] Die Frage ist jedoch, ob die Filmtheater die Kürzungen der *NDW* überhaupt bemerkten. Auf den Papierbögen mit den Inhaltsangaben war stets eine Gesamtlänge von 300 Metern angegeben. Außerdem wurde erwogen, Austauschverträge mit dem Ausland zu kündigen um zu sparen.[100]

Trotz des Kampfes um öffentliche Mittel, wurden bei der *NDW* neue Schneideräume eingerichtet. Die Aufwendungen von 57.000 DM sollten sich durch Einsparungen bei den Synchronisationskosten amortisieren. Durch die Vermietung von Schneideräumen an den NWDR wurde mit Mehreinnahmen von 10.000 DM jährlich gerechnet.[101]

Vorübergehend war Schorcht dazu übergegangen, die Kopienkosten sofort von den Ergebnissen abzuziehen und begründete dies mit einer notwendigen monatelangen Rohfilmbevorratung. Obwohl die Einnahmen für das Jahr 1951 auf mindestens 50.000 DM geschätzt und die Kosten von 22.000 auf 19.500 DM gesenkt werden konnten, war ein Zuschuss aus anderen Quellen von monatlich 35.000 bis 40.000 DM notwendig. Diese Summe würde aber wachsen, wenn Schorcht die als unlauter empfundene Verrechnungsart beibehielt.[102] Da das Kino-Geschäft stark schwankte und die Rohfilmpreise stiegen, konnte keine Gewinnsteigerung durch eine erhöhte Kopienzahl erzielt werden.[103]

Trotz der finanziellen Schwierigkeiten konnte sich der Verleih der *NDW* steigern: Im September 1951 lag der Vertragsbestand bei 1.005 – davon 224 mit der ersten Folge.[104] Der Anteil der teuren ersten Folgen an den abgeschlossenen Verträgen ging jedoch leicht zurück – von einem Viertel bis auf 22 %, wie Tabelle 1 zeigt.

[97] 10. Sitzung des Aufsichtsrates am 23.2.1950, Protokolle Aufsichtsrat 1949-1952, DW.

[98] 14. Sitzung des Aufsichtsrates am 29.2. und 1.3.1952, Protokolle Aufsichtsrat 1949-1952, DW. Dies ist eine vorläufige Niederschrift mit handschriftlichen Streichungen und Korrekturen.

[99] Ebd.

[100] Ebd.

[101] 11. Sitzung des Aufsichtsrates am 18.5.1951, Protokolle Aufsichtsrat 1949-1952, DW. Die Tagesschau hatte sich im Untergeschoss des Gebäudes in der Heilwigstr. 116 eingemietet.

[102] Ebd.

[103] Vgl. 12. Sitzung des Aufsichtsrates am 22.9.1951, Protokolle Aufsichtsrat 1949-1952, DW.

[104] Ebd.

Tabelle 1: Entwicklung der Verleihverträge der *NDW*

Monat	Verträge	erste Folgen	erste Folgen in %
März 1950	348	88	25,3
Juni 1950	486	112	23,0
Juli 1950	668	157	23,5
September 1950	722	162	22,4
September 1951	1.005	224	22,3

Quelle: eigene Darstellung[105]

Um die Theaterbesitzer noch besser an sich zu binden, beriet der Aufsichtsrat im Mai 1951 über die Herstellung einer Kundenzeitung mit Fotos und anderem Material aus der *NDW*. Dieses „Nachrichtenblatt" sollte auch Anzeigen aufnehmen dürfen.[106] Somit hätte man nicht nur eine Eigenwerbung, sondern auch Einnahmen aus Produktwerbung erzielen können. Der Aufsichtsrat stimmte einem Probeheft zu. Offenbar wurden aber nur zwei Nummern gedruckt: *Das Neueste* (Obertitel) *von der Neuen Deutschen Wochenschau* (Untertitel) kam für September 1951 und für Oktober 1951 (jeweils 16 Seiten) heraus.[107] Interessant ist, dass die Probenummer im Protokoll der nachfolgenden Sitzung des Aufsichtsrates am 22. September 1951 nicht genannt wird. Die neuen Schnitträume in der Heilwigstraße und der Vertrag mit der Rhythmoton zur Vertonung der *NDW* sind in Protokoll Nr. 12 wie auch in Heft 1 von *Das Neueste* erwähnt. Somit ist davon auszugehen, dass das Heft die Probenummer des geplanten ‚Nachrichtenblattes' ist. Die Ausgaben enthalten jedoch keine Werbeanzeigen. Auf Seite 2 von Heft 1 wird der Zweck des Blattes erläutert: Mit den Theaterbesitzern in Kontakt zu treten und zu bleiben. Das Blatt war also als *NDW*-Werbung gedacht und an die Kinobetreiber adressiert. Humorvoll wird dargestellt, dass damit auch Spesen für das „Kontakt machen" mit den Kinos gespart werden können.[108] Verbunden wird dies mit dem Wunsch der *NDW* an die Filmtheater, Kritik an der *NDW* zu äußern, um die Wochenschau noch mehr auf „die Interessen und den Geschmack des deutschen Publikums" zuschneiden zu können.[109]

Als Aufmacher des zweiten Heftes thematisiert die *NDW* die zwölfte Sitzung des Aufsichtsrates und zählt alle Teilnehmenden auf.[110] Es ist jedoch fraglich, ob diese

[105] Aus Protokollen der Aufsichtsratssitzungen 4, 5, 6, 8 sowie 12, Protokolle Aufsichtsrat 1949-1952, DW.

[106] 11. Sitzung des Aufsichtsrates am 18.5.1951, Protokolle Aufsichtsrat 1949-1952, DW.

[107] Hefte Das Neueste – von der Neuen Deutschen Wochenschau, Privatbesitz Stamm.

[108] Das Neueste, Heft 1, September 1951, S. 2, Privatbesitz Stamm.

[109] Ebd., S. 3.

[110] Vgl. Das Neueste, Heft 2, Oktober 1951, S. 1, Privatbesitz Stamm.

Aufzählung für die Theaterbesitzer interessant war. Auf den ersten vier bis fünf Seiten wurde mit zwei Artikeln mit Bildern die Unabhängigkeit der *NDW* beschworen: „Die unabhängigste Wochenschau der Welt“ war die Schlagzeile.[111] Dem widersprach die Aufzählung der Verwaltungsratsmitglieder aus Politik und Bankenwelt. Eine Erklärung des Vorsitzenden des Bundestagsausschusses für Presse, Film und Funk, Dr. Vögel, wird wiedergegeben: „Es sei die vornehmste Aufgabe des Verwaltungsrates, diese Unabhängigkeit gegenüber Regierung und Parteien jederzeit zu garantieren.“[112] Und wie um die beteuerte politische Unabhängigkeit noch mehr zu konterkarieren, berichtet die *NDW* über ihre Sonder-Produktion gegen „Wahlmüdigkeit“ (Regie Volker von Collande, Produktionsleitung Heinz Wiers, Kamera Erich Stoll und Wilhelm Luppa, Ton Heinz Braun).[113] Der Rest des Heftes 2 beschäftigt sich mit der Geschichte der Wochenschauen und einem Querschnitt aus Sensationsberichten von Wochenschauen ab 1914. Dass bei dem Fortsetzungshinweis des Aufmachers die Seitenzahl fehlt, deutet darauf hin, dass diese Nummer nur noch halbherzig hergestellt wurde. Wirklich Aktuelles gab es kaum zu berichten. Um die Theaterbesitzer zu interessieren, hätte es Neuigkeiten beispielsweise aus der Filmwirtschaft oder der Filmpolitik bedurft. Dies aber hätte eine Kollision mit den amtlichen Stellen bedeutet, von denen die *NDW* abhängig war. Wie und an wie viele Theaterbesitzer die Hefte verteilt wurden, ist in keinem Protokoll erwähnt.

Zeitgleich mit der Konzeption des Werbeblattes wurde Kuntze-Just vom Aufsichtsrat gezwungen, sich von seinem Posten als Chefredakteur des Branchenblattes *Filmpreß* zu lösen, da man darin eine Interessenkollision mit der *NDW* vermutete. *Filmpreß* habe auch „Spitzen gegen gewisse Verhältnisse in der Filmwirtschaft“ gebracht. Das hielt man zwar für „nicht unberechtigt“, aber das dürfe „in keiner Weise mit der *NDW* in Zusammenhang gebracht werden“.[114] Das Wochenschau-Unternehmen war also auch in der Außendarstellung vorsichtig und versuchte, mit verschiedenen Mitteln ein gutes Verhältnis zu den Filmtheatern aufzubauen.

3.4.4 Die Konkurrenz der *NDW*

1950 zeigten 70 % aller Kinos in der britischen Besatzungszone die *Welt im Film*. Die Theater waren oft durch langfristige Verträge bis zu einem Jahr an die *Welt im Film* gebunden.[115] Die Amerikaner erfüllten nach dem Rückzug der Briten aus der Wochenschau die Verträge für einen geringen Verleihsatz von 1 bis 2,5 % (von den

[111] Ebd., S. 1-5.
[112] Ebd., S. 4.
[113] Ebd., S. 5.
[114] 11. Sitzung des Aufsichtsrates am 18.5.1951, Protokolle Aufsichtsrat 1949-1952, DW.
[115] O.V. (1950): Wochenschau – Aus technischen Gründen. In: Der Spiegel Nr. 19, 11.5.1950, S. 36.

Nettoeinnahmen) weiter.[116] An diese Kinos mussten die Wochenschau-Vertreter herankommen.

Für das Unternehmen Neue Deutsche Wochenschau GmbH spielte die Preispolitik der Wochenschau-Konkurrenz eine elementare Rolle. Die *Fox Tönende Wochenschau* und die *Blick in die Welt*, vermieteten zu Festpreisen, d.h. ohne Staffelung in Erstausgabe, Zweitfolgen etc.. Sie brauchten keine Rücksicht darauf zu nehmen, ob die Erstfolgen im gleichen Umfang wie die anderen Folgen vermietet werden konnten. Die *NDW* glaubte, dass die Wochenschau-Unternehmen diese Preispolitik forcierten, weil sie annähmen, die *NDW* würde die Herstellung bis zum Herbst des Jahres 1950 nicht durchhalten können.[117] Wegen der Unterstützung durch die ehemaligen Besatzungsmächte waren die anderen Wochenschauen finanziell abgesichert und konnten Preis- und Vertragsdumping betreiben.

Die *Fox* befand sich als Teil einer internationalen Organisation in der besten Lage und konnte am günstigsten produzieren. Mit 350 Kopien stand sie im März 1952 in der Bundesrepublik an erster Stelle. Es folgte die *Welt im Film* mit 280 Kopien, die von der US-Regierung mit Original-Negativen beliefert wurde.[118] Dadurch sahen die Zuschauer politisch interessante Amerika-Bilder. Diese Wochenschau hatte auch keine Kosten durch Zoll oder Steuern zu befürchten, und sie bekam Subventionen durch das US-Außenministerium.[119] Anfang 1952 hatte die *NDW* eine Auflage von 215 Kopien; im November 1952 war der Vertragsbestand bereits auf 273 Kopien gestiegen – die *NDW* bediente damit ca. 1.400 Filmtheater.[120]

Um sich noch besser auf dem Markt zu behaupten und Konkurrenten abzuschütteln, wurde im November 1953 mit den UFA-Filmtheatern ein pauschaler Verleihvertrag für die *NDW* abgeschlossen. Damit hatte Schorchtfilm das erreicht, was auch andere große Verleiher, wie die Gloria, für ihre Filme versuchten – einen Exklusiv-Vertrag mit der namhaften UFA.[121] Im Vorfeld waren die Verhandlungen dazu von der *NDW* hartnäckig vorangetrieben worden. Geschäftsführer Wiers ging davon aus, dass die *NDW* eine „durchaus konstruktive Rolle" für die UFA spielen werde und man noch nicht sagen könne, „ob und wann der Zeitpunkt gekommen ist, in welchem der ansehnliche Brocken NDW [...] den letzten Endes richtigen Platz im Neuaufbau der deutschen Filmwirtschaft einnehmen wird". Er war von der *NDW* als seiner „Trumpfkarte" überzeugt, „die ihre Stärke darin hat, rein deutsch zu sein". Bei den Verhandlungen um einen Festpreis wollte Wiers dem „Preissog", der von der Kon-

[116] Ebd.

[117] Vgl. Geschäftsbericht konst. Sitzung am 28.1.1950, Protokolle Aufsichtsrat 1949-1952, DW.

[118] O.V. (1952): Wochenschau – Mundgerecht servieren. In: Der Spiegel Nr. 12, 19.3.1952, S. 30-32, hier: S. 32.

[119] Vgl. ebd.

[120] Dokument zur Untersuchung über die Frage der Rentabilität der NDW, 7.11.1952, BArch B 145/122.

[121] Vgl. o.V. (1957): Det greift ans Herz. In: Der Spiegel Nr. 4, 23.01.1957, S. 44.

kurrenz wie der *Fox* verursacht wurde, nicht folgen.[122] Die *NDW* sollte von vornherein ‚nicht unter Wert' vertrieben werden.

Die Verbindung mit den UFA-Theatern war für das Überleben der *NDW* offenbar außerordentlich wichtig, da die UFA stark expandierten und im Laufe des Jahres 1954 „den Theater-Park" erweitern wollte. Bei der Bitte an Schorcht, das Angebot der UFA annehmen zu dürfen, machte Wiers deutlich, dass das Angebot auf freundschaftliche Beziehungen zu Arno Hauke von der UFA-Treuhand zurückzuführen sei – und es sei auch im Interesse der Aufsichtsgremien.[123] Im Vertragswerk verpflichtete sich die UFA, in den noch unter ihrer Verwaltung stehenden 23 Theatern ausschließlich die *Neue Deutsche Wochenschau* oder die *Welt im Bild* zu zeigen. Der Vertrag sah vor, dass die UFA vierteljährlich einen Vorschuss von 40.000 DM zu zahlen hatte, der laufend verrechnet wurde.[124]

Durch das Vertragswerk gestärkt, ging die *NDW* massiv vor, um durch die UFA-Theater noch mehr vom Markt abzuschöpfen. Sie forderte die UFA-Theater AG dazu auf, mitzuteilen, wann Neubauten und Theaterkäufe stattfanden und welche Theater noch die *Fox* und die *Blick in die Welt* spielten sowie deren Kündigungstermine, sodass die Neue Deutsche Wochenschau „das Gedächtnis" der UFA bei der Meldung neuer Abschlussmöglichkeiten „unterstützen" konnte.[125] Zum Ende des Jahres 1956 kündigte die UFA-Theater-AG den Globalvertrag mit der Deutschen Wochenschau wieder.[126] Die zwischenzeitlich gewonnenen UFA-Theater spielten jedoch die *NDW* weiter[127] – auf diese Weise hatte der Vertrag einen nachhaltigen Effekt gehabt.

Um eine Unterscheidung zum Produkt *NDW* herauszustellen, benannte sich die Gesellschaft 1955 von Neue Deutsche Wochenschau GmbH in Deutsche Wochenschau GmbH um,[128] und sie entwickelte ihr Geschäftsfeld weiter. Als das US-Außenministerium kein Budget mehr für die *Welt im Film* zur Verfügung stellen wollte, verhandelte die Bundesregierung mit dem Allianz Filmverleih. Das Ergebnis war der Auftrag des Allianz Filmverleihs an die Neue Deutsche Wochenschau GmbH, ab Ende 1952 auch die *Welt im Bild* herzustellen. Dazu wurde die Redaktion

---

122 NDW (Wiers) Brief per Eilboten an UFA-Treuhandgesellschaft, Düsseldorf (Hauke) 17.9.1953, Ufa-Kinos ab 1952, DW.

123 NDW (Wiers) Brief an Kurt Schorcht, München, 26.10.1953, Ufa-Kinos ab 1952, DW.

124 Vertrag zwischen Universum-Film AG, Düsseldorf (UFA) und Neue Deutsche Wochenschau, Hamburg (NDW) vom 1.11.1953, Ufa-Kinos ab 1952. Der Vorschuss von 40.000 DM wurde später vermutlich auf 35.000 DM gesenkt; vgl. dazu auch: NDW Brief an UFA AG (Rechnungswesen), Düsseldorf, 26.7.1955, Ufa-Kinos ab 1952, DW. Die NDW beschwert sich über den fehlenden Eingang von 35.000 DM.

125 NDW Brief per Eilboten an UFA-GmbH, Düsseldorf (Hein), 14.11.1953, Ufa-Kinos ab 1952, DW. Die Neue Deutsche Wochenschau ging massiv vor: Als ein Berliner Ufa-Kino zur *Fox* zurückgekehrt war, wurde die UFA dazu aufgefordert, das Kino zur Neuaufnahme der *NDW* zu bewegen, da die *NDW* in Berlin noch zu wenig vertreten war.

126 NDW Brief an Kurt Schorcht, München, 27.9.1956, Ufa-Kinos ab 1952, DW.

127 Ebd.

128 Roeber & Jacoby, 1973, S. 261.

der *NDW* nur geringfügig erweitert und der Auslandsdienst der *NDW* auch für die *Welt im Bild* genutzt.[129] Am 1. Juli 1952 übernahm die *NDW* alle Verträge der *Welt im Film* (ca. 1.800 Theater) und stellte seitdem für den Allianz Filmverleih, Frankfurt, die *Welt im Bild* her. Damit wurden von der *NDW* und der *Welt im Bild* zusammen über 3.000 der 4.800 Filmtheater in der Bundesrepublik und Westberlin beliefert.[130] Durch die Hereinnahme der *Welt im Bild* sanken auch die Produktionskosten um 5.000 DM auf 14.000 DM pro Ausgabe, da die Dienstleisterkosten durch eine größere Kopienzahl geteilt werden konnten.[131]

Somit entstanden auf dem Wochenschaumarkt Vorkriegs-Verhältnisse – ein Unternehmen stellte zwei Wochenschauen her[132]. Doch nur auf diese Weise konnte aus den Zuschussbetrieben der *NDW* und *Welt im Bild* ein „Wochenschau-Apparat" werden, der ohne Zuschüsse auskam.[133] Aber auch wenn dies nicht eintrat, hatte die Bundesregierung einen hervorragenden Schachzug getan – durch ihre Vertreter im Aufsichtsrat konnte sie auf beide Wochenschauen Einfluss ausüben.[134] Da der Markt nun, wie in der Vorkriegszeit, dreigeteilt war, reichte der Einfluss der Politik noch weiter.

Die Allianz-Film, als eine der „größten Verleihgesellschaften der Bundesrepublik", war Mitte Dezember 1956 zusammengebrochen.[135] Die UFA erwarb die Verleihlizenz der *Welt im Bild* vom Allianz-Filmverleih und benannte die *Welt im Bild* in *Ufa-Wochenschau* um.[136] Zwar war durch die Herstellung der *Welt im Bild* bzw. *Ufa-Wochenschau* ein Konkurrent auf dem Markt draußen eliminiert – dafür entstand für die *NDW* eine Konkurrenz im eigenen Haus. Und die UFA hatte wieder ihre eigene Wochenschau, mit dem alten bekannten Namen, aufgestellt.[137]

Nicht nur die Wochenschaukonkurrenz war ausschlaggebend, auch das Fernsehen machte sich im Laufe der 1950er Jahre im Wochenschau-Geschäft bemerkbar. Die *NDW*-Verantwortlichen wiesen in einem Briefwechsel mit Schorcht im September 1956 darauf hin, dass die *Tagesschau* ab Oktober 1956 täglich erscheine – und zwar

---

129 Vgl. o.V. (1952): Wochenschau – Indirekt Einfluß nehmen. In: Der Spiegel Nr. 27, 2.7.1952, S. 31.

130 Dokument zur Untersuchung über die Frage der Rentabilität der NDW, 7.11.1952, BArch B 145/122.

131 Ebd.

132 Auch die alte UFA hatte zwei Wochenschauen, die *Ufa-Wochenschau* und *Deulig-Wochenschau*, aus einer Hand produziert und damit Marktmacht gewonnen; vgl. von Zglinicki, 1956, S. 340.

133 O.V. (1952): Wochenschau – Indirekt Einfluß nehmen. In: Der Spiegel Nr. 27, 2.7.1952, S. 31.

134 Vgl. ebd.

135 O.V. (1957): Det greift ans Herz. In: Der Spiegel Nr. 4, 23.1.1957, S. 38-44, hier: S. 38.

136 Roeber & Jacoby, 1973, S. 233. Die *Ufa-Wochenschau* erschien bis Nr. 70 vom 27.11.1957 im Herzog Filmverleih, danach im UFA Filmverleih; vgl. Formular der Inhaltsangaben im DW.

137 In der *UFA* Nr. 1 vom 1.8.1956 heißt es: „Die UFA-Wochenschau ist wieder da". Der Vorspann zeigt gestellte Szenen: Menschen winken dem UFA-Auto. Mit „es ist wirklich die alte UFA-Woche" wird ganz gezielt auf die Tradition der UFA hingewiesen – ohne Reue wegen der großen Bedeutung für das ehemalige NS-Regime; Inhaltsangabe der *UFA* Nr. 1 vom 1.8.1956, DW.

„mit Hilfe“ des UP-Nachrichtendienstes, der von der *Fox* erstellt werde.[138] Die *NDW* schlug intrigant vor, in der zukünftigen Werbung oder auch „Abwerbung“ von Filmtheatern, die Besitzer darauf hinzuweisen, dass die *Fox* das Fernsehen bevorzuge[139] und somit die Kinos benachteiligt würden.

3.4.5 Das Verhältnis der *NDW* zum Fernsehen

Bereits im Februar 1951, kurz nach dem Start des Fernsehversuchsprogramms, wurde das Fernsehen von der Wochenschau als Konkurrenz erkannt. Die *NDW* schlug dem NWDR vor, sie am Fernsehfunk zu beteiligen – dies stieß aber beim Sender auf „gewissen Widerstand“[140]. Im Aufsichtsrat kam außerdem die Frage auf, ob nicht der Vertrag mit Schorcht verletzt würde, wenn die *NDW* dem Fernsehfunk Material zur Verfügung stellte. Doch Schorcht hatte bereits im Januar 1951 bei einer Besprechung im Bundesinnenministerium nichts dagegen einzuwenden gehabt, dass die *Neue Deutsche Wochenschau* an den NWDR „laufend“ Material zu Versuchszwecken abgab. Dr. Lüders vom Bundesinnenministerium drängte sogar darauf, mit dem künftigen Fernsehfunk eine enge Bindung einzugehen und einen möglichst langfristigen Vertrag, ähnlich dem mit Schorcht, zu schließen.[141]

Zwar hatte der Verleih nichts gegen eine Zusammenarbeit mit dem Fernsehen einzuwenden, aber als Mitte 1951 ältere Folgen der *NDW* im Probebetrieb des Fernsehfunks gezeigt wurden, gab es Einspruch seitens der Filmtheaterbesitzer. Das Wochenschau-Unternehmen war sich der Konkurrenzlage bewusst und musste diesen Kritikern deutlich machen, „dass gegen eine technische Entwicklung eben nicht angegangen werden kann“[142]. Zukunftsorientierte Filmtheaterbesitzer erkannten auch die Chancen durch das Fernsehen, wie der Theaterbesitzer Johannes Rohland aus Bamberg. In seinem Brief vom November 1951 mit 13(!) aus seiner Sicht verbesserungswürdigen Punkten für die *NDW*-Gestaltung schrieb er: „Bedenken Sie dabei das Fernsehen – Konkurrenz wie Geschäftspartner“[143].

Obwohl das ‚Nachrichtenblatt‘ der *NDW* zum Zweck der Festigung von Beziehungen zu Kinobesitzern gedacht war, wurde auf Seite 1 der ersten Nummer von *Das Neueste* erwähnt, dass seit dem 1. Juli 1951 bereits dem „Fernsehfunk“ ein Schneideraum mit Personal zu Verfügung stehe. Der nächste Satz kann als Rechtfertigung oder Wunschvorstellung verstanden werden: „Alle großen Wochenschauen der Welt

[138] NDW Brief an Kurt Schorcht, München, 27.9.1956, Ufa-Kinos ab 1952, DW.
[139] Ebd.
[140] 10. Sitzung des Aufsichtsrates am 23.2.1951, Protokolle Aufsichtsrat 1949-1952, DW.
[141] Ebd.
[142] 11. Sitzung des Aufsichtsrates am 18.5.1951, Protokolle Aufsichtsrat 1949-1952, DW.
[143] Apollo-Theater, Bamberg (Rohland) Brief an NDW, 7.11.1951, Beurteilungen bis 1952, DW.

haben eigene umfangreiche Fernsehabteilungen"[144]. Die Wochenschauen und die „aktuellen Dienste der Fernsehgesellschaften" hätten „längst eingesehen, daß sie auf die Dauer nicht gegeneinander, sondern miteinander arbeiten müssen".[145] Hier wird das Wohlwollen[146] aber auch die Absicht Kuntze-Justs deutlich, das Fernsehen zu nutzen.

Im zweiten Heft wird mit Text und Foto berichtet, dass an den *NDW*-Redaktionskonferenzen auch „ein Vertreter des ersten deutschen Fernsehstudios" teilnahm – abgebildet ist der junge Reporter Jürgen Roland. Die Bildunterschrift beschreibt ihn „eingekreist" von Redakteur Johannes Schmidt-Hansen und Carl Walther Meyer [147] – so als habe man das Fernsehen in die Mitte genommen oder vielleicht auch ‚fest im Griff'. Weiterhin wird berichtet, die Cutterin Ursula Groh habe für den NWDR den Fernsehfilm „Vom Kintopp zum Fernsehen" (1.800 m, Regie Rudolf W. Kipp) geschnitten, der auf der Industrieausstellung in Berlin gelaufen sei und nun auch im Fernsehen gezeigt werde.[148] Dass in Kooperation ein Imagefilm entstand, belegt bereits für 1951 eine wachsende Zurkenntnisnahme des Fernsehens.

Tatsächlich war es der *Neuen Deutschen Wochenschau* wichtig, mit dem Fernsehen „erst einmal ins Geschäft zu kommen"[149] und man bemühte sich durch Zugeständnisse und Vergünstigungen um eine gute Beziehung. Dem Protokoll der Aufsichtsratssitzung vom Februar 1952 zufolge, zahlte das Fernsehen 1,50 DM für den Meter Film und benötigte drei Mal wöchentlich 100 Meter. Die *NDW* veranschlagte für sich selbst jedoch Kosten von 10 DM pro Meter, was das Fernsehen „vorläufig" nicht bezahlen könne, sodass hier „Unkosten" für die Wochenschau entstünden. Außerdem lasse sich die *NDW* von den ausländischen Partnern „dem Fernsehsender zuliebe" Lavendelmaterial[150] schicken, da das Fernsehen damit „besser arbeiten" könne – dies sei aber „zollmäßig teurer" als andere Negative.[151] Das alles lief dem Sparkurs der *NDW* zuwider. Es sei durch die Zusammenarbeit aber auch schon zu Ein-

---

[144] Weil sich mehrere aktuelle Ereignisse oft gleichzeitig ereigneten, seien Direktübertragungen durch das Fernsehen nicht immer möglich, meinte Kuntze-Just; vgl. 10. Sitzung des Aufsichtsrates am 23.2.1951, Protokolle Aufsichtsrat 1949-1952, DW.

[145] Das Neueste, Heft 1, September 1951, S. 1-2, Privatbesitz Stamm.

[146] Kuntze-Just soll der Tagesschau gegenüber aufgeschlossen gewesen sein, da er bemerkt habe, was durch das Fernsehen auf die Neue Deutsche Wochenschau zukam. Kuntze-Just habe möglicherweise geplant, seine Mitarbeiter in das Fernsehen einzubringen; vgl. Svoboda, 1983, S. 131.

[147] Das Neueste, Heft 2, Oktober 1951, S. 13, Privatbesitz Stamm.

[148] Ebd., S. 15.

[149] 14. Sitzung des Aufsichtsrates am 29.2. und 1.3.1952, Protokolle Aufsichtsrat 1949-1952, DW.

[150] Lavendel ist das blauviolett-gefärbte Zwischenpositiv eines Films, d.h. ein Entwicklungsschritt des Negativs ist bereits vollzogen. Jedoch war nur Negativmaterial zollfrei – anderes Material galt als abspielbar (obwohl dies auf Lavendel nicht zutrifft) und war zu verzollen; vgl. Exposé von Kuntze-Just über die Errichtung eines Deutschen Film- und Fernseh-Dienstes als Anlage von NDW (Kuntze-Just) Brief an Betz, Dr. Lüders, Regierungsrat Breme (Aufsichtsrat NDW), 24.10.1951, BArch B 145/112.

[151] 14. Sitzung des Aufsichtsrates am 29.2. und 1.3.1952, Protokolle Aufsichtsrat 1949-1952, DW.

nahmen von 23.000 DM gekommen. Die Haupteinnahme liege in der Miete, die der Fernsehfunk der *NDW* für den Schneideraum und das Gehalt für Cutter und Assistentin bezahle.[152] Die *NDW* erhoffte sich daraus resultierend Auftrags-Stories und zusätzliche Aufnahmen für die Wochenschauen, die dann wiederum im Fernsehen zweitverwertet werden konnten.[153]

Einen großen Vorstoß in Richtung Fernsehen belegt der Entwurf eines „Deutschen Film- und Fernsehdienstes" (DFFD) auf genossenschaftlicher Basis, den Kuntze-Just im Oktober 1951 dem *NDW*-Aufsichtsrat vorlegte.[154] Im Protokoll der Verwaltungsratssitzung am 22. September 1951 ist bereits ein Vorschlag von Kuntze-Just zu einer steten Kooperation festgehalten:

> *„Die Zusammenarbeit zwischen der NDW und NWDR sei immer eine gute gewesen, besonders mit dem Fernsehfunk bahne sich ein intensives Zusammengehen an, das hoffentlich dazu führen werde, daß in einem oder mehreren Jahren die NDW entweder als Abteilung oder selbständig die ‚Aktualitäten des Fernsehfunks' herstelle."*[155]

Dies zeigt, wie früh die *NDW* das Potenzial des Fernsehens erkannte und plante, sich zu beteiligen – möglicherweise auch, um für ihren Auftraggeber, die Bundesregierung, nützlich zu bleiben. Interessant ist ferner, dass das Protokoll den Vermerk „Vertraulich" erhielt, dies war aber nicht in Bezug auf das Fernsehen gemeint, denn der NWDR-Programmdirektor Pleister war bei der Sitzung anwesend. Die Planungen über eine Wochenschau-Beteiligung am Fernsehen waren also zumindest zwischen diesen beiden Parteien nicht geheim.

Am 24. Oktober 1951 wandte sich Kuntze-Just mit Brief und Exposé an den Aufsichtsrat der *NDW,* um darzustellen, wie er sich die Zusammenarbeit mit dem Fernsehen zukünftig vorstellte. Im Schreiben führte er an, dass bereits zehn „Radiofabriken" Fernsehgeräte produzierten und es sei zu erwarten, dass sich das Fernsehen schnell entwickele.[156] Seine Vorstellungen über den „Deutschen Film- und Fernsehdienst" (DFFD) als „Agentur für auf Film aufgezeichnete Nachrichten" waren dezidiert ausgearbeitet. Als genossenschaftliche Träger plante Kuntze-Just, die einzelnen Sender, die *NDW* und die *Welt im Bild* einzubeziehen. Der Sitz des DFFD sollte auf dem Gelände des NWDR sein, bei jedem Rundfunksender sollte es eine Außenstelle des DFFD mit Reportern und einem Cutter geben. Der Reporterstab und die Aus-

---

152 Vgl. ebd. Die *Tagesschau*-Redaktion hatte sich in dem Untergeschoss des Hauses in der Heilwigstraße 116 eingemietet und ‚lieh' sich Cutterin und Assistentin von der NDW aus.

153 11. Sitzung des Aufsichtsrates am 18.5.1951, Protokolle Aufsichtsrat 1949-1952, DW.

154 Exposé von Kuntze-Just über die Errichtung eines Deutschen Film- und Fernseh-Dienstes als Anlage zu NDW (Kuntze-Just) Brief an Betz, Dr. Lüders, Regierungsrat Breme (Aufsichtsrat NDW), 24.10.1951, BArch B 145/112.

155 Protokoll der Verwaltungsratssitzung vom 22.9.1951, BArch B 145/146.

156 Exposé von Kuntze-Just über die Errichtung des DFFD als Anlage von NDW (Kuntze-Just) Brief an Betz, Dr. Lüders, Regierungsrat Breme (Aufsichtsrat NDW), 24.10.1951, BArch B 145/112.

landsabteilung würden aus der *NDW* herausgelöst und das Stamm-Team des DFFD bilden. Der Dienst sollte nur Materiallieferant sein, die Verarbeitung und Gestaltung sollte Sache der Sender bleiben.[157] Ein wichtiges Argument für die Einrichtung des DFFD war der Kostenaspekt – durch die Zweitverwertung im Fernsehen konnte sich eine Wochenschaufolge besser amortisieren und dem Fernsehen eine Kostenteilung angeboten werden.[158]

Kuntze-Just stellte heraus, dass die *Tagesschau* ebenfalls mit Film arbeite, und er scheint damit gerechnet zu haben, dass dies so blieb. Im Ausland belieferten die Newsreel-Gesellschaften schließlich auch die privaten Fernsehsender[159] und passten sich den Fernseh-Praktiken immer mehr an. Kuntze-Just stellte Film und Fernsehen auf eine Stufe:

> *„Wie es möglich ist, Filmnachrichten über Television-Filmgeber zu senden, so ist es auch möglich, mit der Fernsehkamera aufgenommene Berichte auf Film ‚aufzuzeichnen' und wie Filmberichte zu behandeln, also zu kürzen, zu schneiden und zu kopieren. Unsere Praxis im Austausch mit zwei amerikanischen Television-Diensten zeigt uns immer wieder, dass sich die Berichte der reinen ‚Fernseh-Nachrichten-Dienste' in n i c h t s [Hervorhebung im Text] von den reinen ‚Filmberichten der Wochenschauen' unterscheiden."*[160]

Hier hat Kuntze-Just die Aktualität und die Gleichzeitigkeit der Live-Übermittlung nicht in seine Überlegungen einbezogen. Er nahm an, dass das Fernsehen mit Filmlieferungen zufriedenzustellen sei. Er ging zudem davon aus, dass die einzelnen Rundfunkanstalten jeweils selbstständig ihr Programm gestalten und nicht von einer zentralen Stelle beliefert werden wollten. Auch der NWDR hätte „seinerzeit" abgelehnt, ein Abkommen mit der *NDW* zu treffen, sich täglich oder dreimal pro Woche mit einer fertig geschnittenen und synchronisierten „Aktuellen Tagesschau" beliefern zu lassen.[161] Daraus war schließlich der Vertrag über den Lizenz-Erwerb für die Wochenschau-Filmmeter entstanden, die die *Tagesschau*-Redaktion selbstständig auswählte, schnitt und vertonte. Genau dieses Verhalten nahm Kuntze-Just von allen Rundfunkanstalten an.[162] Das lässt den Schluss zu, dass er noch keine konkrete Vor-

---

157 Vgl. Ebd.

158 Vgl. Ebd.

159 Kuntze-Just hatte durch einen Artikel in Motion Picture Herald erfahren, dass amerikanische TV-Stationen bereits einen hohen Bedarf an aktuellen Sendungen hatten und die Newsreels daraufhin Fernsehabteilungen gründeten. Allerdings reichten die Mengen noch nicht aus, als dass sie sich für die Wochenschauen finanziell lohnen konnten; vgl. Kuntze-Just (Chefredakteur NDW) an Pleister (Programmdirektor NWDR), 22.10.1951, BArch B 145/112.

160 Exposé von Kuntze-Just über die Errichtung des DFFD als Anlage zu NDW (Kuntze-Just) Brief an Betz, Dr. Lüders, Regierungsrat Breme (Aufsichtsrat NDW), 24.10.1951, BArch B 145/112.

161 Ebd.

162 Ebd.

stellung von den Möglichkeiten der ARD, von Übertragungswegen und von gemeinsamen Sendungen hatte.

Das folgende Funktionsschema der Neuen Deutschen Wochenschau GmbH, das vermutlich von Anfang 1952 stammt, zeigt das Fernsehen unten rechts als Abnehmer und fest verorteten Teil in der Organisation der *NDW* – gleichauf mit der Belieferung des Auslandes mit *NDW*-Kopien.

Abbildung 1: Funktionsschema der NDW (Anfang 1952)

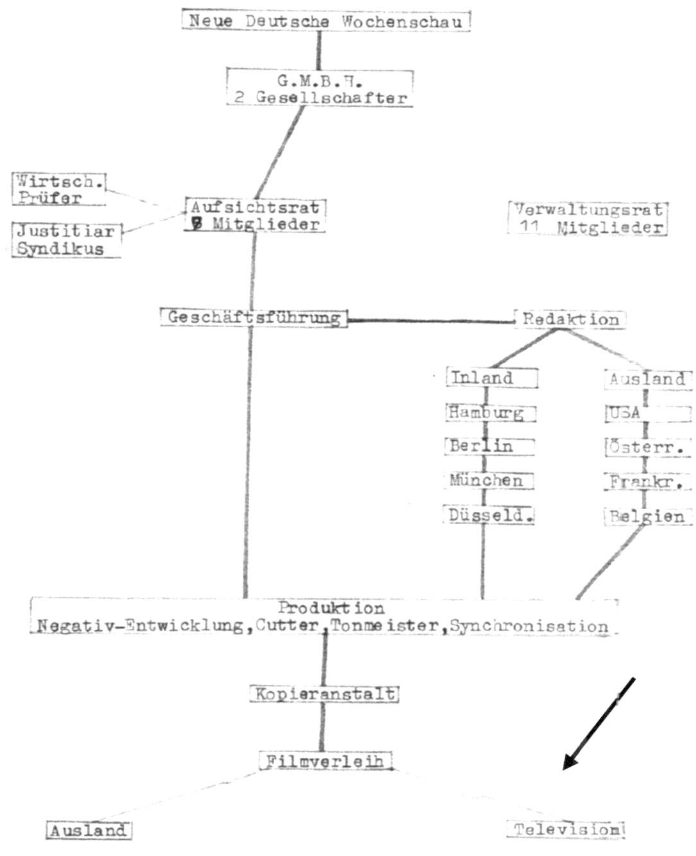

(Quelle: BArch B 145/146)[163]

[163] Das Schema befindet sich in der Akte hinter einem Urteil NDW ./. Firma Kontakt-Film Käte Weber (Kammergericht Berlin, 19.2.1952). Im Heft 2 von Das Neueste, Oktober 1951, S. 2 bzw. S. 4, sind abweichend 5 Aufsichtsratsmitglieder und 15 Verwaltungsratsmitglieder genannt.

3.4.6 Die Redaktionsarbeit bei der *NDW*

In ihren Ausgaben bot die *NDW* einen kaleidoskopartigen Überblick über die Ereignisse in der Welt. Die Redaktion kümmerte sich um Themen aus Politik, Wirtschaft, Militär und Technik. Sie hatte auch für unterhaltende Sujets aus Kultur (darin aber wenig Kunst und wenn, dann eher als „Lückenfüller“[164]), Mode und Sport zu sorgen und knüpfte damit an die Wochenschauen der Vorkriegszeit[165] an. Nach Fuhrmann wurde das Publikum zwar an Sport, Unterhaltung und Konsum –, aber „kaum an eine politische Partizipation“ herangeführt.[166] Bei einer Politiklastigkeit der Inhalte fürchteten die Filmtheaterbesitzer um ihre Publikumszahlen. Die Wochenschau beschränkte sich bei politischen Themen daher auf das Vermelden von Ereignissen – ohne eine ausführliche Analyse.[167] Außerdem waren Staatsbesuche und Reden von Politikern meist aus der Presse und aus dem Radio bekannt. Die „Attraktion“ der Wochenschau bestand nicht darin, neue Informationen zu bringen, sondern „ausschnitthaft“ den „Verlauf“ eines Ereignisses in Bildern zu zeigen.[168] Die Zuschauer wollten sehen, „wie es war“.[169] Nach Stamm haben Gespräche mit Redakteuren ergeben, dass es bei der Komposition einer Wochenschauausgabe galt, „die Politik möglichst rasch hinter sich zu bringen“, um dann mit unterhaltenden Stories der Wochenschau möglichst viel „Schwung“ zu geben.[170] Als sich ein Zuschauer 1952 über zu viel Politik in der Wochenschau beschwerte, wurde die *NDW* vom Verband Deutscher Filmproduzenten so verteidigt: Die Wochenschau sei ein „aktuelles, bildmässiges Nachrichtenmittel“ und die *NDW* könne als „einzige deutsche Wochenschau“ nicht auf die „Bilder aus dem politischen Geschehen“ verzichten. Bei 10 Millionen Kinobesuchern pro Jahr könne man es nicht jedem recht machen.[171] In ihrem eigenen Brief an den Zuschauer argumentierte die *NDW*, dass die Wochenschau nicht nur der Unterhaltung diene, sondern ein Zeitdokument sei:

> *„Würde eine Wochenschau aus dem Jahre 1910 gezeigt werden und Sie würden in der Wochenschau nichts weiter sehen als Sportaufnahmen, Aufnahmen von Schönheitskonkurrenzen und Mode-Revuen. Glauben Sie, dass Sie aus diesen Bildern die damalige Zeit erkennen würden?“*[172]

---

164 Stamm, 1983, S. 91, S. 102.
165 Vgl. Hoffmann, 2005a, S. 211.
166 Fuhrmann, 2009, S. 31.
167 Seidel-Dreffke, B. (o.J.): Ein Spiegel der Zeitgeschichte: Die deutsche Wochenschau; verfügbar unter: http://www.filmportal.de/thema/ein-spiegel-der-zeitgeschichte-die-deutsche-wochenschau [28.4.2011].
168 Stamm, 1983, S. 92.
169 Ebd.
170 Ebd, S. 102.
171 Verband Deutscher Filmproduzenten, Geschäftsstelle Hamburg, Brief an Eck, Hamburg (Zuschauer), 9.1.1952, Beurteilungen bis 1952, DW.
172 NDW Brief an Eck, Hamburg (Zuschauer), 12.1.1952, Beurteilungen bis 1952, DW.

Man habe als *NDW* die „öffentliche Verpflichtung, die Zeit zu zeigen“[173]. Auch noch zehn Jahre später musste die *NDW* ihren Politikteil gegenüber einem Kinobetreiber verteidigen: Es liege „im Aufgabenbereich einer Wochenschau“ und sei „ihrem publizistischen Charakter gemäss“ über politische Ereignisse zu berichten. Sonst würde sie sich „in eine verfilmte Gartenlaube verwandeln“[174] – also ohne realistischen Bezug sein. Die *NDW* nahm sich zwar offenbar in die Pflicht, sich um politische Informationsvermittlung und Teilhabe der Öffentlichkeit zu kümmern, aber auch sie konnte durch die gleichzeitige Verpflichtung zur Unterhaltung kein wirkliches Bild ihrer Zeit zeichnen.

Seit der Entstehungszeit der Wochenschau versuchte sie, größtmögliche Aktualität zu erreichen. Die Produzenten lieferten sich Wettläufe mit der eigenen Konkurrenz und mit anderen Medien.[175] Nun, Anfang der 1950er Jahre, begann scheinbar eine Umkehr. In ihrem ‚Nachrichtenblatt‘ unterschied die *NDW* zwischen „Publizistik“ und „Aktualitäten“ – man sei auf der Suche nach einer „neuen Generation des Filmjournalismus“, der den Film als „Mittel der Publizistik“ betrachte und nicht nur für „Aktualitäten“ nutze. Damit wurde bereits 1951 erkannt, dass die Wochenschau ihre Qualität nicht mit ‚Aktuellsein‘ belegen konnte – die Verantwortung dafür weist die *NDW* aber technischen Schwierigkeiten und ihren ‚Aufnahmeobjekten‘ zu.[176]

> *„Und wenn die Filmwochenschauen lediglich dazu beitragen, die Persönlichkeiten, die die Geschichte der Welt bestimmen, im Filmbilde vorzustellen und damit ein wenig die menschlichen Grenzen aufzuheben, erfüllen sie schon eine lohnende Aufgabe im Rahmen der allgemeinen gesellschaftlichen Verständigung. Noch begegnen uns allenthalben technische Schwierigkeiten, die gerade bei diesen Aufnahmen überwunden werden müssen –, noch finden wir Widerstand selbst bei denen, die in diesem Zusammenhang unsere Objekte sein sollen.“*[177]

Die *NDW* machte zudem ihre ergänzende Informationsfunktion deutlich: „Im Filmtheater will sich niemand politische Leitartikel anhören. Wochenschauen sind lediglich eindrucksvolle und interessante Ergänzungen der allgemeinen Information durch Presse und Rundfunk.“[178]

In einem Werbe-Artikel für die *NDW* aus der *Siegener Zeitung* vom Oktober 1950 wird behauptet, dass der „Bericht der Filmkamera [...] noch immer als der ‚objektivste‘“ gelte. Die *NDW* wurde als vorbildlich gelobt, mit „Reportage, Nachricht und un-

---

[173] Ebd.

[174] NDW (Purzer, Schwamkrug) Brief an Filmtheater-Betriebe, Landshut, 15.5 1961, NDW Echo, DW.

[175] Die Hersteller der Filme für die Varietés versuchten sich mit Schnelligkeit und Aktualität zu überbieten; vgl. Jung & Loiperdinger, 2005, S. 166. Die Wochenschau *Der Tag im Film* versuchte schneller zu sein als die Zeitungen; vgl. von Zglinicki, 1956, S. 336.

[176] Das Neueste, Heft 1, September 1951, S. 5, Privatbesitz Stamm.

[177] Ebd.

[178] Ebd., S. 4.

geschminktem Bericht, um jeden Gedanken an eine Zweckdarstellung, Belehrung oder gar Erziehung völlig auszuschalten". Chefredakteur Kuntze-Just[179] habe betont: „Mit der Wochenschau ist k e i n e P o l i t i k [Hervorhebung im Text] zu machen!"[180]

Aber auch in der Wochenschauproduktion gab es politische Einflussnahme. Die deutsche Sozialdemokratie konnte durch die starke Präsenz in den beiden Gremien (Aufsichtsrat und Verwaltungsrat bzw. Beirat) in den frühen 1950er Jahren eine Kontrollfunktion ausüben. Sie bremste die Bundesregierung bei ihren Beeinflussungsversuchen – obwohl die Wochenschau stark mit Bonner Geldern finanziert wurde. Beispielsweise saß Fritz Sänger, der Chefredakteur der „Adenauer-kritischen" Deutschen Presseagentur (dpa) im Beirat der *NDW*.[181] Die redaktionelle Leitung war von Kuntze-Justs Kampfgeist geprägt, was sich in einer US-kritischen und pazifistischen „Tendenz", z.B. in Berichten über den Koreakrieg, zeigte.[182] Wegen der Art der Berichte, die nicht amerikafreundlich ausfielen, forderten im März 1952 die Amerikaner seine Entlassung.[183] Da auch pazifistische Töne nicht zur Wiederaufrüstung des Westens passten, konnte Kuntze-Just von der Bundesregierung keine Unterstützung erwarten und auch nicht von der regierenden Hamburger SPD geschützt werden – trotz Parteimitgliedschaft.[184] Die Bundesregierung zog eine etwas ruhigere Gangart vor, die bei keiner Macht anstieß. Gewünscht waren demzufolge „regierungsloyale Information" und „politischer human interest".[185] Unter der Leitung von Dr. Heinz Wiers kam es dann zu einer gleitenden „Abstimmung" mit den Wünschen aus Bonn.[186] In der Presse erschien die *NDW* zudem als ein Instrument des Kalten Krieges. Die *Deutsche Woche* schrieb im November 1955:

> *„Die neue Deutsche Wochenschau, die zur Zeit in 1750 Theatern der Bundesrepublik und West-Berlins gespielt wird, hat ihr weitverbreitetes Austauschnetz jetzt auch auf Ungarn ausgedehnt. – Der Eiserne Vorhang wird immer durchsichtiger."*[187]

Wie kamen die politischen und unterhaltenden Themen in die *NDW*? Jeden Donnerstag um ca. 9 Uhr begann die Redaktionskonferenz.[188] 1951 saßen die Redakteure

179 Vom Autor des Artikels als „Kunze-Jost" falsch geschrieben; der Autor hat sich wahrscheinlich nur oberflächlich informiert.

180 O.V. (1950): Die Wochenschau – eine lebendige Bilderzeitung. In: Siegener Zeitung, 20.10.1950, Presse-Veröffentlichungen 1955, DW.

181 Schwarz, 2002, S. 85.

182 Ebd., S. 92.

183 Vgl. Paschen, 2010, S. 29.

184 Vgl. ebd.

185 Schwarz, 2002, S. 93.

186 Ebd., S. 97. Wiers war ab 1954 Geschäftsführer und Chefredakteur in Personalunion.

187 O.V. (1955): ohne Titel. In: Deutsche Woche Nr. 48, 30.11.1955, Presse-Veröffentlichungen 1955 DW.

188 Vgl. Das Neueste, Heft 1, September 1951, S. 13, Privatbesitz Stamm.

Heinz Kuntze-Just (als Chefredakteur), Johannes Schmidt-Hansen (für Ausland) und Dieter Ertl (für Sport) am Tisch.[189] Weiterhin nahmen an der Konferenz Cutter (auch die Cutterin für das Fernsehen), ein Kameramann und die Mitarbeiterin des Filmarchivs teil.[190] Bei der aktuellen Themenauswahl und für Themenanregungen orientierte sich die Redaktion an der Tagespresse,[191] Wochenpresse oder an politischen Magazinen[192]. Die Begriffe der Presse gingen sogar in den Sprachgebrauch der Redakteure ein. Für Kuntze-Just war die Wochenschau eine „lebendige Bilderzeitung, die das Aktuellste, das Interessanteste, das Aufregendste und das Schönste überall in der Welt“ einfing.[193] Material für die Kommentartexte der wichtigen Sportberichte erhielt die *NDW* unter anderem direkt von den jeweiligen Sport-Veranstaltern.[194] Wiers räumte in einer Rückschau ein, dass ein Schwachpunkt der Wochenschau in der Recherche gelegen habe, die wegen mangelnder Ressourcen nicht bewerkstelligt werden konnte: „ein Wochenschauunternehmen hat weder die Leute, das Personal, noch auch das Geld, etwa das Weltgeschehen voll abzudecken oder auch nur einem Teil davon wirklich gerecht zu werden.“[195] Zumindest ab 1958 stand der *NDW* auch ein Fernsehgerät zur Verfügung.[196]

Die Aufgabe der Redaktion bestand nicht nur in der Sichtung, Auswahl, Verarbeitung und der abschließenden Zusammenstellung, sondern auch in der Entscheidung über die Verwendung von Archivmaterial und in der Erstellung der Begleittexte. Sportberichte und die jährlich wiederkehrenden Karneval-Bilder waren bei allen Wochenschauen im Programm. Auf der anderen Seite mussten sich die Wochenschauen durch eine gewisse Originalität voneinander abgrenzen. Durch „Exklusiv-Berichte“ konnte sich die *NDW* gegenüber der Konkurrenz positionieren.[197] Für sensationelle Aufnahmen floss offenbar auch schon einmal Geld – dafür ist die Story über den

[189] Vgl. Hefte Das Neueste – von der Neuen Deutschen Wochenschau, Privatbesitz Stamm.

[190] Das Neueste, Heft 1, September 1951, S. 13, Privatbesitz Stamm.

[191] Vgl. NDW (Groll) Brief an Hafner, Piding (Kameramann), 5.6.1958, Korrespondenz ab 1958, DW. Es geht um einen Auftrag an den Kameramann Hafner. In einer Zeitung hatte die *NDW*-Redaktion einen Artikel über eine Gemsen-Krankheit entdeckt, worüber ein Bericht gedreht werden sollte.

[192] Gespräch mit Wolfgang Esterer am 15.12.2010 bei der Deutschen Wochenschau GmbH.

[193] O.V. (1950): Die Wochenschau – eine lebendige Bilderzeitung. In: Siegener Zeitung, 20.10.1950, Presse-Veröffentlichungen 1955, DW.

[194] Vgl. Koch, Hotel „Drei Löwen“, München (Kameramann) Brief (handgeschrieben) an NDW, 4.12.1950, Beurteilungen bis 1952, DW. Der Kameramann empfiehlt „Textvorlagen“ für einen Film zum Motorrennen von der Nürburgring AG und beim Automobilclub von Deutschland anzufordern.

[195] Wiers, 1983, S. 113.

[196] In einem Schriftwechsel bittet Groll um eine getrennte Abrechnung – die Gebühr für das Fernsehgerät zu Lasten der Deutschen Wochenschau, die Gebühr für das Rundfunkgerät zu seinen privaten Lasten; vgl. NDW (Groll) Brief an Postamt, Hamburg, 9.12.1958, Korrespondenz ab 1958, DW.

[197] Deutsche Wochenschau (Geschäftsleitung) Brief vermutlich an die Beiratsmitglieder, 7.3.1960 mit einem Redaktionsbericht zum Monat Februar 1960, Verwaltungsrat 1958-1960, DW.

„Sprengstoffmörder von Bremen und Eystrup“ ein Beispiel. Anfangs hatte sich der Angeklagte Cederik E. von Halacz geweigert, sich filmen zu lassen. Dem *Spiegel* zufolge, zahlte ihm die *Neue Deutsche Wochenschau* jedoch einen Geldbetrag, um ihn bei seiner Vernehmung aufnehmen zu können. Das Sujet lief in der Weihnachtswoche[198] (NDW Nr. 99 vom 18. Dezember 1951), was mit Sicherheit als Anreiz geplant war, das Publikum mit einer sensationellen Geschichte in einer sonst so besinnlichen Zeit ins Kino zu locken.

Wie schon in der alten *Deutschen Wochenschau*[199] bestand bei der *NDW* die Regel, dass eine Ausgabe im Mengenverhältnis „zwei Drittel Bild“, „ein Drittel Text“ herzustellen war, um nach Worten des ehemaligen *NDW*-Kameramannes Brandes ein „zuquatschen“ der Bilder auszuschließen und die Aufnahmefähigkeit des Gehörs der Zuschauer nicht zu überfordern.[200] Eine Kameraführung galt dann als gut, wenn die Bilder auch ohne Ton auskommen konnten. Die Bilder mussten „immer für sich sprechen“ – das Ziel war eine für jedermann verständliche Bildsprache.[201] Einmal pro Woche gab es eine „Mustervorführung“, d.h. das Material der Kameramänner wurde vor dem Schnitt gesichtet.[202] Dabei wurde auch entschieden, welches Material für eine länger angelegte Story tauglich war oder für einen „KB“ – einen Beitrag in der Rubrik „Kurz belichtet“ (mit einer Länge deutlich unter einer Minute) genutzt werden sollte.[203] Bei technischen Mängeln im Material, z.B. „Häkchenbildung“ als „Emulsionsfehler“ wurden die Streifen ausgemustert. Der Kameramann Klaus Brandes bedauerte in einer Rückschau: „Obwohl sie zum Teil eine wichtige Aussage hatten, hat man sie nicht genommen.“[204] Die Cutter – engagiert wurde u.a. Marcel Cleinow[205] – waren außerdem Chef vom Dienst und für „den technischen Ablauf bis zur Ablieferung des fertig geschnittenen Negativs an die Kopieranstalt“ verantwortlich.[206] Beteiligt an der Herstellung waren außerdem der technische Leiter und Tonmeister Heinz Braun, die Assistentin von Cleinow, Inge Schneidereit, weitere Cutterinnen, wie Edelgard Fischer, Archivmitarbeiterin Gisela Wienberg sowie Sekretärinnen, wie Elfriede Eggert und Erika Lanzke – einige Mitarbeiter auch in Doppelfunktionen.[207]

---

[198] O.V. (1952): Haltlose schwache Naturen. In: Der Spiegel Nr. 2, 9.1.1952, S. 30.

[199] Vgl. Stamm, 2011, S. 212.

[200] Stamm, 2005, S. 45.

[201] Ebd., S. 45-46.

[202] Ebd., S. 24.

[203] Ebd.

[204] Ebd., S. 25.

[205] Cleinow war vor 1945 ebenso wie Chefkameramann Erich Stoll, Kameramann Horst Grund und der Tonmeister Carl-Walther Meyer bei der Deutschen Wochenschau der NS-Zeit; vgl. Fuhrmann, 2009, S. 32.

[206] Anlage 7 zur Tagesordnung der konstituierenden Aufsichtsratssitzung am 23.12.1949, Protokolle Aufsichtsrat 1949-1952, DW.

[207] Vgl. Das Neueste, Heft 2, Oktober 1951; vgl. Protokoll der Verwaltungsratssitzung vom 22.9.1951, BArch B 145/146.

Durch Austauschabkommen gelangten die Wochenschauen an ausländisches Material und erhielten dadurch außerdem Anregungen für ihre eigene Arbeit.[208] Dazu war die Neue Deutsche Wochenschau GmbH Mitglied in der International Newsreel Association (INA)[209]. Eigene Kamerateams in den verschiedenen Ländern dauerhaft zu unterhalten, war für die Wochenschauen zu kostspielig.[210] Eine Aufstellung über den internationalen Filmaustausch 1957 zeigt jedoch, dass Korrespondenten in Neu Delhi, Tel Aviv, Dublin, Beirut, Kopenhagen und Stockholm engagiert wurden.[211] Die *NDW* beauftragte beispielsweise den Kameramann Kahlenberg in Amerika mit einem Bericht zum Thema „Düsenantrieb für Menschen".[212] Trotz solcher Auftragsvergaben spielte bei der Zusammenstellung der Wochenschau der Zufall eine Rolle – sie war von jeweils angebotenen Auslandsberichten abhängig.[213] Mit ausführlichen Berichten über „grosse und elegante Ereignisse" wollte die *NDW* zeigen, dass sie über „sämtliches Material aller in Deutschland erscheinenden Wochenschauen" verfügte.[214]

Bei großen Sportveranstaltungen hing es stark von den Veranstaltern ab, wie gut und ob überhaupt berichtet werden konnte. Beispielsweise wurde die *NDW* im September 1951 von der Berichterstattung über den Europameisterschafts-Boxkampf Hein ten Hoff gegen Jack Gardener ausgeschlossen und durfte ten Hoff nur bei der Verteilung von Autogrammen filmen. In der Ausgabe Nr. 87 machte sich die *NDW* ihrem Ärger darüber im Text Luft: Sie nannte den Kampf über die 15 Runden langweilig und bezeichnete den Veranstalter ironisch als „geschäftstüchtig"[215]. Das Sujet wurde von den Kinobesitzern gerügt, besonders von denen, die den Dokumentarfilm über den Kampf eingekauft hatten, der exklusiv von einer Produktionsfirma gedreht worden war. Für diese Kinos war es verständlicherweise ärgerlich, wenn die Wochenschau einen Filminhalt polemisierte, der als nächster Programmpunkt gezeigt werden sollte.[216] In ihrem ‚Nachrichtenblatt' für die Theaterbesitzer versuchte die *NDW* das „brennende Problem" der Sport-Rechte-Verwertung zu erklären und ver-

208 Vgl. 60. Sitzung des Aufsichtsrats am 27.11.1959, Protokolle Aufsichtsrat 1958-1960, DW.

209 Vgl. Wiers, 1983, S. 119.

210 Vgl. Roeber & Jacoby, 1973, S. 271.

211 Aufstellung Deutsche Wochenschau Auslandsabteilung, Redaktion (Schmidt-Hansen) über den internationalen Filmaustausch 1957 vom 20.1.1958, Verwaltungsrat 1958-1960, DW.

212 Die Redaktion hatte erfahren, dass in den USA eine Erfindung an Soldaten erprobt wurde, die Menschen per Rückstoß-Antrieb 60 km/h schnell werden ließ und Sprünge bis zu zwei Metern Höhe ermöglichte. Das sollte einen „sehr originellen Bericht" ergeben; NDW Brief an Kahlenberg, New York (Korrespondent), 5.2.1959, Korrespondenz ab 1958, DW.

213 Vgl. Stamm, 1983, S. 102. Stamm bezieht sich dabei auf Kunst-Stories, die von Austausch-Wochenschauen kamen.

214 Vgl. NDW Brief an Capitol Dortmund, 26.2.1952, Beurteilungen bis 1952, DW.

215 NDW Brief an Capitol Wilhelmshaven, 9.10.1951, Beurteilungen bis 1952, DW. Wegen dieser Aussage wollte der Boxsport-Veranstalter Göttert die NDW verklagen.

216 Alster-Lichtspiele, Mannheim Brief an NDW, 3.10.1951, Beurteilungen bis 1952, DW; NDW an Alster-Lichtspiele, Mannheim, 8.10.1951, Beurteilungen bis 1952, DW.

langte gesetzliche Regelungen.[217] Der Ausschluss vom Boxkampf wird danach ironisch aufgegriffen: Kameramann Erich Onasch habe dennoch mit langer Brennweite von außerhalb der Waldbühne gefilmt. Die *NDW* habe aber, als sich der Kampf als langatmig herausstellte, einen „sportlich weit besseren" Amateurboxkampf aus Essen in die Ausgabe eingebracht.[218] Die *NDW* versuchte die ärgerliche Situation mit einer Trotz-Maßnahme auszugleichen.

Auch bei den Olympischen Spielen in Squaw Valley 1960 hatte die *NDW* das Nachsehen, als die einzig verfügbaren Aufnahmen von einem internationalen Film-Fernseh-Pool erstellt und an sämtliche Wochenschaugesellschaften der Welt und an alle Fernseh-Stationen verteilt wurden. Somit war die Wochenschau bei diesen Berichten mit dem Fernsehen „bildgleich"[219]. Zudem konnte sie in solchen Fällen keinen Einfluss auf die Qualität nehmen, die durch das Massenkopieren für die Lichtspielhäuser zusätzlich litt.[220] Der Austausch über einen Filmpool war ein bekanntes Verfahren – am Beginn der Zentralisierung in der NS-Zeit hatten sich die Wochenschauen auch über einen Pool austauschen müssen.[221]

3.4.7 Kamera und Schnitt bei der *NDW*

Für die ästhetische Gestaltung der *NDW* durch die Kameraarbeit gab es nur interne, nicht offizielle Konventionen – die Kameramänner lernten zunächst als Assistenten bei erfahrenen Kameramännern. Die Kameramänner, die bereits bei der NS-Wochenschau gearbeitet hatten, wie Erich Stoll oder Horst Grund beeinflussten somit die Gestaltung der *Neuen Deutschen Wochenschau* nachhaltig.[222]

Verschiedene Autoren weisen auf gestalterische Kontinuitäten aus der Zeit der Kriegswochenschauen hin. Nach Agde haben die wichtigsten Kameramänner „ihren Stil" bei den Kriegswochenschauen entwickelt und in den Nachkriegs-Wochenschauen fortgesetzt. Trotz der nun anderen Inhalte habe sich „ihre Erzählweise nur wenig verändert".[223] Es seien Gestaltungsmittel zu erkennen, die in Vorkriegs-Dokumentarfilmen[224] und in der alten *Deutschen Wochenschau* auftauchten: z.B. „eine ‚erzählende' Montage mit häufig variierenden Einstellungsgrößen bis zur Groß-

217 Das Neueste, Heft 1, September 1951, S. 15, Privatbesitz Stamm.

218 Das Neueste, Heft 2, Oktober 1951, S. 16, Privatbesitz Stamm.

219 Deutsche Wochenschau (Geschäftsleitung) Brief an vermutlich an Beiratsmitglieder, 7.3.1960 mit Redaktionsbericht zum Monat Februar 1960, Verwaltungsrat 1958-1960, DW.

220 Deutsche Wochenschau (Geschäftsleitung) Brief an vermutlich an die Beiratsmitglieder vom 7.3.1960 mit Redaktionsbericht zum Monat Februar 1960, Verwaltungsrat 1958-1960, DW.

221 Vgl. Hoffmann, 2005a, S. 215.

222 Vgl. Stamm, 2005, S. 34-35.

223 Agde, 2009, S. 20-21.

224 Vgl. ebd., S. 10. Die Kameramänner schufen eine ästhetische Verbindung zum Vorkriegs-Dokumentarfilm.

aufnahme“, die die Leinwand füllte, um den Eindruck des ‚Dabeiseins‘ zu fördern,[225] und Zwischenschnitte in ein Publikum, um die Verbundenheit zwischen dargestellter Persönlichkeit und Menschenmenge darzustellen oder eine „Begegnung“ zu montieren[226]. Alle Einstellungsgrößen wurden genutzt: Totale, Halbtotale, Halbnah, Nah, Groß und Detail. Am Anfang einer Aufnahme wurde dem Zuschauer eine Ortsbestimmung ermöglicht, d.h. die Kamera begann üblicherweise mit einer Totale. Diese Totale konnte beispielsweise in einem Saal eine ganz andere Wirkung haben als bei einer Landschaft – je nachdem verwendete der Kameramann unterschiedliche Objektive.[227]

Fuhrmann zählt die wichtigsten visuellen Gestaltungsmittel der alten *Deutschen Wochenschau* auf: „klarer, statischer Bildaufbau, langsame Schwenks und eine stets ruhige Montage mit einer für Wochenschauen vergleichsweise niedrigen Schnittfrequenz“[228]. Die Prinzipien finden sich in der *NDW* wieder. Stamm hebt für die Gestaltungscharakterisierung der *NDW* besonders die Schwenks und die genaue Einhaltung von Bildachsen hervor.[229] Der *NDW*-Kameramann Brandes betonte im Gespräch mit Stamm, dass die Bilder für eine große Leinwand ruhig sein mussten und führte zum Vergleich das Fernsehen an: Unruhige Bilder würden „auf einem kleinen Bildschirm“ im Gegensatz zur großen Leinwand nicht auffallen.[230] Verwackelte oder verrissene Bilder waren also ein Tabubruch und wurden auch nicht zur ästhetischen Gestaltung eingesetzt; ausgenommen so genannte „Wischer“ [231] oder Reißschwenks, die dem Cutter unbedingt als Zwischenschnitt-Material geliefert werden mussten. „Gedränge“ wurde nur für den Zuschauer erfahrbar gemacht, wenn es aus „einem sicheren Abstand mit einer etwas längeren Brennweite“ aufgenommen werden konnte – das sollte der Story trotzdem etwas „Aufregendes“ geben.[232] Zum Tempo des Schnitts gibt es divergierende Aussagen, denn der Schnitt war von Thema und Material abhängig, und die Beurteilung der Schnelligkeit veränderte sich mit den Sehgewohnheiten der Zuschauer.

Neue Kinotechnik brachte neue Herausforderungen für die Kameramänner. Als das Breitwandformat im Kino aufkam, mussten die Kameramänner dies bei der Aufnahme einkalkulieren. Das Bild war für das breite Format anders aufzuteilen als für die Normalwand.[233] Selbst das verwendete Filmmaterial trug zur ästhetischen Gestal-

---

225 Fuhrmann, 2009, S. 24.

226 Stamm, 2011, S. 208, S. 213.

227 Vgl. Stamm, 2005, S. 11. Aussage von Kameramann Brandes.

228 Fuhrmann, 2009, S. 24.

229 Vgl. Stamm, 2011, S. 214.

230 Stamm, 2005, S. 25. Aussage von Kameramann Brandes.

231 Vgl. Stamm, 2005, S. 25-26. Kameramann Justus Pankau sprach auf der Tagung „Zwischen Unterhaltung und Information“ in Stuttgart 12.-13.10.2011 über Schwenks, die die Cutter für Zwischenschnitte benötigten.

232 Stamm, 2005, S. 25. Aussage von Kameramann Brandes.

233 Vgl. ebd., S. 30-31.

tung der Wochenschau bei. War das Material „körnig“ konnte dies der „Dramatik“ förderlich sein und der Eindruck war „lebensnäher“. Brandes erklärte im Interview: „für gewisse Einsätze war feinkörniges Material einfach zu schön.“[234] Außerdem waren die Aufnahmeverhältnisse vor Ort ausschlaggebend für die Qualität des Wochenschau-Films. Bei Szenen mit schlechtem Licht oder bei verpassten Gelegenheiten, etwa während eines Fußballspiels ein Tor, waren die Cutter gefordert, aus dem Material noch einen vorzeigbaren Beitrag herzustellen.[235] Das Tempo der Szenenfolgen sollte zwar zügig sein, aber das amerikanische „Fox-Tempo“ unbedingt vermieden werden.[236] Trotz der „Kontinuität bestimmter Bildvorstellungen“, [237] entwickelte jeder Kameramann eine eigene Handschrift.[238]

Die Kameramänner hatten unterschiedliche Einstellungen zu ihrem Beruf – einige verfolgten eine künstlerische Ausrichtung, andere verstanden sich als „Handwerker“, wie Kameramann Brandes.[239] Sie verhielten sich untereinander kollegial – auch Kameramännern der Konkurrenz-Wochenschauen gegenüber. Beispielsweise kündigte der Kameramann Egon Koch in einem Brief an die *NDW* an, dass er die Eröffnung des Christkindlsmarkt in Nürnberg zusammen mit der *Blick in die Welt* drehen würde.[240] So konnte man sich Arbeit teilen und Expertisen nutzen. Es kann aber davon ausgegangen werden, dass in diesen Fällen die andere Wochenschau die gleichen Bilder zeigte – doch war das bei diesem alljährlich wiederkehrendem Thema offenbar nicht allzu wichtig.

In mancher Hinsicht war die Wochenschau-Gestaltung dem fiktionalen Film ähnlich. Alle Möglichkeiten der Filmgestaltung wurden genutzt, darunter auch Trick, z.B. für Aprilscherz-Sujets[241]. Mit Inszenierungen konnte die Wochenschau in Teilen in die Nähe von Fiktion rücken. Für kleine Szenen wurden *NDW*-Mitarbeiter kostensparend als Statisten eingesetzt.[242] Auf der Sitzung des Verwaltungsrates am 22. September 1951 versicherte Chefredakteur Kuntze-Just, dass die NDW „noch niemals bilder [sic] ‚gestellt‘“ habe, denn es gebe „genügend Möglichkeiten […] objektiv,

234 Ebd., S. 33.

235 Vgl. Koch, Hotel „Drei Löwen“, München (Kameramann) Brief (handgeschrieben) an NDW, 4.12.1950, Beurteilungen bis 1952, DW.

236 Apollo-Theater, Bamberg (Rohland) Brief an NDW, 7.11.1951, Beurteilungen bis 1952, DW.

237 Stamm, 2011, S. 214.

238 Jeder Kameramann hatte eine bestimmte Spezialität, die ihn auszeichnete. Gespräch mit Justus Pankau auf der Tagung „Zwischen Unterhaltung und Information“ in Stuttgart 12.-13.10.2011.

239 Stamm, 2005, S. 34.

240 Koch, Hotel „Drei Löwen“, München (Kameramann) Brief (handgeschrieben) an NDW, 4.12.1950, Beurteilungen bis 1952, DW.

241 Beispielsweise in *NDW* Nr. 9 vom 28.3.1950, in der Wäsche durch ein Wunder-Waschpulver „Trocknass“ trocken und gebügelt aus dem Waschbecken gezogen wurde.

242 Vgl. 11. Sitzung des Aufsichtsrates am 18.5.1951, Protokolle Aufsichtsrat 1949-1952, DW. Statisten sind z.B. in *NDW* Nr. 320 in einem Sujet über eine Hotel- und Gastwirtschaftsmesse zu sehen. In der *UFA* Nr. 276 vom 7.11.1961 zeigt sich das Redaktionsteam in der Exposition einer Story.

sachlich und dennoch wirkungsvoll zu berichten".[243] Auf der anderen Seite beschwerte sich die *NDW* darüber, dass die Ostzonen-Wochenschau *Der Augenzeuge* gestellte Aufnahmen arrangiert, d.h. einen „Türken gebaut" habe. *Der Augenzeuge* soll Kameramännern den Auftrag gegeben haben, einen Widerstand der Deutschen gegen Adenauer und Schumacher zu mimen; dazu sollen Arbeitslose angeworben worden sein, die den Widerstand markierten.[244] Die Verwendung von Inszenierungen und auch von Trickgrafiken war nicht neu; dies war bereits bei der Kriegswochenschau des Zweiten Weltkriegs üblich.[245] Kampfmaßnahmen waren nach einem Bericht des *Spiegel* oft gestellt – beispielsweise durch die Aufnahme einer Miniaturflotte auf einem See des Filmateliers, die dann per Kameratrick als Großaufnahme gefilmt wurde. Auch Bombeneinschläge im Wasser ließen sich vortäuschen.[246]

Selbst bei der Musik der *NDW* gab es Kontinuitäten. Bei der Titelmusik griff man auf ‚bewährte' Komponisten zurück. Von Franz René Friedl, „Sachbearbeiter für Musik" und Komponist der nationalsozialistischen *Deutschen Wochenschau*,[247] stammte die erste Eingangsmusik der *NDW*, bis sie bei Ausgabe Nr. 12 durch ein Stück von Liszt abgelöst wurde. Franz Liszt war ebenfalls ein „bevorzugter Komponist" für die alte *Deutsche Wochenschau*.[248] Für die Musikunterlegung war bei der *NDW* Carl-Walther Meyer zuständig,[249] der schon bei der NS-Wochenschau für die Musik verantwortlich gewesen war. Ab Mitte der 1950er Jahre wurde bei der *Neuen Deutschen Wochenschau* fast ausschließlich Begleitmusik des Hauskomponisten Gerhard Trede eingesetzt. Trede schrieb Funktionsmusik – so war es möglich, für jede Art Sujet, Thema oder Stimmung eine entsprechende musikalische Untermalung vorzuhalten.[250] Tredes Kompositionen waren so beliebt, dass sie vielfach von Zuschauern nachgefragt wurden,[251] also auch unabhängig von den Wochenschau-Filmen ‚funktionierten'.

---

[243] Protokoll der Verwaltungsratssitzung vom 22.9.1951, BArch B 145/146.

[244] Das Neueste, Heft 1, September 1951, S. 7, Privatbesitz Stamm.

[245] Vgl. Agde, 2009, S. 12-15. Eingriffe in das zu filmende Geschehen reichen bis in die Frühzeit der Wochenschau zurück. Als 1902 nach dem Erdbeben von Messina die Nachfrage nach Dokumentarstreifen wuchs, wurden Komparsen mit „blutdurchtränkten Verbänden" ausgestattet und vor „dampfenden Kohlenhalden" aufgenommen; von Zglinicki, 1956, S. 341-342.

[246] Auf einer Gleitbahn war eine Kamera montiert, die mit der Linse über ein Stück einer Flugzeug-Tragfläche filmte. Mit der Gleitbahn konnte die Kamera auf die Miniaturflotte zustürzen, um einen „Deutschen Stuka-Angriff" nachzustellen; o.V. (1951): Bei der UFA machte man das so... Kino – das grosse Traumgeschäft. Schluß. In: Der Spiegel, Nr. 3, 17.1.1951, S. 20-23, hier: S. 21.

[247] Fuhrmann, 2009, S. 25.

[248] Ebd., S. 26.

[249] Vgl. Das Neueste, Heft 1, September 1951, S. 14, Privatbesitz Stamm.

[250] Vgl. Brunhöver, 2006, S. 14-15.

[251] Z.B. NDW Redaktion (Strehlke) Brief an Werner Belgerin, Braunschweig, 16.12.1961, Korrespondenz ab 1958, DW.

Zu der Komponente des gesprochenen Kommentars ist zu sagen, dass in der heutigen Wahrnehmung der Sprecher der Kriegs-Wochenschau, Harry Giese, mit seinem „nachdrücklichen" Sprachstil, der „Unerschrockenheit und Entschlossenheit" ausdrückte,[252] nicht weit von den Sprechern der *Neuen Deutschen Wochenschau* entfernt war. Bereits Ende 1951 lobte ein Kinobesitzer die „treffsicheren" Dialoge der *NDW*-Stimmen als „schon klassisch".[253] Trotzdem kann man beim Stil des Hauptsprechers, Hermann Rockmann (der zudem Reporter beim NWDR war), nicht von einer Kontinuität sprechen.[254]

3.4.8 Herstellung und Distribution der *NDW*

Die Filmproduktion, und damit auch die Herstellung der Wochenschau, waren stark von Sachleistern abhängig. Roeber und Jacoby nennen für diesen Bereich:

1. Atelierbetriebe, die für die Filmproduktion Aufnahmehallen, Bild- und Tonapparaturen, Arbeitskräfte, Werkstätten und Nebenleistungen zur Verfügung stellten sowie Außenaufnahmen ausstatteten.
2. Synchronstudios, in denen Sprachfassungen erstellt und dazu die Tonaufnahmeräume, entsprechende Apparaturen, Schneideräume sowie Arbeitskräfte angeboten wurden.
3. Kopieranstalten, die die Filmnegative entwickelten und Positivkopien für Zwecke der Produktion (Muster) und Massenkopien für Zwecke der Vorführung (Filmtheater) herstellten.[255]

Dazu gehören weiterhin Rohfilmhersteller, die Produktion, Verleih und Kopieranstalten mit unbelichtetem Filmmaterial belieferten. 100 Meter Negativmaterial kosteten 65 DM und 100 Meter Positivmaterial 34 DM. Von 100 Metern gedrehtem Film ließen sich in der Wochenschau höchstens 30 Meter verwenden. Die Kosten für Filmentwicklung und die Massenkopien stellten zudem einen großen und feststehenden Posten dar. Weitere Kosten für den Kameramann (Spesen), Benzin für Fahrten, Ausleuchtung (z.B. bei einem Versammlungssaal 400 bis 1.000 DM) kamen hinzu – eine Wochenschaufolge mit 300 Meter und 12 Stories kostete in der Produktion 20.000 DM.[256] Ein großes Dilemma für die Wochenschauen bestand darin, dass sie zwar die aktuellen Filme besaßen und alle Möglichkeiten der filmischen Gestaltung hatten, aber die Kopienkosten und die Produktion extrem teuer und sie dadurch kaum rentabel waren.

---

[252] Fuhrmann, 2009, S. 26.

[253] Apollo-Theater, Bamberg (Rohland) Brief an NDW, 7.11.1951, Beurteilungen bis 1952, DW.

[254] Vgl. Fuhrmann, 2009, S. 32.

[255] Vgl. Roeber & Jacoby, 1973, S. 344-345.

[256] Kuntze-Just (Chefredakteur NDW) an Pleister (Programmdirektor NWDR), 22.10.1951, BArch B 145/112.

Die *NDW* versuchte sich zumindest teilweise aus der Abhängigkeit von Sachleistern zu lösen. Die Überschrift des ersten Beitrags des Heftes 1 von *Das Neueste*, des Hausblattes der *NDW*, lautet: „Von nun an: Technisch selbstständig“. Die *NDW* stellt heraus, dass sie nun über eigene Schneideräume „mit modernstem Gerät“ verfüge; „dank der günstigen Entwicklung der Gesellschaft“ sei es möglich geworden, den Schnitt mit der Redaktion an einem Ort zu verbinden.[257] Die *NDW* gibt Einblick in ihre technische Ausstattung: Zwei „Union-Tische“ und zwei Bild- und Ton-Schneidemaschinen seien aufgestellt worden, ein dritter sollte folgen – dazu ein „Check-Tisch“. Jeder Cutter habe seinen eigenen Raum. Auch das Archiv für Positiv-Bild, Ton und Geräusch war in die Heilwigstraße gebracht worden. Die *NDW* sei damit technisch selbstständig, was zur Verbesserung der Qualität beitragen sollte. Die „Überspielung“ der *NDW* erfolgte aber bei der Rythmoton.[258] Ein Sprecher stand dort in der Nacht vom Dienstag zum Mittwoch vor einer Leinwand, um den Kommentar einzusprechen. Vom Misch- und Kopiertisch aus steuerten Tonmeister, Chefredakteur und Chefcutter die „Mischung“ (Tonverbindung zwischen Text, Musik und Geräuschen), die mitunter auf sechs verschiedenen Bändern „gefahren“ wurde.[259]

Mithilfe der eigenen Synchronisationsanlage (ab Mitte 1955) konnte die Produktion zwar beschleunigt werden, dies änderte jedoch nichts an der grundsätzlich rückständigen ‚Wochenschau-Aktualität‘. Obwohl das die Fachpresse suggerieren wollte: Durch die Anlage sei man nicht mehr an Termine der Betriebe gebunden und ‚nur‘ Stunden später stehe das Material für die Betextung zur Verfügung. Eine weitere qualitative Verbesserung sollte ein „Klangfilm-Mischpult“ bringen.[260] Die Geyer-Werke waren fortgesetzt für die Entwicklung des Negativs (Bild und Ton) und die Kopien zuständig.[261] Am Freitag wurde in den Lichtspielhäusern das Programm gewechselt, daher musste die Wochenschaufolge bis zum Donnerstag bereitstehen. Das bedeutete auch, dass die Massenkopien so rechtzeitig versandt werden mussten, dass die Wochenschaurolle einem Erstfolge-Spieler bis zur ersten Vorstellung am Freitag vorlag.[262] Der Zentrale für die Aktualitätenkinos (AKIs) musste die Inhaltsangabe mit den Längenmetern für jeden Bericht sogar schon am Mittwoch zur Verfügung gestellt werden.[263]

Die mitgelieferten Inhaltsangaben hängte der Filmtheaterbesitzer zur Werbung in einem Schaukasten aus. Es kam jedoch vor, dass auf dem Plakat mehr Beiträge ange-

---

[257] Das Neueste, Heft 1, September 1951, S. 1, Privatbesitz Stamm.

[258] Ebd., S. 1-2.

[259] Ebd., S. 6-7.

[260] Claasen, H. (1955): Wochenschau künftig noch aktueller. NDW macht sich technisch unabhängig – 7,5 Millionen Kinobesucher haben den Vorteil. In: NP (Nordpress) – Bunter Dienst Nr. 931, 4.6.1955, Presse-Veröffentlichungen 1955, DW.

[261] Das Neueste, Heft 1, September 1951, S. 2, Privatbesitz Stamm.

[262] Roeber & Jacoby, 1973, S. 265-266.

[263] Aktennotiz Betr. AKI Tagung in Bad Godesberg von Dr. Wiers, 16.10.1961, DW-Allgemein Kritiken Werbung ab 1960, DW.

kündigt wurden als die *NDW* schließlich zeigte, wie bei Nr. 31 vom 29. August 1950. Es ist anzunehmen, dass die Inhaltsangaben – die auch weitgehend die Sprechertexte enthielten – parallel zur Produktion erstellt wurden. Konnte ein geplanter Beitrag nicht mehr rechtzeitig geliefert werden, war er auf dem Papier zwar verzeichnet, kam aber nicht in dem Wochenchaufilm vor. Der Verleih befürchtete in diesen Fällen, dass das Publikum denken würde, der Theaterbesitzer habe selbst die Aufnahmen entfernt – was dem Ruf des Kunden hätte schaden können.[264] Diese Vermutung zeigt, dass die Wochenschau es nicht mehr in der Hand hatte, wie vollständig eine Ausgabe war, wenn sie im Filmtheater lief und an Folgespieler weitergegeben wurde.

3.4.9 Das Image der *NDW*

Nach Auskunft von Wolfgang Esterer, ehemaliger Geschäftsführer der Deutschen Wochenschau (1966 bis 1970), bestand der Markenkern der Wochenschau aus dem Sprecher bzw. seiner Stimme, der Titelmusik und dem Titel(bild). Die Konkurrenz zwischen den einzelnen Wochenschauen habe eher in der Optik, dem Schnitt und der Musik bestanden, die aber sehr ähnlich gewesen seien.[265] Entscheidend für die Wiedererkennung und Akzeptanz der Wochenschauen war ihr Titel mit Bild und Musik. Der Titel sollte Modernität ausdrücken und war eine ‚Visitenkarte'. Es kam in Kreisen der Lichtspieltheater darauf an, eine einprägsame Einleitungsmusik zu haben, die das Publikum in jedem Kino wiedererkennen konnte.[266] Der Sprecher und die Kommentare waren für die Identifikation der Zuschauer ausschlaggebend.

Im Vorspann der ersten Ausgabe der *NDW* wird versprochen, die „interessantesten Ereignisse" der Zeit aufzunehmen, Tagesgeschehen und Sensationen zu zeigen, aktuell sein zu wollen und deutsche Tradition sowie Bilder aus aller Welt zu bringen. Der Slogan der *NDW* „Der Bildbericht, der unsere Sprache spricht" sollte den Unterschied einer „unabhängigen deutschen Produktion" zur „Besatzungsproduktion" hervorkehren.[267] Die *NDW* wollte nationale Interessen vertreten. Auf schriftlichen Mitteilungen, wie den Inhaltsangaben zu jeder Wochenschau, war der Slogan abgedruckt. Das Ziel der *NDW* war nach eigenem Bekunden, eine „deutsche Firma" zu sein, die ihre Kinokunden „gut, korrekt und zur Zufriedenheit" ihrer Zuschauer belieferte. Sie würde nicht so viel über Politiker bringen, obwohl sie den politischen Bericht nicht „unterschlagen" werde. Ihr war wichtig zu betonen, dass sie im Filmtheater „gute Stimmung, Aufgeschlossenheit und Optimismus verbreiten" wolle und dem Publikum „alles das aus der Welt zeigen, von dem der einzelne meint, da müsse er

264 Vgl. Schorcht Brief an NDW, 13.9.1950, Beurteilungen bis 1952, DW.

265 Gespräch mit Wolfgang Esterer am 15.12.2010 bei der Deutschen Wochenschau GmbH.

266 Beispielsweise die nach ‚Western' klingende Titelmusik der *Welt im Film* mit Assoziationen zu Amerika.

267 Text „Hamburg und die Wochenschau" von Wiers, Anlage zu Wiers Brief an Hamburger Gesellschaft für Filmkunde e.V. (Kempe), 18.7.1961, DW-Allgemein Kritiken Werbung ab 1960, DW.

selbst dabei gewesen sein".[268] Ein Kino in Mindelheim bestätigte den Erfolg dieser Werbung: Die *NDW* werde „lieber gesehen als die Welt im Film", weil sie „einfach eine ‚Deutsche' Wochenschau" sei. Die *Welt im Film* sei „immer als zu amerikanisch" angesehen worden.[269]

Die *NDW* versuchte in ihrem Hausblatt *Das Neueste*, ihre politische Unabhängigkeit zu beteuern: Sie würde „ihr eigenes Grab schaufeln, wenn auch nur der leiseste Schatten irgendwelcher ‚Tendenzen' auf sie fiele".[270] Die „öffentliche Verantwortung" sieht die *NDW* darin, das „Weltbild" des Publikums nicht „allein mit Sportreportagen, Schönheitskonkurrenzen, Tieridyllen und ähnlichen Standardberichten zu verbauen".[271] Im selben Heft wird jedoch der Bericht einer Sportzeitschrift erwähnt, der das Sujet über die amerikanischen Olympischen Spiele aus der *NDW* Nr. 60 hervorhebt. Ein Zuschauer der Stadthagener Lichtburg soll ihn sich achtmal angesehen haben.[272] Damit wirbt das Heft gleichzeitig für das Kino und für den Sport in der *NDW*. Aber im Artikel auf der nächsten Seite vollzieht Geschäftsführer Wiers eine ‚Nachdenkerei' mit dem Fazit, dass die Wochenschau nicht nur Sport bringen und dazu ins Publikum schwenken könne, damit sich das Kinopublikum möglicherweise selbst in der Wochenschau entdeckte. Wie in diesem Artikel deutlich wird, schätzte Wiers das Publikum dahingehend ein, dass es sich auch selbst sehen wollte: „In der Wochenschau will der Kinobesucher seine Zeit erkennen und an allem, was in der Welt geschieht, persönlich teilnehmen. Darum interessieren ihn die Fußballspiele u n d [Hervorhebung im Text] ihre Zuschauer."[273] Wiers stellt zum Schluss die rhetorische Frage: „Was würde sein, wenn es keine Wochenschau mehr gäbe?"[274] Offenbar wurde eine Entbehrlichkeit der Wochenschau bereits diskutiert.

Um sich durchzusetzen, musste die *Neue Deutsche Wochenschau* von Beginn an auf ihre Abgrenzung zur Konkurrenz achten. Das begann schon beim Namen, den sie zu verteidigen hatte. Die *Blick in die Welt* firmierte im Filmtheater als „Filmwochenschau Blick in die Welt" aber auf Verträgen und im Geschäftsverkehr als „Deutsche Filmwochenschau Blick in die Welt". Aufgrund der Namensähnlichkeit wollte Wiers einen Prozess wegen unlauteren Wettbewerbs anstrengen – der Aufsichtsrat der *NDW* war jedoch dafür, dies lieber dem Produzentenverband zu überlassen.[275] Die Sorge um den Namen war berechtigt. Wie heutige Medienprodukte auch, wurden die Wochenschauen im Laufe der 1950er Jahre austauschbarer. Dies zeigte sich beispielsweise bei der Verwendung von ausländischem Filmmaterial: Die Wochen-

---

[268] NDW Brief an Capitol Filmtheater, Wilhelmshaven (Krüger), 9.10.1951, Beurteilungen bis 1952, DW.

[269] Schorcht (Zimmermann) Brief an NDW, 18.9.1950, Beurteilungen bis 1952, DW.

[270] Das Neueste, Heft 1, September 1951, S. 4, Privatbesitz Stamm.

[271] Ebd., S. 5.

[272] Ebd., S. 11.

[273] Ebd., S. 12.

[274] Ebd.

[275] 7. Sitzung des Aufsichtsrates am 9.8.1950, Protokolle Aufsichtsrat 1949-1952, DW.

schauen konnten es zwar noch durch Schnitt, Text und Musik verändern, trotzdem haben die Zuschauer in den verschiedenen Wochenschauen Berichte mit den gleichen Bildern zu sehen bekommen. Nach Meinung der *NDW* lag dies daran, dass selbst die USA-Wochenschauen ihre Reportagen untereinander ausgetauschten und „billige Doubs" in alle Welt versendeten.[276] Die *NDW* hatte außerdem Grund zur Vermutung, dass die Austauschpartner die in Verträgen verankerten Ausschließlichkeitsklauseln nicht einhielten. Das wurde jedoch als unvermeidlich hingenommen, da man niemals nachweisen könne, „ob nicht auch andere Firmen dasselbe Ereignis gedreht haben".[277] Zudem kam es vor, dass sich frei engagierte Kameramänner nicht immer loyal zu ihren Auftraggebern verhielten und die Stücke noch an andere Wochenschauen verkauften.[278]

Bereits 1951 begann ein reges Abschauen und Nachmachen, denn die zeitliche Universalität und die beliebige Machart der feuilletonistischen Sujets machte es leicht, Stories zu kopieren. Beispielsweise brachte die *NDW* einen Beitrag über den Schlager „Pack die Badehose ein", der drei Wochen später in der *Welt im Film* gezeigt wurde – nur mit anderen Statisten. In einem anderen Fall war eine Story mit Bernhard Grzimeks Schimpansin Kathrin in eine amerikanische Wochenschau gelangt, ohne dass die *NDW* davon wusste. Der später auch durch das Fernsehen bekannt gewordene Tierpsychologe Grzimek hatte jedoch einen Exklusiv-Vertrag mit der *NDW*. [279] Wie die Aufnahmen zur Konkurrenz gekommen waren, hat man wohl nicht klären können. Das Werbeblatt der *NDW* berichtet in Heft 2, dass die andere Wochenschau, die die ‚Kathrin-Story' gezeigt habe, „gezwungen" worden sei, diese aus allen Folgen herauszuschneiden. Affe Kathrin wird mit Foto vorgestellt, dazu ein Text: Die Schimpansin sei zum „NDW-Star Nr. 1" geworden.[280] Die ‚Kathrin-Stories' begründeten offenbar das ‚Affen-Image', das der *NDW* anhing und mit dem sie bis zuletzt zu kämpfen hatte.[281]

---

276 NDW Brief an Capitol Filmtheater, Wilhelmshaven (Krüger), 9.10.1951, Beurteilungen bis 1952, DW.

277 9. Sitzung des Aufsichtsrates am 15.11.1950, Protokolle Aufsichtsrat 1949-1952, DW.

278 Die NDW lies für das Apollo-Theater in Düsseldorf zur Eröffnung einen Film mit dem angelehnten Titel „Miss Apollo" drehen. Dieser Film wurde aber nie an Schorcht übergeben, sondern offenbar vom Kameramann an die *Fox* und *Blick in die Welt* verkauft; vgl. Schorcht, Hamburg, Brief an NDW, 3.4.1950, Beurteilungen bis 1952, DW; NDW Brief an Schorcht, Hamburg, 6.4.1950, Beurteilungen bis 1952, DW.

279 NDW Brief an Capitol Filmtheater, Wilhelmshaven (Krüger), 9.10.1951, Beurteilungen bis 1952, DW.

280 Das Neueste, Heft 2, Oktober 1951, S. 13, Privatbesitz Stamm.

281 Die häufigen Beiträge über und mit Affen, wurden in der Kritik aufgegriffen: „Nach der Neuen Deutschen Wochenschau könnte man meinen, daß die Politik vorwiegend aus freundlich lächelnden Staatsmännern und Militärparaden bestehe und die übrige Welt aus Aschenbahnrennen, Modenschauen und den Affen im Zoo". ; o.V. (1959): Zu banal. In: Frankfurter Allgemeine Zeitung Nr. 270, 21.11.1959, S. 2, UFA-Kritiken, DW.

3.4.10 Zusammenfassung zum Aufbau der *NDW*

Für die Bundesregierung wurde es nach Gründung der Bundesrepublik wichtig, eine Wochenschauproduktion zu bekommen, die unter ihrem Einfluss entstand. Die *Neue Deutsche Wochenschau* sollte für eine adäquate Außendarstellung und neue Weltverbundenheit sorgen. Obwohl die finanzielle Lage schwierig und mit vielfältigen Abhängigkeiten behaftet war und zudem Wochenschauen der ehemaligen Besatzungsmächte den Markt beherrschten, wurde die *NDW* gegründet. Die Etablierung der *NDW* musste über den Preis und die Qualität der Gestaltung erfolgen. Die Gestaltung war nicht völlig neu, sondern von Tradition und zahlreichen Kontinuitäten aus der Zeit der Vorkriegs- und Kriegswochenschau geprägt: angefangen bei den Kameramännern, über den Schnitt bis zur Musikwahl. Ähnlich allen anderen Wochenschauen, bestand das Thementableau aus einer bunten Mischung aller bekannten Ressorts – einschließlich unterhaltenden Feuilleton-Stücken. Die *NDW* wollte sich nicht als reine Unterhaltung verstanden wissen. Für ihr Image stellte die *NDW* besonders ihren politischen Teil in den Vordergrund, der jedoch bei den Zuschauern am wenigsten beliebt war. Die Hauptthemen waren zwar ‚Arbeit' und ‚Wiederaufbau' sowie der ‚Kalte Krieg'. Da aber auch die anderen Wochenschauen viel Feuilleton brachten, wurden die Informationsangebote mit der Zeit ähnlich und austauschbar. Die Verleihzahlen stiegen trotzdem und die *NDW* hatte sich am Markt durchgesetzt. Infolgedessen wurde das Fernsehen nicht nur als Konkurrenz betrachtet, sondern es wurde versucht, das Fernsehen als medialen Geschäftspartner zu gewinnen.

3.5 Der Wiederaufbau des Fernsehens beim NWDR

Die Entwicklung der *Tagesschau* war in ihren Gestaltungsmöglichkeiten an den technischen und institutionellen Neuaufbau des Fernsehens gekoppelt – wie langsam sich dieser Aufbau auch vollzog. Zwar konnte man auf die Pionierleistungen der 1930er Jahre zurückgreifen, aber anders als beim Kinofilm war in allen Bereichen Entwicklungsarbeit zu leisten. Es bedurfte vor allem noch viel technischer Professionalisierung, um das Fernsehen zu einem Medium für das breite Publikum werden zu lassen, z.B. bei Geräten für die Studioproduktion und bei Übertragungswegen für die Distribution. Außerdem ging es für das Fernsehen nicht darum, sich in einer Konkurrenz zu anderen Anbietern auf einem Markt zu behaupten, wie es bei den Kinobetrieben und Verleihern der Fall war. Das Fernsehen konnte mithilfe der neuen Technik neue Darbietungsformen von Information und Unterhaltung erproben und damit die gesellschaftlichen, politischen sowie die wirtschaftlichen Themen der 1950er Jahre bearbeiten. Im Folgenden geht es zunächst um den Aufbau des Fernsehens beim Nordwestdeutschen Rundfunk (NWDR) in Hamburg. Anschließend wird gezeigt, wie sich die fernsehspezifischen Formen entwickelten, zu denen auch die *Tagesschau* gehörte, und wie das Programm aufgestellt wurde, in das sie eingebunden waren.

3.5.1 Die Gründung des NWDR-Fernsehens

Der Rundfunk war seit jeher eine bedeutende Einrichtung für kriegführende Parteien. Der Sender Langenberg in Velbert wurde von der deutschen Wehrmacht noch auf dem Rückzug zerstört. Auch das Kölner Funkhaus bestand nicht mehr; der Berliner Sender war von den Sowjets besetzt worden. So kam Hamburg die Rolle einer Rundfunkzentrale für den westdeutschen Bereich zu.[1] Seit dem 4. Mai 1945 funktionierte der Hamburger Sender bereits unter englischer Aufsicht als Sender für die britische Besatzungszone.[2]

Hugh Carleton Greene, Controller of Broadcasting Section der britischen Alliierten, traf am 1. Oktober 1946 in Hamburg ein.[3] Als Journalist mit Deutschland-Erfahrung[4] war er prädestiniert dafür, den Aufbau des Rundfunks in Deutschland voranzubringen. Das erste Personal des NWDR bestand aus Mitarbeitern, die zu Zeiten des NS-Regimes keine große Berufserfahrung hatten sammeln können und solchen, die bereits publizistisch tätig gewesen waren oder sogar eine Offizierslaufbahn ein-

---

[1] Vgl. Greene, 1990, S. 116.
[2] Roß, 1990, S. 126.
[3] Greene, 1990, S. 116.
[4] Greene war während des Krieges Direktor der deutschsprachigen Sendungen der BBC; vgl. Roß, 1990, S. 126.

geschlagen hatten.[5] Die Untersuchungen über die NSDAP-Parteibindungen der Angestellten des NWDR in Hamburg, Köln und Berlin waren im Februar 1948 abgeschlossen. Von den etwa 1.500 Angestellten wurden 22 wegen unrichtiger Angaben in den Fragebögen zu ihrer Partei-Angehörigkeit entlassen.[6]

Das NWDR-Hausblatt *Die Ansage* berichtete im April 1948, die Broadcasting Section werde aber weiterhin „die massgebliche Kontrolle, einschließlich der Vorzensur fuer Nachrichten, Kommentare und Programme politischen Inhalts" ausüben.[7] Erst nach der Ernennung eines deutschen Generaldirektors sollte das „britische Kontrollpersonal" bei der Leitung „weniger in Erscheinung treten".[8] Der Umfang, in dem Vorzensur und Kontrolle der Rundfunksendungen dann nachlassen würde, hing aber davon ab, ob sich die entstandene Organisation bewährte.[9]

Die Alliierten stellten sich den neu organisierten Rundfunk in Deutschland als „Instrument demokratischer Umerziehung" vor. Dazu sollte ein staatlicher Einfluss ausgeschossen werden, um einen „Missbrauch durch antidemokratische Kräfte" zu verhindern und einen „unabhängigen Rundfunk" aufzustellen.[10] Nach dem Willen der britischen Militärregierung sollte der NWDR wie die BBC als eine „überparteiliche Einrichtung" mit staatspolitischen, kulturellen, erzieherischen und sozialen Aufgaben aufgebaut werden.[11]

Bei der Bildung der neuen Rundfunkordnung gingen die Alliierten in ihren Besatzungszonen jeweils unterschiedlich vor. Die Amerikaner schufen von Beginn an ein föderales System aus je einer Rundfunkanstalt für ein Bundesland ihrer Zone: Bayern (BR), Württemberg-Baden[12] (SDR), Hessen (HR) und Bremen (RB) Die Franzosen errichteten den SWF als Sendeanstalt für Württemberg-Hohenzollern, Baden und Rheinland-Pfalz (mit Radio Saarbrücken für das abgetrennte Saarland). Die Briten gründeten den NWDR nach dem Modell der britischen Rundfunkordnung für die Länder Nordrhein-Westfalen, Niedersachsen, Schleswig-Holstein und Hamburg.[13] In Berlin entstand ein NWDR-Abzweig, der mit ‚Eigeninitiative' der Mitarbeiter regelmäßig ein Fernsehprogramm zu senden begann.[14]

---

5 Wagner, 2005, S. 37.

6 Die Ansage Nr. 3, Programmwochen 1.2. bis 7.2.1948 und 8.2. bis 14.2.1948, S. 1.

7 Die Ansage Nr. 12, Programmwoche vom 4.4. bis 10.4.1948, S. 3.

8 Die Ansage Nr. 12, Programmwoche vom 4.4. bis 10.4.1948, S. 3. Das Schreiben des Generalmajors N.C.D. Brownjohn, Chef des Stabes der britischen Militärregierung, an den Präsidenten des Zentraljustizamtes der britischen Zone, Dr. Wilhelm Kisselbach, ist in Auszügen wiedergegeben.

9 Vgl. ebd.

10 Bleicher, 1993b, S. 79-80.

11 O.V. (1950): Vertrauensvolle Zusammenarbeit der berufenen Stellen. In: Die Ansage Nr. 6, 10.2.1950, S. 1; vgl. auch Hickethier, 1998, S. 64.

12 Das heutige Baden-Württemberg war noch geteilt. Württemberg-Baden war der nördliche Teil (amerikanische Zone) und Württemberg-Hohenzollern der südliche Teil (französische Zone); vgl. Körner, 1995, S. 31.

13 Vgl. Bleicher, 1993b, S. 82-84.

14 Vgl. Hickethier, 1998, S. 75.

Als rechtliche Grundlage für den NWDR wurde die Verordnung 118 geschaffen. In die Entwicklung der Verordnung waren die Länderregierungen, der Zonenbeirat[15] (in dem alle Parteien vertreten waren) und gesellschaftliche Gruppen einbezogen, wie Kirchen, Kulturorganisationen, Gewerkschaften und Arbeitgeber. Kompromisslos lehnte Greene einen Überwachungssausschuss aus Vertretern der politischen Parteien ab: Politische Parteien sollten bei der Kontrolle des Rundfunkwesens „keinerlei Mitbestimmungsrecht" haben.[16]

Die bis heute gültige organisatorische Struktur der Rundfunkanstalten wurde dreigliedrig angelegt und bestand aus den Organen Intendant, Verwaltungsrat und Rundfunkrat. Der Intendant war für die laufenden Geschäfte zuständig und gesetzlicher Vertreter. Der Verwaltungsrat hatte u.a. die Aufgabe, die Geschäftsführung zu prüfen, und besaß finanzielle Bestimmungsrechte. Der Rundfunkrat war die Vertretung der Öffentlichkeit. Er hatte eine herausragende Bedeutung, da er Überwachungs- und Beratungsfunktionen übernahm – besonders in Bezug auf die Programmgestaltung.[17]

Bei der Zusammensetzung des Rundfunkrates können bis heute zwei Prinzipien unterschieden werden. Beim parlamentarischen Prinzip wurde der parlamentarische Parteienproporz im Aufsichtsgremium abgebildet, indem das jeweilige Länderparlament die Rundfunkratsmitglieder auswählte.[18] Das ständische Prinzip erlaubte die direkte Wahl der Vertreter des Rundfunkrates durch die gesellschaftlich relevanten Gruppen, wie Kirchen, Kultur, Wissenschaft, Schulen, Gewerkschaften, Verbände, Städte- und Gemeindetag, Verlegerorganisationen, Schriftstellervereinigungen, Jugend- und Sportorganisationen. Nur ein geringer Teil der Mitglieder wurde vom Landtag bestimmt (wie beim SDR).[19] Das ständische Modell, wie es bei der BBC, war von den Briten für den NWDR vorgesehen.[20]

Der NWDR wurde am 1. Januar 1948 als öffentlich-rechtliche Rundfunkanstalt gegründet; doch als Ergebnis der Verhandlungen mit den Länderregierungen des Sendegebietes wich man, durch die Besetzung des Rundfunkrates nach dem parlamentarischen Prinzip, von der Vorstellung über einen völlig staatlich unabhängigen

[15] Im Februar 1946 hatten die Briten den „Zonenbeirat" als beratendes Gremium geschaffen. Der Zonenbeirat hatte keine legislativen oder exekutiven Möglichkeiten und tagte monatlich in Hamburg. Er umfasste Vertreter der Länderparlamente – Parteien- und Regierungsvertreter sowie hochrangige Beamte. Der Zonenbeirat bildete 1947 einen kulturpolitischen Ausschuss, den so genannten Rundfunkbeirat. Dieser hatte später zur Entscheidung über die grundsätzliche Art der Zusammensetzung des Hauptausschusses und Verwaltungsrates beigetragen; vgl. Wagner, 2005, S. 69; vgl. Roß, 1990, S. 126.

[16] Greene, 1990. S. 121.

[17] Vgl. Wittig-Terhardt, 1977, S. 161. Der Rundfunkrat wählt darüber hinaus den Intendanten und die Mitglieder oder einen Teil der Mitglieder des Verwaltungsrates (der Rest wird von den Landtagen entsandt). Beim NDR werden die Verwaltungsratsmitglieder vom Rundfunkrat gewählt; vgl. Bleicher, 1993b, S. 72.

[18] Vgl. Bleicher, 1993b, S. 71.

[19] Vgl. Wittig-Terhardt, 1977, S. 161-162.

[20] Vgl. Bleicher, 1993b, S. 71.

Rundfunk ab.[21] Die Länderregierungen erhielten, wie Greene es nannte, einen „gewissen Einfluss an der Spitze".[22] Der Hauptausschuss (Rundfunkrat) des NWDR hatte 16 Mitglieder, darunter die Ministerpräsidenten für Nordrhein-Westfalen, Schleswig-Holstein, Niedersachsen, der Erste Bürgermeister Hamburgs, Präsidenten und Vorsitzende der Justiz, des Deutschen Gewerkschaftsbundes (DGB), des Journalistenverbandes, der Musikhochschule Köln, der Vereinigung der Industrie- und Handelskammer und aus dem Erziehungswesen Oberstudiendirektoren und Rektoren, außerdem der Hamburger Senator Landahl von der Oberschulbehörde[23] sowie Vertreter der beider Kirchen.[24] Der Hauptausschuss wählte den Verwaltungsrat, der Verwaltungsrat den Generaldirektor.[25]

Außer den Streitigkeiten mit den politischen Parteien bestand eine weitere Schwierigkeit darin, dass die Post ihre Rechte aus den Zeiten der Weimarer Republik verteidigte und die Hoheit der Länder über den Rundfunk ablehnte. Die Post verteilte bislang noch die Frequenzen und auch die Sendeanlagen befanden sich in ihrem Besitz.[26] Sie zog nach dem Krieg, wie gewohnt, die Hörergebühren von 2 DM ein [27]. Die Trennung von Staat und Rundfunk schien ihr abwegig. Schließlich bestand schon vor 1933 mit der, aus den Rundfunkanstalten gebildeten, Reichs-Rundfunk-Gesellschaft (RRG) eine staatlich gebundene Rundfunkorganisation.[28] Die Post war der Ansicht, dass Technik und Organisation des Rundfunks nicht voneinander zu trennen seien. Zwar billigte sie den Ländern die Zuständigkeit für kulturelle Angelegenheiten zu, aber ein Teil des Programms sei politisch und falle daher unter die Zuständigkeit des Bundes. Außerdem gebe es noch überregionale Programme, die dann nur durch Organe des Bundes adäquat zu gestalten seien.[29] Die britische Militärregierung, die eine staatliche Kontrolle des Rundfunks verhindern wollte, lehnte einen Einfluss der Post auf die Rundfunkorganisation ab.[30] Eine „zentralistische Stellung der Bundespost" nahmen die Alliierten als eine „Möglichkeit staatlicher Einflussnahme" wahr und reduzierten ihre Zuständigkeit für den Rundfunk auf die Bereitstellung von Sequenzen und Sendetechnik.[31] Sie wurde somit zu einem „Dienstleis-

---

[21] Vgl. Diller, 1997, S. 335. Ein Rundfunkrat nach dem parlamentarischen Modell konnte sich erst vollständig durchsetzen, als 1955 die Länder die Verantwortung für ihre Rundfunkanstalten von den Alliierten übernahmen; vgl. Bleicher, 1993b, S. 72.

[22] Greene, 1990. S. 121.

[23] Senator Landahl war zudem im Aufsichtsrat der Neuen Deutschen Wochenschau vertreten. Die Stadt Hamburg übte damit auf beide dort ansässigen audiovisuellen Medien einen Einfluss aus.

[24] Die Ansage Nr. 7, Programmwoche 7.3. bis 13.3.1948, S. 1; vgl. Greene, 1990, S. 121.

[25] Vgl. Greene, 1990. S. 121.

[26] Vgl. Bleicher, 1993b, S. 81.

[27] Lührs, 2005, S. 338.

[28] Vgl. Bleicher, 1993b, S. 81.

[29] Vgl. Lührs, 2005, S. 345.

[30] Vgl. ebd., S. 340.

[31] Bleicher, 1993b, S. 81.

tungsbetrieb“ für den Rundfunk.[32] Trotzdem blieben die Gebühreneinnahmen zunächst bei der Post und die Finanzierung der Rundfunkaktivitäten wurde in den ersten Monaten durch Bankkredite gesichert. Erst ab November 1945 bekam der NWDR 50 % der Gebühreneinnahmen, ab Juni 1948 erhielt er 75 %.[33] Ab dem 1. Januar 1953 wurde eine Fernsehgebühr von monatlich 5 DM zusätzlich zur Rundfunkgebühr eingeführt.[34]

Die Rundfunkregelungen der Jahre 1946 bis 1948 wurden von den damaligen Besatzungsmächten allein aufgrund ihrer „rechtlichen Zuständigkeit“ erlassen.[35] Wegen der Auseinandersetzungen mit den deutschen Politikern, die einen Rundfunk mit staatlichem Einfluss nach dem Vorbild des Rundfunks der Weimarer Republik installieren wollten, erließen die Amerikaner bereits 1946 in einem „Entwurf zu einer Erklärung über Rundfunkfreiheit in Deutschland“ die so genannten „zehn Gebote“. Diese Programmrichtlinien sollten gewährleisten, dass der Rundfunk sich nicht dem „Verlangen irgendeiner Partei, eines Glaubens oder irgendeinen Bekenntnisses“ unterordnete.[36]

Die wichtigste rechtliche Basis bildete jedoch das Grundgesetz (GG). Artikel 5 war für die Medien in Bezug auf Ethik, Art und Inhalt der Berichterstattung maßgeblich – mit Einschränkung der bestehenden Gesetze (wie dem Persönlichkeitsrecht und dem Gesetz gegen den unlauteren Wettbewerb). Im Mai 1949 wurden im Parlamentarischen Rat[37] die Meinungs- und Pressefreiheit sowie die Freiheit der Berichterstattung durch Rundfunk und Film in Artikel 5 GG verabschiedet. Am 21. September 1949 trat das „Gesetz Nr. 5 über die Presse, den Rundfunk, die Berichterstattung und die Unterhaltungsstätten“ in Kraft, mit dem sich die Alliierte Hohe Kommission[38] das Recht vorbehielt, jegliche Maßnahme aufzuheben, die die Freiheiten aus Artikel 5 GG bedrohen konnten.[39] Erst mit dem Deutschlandvertrag im Mai 1955 bzw. durch ein Aufhebungsgesetz von 1960 wurden diese Vorbehaltsrechte beendet. [40] Mit dem Deutschlandvertrag wurde auch der Rundfunk endgültig den Deutschen zur „Selbstbestimmung“ übergeben.[41]

---

[32] Ebd.
[33] Lührs, 2005, S. 338-339.
[34] Vgl. Diller, 1997, S. 431.
[35] Roß, 1990, S. 125.
[36] Diller, 1997, S. 333-335.
[37] Der Parlamentarische Rat bestand aus gewählten Vertretern der Landtage und wurde durch die Westmächte eingesetzt. Seine Aufgabe war die Ausarbeitung des Grundgesetzes. Informationen verfügbar unter: http://www.parlamentarischerrat.de/ [22.6.2012].
[38] Am 10. April 1949 wurde das Besatzungsstatut veröffentlicht – die drei westalliierten Militärgouverneure wurden durch die Alliierte Hohe Kommission (AHK) ersetzt, die von den Regierungen der Alliierten berufen wurde; vgl. Wagner, 2005, S. 75.
[39] Wagner, 2005, S. 75-76.
[40] Ebd., S. 76.
[41] Bleicher, 1993b, S. 94.

Von den deutschen Rundfunkmitarbeitern wurden die britischen Offiziere, die den Rundfunk neu aufzubauen halfen, als „Lehrer und Partner“ angesehen.[42] Sie zeigten den jungen Leuten, die von der nationalsozialistischen Bildung geprägt waren, was Diskussion und diskursive Formen bedeuteten, d.h. wie man sich der Meinungsfreiheit bedienen konnte. Sie lernten Grundzüge des kritischen Journalismus kennen – besonders den Grundsatz der Trennung von Nachrichten und Kommentar.[43] Die Briten setzten darauf, den Nachwuchs gezielt zu fördern oder auch neu auszubilden.[44] Also anders als die Wochenschau, deren Kameraleute bei solchen Kameraleuten lernten, die bereits bei der alten *Deutschen Wochenschau* gedient hatten.

Unter Einfluss ihrer eigenen persönlichen Situation im Aufbruch, erstellten die neuen Rundfunkmitarbeiter ein Programm, das wichtige Hinweise für den Alltag im Nachkriegsdeutschland bereithielt. Darüber hinaus gab es eine erste Reportergeneration – zu der beispielsweise Jürgen Roland (*1925) gehörte –, die sich als Anwälte der Bevölkerung verstand und sich dementsprechend die Freiheit nahm, „unbequeme“ Fragen z.B. an Behörden zu richten.[45] Waren die NWDR-Mitarbeiter noch wenige Jahre zuvor Frontberichterstatter, so hatten sie nun die Möglichkeit, sich zu politischen Dingen „frei zu äußern“, wie Carsten Diercks (*1921) in einem Gespräch hervorhebt.[46] Das „Leitbild“ der BBC, das dem NWDR anhaftete, war geprägt von dem Verständnis der dienenden publizistischen Kraft des „public service“ – verbunden mit dem Anspruch zur „Herausbildung einer kritischen Öffentlichkeit“.[47] Die Grundsätze für eine qualitätsvolle journalistische Tätigkeit im Rundfunk der 1950er Jahre gingen damit vor allem von den Briten und Amerikanern aus.

Bis zur Ernennung eines deutschen Generaldirektors für den NWDR fungierte der Brite Hugh Carleton Greene als Generaldirektor. Auf der ersten Sitzung des Hauptausschusses des NWDR am 12. März 1948 wurde unter Vorbehalt der Zustimmung der britischen Militärregierung der Verwaltungsrat des NWDR gewählt. Die Mitglieder durften „keine Sonderinteressen irgendwelcher Art vertreten und von keiner Seite Instruktionen bezueglich des Amtes entgegennehmen“. Die Biografien der Verwaltungsrats-Mitglieder in *Die Ansage* belegten ihren aktiven Widerstand gegen den Nationalsozialismus.[48]

[42] Wagner, 2005, S. 37.

[43] Vgl. ebd.

[44] Ebd., S. 41.

[45] Ebd., S. 38-39.

[46] Ebd., S. 39.

[47] Ebd., S. 40.

[48] Beispielsweise war der Niedersächsische Minister Adolf Grimme von 1942 bis 1945 „unter Anschuldigung des Hochverrats“ im Zuchthaus. Ab August 1945 war er Leiter der Abteilung für Kunst, Wissenschaft und Volksbildung im Oberpräsidium Hannover; vgl. Die Ansage Nr. 12, Programmwoche vom 4.4. bis 10.4.1948, S. 1-2.

Am 8. September 1948 wählte der Verwaltungsrat des NWDR einstimmig Staatsminister Adolf Grimme zum Generaldirektor.[49] Greene kehrte mit Amtsantritt des neuen Generaldirektors am 15. November 1948 nach England zurück.[50] Die BBC fungierte in Bezug auf „aktuelle Rundfunkfragen“ aber auch 1949 noch weiter als Berater des NWDR.[51] Die Unterstützung durch das Vorbild löste eine lenkende Kontrolle ab. Dr. Werner Pleister wurde zum 15. Mai 1950 zum Programmdirektor des NWDR berufen.[52] Am 1. April 1952 übernahm Pleister das Amt des NWDR-Fernseh-Intendanten.[53]

Grimme sah den Rundfunk in einer erzieherischen Ausrichtung als ein „Instrument der Volksformung“ und zur Gestaltung des öffentlichen Lebens. Der Rundfunk sollte aufrütteln – das Verlangen der Menschen nach Unterhaltung und Sorglosigkeit nach dem Krieg wurde von Grimme offenbar ignoriert. Der Rundfunk solle nicht dazu da sein, „ständig von sich selber abzulenken, als Opiat einlullender Zerstreuung“. Man solle nicht von Sendung zu Sendung „jagen“, sondern den „Willen zur Auswahl“ haben.[54] Grimme sprach damit eine Selektionsfähigkeit an, die die Zuschauer eines geplanten Fernsehens erst einüben mussten. Vom Kino waren sie es gewohnt, sich ein unterhaltendes Programm von Anfang bis Ende anzusehen. Jetzt aber sollte das Dargebotene so umfangreich werden, dass der Zuschauer auswählen musste.

Gemäß einer Entscheidung der britischen Militärregierung sollte die Deutsche Post 1948 die Sender in der britisch besetzten Zone an den NWDR übergeben.[55] Am 19. Juli 1948 genehmigte die britische Militärbehörde den Aufbau eines Fernsehversuchsbetriebs[56] und am 13. August 1948 beschloss der NWDR-Verwaltungsrat den Neustart des Fernsehens.[57] Realistisch schätzte man damals schon ein, dass es bis zum Anlauf des Fernsehversuchsbetriebs noch zwei Jahre dauern würde. Der NWDR

---

49 Vgl. Die Ansage Nr. 37, 9.9.1948, S. 1. Den Vorsitz im Verwaltungsrat übernahm der Vertreter Nordrhein-Westfalens Prof. Heinrich G. Raskop. Zweiter Vorsitzender war weiterhin Prof. Dr. Emil Dovifat, Publizistikwissenschaftler aus Berlin.

50 Vgl. Die Ansage Nr. 37, 9.9.1948, S. 3; vgl. Bleicher, 1993a, S. 41.

51 Vgl. Die Ansage Nr. 23, 1.6.1949, S. 1.

52 Vgl. o.V. (1950): Bedeutsame personelle Neuerungen beim NWDR. In: epd / Kirche und Rundfunk Nr. 10, 8.5.1950, S. 4. Ab 1932 war Pleister Leiter der literarischen Abteilung der Deutschen Welle, ab 1938 Produktionsleiter der „Reichsanstalt für Film und Bild“ für die Herstellung von Unterrichtsfilmen und ab Herbst 1945 Kunstreferent im Oberpräsidium Hannover, dann Oberregierungsrat im Niedersächsischen Kultusministerium für die Gebiete Theater, Bildende Kunst und Film zuständig. Seine Tätigkeit bei der „Reichsanstalt für Film und Bild“ in Berlin scheint keine Rolle gespielt zu haben.

53 Bleicher, 1993a, S. 49.

54 O.V. (1948). Feierliche Übergabe des Amtes des Generaldirektors des NWDR. In: Die Ansage Nr. 49, 15.11.1948, S. 1-5, hier: S. 4.

55 Die Post überging aber den Befehl und wurde erneut aufgefordert. Die Übergabe zog sich bis November hin; vgl. Lührs, 2005, S. 342.

56 Hickethier, 1998, S. 68.

57 Vgl. o.V. (1948): Fernseh-Versuche des NWDR. In: Die Ansage Nr. 33, 16.8.1948, S. 1.

wollte in diesem Zuge die Möglichkeit nutzen, seine Fernsehanlagen nach dem „neuesten Stand der Technik“ aufzustellen.[58] Nicht nur technische Schwierigkeiten waren zu bewältigen. Wie auch bei Film und Wochenschau, war es für das Fernsehen schwierig, qualifizierte und zugleich politisch unbelastete Personen zu finden: nur Mitarbeiter des vormaligen NS-Fernsehens hatten die notwendigen Spezialkenntnisse, um den Neuanfang des Fernsehens voranzutreiben.

In der Gegend um Hamburg hatten sich Fernsehtechniker aus den Zeiten des Kriegs-Fernsehens angesiedelt. Einer von denen, die das Fernsehen neu aufbauen wollten, war Werner Nestel, der ehemals bei der Reichs-Rundfunk-Gesellschaft (RRG) gearbeitet hatte. Er förderte die technische Entwicklung des Fernsehens beim NWDR maßgeblich.[59] Einige Geräte existierten noch bei Technikern der ehemaligen Reichspost-Fernseh GmbH (RFG), die nach Schleswig-Holstein gekommen waren.[60] Andere Geräte waren in einem Salzbergwerk im Harz, am Rand der russischen Grenze versteckt. Sie wurden in einer geheimen Aktion dort herausgeholt, wie sich Hugh Carleton Greene erinnerte.[61] Mit diesen ‚zusammengesuchten‘ Gerätschaften wurde die Zentraltechnik des NWDR aufgebaut. Mit Nestel als Technischem Direktor und Hans-Joachim Hessling in der Verwaltung gab zwei es fernsehkundige Leiter. Unter Nestels Beteiligung übernahm der NWDR am 1. Juli 1948 alle RFG-Fernsehspezialisten, sodass eine fachlich versierte Gruppe zur Verfügung stand.[62]

3.5.2 Der Aufbau des Versuchsfernsehens beim NWDR

Am 25. September 1950 wurde der erste deutsche Nachkriegsfernsehsender beim NWDR in Hamburg in Betrieb genommen.[63] Für die deutschen Techniker war das Fernsehen eine große Herausforderung. Nach Werner Nestel enthalten Fernsehbilder „500mal mehr Feinheiten“, die über eine große Entfernung übermittelt werden müssen, als die „komplizierteste Musik im Rundfunk“.[64] Die Erfahrungen aus dem Hörfunk konnten für das Fernsehen nicht genutzt werden, da sie mit „ortfesten Schallquellen“ entstanden – beim Fernsehen bewegten sie sich jedoch (z.B. Schauspieler).[65] Am 12. Juli 1950 wurde ein erstes Fernseh-Test-Bild gesendet und am 25. September 1950 zum ersten Mal nach 1945 eine Bildsendung drahtlos übertragen; am 27. No-

58 Ebd.
59 Vgl. Hickethier, 2008a, S. 270.
60 Ebd.
61 Greene, 1990, S. 116.
62 Vgl. Hickethier, 2008a, S. 270.
63 Vgl. Hans Bredow-Institut, 1963, S. 16A.
64 O.V. (1954): „In die Ferne sehen…“. Prof. Nestel zur technischen Seite der Eurovision. In: Die Ansage Nr. 180, 9.6.1954, S. 1und 4, hier: S. 1.
65 Forschungsinstitut für Soziologie der Universität Köln, 1965, S. 70, unveröff. Studie, NDR.

vember 1950 konnte man zu regelmäßigen Versuchssendungen übergehen.[66] Der Versuchsbetrieb hatte 1951 nicht mehr nur die Aufgabe, Technik und Programme zu entwickeln, sondern auch das für die Ausstrahlung notwendige technische Personal und Programmpersonal heranzubilden.[67]

Wie schon beim Fernsehen von 1935,[68] gab es zunächst kein tägliches Programm. Ab dem 27. November 1950 wurde das Versuchsfernsehen dreimal wöchentlich aus Hamburg gesendet [69] und am 1. Oktober 1951 der NWDR-Sender Berlin in Betrieb genommen. Damit bestand ein zweites Versuchsprogramm, unabhängig von Hamburg.[70] Das Hamburger Versuchsprogramm berücksichtigte bereits verschiedene Zielgruppen, z.B. erschien am 11. April 1951 zum ersten Mal die Fernseh-Kinderstunde und danach an jedem Mittwoch zwischen 16 und 17 Uhr.[71] Das Abendprogramm zwischen 20 und 22 Uhr bestand vorwiegend aus „Filmsendungen" und Live-Sendungen (so genannte unmittelbare Sendungen). Unter die Live-Sendungen fielen „unterhaltende Darbietungen" wie Fernsehspiele, Kabarettsendungen, Tanzabende, Live-Reportagen, „Bilder des Tages" und Wetterkarten.[72] Im Abendprogramm konnten nur solche Spielfilme gezeigt werden, die von den jeweiligen Verleihern dazu freigegeben worden waren. Es wurde aber damit gerechnet, dass es zu Einschränkungen der Filmrechte für das Fernsehen kommen würde. Deshalb begann man, wie schon in den 1930er Jahren,[73] mit der Produktion von eigenen „ferngesehene[n]" Filmen – bis Mitte Dezember 1951 lagen sechs Filme vor.[74] Der „Aktuelle Dienst" brachte *Das Bild des Tages* (als ‚Vorläufer' der *Tagesschau* aus betexteten Pressefotos), die Wetterkarte und Interviews mit bekannten Persönlichkeiten; in der Sparte „Kunst und Wissen" gab es „Vorträge mit Demonstration und belehrende Unterhaltung".[75]

Bis zum offiziellen Start des öffentlich zu empfangenden Programms, wurden die neuen Möglichkeiten der Fernsehtechnik getestet, was den Sendeformen später zugute kam. Beispielsweise wurde am 27. Mai 1951 als erste Außenübertragung nach dem Krieg von der Eröffnung der landwirtschaftlichen Ausstellung auf dem Hamburger Heiligengeistfeld berichtet. Dazu musste die Studioeinrichtung ausgebaut, auf einen abgedeckten Lastwagen montiert und durch ein 300 Meter langes Kabel mit

[66] O.V. (1953): Vom Hochbunker zum eigenen Fernsehhaus In: Die Ansage Nr. 147, 22.10.1953, S. 2.
[67] Vgl. 18. Sitzung des Hauptausschusses am 15.12.51, Gremienbüro NDR.
[68] Vgl. Pohle, 1990, S. 97. Erste deutsche Fernsehprogramme sendeten 1935 an drei Abenden pro Woche: Montag, Mittwoch und Samstag von 20.30 bis 22 Uhr.
[69] Vgl. Hans Bredow-Institut, 1963, S. 16A.
[70] Bleicher, 1993a, S. 46.
[71] Hickethier, 1998, S. 83; Bleicher, 1993a, S. 47.
[72] Fernseh-Informationen, 3 Jg. (1951), 2. März-Ausgabe, Darstellung bei Hickethier, 1998, S. 74.
[73] Vgl. Hickethier, 1998, S. 31, S. 46. Das erste in Programmankündigungen nachweisbare Fernsehspiel wurde im November 1936 gesendet.
[74] 18. Sitzung des Hauptausschusses am 15.12.51, Gremienbüro NDR.
[75] Ebd.

dem Sender verbunden werden. Ende Mai 1951 war der Anteil an aktuellen Berichten bereits auf 24 % des gesamten Programms gestiegen.[76] Das Potenzial des neuen Mediums bestand in der aktuellen Berichterstattung – dies wurde umgesetzt und genutzt.

Ein halbes Jahr nachdem man „zum ersten Mal nach den Kriege wieder ein Fernsehbild in Deutschland sehen konnte" stand auf der Deutschen Funk-Ausstellung 1950 das Fernsehen jedoch nur im Hintergrund.[77] Die Zurückhaltung kann durch ein Zusammenspiel von Politik und Wirtschaft sowie mit ausbleibenden Hörern für den neu eingeführten UKW-Empfang erklärt werden. Der NWDR und die Industrie befürchteten eine Einschränkung in der UKW-Entwicklung, wenn man das Fernsehen zu sehr propagierte. Das führte dazu, dass der Etat für das Fernsehen zunächst aus Desinformation vom Verwaltungsrat gestrichen wurde.[78] Die Rundfunk-Kritik plädierte jedoch dafür, die Entwicklung nicht weiter zu verzögern, „um den seit vielen Jahren verlorenen Anschluß an die internationale Entwicklung wiederzugewinnen."[79] Es sei zwar schon „kostbare Zeit" verloren; auf der anderen Seite sei „Schnelligkeit" aber auch „kein Vorzug" und eine „längere Experimentierzeit" könne sich „nützlich auswirken". Entscheidend sei nun das Programm, da das Fernsehen an sich „kein technisches Problem" mehr sei: Es stehe nicht mehr das „Das", sondern das „Wie" zur Debatte.[80] Das Branchenblatt *epd / Kirche und Rundfunk* geht davon aus, dass das Geld für ein tägliches Programm vorhanden war, sonst würden die deutschen Sender nicht „solche Summen" für Funkhausneubauten haben.[81] Die „Bremsklötze" monetärer Art wurden zu Beginn 1952 gelockert. Der Verwaltungsrat bewilligte für den NWDR einen Fernseh-Etat von 8,5 Millionen DM für die nächsten zwei Jahre und für das dritte Jahr 5 Millionen DM.[82]

Wie oft in der Mediengeschichte brachte der Ansporn, Neuheiten auf Fachausstellungen zu präsentieren, die Medienentwicklung entscheidend voran. Besonders wichtig für den Fortschritt des Fernsehens war bereits die Industrieausstellung 1951 in Berlin, für die ein Übertragungswagen und ein Studiowagen mit voller Einrichtung geschaffen wurden. Außerdem sendete der NWDR auf der Industrieausstellung ein vollständiges Programm inklusive Nachrichten und es wurden zum ersten Mal Fernsehgeräte ausgestellt und verkauft.[83] Spätestens nach der Fernseh-Ausstellung in

---

[76] O.V. (1951): Ein Jahr NWDR-Fernsehen. In: Die Ansage Nr. 39, 28.9.1951, S. 4-7, hier: S. 5-6.

[77] O.V. (1950): Im Hintergrund das Fernsehen. Notwendige Betrachtungen nach der Funk-Ausstellung. In: epd / Kirche und Rundfunk Nr. 18, 28.8.1950, S. 2-4, hier: S. 2.

[78] Ebd., S. 3.

[79] Ebd.

[80] Ebd., S. 3-4.

[81] Ebd., S. 4.

[82] Die Ansage Nr. 57, 31.1.1952, S. 5. Ein Artikel der *Hör zu* wird als Auszug wiedergegeben; vgl. 18. Sitzung des Hauptausschusses am 15.12.1951, Gremienbüro NDR.

[83] Vgl. Die Ansage Nr. 38, 21.9.1951, S. 1-3. Auszüge des Wortlauts von Dr. Pleister (Intendant) auf einer Pressekonferenz des NWDR.

Düsseldorf am 1. September 1952 sollte der Versuchsbetrieb durch eine regelmäßige Programm-Arbeit abgelöst werden.[84]

Den Medienkritikern war das Fernsehen jedoch suspekt. Die Meinung über das Fernsehen teilte sich in zwei Lager: Die einen befürworteten eine schnelle Ausbreitung des Fernsehens, forderten Tempo und warfen den Sendern „Saumseligkeit" oder sogar „kulturelles Versagen vor", andere warnten: Man solle gründlich überlegen, „in welche Lebenssituation das Fernsehen trifft".[85] Welche Auswirkungen man konkret befürchtete, wird nicht erwähnt.

Die Bundesbürger waren dem Fernsehen gegenüber jedoch nicht abgeneigt. Wie *epd / Kirche und Rundfunk* in der Ausgabe vom 14. Januar 1952 meldete, habe eine repräsentative Umfrage der Zeitschrift *Funk um die Familie* ergeben, dass 86 % der Befragten im Fernsehen einen „Fortschritt" und nur 7 % eine „Gefahr" erkannten. Für eine „baldige Einführung" sprachen sich 67 % aus. Fast ebenso viele (61 %) hielten ein Abendprogramm von 2 bis 3 Stunden für „ausreichend", 32 % wollten auch zu anderen Tageszeiten fernsehen.[86] Die Zuschauer der ersten Sendungen saßen allerdings vor nur 50 bis 60 Geräten bei Unternehmen der Funkindustrie, Presseverlagen, Gaststätten und im Funkhaus des NWDR selbst. Die Geräte wurden also zunächst, wie beim NS-Fernsehen, kollektiv genutzt. Immerhin gab es im Jahr 1952 noch vor dem offiziellen Start etwa 800 Fernsehempfänger in und um Hamburg.[87]

Bei der Entwicklung der Gerätepreise hatte man sich allerdings verschätzt. Ging man 1950 noch davon aus, dass die Industrie im ersten Jahr nach dem Programmbeginn in der Lage sei, Geräte in einer Preislage von 1.000 bis 800 DM herzustellen und im zweiten Jahr den Preis auf 800 bis 600 DM zu senken,[88] mussten die Fernseh-Verantwortlichen feststellen, dass sich der Markt anders entwickelte. Die Firma Philips nennt als erster Hersteller im Dezember 1952 einen Preis von 1.150 DM für Tischgeräte.[89] Auf einer Sitzung des Hauptausschusses im Frühjahr 1953 erklärte Intendant Pleister eine Zurückhaltung beim Kauf von Fernsehgeräten mit einer falschen Informationspolitik der Fernsehindustrie: Es habe keine eindeutigen Angaben über die Preise gegeben. So warteten die Käufer auf Preissenkungen; nur zwei Firmen boten Geräte für 950 bis 990 DM an.[90] Vertreter der Geräteindustrie machten dagegen die geringe Dauer des täglichen Programms und seine mangelnde Qualität für diese

[84] Vgl. Die Ansage Nr. 57, 31.1.1952, S. 5. Ein Artikel der *Hör zu* wird als Auszug wiedergegeben.

[85] Die Ansage Nr. 57, 31.1.1952, S. 5-6. Ein Artikel aus *Christ und Welt* wird in Auszügen wiedergegeben.

[86] O.V. (1952): Es gibt nicht so viel Fernsehgegner – Eine aufschlussreiche Umfrage. In: epd / Kirche und Rundfunk Nr. 1, 14.1.1952, S. 7.

[87] Koster, 1952, S. 371.

[88] 29. Sitzung des Verwaltungsrates NWDR vom 23. bis 24.9.1950, Historisches Archiv WDR. Bericht von Dr. Nestel – die Voraussetzung für die Preisentwicklung war eine zuverlässige Information an die Industrie, wann mit dem Fernsehbetrieb begonnen würde.

[89] Bleicher, 1993a, S. 49.

[90] Vgl. 24. Sitzung des Hauptausschusses am 18.4.1953, Gremienbüro NDR.

Zurückhaltung verantwortlich.[91] Schon mit dem Beginn des Versuchsprogramms wuchsen die Ansprüche: „Wer mehr als 1.000 DM aufwendet, stellt verständlicherweise Ansprüche", schrieb *epd / Kirche und Rundfunk* bereits im September 1951. Die Fernsehkritik befürchtete zugleich, dass ein Zuschauer, „der einmal an ein flaches Niveau gewöhnt ist", den „Weg zur Qualität und zur Kultur" kaum mehr gehen werde. Daher sollte es von Anfang an ein „echtes, verantwortungsbewusstes Kulturprogramm" geben.[92] Auf die Aktualität und zeitnahe Nachrichten als besonderes Potenzial des Fernsehens wurde nicht eingegangen.

Am 25. Dezember 1952 begannen die täglichen Programmausstrahlungen und damit das offizielle Fernsehprogramm. Mit England und Frankreich gab es nun drei europäische Staaten mit einem regelmäßigen Fernsehprogramm. Im Januar 1953 betrug der Anteil der Direktsendungen bereits 65 %, der Film machte 32 % des Programms aus. Ein Jahr später hatte sich der Filmanteil auf 24 % verringert und entsprechend mehr wurde direkt gesendet. Das entsprach den damaligen Vorstellungen vom Fernsehen als Live-Medium.[93]

Nach der anfänglichen Euphorie über die technische Leistung gab es Kritik am noch nicht ausgefeilten Programm. Dabei war es kaum möglich, die enttäuschten Erwartungen „auf einen Nenner" zu bringen.[94] Ähnlich wie bei der Wochenschau erwartete man vom Fernsehen große Sensationen, den „großen Blick in die Welt", „dauernde Aktualität" und Unterhaltung sowie „spannende Abwechslung".[95] Die finanziellen Aufwendungen waren jedoch hoch und Pleister sah noch „Grenzen der schöpferischen Leistungsfähigkeit" – durch die „Armut des Menschen unserer Zeit an Ausdruckskraft und echter Substanz".[96] Nach der NS-Zeit mit Gleichschaltung der Medien musste sich die Kreativität auch im Fernsehen noch entwickeln.

Im Oktober 1953 betonte Pleister bei der Einweihung des neuen Fernsehstudios: Fernsehen bedeute „live dabei sein". „Wenn wir wirklich einmal auf die Konserve Film zurückgreifen wollen, soll das für uns die Deutsche Wochenschau in der Heilwigstraße tun!"[97] Doch schon Mitte Januar 1953 wurde das Fernsehprogramm als banal, lethargisch, langweilig kritisiert.[98] Nach Meinung des *Spiegel* sei aber noch schlimmer, dass der NWDR noch keinen Dramaturgen habe und auch sonst noch kein qualifizierter Mitarbeiter-Nachwuchs herangezogen worden sei.[99]

---

[91] Vgl. Bleicher, 1993b, S. 85.

[92] O.V. (1951): Ein Jahr Fernseh-Versuchsprogramm. Das Experiment ist nicht so unverbindlich, wie es scheint. In: epd / Kirche und Rundfunk Nr. 19, 10.9.1951, S. 2-3, hier: S. 3.

[93] Vgl. Galweit, G. M. (1962): Seit zehn Jahren: Täglich Premiere. In: Kölner Stadt-Anzeiger vom 24./26.12.1962, Rundfunk Programm Fernsehsendung Tagesschau von 8/52 bis 1/66, NDR.

[94] 24. Sitzung des Hauptausschusses am 18.4.1953, Gremienbüro NDR.

[95] Ebd.

[96] Ebd.

[97] Pleister am 23.10.1953 bei der Schlüsselübergabe zur Einweihung des Fernsehstudios, zit. nach Bleicher, 1993a, S. 54.

[98] Vgl. o.V. (1953). Programm – Zäh wie Kleistermasse. In: Der Spiegel Nr. 7, 11.2.1953, S. 32-33.

[99] Ebd.

Umfragen, die ab Mitte März 1953 von der Abteilung Hörerforschung des NWDR über das Fernsehen durchgeführt wurden, ergaben dagegen, dass es bereits eine gute Sehbeteiligung gab: Dreiviertel der 35.000 befragten Teilnehmer schalteten täglich das Fernsehprogramm ein; von diesen sahen 85 % dem gesamten Programm zu. Außerdem waren 80 % mit der Anfangszeit von 20 Uhr zufrieden – die Befragten konnten sich aber wiederum nur eine Programmdauer von höchstens zweieinhalb Stunden vorstellen.[100]

3.5.3 Die Rundfunkanstalten im ARD-Verbund

Die sechs Rundfunkanstalten[101] der jungen Bundesrepublik, standen „nur in mehr oder weniger loser Fühlung miteinander".[102] Man hatte aber erkannt, dass es zur Vereinfachung der Verwaltung und für die Erreichung gemeinsamer Ziele sinnvoller war, nach außen geschlossen aufzutreten.[103] Darüber hinaus war von vornherein klar, dass ein Fernsehprogramm nur gemeinsam zu finanzieren war.[104] Am 5. August 1950 fand die konstituierende Sitzung der „Arbeitsgemeinschaft der öffentlich-rechtlichen Rundfunkanstalten der Bundesrepublik Deutschland" (ARD) statt.[105] Die Intendanten gründeten am 10. November 1950 eine „Fernsehkommission", die sich u.a. mit rundfunktechnischen Problemen befassen sollte.[106]

Um einem Ansinnen der Politik vorzubeugen, ihre Macht im neuen Medium auszuspielen und in die Gestaltung eingreifen zu wollen, übersandten die Intendanten der ARD im November 1951 Bundeskanzler Adenauer ihre Vorstellungen über die Unabhängigkeit des Rundfunks.[107] Später mussten bedeutende Punkte davon vor dem Bundesverfassungsgericht erstritten werden. Die Intendanten der Rundfunkanstalten stellten heraus, dass die Form selbstständiger Anstalten des öffentlichen Rechts jeden privaten Nutzen ausschloss. Die Rundfunkanstalten sollten nach demokratischen Grundsätzen aufgebaut und „in politischer, kultureller, technischer und wirtschaftlicher Hinsicht" unabhängig sein. Die Organisation der Rundfunkanstalten sei außerdem die „gemeinsame Aufgabe der Länder".[108] Entsprechend dem Grundsatz der politischen Unabhängigkeit, sollte auch das Programm überparteilich gestaltet sein und

---

[100] Hahn, 1954, S. 258-259.
[101] Bayerischer Rundfunk, Hessischer Rundfunk, Nordwestdeutscher Rundfunk, Radio Bremen, Südwestdeutscher Rundfunk und Südwestfunk; vgl. Hickethier, 1998, S. 126.
[102] O. V. (1950): Konstituierende Sitzung in München. In: Die Ansage Nr. 33, 17.8.1950, S. 3-4, hier: S. 3.
[103] Vgl. ebd.
[104] Vgl. Bleicher, 1993b, S. 86.
[105] O. V. (1950): Konstituierende Sitzung in München. In: Die Ansage Nr. 33, 17.8.1950, S. 3-4.
[106] Bleicher, 1993b, S. 87.
[107] Vgl. Die Ansage Nr. 48, 30.11.1951, S. 1-2.
[108] Ebd, S. 1.

dies „gesetzlich sichergestellt“ werden.[109] Während den Ländern die Zuständigkeit für die Organisation zugedacht wurde, sollte die Deutsche Bundespost für die Bereitstellung der technischen Voraussetzungen sorgen. Außerdem sollte sie den Rundfunkanstalten die erforderlichen Leistungen „gegen Zahlung angemessener Gebühren unter Einräumung der Meistbegünstigung“ zur Verfügung stellen. Auf der anderen Seite wollten die Rundfunkanstalten die Berechtigung erhalten, selbst „drahtlose Verbindungen“ zur Übertragung von Programmen von Betriebsstationen zu Betriebsstationen und zu anderen Rundfunkanstalten zu errichten und zu betreiben.[110]

Durch die Gründung der ARD hatte das Fernsehen nach dem Krieg zwei Starts: am 25. Dezember 1952 zum Beginn des regulären Programmdienstes und am 1. Januar 1953 zum offiziellen Beginn des Gemeinschaftsprogramms.[111] Bundespostminister Schuberth sprach bei der Eröffnung: „Das Fernsehen ist vergleichbar einer von technischen Könnern kunstvoll getriebenen Schale, und es liegt nun an uns, was wir in diese Schale hineintun wollen, um es den Fernsehteilnehmern darzubieten“; der Inhalt solle „zur Gesundung der deutschen Seele beitragen“.[112] Generaldirektor Grimme sprach ebenfalls von einer „Zauberschale“, die „alltäglich mit dem bunten Weltgeschehen“ gefüllt werden sollte. Das Leben sollte durch das Fernsehen „reicher“ und „tiefer“ werden – auch durch das „Miterleben von Freud und Leid der anderen“.[113] Die Situation der Menschen in den 1950er Jahren war noch immer vom Krieg gezeichnet und in der Unsicherheit verlangte man nach verlässlichen und aktuellen Informationen, aber ebenso nach Entspannung.

Wie die „Schale“ gefüllt werden sollte, wurde auf einer Tagung der ARD im Frühjahr 1953 mit bedeutenden vertraglichen Vereinbarungen über das „Deutsche Fernsehen“ beschlossen. Das gemeinsame Programm des „Deutschen Fernsehens“ sollte höchstens zwei Stunden täglich dauern und konnte durch regionale Programme der einzelnen Rundfunkanstalten ergänzt werden.[114] Es wurde ein Ständiger Programm-Ausschuss gebildet, der sich aus Vertretern der Rundfunkanstalten zusammensetzte und über die Gestaltung des Fernsehprogramms entschied. Die Rundfunkanstalten verpflichteten sich im Fernsehvertrag von 1953 zum Fernsehprogramm zu bestimmten Prozentzahlen beizutragen,[115] wobei der NWDR die Hälfte des Pro-

[109] Ebd.

[110] Ebd.

[111] Vgl. o.V. (1953). Thema Nummer 1: Fernsehen. Zuschauer auf offener Straße – Überraschende Reichweiten. In: Die Ansage Nr. 106, 8.1.1953, S. 1.

[112] O.V. (1952): Verschlossene Tore aufgestoßen. Ansprachen zur Inbetriebnahme der Fernsehbrücke am 1. Januar. In: Die Ansage Nr. 105, 31.12.1952, S. 6.

[113] Ebd.

[114] O.V. (1953): „Deutsches Fernsehen“ und „Deutsche Welle“. Wichtige Beschlüsse der westdeutschen Rundfunkanstalten. In: Die Ansage Nr. 118, 1.4.1953, S. 1.

[115] Entsprechend des Einzugsgebietes der Rundfunkanstalt: BR: 20 %, HR 10 %, NWDR 50 %, SDR 10 %, SWF 10 %. Der Beitrag von Radio Bremen wurde gesondert geregelt; vgl. Bleicher, 1993b, S. 92.

gramms übernahm.[116] Diese Aufteilung nach Anteilen führte dazu, dass jede Rundfunkanstalt versuchte, eigene Produktionen für die ganze Programmbandbreite zu bieten.[117] Außer diesen Programmanteilen übernahmen Rundfunkanstalten „im Auftrag“ der anderen die Herstellung bestimmter serieller Sendungen, wie die *Tagesschau* (Hamburg), die *Wetterkarte* (Frankfurt) und die *Sportschau* (Köln).[118]

Auch die Investitionen wurden zwischen den Anstalten koordiniert, um die technischen Möglichkeiten gemeinsam zu nutzen.[119] Eine Umsetzung dieser Vereinbarungen in allen Konsequenzen konnte jedoch erst erfolgten, als die übertragungstechnischen Voraussetzungen für die Verbindung der Rundfunkanstalten bestanden. Am 1. November 1954 meldete sich die Ansagerin mit dem Text: „Hier ist das Deutsche Fernsehen“ – als Ausdruck dafür, dass von nun an sämtliche westdeutschen Rundfunkanstalten mit Sendungen im Programm des Fernsehens vertreten waren. Von diesem Tag an strahlten alle Fernsehsender von Hamburg bis München, Köln bis Berlin ein „einheitliches“ Programm aus.[120]

Trotz dieser Einheit standen die Rundfunkanstalten in einem Wettlauf um Zuschauerzahlen. Zunächst hatte der Westen des NWDR-Gebietes die größte Zuschauerzahl. Am 1. April 1955 gab es im Bereich West des NWDR erheblich mehr Teilnehmer (62.225) als im Bereich Nord (18.527). Gründe dafür lagen in der Besiedelung der Gebiete und in der doppelt so hohen Kaufkraft der Bevölkerung im Westen als im Norden.[121] Außerdem bestand ein Wettbewerb bei Kosten und Personal. Die Kosten für eine Fernsehminute lagen zwischen 180 und 375 DM – je nach Rundfunkanstalt. Die einzelnen Studios versuchten sich untereinander durch „überhöhte Gagen“ die Schauspieler weg zu engagieren.[122] 1955 löste sich der NWDR in WDR und NDR auf. Beide Rundfunkanstalten waren jedoch auf dem Gebiet des Fernsehens weiter im Nordwestdeutschenrundfunkverband (NWRV) zusammengeschlossen.[123] Aufgrund des unterschiedlichen Gebührenaufkommens (1957: 16 Millionen für den WDR zu 6 Millionen für den NDR) war der WDR bald nicht mehr am

[116] O.V. (1953): „Deutsches Fernsehen“ und „Deutsche Welle“. Wichtige Beschlüsse der westdeutschen Rundfunkanstalten. In: Die Ansage Nr. 118, 1.4.1953, S. 1.

[117] Vgl. Hickethier, 1998, S. 126.

[118] Bleicher, 1993b, S. 90.

[119] O.V. (1953): „Deutsches Fernsehen“ und „Deutsche Welle“. Wichtige Beschlüsse der westdeutschen Rundfunkanstalten. In: Die Ansage Nr. 118, 1.4.1953, S. 1.

[120] O.V. (1954): Der Weg zum Deutschen Fernsehen. Sechs Jahre Pionierarbeit des NWDR. In: Die Ansage Nr. 201, 3.11.1954, S. 1-2, hier: S. 1.

[121] O.V. (1955): Warum hat Norddeutschland so wenig Fernsehteilnehmer? Eine Untersuchung der NWDR-Hörerforschung. In: epd / Kirche und Fernsehen Nr. 13, 20.6.1955, S. 3.

[122] O.V. (1955): Meinungsstreit um die westdeutsche Fernseh-Organisation. In: epd / Kirche und Fernsehen Nr. 13, 20.6.1955, S. 4-5. Statement von Eckert als Mitglied des Arbeitskreises für Rundfunkfragen.

[123] Vgl. Bleicher, 1993b, S. 95. Am 1.4.1956 beginnt das Fernsehen des NDR und WDR als Gemeinschaftsleistung des NWRV; Bleicher, 1993a, S. 78.

NWRV interessiert. Der NWRV-Staatsvertrag wurde zum 31. März 1961 gekündigt.[124]

Trotz der Einführung der Fernsehgebühr im Jahr 1954 wurde das Fernsehen aus Hörergebühren weiter bezuschusst. 1955 betrug der Zuschuss 8,5 Millionen DM – wesentlich geringer als in den Vorjahren. Im Jahr 1954 wurden Einnahmen aus Fernsehgebühren von mehr als 1,3 Millionen DM erzielt (im Vergleich von 1953/54 mit 225.000 DM ein rasanter Anstieg) – für 1955 wurde mit Einnahmen von 3,3 Millionen DM gerechnet.[125] Zwar wusste man beim Fernsehen um den Wunsch der Zuschauer nach einer Ausweitung des Programms, doch war dies zunächst wegen der Abhängigkeit von den Hörergebühren nicht möglich.[126]

3.5.4 Die Produktionsbedingungen beim NWDR

Inhalte werden beim Fernsehen vollkommen anders vermittelt als beim Film. Beispielweise kann die Fernsehkamera eine optische Vorlage für eine Livesendung direkt in das Fernsehsignal umwandeln. Die Filmkamera dagegen nimmt eine Szene auf und produziert zuerst einen Film.[127] Seit September 1949 bereitete eine „Laboratoriumsgruppe“ in der Zentraltechnik des NWDR das Fernsehen vor. Ziel war zunächst, einen „kleinen Fernseh-Versuchssender“ aufzustellen, mit dem die „vielen technischen Einzelprobleme“ untersucht werden sollten.[128] Der technische Direktor Werner Nestel aktivierte seine Kontakte zur Industrie, um die technische Entwicklung in Gang zu setzen.

Im Sommer 1951 reiste Nestel in die USA, um sich dort ein Bild vom Stand der technischen Entwicklung zu machen. Die bedeutendste Erkenntnis seiner Reise war, dass Deutschland mit der 625-Zeilen-Norm „richtig“ lag, denn in den USA arbeite das Fernsehen mit einer ähnlichen Norm.[129] Das deutsche Fernsehen war somit international anpassungsfähig und konnte sich auf diesem Wege weiterentwickeln. Nestel erfuhr zudem, dass dort das Fernsehen das Radio nicht verdrängt hatte, denn wer in den USA ein Fernsehgerät besaß, verfügte zugleich auch über einen Rundfunkempfänger.[130] Der amerikanische Programmumfang von 9 bis 23 Uhr kam aber für Deutschland nicht in Frage. In der praktischen Programmarbeit wollte sich der NWDR nach den Erfahrungen der Briten richten, die sich darauf beschränkten, nachmittags eineinhalb Stunden und abends zwei Stunden Fernsehen zu senden. Da-

---

124 Bleicher, 1993b, S. 95.

125 34. Sitzung des Hauptausschusses am 26.3.1955, Gremienbüro NDR.

126 Ebd.

127 Vgl. Forschungsinstitut für Soziologie der Universität Köln, 1965, S. 66, unveröff. Studie, NDR.

128 Die Ansage Nr. 40, 30.9.1949, S. 1.

129 O.V. (1951): „Im Lande des Fernsehens“. In: Die Ansage Nr. 27, 6.7.1951, S. 1-2, hier: S. 2.

130 Ebd.

mit wollte man eine „starke Beunruhigung der Familie“ vermeiden[131] – denn so schätzte man die Wirkung des amerikanischen Fernsehens ein.

Der NWDR richtete ein kleines Fernsehstudio in einem alten Hochbunker (Hochbunker 2) auf dem Heiligengeistfeld in Hamburg ein. Im Dezember 1951 kamen noch weitere Räume im Hochbunker 1 dazu.[132] Vergleichbar mit der Fernseharbeit Mitte der 1930er Jahre entstanden die ersten Aufnahmen in engen Räumen.[133] Die Dreh- und Arbeitsbedingungen in dem Bunker[134] erwiesen sich durch die Hitze der Scheinwerfer als unerträglich, sodass man das Studio in einer Sendepause des Versuchsprogramms in den ersten zwei Januarwochen 1951 vergrößerte. Nach der Wiederaufnahme der Versuche stand am 2. März 1951 die Premiere des Fernsehspiels „Vorspiel auf dem Theater“ unter der Regie von Hanns Farenburg auf dem Programm. Farenburg war schon am Fernsehen der Vorkriegszeit beteiligt und konnte als Oberspielleiter seine Kenntnisse für den Aufbau des Fernsehens einbringen.[135]

Die Räume im Hochbunker reichten nicht mehr aus und so wurde im September 1951 mit dem Bau eines großen Fernsehstudios in Hamburg Lokstedt begonnen.[136] Am 23. Oktober 1953 wurde es per Schlüsselübergabe eröffnet.[137] In Köln behalf man sich mit einem stationär eingesetzten Übertragungswagen, einem Studio und einer als Atelier umgebauten Turnhalle in der alten Universität.[138]

Die technischen Einrichtungen wurden erweitert und verbessert – im September 1951 gab es bereits drei Fernsehkameras im Hamburger Studio.[139] Bei bisherigen Studioversuchen waren „harte Übergänge“ durch das Umschalten zwischen den Kameras unumgänglich gewesen. Als großen Fortschritt des Fernsehens wurde es angesehen, mit einem Mischpult Überblendungen herzustellen.[140] In einem Aufsatz in der *Neuen Zeitung* (Frankfurt a. M.) vom Oktober 1951 beschäftigt sich der Autor Alfred Berndt mit möglichen Hindernissen für eine harmonische Gestaltung, wie man sie vom Film kannte. Nach seiner Auffassung habe sich dies bei der Probesendung zu *Vorspiel auf dem Theater* gezeigt. Er schrieb, dass an die Stelle der Schnitte, die im Film möglich waren, beim Fernsehen nur Blenden treten könnten, die nicht einer Ästhetik folgten. Da die Fernsehkamera nicht schneiden könne, sei keine ausdrucksstar-

131 Die Ansage Nr. 38, 21.9.1951, S. 1-3, hier: S. 3. Es handelt sich um Auszüge des Wortlauts von Dr. Pleister (Fernsehdirektor) auf einer Pressekonferenz des NWDR.

132 Hickethier, 2008a, S. 273.

133 Vgl. Pohle, 1990, S. 97.

134 Zur technischen Ausstattung des Studios vgl. ausführlich Hickethier, 2008a, S. 273.

135 Hickethier, 1998, S. 89.

136 Vgl. o.V. (1951): Ein Jahr NWDR-Fernsehen. In: Die Ansage Nr. 39, 28.9.1951, S. 4-7, hier: S. 7.

137 O.V. (1953): Festakt im Fernsehen. Schlüsselübergabe durch den Generaldirektor des NWDR. In: Die Ansage Nr. 147, 22.10.1953. S. 1.

138 Vgl. 24. Sitzung des Hauptausschusses am 18.4.1953, Gremienbüro NDR.

139 Vgl. o.V. (1951): Ein Jahr NWDR-Fernsehen. In: Die Ansage Nr. 39, 28.9.1951, S. 4-7, hier: S. 7.

140 Vgl. Die Ansage Nr. 38, 21.9.1951, S. 1-3, hier: S. 3. Es handelt sich um Auszüge des Wortlauts von Dr. Pleister (Fernsehdirektor) auf einer Pressekonferenz des NWDR. Auch schon beim NS-Fernsehen soll es ein modernes Mischpult gegeben haben; vgl. hierzu Pohle, 1990, S. 99-100.

ke Montage möglich. Fahrt und Schwenk hätten noch nicht so schnell erfolgen können, um pointiert eingesetzt zu werden. Die Fernsehkamera sei zudem noch nicht allzu beweglich, sodass Fernsehspiele wie „Kammerspiele" blieben.[141] Ob aber diese Beschreibung auf eine persönliche Beobachtung zurückgeht, kann nicht mehr festgestellt werden.

Die *Fernseh-Informationen* erläutern die Aufnahme im Fernsehstudio dagegen folgendermaßen: Ohne eine Mischpulttechnik erfolgten Überblendungen von einer Kamera zur anderen oder von der Kamera zum Filmabtaster, indem am Regietisch die entsprechenden Kanäle per Regler entweder geschlossen oder geöffnet wurden – je nachdem, welche Kamera in dem Moment zur Sendung kommen sollte. Mit der Geschwindigkeit der Reglerbewegung waren verschiedene Variationen zur Bildgestaltung möglich.[142] Der normale „Bildmischer" war also in der Lage, die Signale von verschiedenen Kameras, von aufgenommenen Filmen und anderen Bildquellen so zusammen zu bringen, dass ein harmonisch fließendes Bild erzeugt wurde.[143] Der Berichterstatter der *Fernseh-Informationen* hatte im November 1954 allerdings die Gelegenheit, die Vorführung eines Trickmischpultes zu erleben, das im neuen Fernsehstudio in Hamburg-Lokstedt zum Einsatz kommen sollte. Mit dem neuen Mischpult seien nun „rollende Schnitte" und damit „eine große Zahl effektreicher Überblendungen" möglich – beispielsweise Schnitte, die von links nach rechts über den Bildschirm wanderten. Die „Trickart" würde dann mit einer Taste vorgewählt und die Überblendung mit einem Schieberegler vorgenommen.[144] „Trickmischer" konnten außerdem ganz bestimmte, fernseheigene Effekte herstellen, wie z.B. das Einblenden von beweglichen Markierungen wie Pfeile oder andere grafische Zeichen,[145] um komplexe Sachverhalte anschaulich zu vermitteln.

Zum Jahresende 1951 wurde eine Filmaufzeichnungsanlage fertiggestellt. Alle „wertvollen" Sendungen (aus einem Studio oder per Übertragung), die zum Sender gegeben werden, konnten auf Filmband aufgezeichnet werden – damit waren Wiederholungen und der Austausch von Sendungen möglich.[146] Ab 1953 konnte mit dem Pilotton-Verfahren zuverlässig Lippensynchronität hergestellt werden. Der Pilotton

---

[141] Vgl. Berndt, A. (1951): Ohne Titel. Neue Zeitung, Frankfurt, 18.10.1951, zit. nach o.V. (1951): Kann Fernsehen eine Kunst werden? In: epd / Kirche und Rundfunk Nr. 23, 5.11.1951, S. 11.

[142] O.V. (1954): Hexenkünste am Regietisch des Fernsehstudios. Großes Trick-Mischpult für den NWDR. Eine Konstruktion, die auch für die Filmindustrie von Interesse ist. Von 20 auf 80 Röhren gekommen. In: Fernseh-Informationen, 3. Jg., 1. November-Ausgabe, S. 10.

[143] Vgl. Forschungsinstitut für Soziologie der Universität Köln, 1965, S. 72-73, unveröff. Studie, NDR.

[144] O.V. (1954): Hexenkünste am Regietisch des Fernsehstudios. Großes Trick-Mischpult für den NWDR. In: Fernseh-Informationen, 3. Jg., 1. November-Ausgabe, S. 10.

[145] Vgl. Forschungsinstitut für Soziologie der Universität Köln, 1965, S. 72-73, unveröff. Studie, NDR.

[146] 18. Sitzung des Hauptausschusses am 15.12.51, Gremienbüro NDR. Die Filmaufzeichnungsanlage wurde bereits im Mai 1951 im Versuchsprogramm eingesetzt; vgl. Bleicher, 1993a, S. 46.

wurde zusätzlich zum Originalton auf 6-mm-Magnetband aufgenommen; er sorgte bei der Überspielung dafür, dass Bild und Ton synchron angelegt waren.[147]

Auf einer ARD-Tagung im Dezember 1953 erläuterte Nestel den Stand des Fernsehens. Nestel erwähnte Kosten pro Sendeminute von 120 DM beim NWDR – alles eingerechnet: Programm, Honorare, Gehälter für festangestellte Mitarbeiter, Technik, Verwaltung, Sendung.[148] Damit liegen die Kosten sehr viel niedriger, als noch 1950 geschätzt wurde. Der Vorsitzende des Verwaltungsrats Raskop veranschlagte damals einen Satz von 1.300 DM pro Sendeminute – wogegen der Generaldirektor bereits mit nur 600 DM pro Sendeminute rechnete.[149] Das gesamte westdeutsche Fernsehprogramm wurde 1953 mit einer Personalstärke von 393 hergestellt: davon 166 Mitarbeiter für das Programm, 119 für die Verwaltung und 108 Mitarbeiter für die Technik.[150] Nestel ging davon aus, dass durch die stärkere Beteiligung der Rundfunkanstalten im Laufe des Jahres 1954 eine Entlastung eintreten würde, sodass noch mehr Sendungen mit einer größeren Aktualität und noch mehr sorgfältig geplante Programme möglich seien.[151]

3.5.5 Die Übertragungstechnik des Fernsehens

In der Distribution unterschieden sich Kinofilm und Fernsehen völlig. Die Fernsehprogramme wurden im „UKW-Frequenzband" ausgestrahlt – aber die Reichweite war zunächst nur begrenzt.[152] Um ein Fernsehprogramm über das gesamte Bundesgebiet zu verbreiten, waren viele Einzelsender notwendig, die als Richtfunkstrecke (auch Dezimeterstrecke genannt) miteinander verbunden wurden.[153]

Am 20. Oktober 1952 wurde die drahtlose Fernseh-Übertragungsstrecke zwischen Berlin und Hamburg in Betrieb genommen (versuchsweise bereits am 10. September

[147] Vgl. Hickethier, 2008a, S. 282. Nach Diercks soll das Pilotton-Verfahren 1953 als lippensynchrone Kopplung einer kleinen Filmkamera mit einem tragbaren Tonbandgerät im Rundfunktechnischen Zentralinstitut (RTI) des NWDR vorbereitet und von ihm im Januar 1954 zum ersten Mal eingesetzt worden sein; vgl. Diercks, 1999. Nach Jadicke aber wurde das Verfahren von Josef Schürer, Ingenieur des BR, entwickelt und im „Umfeld der Tagesschau" von Oberingenieur Udo Stepputat zur „Praxisreife" gebracht. Carsten Dierks habe es dann bei den Arbeiten zum Expeditions-Film „Musuri" zum ersten Mal ausprobiert; Jaedicke, 2002, S. 53.

[148] Tagung der ARD am 9.12.1953, Referat von Prof. Nestel „Die Koordinierung der Fernsehplanung in der Bundesrepublik", STAHH; vgl. Rufer und Hörer, Heft 8, 1953/1954, S. 208-222.

[149] 29. Sitzung des Verwaltungsrates NWDR vom 23. bis 24.9.1950, Historisches Archiv WDR. Grimme nennt auf einer der ersten ARD-Versammlungen im Juni 1960 Kosten von durchschnittlich von 500 DM pro Sendeminute; vgl. Bleicher, 1993a, S. 45.

[150] Tagung der ARD am 9.12.1953, Referat von Prof. Nestel „Die Koordinierung der Fernsehplanung in der Bundesrepublik", STAHH; vgl. Rufer und Hörer, Heft 8, 1953/1954, S. 208-222.

[151] Ebd.

[152] Hickethier, 1998, S. 76.

[153] Vgl. ebd.

1952[154]). Somit konnten die Zuschauer in Hamburg auch das Berliner NWDR-Programm verfolgen[155]. Nach den Worten des NWDR-Intendanten Werner Pleister sollte eine „unsichtbare ‚Ätherbrücke' " über den „Eisernen Vorhang" geschaffen sein.[156] Wie die *Neue Deutsche Wochenschau* sollte auch das Fernsehen im Kalten Krieg eine Rolle spielen. In den ersten Tagen nach dem offiziellen Programmstart musste Köln wegen fehlender Richtfunkstrecken ein eigenes Programm senden.[157] Der Ausbau der Richtfunkstrecken kam aber nach und nach voran – auch nach Süden, sodass Ende Mai 1953 der Frankfurter Sender das Programm aus Hamburg übernehmen und mit eigenen Beiträgen unterstützen konnte.[158]

Im Jahr 1954 verliefen die Richtfunkstrecken bereits von Hamburg aus südöstlich bis nach Berlin (über das Gebiet der DDR hinweg mit anderer Sendetechnik – UKW-Frequenz statt Dezimeterwellen)[159] und südwestlich über Hannover, Köln, Feldberg (im Taunus) bis zum Weinbiet im Schwarzwald und weiter bis in die Schweiz.[160] Mit der Programmausstrahlung von den Sendern Hamburg, Hannover, Langenberg, Köln und Bonn konnte der NWDR potenziell von 62 % der Bevölkerung im Einzugsgebiet empfangen werden. Erst im Herbst 1954 wurde die Richtfunkstrecke von Baden-Baden über Stuttgart nach München fertiggestellt, sodass das ARD-Gemeinschaftsprogramm am 1. November 1954 beginnen konnte.[161]

Die Möglichkeit einer echten Kooperation, in der die einzelnen Sender während des Programms einzelne Sendungen beitragen konnten, kam nur stufenweise voran. Wollte eine andere Rundfunk-Station als Hamburg das Programm übernehmen, waren wegen der Eingleisigkeit der Übertragungsstrecke Umschaltungen notwendig. Die Umschaltpausen, die durch die Neujustierung der Anlagen entstanden, dauerten bis zu einer Viertelstunde. In dieser Zeit wurden kleine Pausenfilme gezeigt – je nach Sendeanstalt ein anderer.[162] Die langen Umschaltpausen von 15 Minuten waren für die Zuschauer unzumutbar geworden und wurden bei der Übertragung der Berliner

154 Bleicher, 1993a, S. 49.

155 Hickethier, 1998, S. 78-79. Das war jedoch noch nicht umgekehrt möglich., d.h. die Berliner konnten das Hamburger Programm nicht sehen. Erst im Herbst 1953 wurde die Ausstrahlung eines einzigen Programms über alle Sender möglich.

156 O.V. (1952): Fernseh-Blick über die Zonengrenze. Ein technisches Ereignis: Programm aus Berlin. In: Die Ansage Nr. 95, 23.10.1952, S. 1.

157 Vgl. Bleicher, 1993b, S. 91.

158 24. Sitzung des Hauptausschusses am 18.4.1953, Gremienbüro NDR.

159 Hickethier, 1998, S. 78.

160 O.V. (1954): „Umzündung" auf allen Türmen. Maßarbeit der Techniker: Schaltpause im Fernsehen. In: Die Ansage Nr. 164, 17.2.1954, S. 4.

161 Hickethier, 2008a, S. 278-279.

162 Vgl. o.V. (1957): Ideenreichtum am kleinen Gegenstand. Neue ‚Pausenfüller' bei den Sendern. In: epd / Kirche und Fernsehen Nr. 11, 3.6.1957, S. 8-9.

Außenministerkonferenz als „sehr störend" kritisiert.[163] Dem Publikum kam es bei politischen Themen von nationaler Bedeutung nicht nur auf eine aktuelle, sondern auf eine schnelle Informationsmöglichkeit an. Die Bundespost plante, die Pausen ab Mai 1954 auf 5 Minuten zu verringern.[164]

Auch die *Tagesschau* wartete auf den Ausbau der Strecken. Die tägliche Ausgabe der *Tagesschau* wurde schon oft angekündigt, aber immer wieder aufgrund der noch nicht fertiggestellten zweigleisigen Strecke verschoben.[165] Man brauchte zumutbare Umschaltzeiten, um das Programm täglich nach der *Tagesschau* aus Hamburg durch eine andere ARD-Anstalt fortzusetzen.

Im September 1955 wurde auf Internationalen Funkausstellung in Düsseldorf eine „Ruck-Zuck-Schaltung" zwischen Köln, Iffezheim und dem Nürburgring in einer aktuellen Sendung vorgeführt.[166] Im März 1956 arbeiteten die Unternehmen Lorenz, Siemens & Halske und Telefunken an der Entwicklung neuer Richtfunkgeräte, die ein breites Frequenzband übertragen konnten, das eine Kapazität für 600 Ferngespräche oder vier Fernsehprogramme gleichzeitig hatte. Dadurch sollte nicht nur die „gleichzeitige Übertragung eines Fernsehprogramms in beiden Richtungen" möglich sein, sondern auch „ausreichend Reserven für Störungen" bestehen.[167] Bis die Geräte aber eingebaut werden konnten, sollte es nach Schätzung der Deutschen Bundespost noch bis Ende 1957 dauern.[168] Ab 1957 waren nach Hickethier die „Ruck-Zuck-Umschaltungen" tatsächlich einsetzbar und man konnte zwischen mehreren Sendern hin- und herschalten.[169]

Für die Fertigstellung der Mehrgleisigkeit wurde von der Bundespost eine bestimmte Fernsehteilnehmerzahl als Bedingung vorausgesetzt.[170] Aber eine teilweise Mehrgleisigkeit – zwar mit Umwegen – war auch schon 1956 zu erzielen. Im März 1956 meldete *epd / Kirche und Fernsehen*, dass schon bald eine Ringleitung fertiggestellt sein sollte, die von Mellendorf bei Hannover über Köln, Feldberg (Taunus),

---

[163] O.V. (1954): Kürzere Fernsehpause. Wichtige Neuerungen der Bundespost an der Richtfunkstrecke. In: Die Ansage Nr. 169, 24.3.1954, S. 3; vgl. Tagung der Fernseh-Kommission am 8.3.1954, STAHH.

[164] Vgl. O.V. (1954): Kürzere Fernsehpause. Wichtige Neuerungen der Bundespost an der Richtfunkstrecke. In: Die Ansage Nr. 169, 24.3.1954, S. 3.

[165] Vgl. o.V. (1955): Die Tagesschau nach dem 1. April. In: epd / Kirche und Fernsehen Nr. 7, 28.3.1955, S. 3; vgl. Beckmann (Intendant HR) Brief an Becker (Technischer Direktor SWF), 19.12.1955, NDR (621-1-144), 194, STAHH.

[166] O.V. (1955): Gute alte Bekannte. Zu Sendungen während der Düsseldorfer Ausstellung. In: epd / Kirche und Fernsehen Nr. 19, 12.9.1955, S. 5.

[167] O.V. (1956): Mehrgleisigkeit wird Umschaltpausen bei Fernsehsendungen beseitigen. Neues Richtfunkgerät – Außerdem Ringsystem der Fernsehstrecken. In: epd / Kirche und Fernsehen Nr. 6, 12.3.1956, S. 2.

[168] Ebd.

[169] Hickethier, 1998, S. 124.

[170] Vgl. Beckmann (Intendant HR) Brief an Becker (Technischer Direktor SWF), 19.12.1955, NDR (621-1-144), 194, STAHH.

Hohes Lohr, Kötherberg, Torfhaus (Harz) und wiederum Hannover nach Mellendorf zurückführte.[171] Man konnte also auf verschiedenen Wegen eine schnellere Umschaltung erreichen. Ab dem 1. Oktober 1956 konnte die *Tagesschau* täglich außer sonntags erscheinen.[172] Ab März 1959 wurde die Umschaltung zu anderen Funkhäusern auch innerhalb einer *Tagesschau*-Sendung eingesetzt – zunächst aber nur zu Beginn oder am Ende – wie am 6. März 1959, als zum letzten Beitrag nach Frankfurt umgeschaltet wurde.[173] Am 10. März 1959 gab es in einer *Tagesschau* bereits zwei Umschaltungen: nach Köln und wieder zurück nach Hamburg.[174] Die Umschaltungen wurden weiter perfektioniert. Die Fernsehkritik der Presse lobt ausdrücklich die gesteigerte Aktualität in der *Tagesschau* vom 13. Juli 1959, in der nach den einleitenden Nachrichten aus Hamburg „sekundenschnell" nach Genf umgeschaltet wurde; dann kam eine „Zwischenansage" aus Hamburg und danach eine Umschaltung nach Köln, um nach diesem Beitrag den Rest der Sendung wieder von Hamburg aus zu senden.[175] Ab 1. März 1960 wurde in Frankfurt der so genannte „Fernseh-Sternpunkt" eingesetzt, der die wachsende Zahl der Sendungen, die aus den verschiedenen Anstalten geliefert wurden, koordinierte und den technischen Ablauf sicherstellte.[176] Ab Juni 1960 war auch das Umschalten ohne jede Pause möglich – ohne ein Schild „Wir schalten um" einzublenden.[177]

Mitte 1957 war die „Fernseh-Grundversorgung" mit Fernsehempfangsmöglichkeiten im Wesentlichen abgeschlossen. Es gab aber noch Versorgungslücken für Lingen, Nordfriesland, die südliche Heide und Osnabrück. Indem das Frequenzband IV geschaffen wurde, konnten nicht nur die Versorgungslücken geschlossen, sondern auch ein zweites Programm ermöglicht werden. Zum Empfang des zweiten Pro-

---

171 O.V. (1956): Mehrgleisigkeit wird Umschaltpausen bei Fernsehsendungen beseitigen. Neues Richtfunkgerät – Außerdem Ringsystem der Fernsehstrecken. In: epd / Kirche und Fernsehen Nr. 6, 12.3.1956, S. 2.

172 Vgl. o.V. (1956): Zweigleisigkeit der Fernsehstrecken bis Ende 1956. Folgerungen für die „Tagesschau". In: epd / Kirche und Fernsehen Nr. 10, 7.5.1956, Rundfunk Programm Fernsehsendung Tagesschau von 8/52 bis 1/66, NDR.

173 Vgl. Sendeprotokoll der *TS* Nr. 1296 vom 5.3.1959, Sprecher: Köpcke, Voss, ARD aktuell, NDR. Zum letzten Beitrag wurde nach Köln umgeschaltet, um über die Ankunft Adenauers aus Paris zu berichten (mit O-Ton). Vgl. Sendeprotokoll der *TS* Nr. 1297 vom 6.3.1959, Sprecher: Köpcke, Voss, ARD aktuell, NDR. Zum letzten Beitrag wurde nach Frankfurt umgeschaltet, um über die Rückkehr Willy Brandts von seiner Weltreise zu berichten. Vgl. Sendeprotokoll der *TS* Nr. 1299 vom 9.3.1959, Sprecher: Böning, Voss, ARD aktuell, NDR. Der erste Beitrag aus Berlin, nach einer Umschaltung alle weiteren aus Hamburg.

174 Vgl. Sendeprotokoll der *TS* Nr. 1300 vom 10.3.1959, Sprecher: Böning, Voss, ARD aktuell, NDR. Nach dem 3. Beitrag wurde nach Köln umgeschaltet und nach 1'50 zurück nach Hamburg.

175 O.V. (1960): Rückblende – Tagesschau: Wir schalten um. In: Westfälische Rundschau, Dortmund vom 18./19.7.1959, Rundfunk Programm Fernsehsendung Tagesschau von 8/52 bis 1/66, NDR.

176 Hickethier, 1998, S. 124.

177 O.V. (1960): Vor dem Bildschirm. In: Telegraf, Berlin vom 4.6.1960, Rundfunk Programm Fernsehsendung Tagesschau von 8/52 bis 1/66, NDR.

gramms benötigten die Empfänger jedoch „Vorsatzgeräte“, so ergaben sich wiederum neue Aufgaben für die Geräteindustrie.[178]

Eine wichtige Eigenschaft des Fernsehens, durch das es sich vom Film unterschied, war die Möglichkeit, Inhalte zeitgleich und ohne Nutzung eines physischen Trägermediums über Ländergrenzen hinweg zu transportieren. Vor allem, als die Hauptstrecke Hamburg-Köln-Frankfurt-Stuttgart-München mehrgleisig wurde, konnte das den Teilnehmerländern der Eurovision zugutekommen. Denn das Bundesgebiet war „Transitland“, d.h. Eurovisionssendungen konnten nur übermittelt werden, wenn die Sendungen gleichzeitig auch für deutsche Fernsehzuschauer ausgestrahlt wurden.[179] Im Zuge der Berichterstattung über die Vierer-Konferenz Anfang 1954 in Berlin wurde zum ersten Mal der Versuch gemacht, deutsche Fernsehsendungen in die Schweiz zu übertragen – als Test für die Übertragungen von der Fußball-Weltmeisterschaft im Juni 1954.[180] Damit gab es durch das Fernsehen die Möglichkeit, unmittelbar und aktuell die deutsche Sicht auf die Dinge in das Ausland zu verbreiten – ohne Austauschabkommen, wie sie die Wochenschauen abschließen mussten.

3.5.6 Das Verhältnis des Fernsehens zum Film

Die besondere Produktions- und Übertragungstechnik des Fernsehens begünstigte einen kreativen Umgang mit allen bisher bekannten medialen Darstellungsformen – wie Außenübertragungen, Fernseh-Opern, musikalische Lustspiele und Fernsehspiele. Fast jede Woche wurde in einem Fernsehstudio des NWDR nach Meldung der *Ansage* eine „künstlerische Premiere“ produziert.[181] Da schon im NS-Fernsehen Filme gezeigt wurden, vermuteten Filmproduktionsfirmen, dass das neue Fernsehen Kapazitäten von Filmstudios abziehen könnte.

Der NWDR betonte im September 1952 im Hausblatt *Die Ansage* dagegen, mit dem Film zusammenarbeiten zu wollen: „Weder in Hamburg noch anderswo wird beabsichtigt, jemals für das Fernsehen riesige Atelierkomplexe zu errichten.“ Auch werde es keine „große Spielfilmproduktion mit dazugehörigen Lichtspielhäusern“ durch das Fernsehen geben. Der NWDR musste erkennen, dass immer wieder über-

---

178 O.V. (1957): Erschliessung des Fernseh-Frequenzbandes IV läuft an. Wirksame Nutzung erst 1959/1960 – Technische Basis für Zweites Programm. In: epd / Kirche und Fernsehen Nr. 12, 18.6.1957, S. 1-2.

179 O.V. (1956): Mehrgleisigkeit wird Umschaltpausen bei Fernsehsendungen beseitigen. Neues Richtfunkgerät – Außerdem Ringsystem der Fernsehstrecken. In: epd / Kirche und Fernsehen Nr. 6, 12.3.1956, S. 2.

180 Vgl. o.V. (1954): Berliner Konferenz auf Schweizer Bildschirmen. Direktübertragungen und Filmberichte vom Vierertreffen. In: Die Ansage Nr. 162, 3.2.1954, S. 3.

181 O.V. (1955): Drei Jahre öffentliches NWDR-Fernsehen. In: Die Ansage Nr. 260, 21.12.1955, S. 3-4, hier: S. 4.

sehen werde, dass Film und Fernsehen „zwei völlig verschiedene Dinge" seien.[182] Einen wichtigen Unterschied zwischen Theater oder Kino und Fernsehen sah der NWDR in der Rezeptionssituation des Zuschauers und seinen Bedürfnissen:

> *„Der ‚Seher' sitzt ja nicht vor einer Bühne, sondern vor einem kleinen Bildschirm, von dem er nicht als Glied einer anonymen Publikumsmenge, sondern als private Einzelpersönlichkeit angesprochen werden will."*[183]

Der Kinofilm spielte vor einer im Kinosaal anwesenden Masse, das Fernsehen war dagegen eine individuelle und intime Angelegenheit für Millionen im eigenen Heim. Man mutmaßte, dass daher die „Erfahrungen des Films" für die Fernseharbeit „nur sehr begrenzt anwendbar" seien würden.[184]

Die Ansage machte deutlich, dass die Verantwortlichen für das Fernsehprogramm den Film nicht ignorieren wollten, der Film aber auf keinen Fall einen so großen Anteil wie im amerikanischen Fernsehen ausmachen würde. Das zukünftige Fernsehprogramm sollte vor allem aus Live-Sendungen von „allgemein interessierenden Ereignissen" und Programmen der Unterhaltung, Unterrichtung und Belehrung bestehen, die eigens für das Fernsehen zugeschnitten würden. Das Fernsehen habe „nun einmal seine eigenen Gesetze", die eine „eigene Produktionsform" erforderten.[185] Obwohl das Fernsehen von seiner spezifischen Art überzeugt war, griff es bei der Programmgestaltung wegen der einfachen Realisierung gerne auf den fertigen Film zurück und bediente damit zugleich Zuschauerinteressen. In der Beliebtheit bei den Zuschauern lag der Spielfilm im Fernsehen über die Jahre der Entwicklung des Fernsehens vorn – im Norden wie im Süden der Bundesrepublik.[186]

Auf der anderen Seite arbeitete das deutsche Fernsehen nicht nur für sich selbst, sondern auch für die Filmunternehmen. Im Februar 1954 wurde die Fernsehinszenierung der Ballade „Der Zauberlehrling" auf Technicolorfilm aufgenommen und kam bei 20th-Century-Fox in den Verleih.[187] Bereits 1952 hielt man es beim NWDR für möglich, dass den Filmproduzenten „Aufträge für Fernsehfilme" erteilt würden – unter der Voraussetzung, dass die Gebühreneinnahmen ausreichend waren.[188] Die Filmleute verfuhren 1953 nach der Strategie „nicht *gegen* das Fernsehen, sondern *um* das

[182] O.V. (1952): Fernsehen und Film. Notwendige Klarstellungen – Zusammenarbeit statt Konkurrenz. In: Die Ansage Nr. 88, 4.9.1952, S. 1.

[183] Ebd.

[184] Ebd.

[185] Ebd.

[186] Vgl. o.V. (1955): Tagesschau und Spielfilme weiterhin vorn. In: epd / Kirche und Fernsehen Nr. 19, 12.9.1955, S. 3. Untersuchung des NWDR; vgl. o.V. (1956): Wachsende Zufriedenheit der Fernsehzuschauer. In: epd / Kirche und Fernsehen Nr. 17, 13.8.1956, S. 2-3. Untersuchung des SDR – 56 % der Zuschauer wünschten sich mehr Spielfilme.

[187] Die Ansage Nr. 165, 24.2.1954, S. 4.

[188] O.V. (1952): Fernsehen und Film. Notwendige Klarstellungen – Zusammenarbeit statt Konkurrenz. In: Die Ansage Nr. 88, 4.9.1952, S. 1.

Fernsehen [Hervorhebung im Text]“ zu kämpfen.[189] Doch das Fernsehen wollte seine Kanäle in der ungenutzten Sendezeit nicht dem Film zur Verfügung stellen und nach dem Stockholmer Wellenplan von 1952 war für einen privaten Fernsehsender kein Platz – wie hartnäckig die Filmproduzenten auch darauf drängten, einen privaten Fernsehbetrieb im öffentlich-rechtlichen System zu integrieren. Bis 1957 waren alle 31 Kanäle für die öffentlich-rechtlichen Sender verplant.[190]

1952 wurde eine andere Art der Zusammenarbeit von Fernsehen und Film in Aussicht gestellt: Das Fernsehen bot an, mit Berichten über neue Filmproduktionen die Zuschauer schon im Vorfeld „mit bemerkenswerten Filmen vertraut“ zu machen und die Öffentlichkeit für das Filmschaffen zu interessieren.[191] Damit bekam die Filmwirtschaft genau den Dienst, für den die *Neue Deutschen Wochenschau* von den Filmtheatern fortgesetzt gerügt wurde, da die Kinobesitzer befürchteten, mit der Vorführung der Wochenschau direkt Werbung für Filme von Konkurrenztheatern zu zeigen.[192]

Das Angebot reichte jedoch nicht – die Filmindustrie wollte sich absichern: Die „Fernseharbeitsgemeinschaft deutscher Spiel- und Kulturfilmproduzenten“ unterbreitete NWDR-Intendant Pleister im Januar 1953 einen Vorschlag, Filmzusammenschnitte mit Vertrags-Stars zu erstellen. Das Fernsehen hätte die Ausschnitte auswählen können, die dann durch den Star persönlich und live in einer Sendung vorgestellt werden sollten – als „Life-Komplettierung“.[193] Damit wollten die Filmproduzenten die Zwangslage des Fernsehens mit seinem akuten Stoffmangel nutzen und andererseits verhindern, dass im Falle eines Streits zwischen Fernsehen und Film (wie in Amerika geschehen) der Film in eine Abwehrhaltung gehen muss.[194] Die einzelnen Filmsparten waren sich im Umgang mit dem Fernsehen aber nicht einig. Während die Filmtheater sich gegen Ausstrahlung von Spielfilmen im Fernsehen stellten, befürworteten die Filmverleiher „kassenschwache“ Filme dem Fernsehen zu überlassen.[195] Die Sparte der Filmateliers war zwar bereit, Fernsehfilme herzustellen, wollte aber Studiobauten von Fernsehsendern nicht hinnehmen. Zudem war die Frage der Ausstrahlungsrechte noch ungeklärt, sodass zugesagte Spielfilmlieferungen an das Fernsehen nicht eingehalten wurden.[196] Trotz der Reibereien kamen im Juli und Au-

189 O.V. (1953): Sender – Der Kampf beginnt. In: Der Spiegel Nr. 1, 1.1.1953, S. 32.

190 Vgl. ebd.

191 O.V. (1952): Fernsehen und Film. Notwendige Klarstellungen – Zusammenarbeit statt Konkurrenz. In: Die Ansage Nr. 88, 4.9.1952, S. 1.

192 Vgl. Schorcht (Zimmermann) Brief an NDW (Kuntze-Just), 12.10.1950, Beurteilungen bis 1952, DW; Vgl. NDW (Wiers, Purzer) Brief an Bavaria, Frankfurt (Kisseberth), 10.11.1961, NDW Echo, DW.

193 O.V. (1953): Filmwerbung – Borsche frei Haus. In: Der Spiegel Nr. 4, 21.1.1953, S. 29.

194 Vgl. ebd.

195 O.V. (1953): Sender – Der Kampf beginnt. In: Der Spiegel Nr. 1, 1.1.1953, S. 32.

196 Vgl. ebd.

gust 1953 verstärkt alte Spielfilme in das Programm – das Fernsehen wurde nach Bleicher somit als Heimkino „zweckentfremdet".[197]

Als sich 1957 eine Krise des Kinos mit sinkenden Besucherzahlen abzeichnete, wurden Kooperationen zwischen Film und Fernsehen noch wichtiger – nun aber für den Film. Mitte 1957 hatte der Bayerische Rundfunk bereits Fernsehfilm-Produktionen mit der UFA vertraglich vereinbart. Der Hessische Rundfunk und der NWRV sollten bald folgen, um die bisher „häufig eingesetzten alten Spielfilme" im Fernsehprogramm zu ersetzen.[198] Diese Aktivität der UFA wurde von den übrigen Filmherstellern kritisch registriert, da die Filmtheater-Besitzer und Verleiher Konkurrenz befürchteten und mit Filmproduktionen für das Fernsehen nicht einverstanden waren.[199] Obwohl selbst der kritische *Spiegel* noch im Jahr 1957 einschätzte, dass das deutsche Fernsehen das Kinogeschäft nicht ruinieren könne, fürchtete die Filmindustrie um ihre Besucherzahlen. Um die Entwicklung zu schwächen und den Kinos die Besucher zu bewahren, hatte die Filmindustrie dem Fernsehen bis dahin nur „uralte und abgespielte Filme" zur Verfügung gestellt.[200] „Keinen Meter Film dem Fernsehen", hatte Rolf Theile als Sprecher des Kinobesitzer-Verbandes noch 1956 gesagt.[201] Walter Koppel, Chef der Hamburger Filmproduktionsgesellschaft Real-Film, nannte das Fernsehen „eine Belästigung der deutschen Filmwirtschaft".[202] Nach und nach waren die Filmleute allerdings zur „friedlichen Zusammenarbeit" bereit: 1957 sagten die Filmproduzenten aus, sie könnten die Verluste „der mit Sicherheit herannahenden Kinoflaute" nur ausgleichen, wenn sie auch für das Fernsehen drehen würden.[203]

Während der Film im Fernsehprogramm immer eine Rolle gespielt hatte, wurde den Aktualitätenkinos (AKI) im März 1959 per Landgerichtsbeschluss verboten, die *Tagesschau* oder andere „Bildreportagen" des Fernsehens öffentlich vorzuführen.[204] In den USA dagegen gab es 1951 schon Fernsehen im Kino. Beispielsweise wurde ein Boxkampf vom Fernsehen in neun große Filmtheater übertragen. Die 20th Century Fox hatte die Rechte zur „Übertragung farbiger Sendungen in Filmtheater" erworben.[205] In England schlug der Verband der Filmindustrie vor, zwei Fernsehsysteme zu schaffen: eines für den Privatempfang der BBC und ein anderes, das nur von Kinos empfangen würde.[206]

[197] Bleicher, 1993a, S. 60.

[198] Funk-Korrespondenz Nr. 14, 12.6.1957, NDR (621-1-144), 122, STAHH.

[199] Vgl. O.V. (1957): UFA – Exerzierplatz Fernsehen. In: Der Spiegel Nr. 21, 22.5.1957, S. 59-60, hier: S. 60.

[200] Ebd.

[201] Ebd.

[202] Ebd.

[203] Ebd.

[204] Bleicher, 1993a, S. 91.

[205] O.V. (1951): Filmindustrie fordert eigenes Fernsehen. In: epd / Kirche und Rundfunk Nr. 18, 27.8.1951, S. 9.

[206] Ebd.

3.5.7 Die Entwicklung der fernsehspezifischen Formen

Die Formen und Inhalte des Fernsehens sollten dazu geeignet und darauf ausgerichtet sein, den Zuschauer im privaten Raum des Wohnzimmers anzusprechen. Wie sich der NWDR zuschauergerechte Sendungen vorstellte, zeigt die Anleitung für „Fernseh-Autoren“ von Fernsehspielen, die *Die Ansage* im März 1954 veröffentlichte. Darin wurde geraten, zu beachten, dass das Fernsehen ein Medium mit „eigener Gesetzlichkeit“ sei: Personenreiche Szenen, häufiger Schauplatzwechsel und technisch komplexe Außenaufnahmen waren ausgeschlossen. Der Auftakt durfte nicht zu „langatmig“ sein – eine ausführliche „Exposition“ wie im Theater vertrage das Fernsehspiel nicht.[207] Offenbar war Schnelligkeit nicht nur im Informations-, sondern auch im Unterhaltungsbereich ein entscheidendes Merkmal für das Fernsehspezifische. Zwar wurde auch traditionelles Theater im Fernsehen gezeigt, aber die Theater stellten sich quer, wenn es um die Übertragung von Theaterstücken im Fernsehen ging. Nach dem Willen der Genossenschaft deutscher Bühnenangehöriger sollte das Fernsehen nur 40 Minuten von Theaterstücken aber nicht ganze Abende übertragen dürfen.[208] Da das neue Medium ständig nach geeigneten Stoffen für die fernsehgerechte Unterhaltung verlangte, wurde mit den Fernsehspielen fortgesetzt „experimentiert“ [209]. 1955 war es nach NWDR-Fernsehintendant Pleister bereits oft schwierig, eine Häufung von Fernsehspielen im Programm zu vermeiden, weil sich mehrere Anstalten um die Entwicklung dieser Form bemühten.[210]

Durch die im Vergleich zum Kino geringe Distanz des Zuschauers zum Bildschirm war zu beachten, wie eine Person durch das Fernsehbild wirkte. Das Gesicht eines Schauspielers konnte auf dem Bildschirm so groß erscheinen, als wenn er tatsächlich im Raum anwesend war, und dem Zuschauer scheinbar in die Augen sah. Nach Koster wirkten Großaufnahmen im Zimmer „intimer“ als auf der Kinoleinwand und man erlebe bei Fernsehsendungen eine „persönliche, enge Beziehung“, die „etwas sehr Anziehendes“ habe.[211] Wegen dieser besonderen Wirkung des Fernsehens wurden die Personen für die frontale Ansprache des Zuschauers und das Show-Personal speziell ausgewählt. Am 9. Februar 1954 wurden den Zuschauern in der Sendung *Wen möchten Sie sehen?* Bewerberinnen für die Fernsehansage vorgestellt, zu denen sie dann ihre Meinung äußern durften.[212] Im April 1954 gab *Die Ansage* einen Einblick in das Casting junger Darsteller für das Fernsehen. Die Kandidaten sollten „telegen“ sein und wurden im Scheinwerferlicht getestet, denn das Licht konnte das „Gesicht einer hellblonden jungen Frau“ zum „Antlitz einer schwarzhaa-

---

[207] O.V. (1954): Kleiner Ratgeber für Fernseh-Autoren. Von der „Story“ zum fertigen Buch. In: Die Ansage Nr. 169, 24.3.1954, S. 4.

[208] 85. Sitzung des Verwaltungsrates am 11.7.1955, Gremienbüro NDR.

[209] Ebd.

[210] Vgl. ebd.

[211] Koster, 1952, S. 373.

[212] Bleicher, 1993a, S. 65.

rigen Matrone" werden lassen.[213] Beim Typ ‚Entertainer' war es wichtig, dass er sowohl für das Saalpublikum als auch für die Zuschauer zu Hause glaubwürdig war.[214] Er musste den neuen Kommunikationsanspruch des Zuschauers bedienen. Kurt Wagenführ wies 1952 darauf hin, dass es für das Fernsehen „Persönlichkeiten" bedürfe, die in einem kleinen Kreis „bestehen" könnten – was viel schwerer sei als vor einer Menge.[215] Eine solche geeignete Persönlichkeit war Peter Frankenfeld, der für die „harmlose" Fernsehunterhaltung in den ersten Shows, wie *1:0 für Sie*, zuständig war. Dabei musste er erst einen Stil mit seinem „Instinkt für die ausserordentlichen Möglichkeiten des Fernsehens" entwickeln.[216] Obwohl dem Fernsehen eine Masse zusah, zählte die Familie vor dem Bildschirm.

Von Beginn an wurden Formen aus anderen Medien adaptiert – nicht nur vom Theater, sondern auch aus dem Hörfunk, wie z.B. Quizsendungen. Das Radio-Quiz war sehr beliebt, denn die Akteure reagierten unmittelbar – ohne Inszenierung, „ohne Probe, ohne Manuskript und ohne jede Mache vor dem Mikrophon". Es waren „Menschen in Verlegenheit, Erhitzung, Triumph oder Blamage", die den Hörern „Spaß" machten.[217] Durch den Live-Charakter, den das Fernsehen mit dem Radio gemein hatte, war auch das Quiz-Format prädestiniert dafür, in abgewandelter Form auch im Fernsehen zu laufen – zumal die Verlegenheit der Akteure dann auch als Bild sichtbar wurde. Kurz nach dem Programmstart begannen die ersten Versuche, die Zuschauer mit Quiz-Sendungen am Fernsehen zu beteiligen. *Kennst Du Europa?* fragte die erste Quizsendung. [218] Am 1. April 1953 gab es die Show *Hell und schnell*, bei der die Zuschauer die Möglichkeit hatten, bis zu einem Stichtag eine Frage einzusenden, die dann in der Sendung durch den Senatsdirektor Lüth gestellt werden sollte.[219] Ähnlich den heutigen Pisa-Tests im Fernsehen gab es 1954 ein Schul-Quiz mit Vätern und Müttern auf der Schulbank.[220] 1955 standen die Rätsel- und Quizsendungen an erster Stelle in der Beliebtheit – gefolgt von Spielfilmen und Fernsehspielen.[221]

---

[213] O.V. (1954): „... und der Laie wundert sich". Bei einer Eignungsprüfung für angehende Fernseh-Darsteller. In: Die Ansage Nr. 173, 21.4.1954, S. 4.

[214] Vgl. Elsner & Müller, 1991, S. 20.

[215] Wagenführ, 1952, S. 421.

[216] O.V. (1954): Ein Mensch kann sich wandeln. In: epd / Kirche und Rundfunk Nr. 20, 4.10.1954, S. 18.

[217] O.V. (1951): Die Schlaue Stunde. Zu Quizsendungen von München und RIAS. In: epd / Kirche und Rundfunk Nr. 19, 10.9.1951, S. 17-18.

[218] Bleicher, 1993a, S. 58.

[219] Ebd.

[220] Ebd., S. 67.

[221] Vgl. o.V. (1955): Tagesschau und Spielfilme weiterhin vorn. In: epd / Kirche und Fernsehen Nr. 19, 12.9.1955, S. 3. Die Untersuchung des NWDR trennt nach „Beliebtheit" und „Interesse" – bei „Interesse" standen die *Tagesschau* und Spielfilme vorne, es folgten Fernsehspiele, Kabarett und Kulturfilme; geringstes Interesse bei politischen Sendungen, Pantomime und ernster Musik.

Es kam im neu geschaffenen Rundfunk aber auch darauf an, den Menschen praktische Hinweise zur Bewältigung des Alltags zu geben.[222] Daher gehörten auch für die Fernsehleute des NWDR „Service- und Zielgruppensendungen“ zu den Programmaufgaben.[223] In den ersten Ratgebersendungen ging es zunächst darum, das Fernsehen und seine Funktion näherzubringen, wie in der Sendung *Fernsehen für jedermann* noch im Fernsehversuchsprogramm ab dem 20. Dezember 1952.[224] Schon am zweiten Sendetag, dem 26. Dezember 1952 wurden in der Sendung *Was machen wir heute abend?* Tipps für die eigene Freizeitplanung oder für Gäste gegeben.[225] Ratgebersendungen bekamen ab 1953/54 eine gewisse Verlässlichkeit, indem sie als serielles Angebot im Programm verankert wurden.[226] Je mehr der Teilnehmerkreis wuchs, desto schwieriger wurde es, den Geschmack und die Bedürfnisse des Publikums abzudecken.[227] Durch das Experimentieren mit Ratgeber-Formen entstand eine bunte Palette – z.B. für zeitgemäße Haushaltsführung, modische Bekleidung und optimale, gesunde Ernährung. Gemäß der festgelegten gesellschaftlichen Rollen, war es oft die (Haus-)Frau, die angesprochen wurde. Eine weitere spezielle Zielgruppe stellten Kinder und Jugendliche dar. Der Hörfunk brachte auch Programme für Landwirte – so speziell konnte das Fernsehen wiederum nicht werden (die Gruppe der Landwirte war unter den Zuschauern ohnehin gering)[228]. Letztlich sollten aber alle Zuschauer durch Ratgeber angesprochen werden – selbst Männer durch Frauensendungen.[229]

Für weitere Ratgeberformate wurden vielfältige Mischungen aus den Elementen verschiedener Genres ausprobiert. Inhalte, die bisher die Wochenschau nur in kurzen Sujets bringen konnte, wurden nun als einzelne Sendungen vertiefend und ausführlicher präsentiert. Beispielsweise holte das Fernsehen den Luxus der Modenschauen als ganze Sendung in das eigene Heim. Erika Kunstmann und die Modejournalistin Isabel Geiger zeigten „30 der neuesten Ski- und Après-Ski-Modelle“. Die Aufnahmen der drei „Star-Mannequins“ eines Münchener Modehauses entstanden direkt im Fernseh-Studio.[230] Die Modevorführung wurde mit Musik und Tanz erweitert[231] – aus dem Modestück wurde eine Show. Die Modesendungen berichteten selten über den Pariser Chic. Im Allgemeinen entsprachen die Sendungen dem ‚gewöhnlichen‘ Publikum, d.h. einem nach Hickethier „norddeutsch-sozialdemokratischem“ Milieu, eher kleinbürgerlich, statt elitär.[232] Die Wochenschau dagegen zeigte meist Kleidung für

[222] Vgl. Wagner, 2005, S. 38.
[223] Hickethier, 2008b, S. 347.
[224] Ebd.
[225] Die Ansage, Notausgabe Nr. 102, 11.12.1952, S. 2.
[226] Vgl. Hickethier, 2008b, S. 347.
[227] Vgl. ebd.
[228] Vgl. Abelshauser, 1987, S. 85 (Tabelle 15); Quelle: Statistisches Jahrbuch für die Bundesrepublik Deutschland, 1964, S. 530.
[229] Vgl. Hickethier, 2008b, S. 348.
[230] Die Ansage Nr. 159, 13.1.1954, S. 3.
[231] Vgl. ebd.
[232] Hickethier, 2008b, S. 350.

die ‚bessere Gesellschaft' und die ‚Gewinner' des Wirtschaftswunders. Speziell für Männer (aber eben auch für das gesamte Publikum) wurde eine *Autofahrschule* oder ein Judokurs in das Programm aufgenommen. Solche außergewöhnlichen Themen verschwanden aber 1954 wieder, denn das Angebot durch den HR, SWF und den 1954 gegründeten SFB stieg.[233]

Eine beliebte Sendung, die einen ‚Kultstatus' erreichte, war die Kochsendung *Bitte in zehn Minuten zu Tisch* mit dem Schauspieler Clemens Wilmenrod (mit bürgerlichem Namen Carl Clemens Hahn). Sie wurde am 20. Februar 1953 zum ersten Mal ausgestrahlt.[234] Wie andere Formate, hatte der Fernsehkoch ein Vorbild beim BBC-Fernsehen.[235] Wilmenrod verstand es außerdem, seine Küchentipps „crossmedial" durch den Verkauf von Büchern zu vermarkten.[236] Das Fernsehen sorgte sich um das Wohlergehen der Zuschauer: Neben dieser Kochsendung gab es Ernährungsberatung mit Experten[237] und mit Gymnastik und Tanzstunden (u.a. mit modernen und exotischen Tänzen) konnten die Zuschauer in Bewegung kommen. Die Tanzstunde im NWDR Fernsehen wurde im Programm mit einer folgenden Musiksendung verbunden, die aber auch einige Parodien enthielt – für die Zuschauer, die nicht nach Musik tanzen wollten. Nach Hickethier kam man von solchen Kombinationen bald wieder ab.[238] Auch in Sendungen mit Sportthemen wurden Mischungen erprobt: Moderatoren stiegen in den Boxring, kommentiert von Reporter (und *NDW*-Sprecher) Rockmann; dazu gab es Filmeinblendungen eines Boxkampfes und entsprechende Geräuschkulissen.[239]

Dauerhaft im Programm, da jederzeit nützlich, blieb die Wirtschaftssendung mit Julia Nusseck, die im Hörfunk und im Fernsehen Ratschläge zum Sparen gab und sogar wirtschaftspolitische Zusammenhänge erklärte.[240]

Im Bereich der Kindersendungen kam zunächst eine ‚altgediente' Mitarbeiterin aus Hörfunk und Fernsehen, Ilse Obrig, zum Einsatz, die bereits seit 1928 Kindersendungen leitete. Obrig setzte auf „Mitmach- und Beschäftigungsstunden" vermischt mit „Verhaltensmaßregeln" für die Kinder. Andere Moderatorinnen entwickelten weitere Konzepte.[241] Für Jugendliche entstand in Zusammenarbeit mit dem Arbeitsamt eine berufskundliche Sendung mit dem Titel *Was willst du werden?* In Filmausschnitten wurden Vorgänge in Handwerk und Industrie gezeigt.[242] Mit dem

233 Vgl. ebd., S. 351.
234 Ebd., S. 349.
235 Vgl. o.V. (1955): Aus sieben mach eins! Der weite Weg des deutschen Fernsehens. In: epd / Kirche und Fernsehen Nr. 1, 3.1.1955, S. 1-3. Auf S. 2 wird auf die bisherige Programmarbeit zurückgeblickt.
236 Hickethier, 2008b, S. 349.
237 Vgl. ebd.
238 Vgl. ebd., S. 351.
239 Vgl. Bleicher, 2008, S. 330.
240 Vgl. Hickethier, 2008b, S. 351.
241 Hickethier, 2008b, S. 352-353.
242 Ebd., S. 354.

Nachmittagsprogramm wurde gleichzeitig der feste Zeitrahmen des Programms aufgebrochen. So begann sich das Programm weiter auszudehnen.[243]

Neben Formen, die auf einzelne Zielgruppen abgestimmt waren, versammelten Magazine die ganze Familie vor den Bildschirm: Das Magazin *Kaleidoskop* bezeichnete *Die Ansage* als „Familienblatt“ [244]. Offenbar fehlten dem Fernsehen noch die fernsehspezifischen Ausdrücke für ihre neuen Genres und man lehnte sich deshalb an Begriffe aus der Presse an. Die Herausforderung für die Redaktion der Sendung bestand darin, Themen zu finden und Auflockerungen zu dosieren ohne zu langweilen oder zu ironisch zu werden.[245] Das Magazin bot beispielsweise im Juni 1955 kabarettistische Szenen, die Aufhänger für Themen waren, wie Wissenswertes zur Hausapotheke oder Gefahren durch die Hausfliege. Auch von solchen Familienmagazinen des Fernsehens wurde eine bestimmte Aktualität erwartet. Die Fernsehkritik des *epd* bemängelte einen fehlenden aktuellen Bezug zum Erscheinungsmonat Juni. Die meisten der Themen hätten sich auch in anderen Ausstrahlungsmonaten unterbringen lassen.[246] Wie in der Wochenschau die Figuren „Clever und Schussel“ mit Sketchen auftraten, gab es im *Kaleidoskop* „Kurtchen und Patzig“. Sie kamen als Typen bei den Zuschauern gut an, weil sie „menschlich so echt“ wirkten[247] und das Fernsehen damit menschlich nahekam. Das Publikum fand sich darin wieder.

Mischungen und Auflockerungen als unterhaltendes Prinzip waren von der Wochenschau bekannt – das Fernsehen konnte dies jedoch in eigenen Magazinen unterbringen, um Themen ausführlicher und außerhalb von Nachrichten zu behandeln. Im Unterschied zur Wochenschau konnte das Fernsehen in seinen Magazinen zudem auf regionale und lokale Ereignisse eingehen und Informationen unterhaltsam vermitteln. Im NWDR-Programm entstanden Unterhaltungsmagazine wie *Was ist los in Hamburg?* mit Interviews prominenter Besucher der Stadt und Veranstaltungshinweisen.[248] Die Sendungskonzepte arbeiteten mit themenspezifischen Inszenierungen und zusätzlichen Filmeinspielungen.[249]

Wie in der Wochenschau waren auch im Fernsehen Tiere sehr beliebt. Im Fernsehen bestand jedoch die Möglichkeit, Tier-Themen ausführlicher zu betrachten und nicht nur als auflockernde Lachnummer zu zeigen. Die Tiersendungen mit Dr. Bernhard Grzimek Ende der 1950er Jahre wurden von der Fernsehkritik der Tagespresse

243 Vgl. ebd.

244 O.V. (1954): Praktisch genutzte Erfahrungen. Ein Jahr öffentliches Fernsehen – Festumrissene Sendeformen. In: Die Ansage Nr. 159, 13.1.1954. S. 3-4, hier: S. 4.

245 Vgl. ebd.

246 O.V. (1955): Buntes und reiches Fernsehmagazin. ‘Kaleidoskop‘ (NWDR). In: epd / Kirche und Fernsehen Nr. 13, 20.6.1955, S. 9.

247 Ebd.

248 Vgl. Hickethier, 1998, S. 82.

249 Vgl. Bleicher, 2008, S. 329-330.

als „spannend, belehrend und unterhaltend zugleich“ besprochen.[250] Die Studiogäste brachten auch gefährliche Lebewesen mit: Willy Mandry kam mit sechs Schlangen von Kreuzotter bis Boa Constrictor. Als besonders positiv beurteilte die Fernsehkritik die „Unbefangenheit“ des Studiogastes vor der Kamera.[251] Die Spontaneität der Natürlichkeit war ebenfalls eine Besonderheit des Fernsehens, die in den Sendungen zum Ausdruck kam.

Vom Hörfunk kam das Prinzip der seriellen Unterhaltung: Die Familienserie *Unsere Nachbarn heute abend – Die Familie Schölermann* vermittelte Lebensmodelle und Werte der 1950er Jahre[252] und fungierte damit sozusagen als ‚fiktionaler Ratgeber‘.

Am 25. November 1955 begann eine Sendereihe mit dem Titel: *Einen Augenblick bitte, Peter Frankenfeld möchte Sie sprechen!*, in der sich Peter Frankenfeld an die Zuschauer wandte, um sie im sicheren Wohnzimmer mit dem Problem der Verkehrsunfälle als Folge der angewachsenen Motorisierung zu konfrontieren. Damit reagierte das Fernsehen auf die Tatsache, dass 1955 die Bundesrepublik „an erster Stelle“ der „Weltstatistik“ der Unfälle im Straßenverkehr stand.[253] Die Sendung wurde unter der Leitung von Jürgen Roland in Zusammenarbeit mit dem Bundesverkehrsministerium[254] erstellt. Umgekehrt verfuhr die Reihe *Der Polizeibericht meldet*. In dieser Sendung kombinierte Jürgen Roland szenische Darstellungen von Kriminalfällen mit Informationen aus der wirklichen Arbeit der Kriminalpolizei.[255] Die Sendung wurde in Kooperation mit der Polizei entwickelt. Einerseits ging es die um Aufklärung von Verbrechen – unter Mithilfe der Zuschauer – und andererseits um Prävention. Die Sendung lief von 1953 bis 1958 und entwickelte sich zu einer speziellen Form der „Kriminalunterhaltung“ – aus *Der Polizeibericht meldet* wurde schließlich die Krimireihe *Stahlnetz*.[256]

In einer weiteren Sendung mit kriminalistischen Inhalten konnten die Zuschauer bei der Verbrechensbekämpfung mitwirken. Ab Oktober 1953 gab es die Sendung *Aktenzeichen xy ... ungelöst* mit einem Sendungskonzept, das noch bis heute gilt. Im Fall des „Autobahnmörders“ wurde zuerst der Polizeibericht verlesen, der Kriminaldirektor Breuer interviewt, Strumpf und Schuh und ein Foto der Toten gezeigt sowie an die Zuschauer den Appell gerichtet, keine Autos anzuhalten. Das Thema sei ohne

---

[250] lm (Kürzel) (1959): Gestern Abend am Bildschirm. In: Westdeutsche Allgemeine, Essen vom 31.12.1959, Rundfunk Programm Fernsehsendung Tagesschau von 8/52 bis 1/66, NDR.

[251] O.V. (1952): Geglückte Aussenübertragungen. In: epd / Kirche und Rundfunk Nr. 10, 19.5.1952, S. 18.

[252] Vgl. ausführlich dazu Hickethier, 1998, S. 158-159.

[253] Die Ansage Nr. 254, 9.11.1955, S. 3.

[254] Das Ministerium förderte zudem die „Clever-und-Schussel-Geschichten“ der Wochenschau mit dem erhobenen Zeigefinger für Gefahren und Verhalten im Straßenverkehr. Offenbar war das Problem so dringend, dass beide audiovisuellen Medien für die Botschaften eingespannt wurden.

[255] Vgl. Hickethier, 1998, S. 82.

[256] Hickethier, 2008b, S. 352.

„Sensationshascherei" behandelt worden, schrieb die Fernsehkritik. Sie merkte aber an, dass die „Atmosphäre" während der Sendung verändert werden müsse. Die Ansprache solle „intimer" sein –, die „Sachlichkeit der Fragen und Antworten" aber beibehalten werden.[257] Das Fernsehen galt als ‚nahes' Medium – brisante Inhalte mussten daher einfühlend dargebracht werden. Nicht nur in dieser Sendung, auch nach der *Tagesschau* bekam die Kriminalpolizei Gelegenheit, zur Mithilfe aufzurufen.[258]

Die Mithilfe der Zuschauer war zudem bei den Vermisstensendungen in Zusammenarbeit mit dem Deutschen Roten Kreuz gefragt. 1953/54 wurde im Nachmittagsprogramm vor allem nach im Krieg vermissten Kindern gesucht. Die Sendung brachte nicht nur Familien wieder zusammen, sondern mahnte auch Folgen von Kriegen an[259] – ähnlich wie bei der *NDW*. Dort wurde es jedoch nicht aktiv betrieben: Durch Zufall entdeckte Elke D. ihren Vater, den sie nach dem Untergang der Gustloff ertrunken geglaubt hatte, in einer Wochenschau-Ausgabe.[260]

Im Bereich des Aktuellen war es das Ziel des Fernsehens, „den Zuschauer in das Geschehen der Zeit hineinzustellen und ihm das Gefühl zu geben, dabei sein zu können, wenn sich besondere Ereignisse abspielen".[261] Die fernen Persönlichkeiten des aktuellen öffentlichen Lebens sollten für die Zuschauer zu „Bekannten" werden.[262] Das Aktuelle wurde in *Die Ansage* als das „konkurrenzlose Betätigungsfeld" des Fernsehens hervorgehoben. Herausragende Beispiele dafür seien die Übertragung der englischen Krönungsfeierlichkeiten, sportliche Großereignisse, die ersten Sitzungen des Bundestages und die Berichterstattung um den 17. Juni 1953 – dem Arbeiteraufstand in Berlin.[263] Anlässlich des Jahrestages des 17. Juni konnte das Material 1954 in einem „Rückblick und Ausblick"[264] wiederverwertet werden.

Die Debatten des Bundestages zu filmen, wurde von dem NWDR-Hausblatt *Die Ansage* als etwas in der Welt Einmaliges hervorgehoben – in keinem anderen Land waren sonst Fernseh-Kameras bei Parlamentssitzungen zugelassen.[265] Die erste Übertragung einer Bundestagssitzung fand am 6. Oktober 1953 statt. Für das „aktuelle

---

257 O.V. (1953): Fahndung per Bildschirm. epd / Kirche und Rundfunk Nr. 21, 19.10.1953, S. 18.

258 Sendeprotokoll der TS Nr. 1010 vom 22.3.1958, Sprecher: Voss, ARD aktuell, NDR. Nach Ende der Sendung wurde ein Fahndungsaufruf der Hamburger Polizei zur Aufklärung von Raubüberfällen auf das Postamt 38 gesendet. Dazu gab es Film und Foto aus dem Studio.

259 Vgl. Hickethier, 2008b, S. 356-357.

260 Vgl. o.V. (1955): Elke sah vermissten Vater auf der Leinwand wieder. In: Der Mittag, Nr. 98, 12.4.1955, Presse-Veröffentlichungen 1955, DW.

261 O.V. (1954): Praktisch genutzte Erfahrungen. Ein Jahr öffentliches Fernsehen – Festumrissene Sendeformen. In: Die Ansage Nr. 159, 13.1.1954, S. 3-4, hier: S. 3.

262 Ebd.

263 Ebd.

264 Die Sendung „Der 17. Juni 1953 – Rückblick und Ausblick. Zusammenstellung: Norbert Mai" (SFB) am 17.6.1954; Bleicher, 1993a, S. 66.

265 O.V. (1954): Praktisch genutzte Erfahrungen. Ein Jahr öffentliches Fernsehen – Festumrissene Sendeformen. In: Die Ansage Nr. 159, 13.1.1954, S. 3-4, hier: S. 3.

Fernsehen“ war das ein großer „Schritt vorwärts“[266]. Der Kommentar und die Kameras stellten „das parlamentarische Geschehen unter den echten Begriff der Öffentlichkeit“. Der Kommentator, Hans Wendt, war schon seit 1923 als „Parlamentsberichter“ [267] bekannt. Im Anschluss an die Übertragung gab es eine Gesprächsrunde unter Leitung von Werner Höfer[268] mit den Interviewern Wendt und Dr. Dolf Sternberger. Drei Tage später wurde die zweite Sitzung übertragen, in der der Bundeskanzler gewählt wurde. Nur fünf Minuten nach der Sitzung stellte sich der wiedergewählte Adenauer einem Fernseh-Interview. Durch den Erfolg der „bisher aktuellste[n] Darbietung des NWDR-Fernsehens“ war der Wunsch der Zuschauer geweckt, „die Sendungen aus dem Bundestag zu einem festen Programmbestandteil werden zu lassen“.[269] Im November 1959 wurden die Übertragungen wieder aus dem Programm gestrichen – auf Empfehlung des Ältestenrates hatte sich der Präsident des Deutschen Bundestages gegen Fernsehübertragungen entschieden.[270]

Durch den immer professionelleren Einsatz von Übertragungswagen[271] konnten den Zuschauern neue Perspektiven von Großveranstaltungen geboten werden. Wie in den Aufnahmen von Amateurboxkämpfen auf dem Heiligengeistfeld in Hamburg oder in Zirkusbildern, die man vom Parkett aus nicht hätte erleben können. Vom Clown Grock hätte sich die Fernsehkritik allerdings eine Großaufnahme mit besserem Licht beim Interview gewünscht.[272]

Schon im Versuchsprogramm erschienen Außenreportagen, deren Elemente (Kamera, Ton, Schnitt) zu Konventionen der Gestaltung geworden sind. Die Fernsehkritik *epd / Kirche und Fernsehen* lobt die Bilder und Wortbeiträge einer Außenübertragung vom Überseetag aus den Werkhallen des Schiffbauers Blohm & Voss:

> *„Die Bildregie begnügte sich nicht damit, nur die Redner und Zuschauer zu zeigen, sie kommentierte auch höchst eindringlich die Worte der Redner. Wenn von Hamburgs Wirtschaftslage gesprochen wurde, dann erschienen im Bild Ausschnitte aus dem Hafenbetrieb, wenn die Frage der Werften behandelt wurde, dann wurde das Bild des Redners durch weite Blicke über die noch zerstörte Halle abgelöst.“* [273]

---

266 O.V. (1953): Bonn vor der Kamera. In: epd / Kirche und Rundfunk Nr. 21, 19.10.1953, S. 18.

267 Ebd.

268 Werner Höfer war auch Leiter der Sendung *Der Internationale Frühschoppen.*

269 Ebd.

270 Vgl. o.V. (1959): Eine endgültige Entscheidung? Zum Problem der Parlamentsdebatten im Fernsehen. In: epd / Kirche und Fernsehen Nr. 23, 16.11.1959, S. 1.

271 Vgl. o.V. (1951): Der erste Fernseh-Ü-Wagen. In: epd / Kirche und Rundfunk Nr. 18, 27.8.1951, S. 6-7. Der erste Übertragungswagen wurde von der Fernseh-GmbH Darmstadt gemeinsam mit Technikern des NWDR fertiggestellt und an den NWDR abgeliefert.

272 Vgl. o.V. (1952): Wenn man sich in Hamburg umsieht. In: epd / Kirche und Rundfunk, Nr. 7, 7.4.1952, S. 18.

273 O.V. (1952): Geglückte Aussenübertragungen. In: epd / Kirche und Rundfunk Nr. 10, 19.5.1952, S. 18.

Außerdem provozierten Kameraführung und Text „politische Deutungen“: Bei den Bildern von der zerstörten Werkhalle wurden im Text Verhandlungen mit England angeschnitten und die Kamera richtete sich dann „wie fragend auf den britischen Landeskommissar“[274]. Die Zuschauer bekamen damit gelenkte Hinweise über zugeschriebene Verantwortungen für den Zustand der Schiffsindustrie durch Zerstörung, Schließungen und Demontage.

Die Außenübertragungen von Sportereignissen waren zwar erfolgreich, aber einem Bericht von Intendant Pleister auf der Verwaltungsratssitzung im Juli 1955 zufolge, wurde der Reporter der Handballmeisterschaften aus Dortmund „stark kritisiert“. Den Reportern fiel es noch immer „sehr schwer“, die Berichte so knapp zu halten,[275] wie es dem Fernsehen angemessen war. Die Reporter hatten sich umzugewöhnen. Durch das Bild auf dem Fernsehschirm musste der Kommentar nicht mehr alles ausführlich beschreiben.

Von Beginn an waren die Nachrichten der *Tagesschau* ein zentraler Bestandteil des Programms.[276] Schon im Februar 1952 wurde die Aktualität zur „Hauptaufgabe“ des „Hamburger Fernsehdienstes“ erklärt – auch, wenn es sich um Wochenschauen und Filmaufnahmen handelte, die zum aktuellen Thema zur Verfügung standen.[277] Die Sendungen gewannen immer mehr an Form und Inhalt. So konnten politische Gesprächssendungen die Nachrichten ergänzen. Ein besonders dauerhaftes Format war *Der Internationale Frühschoppen*: Die Sendung lief vom 30. August 1953 bis 1987, und es gibt sie in abgewandelter Form unter dem Titel *Presseclub* bis heute. Hier war es gelungen, eine seit Januar 1952 im Radio erfolgreiche Form ins Fernsehen zu tragen. In einer Wohnzimmeratmosphäre brachte Werner Höfer fünf Journalisten an seinen Tisch. Er fragte die Sicht der ausländischen Gäste auf Deutschland ab und präsentierte damit Deutschland wieder als gleichwertigen Partner in der Welt. Obwohl Politik in dieser Zeit nicht zu den beliebtesten Ressorts gehörte[278] und der Zuschauer im Programm „Unterhaltung und Entspannung“ suchte,[279] traf Höfers Sendung den ‚Nerv‘ der Nation. Die Sendung war erfolgreich, obwohl sie außerhalb

[274] Ebd.

[275] 85. Sitzung des Verwaltungsrates am 11.7.1955, Gremienbüro NDR.

[276] Nicht nur als 20.00 Uhr-Ausgabe, sondern alle weiteren Ausgaben, die mit der Ausweitung des Programms hinzukamen; am 3.1.1961 kam die erste Spätausgabe, ab 3.9.1961wurde die *Tagesschau* auch sonntags gesendet; vgl. Jaedicke, 2002, S. 206-207.

[277] O.V. (1952): Auf dem Weg zum Fernseh-Zeitfunk. In: epd / Kirche und Rundfunk Nr. 3, 11.2.1952, S. 18.

[278] Wie auch in den Beurteilungen der NDW gespiegelt, war das Politikinteresse nicht sehr hoch. Zwar interessierten sich 1952 46 % der Männer für Politik aber nur 11 % der Frauen. Etwa 40 % der Männer und Frauen interessierten sich „nicht besonders“ für Politik, die Hälfte der Frauen überhaupt nicht; Noelle & Neumann, 1956, S. 51.

[279] Eine Aussage, die durch Befragte Mitte 1953 „stereotyp“ wiederkehrte: „Im Fernsehen suchen wir Unterhaltung – Anregung und Entspannung“; Hahn, 1954, S. 265.

des Abendprogramms lag. Bei politischen Themen in der besten Sendezeit war der Zuspruch der Zuschauer dagegen nicht so groß.[280]

Während die Wochenschau nur sehr beschränkt regionale Interessen aufgreifen konnte (in einzelnen kurzen Sujets), gab es im Fernsehen die Möglichkeit, ganze Sendungen für regionale Inhalte zu schaffen, wie Ende 1957 die *Nordschau* als Regionalprogramm von NDR und Radio Bremen. Auch die *Nordschau* sollte sich aller „Formmittel des Fernsehens" bedienen: Studiosendung, Außenübertragung und Fernseh-Filmreportage. Neben einem bunten Programm aus Sport, Ratespielen und Filmreportagen sollten auch tagesaktuelle Ereignisse in die *Nordschau* aufgenommen werden.[281] Die Regionalsendungen konnten außerdem Verbindungen zu den Nachbarländern herstellen. Auch in Holland und Dänemark sowie in der „Ostzone" wurde das regionale Programm gesehen.[282] Während die *Tagesschau* zu einer vorwiegend ernsthaften Sendung wurde,[283] gab es in der *Nordschau* die Unterhaltungsmischung mit Information, wie man sie von der Wochenschau kannte.

Bereits 1954 konnte sich das Fernsehen „Expeditionen" leisten. Mit solchen Reportagen bot das Fernsehen die beliebte ‚Exotik' in ausführlichen Berichten und nicht nur, wie bei der Wochenschau, als Sujet von vielleicht einer Minute. Die Reporter Hans-Joachim Reiche,[284] Peter Coulmas und Kameramann Carsten Dierks waren Ende Januar 1954 zu einer Expedition nach Afrika aufgebrochen und haben den ersten großen Fernseh-Auslandsbericht, u.a. vom Buschleben in Belgisch Kongo und der dortigen Industrialisierung, aufgenommen.[285] Erste dokumentarische Sendungen über fremde Länder gab es jedoch schon 1952. Unter dem Titel *Pilger, Palmen und Toreros* stellte der NWDR eine Dokumentation mit Aufnahmen aus Italien, Spanien und Frankreich mit Texten von Martin S. Svoboda vor.[286] Die Fernsehkritik wünschte sich, dass das Fernsehen auch in diesem dokumentarischen Bereich andere Wege gehen kann „(und soll)" als der Film.[287] Solche ausführlichen Bilder über das Ausland hätte die Wochenschau nicht bieten können. Vom Fernsehen erwartete man aber ebenso eingängige Bilder von Deutschland, um „Menschen und Leben" einzufangen,

[280] Die Sendung *Kreuzfeuer* in der besten Sendezeit wurde weniger positiv beurteilt, als der *Internationale Frühschoppen*; vgl. Hahn, 1954, S. 268.

[281] Die Ansage Nr. 4, 28.11.1957, Blatt 23.

[282] Die Ansage Nr. 11, 16.1.1958, Blatt 11.

[283] Vgl. Drengberg, 1986, S. 139. Drengberg im Gespräch mit dem ehem. *Tageschau*-Redakteur Jaedicke: Erst von 1955 bis 1957 habe sich der „redaktionelle Gedanke" in den Funkhäusern entwickelt.

[284] Reiche wurde sechs Jahre später, am 7. 9. 1960 Leiter der *Tagesschau*; vgl. Jaedicke, 2002, S. 206.

[285] Vgl. Die Ansage Nr. 159, 13.1.1954, S. 3.

[286] O.V. (1952): Geglückte Aussenübertragungen. In: epd / Kirche und Rundfunk Nr. 10, 19.5.1952, S. 18.

[287] Ebd.

die im Film „in hohem Maße" vorenthalten würden.[288] Das Fernsehen sollte bringen, was der Film bisher vermissen ließ und Informationslücken füllen.

Noch 1961 wurde das Fernsehen von der Kritik aufgefordert, Formen zu nutzen, die nicht vom Theater oder im Kino gebracht werden konnten. Zu diesen „fernseheigenen Formen", gehörte das Marionettenspiel – und besonders dann, wenn es mit „Fototricks" oder mit Klangeffekten verbunden wurde. [289] Diese Formen wurden empfohlen, da Puppen sich nicht ohne weiteres auf die überdimensionalen Maße einer Kinoleinwand vergrößern ließen. Außerdem sollten sie „schon psychologisch" der „Wohnzimmer-Situation" des Zuschauers besser entsprechen als ein großes Schauspiel.[290] Zu den „Eigenformen" des Fernsehens sollten auch Zeichentrickfilme, Schattenspiele oder mit „graphischen Mitteln" (Federzeichnung und Holzschnitt) aufgebaute Bildgeschichten zählen.[291]

Für die spezifischen Anforderungen des Fernsehens haben sich zudem neue Wege für grafische Ausdrucksformen entwickelt. Beispielsweise wurden Pausenfiguren zur Verbindung von Programmteilen erstellt. Mirko Szewczuk, der auch in der *Neuen Deutschen Wochenschau* als Karikaturist auftrat, leitete ein dreiköpfiges Team[292]. Wichtig wurde die Grafik für die Gestaltung des Sendezeichens als Marken- und Erkennungszeichen des Fernsehens[293] und der einzelnen Sendungen – wie für die *Tagesschau* das Titelbild mit den Dipolantennen (1956); dazu gehörte die Musik von Hans Carste[294]. Am 14. April 1954 trennten grafische Zwischentitel (z.B. Politik, Berlin, Nahost) den Ablauf der *Tagesschau,*[295] wie es in Wochenschauen üblich war.

3.5.8 Die Entwicklung der ARD-Programmkonzeption

Mit ‚Programm' ist nicht nur der zeitliche Ablauf der Fernsehdarbietungen gemeint, sondern auch die Zusammenstellung und Komposition der Programmpunkte – es stellt die einzelnen Sendungen in einen Kontext. Das Programm des NWDR-Fernsehens in Berlin und Hamburg griff auf tradierte Formen aus ‚alten Medien' zurück: das Hörfunkmodell in Hamburg und das Kinomodell in Berlin. Das Hörfunk-

[288] Ebd.

[289] O.V. (1961): Mit Puppe und Zeichenstift. Fernseheigene Ausdrucksmittel bahnen sich den Weg. In: epd / Kirche und Fernsehen Nr. 4, 30.1.1961, S. 1.

[290] Ebd.

[291] Ebd.

[292] Vgl. o.V. (1954): Der „stille Teilhaber" am Programm. Drei Jahre Fernseh-Graphik beim NWDR. In: Die Ansage Nr. 206, 8.12.1954, S. 3. Das Team bestand aus den Grafikern Foelz, Metke und Petersen.

[293] Vgl. o.V. (1954): Der „stille Teilhaber" am Programm. Drei Jahre Fernseh-Graphik beim NWDR. In: Die Ansage Nr. 206, 8.12.1954, S. 3.

[294] Vgl. Jaedicke, 2002, S. 204.

[295] Offenbar aber nur vorübergehend, danach werden Zwischentitel nicht mehr erwähnt; Jaedicke, 2002, S. 203.

modell war in der Programmfolge der Beiträge zu unterschiedlichen Sachgebieten auf einzelne Zielgruppen ausgerichtet.[296] Das Kinomodell orientierte sich an der Abfolge von Nachrichten – Kulturfilm – Spielfilm.[297] Die Berliner konnten dazu auf einen Filmbestand der Alliierten zurückgreifen.[298] Die *Tagesschau* war in diesem Modell an den Anfang des Programms gerückt – es richtete sich auf eine längere unterhaltende Sendung als Höhepunkt des Abends aus. Von den Funkhäusern des NWDR spielte Köln als Produktionsort nur eine geringe Rolle, da es dort unter den Hörfunkleuten niemanden gab, der das Fernsehen zu „seiner Angelegenheit" machte.[299]

Der NWDR hatte eigentlich beabsichtigt, mit dem offiziellen Beginn des Fernsehens ein gemeinsames Programm von Hamburg, Berlin und Köln zu senden. Das wurde jedoch durch technische Probleme verhindert. Die Richtfunkstrecke zwischen Hamburg und Berlin erbrachte nicht genügend Übertragungskapazität. Nach einer Zusammenschaltung der drei Sender wurde Berlin im Januar 1953 wieder abgekoppelt. Erst zur Düsseldorfer Funk- und Fernsehausstellung 1953 konnte die Sendeleistung verbessert und ein einziges Programm über alle Sender ausgestrahlt werden.[300]

Die Vereinheitlichung der Programmmodelle konnte erst nach dem technischen Ausbau der Richtfunkstrecken (Ende Oktober 1954) erfolgen und die Beiträge aus Hamburg, Berlin und Köln zu einem Programm zusammenwachsen.[301] Dabei behielt die *Tagesschau* ihren Platz um 20 Uhr. Die Zuschauer erwarteten bald eine Ausdehnung des Angebots und eine Ausrichtung an ihre Bedürfnisse, besonders da sie „etwas von ihrem Geld haben" wollten,[302] denn neben den Rundfunkgebühren fielen noch weitere Kosten (z.B. für Reparaturen) an. Das Programm blieb nicht auf zweieinhalbStunden pro Tag begrenzt, sondern dehnte sich mit festen Programmstrukturen in Zeitrastern aus.[303]

Bereits im Januar 1952, also noch zur Zeit des Versuchsprogramms, waren die Bundesbürger imstande, in einer Umfrage der Zeitschrift *Funk um die Familie* ihre Präferenzen für das Programm zu benennen – wobei allerdings zu berücksichtigen ist, dass nur 20 % der Befragten zu diesem Zeitpunkt aus eigener Fernseh-Erfahrung sprechen konnten. An erster Stelle ihrer Präferenz stand die aktuelle Information und der Wunsch nach einer „Wochenschau", an zweiter Stelle kam „lustige Unterhaltung" (67 %), danach „Opern und Operetten" (57 %). Spielfilme und „aktuelle Über-

---

[296] Hickethier, 1991, S. 11. Beispielsweise Kinderfunk mit Ilse Obrig – Tanzstunde mit Hans Geissler – Aktuelles – Kulturfilm – Technischer Beitrag – Blauer Montag: Musik und Kabarett – Nachrichten – Wetterbericht.

[297] Vgl. Hickethier, 1991, S. 11.

[298] Vgl. ebd., S. 12.

[299] Hickethier, 1991, S. 11.

[300] Vgl. Hickethier, 1998, S. 77-79.

[301] Vgl. Hickethier, 1991, S. 13.

[302] Vgl. o.V. (1956): Ohne Titel. Star-Revue Nr. 26, Rundfunk Programm Fernsehsendung Tagesschau von 8/52 bis 1/66, NDR.

[303] Vgl. Hickethier, 2007, S. 21-22.

tragungen (auch Sport)“ und „belehrende Sendungen“ wünschten etwas mehr als die Hälfte. Von „Sensationen“ wollte man aber „ausdrücklich“ verschont bleiben.[304] Die Zuschauer erwarteten vom Fernsehen etwas anderes als von der Kino-Wochenschau. Aber auch das „amerikanische“ Fernsehen war offenbar ein ‚Schreckgespenst‘ für die Befragten – es stellt sich allerdings die Frage, woher die Befragten das „Fernsehen amerikanischer Prägung“[305] überhaupt kannten.

Dafür mögen Artikel wie der von Paul Gerhardt verantwortlich sein. Bei der Frage „Wie halten wir es mit dem Fernsehen?“ äußerte er sich 1952 zur Einführung des Fernsehens beinahe ängstlich: Die Technik würde sich möglicherweise verselbstständigen und dem Menschen „nicht nur die Richtung, sondern sogar das Tempo eines vermeintlichen Fortschritts“ vorschreiben.[306] Die Technik müsse immer in Bezug auf ihre „Verwendungswürdigkeit“ überprüft werden.[307] Er stellte Fernsehen als „familienfeindlich“ dar und führte dazu „nachteilige“ Erfahrungen der USA mit dem Fernsehen an.[308] Die Skepsis Gerhardts[309] ist in Verbindung mit seiner Mitbegründerschaft der Wochenzeitung *Christ und Welt* zu sehen.

In einem Schlagabtausch mit dem ‚Kirchenmann‘ Gerhardt machte dagegen der Fernsehkritiker – aber Fernsehbefürworter – Kurt Wagenführ bewusst, dass das Fernsehen – schon längst im Probebetrieb – nicht mehr aufzuhalten sei: „Tun wir doch nicht so, als ob das Fernsehen noch nicht vorhanden wäre!“ [310] Das Bild sei das Attraktive am Fernsehen – es müsse aber gerade dieses „Fesselnde“ sorgsam aus den Möglichkeiten ausgewählt werden, um ein Programm zu gestalten.[311] Wagenführ riet dazu, so viel wie möglich zu erproben, damit zu einer schon guten „technischen Bildwiedergabe“ auch ein möglichst „perfekter Bildinhalt“ trete.[312] Es komme auf das „Verantwortungsbewusstsein“ der Verantwortlichen an – er sehe keine Gefahr, wenn „unabhängige Aufsichtsgremien“ das Fernsehen begleiteten.[313] Die Beispiele aus den USA seien für ihn nicht „maßgebend“, da dort das Fernsehen andere Voraus-

[304] O.V. (1952): Es gibt nicht so viel Fernsehgegner – Eine aufschlussreiche Umfrage. In: epd – Kirche und Rundfunk Nr. 1, 14.1.1952, S. 7.
[305] Ebd.
[306] Gerhardt, 1952, S. 360.
[307] Ebd., S. 362.
[308] Ebd., S. 364.
[309] Paul Gerhardt war von 1945 bis 1946 beim NWDR und gründete die Rundfunkschule mit, er wurde wegen falscher Beantwortung des Fragebogens zu seiner NS-Vergangenheit entlassen; vgl. Die Ansage Nr. 3, Programmwochen 1.2. bis 7.2.1948 und 8.2. bis 14.2.1948, S. 1. Danach war er bei der Wochenzeitung Christ und Welt; er gehörte der Redaktion bis 1949 an. 1949 trat er in den SDR ein (als politischer Redakteur und Kommentator, ab 1957 als Leiter des Schul-, Jugend- und Kinderfunks); vgl. Südfunk-Kurier Nr. 24, 12.5.1962, Hist. Archiv Südd. Rundfunk, Kat. Nr. 2354.
[310] Wagenführ, 1952, S. 417.
[311] Ebd.
[312] Ebd., S. 422.
[313] Ebd., S. 419.

setzungen für die Entwicklung habe und Zuschauer „andere Einstellungen" zu den Inhalten hätten.[314]

Ein festes Programmschema schien für die ersten Jahre nicht wichtig zu sein und wurde deshalb nicht öffentlich an die Zuschauer kommuniziert. Ähnlich wie im Kino, genossen sie zunächst einmal alles, was angeboten wurde.[315] Koster merkte jedoch schon 1952 an, es sei Zeit, aus dem „Stadium der allzu improvisierten Programme" herauszukommen.[316] Er fand das „Niveau von Allerwelts-Illustrierten" (auch hier ein Rückgriff auf Begriffen aus der Presse) nicht mehr passend. Nach dem feststehenden „Vorprogramm" (ein begrifflicher Rückgriff auf das Beiprogramm des Kinos), das aus *Bilder des Tages*, *Gedenkminute* und *Wetterkarte* bestand, folgte ein „Bunter Abend", zusammengestellt aus z.B. Kabarett, Scherenschnitt-Film, Interviews, Sachfilme über Briefmarken oder Kunstgewerbe-Gläser und einem englischen Dokumentarfilm.[317] Ein Spielfilm sei meist „erheblich alt".[318] Im September 1954 einigten sich die westdeutschen Rundfunkanstalten in Berlin auf ein Abendprogramm, das einen „Schwerpunkt" haben müsse, auf den sich die übrigen Programmteile harmonisch beziehen sollten. Familienfreundliche Programmpunkte, wie die Familienreihe um die *Schölermanns* (ab 8. November 1954), wurden angekündigt.[319]

Das Programm war in den Anfängen erstens ein Angebot, zu dem die verschiedenen Landesanstalten etwas lieferten und zweitens ein „Konglomerat" von Programmformen, sodass Kritiker mehr Ordnung und Gleichmäßigkeit durch eine große „Programmlinie" oder einen „Gestaltungsbogen" forderten.[320] Doch dieses Ziel wurde durch die Ausweitung des Programms erschwert. Eine von NWDR-Programmdirektor Pleister als Mosaik oder in Aufteilungsraster geplante Anordnung der Sendungen unterblieb vorerst. Nach Hickethier schienen die Programmformen nach dem „Zufallsprinzip" über den Sendetag gestreut und Schwerpunkte nur durch besondere Ereignisse, wie Sportübertragungen gesetzt worden zu sein.[321]

Nach etwas über einem Jahr des regelmäßigen, „offiziellen" Sendebetriebs zog *Die Ansage* im Januar 1954 Bilanz: Der Betrieb habe sich nun eingespielt. „Fernsehmäßige" Sendeformen seien entwickelt und eine „ausgewogene" Programmstruktur gefunden worden. Das Fernsehen werde „nicht mehr von Zufällen diktiert".[322] Schon Anfang 1954 ging man von einer Gewöhnung des Zuschauers aus und glaubte

---

[314] Ebd., S. 423.

[315] Vgl. Hickethier, 1990, S. 367.

[316] Koster, 1952, S. 372.

[317] Ebd.

[318] Ebd., S. 373.

[319] O.V. (1954): Das Fernsehprogramm im Winter. Erfreuliche Ergebnisse der Berliner Programmkonferenz. In: epd / Kirche und Rundfunk Nr. 18, 6.9.1954, S. 6.

[320] Hickethier, 1998, S. 130-131; vgl. Eckert, 1953, S. 355ff.

[321] Hickethier, 1998, S. 131.

[322] O.V. (1954): Praktisch genutzte Erfahrungen. Ein Jahr öffentliches Fernsehen – Festumrissene Sendeformen. In: Die Ansage Nr. 159, 13.1.1954, S. 3-4, hier: S. 3.

an die Nützlichkeit des Fernsehens für den Alltag der Menschen. Das Fernsehen habe „einen Rhythmus“ angenommen, auf den sich die Zuschauer eingestellt hätten, da er sich als „zeitgemäß und zweckmäßig“ erwiesen habe.[323] Drei „tragende Säulen“ des Programms waren bereits herausgearbeitet worden: das Aktuelle, die Unterhaltung und die Fernsehspiele.[324] Durch eine nicht immer geglückte Koordinierung kam es jedoch zu Häufungen von Sendungen einer Sparte, die von den einzelnen Häusern beigesteuert wurden.[325]

Eine gemeinsame Programmplanung der ARD wurde für die Zeit nach dem 1. November 1954 anvisiert. Jeder Wochentag sollte einen bestimmten „Charakter“ bekommen: Sonntag „gehobene Unterhaltung“, Montag mit Familienprogramm, Mittwoch eine Mischung aus Dokumentarsendungen, Spielfilmen (soweit sie noch für das Fernsehen zu erhalten waren), Features, Unterhaltungsspiele und Außenübertragungen. Der Freitag sollte Fernsehspielen vorbehalten sein; am Sonnabend eine halbe Stunde Aktuelles und danach leichte Unterhaltung. Am Dienstag und Donnerstag sollte eine Rundfunkanstalt jeweils allein das Programm veranstalten dürfen.[326]

Auf der Ständigen Programmkonferenz der ARD, die einmal monatlich tagte, wurde das Gemeinschaftsprogramm verabredet. Der Vorsitzende stellte in Zusammenarbeit mit den Mitgliedern aus den Vorschlägen der Anstalten das Deutsche Fernsehprogramm zusammen. Die Fernseh-Programmkonferenz legte die Sendetermine „unter Beachtung der im Fernseh-Vertrag vorgesehenen Anteile“ für eine „angemessene Zeit“ im Voraus fest; konnte keine Einigung darüber erzielt werden, entschied der Vorsitzende.[327] Die Ständige Programmkonferenz konnte auch Vorschläge der einzelnen Anstalten ablehnen, „besonders wenn ein Vorschlag die Ausgewogenheit des Gesamtprogramms gefährden würde“.[328]

Jährlich wurde ein Programmdirektor einer der Anstalten zum ARD-Programmkoordinator gewählt. Der Programmkoordinator hatte dafür zu sorgen, dass ein ausgewogenes Programm entstand und hatte die Aufgabe, gemeinsam mit allen Programm-Gestaltern die von den Fernseh-Studios beigesteuerten Beiträge aufeinander abzustimmen. Der Koordinator konnte bei „bedeutenden aktuellen Anlässen“ das Programm ändern lassen und die Rundfunkanstalten bedurften seiner Zustimmung, wenn ein Studio ein anderes Programm als das vereinbarte liefern wollte. Außerdem führte er Einigungen über die Verteilung und die Reihenfolge der Sendungen her-

[323] Ebd.

[324] Ebd.

[325] Vgl. o.V. (1955): Integration des deutschen Fernsehens bisher nicht gelungen. Stellungnahme des „Arbeitskreises für Rundfunkfragen“. In: epd / Kirche und Fernsehen Nr. 2, 17.1.1955, S. 1.

[326] Sitzung des Ständigen Programmausschusses am 6.5.1954, STAHH.

[327] § 5, Ziffern 1 und 2 der Geschäftsordnung der Ständigen Fernseh-Programmkonferenz vom 1.2.1956. Deutsches Rundfunkarchiv Frankfurt, Hist. Archiv der ARD, ARD-Akten 0-4162.

[328] § 6 der Geschäftsordnung der Ständigen Fernseh-Programmkonferenz vom 1.2.1956. Deutsches Rundfunkarchiv Frankfurt, Hist. Archiv der ARD, ARD-Akten 0-4162.

bei.[329] Einzelne Anstalten konnten auch mit der Herstellung bestimmter Sendungen beauftragt werden.[330]

Das Arbeitsgebiet des Koordinators war jedoch groß und so wurden ihm Referenten für die wichtigsten Programmsparten zur Seite gestellt. Sie führten beispielsweise Listen mit dem Titel und Inhalt der angemeldeten Sendungen. Die Anstalten waren daher verpflichtet, über Form und Inhalt der geplanten Sendungen vollständige Informationen zu geben.[331] Die Referenten sollten Doppelprojekte, zeitliche Kollisionen, Doppelbesetzungen und „sachliche Bedenken" mit den Fernsehdirektoren oder Sachbearbeitern verhandeln, konnten aber nicht selbst entscheiden.[332] Der Referent für Sport hatte noch weiterreichende Aufgaben. Er sollte die Beziehungen zwischen den Sportverbänden und dem Fernsehen vertraglich regeln, um dem Fernsehen eine ausreichende Anzahl von Sportveranstaltungen zu sichern (möglichst exklusiv). Er sollte Richtpreise ermitteln, die allen Anstalten gleich günstige und wirtschaftliche Abschlussmöglichkeiten boten. Jede Anstalt benannte einen Verbindungsmann zum Büro des Sportreferenten.[333] Solche Möglichkeiten der Sportrechte-Verhandlung hatte die Wochenschau nicht und befand sich so gegenüber dem Fernsehen in einer schwächeren Position.

HR-Programmdirektor Hans Joachim Lange legte 1957 der Ständigen Programmkonferenz ein Konzept vor, das den Schwerpunkt für das Abendprogramm entweder auf Feature, Fernsehspiel oder Unterhaltung legte und daraus ein Schema für vier Wochen erstellte. Ab April 1958 wurde dieses Schema leicht modifiziert für die ARD eingesetzt.[334] Das erste Programmschema erleichterte die Koordinierung des ständig wachsenden Programms.[335]

Die inselförmige Ausweitung des Programms ergab beispielsweise am Nachmittag Lücken, die mit einem Testbild gefüllt wurden, damit der Rundfunkhandel seine Geräte auch dann vorführen konnte, wenn gerade kein Programm lief.[336] Die Programmentwicklung war daher in den 1950er Jahren mit der Schließung dieser Lücken beschäftigt, d.h. Verbindungen vom Nachmittags- zum Abendprogramm zu schaffen und auch das Wochenende zu füllen. Für diese Bestrebungen können mehrere Ausrichtungen unterschieden werden: Regionalprogramme – gekoppelt mit Werbeprogrammen (als Fensterprogramme), europäische Aspekte in der Zusammenarbeit mit der EBU (europäische Rundfunkorganisation) und durch Sendungen der

329 O.V. (1958): Koordinator. Der Oberkönig. In: Der Spiegel Nr. 50, 10.12.1958, S. 54.
330 § 7 der Geschäftsordnung der Ständigen Fernseh-Programmkonferenz vom 1.2.1956. Deutsches Rundfunkarchiv Frankfurt, Hist. Archiv der ARD, ARD-Akten 0-4162.
331 Vgl. Ständige Programmkonferenz vom 12.1. bis 14.1.1959, STAHH.
332 Ständige Programmkonferenz vom 18.1. bis 20.2.1959, STAHH.
333 Vgl. ebd.
334 Hickethier, 1998, S. 132, S. 133 (Schema); vgl. Bleicher, 1993a, S. 89.
335 Vgl. Bleicher, 1993b, S. 97.
336 Vgl. Hickethier, 1998, S. 133.

Eurovision[337] sowie Bereitstellung eines Vormittagsprogramms. Das Vormittagsprogramm ab dem 4. September 1961 (aus Wiederholungen, u.a. der *Tagesschau* bestehend) hatte die vordergründige Funktion, DDR-Bürger über die Vorgänge im Westen zu informieren und Schichtarbeiter, die wegen der Arbeitszeiten das normale Programm nicht sehen konnten, Kompensation zu bieten.[338]

3.5.9 Die *Tagesschau* und das Fernsehprogramm

Für die Gestaltung des NWDR-Abendprogramms war zunächst der eindeutig festgelegte Umfang von zwei Stunden entscheidend. Fest stand offenbar auch, dass das Programm mit Nachrichten beginnen sollte, wobei die *Tagesschau* nur am Montag, Mittwoch und Freitag gesendet wurde. Im Jahr 1954 ist zum Abendprogramm auch ein Nachmittagsprogramm (von 16.30 bis 17.30 Uhr) getreten, das nicht nur Kindersendungen enthielt, sondern in dem auch *Wochenspiegel* und *Tagesschau* als Wiederholungen untergebracht waren. Im Abendprogramm stand die *Tagesschau* nur dann am Anfang, wenn sie neu war – an den anderen Tagen war sie am Ende des Programms platziert. Das übrige Programm wurde mit einem 14-tägigen Wechsel von bestimmten Programmformen schon regelmäßiger. Im Jahr 1955 entfielen die *Tagesschau*-Wiederholungen ganz. Eine *Tagesschau* gab es nur um 20 Uhr und nur, wenn sie neu erstellt war. Nach der *Tagesschau* waren aber alle möglichen Programmformen zu finden.[339] Ab Oktober 1956 erschien die *Tagesschau* dann täglich, außer sonntags.

Vor dem Hintergrund der Programmexpansion 1955/56[340] wurde erkannt, dass diese ausufernde Programmfülle wiederum bestimmter Gliederungspunkte bedurfte – die Nachrichtensendung wurde zum „Knotenpunkt" des Programms, wobei die *Tagesschau* um 20 Uhr ihre Funktion zur „Eröffnung" des Abendprogramms behielt.[341] Der Sendeplatz der *Tagesschau* war zudem für andere Programmteile maßgeblich, die sich darum herum gruppierten. Die Werbezeiten vor den Nachrichten waren bei den werbungtreibenden Unternehmen sehr begehrt, da man damit rechnete, dass die Zuschauer bereits vor 20 Uhr einschalteten, um nichts zu verpassen. Die

---

337 Erste Versuchsübertragungen nach England, Frankreich, Holland und Belgien fanden vom 20.4. bis 26.4.1953 statt. Am 29.5.1953 begann eine Gemeinschaftswoche, die die Übertragung der Krönungsfeierlichkeiten aus England am 2.6.1953 integrierte; vgl. Bleicher, 1993a, S. 55-56.

338 Vgl. Hickethier, 1998, S. 135.

339 Vgl. Hickethier, 1990, S. 371-375. Grundlage ist eine Stichprobe der zweiten Januarwochen 1953-1959, Basis Programmankündigungen der *Hör zu*; vgl. Hirsch, de Cruppe, Bleicher & Hickethier, 1990.

340 Die Rundfunkhäuser brachten ab 1955 ihre Regionalprogramme zwischen Nachmittags- und Abendprogramm, der NWRV 1956 und der BR ab 1956 das Werbefernsehen; vgl. Hickethier, 1998, S. 135-136.

341 Hickethier, 1990, S. 377.

Tagesschau-Redaktion fühlte sich durch diese Praxis benutzt,[342] konnte jedoch dagegen nichts ausrichten. Der Erfolg der *Tagesschau* zeigte sich in Umfragen: Infratest ermittelte im Mai 1958 die höchste Sehbeteiligung für die erste Viertelstunde des Abendprogramms. 73 % der Fernsehgeräte waren von 20.00 bis 20.15 Uhr eingeschaltet.[343] Bei den Genre-Interessen des Publikums ragten bereits 1954 die *Tagesschau* und der *Wochenspiegel* eindeutig hervor, danach folgten: Spielfilm, Fernsehspiel, Kabarett, Kulturfilme, Sport, Rätsel- und Quizsendungen.[344] Ein weiterer wichtiger Anziehungspunkt war die Wetterkarte, die ab dem 1. März 1960 an die Tagesschau gekoppelt wurde.[345] Eine medizinische Beratung mit der Reihe *Der Doktor hat Ihnen etwas zu sagen...* wurde zunächst um 20 Uhr, später direkt nach der *Tagesschau* gesendet,[346] möglicherweise um eine hohe Aufmerksamkeit für die Gesundheitstipps zu generieren – denn die *Tagesschau* sahen die meisten Zuschauer und die Wahrscheinlichkeit war hoch, dass der Apparat eingeschaltet blieb.

War es in den 1960er Jahren noch üblich, dass große Unterhaltungsshows die Sendezeit überzogen, so wurde dies später nicht mehr geduldet.[347] Auch bei der *Tagesschau* wurden Sendezeitüberziehungen kritisiert.[348] Das Publikum nahm dies jedoch hin, wenn man aktuelle Meldungen in letzter Minute in die laufende Sendung einschob. Eine Verschiebung des Beginns der *Tagesschau* war dagegen nicht akzeptabel. Von dem Sendeplatz wurde auch bei besonderen Gelegenheiten oder Ereignissen nicht abgewichen. Als die *Tagesschau* beispielsweise wegen einer Übertragung im Februar 1955 nach einem anderen Sendeplatz fragte, lehnte NWDR-Intendant Pleister ab, da die *Tagesschau* „bisher noch nicht e i n m a l [Hervorhebung im Text] verschoben" worden sei. Es sei sonst „eine Enttäuschung bei Zuschauern, deren Gewohnheiten als Ergebnis unserer Programmarbeit wir respektieren müssen".[349]

Unmittelbar im Anschluss an die *Tagesschau* wurden vielfach ausführlichere und vertiefende Reportagen oder Interviews platziert. Mitte der 1950er Jahre übernahm die *Tagesschau* die Betreuung der Serie *Bilder aus der Neuen Welt* von und mit Peter

---

342 Vgl. Jaedicke, 2002, S. 141.

343 Die Nordschau, Sehbeteiligung und Zuschauerurteil, von Infratest München/Hamburg, Mai 1958, NDR (621-1-144), 956, STAHH. Anzahl der Befragten: N=1.032. Für die Untersuchung war wichtig, dass die Zuschauer das Fernsehgerät erst nach der Nordschau des Regionalprogramms einschalteten.

344 Der Fernsehzuschauer 1954/1955. Ein Jahresbericht – Nordwestdeutscher Rundfunk, NDR (621-1-144), 956, STAHH. Repräsentative Umfrage für das NWDR-Sendegebiet von Dez. 1954 bis Jan. 1955.

345 Jaedicke, 2002, S. 206.

346 Hickethier, 2008b, S. 350.

347 Vgl. Hickethier, 2005, S. 10.

348 Vgl. Protokoll der Ständigen Programmkonferenz vom 7. bis 9.5.1956 in Baden Baden, NDR (621-1-144), 194, STAHH.

349 Dr. Pleister (Intendant NWDR) Telegramm an Dr. Münster (Fernsehdirektor BR), 26.1.1955, NDR (621-1-144), 194, STAHH.

von Zahn.[350] Die halbstündige Sendung lief an jedem ersten Montag im Monat direkt nach der *Tagesschau* und sollte „magazinartig“ u.a. Kulturelles und Politisches aus den USA zeigen.[351] Ziel der Sendung war z.B. Ressentiments gegenüber dem einstmaligen Feind in der Bevölkerung abzubauen und zur Versöhnung beizutragen.[352] Beim Publikum war Peter von Zahn beliebt, denn er stellte mit seiner „Selbstinszenierung“ einen parasozialen Effekt her: Er suggerierte eine „persönliche Vertrautheit“, die die Glaubwürdigkeit seiner Berichte erhöhte. Für die westdeutschen Zuschauer war er zu „unser Mann in Amerika“ geworden – fast ein „persönlicher Bekannter“.[353] Die Themen der *Tagesschau*-Berichte setzten sich zudem in den Themen des Programms fort. Die kurz angerissenen Themen der *Tagesschau* konnten im weiteren Programm von anderen Informationsformaten aufgegriffen und so näher und mit zusätzlichen Hintergrundinformationen behandelt werden – beispielsweise bei Naturkatastrophen oder Unglücken. Auch die Kritik betrachtete die *Tagesschau* nicht nur als einzelne Sendung, sondern im Zusammenhang mit dem übrigen Programm. Im November 1956 ließ man aufgrund der politischen Lage in Ungarn die Unterhaltungssendung *Bitte recht freundlich* mit Peter Frankenfeld ausfallen. Als die *Tagesschau* am selben Abend einen lockeren Beitrag über eine Rock'n Roll-Meisterschaft brachte, wurde dies als taktlos abgekanzelt.[354] Als jedoch 1957 das Segelschiff „Pamir“ sank und daraufhin das Programm durch den SDR in Absprache mit dem Programmkoordinator Clemens Münster abgebrochen wurde, galt dies als „Zwangstrauer“ für die Zuschauer. Es sei ein „unmöglicher Zustand“, an einem Sonntagabend überhaupt kein Programm zu bringen.[355] Die *Tagesschau* berichtete von dem Empfang der Überlebenden in Casablanca und führte Gespräche mit den Vorsitzenden der „Pamir“-Stiftung sowie dem Kapitän.[356] Das konnte aber den gewohnten Fernsehabend nicht ersetzen.

---

[350] Im Oktober 1955 wurde Folge Nr. 1 gesendet, im März 1958 die letzte Nr. 30; vgl. Svoboda, 1983, S. 137.

[351] O.V. (1955): Weltereignisse im Filter. Die Cutterin der Tagesschau des Deutschen Fernsehens. In: Wetzlarer Neue Zeitung vom 23.9.1955, Rundfunk Programm Fernsehsendung Tagesschau von 8/52 bis 1/66, NDR.

[352] Zimmermann, P., 1991, S. 36.

[353] Zimmermann, P., 1991, S. 36. Peter von Zahn gehörte zu den ersten Fernsehjournalisten, die erkannt hatten, dass der Wechsel vom Kino zum Fernsehen und die dadurch veränderte Rezeptionsweise auch „neue fernsehspezifische Präsentationsformen der Filmberichterstattung“ notwendig werden ließen.

[354] Vgl. Jakobäus (Pseudonym) (1956): Das Feuilleton: Bildschirm: Die fatale Improvisation. In: Aachener Nachrichten vom 20.11.1956, Rundfunk Programm Fernsehsendung Tagesschau von 8/52 bis 1/66, NDR.

[355] O.V. (1957): Die Woche im Fernsehen: Gute ‚Pamir'-Berichterstattung. In: Stuttgarter Nachrichten vom 4.10.1957, Rundfunk Programm Fernsehsendung Tagesschau von 8/52 bis 1/66, NDR.

[356] Vgl. ebd.

3.5.10 Zusammenfassung zum Wiederaufbau des Fernsehens

Der sich technisch und finanziell gut entwickelnde NWDR in Hamburg war die Basis für das Nachkriegsfernsehen. Die noch verbliebenen Fernsehfachleute fertigten und verfeinerten die notwendige Technik, wie beispielsweise Anlagen zur Bildmischung. Der institutionelle Aufbau folgte dem Vorbild der BBC – Gremien sollten Überparteilichkeit und Unabhängigkeit garantieren. Nach einer anfänglich erzieherischen Auffassung über die Ziele des Fernsehens, kam man bald zu einer Berücksichtigung der Zuschauerwünsche. Die zur Verbindung der Funkhäuser notwendigen Richtfunkstrecken baute die Bundespost nach und nach aus und stellte eine Mehrgleisigkeit ohne Umschaltzeiten her. Dies ermöglichte die Bildung eines Gesamtprogramms aus dem überregional ausgerichteten Programm und Regionalprogrammen. Auch die *Tagesschau* profitierte davon, denn innerhalb der Sendung wurde ein Umschalten zu den Rundfunkanstalten möglich, die an der Zusammenstellung der Sendung als Gemeinschaftsprodukt beteiligt waren. Eine Wochenschau lief – je nach Angebot des Lichtspielhauses – vor ganz unterschiedlichen Spielfilmen. Im Gegensatz zum Kinoprogramm war das Fernsehen für alle Zuschauer gleich – und somit auch der Programmkontext der *Tagesschau*. Mit dem Film pflegte das Fernsehen eine Zusammenarbeit. Filmunternehmen produzierten für das Fernsehen und das Fernsehen warb in speziellen Sendungen für neue Kinofilme. Das Fernsehen zeigte zwar auch Kinofilme, aber Live-Übertragungen spielten in dem zunächst zwei bis drei Stunden dauerndem Programm eine zunehmende Rolle (von besonderen Ereignissen und vom Sport). Der Hauptanspruch des Fernsehens war Schnelligkeit bei der Informationsvermittlung, Herstellung von Intimität und eine gewisse Interaktion mit dem Zuschauer durch direkte Ansprache. Die Sendungsformen fächerten sich auf und griffen dabei u.a. auf Vorbilder aus dem Hörfunk zurück, wobei die Formate fernsehgerecht sein mussten: Ein Strom von Bildern war zu berücksichtigen, der Text nur als Unterstützung und zur Einordnung brauchte. Im Gegensatz zur Wochenschau konnte man Themen ausführlich behandeln und mit Formen frei experimentieren.

Außerdem wurden geeignete Redakteure und Präsentatoren ausgebildet, die verstanden, was Fernsehen bei den Zuschauern bewirkte und welche Erwartungen sie an das Fernsehen hatten. Die Fernsehsendungen übernahmen Aufgaben der Wochenschau, z.B. Ratgeber zu sein, und gingen auf die Strukturen der 1950er Jahre ein, besonders auf Sparen, Straßenverkehr, Freizeitgestaltung, Arbeit und Gesundheit – aber auch problematische Themen, wie Kriminalität, wurden in verschiedenen Fernsehsendungen in unterschiedlicher Weise bearbeitet. Sendungsformen, wie z.B. Quiz und Shows zum Miterleben, waren ebenso wichtig, wie verlässliche Informationen durch die *Tagesschau*, die das Abendprogramm eröffnete und um die herum sich das Programm in einem sich entwickelnden Schema gruppierte.

3.6 Der Aufbau der *Tagesschau*

Das Aktuelle war eine bedeutende Säule des Programms – gemeinsam mit Unterhaltungssendungen und Fernsehspielen.[1] Einhergehend mit dem Aufbau des NWDR-Fernsehens konnte zwar mit Sendungsformen experimentiert werden, aber um die Akzeptanz der Zuschauer zu erreichen, mussten sie auch Bekanntes geboten bekommen. Außerdem gehörten schon seit jeher Nachrichten zum Rundfunkprogramm: im Hörfunk und im NS-Fernsehen. So wurde auch für das ‚neue' Fernsehen eine Nachrichtensendung entwickelt. Anders als bei der Wochenschau liefen Produktion und Distribution zeitgleich ab. Die *Tagesschau* war zudem ein Gemeinschaftsprodukt der ARD-Rundfunkanstalten. Somit waren technische und organisatorische Reibungspunkte bei der Entwicklung der Gestaltung und der Konventionen der *Tagesschau* zu bewältigen. Die Freiheit des Experimentierens ermöglichte die Entwicklung eines Selbstverständnisses der Tagesschau-Redaktion, das in die Gestaltung einfloss. Im Folgenden geht es um den Aufbau, die Redaktionsarbeit, die Produktionsumstände, das Selbstbild der *Tagesschau* und um ihren Weg zum unverzichtbaren Programmpunkt.

3.6.1 Die erste Konzeption der *Tagesschau*

Wie für alle Gattungen, die das ‚neue Medium' Fernsehen aufnahm, war auch für die aktuelle Berichterstattung etwas Fernsehspezifisches zu entwickeln. Das Ziel des aktuellen Fernsehens war nicht, starre Bilder wiederzugeben – das konnte die Presse besser. Trotzdem bestand die erste ‚aktuelle' Informations-Sendung am 14. Februar 1951 aus kommentierten Standfotos von Nachrichtendiensten; die Sendung wurde dann zunehmend durch Wochenschaufilme ergänzt.[2] Analog zum *Echo des Tages* im Hörfunk gab es im Fernsehen somit das *Bild des Tages* oder *Bilder des Tages*: Nacheinander wurden etwa zehn Fotos in voller Bildschirmgröße (etwa 24:30 cm) zu einem möglichst aktuellen Thema gezeigt, zu dem ein Sprecher einen Text und die Bild-Unterschrift aus dem Off verlas.[3]

Offenbar war die Bild- und Filmbeschaffung noch schwierig. Koster beschreibt 1952, dass das alles etwas „steif" wirkte – aber aufgelockert wurde, wenn es gelang, einen „Ausschnitt aus einem Wochenschau-Film" zu bekommen. Die Vorführung durch die Spezialkamera im Fernsehstudio erbringe auch dann „tadellose" Bilder,

[1] Vgl. o.V. (1954): Praktisch genutzte Erfahrungen. Ein Jahr öffentliches Fernsehen – Festumrissene Sendeformen. In: Die Ansage Nr. 159, 13.1.1954, S. 3-4, hier: S. 3.

[2] Vgl. Jaedicke, 2002, S. 201.

[3] Koster, 1952, S. 371; Lührs, 2008, S. 299; vgl. Jaedicke, 2002, S. 201. Jaedicke benennt die Sendung am 14.2.1951 als „Bild *zum* Tage".

wenn die Wochenschau-Filmkopie nicht schon zu abgenutzt war.[4] So sei ganz der Eindruck entstanden, als sitze man im Kino.[5] Dagegen waren nach Meinung der Branchenkritik die *Bilder des Tages* des Versuchsfernsehens zunächst noch zu breit gefächert und „regellos" – gewannen aber an „Straffung", als sie thematisch sortiert „unter ein Stichwort gestellt" wurden.[6] Daraus ist zu schließen, dass eine thematische Orientierung und Regelgeleitetheit – ein bestimmtes Konzept – erwartet wurde.

Die *Tagesschau* hatte die Erlaubnis des *NDW*-Chefs Kuntze-Just, Abfallmaterial kostenlos zu nutzen (eventuell ausgemusterte Filmstreifen mit Materialmängeln[7]), anderes Material musste gekauft werden.[8] Für die Nutzung von Wochenschau-Material schlossen NWDR und *Neue Deutsche Wochenschau* am 7. Februar 1951 einen „Vorvertrag".[9] Bereits in der Zeit des Versuchsbetriebs wurde von *epd / Kirche und Rundfunk* ein eigener zwischenstaatlicher Austausch mit Filmmaterial gefordert, um die Bildauswahl zu erweitern.[10]

Das Konzept für eine „Nachrichtensendung durch Fernsehfunk"[11] aus dem März 1951 sah vor, dass der „Nachrichtendienst des konventionellen Rundfunks" durch „bildliches Anschauungsmaterial in Form von Bildstreifen, Karten, Statistiken und Photographien eine besondere Einprägungskraft" gewinnen sollte. Um eine „absolute Koordinierung" von Bild und Ton zu ermöglichen, wurde vorgeschlagen, als Redaktionsschluss eine Stunde vor der Sendezeit festzusetzen. Zuerst sollte der Text entstehen, zu dem dann die passenden „Bildstreifen" von der Produktion ausgesucht werden sollten. In Bezug auf das Sprechtempo der Texte orientierte sich der Verfasser des Konzeptes am Hörfunk und rechnete damit, dass man im Fernsehen langsamer sprechen musste als bei Hörfunknachrichten. Für ein 12-Minuten-Manuskript wurden 14 bis 15 Minuten „Fernsehsendezeit" eingeplant. Als „notwendiges Inventar" für eine Nachrichtensendung wurde eine große Weltkarte gefordert. Das fehlen-

---

[4] Koster, 1952, S. 371.

[5] Ebd.

[6] O.V. (1952): Wenn man sich in Hamburg umsieht. In: epd / Kirche und Rundfunk, Nr. 7, 7.4.1952, S. 18.

[7] Vgl. Stamm, 2005, S. 24. Kameramann Brandes berichtet über Material, das zwar eine „wichtige Aussage" beinhaltete, aber wegen Häkchenbildung und Emulsionsfehlern nicht in die Wochenschau genommen wurde.

[8] Vgl. Jaedicke, 2002, S. 16.

[9] Ebd., S. 201.

[10] O.V. (1952): Wenn man sich in Hamburg umsieht. In: epd / Kirche und Rundfunk, Nr. 7, 7.4.1952, S. 18.

[11] Die Konzeption für die „Errichtung eines aktuellen Fernsehdienstes" mit den verschiedenen Möglichkeiten: Nachrichten, Wetterberichte, Kommentare, Aktuelle Sendungen, Wochenschauen und Sportreportagen ist einem Brief enthalten (mit Betr.: „Aktuelle- und Nachrichtenabteilung beim Fernsehfunk"), der mit H. K. Berg unterzeichnet ist – der Empfänger ist nicht bekannt. Da das Dokument im NDR-Bestand als eigene Akte angelegt wurde, ist der Zusammenhang nicht mehr nachvollziehbar. Folgende Zitate aus: Vorschlag für Nachrichtensendung vom 1.3.1951, NDR (621-1-144), 515, STAHH.

de Mischpult stellte ein besonderes Problem dar. Eine „wirkungsvolle Sendung" sollte sich aber auch ohne Mischpult mit „einfachen Schnitten von Kamera zu Kamera" herstellen lassen. Das vorgeschlagene Sendeschema sah daher die Arbeit mit drei Fernsehkameras vor. Nach der Aufblende durch Kamera 1 sollte im Bild ein beschrifteter Gong erscheinen und erklingen, nach einem Schnitt mit Kamera 2 ein Uhrzifferblatt eingeblendet werden, dann mit Kamera 1 der Sprecher mit der Ansage und dem ersten Nachrichtentext zu sehen und zu hören sein. Getrennt durch eine Blende mit Kamera 3 sollten Filme, Karten, Trickzeichnungen oder Bilder das nötige „Anschauungsmaterial" zum ersten Beitrag liefern. Die Kamera 1 brachte nach einer Abblende wieder den Sprecher ins Bild, um den zweiten Nachrichtentext zu verlesen. Wort und Bild/Ton-Beitrag wechselten sich also ab und der Sprecher sollte für den Zuschauer sichtbar sein. Wegen der eingeschränkten technischen und personellen Ausstattung (wie fehlende Kameramänner im Studio[12]) war ein solch aufwendiges Konzept vermutlich noch nicht umsetzbar.

Weitere Formen für einen „aktuellen Fernsehdienst" wurden im Konzept geklärt, z.B. die Wettervorhersage. Als Requisit für einen Wetterbericht dachte man an eine, mit einem „abwaschbaren Cellophanbogen" bespannte, Wetterkarte von Nordeuropa. Die Wetterfronten sollten mit „schwarzer Tusche" auf den Cellophanbogen aufgetragen werden und ein Ansager sollte mit einem „Zeigestock" das gezeichnete Bild erläutern. Aber auch an eine „Zuhilfenahme von Filmstreifen für Wetterberichte" war gedacht. Eine Wochenschau wurde in der gewohnten Frequenz, einmal pro Woche vorgeschlagen. Der Begriff „Wochenschau" wurde auf das Fernsehen angewandt und eine wöchentliche halbstündige Zusammenfassung (als „FS-Wochenschau") geplant. Kommentare waren einfach zu produzieren, da sie „immer nur ein Problem" behandeln; dafür sollte das Manuskript jedoch schon anderthalb Stunden vor der Sendung vorliegen. Live-Sendungen, wie im Hörfunk „Echo des Tages" oder „Umschau", wurden zunächst als nicht realisierbar ausgenommen. Die „Life-Aussenreportage mittels Fernsehkameras" war aber das Hauptziel, das „niemals aus den Augen gelassen" werden sollte. Im Sportbereich lehnte man sich an die bisherigen Erfahrungen aus alten Fernseh- und Wochenschau-Zeiten an. Der Sport, so war man überzeugt, wird für den Fernsehfunk ein „dankbares Objekt" sein, der eine „ständig fortlaufende Handlung […] immer neue Perspektiven und in Folge davon kurzweilige und schnelle Sendungen" versprach. Voraussetzung für die lebendigen Berichte waren Kameras mit leicht auswechselbaren Linsen (Teleskop, Weitwinkel, Normal), um die Immobilität der Kamera auszugleichen.[13]

Bemerkenswert ist ein weiteres frühes Konzept für eine Nachrichtensendung, das vom damaligen Chefredakteur der *Neuen Deutschen Wochenschau*, Heinz Kuntze-Just, stammte. Er sendete es am 22. Oktober 1951 an den NWDR-Programmdirektor

[12] Vgl. Jaedicke, 2002, S. 14.
[13] Vgl. Vorschlag für Nachrichtensendung vom 1.3.1951, NDR (621-1-144), 515, STAHH.

Pleister – im Schreiben wird klar, dass sich Kuntze-Just der kommenden Fernseh-Konkurrenz bewusst war:

> *„Wenn es auch heute noch so ist, dass man die ‚aktuelle Filmsendung' als ein ‚Nebenprodukt' der Wochenschau herstellt, wird nach meiner Auffassung sehr bald die Wochenschau ein Nebenprodukt der Television-Sendung sein."* [14]

Kuntze-Just strebte eine dauerhafte Verbindung mit dem Fernsehen an. Als besonderen Vorteil der Wochenschau hob er in seinem Brief an Programmdirektor Pleister die bislang bestehenden 20 weltweiten Verbindungen der *NDW* hervor und wies auf die Kosten der Aktualitätenfilm-Produktion hin, die durch die Zahlungen des NWDR für das verwendete Material nur zu einem Bruchteil gedeckt würden.[15] Die Nachrichtensendung des Fernsehens aufgrund der Verwendung von Wochenschau-Material als ‚Nebenprodukt' der *NDW* zu bezeichnen, wird Pleister nicht geschmeichelt haben. Das Konzept, das ihm Kuntze-Just unterbreitete, lässt zudem erkennen, dass er die bahnbrechenden Möglichkeiten des Fernsehens noch nicht voll erkannt hatte. Erstaunlich ist aber, dass sein Vorschlag einer *Tagesschau*-Struktur genau der entspricht, die ab Dezember 1960 tatsächlich mit den Mitteln des Fernsehens umgesetzt wurde. Kuntze-Just sah Wortbeiträge mit einem Sprecher im Bild vor, die sich mit Filmbeiträgen abwechselten – also so, wie wir es heute kennen. Der Vorschlag von Kuntze-Just umfasste folgende Punkte:[16]

1. Die *NDW* könne ab sofort täglich 15 Minuten „Aktualitäten aus aller Welt in Bild und Ton liefern". Die *Tagesschau*-Redaktion behalte aber die Gesamtleitung.
2. Die Sendung mit dem Titel „Tagesschau des Nordwestdeutschen Fernsehfunks" sollte 360 Meter lang sein, mit Fanfare und Titeltrick eingeleitet werden und zwei bis vier Berichte umfassen.
3. Die *NDW* wollte diese 15 Minuten auf Film fertig liefern, mit Text und Off-Sprecher – Bild auf Film und Ton auf Magnetofon. Das Filmband sollte fertiggeschnitten und Musik sowie Geräusche auf dem Magnetofonband fertig gemischt sein. Das Band hätte nur noch zum Film synchron ablaufen müssen.
4. Der Sprecher im On sollte durch den Fernsehsender eingeblendet werden. Die Filmmeter, die benötigt wurden, während der Sprecher auf dem Bildschirm erschien, würden auf dem Bildband als Blankfilm geliefert. Dadurch könnte der Filmabtaster ohne Unterbrechung durchlaufen.
5. Die Sprecher sollten die Möglichkeit haben, ihre Texte selbst zu erstellen und bei der *NDW* am Checktisch und Mischpult zum Bild und Ton genau abzustimmen. Auf einem Monitor würde der Sprecher die Sendung verfolgen können und sobald

---

14 Kuntze-Just (Chefredakteur NDW) an Pleister (Programmdirektor NWDR), 22.10.1951, BArch B 145/112.

15 Ebd.

16 Ebd.

er spricht, von einer Kamera erfasst werden. Während er zwischen den einzelen Berichten erscheint, würde er frei sprechen und zum Bild vom Blatt ablesen.

Kuntze-Just erstellte außerdem ein dezidiertes Schema für den Ablauf der Sendung mit Bild und Ton: Nach dem Titel folgt der Sprecher mit dem Einleitungstext, unterlegt mit leiser Musik, dann kommt der erste Filmbericht mit Bildkommentar, Musik und Geräusch; es folgt wiederum der Sprechertext mit leiser Musik usw. (drei Filmberichte, drei Wortbeiträge) bis zum Schlusstiteltrick mit Musik.[17]

Mit dieser Arbeitsweise wäre jedoch nur eine mittelmäßige Aktualität möglich gewesen, denn Meldungen in letzter Minute hätten nicht mehr in das Filmband mit den entsprechenden Blankfilm-Stellen für den Sprecher eingesetzt werden können. Das verdeutlicht auch der Zeitplan für den Arbeitsablauf, den Kuntze-Just erstellte: Bis 12 Uhr hätte das Material vorliegen müssen, woraus die Stories von der *NDW* ausgewählt, mit der Sendeleitung im NWDR abgestimmt worden wären und danach in den Schnitt gingen. Kuntze-Just argumentierte: Es seien zwar weniger Berichte täglich, die aber dafür ausführlicher. Dies würden die Wochenschauen zwar immer gerne erreichen, aber es sei wegen der Massenkopienkosten nicht möglich. Der Sprecher sei in diesem Konzept die Novität.[18] Die Ansprüche an die Aktualität dürften jedoch bei der *Tagesschau*-Redaktion und der *NDW* bereits zu unterschiedlich gewesen sein – und auch die Ansprüche an Schnitt, Auswahl und Anzahl der Beiträge. Kuntze-Just versuchte hier nicht nur eine Form für die *Tagesschau* anzubieten, sondern auch seine Vorstellungen von einer Wochenschau zu verwirklichen, die er selbst nicht erreichen konnte. Denn von einer Wochenschau erwarteten die Zuschauer eine große, vielfältige Mischung[19] – und nicht vielleicht nur drei Beiträge.

Die Entwicklung der Fernsehnachrichten ist untrennbar mit dem Namen Martin S. Svoboda verbunden. Er war schon vor dem Krieg als freier Journalist tätig und gehörte in der gesamten Kriegszeit der Propaganda-Kompanie als Heeres-Berichterstatter an. Nach 1945 arbeitete er u.a. bei Radio Hamburg, bei Illustrierten und Tageszeitungen.[20] Ab 1. Januar 1952 leitete Svoboda beim NWDR die Redaktion des *Fernseh-Filmberichts*, der dreimal pro Woche gesendet wurde (montags, mittwochs und freitags). Dieser bestand zum einen aus einem *Aktuellen Fotodienst*, zu dem Svoboda die Texte verfasste und zum zweiten – daran angeschlossen – aus einem *Aktuellen Filmdienst* (aus Wochenschau-Filmen). Die Berichte waren mit der Musik von der *NDW* unterlegt – der Kommentar wurde live dazu gesprochen.[21] Ab dem 4. Januar 1952 wurden erste Versuche mit einem ausschließlich aus Wochenschau-Material gestalteten *Film-Fernsehbericht* unternommen. Die 100 Testsendungen

---

[17] Ebd.

[18] Kuntze-Just (NDW) an Pleister (Programmdirektor NWDR), 22.10.1951, BArch B 145/112.

[19] Vgl. dazu Abschnitt 4.1.

[20] Vgl. Reimers, Lerch-Stumpf & Steinmetz, 1983, S. 123.

[21] Vgl. Straßner, 1983, S. 255.

wurden nur sporadisch ausgestrahlt und im April 1952 wurde die neue Form eingesetzt.[22]

Von Beginn an achtete Svoboda auf Qualität. Als ein Kameramann den „historischen Augenblick" des ersten Auftritts des Bundespräsidenten vor Fernsehkameras in Berlin verpasst und nach seinem Geschmack zu viele Total-Einstellungen aufgenommen hatte (was die Berichte vermutlich eintönig wirken lies), sah sich Svoboda nach einem Ersatz um: Die Kameramänner Jansen (Vater und Sohn) arbeiteten bei der *Welt im Film*, die nach Svobodas Einschätzung ohnehin am „Einschlafen" war.[23] Über den *NDW*-Kameramann Onasch wollte er an ihre Adressen kommen, um Kontakt aufzunehmen.[24]

Anfangs war die Wochenschau gegenüber der *Tagesschau* aufgrund ihrer Erfahrung im Vorteil. Die *NDW* verfügte über erfahrenes, filmtechnisch versiertes Personal, und die Zusammenarbeit mit dem Kopierwerk war eingespielt. Ihr Nachteil lag vor allem im Herstellungsprozess. Mit schweren Kameras wurden 35 mm-Filme für das Kino gedreht (Bild und Ton auf getrennten Filmen). Danach mussten die einzelnen Bestandteile – Bild, Musik, Sprache, Geräusch auf einen einzigen Film übertragen, d.h. eine „kombinierte Kopie" hergestellt werden.[25] Dieser Vorgang war „zeit- und geldraubend".[26] Die *Tagesschau* konnte auf diese Prozedur verzichten – sie sendete live. Dieser, von Svoboda eher als erzwungen dargestellte Umstand,[27] wurde später zum großen Vorteil für den Wettlauf um die größtmögliche Aktualität und damit um die Akzeptanz des Publikums.

Am 26. Dezember 1952 sendete der NWDR (am Tag nach der Eröffnung des offiziellen NWDR-Fernsehprogramms) die erste *Tagesschau* mit einer Länge von 418 Bildmetern[28] und ab dann montags, mittwochs und freitags (dazwischen wurde wiederholt). Den ersten *Wochenspiegel* gab es am 4. Januar 1953 zu sehen.[29] Bereits für 1952 wurde der erste *Jahresrückblick* von Svoboda zusammengestellt.[30] Da nur dreimal pro Woche gesendet wurde, war Svoboda zunächst gegen den Titel „Tagesschau" und entschied sich für die Bezeichnung „Fernseh-Filmbericht" – er befürchtete den Spott der Presse.[31] Im August 1952 überzeugte der Programmchef, Heinz von Plato, den Chefredakteur, Martin S. Svoboda, den Titel „Tagesschau" zu nutzen.[32] Der Titel „Fernseh-Filmbericht" wurde durch „Tagesschau" ersetzt – im Titelbild

[22] Vgl. Jaedicke, 2002, S. 202.

[23] Svoboda an Brief an Rieck (Leiter des Zeitfunks, Berlin), 20.4.1953, NDR (621-1-144), 194, STAHH.

[24] Ebd.

[25] Svoboda, 1983, S. 128.

[26] Ebd.

[27] Vgl. Ebd.

[28] Straßner, 1983, S. 256.

[29] Vgl. Jaedicke, 2002, S. 202.

[30] Vgl. Svoboda, 1983, S. 132.

[31] Ebd., S. 129-130.

[32] Ebd., S. 132.

wurde eine Kamera geschwenkt.[33] Der Titel der Sendung wurde auf der Ständigen Programmkonferenz im Dezember 1953 besprochen. Um zu verdeutlichen, dass alle Rundfunkanstalten beitrugen, sollte die Sendung nicht „NWDR-Tagesschau“ heißen, sondern man bestimmte: „Es heisst generell Tagesschau“. Die Mitglieder der Ständigen Programmkonferenz einigten sich auf eine Länge von 20 bis 25 Minuten und dachten schon zu diesem Zeitpunkt über die tägliche Sendung und Wiederholungen an anderen Stellen des Programms nach.[34]

Die Filme wurden von der *Neuen Deutschen Wochenschau* für 2 DM pro Meter gekauft.[35] Über Thema, Schnitt, Text, Vertonung und Reihenfolge entschied die Redaktion der *Tagesschau* selbst.[36] Ein „Musikteppich“ war damals nach Svoboda „eine unabdingbare Zutat“, da „in der ganzen Welt“ Spielfilme, Dokumentarfilme und Wochenschauen je nach Ereignis und Dramatik der Szene mit Musik untermalt wurden.[37] Dem ehemaligen *Tagesschau*-Redakteur Jaedicke zufolge, war die Musik notwendig, da die angelieferten Filme von anderen Rundfunkanstalten oder eigenen Kameramännern stumm waren und Geräusche selten aufgenommen wurden. So nutzte die *Tagesschau* das Tonarchiv mit Lichttonstreifen der *NDW*.[38] Die Wiedergabe auf einem Bildschirm erforderte zudem einen anderen Schnitt und den Rhythmus der Bilder als bei der Wochenschau. Während das Bild auf der Leinwand Aktion und Tempo verlangte und somit kurze Schnitte sowie eine „geraffte, intensive optische Darstellung“, brauchte ein Fernsehbild nach Jaedicke „lange Passagen der Darstellung“.[39] So mussten sich diejenigen der beauftragten Kameramänner umstellen, die noch bei der Wochenschau gearbeitet hatten und anderes Arbeiten gewohnt waren.

Für die Aufgabe des Sprechers engagierte Svoboda den früheren Schauspieler und Regisseur Cay Dietrich Voss,[40] denn er war kein „lauter Kinosprecher“, sondern sprach „zur Familie“[41] und war damit für die Intimität des Fernsehens geeignet. Er sollte zum Wohlbefinden des Zuschauers beitragen. Außerdem wollte Svoboda den Eindruck eines bebilderten Hörfunks vermeiden und bestimmte daher, die Rede von Menschen vor der Kamera „kurz“ zu halten. Dann aber lernte die Redaktion in Eng-

[33] Vgl. Jaedicke, 2002, S. 202.

[34] Ständige Programmkonferenz am 8.12.1953 in Hamburg, NDR (621-1-144), 194, STAHH.

[35] Vgl. Jaedicke, 2002, S. 16. Die Neue Deutsche Wochenschau gibt dagegen von 1,50 DM pro Meter als Preis an; vgl. 14. Sitzung des Aufsichtsrates vom 29.2. und 1.3.1952, Protokolle Aufsichtsrat 1949-1952, DW.

[36] Svoboda, 1983, S. 131.

[37] Ebd., S. 128.

[38] Vgl. Drengberg, 1986, S. 137-138. Gespräch mit dem ehem. *Tagesschau*-Redakteur Jaedicke.

[39] Drengberg, 1986, S. 138. Gespräch mit dem ehem. *Tagesschau*-Redakteur Jaedicke.

[40] Vgl. Galweit, G.M. (1962): Die fünf von der Tagesschau. 20 Minuten vor der Fernsehkamera sind mehr als acht Arbeitsstunden. In: Kölner Stadtanzeiger vom 8.12.1962, Rundfunk Programm Fernsehsendung Tagesschau von 8/52 bis 1/66, NDR.

[41] Svoboda, 1983, S. 129.

land „Talk-Departments“ kennen und stellte fest, dass eine direkte Ansprache bei den Zuschauern eine „Faszination“ auslöste.[42]

Bis zur Verwirklichung der täglichen Sendung hinkte die *Tagesschau* in der Aktualität noch hinterher. Das Material der *NDW* reichte nicht aus. Der erste feste Kameramann, Jan Thilo Haux, konnte 1953 noch nicht die Menge an Filmmaterial bringen, die notwendig war, um die Sendung zu füllen. Erst als sich auch die anderen Rundfunkanstalten der ARD aktiv beteiligten, konnte die *Tagesschau* der wirklichen Aktualität ein Stück näher rücken und die Sendung mit aktuellen Berichten aus dem gesamten Bundesgebiet ausstatten. Jede ARD-Rundfunkanstalt hatte eine kleine Redaktions-Gruppe, die die zentrale Redaktion der *Tagesschau* mit Filmberichten aus ihrem Sendegebiet versorgte. Diese Redaktionen arbeiteten mit den Studios der Sender zusammen, sodass sich ein dichtes Korrespondenten-Netz im ganzen Bundesgebiet aufspannte. Später stellten die ARD-Häuser der *Tagesschau* auch ihre Auslandskorrespondenten zur Verfügung.[43] Sie lieferten ihre eigenen Berichte aus ihrem Korrespondenzgebiet an die *Tagesschau.*[44] 1955/56 gab es drei Korrespondenten: Klaus Mehnert, SDR, und Gerd Ruge, WDR, (beide für Moskau) sowie Klaus Bölling, SDR (für Belgrad).[45] Die Rundfunkanstalten teilten die Zuständigkeit für die Teile der Welt untereinander auf.[46] Ab 1955 begannen die Rundfunkanstalten die Liste ihrer Korrespondenten auszutauschen.[47] Für die Korrespondenten war das NWDR-Außenreferat, unter Leitung von Walter D. Schultz, zuständig.[48] Das Netz wurde ausgeweitet.

Auch mit dem Einsatz von Archivmaterial ließ sich die Aktualität steigern. Zu aktuellen Ereignissen waren Rückblenden aus Archivbildern möglich und Beiträge zu Jahrestagen konnten vorbereitet werden. Zur Verbesserung der Verständlichkeit griff die Redaktion zu Landkarten, Zeitungsschlagzeilen und Fotos.[49] Das Fernsehen sollte aber für das „drahtlose, bewegte, lebendige Bild“ zuständig sein und nicht „starre Fotos“ senden müssen.[50] Daher sorgte Svoboda dafür, dass das *Bild des Tages* aus der Konzeption verschwand,[51] ebenso wie die *Gedenkminute*, die als „Aufhänger“ mit Rückblenden zu Persönlichkeiten und Begebenheiten der Geschichte am Programmbeginn gesendet wurde[52]. Die Fernsehkritik bescheinigte der *Tagesschau*, dass sie

[42] Drengberg, 1986, S. 136. Gespräch mit dem ehem. *Tagesschau*-Redakteur Jaedicke.

[43] Vgl. Reiche, 1967, S. 118. Ab 1955 begannen die Rundfunkanstalten, Listen ihrer Korrespondenten auszutauschen, um die Auslandsberichterstattung auszubauen. So wuchs mit der ARD auch das Korrespondenten-Netz; vgl. Pörzgen, 2010, S. 23.

[44] Reiche, 1967, S. 118.

[45] Vgl. Hickethier, 1998, S. 168.

[46] Vgl. ebd., S. 168-169.

[47] Pörzgen, 2010, S. 23.

[48] Vgl. Wagner, 2010.

[49] Vgl. Straßner, 1983, S. 256.

[50] Svoboda, 1983, S. 130.

[51] Ebd.

[52] Vgl. Straßner, 1983, S. 256.

schnell eine „fernseheigene Form“ gefunden habe und sich „spürbar von den Filmwochenschauen“ absetzte, aus deren Material sie in der ersten Zeit lebte.[53] Svoboda sah die Wochenschau als ein ‚Sprungbrett‘ für die *Tagesschau* der ARD und gab in einer Rückschau zu: „Ohne die bemerkenswerte Hilfe der Wochenschau wären wir nie so schnell auf die Beine gekommen.“[54] Dies habe die *Tagesschau* dem Chefredakteur der *Neuen Deutschen Wochenschau,* Heinz Kuntze-Just, zu verdanken. Svoboda vermutete, dass er bemerkt hatte, was durch das Fernsehen auf die *NDW* zukam und später seine Mitarbeiter beim Fernsehen unterbringen wollte. Kuntze-Just verließ die *NDW* noch vor der ersten *Tagesschau*-Sendung – sein Nachfolger, Dr. Heinz Wiers, galt bei Svoboda als weniger aufgeschlossen.[55]

3.6.2 Die Redaktionsarbeit der *Tagesschau*

Das NWDR-Hausblatt *Die Ansage* beschrieb die Inhalte der *Tagesschau*-Sendung im August 1952: eine „bunte Welt der Politik, der Kunst, der Sensationen, schöner Frauen und des Sports“.[56] Diese Beschreibung klingt wie das Angebot, das die Zuschauer von den Wochenschauen gewohnt waren. Die *Tagesschau*-Redakteure orientierten sich – ebenso wie die *NDW* – an der Berichterstattung der Tageszeitung.[57] So kam es, dass die *Tagesschau* noch öfter sagen musste, dass „gestern“ oder „vorgestern“ etwas stattgefunden hatte.[58] Svobodas Ziel war die Umkehrung: Was abends gesendet würde, sollte morgens in der Zeitung stehen.

Der erste Chefredakteur Martin S. Svoboda bezeichnete die Themenzusammenstellung der *Tagesschau* selbst als „notgedrungen“ hergestellte „bunte Mischung“ – Umfragen sollen aber ergeben haben, dass die *Tagesschau* den Zuschauern gefiel.[59] Als entscheidendes Konzept entschied er sich für möglichst wenig Text, da seiner Meinung nach das Bild stärker war. Texte sollten nur unterstützen, aber nicht etwa Gedanken wiedergeben, die nichts mit dem Bild zu tun hatten.[60] Jeglicher Text musste mit dem gezeigten Bild konform gehen.[61] In der Zusammenstellung gewann die Politik zwar an „Gewicht“, aber eine „eiserne Regel“ der *Tagesschau* war, dass die Schluss-Story „leicht“ sein musste, z.B. durch ein Modethema, ein Pferderennen,

---

[53] Galweit, G. M. (1962): Seit zehn Jahren: Täglich Premiere. In: Kölner Stadt-Anzeiger vom 24./26.12.1962, Rundfunk Programm Fernsehsendung Tagesschau von 8/52 bis 1/66, NDR.
[54] Svoboda, 1983, S. 131.
[55] Vgl. ebd.
[56] O.V. (1952): Regie mit Schulterklopfen. Wie die „Tagesschau“ im Fernsehfunk entsteht. In: Die Ansage, 28.8.1952, Rundfunk Programm Fernsehsendung Tagesschau von 8/52 bis 1/66, NDR.
[57] Vgl. Drengberg, 1986, S. 138. Gespräch mit dem ehem. *Tagesschau*-Redakteur Jaedicke.
[58] Lührs, 2008, S. 300. Statement von Hans Wilhelm Vahlefeld.
[59] Svoboda, 1983, S. 132.
[60] Vgl. Straßner, 1983, S. 256.
[61] Vgl. Svoboda, 1983, S. 135.

Boxkampf oder Tanzturnier.[62] Die Feuilleton-Beiträge sollten eine „Belohnung" der Zuschauer für die ernsten Themen sein.[63] Erst in den Jahren 1955 bis 1957 soll sich nach Jaedicke das Konzept zu größerer Ernsthaftigkeit geändert haben.[64]

Nach Angaben des Chefredakteurs Reiche, der 1960 den Posten übernahm, konzentrierte sich die Nachrichtentätigkeit beim Fernsehen auf die politische Information – trotzdem sollten Nachrichten aus Wirtschaft, Kunst, Technik, Wissenschaft, Gesellschaft und Sport ebenso berücksichtigt werden.[65] Vom Zuschauer nahm man auch jetzt noch an, dass er nur durch Unterhaltung für politische Themen gewonnen werden konnte. *Tagesschau*-Chefredakteur Reiche ging davon aus, dass „das große Publikum" nur dann geneigt war, politische Nachrichten zu konsumieren, wenn es daneben ein „breit gestreutes Nachrichtenangebot aus allen Bereichen des nationalen und internationalen Lebens" bekäme.[66] Auf diese Weise ein Millionen-Publikum zu interessieren, helfe der Politik mehr und trage stärker zur politischen Bildung des Staatsbürgers bei, als ein „exklusives Nachrichtenprogramm höchsten Anspruchs für ein paar hunderttausend Zuschauer."[67] Die Fernsehkritik bemerkte die Absicht und forderte Anfang der 1960er Jahre: „Laßt doch den Zucker weg!"[68]

Im Fernsehprogramm wurde die *Tagesschau* gerade weil sie an bekannte Sehgewohnheiten der Wochenschau anknüpfte und unterhaltend war, zu einer beliebten Sendung.[69] Für Svoboda war die *Tagesschau* eine „Lokomotive für's Fernsehen".[70] Die Presse lobte die *Tagesschau* vielfach und hob ihre Eigenschaften hervor: Sie sei die „wohl wichtigste Sendung". Man werde mit dem „Leben der gesamten Menschheit" verbunden, in das „kleine und große Alltagsgeschehen eingeschleust" und werde so zu einem „Weltbürger".[71] Keine andere Sendereihe des Deutschen Fernsehens habe eine so „beständig hohe Zuschauerzahl".[72] Damit ist genannt, was die Konzeption der *Tagesschau* charakterisierte: Anschluss an die Welt ermöglichen, Alltagsgeschehen aufgreifen und den Zuschauer schnell zum Augenzeugen von Vorgängen im In- und Ausland werden lassen.

---

[62] Ebd., S. 134-135.
[63] Ebd., S. 135.
[64] Vgl. Lührs, 2008, S. 300-301. Statements von Horst Jaedicke und Hans Wilhelm Vahlefeld.
[65] Vgl. Reiche, 1967, S. 118.
[66] Ebd., S. 119.
[67] Ebd.
[68] O.V. (1962): Extrablatt. In: Hören und Sehen, Hamburg Nr. 32 vom 12.8. bis 18.8.1962, Rundfunk Programm Fernsehsendung Tagesschau von 8/52 bis 1/66, NDR.
[69] Vgl. Lührs, 2008, S. 301-302.
[70] Svoboda, 1983, S. 132.
[71] O.V. (1959): Ferngesehen. In: Mendener Zeitung vom 16.7.1959, Rundfunk Programm Fernsehsendung Tagesschau von 8/52 bis 1/66, NDR.
[72] Filmer, W. (1963): Ohne Titel. Die große Fahrt, Düsseldorf vom Januar 1963, Rundfunk Programm Fernsehsendung Tagesschau von 8/52 bis 1/66, NDR. Etwa 70 % der deutschen Zuschauer sahen die *Tagesschau*.

Um Auslandsberichte bieten zu können, bedurfte es internationaler Verbindungen und Nachrichtenquellen. Bereits im März 1953, wenige Monate nach dem Beginn des offiziellen Programms, wurde mit der BBC eine Vereinbarung über den Austausch von Nachrichten-Material getroffen.[73] Ab Juli 1953 sollte Svoboda jeden Abend eine Liste mit Berichten erhalten, die in der abendlichen Ausgabe der *Television Newsreel* erschienen waren. Daraus konnte er auswählen und seine Auswahl am folgenden Tag mitteilen. Dann wurde eine Kopie hergestellt und per Flugzeug am nächsten Morgen versandt. Das bedeutete aber auch, dass Bilder der *Television Newsreel*, die in der *Tagesschau* gesendet wurden, bereits zwei Tage alt waren. Für die erste Zeit wurde dies dadurch kompensiert, dass die *Tagesschau* ohnehin nur dreimal pro Woche gesendet wurde. Im Gegenzug lieferte Svoboda dreimal wöchentlich eine Liste mit Berichten der *Tagesschau* an die BBC.[74] Beispielsweise erwarb die BBC *Tagesschau*-Berichte von der Heimkehr deutscher Kriegsgefangener aus sowjetischer Gefangenschaft. Als erster Filmtrupp hatten die Kameramänner der *Tagesschau* die Heimkehrer filmen können. Diese Berichte waren national so bedeutend, dass sie als moderne „Tonfilmberichte“ in mehreren Teilen im September und Oktober 1953 gesendet wurden.[75] Über das Jahr 1953 entwickelte sich bereits eine immer stärkere Eigenproduktion. Für die Auslandsberichte war das noch nicht möglich, wie die folgende Tabelle zeigt. Auf der Sitzung des Ständigen Programmausschusses im Januar 1954 stellte Svoboda die Zahlen für das zweite Halbjahr vor.

Tabelle 2: Anteil der Eigenproduktionen der *Tagesschau*, 2. Halbjahr 1953

Monat	**Inland**	**davon eigene**	**Ausland**	**davon eigene**
August	37	27	36	-
September	44	32	32	-
Oktober	48	39	35	-
November	51	45	36	-
Dezember	39	36	38	1
Summe	219	179	177	1

(Quelle: eigene Darstellung)[76]

[73] Vgl. Cox (Television Newsreel Manager BBC) Brief (übersetzt) an Tagesschau, 19.3.1953, NDR (621-1-144), 194, STAHH.

[74] Ebd.

[75] O.V. (1953): Die neueste Nachricht: BBC kauft Fernseh-Heimkehrerbericht. In: Die Fernseh-Notiz, Informationen des NWDR Fernsehfunks Nr. 10, 15.10.1953, Rundfunk Programm Fernsehsendung Tagesschau von 8/52 bis 1/66, NDR.

[76] Zahlen von Svoboda; vgl. Sitzung des Ständigen Programmausschusses am 4.1.1954, STAHH.

Das Auslandsmaterial wurde, bis auf den frühen Austausch mit der BBC, gemeinsam mit der *Neuen Deutschen Wochenschau* eingekauft,[77] denn sie verfügte über Verbindungen zu 26 ausländischen Wochenschauen[78]. Dazu musste der Vertrag mit der NDW noch einmal verlängert werden[79]. Auf der Sitzung des Ständigen Programmausschusses[80] im Januar 1954 gab Pleister einen Überblick über die Vertragsverhandlungen mit der *NDW* und dem folgenden Angebot: Ab Mai 1954 bis Ende März 1955 (Vertragsende) sollte der Meterpreis für alle angeschlossenen und noch weiter hinzukommenden Anstalten 4 DM betragen – ausgenommen Auslandsmaterial.[81] Doch die *Neue Deutsche Wochenschau* war nicht der einzige Anbieter für Filmmaterial für das Fernsehen. Auch in diesem Bereich waren die Wochenschauen Konkurrenten. Der Südwestfunk erhielt ein Angebot von der *Blick in die Welt*. Unter der Voraussetzung, dass sich alle Fernsehanstalten anschließen, betrug der Preis für einen Meter 3 DM – Auslandsmaterial wurde nicht gesondert berechnet.[82]

Schließlich wurde der Vertrag mit der *NDW* bis März 1955 verlängert. Der NWDR hatte für jeden ausgestrahlten Meter *NDW*-Filmmaterial 3,50 DM zu zahlen. Wiederholungen, die 14 Tage nach der ersten Sendung lagen, waren mit 1 DM pro ausgestrahlten Meter zu vergüten. Zum gelieferten Filmmaterial passende Musik- und Geräuschträger kosteten 50 Pfg. pro Meter. Die Rechte an dem Filmmaterial waren auf die anderen angeschlossenen Rundfunkanstalten übertragbar. [83] Für das Auslandsmaterial musste der NWDR zusätzlich Lizenzgebühren bezahlen – für *Pathé News*, London, für *Pathé Journal*, Paris und *Gaumont*, Paris 25 Cents pro Fuß für solche, die in der *NDW* oder *Welt im Bild* veröffentlicht wurden – darüber hinaus 50 Cents pro Fuß für solches Material, das noch nicht erschienen war.[84] Damit war der Preis für Filmmaterial im Vergleich zum Start der *Tagesschau* um 75 % gestiegen. Die Kosten pro Meter wurden mit einem Schlüssel auf die Sendeanstalten aufgeteilt.[85]

---

[77] Vgl. o.V. (1955): Die Tagesschau nach dem 1. April. In: epd / Kirche und Fernsehen Nr. 7, 28.3.1955, S. 3.

[78] Vgl. o.V. (1952): Regie mit Schulterklopfen. Wie die „Tagesschau" im Fernsehfunk entsteht. In: Die Ansage, 28.8.1952, Rundfunk Programm Fernsehsendung Tagesschau von 8/52 bis 1/66, NDR.

[79] Da die *Tagesschau* von dem Material der NDW noch stark abhängig war, wurde der Vertrag verlängert. Dem sind offenbar harte Preisverhandlungen vorausgegangen – die NDW beabsichtigte den Meterpreis von 2 DM zu erhöhen; vgl. NDW (Wiers) Brief an NWDR (Intendant Pleister), 17.2.1953 und Aufzeichnung des Bundespresseamtes (vertraulich), 24.3.1953, BArch B 145/122.

[80] Der Ständige Programmausschuss wurde im Juni 1954 in Ständige Programmkonferenz umbenannt; vgl. Sitzung der Ständigen Programmkonferenz vom 25.6. bis 26.6.1954, STAHH.

[81] Sitzung des Ständigen Programmausschusses am 4.1.1954, STAHH.

[82] Ebd.

[83] Sitzung des Ständigen Programmausschusses am 8.2.1954, STAHH.

[84] Ebd.

[85] Vgl. Sitzung des Ständigen Programmausschusses am 4.1.1954, STAHH.

Ein weiteres Mal wurde der Vertrag über Filmlieferungen nicht verlängert. Am 1. April 1955 trennte sich die *Tagesschau* von der *NDW*. Diese Trennung war vorgezeichnet. Die *Tagesschau* wurde von den Kinos bereits als Konkurrent wahrgenommen, der nicht mehr unterstützt werden sollte. Svoboda lässt in einem Brief an Pleister die Abhängigkeiten der *NDW* und Einflüsse der Kinos schon 1953 deutlich werden: Es könne „mit großer Gewissheit angenommen werden", dass die NDW den Vertragsteil, der die Inlandsberichte betrifft, „zum frühest möglichen Termin" kündigen werde. „Die Filmtheater und Verleihfirmen werden sie dazu zwingen."[86]

Nach der Auflösung des Vertrages mit der *NDW* trat die *Tagesschau* auch in Austausch mit anderen ausländischen Fernsehsendern.[87] Im März 1955 meldete *epd / Kirche und Fernsehen*, dass die *Tagesschau* „stetig ausgebaut" werde – die Zahl der eigenen „Filmtrupps" sei so vermehrt worden, dass „schon seit geraumer Zeit" alle Berichte aus dem Inland von der *Tagesschau* selbst gedreht würden.[88] Im Mai/Juni 1955 gab es 145 Inlandsberichte in der *Tagesschau*.[89] Die Auslandsberichte stammten überwiegend aus Material des großen amerikanischen Film-Nachrichtendienstes Telenews, der Schmalfilmformat liefern konnte[90] (88 von 133 Auslandsberichten). Es gab jedoch nur 10 eigene Auslandsberichte; weitere kamen aus dem Austausch mit anderen europäischen Fernsehanstalten.[91]

Die *Tagesschau* brauchte also erheblich mehr Material als die Wochenschau, die nur wenig aktuell sein konnte. Durch den Programmauftrag unterlag die *Tagesschau* außerdem der Tagesaktualität – somit auch einer ganz anderen „Gewichtung" und „Differenzierung" der Themen.[92] Die Beendigung der Zusammenarbeit mit der *NDW* ist ein Ausdruck davon.

3.6.3 Die Herstellung der *Tagesschau*

Zu Beginn war die *Tagesschau* ein „Ein-Mann-Betrieb" im Keller der Heilwigstraße 116 in Hamburg – im Untergeschoss des Firmensitzes der Neuen Deutschen Wochenschau GmbH. Es gab lange Zeit nur einen einzigen Redakteur, Martin S. Svoboda, den Sprecher Cay Dietrich Voss sowie eine von der Wochenschau ‚ausgeliehene' Cutterin und ihre Assistentin. Zum Sendestart wurde der Redakteur Horst Jaedicke eingestellt, eine Sekretärin und eine Filmkleberin. Nach und nach wurden ein eigener

[86] Svoboda Brief an Dr. Pleister (Intendant), 9.9.1953 mit Überschrift „Tagesschau auf Birkenrinde?", NDR (621-1-144), 194, STAHH.
[87] Vgl. o.V. (1955): Die Tagesschau nach dem 1. April. In: epd / Kirche und Fernsehen Nr. 7, 28.3.1955, S. 3.
[88] Ebd.
[89] 85. Sitzung des Verwaltungsrates am 11.7.1955, Gremienbüro NDR.
[90] Vgl. Jaedicke, 2002, S. 203.
[91] 85. Sitzung des Verwaltungsrates am 11.7.1955, Gremienbüro NDR.
[92] Drengberg, 1986, S. 130.

Dienstwagen und andere Hilfsmittel wie eine Schreibmaschine angeschafft. Mit Jan Thilo Haux und Horst Schröder stand ein eigenes Kamerateam zur Verfügung; außerdem wurden freie Kameraleute engagiert.[93] Der Vertrag von Jaedicke lief zum 31. März 1954 aus. Für eine Neubesetzung schlug Svoboda Karl-Heinz Krüger vor und als zweiten Redakteur Hans Wilhelm Vahlefeld, der zunächst als Volontär eingestellt werden sollte.[94]

Am Anfang wurde viel improvisiert. Es gab noch keine Titel, keine Musik und keine Blenden. Der Anspruch, „möglichst schnell, aktuell und regelmäßig zu senden", war von Anfang an vorhanden.[95] Schon 1952 war es Ziel der *Tagesschau*, innerhalb von 24 Stunden nach einem Ereignis darüber im Fernsehen berichten zu können. Als frühe „Spitzenleistungen" konnten die Zuschauer am 26. Mai 1952 abends sehen, wie an dem Tag um 11 Uhr der Deutschland-Pakt über die Souveränität Deutschlands in Bonn unterzeichnet worden war.[96] Die *Tagesschau* konnte also am selben Tag mit Bildern von national bedeutenden Ereignissen berichten, die den Bundesbürgern wichtig sein mussten. Nur einmal, so erinnerte sich Svoboda 1983, habe er, als kein neues Material zur Verfügung stand, eine Wochenschau gesendet – es sei jedoch ein „Reinfall gewesen", die eigenen „Maßstäbe" der *Tagesschau* waren bereits höher.[97]

Vor dem Schneiden der Filmaufnahmen besprachen Cutterin und Redakteur „die große Linie der Zusammenstellung".[98] Die Kameramänner drehten bei jedem Wetter, alle möglichen Standpunkte, Menschenmassen oder leere Plätze. Alles Eintönige oder Wiederholungen mussten herausgeschnitten werden[99] – der Schnitt durfte aber den „objektiven Tatbestand" nicht verändern[100]. Gerade weil Ton (Sprache, Musik, Geräusche) und Bild nicht miteinander gekoppelt waren, wie etwa bei den Wochenschauen, sondern erst „im Moment der Sendung" zusammengebracht wurden, war die *Tagesschau* nach Svobodas Worten „schnell und uneinholbar".[101] Eine Ton-Cutterin mischte Musik sowie Geräusche auf Magnetocordstreifen und fügte Origi-

---

93 Vgl. Svoboda, 1983, S. 134.

94 Svoboda Brief an von Plato (Fernseh-Programmleiter), 5.3.1954, NDR (621-1-144), 194, STAHH.

95 Moes, G. (1962): Sechs Jahre tägliche Tagesschau. In: Hamburger Echo, A vom 22.9.1962, Rundfunk Programm Fernsehsendung Tagesschau von 8/52 bis 1/66, NDR. Statement von Svoboda im Interview.

96 O.V. (1952): Regie mit Schulterklopfen. Wie die „Tagesschau" im Fernsehfunk entsteht. In: Die Ansage, 28.8.1952, Rundfunk Programm Fernsehsendung Tagesschau von 8/52 bis 1/66, NDR.

97 Svoboda, 1983, S. 131.

98 O.V. (1955): Weltereignisse im Filter. Die Cutterin der Tagesschau des Deutschen Fernsehens. In: Wetzlarer Neue Zeitung vom 23.9.1955, Rundfunk Programm Fernsehsendung Tagesschau von 8/52 bis 1/66, NDR.

99 Ebd.

100 O.V. (1956): Blick hinter die Kulissen des Fernsehens. Besuch in der ‚Tagesschau'. In: Hamburger Anzeiger vom 14.11.1956, Rundfunk Programm Fernsehsendung Tagesschau von 8/52 bis 1/66, NDR.

101 Svoboda, 1983, S. 131.

naltöne ein, die der Kameramann nach Möglichkeit auf einem Tonband mitschickte. Gab es keine Originaltöne, wie z.B. bei Auslandsaufnahmen, musste die *Tagesschau* zur Ton-Konserve und zur Musik greifen.[102] Eine Filmrolle, die erst um 20.10 Uhr vom Flughafen eintraf, konnte noch gesendet werden, denn das Thema war meist schon vorher bekannt und der Text in etwa vorbereitet.[103] Eine Stunde vor der Sendung wurde der Sekretärin das Manuskript für den Sprecher diktiert und die Beiträge der Sendung in der richtigen Reihenfolge zusammengesetzt.[104] Letzte Meldungen kamen per Fernschreiber – noch bis 19.55 Uhr konnten Meldungen in die Sendung einfließen.[105]

Das Manuskript für eine Sendung bestand aus einem Deckblatt mit einer Aufstellung aller Beiträge, deren Länge und Quelle (z.B. Archiv oder Name des Kameramanns, der Nachrichtenagentur oder Rundfunkanstalten). Dann folgten die Texte für jeden einzelnen Beitrag. Jeder Beitragstext war nach Schlüsselbildern aufgeteilt, die den Einsatz für den Sprecher und seinen Text kennzeichneten. Die für den Produktionsablauf notwendigen Anweisungen wurden meist per Hand auf den mit Maschine geschriebenen Text vermerkt, beispielsweise für den Filmgeber, – den Ton umzuschalten, sobald ein O-Ton kam – den Wechsel von einstreifig (kombiniertes Bild mit Ton) auf zweistreifig (Ton getrennt) zu vollziehen.

Nach der Redaktionsarbeit fuhren die Mitarbeiter zur Sendeanlage im ehemaligen Hochbunker auf dem Heiligengeistfeld. Im Fernsehbunker standen zwei Filmabtaster: Auf dem einen lief das Bild und auf dem anderen der Ton. Das ergab das so genannte Zweistreifen-Verfahren.[106] Die geschnittenen und geklebten Filmstreifen wurden direkt in den Filmgeber gelegt und mit einem zweiten Filmgeber das 35-mm-Lichttonband abgefahren.[107] Nachteilig war, dass die Filmgeber untereinander nicht synchronisiert waren und von zwei Technikern mit Handkurbeln angeworfen werden mussten. Svoboda rief „Film ab!“ durch die Gänge, damit eine Synchronisation hergestellt werden konnte.[108] Für Berichte, die in ‚letzter Minute‘ eintrafen, konnte die Vorbereitungszeit auf die Hälfte gekürzt werden. Eine „Positiv-Kopie“, wie sie nor-

---

[102] Vgl. o.V. (1955): Weltereignisse im Filter. Die Cutterin der Tagesschau des Deutschen Fernsehens. In: Wetzlarer Neue Zeitung vom 23.9.1955, Rundfunk Programm Fernsehsendung Tagesschau von 8/52 bis 1/66, NDR; vgl. Drengberg, 1986, S. 138. Gespräch mit dem ehem. *Tagesschau*-Redakteur Jaedicke: Wenn es keine O-Töne gab, wurde Musik eingesetzt, um stumme Bilder zu vermeiden.

[103] Moes, G. (1962): Sechs Jahre tägliche Tagesschau. In: Hamburger Echo, A vom 22.9.1962, Rundfunk Programm Fernsehsendung Tagesschau von 8/52 bis 1/66, NDR.

[104] Vgl. o.V. (1955): Wie entsteht die Fernseh-Tagesschau? In: Hören und Sehen Nr. 38 vom September 1955, Rundfunk Programm Fernsehsendung Tagesschau von 8/52 bis 1/66, NDR.

[105] Vgl. o.V. (1956): Blick hinter die Kulissen des Fernsehens. Besuch in der ‚Tagesschau‘. In: Hamburger Anzeiger vom 14.11.1956, Rundfunk Programm Fernsehsendung Tagesschau von 8/52 bis 1/66, NDR.

[106] Vgl. Svoboda, 1983, S. 129.

[107] Vgl. Drengberg, 1986, S. 129.

[108] Svoboda, 1983, S. 129; vgl. Jaedicke, 2002, S. 14.

malerweise für eine Fernseh-Filmsendung hergestellt wurde, war nicht notwendig (das Filmmaterial musste nur entwickelt werden). In diesem Fall lief der „Negativ-Streifen“ durch den Filmgeber. Eine Schaltung sorgte dafür, dass der Bildschirm ein „Positiv-Bild“ zeigte – nachteilig war allerdings eine schlechtere Bildqualität.[109]

Geräusche wurden manchmal während der Sendung „fabriziert“, beispielsweise indem ein Eimer mit Glasscherben ausgeschüttet wurde, wenn im Film etwas klirrend zerbrach, oder es wurde Wasserplätschern in Schüsseln nachgeahmt.[110] Besonders wichtig war, dass der Sprecher in wenigen Sekunden auch den „richtigen Tonfall“ für den Bericht herausbrachte.[111] Um den Einsatz des Sprechers an den zum Bild passenden Stellen zu optimieren, wurden verschiedene Möglichkeiten ausprobiert. Zu Beginn stand der Sprecher im Studio vor dem Mikrofon und erhielt optische Signale aus dem Regieraum. Da ihn die Lichter aber oft blendeten, verpasste er die Einsätze. Danach wurde versucht, die Zeichen – nur durch eine Glasscheibe getrennt – zu geben. Schließlich erwies es sich als praktikabel, dass ein Beisitzer in der Sprecherkabine den Film auf einem Monitor beobachtete und dem Sprecher den Einsatz per Schulterklopfen signalisierte.[112] Der Sprecher sah also die Filmbeiträge nicht, da er sich auf den Text konzentrieren musste.[113]

In seinen Erinnerungen fasst Svoboda die in der Anfangszeit entwickelten Produktionsprinzipien „unorthodoxe Methoden“ in den folgenden Punkten zusammen:[114]

1. Es wurde ein Zweibandverfahren angewandt, d.h. Bild und Ton lagen auf verschiedenen Streifen an, die synchron laufen mussten.
2. In der Kopieranstalt wurde von Filmbeiträgen keine Sendekopie gezogen, sondern die *Tagesschau* sendete von der Schnittkopie (erstes Positiv nach dem Negativ-Rohschnitt). Das sparte Zeit und Geld.
3. Die Sendung wurde nur nach kurzer Absprache und ohne Probe gefahren – so konnten auch die letzten Nachrichten schnell eingefügt werden.
4. Die Texte wurden nicht vorher aufgenommen, sondern live gesprochen, und die Einsätze erfolgten nach Handzeichen. Bild, Sprache, Musik, Originalton. Geräusche wurden direkt in der Sendung gemischt – dadurch konnte ein Studio mit Besetzung komplett eingespart werden.

Trotz aller zeitsparenden Maßnahmen, war der Druck hoch. In den ersten Monaten war das Pensum nicht immer bis 20 Uhr zu bewältigen. Zweimal musste die *Tagesschau*-Redaktion den NWDR bitten, erst nach der Wetterkarte senden zu dürfen, weil

[109] O.V. (1957): Der Leinwand-Leitartikel. In: Der Spiegel Nr. 27, 3.7.1957, S. 49-51, hier: S. 50.
[110] Moes, G. (1962): Sechs Jahre tägliche Tagesschau. In: Hamburger Echo, A vom 22.9.1962, Rundfunk Programm Fernsehsendung Tagesschau von 8/52 bis 1/66, NDR.
[111] O.V. (1955): Wie entsteht die Fernseh-Tagesschau? In: Hören und Sehen Nr. 38 vom September 1955, Rundfunk Programm Fernsehsendung Tagesschau von 8/52 bis 1/66, NDR.
[112] Vgl. Svoboda, 1983, S. 128; vgl. Jaedicke, 2002, S. 14.
[113] Svoboda, 1983, S. 129.
[114] Ebd., S. 139.

die *Tagesschau* nicht rechtzeitig fertig geworden war.[115] Die Nachteile aus der Anfangszeit, wie unausgereifte Technik und unerfahrene Mitarbeiter, konnten mit der Schnelligkeit der Live-Sendungen meist ausgeglichen werden. Nach Einschätzung Svobodas war schon 1952 klar erkennbar, dass der „Wettlauf" mit der Wochenschau zugunsten der *Tagesschau* ausgehen würde.[116]

Wie die *NDW*,[117] so versuchte auch die *Tagesschau* mit Ressourcen sparsam umzugehen. Offenbar war die *Tagesschau* jedoch hinsichtlich des Filmverbrauchs in die öffentliche Kritik geraten. Svoboda stellte zum Jahresbeginn 1955 fest, dass das Verhältnis von gedrehtem Material zu gesendetem Material 4,5:1 (beim NWDR) oder 5,5:1 (bei anderen Rundfunkanstalten) betrage und verglich dies mit der Wochenschau, bei der ein Verhältnis von 7,5:1 oder 10:1 vorliege. Svoboda erklärte in einem Rundbrief an die Rundfunkhäuser und den Intendanten:

> *„Wir tun gut daran, diesen unseren sparsamen Materialverbrauch nicht zu verheimlichen, denn wir wissen, daß gewisse Filmlaien aus Unkenntnis glauben, wir verschwenden Material. "*[118]

Es habe sich „doch immer wieder gezeigt, daß nahezu jedes Thema bei klarer Disposition auf 60 Meter Schmalfilm erschöpfend behandelt werden kann".[119] Die Vorteile seien Geldersparnis, schnelles Bearbeiten in der Kopieranstalt, einfacherer Schnitt und damit schnellere Sendefähigkeit. Dieses Prinzip der kurzen Berichte wurde aber selbst von Svoboda differenziert betrachtet: „Wir sehen allerdings ein, daß bestimmte Themen eine größere Länge erfordern."[120] Um möglichen Beschwerden der Rundfunkanstalten den ‚Wind aus den Segeln' zu nehmen, schrieb Svoboda an die Rundfunkanstalten gerichtet: „Falls Sie einmal mit der Kürzung Ihres Beitrags auf 1½ bis 2 Minuten nicht einverstanden sind, denken Sie bitte daran, daß der gleiche Bericht bei einer Wochenschau nur 30 bis 50 Sekunden lang ist."[121] Die *Tagesschau* hatte also auch in relativ kurzen Berichten die Möglichkeit, ausführlicher als die Wochenschau zu werden. Allerdings ist kaum vorstellbar, dass die Rundfunkanstalten ihre Berichte an eine Wochenschau geliefert hätten, denn die Art der Berichterstattung war eine völlig andere.

Mit der Trennung von der Wochenschau 1955 wurden nicht nur alle Beiträge selbst beschafft, sondern es entstanden weitere wichtige Veränderungen. Die *Tages-*

115 Vgl. Svoboda Brief an Kückenberg (Leiter vom Dienst), 16.4.1953, NDR (621-1-144), 194, STAHH.

116 Svoboda, 1983, S. 132.

117 Die NDW hatte als Sparmaßnahme in der Produktion ihre Filme gekürzt; vgl. 14. Sitzung des Aufsichtsrates am 29.2. und 1.3.1952, Protokolle Aufsichtsrat 1949-1952 und 1958-1960, DW.

118 Svoboda Rundbrief Nr. 3 an die Funkhäuser und von Plato (Fernseh-Programmleiter), 2.1.1955, NDR (621-1-144), 194, STAHH.

119 Ebd.

120 Ebd.

121 Ebd.

schau löste die Verwendung von Lichttonmusik durch Musik auf Magnetocord ab, um eine bessere Tonqualität zu erzielen. Beim Filmformat wechselte man vom 35-mm-Film zum 16-mm-Tonfilm. Der Vorteil dieses kleinen Formates lag in der leichten Handhabung. Mit dem Bild synchron lief ein 6-mm-Magnetband (auch „Schnürsenkel" genannt) für den Ton. Das Tonband konnte auf einen mit einem Magnetstreifen versehenen 16-mm-Film umgespielt werden – und so entstand eine „fixe Mischung von Bild, Musik, Originalton und Geräuschen".[122] Die *Tagesschau* war mit dem Schmalfilm flexibler als die Wochenschau, die 35-mm-Kinoformat nutzte. 1955 verarbeitete die *Tagesschau* in einem Jahr rund 100.000 Meter Schmalfilm.[123] Mit der Kündigung des *NDW*-Vertrages mussten auch die Schneideräume verlassen werden, und die Redaktion zog am 1. April 1955 in das Fernsehgebäude in Hamburg-Lokstedt um.[124]

3.6.4 Die Zusammenarbeit mit den Rundfunkanstalten

Die Zusammenarbeit mit den Rundfunkanstalten gestaltete sich auf zwei Ebenen: die Zusammenstellung der *Tagesschau* aus Beiträgen der ARD-Häuser und die wiederholte Ausstrahlung der *Tagesschau* bei den NWDR-Sendern Berlin und Köln. Bis ein gemeinsames Programm möglich war, wurden die Filmbeiträge der Sendungen mit den Sendemanuskripten an die Häuser in Berlin und Köln versandt. Dort musste die *Tagesschau* ‚neu inszeniert' werden: mit Sprecher, Ton, Filmbeiträgen und anderen Materialien. Doch es kam im Ablauf zu qualitativen Einbußen. Svoboda beschwerte sich in einem Schreiben an den NWDR-Intendanten Pleister über die Ausstrahlung der *Tagesschau* aus Köln am Samstag, dem 12. September 1953. Einfachste Grundlagen der *Tagesschau* seien nicht beachtet worden. Die Original-Geräusche sollten nach dem Text des Sprechers vom Toningenieur immer hochgezogen werden. Dazu habe es schließlich die entsprechenden Anweisungen im Manuskript gegeben. Die Tonaussteuerung sei ungenügend gewesen und die *Tagesschau* habe daher einen „lahmen Eindruck" gemacht. Es habe der *Tageschau* an „Präzision und Tempo" gefehlt. Tempo sei aber „weitgehend eine Sache einer sauber eingeblendeten Musik", denn Svoboda meinte: „Musik treibt."[125]

Für die falsche Steuerung machte Svoboda den Toningenieur verantwortlich. Der technische Leiter in Köln äußerte sich zu den Vorwürfen: Der Toningenieur sei eigentlich der Aufsichtsingenieur in der Schaltstelle mit der Aufgabe, die Sendungen programmgerecht zur Post und von dort aus zu den Fernsehsendern zu schalten. Dies

[122] Svoboda, 1983, S. 135.

[123] O.V. (1955): Weltereignisse im Filter. Die Cutterin der Tagesschau des Deutschen Fernsehens. In: Wetzlarer Neue Zeitung vom 23.9.1955, Rundfunk Programm Fernsehsendung Tagesschau von 8/52 bis 1/66, NDR.

[124] Vgl. Svoboda, 1983, S. 135.

[125] Svoboda Brief an Dr. Pleister (Intendant), 14.9.1953, NDR (621-1-144), 194, STAHH.

sei seine Hauptaufgabe und nicht die Tonsteuerung der *Tagesschau*.[126] Auch in Berlin kam es zu Schwierigkeiten. Svoboda bemängelte verspätete Sprechereinsätze – trotz der genauen Beschreibung der Einsätze auf dem Manuskript. Es fehlten Geräusch- und Musikeinspielungen vom Band. Bild und Sprache seien nicht synchron gelaufen: „Der Boxer lag schon längst k.o. am Boden, als der Sprecher noch von Rechts- und Linksschlägen sprach."[127] Neben der Musik war der Sprecher ein weiteres Qualitätsmerkmal. Der Sprecher müsse „bestrebt sein, für jeden Bericht den passenden Tonfall zu finden und ihn nicht mit einer gleich bleibenden Redesosse [sic] zu garnieren".[128] Für die Fernseharbeit mangelte es also noch an ausgebildeten Kräften.

Weitere Probleme gab es auf der Ebene der Berichte, die jede Rundfunk-Anstalt entsprechend eines Schlüssels nicht nur zum Gesamtprogramm beizutragen, sondern auch der *Tagesschau* zuzuliefern hatte:[129] der NWDR-Bereich 46 %, Bayerischer Rundfunk 18 %, Hessischer Rundfunk, Süddeutscher Rundfunk, Sender Freies Berlin, Südwestfunk je 9 %.[130] Manchmal wurde mehr und manchmal weniger geliefert. Dass einige Sender ihr Soll übererfüllten, sah Svoboda nicht als negativ an – die anderen Sender forderte er aber auf, ihren Beitrag im vorgesehenen Umfang zu leisten. Die Zuschauer sollten seiner Auffassung nach schließlich umfassend informiert werden.[131] Svoboda fragte beispielsweise beim Hessischen Rundfunk per Fernschreiben an, wovon eigentlich dort die Zeitungen und der Zeitdienst des Hörfunks lebten, denn es habe in zweieinhalb Monaten nur sieben Berichte aus Hessen gegeben.[132] So beschwerte sich Svoboda im August 1954 bei dem Fernseh-Programmleiter von Plato, dass einige Rundfunkanstalten die Lieferung von Berichten einfach auslassen würden. Svoboda kannte in der Zusammenarbeit keinen Kompromiss: „Entweder wir haben eine Tagesschau – oder wir haben keine." Die Redaktion müsse sich „darauf verlassen können, dass in keinem Sendegebiet ein aktuelles Ereignis unberücksichtigt bleibt".[133]

Es ging aber nicht nur um die Menge. Die Berichterstattung aus dem Raum Nordrhein-Westfalen wurde im April 1954 von Svoboda bemängelt: Die Filmberichte sei-

---

[126] Dr. Schwarz (Technischer Leiter, Köln) Brief an Svoboda, 19.9.1953, NDR (621-1-144), 194, STAHH.

[127] Svoboda Brief an Dr. Pleister (Intendant), 30.9.1954, NDR (621-1-144), 194, STAHH.

[128] Ebd.

[129] Vgl. Jaedicke, 2002, S. 203. Ab dem Start des Gemeinschaftsprogramms am 1.11.1954 waren die sechs Rundfunkanstalten (neben BR, HR, NWDR, SDR, SWF auch der 1954 aus dem NWDR ausgegliederte SFB, ohne RB) verpflichtet, nach einem am 27.3.1953 im Fernsehvertrag festgelegten Schlüssel, Beiträge für die *Tagesschau* zu liefern – SR und RB kamen 1957 dazu.

[130] Svoboda Rundbrief Nr. 3 an die Funkhäuser und von Plato (Fernseh-Programmleiter), 2.1.1955, NDR (621-1-144), 194, STAHH.

[131] Ebd.

[132] Svoboda Fernschreiben an HR, Frankfurt, 14.8.1954, NDR (621-1-144), 194, STAHH.

[133] Svoboda an von Plato (Fernseh-Programmleiter), 10.8.1954, NDR (621-1-144), 194, STAHH.

en so schlecht, dass sie nicht gesendet werden könnten.[134] Dies ist jedoch auch damit zu erklären, dass jede Rundfunkanstalt erst ihre eigene Form finden musste. Die redaktionelle Kraft reichte in den ersten Jahren noch nicht aus, um etwas „Rundes" zu gestalten.[135] Auch die tagesaktuelle Berichterstattung war 1955 noch ein Problem, wenn sie von der Berichterstattung der einzelnen Rundfunkanstalten abhing. Beispielsweise protestierte Svoboda beim Hessischen Rundfunk gegen eine angekündigte Verlegung der Aufnahmen über die Internationale Frankfurter Messe. In dem Telegramm an den Hessischen Rundfunk stellte Svoboda den Anspruch dar: Die *Tagesschau* sei keine Wochenschau und es müsse möglich sein, von der Eröffnung am darauf folgenden Tag zu berichten.[136] Zwei Jahre später baute der HR ein eigenes Filmbearbeitungswerk, um aktuelle Fernsehsendungen „schneller und rationeller" vorbereiten zu können. Die Anlage sollte besonders dazu dienen, die Frankfurter Nachrichtenbeiträge für *Tagesschau* und Regional-*Abendschau* bereitzustellen.[137]

Während auf der einen Seite teilweise die pünktliche Lieferung der Beiträge durch die Rundfunkanstalten nicht gewährleistet wurde, fürchteten auf der anderen Seite einige Häuser, bei der Zusammenstellung der *Tagesschau* nicht genügend berücksichtigt zu werden.[138] Die Hamburger *Tagesschau*-Redaktion sollte zumindest zusichern, dass sie die gelieferten Beiträge auch verwenden würde.[139] So gab es immer wieder Diskussionen über das Mitspracherecht der Anstalten an der Redaktionstätigkeit der *Tagesschau*.

Von der *Neuen Deutschen Wochenschau* wünschten sich die Zuschauer auch regionale Themen.[140] Bei der *Tagesschau* waren die Fordernden nicht die Zuschauer oder Kinobesitzer, sondern die Rundfunkanstalten, die ihre Region präsentieren wollten. Svoboda wies die Rundfunkanstalten darauf hin, dass auch zu beachten war, „daß in Garmisch oder Westberlin nicht dasselbe Interesse für einen Bericht aus Hannover besteht, wie in Hannover selbst". „Der Tagesschauschnitt muss also kürzer sein, als der Regionalschnitt." Es sei „die Forderung nach Information zu erfüllen, ohne das

[134] Schreiben von Svoboda als Anlage zu einem Brief vom 5.4.1954, NDR (621-1-144), 194, STAHH. Als erste Maßnahme schlug Svoboda vor, dass Jan Thilo Haux als erfahrener Kameramann mit den Kölner Kollegen die misslungenen Filme Meter für Meter am Filmgeber durchgeht.

[135] Drengberg, 1986, S. 139. Drengberg im Gespräch mit dem ehem. Tageschau-Redakteur Jaedicke: Erst von 1955 bis 1957 habe sich der „redaktionelle Gedanke" in den Funkhäusern entwickelt.

[136] Svoboda Telegramm an Dr. Lange (Fernsehdirektor HR), 7.3.1955, NDR (621-1-144), 194, STAHH.

[137] O.V. (1957): Hessischer Rundfunk baute Filmbearbeitungswerk. In: epd / Kirche und Fernsehen Nr. 12, 18.6.1957, S. 2.

[138] Vgl. Protokoll der Ständigen Programmkonferenz am 8.4.1954 in Frankfurt, NDR (621-1-144), 194, STAHH.

[139] Vgl. Protokoll der Ständigen Programmkonferenz vom 17. bis 19.8.1954, NDR (621-1-144), 194, STAHH.

[140] Vgl. Schorcht (Zimmermann) Brief an NDW, 13.9.1950, Beurteilungen bis 1952, DW.

Interesse zu strapazieren".[141] Anfang 1956 wurde von der Ständigen Programmkonferenz jedoch bestimmt, dass aktuelle und kulturelle Ereignisse aus dem regionalen Bereich nicht nur von der jeweiligen Rundfunkanstalt, sondern auch von der *Tagesschau* aufgegriffen werden sollten.[142] So wurden Dopplungen bei aktuellen regionalen und bundesweiten Berichten in Kauf genommen.

3.6.5 Die ‚Konkurrenz' der *Tagesschau*

Obwohl die *Tagesschau* im Programm der ARD in ihrer Art eine Alleinstellung hatte, bekam sie mit den Regionalprogrammen sozusagen eine Konkurrenz. Am 2. Dezember 1957 begann das Regionalprogramm des NDR (Sendezeit: täglich außer sonntags von 19.30 bis 20.00 Uhr).[143] Trotz der regionalen Ausrichtung war ein starker aktueller Anteil vorhanden. Das Regionalprogramm begann täglich mit „Nachrichten aus aller Welt", an die sich dann die Regionalnachrichten anschlossen. Landespolitik wurde besprochen und Fernseh-Interviews waren in Büro oder Privatwohnung von Regierungsvertretern geplant. Themen aus der „Volkskultur", z.B. „Geschichte der Hannoverschen Pferde", sollten für den unterhaltenden Teil sorgen.[144]

Ebenfalls Anfang Dezember 1957 startete das Regionalprogramm des WDR unter dem Titel *Hier und Heute* (19.00 bis 19.30 Uhr). Werner Höfer, der durch den *Internationalen Frühschoppen* bekannt war, leitete die Sendung, die „in erster Linie" von Aktualität bestimmt sein sollte.[145] Es sollte wenig kommentiert, aber viel erzählt, Aktuelles nicht sensationell, sondern interessant gebracht werden. Die Studiodekoration „(zwischen Wohnstube und Büro)" gab eine „persönliche Note". Täglich waren fünf Minuten „Weltnachrichten" geplant.[146] Durch die Nähe zu Bonn sollte auch die aktuelle Politik in das WDR-Regionalprogramm einbezogen werden. Das hatte zur Folge, dass die Zuschauer möglicherweise in der *Tagesschau* noch einmal die gleichen Themen zu sehen bekamen. Gegen diese Art von ‚Konkurrenz' konnte die *Tagesschau* keine Maßnahmen ergreifen.

---

[141] Svoboda Rundbrief Nr. 3 an die Funkhäuser und von Plato (Fernseh-Programmleiter), 2.1.1955, NDR (621-1-144), 194, STAHH.

[142] Protokoll der Ständigen Programmkonferenz am 17. und 18. 1.1956 in Frankfurt, NDR (621-1-144), 194, STAHH.

[143] Vgl. o.V. (1957): Tragbare Fernsehkamera mit Miniatursender. NDR-Regionalprogramm bedient sich modernster technischer Mittel. In: epd / Kirche und Fernsehen Nr. 20, 7.10.1957, S. 3.

[144] O.V. (1957): Das Regionalprogramm des NDR. Einzelheiten über Planung und Mitarbeiter. In: epd / Kirche und Fernsehen Nr. 21, 21.10.1957, S. 4.

[145] O.V. (1957): 14 Redakteure stehen als „Erzähler" bereit. In: epd / Kirche und Fernsehen Nr. 24, 2.12.1957, S. 5-6.

[146] Ebd., S. 6

Zudem kreierten die Rundfunkanstalten neue dokumentarische Formen. Die Reihe *Anno 1961* die bereits ein Jahr zuvor als *Anno 1960*[147] entstand, war ein monatliches Magazin, das hinsichtlich seiner Gestaltung zwischen *Tagesschau* und Dokumentarsendungen stand. Diese Filmberichte sollten „Skizzenbücher des Weltgeschehens" sein: „bunt, vielseitig und dabei durchaus kritisch" mit Filmaufnahmen und Experten-Interviews. Beabsichtigt war, einer „besonderen Frage" nachzugehen und diese so aufzubereiten, dass der Zuschauer „die Problematik" erkennt – das abschließende Urteil sollte jedoch dem Zuschauer überlassen bleiben.[148] Die Nachrichten konnten so ergänzt und vertieft werden. Die Fernsehkritik sorgte mit der Anregung eines neuen Formates für eine Kooperation der Rundfunkanstalten im aktuellen Bereich. *epd* schlug 1960 eine Zusammenfassung der Filmberichte aus den abendlichen Regionalprogrammen vor, um sie allen Fernsehzuschauern in einem Magazin im ersten Programm zeigen zu können.[149] Der Vorschlag wurde nur vier Monate später als *Magazin der Woche* umgesetzt; es erschien ab dem 8. Januar 1961 sonntags um 13 Uhr. Damit hatten die Filmberichte mit den Impressionen und Berichten aus allen Regionen einen Sendeplatz für eine speziell interessierte Zielgruppe.[150] Dies zeigt, wie viel Einfluss die Medienkritik haben konnte. Die Umsetzung der Anregung hatte möglicherweise auch noch einen anderen Hintergrund: Die Sendung war preiswert, weil sie anhand vorhandenen Materials entstand. Als der wichtigste „Konkurrent" der *Tagesschau* wurde am Beginn der 1960er Jahre jedoch die *Aktuelle Kamera* des DDR-Fernsehens betrachtet, denn sie hatte schon eine zweite Ausgabe und die Sender konnten einen großen Teil der Bundesrepublik überstrahlen.[151]

3.6.6 Das Selbstverständnis der *Tagesschau*

Anlässlich der Einweihung des neuen Funkhauses in Hamburg-Lokstedt am 23. Oktober 1953 betonte Dr. Grimme als erster Intendant des NWDR den Anspruch des Fernsehens, dem „zerquälten Volke" Freude zu schenken und versprach eine gewisse Ausgewogenheit.[152] Dagegen hatte er 1948 in seiner Antrittsrede als Generaldirektor des NWDR noch davon gesprochen, dass der Rundfunk nicht dazu da sein solle,

---

147 *Anno* war zu Beginn eine Sendung des BR, dann eine Koproduktion von BR und SDR; vgl. o.V. (1961): 'Anno 1961', Filmberichte zu Nachrichten von gestern und morgen. In: epd / Kirche und Fernsehen Nr. 5, 6.2.1961, S. 8.

148 O.V. (1961): 'Anno 1961', Filmberichte zu Nachrichten von gestern und morgen. In: epd / Kirche und Fernsehen Nr. 5, 6.2.1961, S. 8.

149 Vgl. o.V. (1960): Warum nur regional? Auch andere Fernsehzuschauer interessieren sich dafür. In: epd / Kirche und Fernsehen Nr. 24, 22.8.1960, S. 1.

150 Vgl. epd / Kirche und Fernsehen Nr. 42, 30.12.1960, S. 3.

151 Dokument „Organisation der Tagesschau des Deutschen Fernsehens in Hamburg", ARD T1 a-i d+R = Mappe II, Tagesschau Mappe I, NDR.

152 O.V. (1953): Festakt im Fernsehen. Schlüsselübergabe durch den Generaldirektor des NWDR. In: Die Ansage Nr. 147, 22.10.1953, S. 1.

„ständig von sich selber abzulenken, als Opiat einlullender Zerstreuung“[153]. Fast fünf Jahre später war er nun – bei aller Verantwortung für das Dargebotene – der Meinung, dass man sich „davor hüten“ solle, das Programm mit „tierisch-, am Ende gar noch moralingesäuert ernster Fracht“ zu überladen. Er war überzeugt: “Freudiger Ernst erschließt die Herzen sicherer“[154]. Das Fernsehen müsse zudem unabhängig sein, um seinen Anspruch nach Wahrhaftigkeit und Sachlichkeit zu erfüllen, es solle auch für die Politik da sein – Fernsehen für alle. Von der Zusammenarbeit der ARD-Anstalten erwartete Grimme, eine Vielfalt auf dem Fernsehschirm zu sichern.[155]

Indem Svoboda die Zusammenarbeit mit den föderalen Rundfunkanstalten formte, arbeitete er am Image der *Tagesschau*. Er forderte eine unbedingt aktuelle Berichterstattung: Die *Tagesschau* sei nicht Wochenschau und daher müsse es möglich sein, Bilder von beutenden Ereignissen am nächsten Tage zu zeigen.[156] Nach Svoboda lautete die Aufgabe der *Tagesschau*: „weltumspannende Informationen durch das bewegte Bild“.[157] Spätestens nach der Abkopplung der *Tagesschau* von der Wochenschau ab April 1955 war die Devise und der Slogan: „Aktuell + schnell = Tagesschau“[158]. In einer Rückschau stellte Hans-Joachim Reiche[159] die Verbindung zwischen der Entwicklung des Fernsehens und dem Hörfunk als bestehendem Medium her. Es habe zuerst Zweifel gegeben, ob „das junge und technisch schwierige Fernsehen auf dem Gebiet der Nachricht dem erprobten und schnellen Hörfunk etwas Ebenbürtiges an die Seite stellen könnte“. Daher sei die Form zunächst ein „aktuelles Neuigkeiten-Magazin“ gewesen.[160] Ein „lückenloses“ Nachrichtenprogramm sei erst im vollen Umfang möglich gewesen, als sich das Fernsehen international, technisch und organisatorisch entfaltet hatte.[161] Die *Tagesschau* sollte den Zuschauern „stets das Neueste vom Neuen“ zeigen.[162]

Ein weiterer wichtiger Punkt für den Aufbau des Selbstbildes war die journalistische Qualität. Durch die Popularität der *Tagesschau* bemühten sich Politiker, Parteien, Gewerkschaften und Kirchen, wie in der Wochenschau, auch in der *Tagesschau* präsent zu sein.[163] Im Kalten Krieg kam der *Tagesschau* zusätzlich die Aufgabe zu,

[153] O.V. (1948). Feierliche Übergabe des Amtes des Generaldirektors des NWDR. In: Die Ansage Nr. 49, 15.11.1948, S. 1-5, hier: S. 4.

[154] O.V. (1953): Festakt im Fernsehen. Schlüsselübergabe durch den Generaldirektor des NWDR. In: Die Ansage Nr. 147, 22.10.1953, S. 1.

[155] Ebd.

[156] Vgl. Svoboda Telegramm an Dr. Lange (Fernsehdirektor HR), 7.3.1955, NDR (621-1-144), 194, STAHH.

[157] Svoboda Brief an Dr. Pleister (Intendant NWDR), 9.9.1953, NDR (621-1-144), 194, STAHH.

[158] Svoboda, 1983, S. 135.

[159] Reiche war ab 1960 Chefredakteur der *Tagesschau*.

[160] Reiche, 1967, S. 117.

[161] Ebd.

[162] O.V. (1963): Der ‚Giftschrank' darf nur im Notfall geöffnet werden. In: Kölner Stadtanzeiger vom 25.4.1963, Rundfunk Programm Fernsehsendung Tagesschau von 8/52 bis 1/66, NDR.

[163] Vgl. Svoboda, 1983, S. 136.

die DDR-Bürger mit Informationen zu versorgen, da sie die bundesrepublikanische Presse nicht erreichen konnten.[164] Auf der anderen Seite wollte sich die *Tagesschau* aus der Politik heraushalten. Reiche betonte, es gebe keine Objektivität als bestehende Größe, da die Redakteure täglich subjektive Entscheidungen treffen müssten. Wichtig sei dabei aber ihre Unabhängigkeit – nicht nur gegenüber den politischen Parteien. Die Aufgabe des Nachrichtenredakteurs sei es, politische Vorgänge in aller Welt zu reflektieren – nicht aber „Politik zu machen".[165] Ebenso hatte es die *Neue Deutsche Wochenschau* versprochen.[166] Auf das Desinteresse der Zuschauer an Politik[167] hatte dies wahrscheinlich keinen Einfluss.

3.6.7 Zusammenfassung zum Aufbau der *Tagesschau*

Für das neue Nachrichtenformat *Tagesschau* griff man auf Erfahrungen aus dem Hörfunk zurück und mischte teilweise Film dazu, um im Kern die Möglichkeiten des Fernsehens für eine bildunterstützte Live-Sendung zu nutzen. Zu Beginn des Aufbaus der *Tagsschau* war Improvisationsgeschick gefragt, um mit der noch nicht ausgereiften Technik eine Nachrichtensendung aufzubauen. Mit der bald zur Verfügung stehenden Gerätschaft und wachsenden personellen Möglichkeiten, wie Sprecher und eigenen Kameramännern, wurde die Herstellung professioneller. Zuerst noch auf Inlands- und Auslandsaufnahme der *Neuen Deutschen Wochenschau* angewiesen, konnten die Verantwortlichen ab April 1955 die *Tagesschau* unabhängig von der *NDW* gestalten. Die Zusammenarbeit mit den Rundfunkanstalten, die ihren Beitragsanteil nach einem Schlüssel leisteten, war für den Chefredakteur Svoboda in Bezug auf die vereinbarte Menge und die Qualität der Beiträge oft schwierig. Während auf der einen Seite die Zusammenarbeit garantiert war, stellten die Regionalprogramme auf der anderen Seite fast so etwas wie eine Konkurrenz dar, denn auch sie brachten ebenfalls aktuelle Informationssendungen. Aber schließlich war keine Sendung so schnell und aktuell wie die *Tagesschau*. Sie entwickelte sich mit eigenen Qualitätsansprüchen, ihrem Live-Charakter sowie durch den Zugriff auf ein Korrespondenten-Netz zu einem ernst zu nehmenden Medienprodukt im ARD-Produktionsverbund.

---

[164] Vgl. Reiche, 1967, S. 119.

[165] Ebd., S. 120.

[166] Vgl. O.V. (1955): Die Wochenschau – eine lebendige Bilderzeitung. In: Siegener Zeitung vom 20.10.1950, Presse-Veröffentlichungen 1955, DW. Kuntze-Just wird in dem Artikel zitiert: „Mit der Wochenschau ist keine Politik zu machen!" Kuntze-Just sah die Wochenschau vordergründig als eine „lebendige Bilderzeitung, die das Aktuellste, das Interessanteste, das Aufregendste und das Schönste überall in der Welt einfängt".

[167] Im Jahr 1952 interessierten sich 46 % der Männer für Politik aber nur 11 % der Frauen. Etwa 40 % der Männer und Frauen interessierten sich „nicht besonders" für Politik; Noelle & Neumann, 1956, S. 51.

3.7 Kinokrise und Umgestaltungsansätze der Wochenschau

Zu Beginn der 1950er Jahre war der Kinobesuch etwas Alltägliches. Dadurch konnte auch die Wochenschau mit einem annähernd festen Publikum rechnen. Die Jahre 1957 und 1958 umfassten eine Zeit, in der sich das Fernsehen zunehmend etablierte und Fernsehteilnehmer massiv anzog. In derselben Zeit setzte für das Kino nach den Jahren des Booms eine schleichende Krise ein. Das brachte die Wochenschau in Gefahr und die Produzenten mussten versuchen, die Attraktivität der *NDW* für Kinobesitzer und Kinobesucher zu erhalten – besonders für diejenigen Kinobesucher, die bereits ein Fernsehgerät besaßen und sich durch die *Tagesschau* informieren konnten. In diesem Abschnitt werden zunächst die Kinokrise und ihre Bedeutung für die *Neue Deutsche Wochenschau* erläutert. Danach geht es um die Maßnahmen, die die *NDW* in Bezug auf ihre Gestaltung ergreifen wollte, um nicht von den Kinos eingespart und aus dem Programm gestrichen zu werden. Da die Deutsche Wochenschau GmbH zwei Filmwochenschauen produzierte, die von unterschiedlichen Verleihunternehmen vermietet wurden, ist die Frage, wie sich jede Produktion in der Krise behaupten konnte.

3.7.1 Die Kinokrise

Im Jahr 1956 befand sich das Kino mit rund 818 Millionen verkauften Eintrittskarten in der Bundesrepublik (Westdeutschland und Westberlin) auf einem Höhepunkt. Danach ging die Zahl der Kinobesuche kontinuierlich zurück: bis auf 605 Millionen im Jahr 1960 – 1965 waren es noch 320 Millionen.[1] Die Zahl der Filmtheater sank in dieser Zeit um mehr als 1.000 Häuser – von 6.438 im Jahr 1956 auf 5.209 im Jahr 1965.[2] Zeitgleich wurden Privathaushalte mit Fernsehempfängern ausgestattet. 1957 gab es den millionsten Fernsehzuschauer und von 1959 bis 1967 vervierfachte sich die Zahl der angemeldeten Fernsehteilnehmer (von 3,3 auf 13,8 Millionen).[3]

Der Rückgang der Kinobesuche löste in der Filmwirtschaft eine Kettenreaktion aus: angefangen mit dem Rückgang der Einnahmen der Filmtheater und den Erträgen des Filmverleihs bis zu dem Rückgang der Herstellungszahlen in der deutschen Filmproduktion.[4] Die Umsätze der Filmtheater waren von rund 1 Milliarde DM im Jahr 1956 auf 686 Millionen DM in 1964 geschrumpft.[5] Weil die deutschen Verleiher Filme finanzierten oder eigene Filme herstellten und somit Produktionsrisiken übernahmen, wirkte sich der Einbruch ihrer Einnahmen besonders auf die inländische

[1] ARD, 1969, S. 5; Roeber & Jacoby, 1973, S. 286 (Tabelle 12).
[2] ARD, 1969, S. 5-6.
[3] Roeber & Jacoby, 1973, S. 203, S. 206 (Tabelle 3).
[4] Vgl. ebd., S. 45.
[5] ARD, 1969, S. 6.

Spielfilmproduktion aus.[6] Dazu kam, dass der Aufsichtsrat der Bundesbürgschaftsgesellschaft beschlossen hatte, ab dem 1. Oktober 1955 keine neuen Bundesbürgschaften zu gewähren.[7] Durch diesen Stopp waren diejenigen Verleiher betroffen, die mit bundesverbürgten Filmen arbeiteten, darunter auch Schorchtfilm, der Verleih der *Neuen Deutschen Wochenschau.*

In den Jahren 1955/56 wurden 124 deutsche Filme produziert und auf den Markt gebracht; danach waren die Zahlen rückläufig und nach einem zwischenzeitlichen Anstieg 1958/59 auf 121 waren es in der Saison 1959/60 nur noch 106 Filme.[8] Durch die Aufnahme von ausländischen Filmen in das Verleihangebot haben die Verleiher den Rückgang der deutschen Produktion ausgeglichen[9] – besonders, da mit diesen Filmen kein Risiko für die Verleiher verbunden war.

Noch Ende 1956 äußerte sich der Verband der Filmproduzenten zuversichtlich: Von „Krisenerscheinungen im deutschen Film" könne nicht gesprochen werden – die Zusammenbrüche von Verleihern seien „Einzelfälle".[10] Zu Jahresbeginn 1957, als die Wechsel der Verleiher bei den Banken fällig waren, mussten Verleihunternehmen mit geringen finanziellen Rücklagen aufgeben. Dass es sich um eine Strukturkrise handelte, wird daran erkennbar, dass der Konkurs von großen Verleihern, wie der Allianz-Film, bei den Banken eine „nervöse" Reaktion auslöste.[11] Kredite waren möglicherweise sofort fällig oder es wurden keine neuen gewährt. Außerdem fürchteten die technischen Sachleister und Kopieranstalten um ihr Geld. Daher waren sie nicht mehr bereit, langjährig ausgehandelte Zahlungsmodalitäten weiter zu gewähren und verlangten Barzahlung – was sich viele kleine Produzenten und Verleiher nicht leisten konnten.[12]

Diese Entwicklungen machten deutlich, dass auf dem Kinomarkt der Saison 1956/57 nur solche Verleiher bestehen konnten, die Filme im Programmangebot hatten, die „dem Geschmack des ganz breiten Publikums" entsprachen.[13] An die ausländischen Filme, die vermehrt angeboten wurden, hatte sich die Mehrheit der Kinogänger nach den Jahren der Abgeschlossenheit des deutschen Kulturlebens noch nicht gewöhnen können. Die Inhaberin des Gloria-Filmverleihs, Ilse Kubaschewski, hatte schnell verstanden, dass die Deutschen auch deutsche Filme sehen wollten und spezialisierte sich auf Heimatfilme.[14]

Als Gründe für die Misere der deutschen Filmindustrie werden in einem Bericht einer Untersuchungskommission zur Wettbewerbsgleichheit der Medien angeführt:

---

[6] Die Einnahmen aus dem Verleih ausländischer Filme fielen dagegen nicht; ARD, 1969, S. 6.
[7] Roeber & Jacoby, 1973, S. 199.
[8] Roeber & Jacoby, 1973, S. 284 (Tabelle 11 A).
[9] Ebd., S. 287.
[10] O.V. (1957): Det greift ans Herz. In: Der Spiegel Nr. 4, 23.1.1957, S. 38-44, hier: S. 38.
[11] Ebd.
[12] Vgl. ebd.
[13] Ebd.
[14] Vgl. ebd., S. 40.

ein „Überangebot an ausländischen Filmen", die „Exportförderung" der anderen EWG-Länder, eine „nicht immer befriedigende Qualität der Filme" sowie die veränderten Freizeitgewohnheiten in der Gesellschaft.[15] In den Jahren 1957/58, als die Kinokrise erkennbar wurde, gab es jedoch bereits einen vermehrten Einsatz ausländischer Filme – der deutsche Anteil betrug nur noch 20 %.[16] Nach Zahlen des *Spiegel* vom Januar 1957 „überfluteten" jährlich rund 400 ausländische Filme den deutschen Markt; durch ein jährlich neues Angebot an deutschen Filmen waren weit mehr als 500 Filme im Verleih.[17] Während die Besucherzahlen also langsam zurückgingen, herrschte gleichzeitig ein Überfluss an Filmen.

In der Öffentlichkeit trugen die Filmkonzerne Gelassenheit zur Schau und setzten auf Public Relations. Der neue UFA-Generaldirektor, Arno Hauke, glaubte im Oktober 1958 nicht an eine „schleichende Krise in der Filmwirtschaft" – die UFA merke nichts davon.[18] Er sah die Entwicklung eher als eine Konjunkturschwankung, wie sie in der allgemeinen Wirtschaft üblich ist. Hauke verließ sich darauf, dass die Zuschauer gute Leistungen schon honorieren würden. Man gehe eben nicht mehr „ins Kino", sondern „in einen bestimmten Film".[19] Für das Kino bedeutete es, dass nicht mehr der Ort der Rezeption ausschlaggebend war, sondern entweder die filmische Qualität oder der Star, der Regisseur oder das Genre.

Obwohl es 1959 erfolgreiche und bedeutende Filme gab, wie z.B. „Die Brücke" (Regie Bernhard Wicki)[20] und „Der Rest ist Schweigen" (Regie Helmut Käutner), wurde von der Filmpresse gleichzeitig erkannt, dass der deutsche Film noch immer nicht im übernationalen Filmwettbewerb mitziehen konnte. Das Schlimmste sei aber das „öde Beiprogramm", das als „fade" bezeichnet wurde – als eine „einfallslose Art", mit der man die Zuschauer bis zum Hauptfilm, den zu sehen sie doch nur kamen, hinhalte.[21] Damit war nicht nur die Wochenschau gemeint – auch die pädagogischen Kulturfilme seien eine Zumutung, da sie prädikatsbeflissen[22] sein müssten. Der

---

[15] ARD, 1969, S. 6.

[16] Roeber & Jacoby, 1973, S. 282. Diese Entwicklung setzte sich fort: 1961 bis 1963 ging der Anteil deutscher Filme auf 17 % bis 14 % zurück; vgl. Roeber & Jacoby, 1973, S. 284 (Tabelle 11A).

[17] O.V. (1957): Det greift ans Herz. In: Der Spiegel Nr. 4, 23.1.1957, S. 38-44, hier: S. 42.

[18] Vgl. ML (Kürzel) (1958): Arno Hauke sprach in Düsseldorf. UFA gegen staatliche Subventionen. Der neue Film (Fachorgan für die Filmindustrie) Nr. 84, 16.10.1958, UFA-Kritiken, DW. Die UFA beschäftigte bereits wieder 4.000 Mitarbeiter – und war somit widerstandfähiger als andere Filmunternehmen.

[19] Vgl. ebd.

[20] Der Film wurde fünffach beim Deutschen Filmpreis 1960 ausgezeichnet; vgl. Deutsche Filmpreise von 1951 bis heute; verfügbar unter: http://www.deutsche-filmakademie.de/fpsuche.html?cVal=9 [22.6.2012].

[21] Luft, F. (1959): Das öde Beiprogramm. In: Film-Telegramm Nr. 51-52, 15.12.1959, UFA-Kritiken, DW.

[22] Durch den Einsatz eines Kulturfilms mit Prädikat konnte die Vergnügungssteuer gesenkt werden. Die Prädikate wurden durch die Filmbewertungsstelle vergeben; vgl. Roeber & Jacoby, 1973, S. 270 und S. 319.

Kritiker Friedrich Luft forderte im *Film-Telegramm*, man solle das Kinoprogramm umdrehen – also den Hauptfilm an den Anfang stellen. Man würde dann sehen, wie sich der Saal nach dem Ende des Spielfilms leere.[23]

Trotz der spürbaren Schwierigkeiten wurde weiter in den Auf- und Ausbau von Lichtspielhäusern investiert. 1959 gab es in der Bundesrepublik so viele Filmtheater wie nie zuvor: 7.085 Lichtspielhäuser mit 2,9 Millionen Sitzplätzen.[24] Es entstand eine komplette Umstrukturierung, die sich besonders bei kleinen Kinos mit einem geringen Einzugsgebiet bemerkbar machte. Vor allem in Dörfern und kleineren Gemeinden schlossen wegen der großen städtischen Konkurrenz selbst traditionsreiche Häuser. Die Situation war für Nach- und Folgespieler, die sich nur dritte oder noch älteren Folgen der Wochenschau und nur wenige ‚Kassenschlager' leisten konnten, besonders schwierig. Das ‚Kino an der Ecke' konnte sich in den Vororten und Stadtteilen nicht mehr halten[25]. Ab 1959 brach die akute Krise aus und erweiterte sich zu einer Gesamtkrise der deutschen Filmwirtschaft.[26]

Alle Gruppen von Filmproduzenten, die Atelierbetriebe, Synchronstudios, Kopieranstalten und die Rohfilmlieferanten stellten in der Folge auf die Fernsehfilm-Produktion um.[27] Die Filmpresse beobachtete den Wechsel zur Fernsehproduktion kritisch. Das Fernsehen nehme die Film-Ateliers in Anspruch und die Inhaber der Ateliers könnten durch die gute Nachfrage die Mieten bestimmen. Die Filmwirtschaft und das Fernsehen hätten sich „einigermaßen arrangiert", schrieb Kuntze-Just im *Film-Telegramm.*[28] 1959 sei etwas „sehr Sonderbares" geschehen: Der NDR verband sich beispielsweise mit Real-Film und Funk-Film, der Berliner Sender mit den Studios von Arca-Film, der Münchner Fernsehsender mit Riva-Film. Aus diesen Entwicklungen schloss er, dass der Filmindustrie der Weg zu einer „Zweiten Fernsehschiene" verbaut werden sollte, indem das Fernsehen alle Ateliers mietete.[29] Schon zu dieser Zeit hoffte der Film also auf eine Möglichkeit, in das Fernsehen einzusteigen, um ein zweites Programm zu füllen. Der Erwerb der Filmstudios wurde von den Werbetöchtern der Rundfunkanstalten getätigt, die zudem eigene Atelierbetriebe gründeten. Diese neuen Ateliers waren in Bezug auf die technische und finanzielle Ausstattung den Bestehenden überlegen.[30] Während sich die Filmproduktion in Kooperationen

[23] Luft, F. (1959): Das öde Beiprogramm. In: Film-Telegramm Nr. 51-52, 15.12.1959, UFA-Kritiken, DW.

[24] HDF, 2000, S. 40.

[25] Vgl. ebd., S. 40-41.

[26] Vgl. HDF, 2000, S. 17. Die Besucherzahlen gingen mit zweistelligen Prozentwerten zurück.

[27] Roeber & Jacoby, 1973, S. 46.

[28] Kuntze-Just, H. (1959): Filmstudios – vom Fernsehen gemietet. In: Film-Telegramm/Kommentare Nr. 51-52, 15.12.1959, UFA-Kritiken, DW.

[29] Ebd.

[30] ARD, 1969, S. 127.

mit dem Fernsehen retten konnte, wollte oder konnte sich die Wochenschau nicht einbringen.[31]

3.7.2 Die *NDW* in der Kinokrise

Die Vorteile des Fernsehens für die Informationsvermittlung waren den Wochenschau-Herstellern schon 1957 bekannt, wurden aber bagatellisiert. Heinz Wiers, Chef der Deutschen Wochenschau GmbH, bezeichnete die *Tagesschau* im gleichen Jahr als „ein in weiter Ferne bei guten Ohren hörbares Donnergrollen"[32]. Aber selbst der Zentralverband der deutschen Filmtheater warnte im Juli 1957:

> *„Im Hinblick auf die steigende Bedeutung der Sendung von Tagesaktualitäten im Fernsehfunk erscheint es angebracht, Vorsorge dafür zu treffen, daß der dadurch bedingten Gefahr einer Wertminderung […] der Filmwochenschau entgegengewirkt wird."*[33]

Bisher hatte sich die *NDW* mit Thementableau und Gestaltungselementen gut in das Kinoprogramm einfügen können – besonders bei Heimatfilmen mit ihrem spezifischen ‚Strickmuster'.[34] Noch im November 1958 gab Wiers an, keine Schieflage in Anbetracht des Fernsehens zu bemerken. Er bestritt, dass sich die Wochenschau durch die *Tagesschau* im Fernsehen in ihrer Existenz bedroht fühlte. Die Wochenschau könne sich seiner Meinung nach behaupten, wenn sie außer den gewohnten Sujets auch Themen bieten würde, die längerfristig attraktiv seien, d.h. auch noch einige Wochen nach dem gezeigten Ereignis. Er meinte, von einer Krise sei noch keine Spur.[35]

Alle Gewerke des Films stellten nicht nur auf die Fernsehfilm-Produktion um, sondern zudem auf Werbefilme, Industriefilme, Militärfilme, Agrarfilme, Unterrichts- und Wissenschaftsfilme.[36] Auch für die Deutsche Wochenschau GmbH wurden Nebenverdienste durch Image-Filme immer wichtiger – beispielsweise für die Lufthansa[37]. Der bedeutendste Auftraggeber für Dokumentarfilme war jedoch die

---

[31] Vgl. Roeber & Jacoby, 1973, S. 46-47; vgl. 10. Sitzung des Aufsichtsrates am 23.2.1951, Protokolle Aufsichtsrat 1949-1952, DW. Das Protokoll gibt den Hinweis, dass die NDW dem NWDR vorgeschlagen hatte, sich am Fernsehfunk zu beteiligen – stieß aber damit auf Widerstand.

[32] O.V. (1957): Der Leinwand-Leitartikel. In: Der Spiegel Nr. 27, 3.7.1957, S. 49-51, hier: S. 50.

[33] Ebd., S. 49.

[34] Vgl. o.V. (1957): Det greift ans Herz. In: Der Spiegel Nr. 4, 23.1.1957, S. 38-44, hier: S. 39.

[35] ku (Kürzel) (1958): Thema: Die Internationalen Wochenschauen im Kampf ums Dasein? Wochenschau sucht nach neuen Wegen. dpa zu einer Pressekonferenz am 14.11.1958, UFA-Kritiken, DW.

[36] Vgl. Roeber & Jacoby, 1973, S. 46.

[37] Die Lufthansa kam zudem in der NDW als Symbol für exklusives Reisen und die große weite Welt vor. Vgl. Deutsche Lufthansa AG, Köln (Werbe-Abteilung) Brief per Eilboten an NDW (Wiers), 28.4.1959, Korrespondenz ab 1958, DW. Für die Auftragsproduktion erhielt die *NDW*-

Bundesregierung. Das gesamte Filmbudget des Bundespresseamtes betrug 5 Millionen DM; der Auftragsbestand der *NDW* für das Bundespresseamt lag nur bei 285.000 DM.[38] So gab es hier noch gute Abschöpfungsmöglichkeiten. Weitere Nebenverdienste der Wochenschau bestanden in den Verhaltensfilmen zum Thema Unfallschutz: Die „Clever und Schussel-Serie“,[39] die „alle Wochenschauproduzenten in ihre laufenden Wochenschauen aufgenommen haben“, sei nach Geschäftsführer Wiers mit Einnahmen von insgesamt 350.000 DM lukrativ.[40] Das Wochenschaugeschäft war bei den Produzenten auf dem Weg, zur Nebensache zu werden – ebenso wie es bei den Verleihern schon immer der Fall gewesen war.

Wie für alle anderen Dokumentarfilmproduzenten, galt für die Deutsche Wochenschau, dass vom Fernsehen Aufträge kaum zu erwarten waren, da das Fernsehen diese Art von Filmen selbst herstellte.[41] Die *NDW* war durch die Etablierung des Fernsehens gleich mehrfach betroffen: durch das Fernseh-Programmangebot mit aktuellen Informationssendungen, wie der *Tagesschau* und Magazinen, und durch die sinkenden Einnahmen der Filmtheater. Diese Lage bewirkte einen Rückgang in den Verleihsätzen. Im Jahr 1960 brachte eine Erst-Folge-Kopie nur noch 95 DM je Woche ein[42] – im Vergleich zu 220 bis 238 DM im Jahr 1951[43].

Durch die Strukturkrise traten die Nachteile der Wochenschau deutlich hervor. Das größte Handicap der Wochenschauen aber war ihre Erscheinungsfrequenz einmal pro Woche und damit ihre Unfähigkeit, wirklich aktuell zu sein. Um die neueste Ausgabe rechtzeitig am Freitag in die Kinos zu bringen, war am Dienstag Redaktionsschluss. Ein Sonntags-Fußballspiel erschien in der Wochenschau gewöhnlich am Freitag darauf und wurde in den Filmtheatern bis zum nächsten Donnerstag als das ‚Aktuellste‘ gezeigt – also bis elf Tage danach. Die Filmkritik äußerte 1958 in der Frage der Aktualität noch eine geringe Hoffnung für die Wochenschau. Sie müsse ihr Hinterherhinken hinter der *Tagesschau* eben nur „auf eine besonders originelle, anziehende Weise“ besorgen. Es sei zwar nicht zu erwarten, dass die Wochenschauen

Redaktion genaue Vorgaben. Beispielsweise war für den Dokumentarfilms “Mit der Lufthansa an den Nil“ die Gestaltung folgendermaßen vorgeschrieben: Aufnahme vom Start einer Super G Constellation und einer Nachtlandung, Aufnahme vom Cockpit und vom Bord-Service. Für die Bemühungen der Deutschen Wochenschau bekam die Cutterin einen Freiflug.

38 61. Sitzung des Aufsichtsrats am 18.2.1960, Protokolle Aufsichtsrat 1958-1960, DW.

39 Vgl. Roeber & Jacoby, 1973, S. 813. Die Stories waren kurze Filme zum Thema Verkehrserziehung und Unfallverhütung am Arbeitsplatz mit bekannten Kabarettisten Jupp Hussels (Clever) und Walter Gross (Schussel). Sie wurden im Auftrag des Bundesverkehrsministeriums und des Hauptverbandes der gewerblichen Berufsgenossenschaften erstellt; vgl. SPIO, Pressestelle (1960): Informationsdienst Nr. 104, Ausgabe B vom Juni 1960, NDW Echo, DW.

40 60. Sitzung des Aufsichtsrats am 27.11.1959, Protokolle Aufsichtsrat 1958-1960, DW.

41 Vgl. ARD, 1969, S. 126-127.

42 Vgl. ebd., S. 127.

43 Vgl. 12. Sitzung des Aufsichtsrates am 22.9.1951, Protokolle Aufsichtsrat 1949-1952, DW. Ursprünglich ging man von Erlösen von 250 DM pro Kopie pro Woche aus; vgl. 9. Sitzung des Aufsichtsrates am 15.11.1950, Protokolle Aufsichtsrat 1949-1952, DW.

sich schnell aus ihren „ausgefahrenen Geleisen“ lösen könnten, sie müssten aber neue Wege finden.[44]

Die traditionelle Zusammenstellung der Wochenschau-Sujets stellte ein weiteres Problem dar. In einem Artikel des *Film-Telegramms* vom September 1958 wird deutlich, dass die Fachwelt sich der Schemata und der gleichförmigen Strukturgestaltung der Wochenschau bewusst war. Der Autor behauptete aber, die *Tagesschau* hätte abgekupfert und sich nach dem Konzept der Wochenschau gestaltet. Da die *Tagesschau* ständig schnell reagieren müsse und in Bezug auf die Aktualität konkurrenzlos sei, würde sie sich des Schemas bedienen, das die Wochenschauen eingeführt haben. Auch bei der *Tagesschau* reiche der Bogen von der Politik (am Anfang) bis zum Sport (am Ende) – und auch auflockernde Berichte von Tieren und Zirkus gebe es.[45] Dazu ist anzumerken, dass in der Presse zumeist ebenfalls das Anordnungsschema besteht, die Politik vorne zu bringen. Das *Film-Telegramm* warf der *Tagesschau* Rücksichtslosigkeit vor. Sie könne sich das alte Schema leisten und „was die Wochenschauen in Zukunft tun, kann der Tagesschau schnuppe sein“[46].

Die „durch das Fernsehen weitgehend überholte Aktualität der Wochenschau“ veranlasste die Theaterbesitzer zum Tausch auf preislich günstigere Wochenschaufolgen: von der 1. auf die 2. oder von der 2. auf die 3. Folge, denn die *NDW* war ohnehin veraltet.[47] So prognostizierte der Aufsichtsrat für das Jahr 1960 einen Rückgang der Wochenschaumieten, die wiederum das Preisdumping der Konkurrenz von *Fox* und *Blick in die Welt* nach sich ziehen würde.

Die Situation der *NDW* war nicht nur durch die normalen Prozesse der Herstellung und Gestaltung problematisch, sondern auch durch die wirtschaftliche Lage des Verleihs. Kurt Schorcht führte sein Unternehmen als „Ein-Mann-Betrieb“,[48] galt als Pazifist und finanzierte Filme mit entsprechenden Themen, die nicht immer erfolgreich waren[49]. Er war als Aktionär mit 15 % des Aktienkapitals Gesellschafter an dem Filmkonzern Bavaria beteiligt gewesen.[50] Nach der Reprivatisierung im Jahr 1955 hatte die Bavaria Filmkunst AG zur Ergänzung ihrer vertikalen Aufstellung einen renommierten Filmverleih gesucht und erwarb 1957 Schorchtfilm.[51] Somit ging auch die *Neue Deutsche Wochenschau* auf den Verleih der Bavaria über. Da Schorcht nicht mehr für ein ausreichendes Filmangebot gesorgt hatte, musste die Bavaria 1958 schnell handeln, um eine „ambitiöse Produktionsstaffel“ mit guten Namen (bekannter

[44] Kaha (Kürzel) (1958): Gibt es einen Ersatz für Aktualität? Konkurrenz zwingt zu neuen Wochenschau-Wegen. In: Film-Telegramm/Feuilleton Nr. 38, 16.9.1958, UFA-Kritiken, DW.

[45] Ebd.

[46] Ebd.

[47] 61. Sitzung des Aufsichtsrats am 18.2.1960, Protokolle Aufsichtsrat 1958-1960, DW.

[48] O.V. (1958): Bavaria – Eine neue Ära? In: Der Spiegel Nr. 50, 10.12.1958, S. 59-61, hier: S. 60.

[49] Vgl. Wilharm, 2007.

[50] O.V. (1958): Bavaria – Eine neue Ära? In: Der Spiegel Nr. 50, 10.12.1958, S. 59-61, hier: S. 59.

[51] Ebd., S. 60; vgl. Wilharm, 2007.

Stars) aufzustellen.[52] Dies gelang jedoch nicht voll, sodass sich auch die Bavaria finanziellen Schwankungen ausgesetzt sah.

Die Wochenschau war in dieser Situation vermutlich keine vordergründige Produktion. Trotzdem wurde die Gestaltung der *NDW* regelmäßig begutachtet. Der Bavaria Filmverleih führte wöchentlich eigene Beschauungen der verschiedenen Wochenschauen durch. Die *NDW* wurde dabei mit der *Ufa-Wochenschau* (ebenfalls bei der Deutschen Wochenschau GmbH hergestellt), der *Blick in die Welt* und der *Fox* verglichen. Doch offensichtlich wurden die Kinobesitzer nicht gezielt befragt und es fehlte die Kunden-Perspektive aus den Kinos.

Der Bavaria Filmverleih befürwortete die Schemata und das Vorgehen der *NDW* nach bewährten Mustern. Noch im Juli 1958 wurde eine Zusammenstellung der *NDW* aus vielen unterschiedlichen Themen vom Bavaria Filmverleih als gelungene Mischung begrüßt.[53] Die *NDW* Nr. 441 vom 11. Juli 1958 brachte als Aufmacher einen Bericht über einen Filmball (als Werbung für den Film, was vermutlich im Sinne der Bavaria war), außerdem einen Staatsbesuch, eine Ordensverleihung, Bilder von Königin Elisabeth II. beim Besuch eines Bergwerks, die neue „Trapezlinie“ in der Pelzmode, ein Tennis- und ein Reitturnier.[54] Ganz bedeutend und ein ‚Muss‘ blieben jene Bestandteile der Wochenschau, die „beim Publikum ein Schmunzeln – eventuell sogar einen Lacher“ hervorriefen.[55] Die humorvollen Stories kamen meist von ausländischen Austauschpartnern.[56] Wenn keine erheiternden Berichte aus dem Ausland erhältlich waren, begnügte man sich mit den bekannten kleinen Äffchen, die angeblich „stets nur ein Notbehelf“ sein sollten.[57]

Unterdessen schnitten die Kinobesitzer aus den Wochenschau-Ausgaben heraus, was sie für „uninteressant und überflüssig“ hielten – besonders, wenn der Hauptfilm Überlänge hatte.[58] Der Geschäftsführer einer Kinokette gab zu, ab einer Spielfilmlänge von 3.000 Metern, etwas aus der Wochenschau herauszuschneiden, z.B. aus dem Ausland: „Irgendetwas in Australien oder so“ oder aber etwas, was andere Wochenschauen bereits eine Woche vorher gezeigt hatten oder „was schon im Fernsehen war“.[59] Diese Kürzungen stellten zwar Verstöße gegen das Urheberrecht dar, wurden aber vom Verleih ohne rechtliche Klagen hingenommen, da man wegen des Konkur-

[52] O.V. (1958): Bavaria – Eine neue Ära? In: Der Spiegel Nr. 50, 10.12.1958, S. 59-61, hier: S. 60.

[53] Vgl. Bavaria (Siegel) Brief an NDW (Groll), 12.7.1958, NDW Kritiken, DW.

[54] Vgl. Inhaltsangabe der *NDW* Nr. 441, DW.

[55] Bavaria (Siegel) Brief an NDW, 23.8.1958, NDW Kritiken, DW. Dr. Siegel forderte die NDW dazu auf „hin und wieder“ kurze Sujets zum Schmunzeln einzubauen – musikalische Gags reichten nicht aus.

[56] In Deutschland war es nach Meinung der *NDW*-Verantwortlichen schwierig, humorvolle Stories zu drehen. Viele Leute seien „beleidigt, wenn man sie, wie sie glauben, nicht so ernst nimmt, wie sie es ihrer Ansicht nach verdienen“; NDW (Groll) Brief an Leckel, Bad Soden (Filmvorführer), 25.9.1958, NDW Kritiken, DW.

[57] NDW (Groll) Brief an Leckel, Bad Soden (Filmvorführer), 25.9.1958, NDW Kritiken, DW.

[58] O.V. (1958): Die tapferen Schneider. In: Der Spiegel Nr. 51, 17.12.1958, S. 58-59, hier: S. 58.

[59] Ebd.

renzdrucks im Filmgeschäft auf jeden Kunden angewiesen war.[60] Das ‚Weltbild', das die *NDW* vermitteln wollte, erreichte die Zuschauer also möglicherweise gar nicht, weil Sujets mit ausländischen Themen bei Nichtinteresse des Kinobesitzers entfernt wurden.

Andere Stories waren immer und grundsätzlich interessant, wie Berichte über Royals oder Sensationen. Die Befürworter der Wochenschau auf Seiten der Filmkritik fanden Gutes an den Feuilleton-Geschichten und verglichen die Filmwochenschau mit der ‚Regenbogenpresse'. Solange die Leute bei den Illustrierten nicht merkten, dass sie, wie in den Illustrierten, immer wieder dieselben Promi-Geschichten vorgesetzt bekommen, bestehe für die Wochenschau kein Anlass zur Panik. „Man wird ein Ereignis selbst dann im Kino noch einmal über sich ergehen lassen, wenn man es auf dem Bildschirm bereits betrachtet hat."[61]

Im September 1958 wurde aber kritisiert, dass die Wochenschauen zu wenig Soziales brachten, z.B. „das sich verändernde Gesicht unserer Städte" [62]. Das *Film-Telegramm* berichtet, dass die Wochenschauen die immer wiederkehrenden Motive aus Sport, Paraden, Raketen, Staatsempfängen, Äffchen, Flusspferden damit begründeten, dass diese „sich nun einmal am dankbarsten" filmen ließen. Das Ziel solle es aber sein, gegen den Aktualitätsvorsprung der *Tagesschau* gute Ideen zu setzen.[63] Zur selben Zeit merkte ein Filmvorführer aus Bad Soden an, dass „die ganze Zusammenstellung [...] im Laufe der Jahre etwas eintönig" wirke – er vermisse seit einiger Zeit lustige und humorvolle Stories.[64]

Zuschauerzuschriften an die *NDW* spiegeln die zunehmend mangelnde Akzeptanz der Wochenschau. Der Zuschauer Otto Klinkenberg aus Niederau sah sich im Februar 1959 als „Leidensgefährte" des gesamten Publikums. Er habe durch den Kinobesuch immer nur „Entspannung und Unterhaltung" gesucht – Unterhaltung sei aber selten geworden. Er bemängelte vor allen, dass die *NDW* im ersten Viertel aus Politik bestehe, die nicht interessiere, weil jeder Zeitung lese und „auch viele durch Fernsehen ‚unterhalten' werden".[65] Dass er ‚unterhalten' in Anführungszeichen setzt, deutet darauf hin, dass er nicht unbedingt vom Fernsehen überzeugt und normalerweise der Wochenschau zugeneigt war. Die Politik sei, so beschreibt er sein ‚Leiden', selbst in der ersten Folge schon nicht mehr aktuell. Außerdem würde man Königin Elisabeth inzwischen besser kennen, als „seine eigene Mutter" und die gezeigte Mode sei nur für die „oberen Zehntausend" erschwinglich. Als Verbesserung der Themenpalette wünschte er sich, Städtebilder zu sehen oder Sehenswürdigkeiten oder „Heimatbilder

---

[60] Vgl. ebd., S. 59.

[61] Kaha (Kürzel) (1958): Gibt es einen Ersatz für Aktualität? Konkurrenz zwingt zu neuen Wochenschau-Wegen. In: Film-Telegramm/Feuilleton Nr. 38, 16.9.1958, UFA-Kritiken, DW.

[62] Ebd.

[63] Ebd.

[64] Leckel, Bad Soden (Filmvorführer), Brief an Bavaria, Hamburg, 22.9.1958, NDW Kritiken, DW.

[65] Klinkenberg, Niederau, Brief an Bavaria, Düsseldorf, 13.2.1959, Korrespondenz ab 1958, DW.

der Ostzone".[66] Außerdem wollte er Atelierberichte und Szenen aus gerade gedrehten Filmen oder einen beliebten Filmschauspieler „in seinem Heim oder im Atelier" sehen. Frauen sollten nach Ansicht des Zuschauers Klinkenberg durch neue Erfindungen für den Haushalt interessiert werden oder durch Modenschauen für „den kleinen Mann" oder „die vollschlanke Dame", damit sie nicht durch Zuspätkommen zur Vorstellung störten. Immer gern gesehen seien Themen wie Zirkus, Varieté, Eiskunstlauf und beim Sport Reckturnen, Ringen und Barren – diese Sportarten seien der Artistik nahe und daher beliebt.[67]

Nimmt man diese Stimme als die ‚des Publikums', dann wünschte es sich 1959 zum großen Teil die üblichen Themen und Sujets, die die Wochenschau schon immer brachte. Allerdings versuchte der Zuschauer Klinkenberg, die Serviceangebote des Fernsehens auch für das Kino anzuregen. Er erhoffte sich für die Zukunft Beratung, „nützliche Winke" für den Gartenfreund und Tierliebhaber.[68]

Als verantwortlicher Redakteur verteidigte Helmut Groll im Schriftwechsel mit dem Zuschauer die *NDW* trotzig. Er meinte, der Besucher habe wohl nicht richtig aufgepasst. Die *NDW* bemühe sich, sich zu verbessern: „Zumindest dieses Bemühen werden Sie der *NDW*, sofern Sie sie in den letzten Jahren verfolgt haben, nicht absprechen können." Man wolle die Entwicklung, „die die *NDW* zweifellos genommen hat", weiter fortführen und auch da sei „allerdings zu bedenken, dass sie niemals allen Zuschauern gerecht werden kann".[69] Die *NDW* machte damit deutlich, sich nicht auf alle Zuschauerwünsche einlassen zu wollen, während sie gleichzeitig von ihnen abhängig war und behauptete, entwicklungsfähig zu sein.

Zu den Wünschen der Zuschauer kam noch der Einfluss von Gremienmitgliedern. Die *NDW* Nr. 439 brachte einen „Vortrag über die Macht und Ohnmacht des Eigentums aus den europäischen Gesprächen in Recklinghausen". Dieser wurde von „Bavaria Filmverleih" als ein Bericht bemängelt, „der einem Großteil der Beschauer schon vom Thema her unverständlich und damit uninteressant bleiben wird." Die Bavaria befürchtete, das Publikum könnte diesen Beitrag als „Längenfüller" ansehen.[70] Groll war selbst mit dem Sujet unzufrieden:

> *„Das Europäische Gespräch in Recklinghausen war (ich bitte diese Zeilen als vertrauliche Information zu behandeln) eine Konzession an einen Teil unseres Beirats." […] „Es ist nur leider so, dass wir, wie Sie wohl verstehen werden, mitunter gezwungen sind, solche oder ähnliche Konzessionen nach dieser oder jener Seite zu machen."*[71]

---

66 Ebd.
67 Ebd.
68 Ebd.
69 NDW (Groll) Brief an Klinkenberg, Niederau, 13.3.1959, Korrespondenz ab 1958, DW.
70 Bavaria (Siegel) Brief an NDW (Groll), 27.6.1958, NDW Kritiken, DW.
71 NDW (Groll) Brief an Bavaria (Siegel), 1.7.1958, NDW Kritiken, DW.

Die zu vermittelnde Sicht auf die Welt war also womöglich eine Sicht des Beirats. Im Jahr 1960 häuften sich die Kritiken über die ‚festzementierte' Gestaltung und Struktur der Wochenschau. In der *Bild* nennt der Redakteur Hannes Keil die Wochenschau einen „alten Zopf". Hunderttausende Kinogänger würden klagen, dass die Wochenschau eine „abgestandene Vorspeise zum Hauptfilm" sei und für die Kino-Besitzer eine „zusätzliche finanzielle Belastung". Hauptkritikpunkt war, dass die Wochenschau nicht reagiert habe, als das schnellere Fernsehen kam – nicht jeder Kinobesucher sei auch Fernseher. Das bedeutete der *Bild-Zeitung* zufolge: „Für einen Teil des Publikums hätten die aktuellen Wochenschaubilder noch ihren Wert gehabt."[72] Die feuilletonistischen Bestandteile wurden von der Kritik nun besonders aufgegriffen und hervorgehoben. Die Wochenschau habe sich „auf alle möglichen Späßchen" verlegt.[73] Der Chefredakteur und Geschäftsführer Manfred Purzer gibt den Theaterbesitzern und Zuschauern die Schuld, dass sich die Wochenschau nicht verändern konnte:

> *„Es gibt zahlreiche Theaterbesitzer, die eine Wochenschau nur dann für gut befinden, wenn sie ‚rasant' ist, d.h. im Wochenschaujargon kurz gehackt, von jedem etwas, aus jedem Dorf einen Hund; das Ganze gemixt ergibt natürlich einen Bastard, bei dem einem heute wirklich Hören und Sehen vergeht."*[74]

Außerdem lasse ein breit angelegtes Thema, z.B. Berichte aus Afrika, die Zuschauer unruhig werden. Sie verlangten „etwas neues, etwas anderes, um die Unruhe zu befriedigen, amerikanische Fasspringer vielleicht oder Wassernixen in den Zypressengärten von Florida, prügelnde Twens".[75] Die Theaterbesitzer hätten angegeben, dass vor allem nach solchen oder ähnlichen Berichten verlangt werde. Außerdem sei der Publikumsgeschmack zu vielschichtig: Im Erstaufführungskino einer Großstadt sei es völlig anders als in einem kleinen Landkino.[76] Die Unterschiede können jedoch nicht sehr erheblich gewesen sein. Sensationen waren vermutlich bei allen Zuschauern beliebt.

Hans Magnus Enzensberger führte noch 1964 in seinem Artikel über die „Anatomie der Wochenschau" und ihrer Darstellung einer „Scherbenwelt" an, dass die Wo-

---

72 Keil, H. (1960): Weg mit der Wochenschau? Harte Szenen – langweilige Späßchen. In: Bild Nr. 127, 1.6.1960, DW-Allgemein Kritiken Werbung ab 1960, DW.

73 Ebd.

74 Artikelentwurf von Purzer für *Saarbrücker Zeitung*; vgl. Deutsche Wochenschau (Purzer) Brief an Saarbrücker Zeitung (Mudrich), 4.7.1960, DW-Allgemein Kritiken Werbung ab 1960, DW; vgl. Saarbrücker Zeitung (Mudrich) Brief an Deutsche Wochenschau (Purzer), 27.5.1960, DW-Allgemein Kritiken Werbung ab 1960, DW. Der Brief enthält die Bitte an Purzer sechs Seiten zur Verteidigung der Wochenschau zu schreiben mit dem Titel: „Die Wochenschau ist tot – es lebe die Wochenschau."

75 Artikelentwurf von Purzer für *Saarbrücker Zeitung*; vgl. Deutsche Wochenschau (Purzer) Brief an Saarbrücker Zeitung (Mudrich), 4.7.1960, DW-Allgemein Kritiken Werbung ab 1960, DW.

76 Ebd.

chenschau nicht imstande sei, die Welt nahezubringen.[77] Die Bilder strömten in „rasanter Folge“ auf die Zuschauer ein. Enzensberger zitiert eine Untersuchung der UNESCO, die zu dem Ergebnis kam, dass die Zuschauer sich derart auf die kurzen Beiträge konzentrieren müssten, dass sie die Informationen nur noch hinnehmen könnten, aber keine kritische Reflexion möglich sei. Die Stories der Wochenschau kritisiert Enzensberger als „Versatzstücke“, die keine „epische Funktion“ hätten.[78] Sie seien ohne Handlung, sodass sie teilweise ohne Personen auskämen. Sie seien beliebig austauschbar, was der Produktion entgegenkomme. Enzensberger identifizierte aus den Wochenschau-Sujets verschiedene „Grundtypen“, wie Tierstories ohne jeglichen „Informationswert“, Geschichten über Prominente und Stars mit geplanter Nicht-Aktualität und Folgenlosigkeit für den Zuschauer als „Voyeur“, Typus III mit Berichten über Politikerbesuche, die einem Berichtserstattungsschema folgten, und schließlich Sportberichte sowie Massendarstellungen. In der letzten seiner Kategorien (Typus VI) kommt er auf die Darstellung der Welt als „Scherbenhaufen“ zu sprechen, womit Berichte über (Natur-) Katastrophen, Unglücke und Atombomben gemeint sind. Darüber hinaus würden diese Grundformen oft als Mischungen auftreten.[79] Die „Elemente“ und Muster, so die zusammengefasste Kritik, seien so weit „standardisiert“, dass sie in einer einzigen Folge mehrfach auftreten könnten. So sei nicht nur der „Informationswert“, sondern auch die Aktualität minimal.[80]

Noch 1960 glaubte Geschäftsführer Purzer, das Fernsehen als Anstoß für eine neue Entwicklung der Wochenschau sehen zu können. Der neue Stil falle aber nur aufmerksamen Zuschauern auf. Die Wochenschau habe den „Rummelplatz der gehetzten Aktualität gerne jemandem anders überlassen“ und lebe „betrachtend, wägend und wagend in der Reife ihrer Jahre“.[81] Purzer musste jedoch auf einer Theaterbesitzer-Tagung ernüchtert erkennen:

> *„Es ist – leider, leider – immer wieder dasselbe: die Leute wollen Sport, Sport und nochmals Sport, wobei Fussball und Boxen den ersten Platz einnehmen. Nur eine Nasenlänge dahinter laufen Tiergeschichten und dabei sind es hinwiederum die Affen, die am liebsten gesehen werden.“*[82]

Purzer betont aber im Brief an das Beitratsmitglied Noelle-Neumann, dass *NDW* und *Tagesschau* immer „bildverschieden“ seien und die Wochenschau ihre Berichte anders aufziehe.[83] Der Versuch der Wochenschau, auf Themen des Fernsehens einge-

[77] Enzensberger, 1964, S. 106.
[78] Ebd., S. 109-110.
[79] Vgl. ebd., S. 110-117.
[80] Ebd., S. 122.
[81] Artikelentwurf von Purzer für *Saarbrücker* Zeitung. Vgl. Deutsche Wochenschau (Purzer) Brief an Saarbrücker Zeitung (Mudrich), 4.7.1960, DW-Allgemein Kritiken Werbung ab 1960, DW.
[82] NDW (Purzer) Brief an Institut für Demoskopie, Allensbach (Noelle-Neumann), 12.7.1960, DW-Allgemein Kritiken Werbung ab 1960, DW.
[83] Ebd.

hen zu wollen, um sich an aktuelle Diskussionen anzuschließen, misslang. Als die *NDW* in Nr. 556 mit dem Bericht „Besucher im Weindorf" auf eine Fernsehsendung reagieren wollte, erntete sie nur negative Kritik. Während die Fernsehsendung beim Publikum gut angekommen war, wurde bemängelt, dass sich die *NDW* nicht in eingehender Tiefe mit solchen Themen auseinandersetzten konnte.[84]

Die zurückgebliebene Wochenschaugestaltung fiel offenbar im Laufe der Zeit auch auf den gesamten Film zurück. Ein Zuschauer fragte im Oktober 1960: „Welchen Zweck soll eine Wochenschau erfüllen?" „Jegliche Information über das Weltgeschehen" würde fehlen und rekurriert auf die gesamte Branche:

> *„Der Film behauptet, seine Berechtigung zu haben, da er kulturell etwas biete. Nach solcher armseligen Wochenschau kommt man eher zu dem Eindruck, der Bundesrepublikaner soll geistig unterentwickelt gehalten werden!"*[85]

Ein Artikel in der Zeitschrift *Christ und Welt* erinnerte im Januar 1959 daran, dass es noch Menschen gab, die keinen Fernsehapparat besaßen. Man könne zwar sagen, dass es die Wochenschau gegenüber der *Tagesschau* schwer habe, „das Fernsehen grabe ihr das Wasser ab". Aber die Wochenschauen sollten berücksichtigen: „Wir anderen sind auch noch da!" Der Kinogänger wolle von einem Unternehmen, welches die „Quintessenz des Aktuellen" verheiße, doch anders bedient werden als wiederum nur mit „Traumfabrik", die es schon als Hauptfilm gebe.[86] Da solche Personen ohne Fernsehapparat bald die Einzigen waren, die überhaupt noch ins Kino gingen, musste die Wochenschau nach anderen Konzepten suchen.

3.7.3 Umgestaltungskonzepte und interne Restriktionen

Die Handicaps der Wochenschau, die durch die Produktions- und Distributionsweise und besonders durch die Gewöhnung der Zuschauer an die traditionelle Form bestanden, waren offenbar weder zu umgehen, noch zu mildern. Trotzdem gab es bei der *NDW* Überlegungen, wie mit dem Problem der zunehmenden Bedeutungslosigkeit umzugehen sei. Aber schon allein an den Begriffen und Bezeichnungen, die für eine ‚neue' Ausrichtung in Schriftwechseln von Wochenschauproduzenten und des Verleihs sowie in Artikeln der Fachpresse verwendet wurden, lässt sich ablesen, wie unkonkret und unsicher die Vorstellungen über das Vorgehen waren.

Um sich im Kampf gegen die abnehmende Bedeutung gegenseitig zu stützen, zeigten die verschiedenen Wochenschau-Unternehmen 1958 einen Schulterschluss. Kuntze-Just bezog alle bestehenden Wochenschauen ein, als er in einem Kommentar

[84] G. H. (Kürzel) (1960): Rezension zu *NDW* Nr. 556 und *UFA* Nr. 217, Film-Echo Nr. 78, 28.9.1960, UFA-Kritiken, DW.

[85] von Arnim, Besenbach, (vermutlich Zuschauer) Brief an NDW, 24.10.1960, NDW Echo, DW.

[86] O.V. (1959): Im Kino nichts Neues. In: Christ und Welt 12. Jg., Nr. 5 vom 29.1.1959, UFA-Kritiken, DW.

im *Film-Telegramm* betonte, sie seien sogar manchmal „das Beste am ganzen Abend“. Er musste zugeben, dass noch Versuche gemacht würden, doch die „fixen Jungs unserer vier Wochenschauen“ hätten „einen Stil gesucht und gefunden“.[87] In Bezug auf die *Tagesschau* merkte Kuntze-Just an, dass diese in der Presse bisher nur selten kritisiert worden war und räumte ein, dass sie ein „anerkannter Pluspunkt des Deutschen Fernsehens“ sei. Er hob aber gleichzeitig die Qualitäten des Kinos hervor – „das Bild im Filmtheater“ sei „doch etwas anderes als der Miniatur-Schirm im trauten Heim“. Er nannte das Fernsehen eine „Zigarrenkiste“. Berichte, wie vom Empfang der britischen Königin, seien „hundertmal imposanter und mitreißender“ im Kino zu sehen als auf dem Fernsehschirm.[88]

Auf der anderen Seite stellte Kuntze-Just die Wochenschau als gleichberechtigt zur *Tagesschau* dar. Beide Formen würden sich nur in der Aufmachung unterscheiden: Die Filmwochenschauen brächten „einige News“ zwei oder drei Tage später als die *Tagesschau* sowie stark gekürzte und dicht gedrängte Berichte, die nicht so in die Tiefe gehend seien wie die Reportagen im Fernsehen. Doch diese Schwachpunkte erachtete er als nicht so wesentlich. Es komme auf die Machart an.[89] Kuntze-Just versuchte, die Stärken des Fernsehens argumentativ in Schwächen zu wenden und die Nachteile der Wochenschau zu Vorteilen umzudeklarieren: Es zeige sich aber bei der *Tagesschau* „immer wieder, daß sich nicht alle Ereignisse [...] filmen lassen“.[90] Weiter ging er in dem Artikel auf Streitigkeiten zwischen den einzelnen Funkhäusern ein, die sich die Beiträge untereinander „stehlen“ würden, nicht an das Bundesprogramm abliefern würden und nicht zur Verbesserung des Gesamtprogramms beitrügen.[91]

Schon Mitte 1957 gab es erste Überlegungen zur Weiterentwicklung und Bestandssicherung der Wochenschau. Wiers glaubte, dass die Wochenschau „ihren Charakter als echtes Beiprogramm im Kino erhalten und sich weiterentwickeln“ könne.[92] *Der Spiegel* berichtete über die Pläne von Wiers, die *NDW* und die *Ufa-Woche* langsam von einer „Blitzlichtschau“ zu einer „filmischen Wochenzeitung“ umgestalten.[93] Er glaubte, dass die Wochenschau – ebenso wie die Illustrierten, die sich den Bildreportagen der Tageszeitungen gegenübersahen – sich in der Konkurrenz mit dem Fernsehen behaupten würde. Die Wochenschau habe schließlich im Gegensatz zum Fernsehen den Vorteil, mehr Zeit für Vorbereitung und Ausarbeitung zu haben.[94] Als Strategie für den Wettkampf formulierte Wiers:

87 Kuntze-Just, H. (1958): Den Wochenschauen gelang die Umstellung. In Konkurrenz zur Tagesschau. In: Film-Telegramm/Kommentare Nr. 16, 15.4.1958, UFA-Kritiken, DW.

88 Ebd.

89 Ebd.

90 Ebd.

91 Ebd.

92 O.V. (1957): Der Leinwand-Leitartikel. In: Der Spiegel Nr. 27, 3.7.1957, S. 49-51, hier: S. 51.

93 Ebd.

94 Vgl. ebd.

„Die Wochenschauen müssten mit ihrer Produktion einen echten Dokumentarfilm anstreben, aufgebaut auf solchen – im höheren Sinne – aktuellen Ereignissen, welche unsere Umwelt und vielleicht auch uns selbst verändern, gesehen aus der Distanz, die eine geistige Auseinandersetzung mit den Geschehnissen erlaubt.“[95]

Die Wochenschauen wollten die Geschichten ausführlicher gestalten – in dieser Beziehung konnte man möglicherweise noch etwas ändern, aber nicht in der Erscheinungsfrequenz. Mehrmaliges Erscheinen pro Woche wurde selbst von der *NDW* als nutzlos abgelehnt; auch bei zwei Ausgaben pro Woche wäre die Wochenschau immer noch langsamer als die *Tagesschau* gewesen.[96]

Da die Strukturkrise des Kinos und die Fernsehkonkurrenz alle Wochenschauen gleichermaßen betrafen, versuchte 1957 auch die *Blick in die Welt* ihre Gestaltung zu ändern. Jede Ausgabe wurde unter ein „Generalthema“ gestellt.[97] Ein Jahr später musste man aber erkennen, dass dieses Verfahren sich nicht durchhalten ließ „ohne an Zugkraft zu verlieren“. Bei einem Thema wie „Atomwaffen“ konnte man nur schlecht auflockernde Stories über z.B. „Zebra-Babies“ einflechten – und auch keine Sportberichte.[98] Gerade auf die Sportberichte konnte aber keine Wochenschau verzichten. Beispielsweise stiegen die Besucherzahlen in den Aktualitätenkinos (AKIs) an, wenn es einen „blutigen Boxkampf oder eine dramatische Fußballauseinandersetzung“ zu sehen gab.[99] Und dies, obwohl die AKIs an Verkehrsknotenpunkten, wie Bahnhöfen, eingerichtet waren – mit spektakulären Sportberichten zogen sie offenbar nicht nur wartende Reisende an.

In der Zeitung *Das Freie Wort* aus der Bundeshauptstadt Bonn (was eine gewisse regierungsnahe Tendenz des Blattes vermuten lässt) wird im Dezember 1958 wiederum ein ‚neuer‘ Wochenschau-Stil propagiert, der eigentlich schon immer bestand: eine Anreicherung der Bildberichte von Staatsbesuchen, Katastrophenberichten, Flüchtlingselend, Boxkämpfen und Länderspielen durch „Film-Kurzreportagen“ zu Themen wie Frühlingsanfang, Kinder-Modenschau, Oktoberfest, Jazz-Keller, Tiere im Zoo. Damit sollte das „Alltagsgeschehen“ immer mehr „in den Vordergrund“ treten und ein „zeitaktuelles Spiegelbild der Massengesellschaft“ geliefert werden.[100] Die Aufzählung der Themen zeigt jedoch, dass die angedachten Kurzreportagen teilweise gerade nicht das Alltagsleben zeigen würden, sondern außergewöhnliche Begebenheiten, die die Aufmerksamkeit der Zuschauer wecken konnten. Auch die Form der ‚Kurzreportage‘ hätte kaum dazu beigetragen die Kleinteiligkeit der Wochen-

[95] Ebd.

[96] Vgl. ebd.

[97] Hagen, P. (1958): Vor dem Hauptfilm wird es spannend. Die Wochenschauen sind nicht mehr aktuell genug/Werden sie noch tendenziöser? In: Vorwärts (Parteizeitung der SPD), Ausgabe Bonn vom 10.10.1958, UFA-Kritiken, DW.

[98] Ebd.

[99] Ebd.

[100] ha (Kürzel) (1958): Wochenschau auf neuen Wegen. In: Das freie Wort, Ausgabe L, Bonn, Nr. 49, 6.12.1958, UFA-Kritiken, DW.

schau aufzuheben. Außerdem waren sich die Wochenschau-Leute unsicher, welchen Namen die neue Form bekommen sollte – die Bevölkerung war zu Vorschlägen aufgerufen[101].

Anfang 1959 empfahl der Bavaria Filmverleih eine ausschließlich nationale Orientierung und eine Konzentration auf „lebhafte Berichte von allgemeinem Interesse". Für die *NDW* wurde eine Serie vorgeschlagen, in der die Wochenschau „eine kleine Reise durch unser Vaterland unternimmt" – besonders, da „unsere Jugend fast nur noch das Ausland bereist". Die *NDW* verdiene die Bezeichnung „neu" nicht mehr – wenn sie aber zu „unserer" Wochenschau gemacht würde, „dürfte sie auch für die Zukunft noch sehr interessant bleiben".[102] Eine angedachte Umwandlung zum Landes- und Zeitporträt als Aufgabe der Wochenschau ist damit deutlich. Solche nationalen Themen dürften dann aber an der jungen Zielgruppe vorbeigegangen sein.

Dabei bemühte sich die Wochenschau gerade um gutes Auslandsmaterial, um der Fernseh-Konkurrenz zu trotzen. Geschäftsführer Wiers reiste im Juni 1958 in die USA, um Kontakt zu möglichen Vertragspartnern aufzunehmen. Ein Ergebnis der Verhandlungen war, den Austausch zwischen der Deutschen Wochenschau GmbH und der amerikanischen Wochenschau *News of the Day* und des amerikanischen Film-Nachrichtendienstes *Telenews* beizubehalten und auf den Austausch aus Archiven auszudehnen. *News of the Day* sollte demnach „Spezialaufnahmen" zur Verfügung stellen, „welche die DW [Deutsche Wochenschau] in die Lage versetzen, auf dem bisherigen Wege der Stilentwicklung fortzuschreiten und die Konkurrenzfähigkeit gegenüber dem Fernsehen und der eigenen Wochenschau-Konkurrenz zu erhöhen".[103] Wenn die *NDW* nicht aktuell sein konnte, dann wollte sie mit exklusiven Auslandsberichten aufwarten. Im Grunde hatte die Bavaria als Verleih der *NDW* aber akzeptiert, dass die Wochenschau nicht durch aktuelle Berichte bestechen konnte und erfasste Anfang 1959 die Situation:

> *„Da infolge technischer Schwierigkeiten die Wochenschau niemals mit dem Fernsehen hinsichtlich der Schnelligkeit konkurrieren kann, müssen u.E. in der Programmgestaltung der NDW neue Wege beschritten werden."*[104]

Das konnte nur bedeuten, dass die Wochenschau ‚Aktualität' neu für sich definieren musste.

Deutschland war nicht das einzige Land, in dem die Wochenschauen in Not geraten waren. In England mussten 1958 schon zwei Wochenschauen der Rank-Organisation das Erscheinen trotz der fast 60-jährigen Tradition einstellen. Die anderen Wochenschauen würden sich Zeitungsberichten zufolge in Richtung eines Maga-

---

101 Vgl. ebd.
102 Bavaria, Düsseldorf, Brief an Bavaria (Siegel), 31.1.1959, Korrespondenz ab 1958, DW.
103 51. Sitzung des Aufsichtsrats am 20.6.1958, Protokolle Aufsichtsrat 1958-1960, DW.
104 Bavaria Düsseldorf, Brief an Bavaria München (Siegel), 31.1.1959, Korrespondenz ab 1958, DW.

zinstils verändern und in Farbe produziert werden.[105] Die SPD-nahe Presse beschäftigte sich mit der Ankündigung der englischen Produktionsgesellschaft Rank Film über ein Experiment. Rank Film wollte ihre Wochenschau ohne aktuelle Ereignisse ausgeben, denn das seien schließlich immer und überall dieselben Bilder. Im Gegensatz zu der kleinteiligen Gestaltung der Wochenschauen in Deutschland wollte Rank Film nur vier Ereignisse aufgreifen und sie „gründlich kommentieren", um sich von den Fernsehnachrichten abzugrenzen, die eine solche umfassende Darstellung nicht bieten könnten.[106] Nach Ansicht der SPD-Zeitung *Vorwärts* war dies problematisch: Wenn das britische Experiment Erfolg habe und sich die deutschen Wochenschauen dem anschlössen, würden sie zu einem „Bildmagazin" umgebaut – und dann sei Wachsamkeit erforderlich. Es wurde befürchtet, dass die Kommentare „einen Trend" bekämen und mit der Verringerung von Themen auch eine „monopolistische Manipulation" eintreten könnte.[107] Bei einer strukturellen Veränderung zu längeren und intensiveren Berichten wäre die *NDW* demnach in den Verdacht geraten, tendenziös und einseitig zu berichten.

Es ging aber nicht nur um die herkömmliche Struktur, die sich als erhaltenswürdig herausstellte, sondern auch um die gesamte Dramaturgie. Das Scala Filmtheater in Reutlingen, das die *Ufa-Wochenschau* gebucht hatte, forderte im Oktober 1959 die Redaktion dazu auf, das Tempo der Wochenschau zu steigern.[108] Auf Seiten der Deutschen Wochenschau war man dagegen der Meinung, man sei bisher zu schnell gewesen. Besonders die ältere Generation habe nicht mehr die Möglichkeit gehabt, den „raschen Rhythmus" zu erfassen. Der „Unterhaltungscharakter" werde zudem besonders gepflegt, man sei der Ansicht, dass das Beiprogramm den Zuschauer „nicht unnötig belasten" sollte.[109] Das Filmtheater merkte daraufhin an, dass die meisten Kinobesucher im Alter von 6 bis 32 Jahren seien. Ein „langsames Tempo zum Mitschreiben" sei nicht geeignet, „diese jungen Menschen zu fesseln".[110] Offenbar hatte sich die Wochenschau nicht auf junges Publikum, das überhaupt noch die Kinos besuchte, und dessen Sehgewohnheiten einstellen können. Die Älteren zogen schon lange das Fernsehen vor.[111] Somit war es für die Wochenschau nicht ratsam

---

[105] Vgl. ha (Kürzel) (1958): Wochenschau auf neuen Wegen. In: Das freie Wort, Ausgabe L, Bonn, Nr. 49 vom 6.12.1958, UFA-Kritiken, DW.

[106] Hagen, P. (1958): Vor dem Hauptfilm wird es spannend. Die Wochenschauen sind nicht mehr aktuell genug/Werden sie noch tendenziöser? In: Vorwärts (Parteizeitung der SPD), Ausgabe Bonn vom 10.10.1958, UFA-Kritiken, DW.

[107] Ebd.

[108] Vgl. UFA-Wochenschau (Purzer) Brief an Scala Filmtheater GmbH, Reutlingen (Kalbfell), 15.10.1959 (mit Durchschlag an UFA, München (Werner)), UFA-Kritiken, DW.

[109] Ebd.

[110] Scala Filmtheater GmbH, Reutlingen (Kalbfell) Brief an Deutsche Wochenschau (Purzer), 19.10.1959, UFA-Kritiken, DW.

[111] Vgl. Noelle & Neumann, 1957, S. 60. Eine Umfrage von November 1956: Von den 45-59-Jährigen ging die Mehrheit (36 %) weniger als einmal im Monat ins Kino, 22 % von ihnen waren

'beschaulich' zu sein und die Dinge für eine „geistige Auseinandersetzung"[112] aufzubereiten, wie Wiers es geplant hatte.

Auch die Herstellung einer Wochenschau in Farbe musste die NDW wegen der hohen Kosten und technischen Schwierigkeiten verwerfen. Am Beispiel des Biennale-Siegs der zu 90 % farbigen Wochenschau *Actualités Francaises* im Jahr 1959 war bereits abzuschätzen, dass „nur mit einer Farbwochenschau das Fernsehen zu schlagen sei".[113] Es gab jedoch noch immer keinen Farbentwicklungsprozess, der innerhalb von 24 Stunden die erforderliche Kopienzahl zu erschwinglichen Preise ziehen konnte.[114]

Die Kritik des *Generalanzeigers* in Bonn stellte im Januar 1960 heraus, dass die Wochenschauen aus dem „Dilemma" ihres Aktualitätsrückstands zum Fernsehen keine Konsequenzen gezogen hätten. Es sei keine neue Form gesucht worden, sondern die Wochenschauen „kapselten sich wie die entthronte Primadonna im Schmollwinkel ihres Kinoreservats ein und pochten auf ihre Tradition". [115] Als einen Verbesserungsversuch habe man die Wochenschau unter ein Thema stellen wollen, was aber an der Heterogenität des Materials gescheitert sei – es habe dann „entweder unverbindlich oder verkrampft" gewirkt. Man habe „eine geschlossene Gestalt" vorgetäuscht, „wo eine Einheitlichkeit aus der Sache selbst nicht gegeben ist".[116] Die *NDW* hatte somit die gleiche Erfahrung gemacht, wie die *Blick in die Welt*, die eine Konzentration auf ein Thema wegen Erfolglosigkeit wieder aufgeben musste.

Trotzdem versuchte die *NDW* im August 1961 eine ganze Ausgabe mit einer sozialen Themenspezifik zu gestalten, und damit gesellschaftliche Probleme anzusprechen. Die *NDW* Nr. 601 vom 1. August 1961 hatte den Schwerpunkt „Kinder". Sie beschäftigte sich mit den Folgen des Alkoholmissbrauchs von Eltern – mit Bildern von missgebildeten Kindern. Danach ging es um das Elend der Kinder in Asien und Afrika und um ein Maler-Wunderkind.[117] In der darauf folgenden Ausgabe Nr. 602 wurden neue Zivilisationskrankheiten thematisiert. Die Zeitschrift *Film-Echo* kritisierte aber, dass die Themen wie Krebs und Herzkrankheiten wegen der festgelegten Dauer der Wochenschau nur „oberflächlich" behandelt werden konnten. Das Fernsehen habe in der Abhandlung dieser gesellschaftlich besonders wichtigen Themen größere Möglichkeiten.[118] Dass dieselbe Ausgabe der *NDW* auch ganz konventionell

seit Jahren nicht mehr im Kino gewesen; bei den ab 60-Jährigen gingen knapp die Hälfte (48 %) seit Jahren nicht mehr ins Kino.

[112] O.V. (1957): Der Leinwand-Leitartikel. In: Der Spiegel Nr. 27, 3.7.1957, S. 49-51, hier: S. 51.

[113] 58. Sitzung des Aufsichtsrats am 24.8.1959, Protokolle Aufsichtsrat 1958-1960, DW.

[114] Vgl. Kuntze-Just (Chefredakteur NDW) an Pleister (Programmdirektor NWDR), 22.10.1951, BArch B 145/112.

[115] ach (Kürzel) (1960): Politiker, Mannequins und siamesische Katzen. Zur Situation der Wochenschauen im Zeitalter des Fernsehens. In: General-Anzeiger, Bonn vom 9.1.1960, DW-Allgemein Kritiken Werbung ab 1960, DW.

[116] Ebd.

[117] G. H. (Kürzel) (1961): Rezension zu NDW 601. Film-Echo Nr. 63, 9.8.1961, NDW Echo, DW.

[118] G. H. (Kürzel) (1961): Rezension zu NDW 602. Film-Echo Nr. 65, 16.8.1961, NDW Echo, DW.

über Jungtiere berichtete, die immer gut ankamen, zeigt die halbherzige Umsetzung des Themenschwerpunkts.

Selbst der *NDW*-Kameramann Brandes resümierte resignierend in einer Rückschau: Der Grund für den Untergang der *Neuen Deutschen Wochenschau* bestünde darin, dass sie „einfach einen Standard erreicht“ habe, bei dem „es nichts mehr zu modernisieren gab“[119]. Hier klingen die interne Kapitulation und Hindernisse an, die möglicherweise in eigener Verantwortung noch hätten überwunden werden können. Daher mussten weitere Hindernisse von außen gekommen sein – Strukturen, die die *NDW* nicht aufheben konnte.

3.7.4 Externe Restriktionen für eine Umgestaltung

Mit der Umgestaltung der *NDW* allein ließ sich offenbar keine Rettung erreichen. Einige Kinos sparten die Wochenschau schon ein. Mitte 1959 fragte der UFA-Filmverleih beim Verband der Filmverleiher nach einer Unterstützung für eine Prädikatisierung der Wochenschau.[120] Mit einem Prädikat und der damit verbundenen Vergnügungssteuer-Vergünstigung hätte für die Kinos ein Anreiz entstehen können, die Wochenschau als Programmpunkt beizubehalten. Die Bestimmungen der Filmbewertungsstelle Wiesbaden schlossen jedoch ausdrücklich „Wochenschauen und solche Streifen“ aus, „die ein aktuelles Ereignis schildern und bei denen die Gestaltung nicht vom Drehbuch, sondern von diesem Ereignis bestimmt wird“.[121]

Obwohl die *Neue Deutsche Wochenschau* ihre filmischen Qualitäten oft als Abgrenzungsargument gegenüber dem Fernsehen anführte, war das in diesem Fall nicht maßgeblich. Weil aber pro Kino-Vorstellung nur ein prädikatisierter Film zur Steuerermäßigung beitrug, hätte die Vorführung einer prädikatisierten Wochenschau zusätzlich zum prädikatisierten Kulturfilm auch keine weitere Ermäßigung eingebracht.[122] Also hätte auch die Veränderung der Wochenschau zum prädikatsberechtigten Dokumentarfilm nichts genutzt. Gerade die bisher angepriesene ‚Aktualität‘ verhinderte eine Prädikatisierung der *NDW* und die Länge des gesamten Prozederes hätte zudem eine auch nur annähernde Aktualität unmöglich gemacht. Alle Bemühungen, ein Prädikatisierungsverfahren für die Wochenschau durch Beziehungen einzuleiten, wie z.B. Bemühungen des Vorsitzenden des Beirats der Deutschen Wochenschau, Senator Landahl, und über diesen den Kultursenator der Stadt Hamburg,

[119] Stamm, 2005, S. 45.

[120] Vgl. Verband der Filmverleiher, Frankfurt (von Hartlieb) Brief an UFA (Werner), 20.5.1959, UFA-Kritiken, DW.

[121] Roeber & Jacoby, 1973, S. 270.

[122] Vgl. Verband der Filmverleiher, Frankfurt (von Hartlieb) Brief an UFA (Werner), 20.5.1959, UFA-Kritiken, DW.

Dr. Biermann-Rathjen, einzuschalten und dann auf der Ebene der Kultusminister-Konferenz zu sondieren, scheiterten.[123]

Zu diesem Rückschlag kam noch der Vorwurf der Jugendgefährdung. Die *Bild* ließ im Juni 1960 den Verdacht aufkommen, die Wochenschau sei durch eine zunehmende feuilletonistische Ausrichtung ethisch unkorrekt. Während das Fernsehen Hinrichtungen und Attentate „vorsichtig" schneide, würde die Wochenschau ohne Beschränkungen grausame Bilder zeigen – und das auch in der Nachmittagsvorstellung für Kinder. Die *Bild* fragte: „Wo bleibt denn die sonst so strenge Freiwillige Selbstkontrolle?" Viele Kinobesucher würden „Weg mit der Wochenschau!" fordern und Kinobesitzer würden bereits „die Filme schlicht und einfach ohne Wochenschau" laufen lassen.[124] Die Hersteller der Wochenschauen hatten daraufhin beschlossen, die Wochenschau-Folgen der FSK nachträglich im informellen Verfahren zur Beurteilung vorzulegen und etwaige Beanstandungen für künftige Fälle zu berücksichtigen. Das Vorgehen wurde aber wieder eingestellt – eine Vorab-Prüfung der Wochenschau hätte, wie die etwaige Prädikatisierung, eine Verzögerung nach sich gezogen und die Aktualität zusätzlich vermindert.[125]

3.7.5 Verteidigung und Resignation der *NDW*

Diese externen Restriktionen lassen eine Resignation der Wochenschau-Verantwortlichen nachvollziehbar werden – allerdings versuchte die Wochenschau bis zuletzt, sich im Gespräch der Branche zu halten. Noch Mitte 1960 stellte der Geschäftsführer der Deutschen Wochenschau, Manfred Purzer, in einem Artikelentwurf für die *Saarbrücker Zeitung* mit dem Titel „Die Wochenschau ist tot – es lebe die Wochenschau" dar:[126] „Eine Wochenschau wird es solange geben, solange es Filmtheater gibt". Er differenzierte aber den Zweck der Wochenschau: „Tot ist die Wochenschau, die glaubt, auch heute noch die ihr ehemals übertragene Aufgabe als filmisches Nachrichtenorgan erfüllen zu müssen". Diese Aufgabe sei ihr längst vom Fernsehen, das durch seine spezifische Technik wesentlich schneller sein könne, abgenommen worden. Die neue Aufgabe der Wochenschau sei das „aktuelle zeitbezogene Feature".[127] Der Vorteil der Wochenschau liege in den „besten Kameramännern" und „Reportern, die fotografieren können" und ihre Bilder durch exquisite Einstellungen „sprechen lassen", anstatt sie in der „überhetzten Aktualität" zu schießen. Der Wochenschau sei es möglich, die Ausgaben wie nach einem Drehbuch zu gestalten. Weil

123 Deutsche Wochenschau (Wiers) Brief an UFA, 5.6.1959, UFA-Kritiken, DW.

124 Keil, H. (1960): Weg mit der Wochenschau? Harte Szenen – langweilige Späßchen. In: Bild Nr. 127 vom 1.6.1960, DW-Allgemein Kritiken Werbung ab 1960, DW.

125 Vgl. Roeber & Jacoby, 1973, S. 265.

126 Artikelentwurf von Purzer für *Saarbrücker* Zeitung; vgl. Deutsche Wochenschau (Purzer) Brief an Saarbrücker Zeitung (Mudrich), 4.7.1960, DW-Allgemein Kritiken Werbung ab 1960, DW.

127 Ebd.

die US-Nachrichtenagentur United Press International (UPI) gleichzeitig die *Fox* und die *Tagesschau* des Fernsehens versorgte, habe der größte Konkurrent, die *Fox*, eine „Bildgleichheit" mit der *Tagesschau*.[128] Damit brachte er die allgemein verpönte Amerikanisierung mit der Fernseh-*Tagesschau* in Verbindung. Die Kritik, dass die Wochenschau jugendgefährdend sei, fand Purzer aber zu pauschal ausgedrückt – er gab aber zu, dass „die eine oder andere Ausgabe dieser oder jener Wochenschau" versuche, mit „Blut und Sex der Illustrierten-Presse nachzueifern"[129].

Ein Jahr später veröffentlichte *Film-Echo* einen Text (vermutlich ebenfalls von Purzer), in dem die Produzenten der *NDW* und *Ufa-Woche* einen Vergleich von Wochenschau und Fernsehen anstellten.[130] Sie unterscheiden dabei zwischen einem alten und einem neuen Stil der Wochenschau, obwohl aufgrund der Kritiken und die Reaktionen auf die Wochenschau deutlich wird, dass kaum eine Umgestaltung stattgefunden hatte. Sie behaupten darin, dass nur die Wochenschau des ‚alten Stils' noch auf einem Fernsehschirm gezeigt werden könne. Eine „moderne Wochenschau" dagegen sei aber nicht abzubilden; sie lasse sich nicht auf einer „53cm²-Scheibe" darstellen. Sie genüge nicht den „Gesetzen des Bildschirms", denn sie stehe „unter dem künstlerischen Zwang, filmisch zu sein". Der Unterschied zwischen der verteidigten ‚Wochenschau-Kunst' und der Gestaltung mit Fernseh-Technik wurde damit begründet, dass die *Tagesschau* „episch" geprägt sei, die Wochenschau von ihrer Film-Natur her aber „dramatisch".[131] Gemeint waren offenbar die mit Blenden abgeschlossenen Berichte der *Tagesschau* im Gegensatz zu den fließenden Übergängen der Wochenschau-Sujets.

Die Hersteller der Wochenschau versuchten eine Ehrenrettung der Wochenschau. Als das Fernsehen aufkam, habe sie das Nachrichten-Monopol verloren, aber gerade das sei ihr „zum Segen" geworden. Das Fernsehen habe die Wochenschau „von der Pflicht und der Last der reinen Information befreit". Durch seine Schnelligkeit habe das Fernsehen ihr „das Obligo zum täglichen Einerlei" abgenommen. Obwohl sich in der *NDW* noch immer dieselben Motive und Themen finden ließen, behauptet Purzer, dass die Wochenschau nun „alle jenen lächelnden Minister, Shakehands, Autovorfahrten, Flugplatzbegrüßungen und langweilige Erklärungen" ausklammern und dem Fernsehen den „heißen Rummel der Tages-Aktualität" überlassen könne. Die Wochenschau der 1960er Jahre wolle „kein mechanisches Registrationsmittel" mehr sein, sondern „zupacken, alarmieren, schockieren, provozieren, nachdenklich ma-

---

128 Ebd.

129 Ebd.

130 Text von NDW (Purzer) vom 16.10.1961 für Film-Echo (Axtmann), NDW Echo, DW. Der Text ist überschrieben mit: „Wochenschau früher und heute. Versuch zur Klarstellung eines Unterschieds, verbunden mit einem längst fälligen Dank an das Fernsehen" und ist in *Film-Echo* erschienen; vgl. Purzer, M. (1961): Die Wochenschau als Zeitbild. Die Chronik des Tages vermittelt heute das Fernsehen. In: Film-Echo, Nr. 85, 25.10.1961, NDW Echo, DW.

131 Folgende Zitate aus Text von NDW (Purzer) vom 16.10.1961 für Film-Echo (Axtmann), NDW Echo, DW.

chen"; sie sei auch keine „Chronik des Tages" mehr. Dabei war es durch ihre Erscheinungsweise gar nicht möglich, auf die einzelnen Ereignisse eines Tages einzugehen. Die Wochenschau wollte sich nun als „Zeitbild"[132] verstanden wissen und präsentierte sich als etwas Übergeordnetes und Kritisches. Es ist jedoch fraglich, ob die Kinobesitzer und die Zuschauer diese Provokationen vor dem entspannenden Film gewollt hätten.

Zudem wurde auf die filmischen Mittel eingegangen: Man sei nun frei, alle Mittel einzusetzen, die dem „Fernsehen versagt" seien.[133] Dem ist zu entgegnen, dass der Wochenschau diese Mittel schon immer zur Verfügung standen – die filmischen Mittel sind ja ihre einzigen Mittel. Die *Tagesschau* verkleinere große Ereignisse und Katastrophen, die Wochenschau arbeite dagegen mit dem „Grossfoto" und wende dabei alle Mittel an: „Schnitt, Kommentar, Musik, Geräusche, Kontraste, Übergänge, dramaturgische Steigerung."[134] Aber auch die *Tagesschau* konnte diese Elemente anwenden – auch wenn es sich nicht um einen durchgehenden Film handelte.

Das Fernsehen wurde von der *NDW* als „registrativ: nüchtern, chronologisch, unterkühlt und mit dem Segen des Heiligen Proporz versehen" beschrieben.[135] Dies kann als eine Anspielung auf den Parteienproporz in den Gremien des öffentlich-rechtlichen Systems gesehen werden. Allerdings waren die Gremien der *NDW* sowie die verantwortungsvollen Posten ebenfalls mit politischem Kalkül besetzt. Die Nachricht sei der Wochenschau nicht mehr wichtig und betrachtete sie nur noch als ein „Mosaikstein im Zeitbild". Die *NDW* pries im Artikel wiederholt eine „neue" Qualität an: Eine gute Wochenschau würde nicht mehr „zusammengestückelt"; sie entstehe nach einem „dramaturgischen Konzept, wie nach einem Drehbuch". Die Idealform der Wochenschau sei aber noch nicht ganz erreicht. Erneut wurden hier Veränderungen aufgezeigt, die bereits abschlägig kritisiert worden waren – eine drehbuchgeleitete Gestaltung wurde von der Filmbewertungsstelle nicht anerkannt und harte, soziale, alarmierende Themen waren in der Kürze der üblichen Sujets nicht adäquat zu behandeln. Die Idealvorstellung der Wochenschau war, dass der Besucher „stossseufzend vor Erleichterung" sagte: „Gottseidank, dass es noch das Kino gibt und im Kino die Wochenschau"[136]. Dies war aber mehr Illusion, als es wirklich hätte zutreffen können. 1961 gab es bereits fünf Millionen zugelassene Fernsehteilnehmer.[137]

Zu der Zeit, als dieses ‚Manifest der Wochenschau' erschien, bescheinigte die Verbandszeitschrift *Film-Echo* der *NDW* noch immer die herkömmliche Gestaltung: zu Beginn in „gewohnter Art" die „politischen Aktualitäten", dann Berichte „aus aller Welt" und mit Humor aufgelockert. Es folgte ein Sportteil aus zwei Berichten, der

[132] Ebd.
[133] Ebd.
[134] Ebd.
[135] Ebd.
[136] Text von NDW (Purzer) vom 16.10.1961 für Film-Echo (Axtmann), NDW Echo, DW.
[137] Eurich & Würzberg, 1983, S. 52 (Tabelle: Anzahl der angemeldeten Fernsehgeräte).

die Zuschauer wieder in das „alltägliche Gleichgewicht“ zurückbringen sollte.[138] Was die Kritik hier als „lobenswerten Trend“[139] bezeichnete, war schon von vornherein Teil des Konzepts der *NDW*. Mitte 1962 erkannten die Autoren von *Film-Echo/Filmwoche* endlich:

> *„Es zeichnet sich immer deutlicher ab, daß es angesichts der Konkurrenz des Fernsehens, das täglich über die aktuellen Geschehnisse berichtet, nicht mehr die Aufgabe der Wochenschauen sein kann, bei möglichst vielen Anlässen dabei zu sein, um über sie dann nur kurz und notgedrungen nichtssagend zu berichten.“*[140]

Daran schlossen sich Forderungen für eine Veränderung der Wochenschau an: Es sei „aussichtsreicher“, sich auf „wenige Geschehnisse mit der Möglichkeit zu wirklich ergiebiger Eigenarbeit zu konzentrieren“ [141]. Es klingt an, dass die *Tagesschau* Themen kurz anreißt, während die Wochenschauen Zeit hatten, sich ausführlicher zu geben. Kurze Sujets in den Wochenschauen wurden verächtlich als „Tagesschau-Stil“ bezeichnet.[142] Die Filmkritik dreht hier die Argumentation um. Nun war die *Tagesschau* das Negativbeispiel – die Aktualität war anerkannt, aber die Gestaltung wurde von der Kritik abgelehnt.

Viele Zuschauer waren jedoch ohnehin schon an das Fernsehen verloren und die Veränderungskonzepte konnten bei der *NDW* nicht umgesetzt werden, denn die verbliebenen Zuschauer wollten offenbar die traditionelle Wochenschau sehen. Da außer der *NDW* noch die *Ufa-Wochenschau* gab, die im selben Haus hergestellt wurde, müssen sich die Verantwortlichen auch für diese Wochenschau Konzepte überlegt haben.

3.7.6 Die Rolle der *Ufa-Wochenschau*

Nachdem die reprivatisierte Bavaria Filmkunst AG den Schorcht Filmverleih 1957 gekauft hatte, ging die *NDW* auf den Bavaria Filmverleih über. Die UFA erwarb 1956 von dem Allianz Filmverleih die Vertriebslizenz der *Welt im Bild*.[143] Von nun an hieß sie *Ufa-Wochenschau* und wurde bis Nr. 70 vom Herzog-Filmverleih und danach vom eigenen UFA-Filmverleih vertrieben. Somit hatte die UFA wieder eine eigene Wochenschau – wie vor der Zentralisierung in der NS-Zeit – mit einem bekannten und mächtigen Namen[144]. Erst 1958 begann die UFA wieder mit der Produk-

[138] KFS (Kürzel) (1961): Rezension zu NDW 611. Film-Echo Nr. 82, 18.10.1961, NDW Echo, DW.
[139] Ebd.
[140] G. H. (Kürzel) (1962): Rezension zu NDW 650. Film-Echo/Filmwoche Nr. 57/58, 21.7.1962 zu NDW 650, NDW Echo, DW.
[141] Ebd.
[142] Ebd.
[143] Roeber & Jacoby, 1973, S. 233.
[144] Vgl. Abschnitt 3.1.4.

tion von Spielfilmen[145] und hatte so freie Kapazitäten, um sich einer Wochenschau zu widmen.

Innerhalb des Unternehmens Deutsche Wochenschau hatte sich 1959 das Gewicht der *Ufa-Wochenschau* gegenüber dem Zeitpunkt der Übernahme erheblich vergrößert: Von den erstellten Kopien entfielen durchschnittlich 60 % auf die *Ufa-Wochenschau* und nur 40 % auf die *NDW*.[146] Die UFA war nicht bereit, sich zu gleichen Teilen mit der Bavaria an der Deutschen Wochenschau zu beteiligen. So kam es, dass sie einen Mehrheitsanteil verlangte, denn schließlich war sie zu dem Zeitpunkt finanziell selbst in der Lage, eine Wochenschau herzustellen.[147] Nach Roeber und Jacoby „honorierte" 1959 der Bund den Aufstieg durch die Übertragung ihrer Gesellschafteranteile an die UFA. Die Bundesregierung behielt eine Minderheitsbeteiligung von 26 %. Die UFA bekam 48 %, die Deutsche Bank 13 % und die Dresdner Bank ebenfalls 13 %.[148] Die SPD-Bundestagsfraktion wehrte sich im Parlament gegen den Verkauf von Bundesanteilen der Deutschen Wochenschau (1,3 Millionen DM) an die UFA. Sie befürchtete ein Monopol: Bei einer UFA-Mehrheit könnte sie auf zwei Wochenschauen einwirken und damit eine „Publikumsbeeinflussung"[149] herbeiführen. Das Veto hatte keinen Erfolg.

Die Zeitung *Deutsche Woche* schrieb in einem Artikel Anfang 1959 der *Ufa-Wochenschau* einen Einfluss auf alle anderen Wochenschauen in Bezug auf politische Tendenzen zu. Es werde „Kalter Krieg gespielt": Die *Fox* würde noch am objektivsten zur Tagespolitik Stellung nehmen – wolle aber auch die Kontakte zum Westen fördern – die *Blick in die Welt* bekenne sich ganz offensichtlich zu Europa. Während bei der *NDW* deutlich die Beteiligung des Bundes erkennbar sei, könne die *Ufa-Wochenschau* mit ihrem „Anti-Ost"-Kurs von der ersten Ausgabe an „direkt im Bundespresseamt" konzipiert worden sein.[150] Wie schon in der NS-Zeit, war die *Ufa-Wochenschau* offenbar wieder die Wochenschau, die am stärksten mit dem Staat verbunden war. Die *Deutsche Woche* interpretiert diese Situation als einen „Mißbrauch der Filmtheater", da man eine Zeitung, mit deren politischer Haltung man nicht einverstanden ist, abbestellen könne. Aber bei einer Wochenschau sei das nicht möglich, und man müsse sich eine „Berieselung mit politischer Propaganda" gefallen lassen.[151] Und wie in der NS-Zeit war der Markt Anfang 1960 dreigeteilt. Der Markt-

---

145 Vgl. Worscheck, 1992, S. 486.

146 Übersicht der gelieferten Kopien 1959 und 1960 – im Vergleich NDW und UFA, DW-Allgemein Kritiken Werbung ab 1960, DW.

147 53. Sitzung des Aufsichtsrats am 4.11.1958, Protokolle Aufsichtsrat 1958-1960, DW.

148 Roeber & Jacoby, 1973, S. 262. Ende 1963 verkauften die Banken ihre Anteile wieder an den Bund, der dann über eine Mehrheit von 52 % verfügte.

149 O.V. (1959): SPD befürchtet Wochenschau-Monopol der UFA. In: Filmwoche 14. Jg., Nr. 20, 16.5.1959, Verwaltungsrat 1958-1960, DW.

150 A. S. (Kürzel) (1959): Wochenschauen. In: Deutsche Woche, München 6. Jg., Nr. 4, 28.1.1959, UFA-Kritiken, DW.

151 Ebd.

anteil in Kopien lag für die *NDW* und die *Ufa-Wochenschau* (beide von der Deutschen Wochenschau hergestellt) bei 3.800 Verträgen, für *Blick in die Welt* ca. 1.000 und *Fox* belieferte 900 Filmtheater.[152] Die einstige Marktführerin *Fox*[153] war auf den untersten Platz abgestiegen.

Nicht genug, dass das Fernsehen zunehmend mächtiger wurde –, die *NDW* musste sich mit dem Schwesterprodukt, der *Ufa-Wochenschau*, vergleichen lassen. Ein Kino nahm von der Bestellung der *NDW* Abstand, denn die *Ufa-Wochenschau* sei in ihrer Art der *NDW* „haushoch überlegen": „Das spritzige einer feuilletonistisch aufgemachten Nachrichten- und Aktualitäten-Übermittlung", das man heute verlange.[154] Demnach hatte sich die *Ufa-Wochenschau* im Sinne der Zuschauer und Kinobesitzer verbessert – ganz im Gegensatz zur *NDW*.

In einer Stellungnahme der UFA-Theaterleiter aus dem süddeutschen Raum zur *Ufa-Wochenschau* Nr. 117 und Nr. 118 vom November 1958 wurde eine Änderung in der Gestaltung der Wochenschau deutlich. Es sei der *Ufa* gelungen, sich von der „Wochenschautradition" abzuwenden, „fast nur Tagesgeschehen zu fotografieren" und damit im Zeitgeschehen „erheblich nachzuhinken".[155] Die Umgestaltung, die die *Ufa-Woche* durchlaufen habe, gefiel den Theaterbesitzern – besonders die „Aufteilung der Wochenschau in Tagesreportagen und in der 2. Hälfte weitere Sujets unter ein bestimmtes Motto zu stellen". Die Übergänge zu den einzelnen Sujets seien „dialogmäßig" geschickt formuliert und so elegant, dass ein „Hinübergleiten" in ein anderes Gebiet entstand, was den Besuchern gefallen hatte. Beibehalten werden sollte nach Meinung der Theaterbesitzer „die Verwendung gleicher Musik zu ähnlichen Bildberichten in wiederholter Form von Woche zu Woche". Der Zuschauer sollte „einen akustischen Fahrplan" erhalten, „der ihn bereits auf die einzelnen Sujets vorbereitet".[156] Zwar sollte vom „Klischee" Abstand genommen werden, doch eine gewisse Schematisierung war offenbar akzeptiert – wenn auch nur in der Musikunterlegung. Modeberichte wurden als Füller angesehen, da sie „fast ausschließlich" Modelle zeigten, mit denen 99 % der Gäste „nichts anzufangen" wussten und „nur zu Gelächter" reizten.[157] Die Berichte über Modeschauen waren also von vorneherein als Lachnummern gedacht. Erschreckende Themen, wie ein Bericht über Hexen, sollten allerdings dahingehend abgeprüft werden, ob sie auch für Jugendliche geeignet

---

[152] O.V. (1960): „Perspektiven" sind ein gelungenes Experiment. DGB dreht kritische Zeitschau – Keine fade Hausmannskost. In: Welt der Arbeit, Köln vom 8.1.1960, DW-Allgemein Kritiken Werbung ab 1960, DW. Der Autor des Artikels rechnet mit 6.500 Theatern, wovon 5.700 jede Woche eine neue Wochenschaukopie zeigten; 800 kleinere Theater zeigten nur ältere Kopien.

[153] Vgl. o.V. (1952): Wochenschau – Mundgerecht servieren. In: Der Spiegel Nr. 12, 19.3.1952, S. 30-32, hier: S. 32. Die *Fox* stand im März 1952 mit 350 Kopien, die in jeder Woche in den Kinos liefen, an erster Stelle.

[154] Bavaria, Frankfurt (Kisseberth) Brief an Bavaria, Hamburg (Engel), 7.11.1961, NDW Echo, DW.

[155] UFA Brief an Deutsche Wochenschau, 7.11.1958, UFA-Kritiken, DW.

[156] Ebd.

[157] Ebd.

sind.[158] In Bezug auf den Sportteil rieten die Theaterbesitzer, nicht nur Spitzensport zu bringen, sondern „ab und zu" auch Breitensport und weniger häufige Sportarten, wie Hockey, Rhönrad, Tischtennis, Kunstradfahren. Um „die Aktualität der ‚Wochenschau' im reinsten Sinne zu bestätigen", wurde ein neues Sujet mit dem Titel „Problem der Woche" angeregt, z.B. für Saisonales wie die Zeugnisvergabe vor den Schulferien, aktuelle Versorgungslücken, Verkehrschaos durch das Wetter.[159] Die Ansprüche in Bezug auf soziale Themen hatten sich somit seit dem Beginn der Wochenschauen gewandelt – Probleme und ihre Lösungen wurden interessant.

Wiers sendete dem Beiratsmitglied Professor Emil Dovifat ein Exemplar der *UFA* Nr. 129 vom Januar 1959 und einen *Ufa-Jahresrückblick* für seine Seminare und glaubte, dass über die Ausgaben heftige Diskussionen unter den Studenten ausgelöst würden. Diese Ausgaben sollten einen „neuen Inhalt und eine neue Form" gefunden haben und Nr. 129 sollte besonders „die Stilentwicklung der modernen Wochenschau" deutlich machen, „nicht die routinemässig bekannte [...] Zusammenfassung von mehr oder weniger objektiv-wichtigen Ereignissen sein".[160] Dies lässt auf eine verstärkte sensationelle Berichterstattung schließen.

Die Film-Kritik nannte die *UFA* Nr. 271 von Anfang Oktober 1961 ein „redaktionelles Glanzstück".[161] Die Themen waren nicht optimistisch: die Naturgewalt des Taifun Nancy, die Bedrohung des Menschen durch die Weltmacht der Insekten, „Bedrohung des Menschen vor sich selbst (Atomtod)", Abschied von Dag Hammarskjöld[162], der amerikanische Präsident Kennedy vor der UNO-Vollversammlung und Terror an der Sektorengrenze sowie zwei Sportberichte zum Ausklang. Dem stellte *Film-Echo* die *NDW*-Ausgabe Nr. 610 gegenüber, die nur sechs Berichte brachte. Der Bericht über das „Problem der Müllverwertung" wurde als wichtig gelobt,[163] und rekurrierte auf die wachsende Konsumgesellschaft und ihre Nachteile. Offenbar versuchte die *NDW*, mit dem Schwesterprodukt gleichzuziehen und ebenfalls gesellschaftliche Probleme aufzuzeigen.

Nach einer Kritik des Bavaria Filmverleihs an der *NDW*, ausgelöst von Vertragskündigungen durch Filmtheater, versuchten Wiers und Purzer die unterschiedlichen Stile der *NDW* und *Ufa-Wochenschau* zu erklären: Man habe sich an bei der Gestaltung der *NDW* an der britischen *Pathé-News* orientiert, die sich auf den „großen

158 Ebd.

159 Ebd.

160 Wiers an Prof. Dr. Dovifat, Berlin, 22.1.1959, Verwaltungsrat 1958-1960, DW.

161 KFS (Kürzel) (1961): Rezension zu *NDW* Nr. 610 und *UFA* Nr. 271. Film-Echo Nr. 81, 11.10.1961, NDW Echo, DW.

162 Dag Hammarskjöld starb bei einem Flugzeugabsturz am 18.9.1961, war schwedischer Staatssekretär sowie Generalsekretär der Vereinten Nationen. Ihm wurde posthum der Friedensnobelpreis verliehen; vgl. ausführliche Informationen verfügbar unter: http://www.sweden.se/eng/Home/Society/Government-politics/Reading/Dag-Hammarskjold--the-Peacemaker/ [9.11.2012].

163 KFS (Kürzel) (1961): Rezension zu *NDW* Nr. 610 und *UFA* Nr. 271. Film-Echo Nr. 81, 11.10.1961, NDW Echo, DW.

Sachbericht" kapriziere. Dadurch sei die *NDW* „das geworden, was [...] eine ,Titel-Woche' " genannt werde.[164] Man hoffte mit dieser ,Anglisierung' – offenbar eine Abkehr vom Ziel der rein deutschen Form – gegen die Fernsehnachrichten anzukommen. Denn die *Pathé-News* habe noch viel mehr „mit Fernsehapparaten zu kämpfen" als die Wochenschauen in Deutschland und sei weiter „ein legitimer Bestandteil des Theaterprogramms".[165] Die *Ufa-Wochenschau* stellten Wiers und Purzer als „Experiment" hin, das unerwartet gut ausgehe.[166] Hier wird die Konkurrenz der Wochenschauen untereinander deutlich. Darüber hinaus sei es eine Frage des Geschmacks, welche Wochenschau besser ist: „Der eine liebt Renaissance, der andere Rokoko."[167] So bleibt nur zu vermuten, welche Assoziation auf welche Wochenschau zutrifft. Offenbar gelang es der *NDW* aber nicht, dramaturgisch zu überzeugen.

Selbst der Verleih der *NDW*, der Bavaria-Filmverleih, wunderte sich darüber, dass beispielsweise die wichtigen Überleitungen und Verbindungen der Beiträge bei der *Ufa-Wochenschau* gut gelängen – und fragte: „warum geht das nicht auch bei der NDW?"[168] Warum wurde die *Ufa-Woche* also ,moderner' gestaltet als die *NDW*? Wiers und Purzer erklärten dazu, dass sie sich bewusst dazu entschieden hätten – sie glaubten, dass es ein Wagnis sei, dem „konstanten und eingespielten Kundenstamm" eine *NDW* im UFA-Stil zu liefern. Man sei sich nicht sicher, ob die Kinos einen solchen Wechsel mittragen würden.[169] Wenn aber doch der zunehmende Erfolg der *Ufa-Wochenschau* beobachtet werden konnte, ist nicht unmittelbar einsichtig, warum bei der *NDW* kein Umschwenken auf einen neuen Stil geschah, und es lässt andere Vermutungen zu. Denn der UFA-Filmverleih achtete darauf, dass sich die Redaktion der Deutschen Wochenschau ausreichend um die *Ufa-Wochenschau* kümmerte. Als Wiers (möglicherweise auf Druck der Kinos) nach eigenem Bekunden die *NDW* eine Zeit lang „besonders interessant" gestalten musste,[170] verlangte der UFA-Filmverleih, „die folgenden Zusammenstellungen der *Ufa-Wochenschau* wieder zu absolut Bestberichten zu gestalten". Man werde „von allen Seiten" darauf aufmerksam gemacht, dass ihre Leihmietengestaltung „durch nichts gerechtfertigt sei". Aus diesem Grund habe die UFA bereits Vertragskündigungen hinnehmen müssen. Die UFA könne die Verleihpreise nicht aufrechterhalten, wenn die Wochenschau nicht auf den Publikumsgeschmack abgestimmt sei, sodass die Qualität wieder „unzweifelhaft als dominierend angesehen werden darf".[171] Der Kinomarkt war sehr empfindlich, und die

[164] NDW (Wiers, Purzer) Brief an Bavaria, Frankfurt (Kisseberth), 10.11.1961, NDW Echo, DW.
[165] Ebd.
[166] Ebd.
[167] Ebd.
[168] Bavaria, Frankfurt (Kisseberth) an Bavaria, Hamburg (Engel), 7.11.1961, NDW Echo, DW.
[169] NDW (Wiers, Purzer) Brief an Bavaria, Frankfurt (Kisseberth), 10.11.1961, NDW Echo, DW.
[170] Der Grund für Wiers vorübergehende Bemühungen um die *NDW* ist im Brief nicht angegeben; vgl. UFA (Thiel/Werner) Brief an Deutsche Wochenschau (Wiers), 24.4.1959, UFA-Kritiken, DW.
[171] UFA (Thiel/ Werner) Brief an Deutsche Wochenschau (Wiers), 24.4.1959, UFA-Kritiken, DW.

Filmtheaterbesitzer reagierten sofort – schließlich war die Wochenschau bei den Zuschauern nicht mehr unbedingt gefragt – besonders nicht bei den Fernseh-Teilnehmern unter den Kinogängern.

Durch den Druck in den eigenen Reihen schien Wiers als Chef der Deutschen Wochenschau zwischen beiden Filmverleihern hin- und hergerissen gewesen zu sein. Die Differenzen zwischen den Verleihern schlugen sich auch in den Marktpreisen nieder. Die UFA beschwerte sich, die Bavaria habe den Preis einer 3. Folge „unaufgefordert auf DM 20,-- festgelegt".[172] Die Verleiher Centfox-Film Incorporated (für die *Fox Tönende Wochenschau*) und Pallas-Film (für die *Blick in die Welt*) hätten die 3. Folge schon lange für 20 DM verliehen, und auch die anderen Folgen würden zu wesentlich günstigeren Konditionen angeboten. Wenn jetzt „auch die Bavaria-Filmgesellschaft eine Preisreduzierung" vornehme, könne die UFA ihr „Preisbild" nicht mehr aufrechterhalten. Damit sei es „wirklich dringend erforderlich, die Ufa-Wochenschau-Qualität [...] zu steigern".[173] So ist nachvollziehbar, dass es keine Bemühung um eine Stärkung der *NDW* gab.

Die Schwäche der Bavaria gegenüber der UFA kann außerdem mit der allgemeinen Situation des Filmkonzerns erklärt werden. Die Bavaria war 1959 unter der Leitung von Hans Kubaschewski[174] zu einem von der Pleite bedrohten Unternehmen geworden. Sie konnte ihre acht Aufnahmehallen mit der eigenen Filmproduktion nicht auslasten und litt unter dem Preiskampf der Ateliers. Beide, Bavaria und UFA, versuchten, sich über eigens gegründete Produktionsgesellschaften in das Fernsehen einzubringen, wodurch ein weiteres gegenseitiges Konkurrenzfeld entstand. Die Bavaria-Filmkunst AG, der SDR und die Westdeutsche Werbe-Fernsehgesellschaft des WDR gründeten die Bavaria Atelier GmbH. Jeder, der Bavaria-Studios mieten wollte, musste mit der neuen Gesellschaft – und somit auch mit dem Fernsehen – verhandeln.[175] Wie der Branchendienst *epd* im Oktober 1959 meldete, beabsichtigte die UFA, ein Film- und Fernsehzentrum zu errichten und sei daran interessiert, Programme für das „Deutschland-Fernsehen" zu liefern. In dem Zentrum sollten „Werbe-, Dokumentar- und Kulturfilme sowie Wochenschauen, ganze Fernsehprogramme und auch Spielfilme" hergestellt werden.[176] Dass auch Wochenschauen dort produziert werden sollten, lässt den Schluss zu, dass die Produktion der *Ufa-Wochenschau* bei der Deutschen Wochenschau GmbH gefährdet war. Doch sie wurde noch bis 1977 weitergeführt.

---

172 Ebd.

173 Ebd.

174 Kubaschewski war Ehemann der mit Heimatfilmen reich gewordenen Chefin des Gloria Filmverleihs; vgl. o.V. (1957): Det greift ans Herz. In: Der Spiegel Nr. 4, 23.1.1957, S. 38-44, hier: S. 40.

175 Vgl. o.V. (1959): Bavaria. Grund zum Feiern. In: Der Spiegel Nr. 30, 22.7.1959, S. 58-59. Geschäftsführer der Bavaria Atelier Gesellschaft wurde Walter Pindter (bis dahin WDR), Dr. Helmut Jedele (vormals Fernsehdirektor SDR) und Dr. Heinz Savelsberg.

176 epd / Kirche und Fernsehen Nr. 21, 19.10.1959, S. 7.

Nach der Einstellung des Bavaria Filmverleihs (1962/63) wurde die *NDW* von dem inzwischen neu gegründeten Schorcht Filmverleih mit fortgesetzter Nummerierung (Nr. 696) unter dem Titel *Die Zeitlupe* vertrieben.[177] Während man mit der *Ufa-Wochenschau* anscheinend in der Neugestaltung *und* Themenwahl den richtigen Nerv der Kinos getroffen hatte, war das mit der *NDW* – jetzt mit dem neuen Namen *Zeit unter der Lupe (Zeitlupe)* – nicht geglückt. Die Deutsche Wochenschau hatte allerdings – wie für die *NDW* – eine neue Gestaltung für die *Zeitlupe* versprochen. Die Theaterbesitzer konnten keinen Unterschied feststellen. Die Süddeutschen Filmbetriebe Hubertus Wald zitierten ihren Theaterleiter in einem Brief:

> *„Keine der damaligen Versprechungen hält diese Wochenschau. ‚DIE ZEIT UNTER DER LUPE' ist so alt wie die Geschichte von Rom, so langweilig in der Zusammensetzung und im Ablauf, das man erst wieder beim Gong zum Hauptfilm erwacht. Von einer neuen und attraktiven Gestaltung kann also keine Rede sein, höchstens von einem neuen Schlafmittel gemäß dem Slogan: Mach dir eine paar schöne Stunden, geh ins Kino zum schlafen!"*[178]

Die Deutsche Wochenschau verteidigte, ihr Produkt *Zeitlupe*, indem sie betonte, es handele sich nicht nur um eine Titeländerung, sondern man versuche, „die Zeit wirklich unter der Lupe zu betrachten".[179] Die Wochenschau wolle aber auch nicht das „Fernseh-Panorama" nachahmen. Wie bei der *Ufa-Wochenschau* sollte die *Zeitlupe* Ereignisse in Exklusiv-Berichten zeigen, die exklusiver waren als die des Fernsehens.[180] In der *Zeitlupe* Nr. 696 gab es zunächst einige schlagzeilenhafte Kurzberichte (Augenblicke der Woche), Tipps zum Unfallschutz bei Transporten von Milchkannen, einen Wettbewerb im Fingerhakeln sowie eine Misswahl, einen Sportbericht (Rugby) und ein Porträt über einen Tanzmeister. Diese Sujets wurden in vier bis fünf Überschriften zusammengefasst – die Texte waren ausgesprochen anzüglich.[181]

Das Filmtheater Süddeutsche Filmbetriebe wies darauf hin, es sich „in der heutigen Zeit" nicht erlauben zu können, das Publikum „zu verärgern". Die Besucher hätten sich beim „Porträt eines Gewerkschaftlers", das bei Nr. 710 „fast die Hälfte der Wochenschau" ausgefüllt habe, gelangweilt.[182] Das Kino kündigte an, „nicht mehr so leicht auf die Versprechungen einer Werbe-Kampagne" des Schorcht Filmverleihs „hereinfallen" zu wollen.[183] Eine Ausrichtung auf längere Berichte war also auch für die *Zeitlupe* gescheitert. Im Fortschreiten der Kinokrise näherten sich *Ufa-Woche* und

---

177 Roeber & Jacoby, 1973, S. 262.

178 Süddeutsche Filmbetriebe Hubertus Wald, Frankfurt, Brief an Schorcht München, 9.9.1963, DW-Allgemein Kritiken Werbung ab 1960, DW.

179 Deutsche Wochenschau (Wiers) Brief an Süddeutsche Filmbetriebe Hubertus Wald, Frankfurt, 12.9.1963, DW-Allgemein Kritiken Werbung ab 1960, DW.

180 Ebd.

181 Vgl. Inhaltsangabe der *ZL* Nr. 696 vom 31.5.1963, DW.

182 Süddeutsche Filmbetriebe Hubertus Wald, Frankfurt, Brief an Deutsche Wochenschau, 24.9.1963, DW-Allgemein Kritiken Werbung ab 1960, DW.

183 Ebd.

Zeitlupe offenbar wieder an – jedoch in den Nachteilen. Im Jahr 1965 bedauerte der Journalist Fritz Sänger, dass die *Zeitlupe* und die *Ufa-Wochenschau* „auf eine ‚Illustrierten-Journalistik' ausgewichen" seien – in „billige Sensation" und „polemisierende Politik".[184] Sänger ging 1965 noch immer von einer Art Arbeitsteilung zwischen *Tagesschau* und Wochenschau aus und äußerte die Hoffnung auf einen neuen Stil: Die Darstellungen von *Tagesschau* und Wochenschau verhielten sich im Verhältnis von Tageszeitung zu Wochenzeitung. Für das Überleben der Wochenschau, würde die Neugier der Zuschauer schon sorgen.[185]

„Auch die Wochenschau im Kino hat sich nicht überlebt, wenn sie nur ihren Stil findet, der heute gültig sein kann: den aktuellen, die Ereignisse der Woche überschauenden und mit den schon erkennbaren Entwicklungen verbundenen Bildbericht, der vom Bekannten zum Neuen führt. Der Zuschauer wird von der ‚Neugier' nach dem Neuen getrieben; sein Anspruch kann befriedigt werden." [186]

Dieser Optimismus war möglicherweise auf den Zustand der Deutschen Wochenschau GmbH gegründet. Der Unternehmung ging es mit einem Stammkapital von knapp 1 Million DM nicht schlecht. Die Gesellschaft beschäftigte 102 Mitarbeiter und pflegte mit 53 Staaten und 60 Partnern einen regen Austausch. Sie stellte zu 35 % Wochenschauen her (*Ufa-Wochenschau* mit 400 Kopien und *Die Zeitlupe* mit 175 Kopien), aber das Hauptgeschäft (65 %) waren längst andere Filmprodukte, wie der *Deutschlandspiegel*, *El mundo al instante*, Kultur-, Dokumentar- und Werbefilme.[187] Der Bund hatte die Anteilsmehrheit (26 % und 26 % von Dr. Robert Liebig als Treuhänder des Bundes; die UFA hielt 48 %).[188] 1965 brach auch der neu gegründete Schorcht Filmverleih zusammen und der Vertrieb der *Zeitlupe* wurde auf den Nora Filmverleih übertragen. Nach dem Zusammenbruch des Nora Filmverleihs im September 1969 fand die *Die Zeitlupe* vermutlich keinen Verleih mehr und wurde eingestellt.[189] Die *Ufa-Wochenschau* wechselte ebenfalls den Verleih (ab 1962 zum Constantin Filmverleih).[190]

184 Sänger, 1965, S. 465.
185 Vgl. ebd.
186 Ebd.
187 O.V. (1965): Im Schaufenster der Öffentlichkeit. Deutsche Wochenschau GmbH, ringpress vom 10.3.1965, DW.
188 Vgl. Roeber & Jacoby, 1973, S. 262; o.V. (1965): Im Schaufenster der Öffentlichkeit. Deutsche Wochenschau GmbH, ringpress vom 10.3.1965, DW.
189 Vgl. Roeber & Jacoby, 1973, S. 262.
190 Nach dem Zusammenbruch von UFA Film Hansa im Jahr 1961; Roeber & Jacoby, 1973, S. 262.

3.7.7 Zusammenfassung zu Umgestaltungsansätzen der *NDW*

Die verwendeten Bezeichnungen für eine neue Form, wie ‚filmische Wochenzeitung' oder ‚echter Dokumentarfilm' (wobei sich die Frage stellt, was ‚unecht' wäre) oder ‚Bildmagazin' und die verschiedenen Orientierungen an nationalen und sozialen Themen mit der Diskussion um die Anzahl der Sujets für eine Ausgabe, lässt die Unschlüssigkeit der *NDW* bei der propagierten Umgestaltung erkennen. Die Wochenschau befand sich in einem Dilemma. Gegen die eingeschränkte Anzahl von Sujets als neuen Magazincharakter mit Themenschwerpunkten und langen Reportagen sprach die Gewöhnung der Zuschauer an das alte Schema mit möglichst viel Abwechslung. Der Versuch, wie der Kulturfilm ein Prädikat zu bekommen, scheiterte und damit auch die Möglichkeit, den Kinos durch Steuerersparnisse Anreize zur Weiterführung der Wochenschau im Beiprogramm zu bieten. Die *NDW* hielt schließlich an Traditionen der Wochenschau-Gestaltung und der Schemata fest und verteidigte diese, um nicht noch die wenigen Kinobesucher als Zuschauer zu verlieren. Die Änderungsversuche waren dementsprechend nur geringfügig und halbherzig. Die Produzenten pflegten ein ebenso festes Zuschauerbild wie die Zuschauer ein Bild von der ‚idealen' Wochenschau hatten. Besonders die jungen Kinobesucher fühlten sich von der *NDW* nicht mehr angesprochen – eher vielleicht noch von der *Ufa-Wochenschau*, die unter anderem durch den Einfluss ihres Verleihs – von der Produktionsgesellschaft bevorzugt – ‚modernisiert' wurde. Warum die *NDW* in diese Bemühungen nicht einbezogen wurde und damit ihre Gestaltung nicht ändern konnte, lässt sich mit einem Konkurrenzkampf der beiden Verleihunternehmen erklären. Die UFA war durch den Traditions-Namen und durch die Anteilsmehrheit mächtiger als die Bavaria, die außer Kritik nicht erkennbar etwas zur Entwicklung der *NDW* beitrug. Die Verantwortlichen der Deutschen Wochenschau GmbH standen unter dem Einfluss der Verleiher, die ihrerseits den Druck des Marktes weitergaben. Weitere Einflussnahmen durch Kinobesitzer und öffentlicher Filmkritik kamen hinzu. Schlussendlich gab es für die *Neue Deutsche Wochenschau* keine konkrete Möglichkeit zur Umgestaltung.

3.8 Fernsehaufstieg und Weiterentwicklung der *Tagesschau*

Nicht nur bei der Wochenschau gab es ab 1957/58 Umgestaltungsbestrebungen, sondern auch die *Tagesschau* setzte ihre Entwicklung in diesem Zeitraum mit gravierenden Änderungen in Gestaltung, Aktualität und vermehrten Ausgaben im Programm fort. Im Fall der Wochenschau kann die Kinokrise als hauptsächlicher Antrieb für Änderungsversuche gesehen werden und nicht die *Tagesschau* – sie wurde zwar nach Bekunden der Wochenschau-Verantwortlichen als Konkurrenz nicht ernst genommen, aber ihre Entwicklung aufmerksam verfolgt[1]. Es stellt sich die Frage, wie die Weiterentwicklung der *Tagesschau* ausgelöst wurde, die doch von Beginn an ein beliebter Programmpunkt war. Im Folgenden wird zunächst auf das Fernsehen eingegangen, in das sich die neuen Konzeptionen der *Tagesschau* einfügten. Weiterhin sind technische und personelle Entwicklungen sowie eine Qualitätsdebatte zu nennen, die alle neuen Konzeptionen begleitete. Während die *Neue Deutsche Wochenschau* durch die *Ufa-Wochenschau* eine Konkurrenz im eigenen Haus hatte, wurde beim Fernsehen ein zweites Fernsehprogramm geplant. Daher interessiert, wie sich diese Planungen auf die *Tagesschau* auswirkten.

3.8.1 Der Fernsehaufstieg

Das Fernsehen übernahm allmählich eine „Begleitfunktion" für die „gesellschaftlichen Modernisierungsprozesse"[2], indem es in seinen Sendungen u.a. aktuelle wirtschaftliche und technische Fortschritte vermittelte – nicht zuletzt auch in der *Tagesschau*. Nach Hickethier musste sich das Fernsehen spätestens ab 1957/58 durch eine eigene „Gestalt" als neues Massenmedium zeigen.[3] Das bedeutete, Programmlücken zu schließen, fernsehspezifische Formen weiterzuentwickeln und eine übersichtliche Programmstruktur für den Zuschauer zu erstellen.[4] Ab dem 1. April 1958 bekam das ARD-Programm ein festes Sendeschema für die Hauptsendung jedes Abends, das alle zwei Wochen wechselte.[5] Das ARD-Programm wurde ausgeweitet, der Anteil an Informationssendungen blieb aber gleich: von 1959 mit knapp 5 Stunden mit 37 % Information auf über 7 Stunden mit 40 % Information im Jahr 1964.[6]

---

[1] Vgl. Kuntze-Just, H. (1958): Den Wochenschauen gelang die Umstellung. In Konkurrenz zur Tagesschau. In: Film-Telegramm/Kommentare Nr. 16, 15.4.1958 (Abschrift), UFA-Kritiken, DW.

[2] Hickethier, 1998, S. 130.

[3] Ebd.

[4] Ebd.

[5] Vgl. Bleicher, 1993a, S. 89; vgl. o.V. (1957): Bestimmter Programmcharakter für jeden Tag der Woche. Ein festes Sendeschema für das Gemeinschaftsprogramm des Deutschen Fernsehens. In: epd / Kirche und Fernsehen Nr. 24, 2.12.1957, S. 2-3.

[6] Vgl. ARD, 1969, S. 28. Das ZDF bot dann bereits fast 5 ½ Stunden Programm an mit 48 % Information.

Zwar bot das Kino eine große Leinwand mit einer beeindruckenden Kraft der Filmbilder sowie ein Gemeinschaftserlebnis, trotzdem war das Fernsehen in einigen Punkten überlegen. Als Wettbewerbsvorteile des Fernsehens werden von Roeber und Jacoby u.a. die „Schnelligkeit der Nachrichtenübermittlung“, die „Vielgestaltung des Programms“, die „Bequemlichkeiten des Empfangs“ und die „Kontinuierlichkeit der Sendungen“ genannt – im Vergleich dazu verblasse die „Aktualität“ der Wochenschau.[7] Die Abfolge des Kinoprogramms sei außerdem „genormt“ [8] – während das Fernsehprogramm erweiterbar war.

1958 hatte sich die Produktion von Fernsehgeräten gegenüber dem Vorjahr fast verdoppelt: In der Bundesrepublik wurden 1,5 Millionen Geräte hergestellt.[9] Die Vorteile des Fernsehens führten in den Jahren 1959 und 1960 zu einem rapiden Anstieg der Fernsehteilnehmer: Im Juli und August 1959 gab es zusammen 125.715 Neuanmeldungen – allein im September 1959 waren es 102.036 neue teilnehmende Haushalte.[10] Die Drei-Millionen-Marke war bis zum 1. Oktober 1959 fast erreicht.[11] Allerdings blieb der Anstieg im September des Folgejahres hinter den Erwartungen zurück. Im September 1960 bezeichnete *fff-press* einen Zuwachs von ‚nur‘ 101.259 Teilnehmern als „Pleite“ – eigentlich hatte man mit einem starken Wachstum durch die Olympischen Spiele gerechnet.[12]

Durch das Anwachsen der Teilnehmerzahlen stiegen auch die Gebühreneinnahmen ständig: Waren es im Jahr 1956 noch 264 Millionen DM, betrugen die Einnahmen 10 Jahre später 713 Millionen DM.[13] Auch die Werbeerlöse wuchsen durch die von Jahr zu Jahr steigenden Werbepreise. 1964 betrug der Anteil der Werbeerlöse an den Gesamteinnahmen bei der ARD schon ein Drittel.[14] Durch die Gelder konnten die Rundfunkanstalten wiederum die Sendezeit ausweiten und sie mit Inhalten füllen.

Selbst im Bereich der Filmproduktion konnte sich das Fernsehen weiter etablieren. Die Spielfilmateliers wurden durch die Kinokrise immer anfälliger und wirtschaftlich angeschlagener, sodass sich Rundfunkanstalten verstärkt an Atelierunternehmen beteiligten.[15] Außerdem begünstigten die verschiedenen technischen Weiterentwicklungen das Fernsehen – wie die Möglichkeit zur Schnellumschaltung auf der

---

7 Roeber & Jacoby, 1973, S. 878.

8 Ebd.

9 Bleicher, 1993a, S. 88.

10 O.V. (1960): Eine Pleite“ – 101.250 neue Fernsehteilnehmer im September 1960. In: fff-press 9. Jg, Nr. 69, 17.10.1960, S. 1. Vermutlich bundesweite Erhebung – keine Angabe zum Gebiet.

11 Lohmann, J. (1959): Aktualitäten auf dem Bildschirm. In: Velberter Zeitung vom 26.9.1959, Rundfunk Programm Fernsehsendung Tagesschau von 8/52 bis 1/66, NDR.

12 Vgl. o.V. (1960): Eine Pleite – 101.250 neue Fernsehteilnehmer im September 1960. In: fff-press 9. Jg, Nr. 69, 17.10.1960, S. 1.

13 ARD, 1969, S. 2.

14 Ebd.

15 Ebd., S. 6.

Dezimeter-Strecke[16] oder Verbindungen für die Eurovision,[17] weiterentwickelte Kamera- und Studioausstattung[18] sowie die Magnetbandaufzeichnung (MAZ). 1958 löste die MAZ-Aufzeichnung die „Filmaufzeichnung vom Bildschirm" (FAZ) ab und erleichterte damit den Einsatz von Wiederholungen.[19] Der SWF setzte ab 1958 als erste Rundfunkanstalt eine Ampex-Anlage ein,[20] was jedoch stark kritisiert wurde: „mehr und mehr" würde die „Vorproduktion" – die Aufzeichnung auf Film oder Magnetband an Stelle der Direktsendungen treten.[21] Doch gerade die Direktsendungen waren das Charakteristikum des Fernsehens. Für die Rundfunkanstalten lag der Vorteil von Aufzeichnungen aber in einer besseren Planungssicherheit und der Möglichkeit zur flexiblen Reaktion bei Ausfällen von Bildmaterial.[22]

Die Gesamtkonstellation aus steigender Zuschauerzahl, besserer Finanzlage sowie besserer Produktions- und Übertragungstechnik begünstigte auch die Entwicklung der *Tagesschau*, z.B. durch Umschaltungen für einzelne Beiträge zu allen Rundfunkanstalten. Durch das Fernsehen ‚für alle' kamen die Zuschauer aus allen Schichten und mussten als Gebührenzahler durch das Programm und die Sendungen zufrieden gestellt werden. Dies mag für die *Tagesschau* Ansporn und Notwendigkeit zur Veränderung gewesen sein. Außerdem drohte dem Nachrichtenangebot der ARD Konkurrenz durch Planungen eines zweiten Programms[23]. Dazu kamen Forderungen von den Rundfunkanstalten WDR und HR, die *Tagesschau* an ihren Standort, Köln bzw. Frankfurt zu ziehen.[24] Die Hamburger *Tagesschau* musste zeigen, dass sie an ihrem Standort entwicklungsfähig war.

Und auch vom Fernsehen der DDR drohte Konkurrenz. Bereits im März 1956 meldete *epd / Kirche und Fernsehen*, dass die bundesdeutschen Sender an der Zonengrenze von DDR-Sendern gestört würden. Fernsehzuschauer, die auf dem Gebiet

---

[16] Vgl. Lührs, 2008, S. 302; vgl. o.V. (1957): Bestimmter Programmcharakter für jeden Tag der Woche. Ein festes Sendeschema für das Gemeinschaftsprogramm des Deutschen Fernsehens. In: epd / Kirche und Fernsehen Nr. 24, 2.12.1957, S. 2-3.

[17] Vgl. Die Ansage Nr. 188, 4.8.1954, S. 1, NDR. Die Testphase fand 1954 für Unterhaltungssendungen statt.

[18] Darunter waren Kameras, Magnetocordmaschinen und Filmgeber für 16mm-Film, Synchronstudios in Hamburg und Köln; vgl. o.V. (1955). Drei Jahre öffentliches Fernsehen. In: Die Ansage Nr. 260, 21.12.1955, S. 3-4.

[19] Bleicher, 1993b, S. 97.

[20] Vgl. Hickethier, 1998, S. 123, hier auch ausführlicher zur Funktion der Anlage und dem Umgang mit Aufzeichnungen.

[21] O.V. (1958): Die Technik ist schneller als der Architekt. Konsequenz des SWF: Baureifer Studioplan wird nicht ausgeführt. In: epd / Kirche und Fernsehen Nr. 21, 20.10.1958, S. 5.

[22] Vgl. o.V. (1959): Ist die Bildkonserve unaufhaltsam? Bereiche, die ihr immer verschlossen sein sollten. In: epd / Kirche und Fernsehen Nr. 6, 23.3.1959, S. 1-3.

[23] Vgl. o.V. (1960): Kleine Pause. In: Kölner Stadt-Anzeiger vom 16.6.1960, Rundfunk Programm Fernsehsendung Tagesschau von 8/52 bis 1/66, NDR.

[24] Vgl. o.V. (1960): Fernsehtagesschau nach Köln? In: Cellesche Zeitung vom 23.3.1960, Rundfunk Programm Fernsehsendung Tagesschau von 8/52 bis 1/66, NDR.

der Bundesrepublik aber nahe der Grenze wohnten, konnten die Übertragungen der Winterspiele teils nur über die sowjetischen Sender empfangen. Auch die Fernsehfachhändler in den Zonengrenzgebieten richteten, um ihren Absatz zu steigern, beim Verkauf die Geräte „von vornherein" auf die „sowjetzonalen Frequenzen" ein.[25] Es wurde mit gezielter sowjetischer Propaganda gerechnet.[26] Nach einer Umfrage von Infratest nutzten von den Fernsehzuschauern, die das bundesdeutsche und das DDR-Fernsehen empfangen konnten, 69 % das DDR-Fernsehen. Von diesen Zuschauern äußerten sich 28 % positiv: Das Programm des DDR-Fernsehens habe „gute Filme und gute Kulturfilme" oder „reichhaltigere, längere und bessere Varieté- und Unterhaltungsprogramme".[27] Wenn auch nicht die Nachrichten der *Aktuellen Kamera* genutzt wurden, so doch andere Teile des Programms.

3.8.2 Die Weiterentwicklung des *Tagesschau*-Konzepts

Bis Mitte der 1950er Jahre konnte die *Tagesschau* annehmen, dass sich die Menschen noch über die ‚alten Medien' Hörfunk und Zeitung über das Tagesaktuelle informierten und nur die Bildberichte als visuelle Bestätigung der Meldungen brauchten. Daher sahen sich die Redakteure in der Pflicht, auch bunte Geschichten und unterhaltsame Beiträge zu bringen, wie sich Hans Wilhelm Vahlefeld erinnerte.[28] Ähnlich wie in der Wochenschau, durfte alles nicht so „ernst" sein: Am Ende gab es immer eine „schöne, zu Herzen gehende" Geschichte. „Die redaktionelle Kraft" reichte dem ehemaligen Redakteur Horst Jaedicke zufolge anfangs noch nicht aus. Das habe sich bis 1957 zugunsten eines eher ernsthaften Konzepts geändert.[29] War die *Tagesschau* bis dahin gerade wegen des unterhaltenden Anteils beliebt, wurde die größere Ernsthaftigkeit offenbar vom Publikum angenommen. Nach einer Umfrage von Infratest vom Mai 1958 schalteten 86 % das Fernsehen jeden Tag ein. Nahezu alle Zuschauer (93 %) sahen die *Tagesschau* an jedem Abend.[30]

Bereits 1956 forderten Fernsehkritik und Zuschauer eine Umgestaltung nach dem Vorbild der BBC-Nachrichtensendung. Ihrer Meinung nach fehlte in der *Tagesschau* ein Überblick oder eine Zusammenfassung der Nachrichten zur schnelleren Informa-

---

[25] O.V. (1956): DDR-Fernsehen dringt bedenklich über die Zonengrenze. In: epd / Kirche und Fernsehen Nr. 6, 12.3.1956, S. 3.

[26] Vgl. o.V. (1957): Gegen den Einfluss des sowjetzonalen Fernsehens. In: epd / Kirche und Fernsehen Nr. 19, 23.09.1957, S. 2.

[27] O.V. (1959): Besorgniserregender Test. 69 Prozent sehen DDR-Fernsehen als Auswahlprogramm. In: epd / Kirche und Fernsehen Nr. 8, 20.4.1959, S. 7-8.

[28] Lührs, 2008, S. 300-301. Gespräch von Hans Wilhelm Vahlefeld mit Peter von Rüden am 31.12.2001, Forschungsstelle Geschichte des Rundfunks in Norddeutschland (FGRN) Hamburg.

[29] Lührs, 2008, S. 300-301. Statement von Horst Jaedicke und Gespräch von Hans Wilhelm Vahlefeld mit Peter von Rüden am 31.12.2001, FGRN Hamburg.

[30] Die Nordschau, Sehbeteiligung und Zuschauerurteil von Infratest München/Hamburg, Mai 1958, NDR (621-1-144), 956, STAHH. Anzahl der Befragten: N=1.032.

tion.[31] Es reichte nicht mehr aus, Bilder zu sehen – obwohl das Bild den Text „erschlägt“, wie sich Svoboda ausdrückte.[32] Das Bild war ihm wichtiger als der Text. Die Verantwortlichen waren somit aufgefordert, sich um eine Weiterentwicklung und Umgestaltung zu bemühen.

Zunächst wurde über eine neue Aufteilung von Wort und Bild nachgedacht. Im Februar 1958 diskutierten die Intendanten auf ihrer Arbeitssitzung über einen kurzen, „auf das Wichtigste beschränkter Nachrichtendienst“ als reine Wortnachrichten zu Beginn der *Tagesschau*-Sendung. Den einzelnen ARD-Anstalten dürfe aber gleichzeitig nicht verwehrt werden, eine eigene „farbige“ Nachrichtensendung im Regionalprogramm zu gestalten und dazu weiterhin ihre Nachrichtenabteilung im Sender zu nutzen.[33] Für eine einheitliche Nachrichtenvermittlung aller Anstalten sprach, dass die *Tagesschau* eine erhebliche Rolle für die Außendarstellung und insbesondere in der Auseinandersetzung mit der DDR spielte. Die Intendanten hielten es für „unbedingt erforderlich, [...] eine gewisse Gegenwirkung gegen die sowjetzonalen Nachrichtensendungen“ zu stellen.[34] Zumindest auf dem Gebiet der Außenpolitik wollte man in der ARD zu einer einheitlichen Nachrichtenvermittlung kommen.

Dr. Stadelmayer, Intendant des Bayerischen Rundfunks, fasste in einem Rundbrief an die Intendanten im Dezember 1958 Argumente für die zentralen Nachrichten in der *Tagesschau* zusammen – sie seien unter anderem notwendig, da der überwiegende Teil der Fernsehzuschauer keinen Rundfunk mehr höre und infolge dessen ohne Nachrichten bliebe, wenn das Fernsehen nicht dafür sorge.[35] Dabei konnte man zu diesem Zeitpunkt noch lange nicht von einer Vollversorgung sprechen – es gab aber immerhin über 1,7 Millionen Fernsehteilnehmer in der Bundesrepublik und Westberlin.[36] Trotzdem schien das Fernsehen bereits 1958 unentbehrlich für die Nachrichtenversorgung geworden zu sein. Die Sendeplätze der Nachrichten im Regionalprogramm um 19.30 Uhr und nach 22 Uhr wurden als zu früh bzw. zu spät für die Mehrzahl der Zuschauer angesehen. Man wollte mit den Nachrichten „wesentlich mehr“ als 60 % der Zuschauer erreichen.[37]

[31] Vgl. o.V. (1956): Die Woche im Fernsehen: Erstmals: Die tägliche Tagesschau. In: Stuttgarter Nachrichten vom 5.10.1956, Rundfunk Programm Fernsehsendung Tagesschau von 8/52 bis 1/66, NDR.

[32] Lührs, 2008, S. 301.

[33] Auszug aus der Niederschrift über die Arbeitssitzung der Intendanten am 13. und 14.2.1958 in Köln, Punkt 14, ARD T1 a-i +R = Mappe II, Tagesschau Mappe I, NDR.

[34] Ebd.

[35] Dr. Stadelmayer Rundschreiben an die Intendanten der Rundfunkanstalten, 3.12.1958 zu „Nachrichten im Fernsehen“, ARD T1 a-i +R = Mappe II, Tagesschau Mappe I, NDR.

[36] Vgl. Deutsches Fernsehmuseum Wiesbaden (o.J.): „Ab 1953 - Anzahl der Fernsehteilnehmer in der Bundesrepublik Deutschland einschließlich Westberlin - (Angaben Deutsche Bundespost)“. Verfügbar unter: http://fernsehmuseum.info/fernsehzuschauer-statistiken.html [23.8.2011].

[37] Dr. Stadelmayer Rundschreiben zu „Nachrichten im Fernsehen“ an die Intendanten der Rundfunkanstalten, 3.12.1958, ARD T1 a-i +R = Mappe II, Tagesschau Mappe I, NDR.

Mitte 1959 forderte die Fernsehkritik (stellvertretend für die Zuschauer) eine zweite *Tagesschau*-Ausgabe am späten Abend. So sei man nicht gezwungen, „pünktlich um 20 Uhr" vor dem Bildschirm zu sitzen.[38] Hätte man die Möglichkeit, auch später noch „an den Brennpunkten des Weltgeschehens" dabei zu sein, dann würde man auch eher den „Abstellknopf" betätigen, um sich nicht unsinnig dem „Dauerfernsehen" hinzugeben.[39] Dem zufolge diente die *Tagesschau* auch der Regulation des Fernsehverhaltens. Wenn es möglich war, die aktuellsten Nachrichten auch nach 20 Uhr zu sehen, würde die Selektion aus dem übrigen Programmangebot leichter fallen – man blieb nicht nach den Hauptnachrichten im Programm ‚hängen'. Das war jedoch die Meinung einer Programmzeitschrift, die die Fernsehnutzer beim selektiven Schauen unterstützen wollten.

Die erste strukturelle Umgestaltung der *Tagesschau* vollzog sich am 2. März 1959 – ein ganzes Jahr nach den ersten Überlegungen der Intendanten. Wurden bis dahin zu Standfotos, Grafiken und kurzen Filmen die Texte im Off verlesen, sollte den Filmberichten ein Nachrichtenblock vorgeschaltet werden, und zum ersten Mal erschien ein Sprecher im Bild. Die Nachrichten für diesen 5-Minuten-Teil stellte die Hörfunkabteilung des NDR zusammen. Briefe an die Hamburger Nachrichtenredaktion bestätigten, dass diese Kurznachrichten von den Zuschauern gut angenommen wurden – mit der Aktualität und der Zusammenstellung der Themen waren sie zufrieden.[40]

Bald gab es jedoch Kritik, da es leicht vorkommen konnte, dass die Themen in einer Sendung doppelt aufgegriffen wurden – einmal im Text des gesprochenen Nachrichtenblocks und danach in den Filmberichten.[41] Außerdem wurde durch die zentralen Nachrichten eine „politische Frage" laut: Die *Frankfurter Allgemeine Zeitung* erinnerte an die „Einheitsnachrichten" der Vergangenheit und griff damit die Vorkriegs-Wochenschau auf. Die *FAZ* warnte vor „Beeinflussungsmöglichkeiten" von Wahlberechtigten – ausgelöst durch den „Parteienproporz" in den Funkhäusern. Die fünf Minuten würden eine Auswahl bedeuten – auch bei aller angestrebten Objektivität.[42] Die Zeitung berücksichtigte nicht, dass mit jeglicher Nachrichtengestaltung eine Selektion verbunden ist.

Auf dem Weg zur nächsten Struktur-Reform lässt sich bei der *Tagesschau* eine Ähnlichkeit zur Wochenschau feststellen. Ebenso wie die Wochenschau teilweise

---

[38] Fischer, G. (1959): Liebe TV-Familie. In: TV Fernseh-Woche, Düsseldorf vom 2.8. bis 8.8.1959, Rundfunk Programm Fernsehsendung Tagesschau von 8/52 bis 1/66, NDR.

[39] Ebd.

[40] Vgl. o.V. (1959): Ohne Titel. Funk-Kalender, Hamm i. Westf. Nr. 20 vom 17.5. bis 23.5.1959, Rundfunk Programm Fernsehsendung Tagesschau von 8/52 bis 1/66, NDR.

[41] Vgl. o.V. (1960): Die Tagesschau wird umgestellt – Eine „Schlagzeile" zu Beginn und eine „zweite Ausgabe". In: Ruhr-Nachrichten, Dortmund vom 21.6.1960, Rundfunk Programm Fernsehsendung Tagesschau von 8/52 bis 1/66, NDR.

[42] O.V. (1959): Fernseh-Nachrichten. In: Frankfurter Allgemeine Zeitung vom 31.3.1959, Rundfunk Programm Fernsehsendung Tagesschau von 8/52 bis 1/66, NDR.

versucht hatte, eine Ausgabe unter ein bestimmtes Thema zu stellen, gab es in der Sendung vom 11. Juli 1959 thematisch zusammenhängende Beiträge, die sich mit ‚Schuld und Sühne' auseinandersetzten: Zeichnungen von George Grosz (Anklagen der Zwischenkriegs-Gesellschaft), Stücke aus einer Bernhard-Wicky-Produktion über das Schicksal von Jungendlichen, die im Weltkrieg sinnlos zu Tode gehetzt wurden, und Berichte über den Strafvollzug und die damit verbundenen Probleme.[43] Auch die unbequemen Themen wurden aufgegriffen, was die Fernsehkritik in der Presse als „Daseinsrecht" des Fernsehens hoch anrechnete.[44] Die lockere Geschichte die sonst am Ende der *Tagesschau* platziert war, wurde in dem Fall durch die Unterhaltung im Programmkontext aufgefangen – denn nach diesem bedrückenden Thema ging es mit einem Quiz mit Heinz Maegerlein im Abendprogramm unterhaltsam weiter.[45]

Um der steigenden Zahl der Fernsehgeräte und den wachsenden Ansprüche der Zuschauer Rechnung zu tragen und die Erfahrungen aus sieben Produktionsjahren sowie die engen Verbindungen zu den Sendeanstalten zu nutzen, beschäftigten sich Chefredakteur Svoboda und die *Tagesschau*-Redaktion mit einer Weiterentwicklung. Im Juli 1959 legte Svoboda dem Intendanten des NDR, Dr. Walter Hilpert, einen Entwurf für die zukünftige Gestaltung der *Tagesschau* vor. Svoboda hatte eine Sendung schaffen wollen, die noch schneller, noch aktueller und noch umfassender war. Das neue Konzept der Redaktion bestand aus folgenden Punkten:[46]

1. Die Form: Svoboda schlug vor, Wort und Film nicht mehr in Blöcken zu trennen, sondern im Wechsel zu bringen.[47] Die Beiträge der *Tagesschau* sollten nach Sachgebieten geordnet sein – eine „sinnvolle Gruppierung" haben, damit der Zuschauer „mühelos" folgen könne.
2. Der Ablauf: An erster Stelle in einer Sendung sollte ein Filmbericht über ein „Thema des Tages" stehen. In den meisten Fällen sollte dies ein politisches Thema sein – selten aus Wirtschaft, Kultur oder Sport. Die *Tagesschau* sollte sich im weiteren Verlauf an dem Aufbau einer „großen Tageszeitung" orientieren: Schlagzeilen-Block (Filmbericht vom Thema des Tages), ein Block Weltpolitik mit Wortnachrichten (in schlagzeilenartiger Kürze, wenige und nur dokumentarische Fotos, viele Grafiken) und Filmberichte – danach ein Block aus dem Inland

[43] H. H. (Kürzel) (1959): Anklage der Gesellschaft. In: Kölnische Rundschau vom 12.7.1959, Rundfunk Programm Fernsehsendung Tagesschau von 8/52 bis 1/66, NDR.

[44] Ebd.

[45] Ebd.

[46] Vorschlag für eine zukünftige Gestaltung der Tagesschau von Svoboda vom 4.7.1959 – an Dr. Hilpert (Intendant NDR), Dr. Münster (Koordinator ARD-Programm, München), Prof. Bischoff (Vorsitzender der ARD, Baden-Baden), ARD T1 a-i d+R = Mappe II, Tagesschau Mappe I, NDR.

[47] Die Mischung wurde 1951 bereits von Kuntze-Just vorgeschlagen. Ob Svoboda das Konzept von Kuntze-Just oder das frühe Konzept vom1.3.1951 kannte, wird nicht erwähnt; vgl. Kuntze-Just (Chefredakteur NDW) an Pleister (Programmdirektor NWDR), 22.10.1951, BArch B 145/112; vgl. Vorschlag für Nachrichtensendung vom 1.3.1951, NDR (621-1-144), 515, STAHH.

mit Wortnachrichten und Filmberichten (aus Politik, Wirtschaft, Kultur, Wissenschaft und Technik). An letzter Stelle wollte Svoboda, wie auf der letzten Seite einer Zeitung, Wortnachrichten und Filmberichte mit vermischten Nachrichten aus „aller Welt" und den Sport setzen. Dieser Block sollte mit der „Kurz-Wetterkarte" enden – gefolgt vom Endetitel.

3. Die Technik: Zur Umsetzung der neuen Form sollte ein verstärkter Einsatz von Umschaltungen zu den anderen Rundfunkanstalten, Aufzeichnungen und Ampex-Technik (magnetische Aufzeichnung) sowie Eurovisions-Nachrichtenaustausch erfolgen.
4. Redaktionelle Ausstattung: Svoboda regte die Anschaffung von Fernschreibern an, Schnellentwickler für 30 bis 60 Meter Umkehrfilm (um auch geliefertes Negativ-Material sofort in die Sendung einbringen zu können) und eine personelle Verstärkung durch einen Textredakteur mit Sekretärin, einen Chef vom Dienst sowie einen Regisseur.

Einige Punkte waren bereits oder wurden schnell verwirklicht: Am 1. Oktober 1958 begann der Austausch von Nachrichten mit der Eurovision.[48] Ab März 1959 wurde schon in der *Tagesschau* zu anderen Häusern umgeschaltet.[49] Am 13. Juli 1959 konnte auch innerhalb Europas „sekundenschnell" umgeschaltet werden.[50] Am 1. Juli 1959 verwendete die *Tagesschau* Magnetbandaufzeichnung mit Ampex.[51]

Svoboda hatte mit seinem Konzept die Form beschrieben, wie sie knapp eineinhalb Jahre später, ab Dezember 1960, umgesetzt wurde. Auch die zweite Ausgabe der *Tagesschau*, die tatsächlich erst am 3. Januar 1961 zum ersten Mal gesendet wurde, hatte Svoboda vorgedacht. Die Spätausgabe am Schluss des Abendprogramms sollte eine zweite Ausgabe der Tagesschau sein, die die erste Ausgabe mit Wortnachrichten und Filmberichten ergänzte. Den genauen Sendeplatz wollte er vom Ablauf des Abendprogramms abhängig machen – hielt aber einen Sendetermin vor 22 Uhr und nach 22.30 Uhr nicht für angebracht. Wenn z.B. eine Eurovisionssendung geplant war, die meist ein verlängertes Abendprogramm mit sich brachte, sollte die zweite Ausgabe vor dieser Sendung eingeschoben werden.[52] Dass eine zweite *Tages-*

---

[48] Vgl. o.V. (1962): Aus Bildermagazin wurde zentrale Nachrichtensendung. Die Tagesschau des Deutschen Fernsehens legt Rechnung ab. In: fff-press Nr. 48, Rundfunk Programm Fernsehsendung Tagesschau von 8/52 bis 1/66, NDR.

[49] Vgl. z.B. Sendeprotokoll der TS Nr. 1296 vom 5.3.1959, Sprecher: Köpcke, Voss, ARD aktuell, NDR.

[50] je. (Kürzel) (1959): Rückblende. Tagesschau: Wir schalten um. In: Westfälische Rundschau, Dortmund vom 18./19.7.1959, Rundfunk Programm Fernsehsendung Tagesschau von 8/52 bis 1/66, NDR.

[51] Vgl. Jaedicke, 2002, S. 205 und Sendeprotokolle der Tagesschau, ARD aktuell, NDR.

[52] Vorschlag für eine zukünftige Gestaltung der Tagesschau von Svoboda vom 4.7.1959 – an Dr. Hilpert (Intendant NDR), Dr. Münster (Koordinator ARD-Programm, München), Prof. Bischoff (Vorsitzender der ARD, Baden-Baden), ARD T1 a-i d+R = Mappe II, Tagesschau Mappe I, NDR.

schau-Ausgabe machbar war, wurde schon mehr als ein Jahr zuvor bewiesen, als die *Tagesschau* am 9. Juni 1959 um 22 Uhr zu einer zweiten Ausgabe erschien.[53]

Ein handschriftlicher Vermerk auf Svobodas Konzeptpapier (vermutlich von NWDR-Intendant Hilpert) besagt, dass vor einer Weiterentwicklung der *Tagesschau* die Frage um den Standort der Sendung geklärt sein musste. Grundsätzlich stimmte Hilpert dem Entwurf zu:

> *„Guter Vorschlag, kann nur entwickelt werden, wenn endgültiger Standort feststeht. Vorbereitungen treffen Personal, Technik – Wir werden in abgewandelter Form solche Sendungen immer brauchen."*[54]

Der ausgearbeitete Vorschlag verschwand nicht ungenutzt in einer Schublade. Dr. Hilpert modifizierte Svobodas Konzept und stellte es ein Jahr später, im April 1960, der ARD vor. Hilpert beabsichtigte nicht nur, der gewachsenen Zuschauerzahl gerecht zu werden, sondern wollte zudem auf ein mögliches zweites Programm reagieren. Er reproduzierte Svobodas inhaltliches Konzept teilweise im selben Wortlaut mit wenigen Unterschieden:[55]

1. Die Wetterkarte sollte vor dem Block mit dem Vermischten erscheinen.
2. Die Texte sollten von zwei Sprechern gesprochen werden, von denen der Sprecher für die Wortmeldungen in speziellem Ambiente „(evtl. Dekoration im Milieu einer Redaktion mit Telefon, Karten usw.)" sichtbar war; und der Sprecher für die Filmberichte sollte, wie bisher, nicht im Bild erscheinen.
3. Er schlug eine verbesserte Ausstattung des Studios vor: „mit Rollwand für Karten und durch Glaswand abgetrennte Kabinen für beide Sprecher".
4. Personell plante er zusätzlich einen Regisseur für den Sendeablauf ein. Die Redaktion sollte sich einer Ressortbildung entsprechend den drei Blöcken (Weltnachrichten, Inlandsnachrichten und Vermischtes) aufteilen.

In Bezug auf zusätzliche Ausgaben der *Tagesschau* hatte Hilpert weiterreichendere Vorstellungen als Svoboda.[56] Die zweite Ausgabe erachtete er besonders im Hinblick „auf die gesteigerte Aktivität des sowjetzonalen Fernsehens" und auf das zweite Fernsehprogramm als notwendig. Hilpert griff die Konzeption Svobodas für die Spätausgabe auf und führte aus, dass in dieser Ausgabe, z.B. der Block ‚Vermischtes' entfallen könnte und sie somit als „reine Nachrichtenausgabe" fungieren sollte.

---

53 Sendeprotokolle der Tagesschau, ARD aktuell, NDR.

54 Handschriftlicher Vermerk, vermutlich von Hilpert auf dem Vorschlag für eine zukünftige Gestaltung der *Tagesschau* von Svoboda vom 4.7.1959 – an Dr. Hilpert (Intendant NDR), Dr. Münster (Koordinator ARD-Programm, München), Prof. Bischoff (Vorsitzender der ARD, Baden-Baden), ARD T1 a-i d+R = Mappe II, Tagesschau Mappe I, NDR.

55 Entwurf über die neue Form der Tageschau von Dr. Hilpert (Intendant NDR), 21.4.1960, ARD T1 a-i d+R = Mappe II, Tagesschau Mappe I, NDR.

56 Folgende Zitate aus dem Entwurf über die neue Form der Tageschau von Dr. Hilpert (Intendant NDR), 21.4.1960, ARD T1 a-i d+R = Mappe II, Tagesschau Mappe I, NDR.

Weiterhin sah das Konzept eine Sonntags-*Tagesschau* und eine Sport-*Tagesschau* vor. Die Sonntags-Ausgabe sollte etwas kürzer sein als die normale Ausgabe der *Tagesschau* – als Spätausgabe am Sonntag war ein fünfminütiger Wortnachrichtendienst am Programmschluss vorgesehen. Eine Sport-*Tagesschau* sollte am Sonntag gegen 22 Uhr gesendet werden (also auf dem Sendeplatz der Spätausgabe), um dem beliebten Sport einen eigenen Platz einzuräumen. Hilpert sah vor, später das ‚Vermischte' aus der *Tagesschau* herauszulösen, um daraus eine eigene Sendung zu entwickeln. Eine weitere Überlegung bestand darin, aus der Hauptausgabe und Spätausgabe eine Sendung für den Vormittag des folgenden Tages mit wiederholten Filmberichten (keine Wortteile) zusammenzustellen, denn das „sowjetzonale Fernsehen" habe eine solche Form schon.[57] Diese Berücksichtigung des sowjetischen Fernsehens ist dem Kalten Krieg geschuldet und dem Versuch, mögliche feindliche Propaganda abzuwehren.

Da Hilpert sich mit der Neukonzeption befasste, stand offenbar fest, dass die *Tagesschau* in Hamburg bleiben sollte. Durch den Erfolg der *Tagesschau* war die Sendung zum Streitobjekt zwischen den Rundfunkanstalten geworden. Am 8. Dezember 1954 stimmten die Intendanten dem Beschluss der Fernsehkommission[58] zu, die *Tagesschau* „vorläufig" in Hamburg zu belassen.[59] Die Frage des Standorts wurde aber immer wieder aufgegriffen – obwohl die Zweigleisigkeit der Dezimeter-Strecke die Standortfrage überflüssig gemacht hatte, wie es der technische Direktor des SWF, Becker, bereits im Januar 1956 in der Fernsehkommission bekräftigte.[60] Die Intendanten hatten dann im Dezember 1956 beschlossen, den NWRV mit der Herstellung der Produktion der *Tagesschau* zu beauftragen.[61]

Besonders der WDR versuchte, die wichtige Nachrichtensendung an seinen Standort zu holen. Die Vorlage des neuen *Tagesschau*-Konzepts bei der ARD, provozierte im Mai 1960 eine Stellungnahme des WDR, in der die Vorzüge des eigenen Senders hervorgehoben wurden. Interessant ist, dass darin auf die Wochenschau eingegangen wurde: Die *Tagesschau* habe sich nach dem Vorbild der Kino-Wochenschau entwickelt, die aber eine „grundsätzlich andere Aufgabe" habe. Der WDR betonte die Bedeutung der Sendung und schlug vor, was Hamburg bereits plante: die Vermehrung der Sendetermine, da die *Tagesschau* „für viele Fernsehzuschauer ihre wichtigste –

[57] Ebd.

[58] In der Fernsehkommission waren Vertreter aller wichtigen Abteilungen (Programm, Technik, Verwaltung und Recht); vgl. Protokoll der Sitzung der Fernseh-Kommission am 27.8.1954, STAHH.

[59] Drengberg, 1986, S. 132.

[60] Ebd.

[61] Ebd.

wenn nicht einzige – politische Informationsquelle geworden ist oder wird". Die Umgestaltung der *Tagesschau* müsse zudem Aufgabe eines Chefredakteurs sein.[62]

In der Stellungnahme folgten, nach allgemeinen Feststellungen über die Notwendigkeit einer neuen Form für die *Tagesschau*, Argumente für eine Verlegung nach Köln.[63] Der WDR plädierte für Köln als Standort der *Tagesschau*, da die meisten Inlandsbeiträge der *Tagesschau* aus Nordrhein-Westfalen und besonders Bonn stammten und eine geografische Nähe vorteilhaft wäre. Hamburg sei mit seinem Schienennetz und seinem Flughafen nicht so gut angebunden wie Köln, besonders im Hinblick auf ausländisches Filmmaterial von den Nachrichtenagenturen UPI und Visnews. Das Filmmaterial, das von den Rundfunkanstalten in Eurovisionsländern produziert und ausgestrahlt werde, könne in Köln genauso gut wie von Hamburg aus genutzt werden, was durch den Umkehrschluss kein richtiges Argument sein konnte. Das Umschaltverfahren in Richtung Köln sei weniger umständlich, was ebenfalls nicht stichhaltig war, da die Strecken schon lange bestanden. Auch Fernschreiber, Bildfunkgeräte, Kopieranstalt, Schneide- und Senderäume befänden sich in Köln in nächster Nähe, um eine „farbigere, umfassendere und schnellere Berichterstattung" zu ermöglichen,[64] was aber auch auf Hamburg zutraf.

Der WDR bekräftigte noch einmal das geplante Konzept der gemischten Sendung.[65] Außerdem sollte es mehrere „Abendredakteure" geben, um zu verhindern, dass sich die Gesichter „abnutzen". Der WDR habe bereits eine Reihe von Mitarbeitern „herangebildet", die zugleich Sprecher und politische Redakteure seien und Erfahrungen mit einer „aufgelockerten Form der Berichterstattung" hätten.[66] Was als Anspielung auf die Kritik an der Ernsthaftigkeit der *Tagesschau* interpretiert werden kann, die auch schon von der Kölner Presse geäußert worden war.[67]

Der WDR schlug vor, die *Tagesschau* täglich dreimal zu senden: außer der 20-Uhr-Ausgabe eine Spätausgabe am Schluss des Abendprogramms (eine Wiederholung, die durch neues Material ergänzt würde) – besonders für die Schichtarbeiter unter den Zuschauern – und eine Ausgabe in der Zeit von 12 bis 13 Uhr. Diese Sen-

[62] Stellungnahme des WDR zum Umbaukonzept der *Tagesschau*, 11.5.1960, ARD T1 a-i d+R = Mappe II, Tagesschau Mappe I, NDR. Die Stellungnahme wurde von WDR-Intendant Hartmann an Hilpert gesendet.

[63] Ebd.

[64] Ebd.

[65] In anderen europäischen Ländern habe man gute Erfahrungen mit der vermischten Form aus Filmbeiträgen, gesprochenen Nachrichten, Live-Elementen (Statements, Kurzinterviews u.ä.), Standfotos, Grafiken und einem „Erzähler" gemacht und dies als „ideale Form aktueller Fernsehberichterstattung" bestätigt.

[66] Stellungnahme des WDR zum Umbaukonzept der *Tagesschau*, 11.5.1960, ARD T1 a-i d+R = Mappe II, Tagesschau Mappe I, NDR. Die Stellungnahme wurde von WDR-Intendant Hartmann an Hilpert gesendet.

[67] Vgl. Spektator (Pseudonym) (1960): Tagesschau auf ausgetretenen Wegen. Mehr Einfälle! In: Welt der Arbeit, Bundesausgabe, Köln vom 21.10.1960, Rundfunk Programm Fernsehsendung Tagesschau von 8/52 bis 1/66, NDR.

dung sollte besonders Hausfrauen, Bergleute und Zuschauer in der ‚Zone' ansprechen. Das „ostzonale" Fernsehen zeigte zu dieser Zeit, am späten Vormittag, sein „Programm für Spätarbeiter". Für den Sonntag schlug der WDR zwei Sendungen, um 11 Uhr und um 19.30 Uhr, vor. Die 19.30-Uhr-Ausgabe sollte 10 Minuten länger sein und dann die wichtigsten Sportereignisse des Sonntags zusammenfassen (also nicht eine separate Sport-*Tagesschau* wie Hilpert vorgeschlagen hatte). Der Wochenspiegel sollte sonntags von 19.30 Uhr auf 22 Uhr verschoben werden.[68]

Während der WDR zuvorderst mit der Nähe zu Bonn argumentierte, versuchte der Hessische Rundfunk seine Bestrebungen, die *Tagesschau*-Zentrale nach Frankfurt zu holen, mit der fernsehtechnisch zentralen Lage zu begründen.[69] Seit April 1959 baute der HR fünf neue Fernsehstudios. Außerdem sollte Frankfurt der zentrale „Sternschaltpunkt für alle Fernsehsender" werden, in dem die Dezistrecken in einem Hauptschaltraum zusammenlaufen. Die Schaltung würde dann nicht mehr von der Bundespost, sondern vom Fernsehen selbst vorgenommen.[70]

Das Fernsehen war als wichtiger Präsentationsort für Politik zu einer hochpolitischen Angelegenheit geworden. Bei der Auswahl eines Nachfolgers für Dr. Pleister, der am 4. Juli 1959 mit sofortiger Wirkung und ohne Begründung von seinem Amt entbunden worden war,[71] gab es ein „Tauziehen" der Parteien und der Rundfunkanstalten. Die SPD hatte im Verwaltungsrat mit ihren Nein-Stimmen jede Entscheidung blockiert und war sich gewiss, dass die letzten Landtagswahlen in Niedersachsen Veränderungen im Rundfunkrat zugunsten der SPD bringen würden. Offenbar konnte sich die SPD aber weder mit ihrem Vorschlag, Rüdiger Proske als neuen Leiter in Hamburg zu platzieren, noch mit der Verlegung der *Tagesschau* nach Köln unter Leitung von Gerd Ruge durchsetzen.[72]

Trotz aller Forderungen blieb die *Tagesschau* beim NDR in Hamburg. Auf der Intendanten-Sitzung vom 26. Oktober 1960 verkündete der Kölner Intendant Hartmann: Das Kuratorium des NWRV habe entschieden, dass die *Tagesschau* in Hamburg bleiben solle.[73] Dafür sprachen mehrere Gründe: Der Flughafen Hamburg wurde auch für das Landen von Düsenflugzeugen ausgerichtet, sodass die Filme von United Press nicht nur in Frankfurt schnell zur Verfügung stehen konnten. Die pünktlichen Lieferungen des Auslandsmaterials von Visnews aus London waren bereits durch

[68] Stellungnahme des WDR zum Umbaukonzept der *Tagesschau*, 11.5.1960, ARD T1 a-i d+R = Mappe II, Tagesschau Mappe I, NDR.

[69] Vgl. o.V. (1960): Tauziehen der Parteien. Proporz und Hamburger Personalsorgen – Prof. Görgens Extrem. In: epd / Kirche und Fernsehen, Nr. 6, 21.3.1960, S. 5-6.

[70] Vgl. o.V. (1959): Frankfurt „technischer Mittelpunkt des Deutschen Fernsehens". In: epd / Kirche und Fernsehen, Nr. 8, 20.4.1959, S. 8. Zum Fernseh-Sternpunkt in Frankfurt vgl. Hickethier, 1998, S. 124.

[71] Vgl. o.V. (1959): „Von seinem Amt entbunden...". Dr. Werner Pleister nicht mehr Leiter des Fernsehens in Hamburg. In: epd / Kirche und Fernsehen, Nr. 14, 13.7.1959, S. 3-4.

[72] Vgl. o.V. (1960): Tauziehen der Parteien. Proporz und Hamburger Personalsorgen – Prof. Görgens Extrem. In: epd / Kirche und Fernsehen, Nr. 6, 21.3.1960, S. 5-6.

[73] Protokoll der ARD-Intendantenkonferenz, 26.10.1960, DRA Frankfurt.

gute Flugverbindungen gesichert. Durch Blitzumschaltungen konnte das Inlands-Material von den Fernsehstationen über jede Entfernung hinweg geliefert werden. Auch war es möglich, aus einem Studio in Bonn Live-Interviews mit Politikern zuzuspielen. Die Mannschaft in Hamburg war durch die siebenjährige Tätigkeit erfahren. Die Deutsche Presseagentur hatte ihren Hauptsitz in Hamburg und ermöglichte eine schnelle Zusammenarbeit. Nicht zuletzt war die *Tagesschau* das Gegenstück zur *Aktuellen Kamera* des DDR-Fernsehens und es war sicherzustellen, dass ihre Nachrichtengebung gut beobachtet werden konnte, um in der *Tagesschau* darauf zu reagieren. Die Empfangsmöglichkeiten dafür waren in Hamburg günstig.[74]

Das Konzept wurde durch technische Möglichkeiten und aktuelle Berichte aus dem Ausland weiter verbessert. Thilo Koch, Korrespondent für den NDR und WDR, lieferte beispielsweise als Bestandteil der *Tagesschau*-Sendung von 1960 bis 1963 jede Woche einen Filmbericht als „Brief aus Washington".[75] Aber schon ab Oktober 1959 war es möglich, Telefongespräche aus Washington (mit Peter von Zahn) und Moskau (mit Gerd Ruge) in die laufende Sendung zu schalten.[76] Ab dem 2. Juni 1960 war mit Blitzumschaltungen das vollkommen nahtlose Einspielen (ohne Pause) aktueller Berichte der Rundfunkanstalten gegeben.[77]

Als die neue Form ab dem 1. Dezember 1960 verwirklicht wurde, hatte dies auch Folgen für das Fernsehverhalten der Zuschauer. Durch das „nahtlose Ineinandergreifen" von gesprochener Nachricht und illustriertem Filmbericht, konnte der Zuschauer nicht mehr nach dem Eingangsbild „geruhsam im Eisschrank nach Bier und Fruchtsaft kramen, weil ‚erst' die ‚langweiligen' Nachrichten verlesen werden. [...] Festgebannt hat er nun von der ersten bis zur letzten Minute vor der Tagesschau hockenzubleiben".[78]

3.8.3 Die Professionalisierung der *Tagesschau*-Produktion

Die *Tagesschau* wurde nach der Konzept-Umstellung nicht nur routinierter, sondern verstand es auch, neue Möglichkeiten zu nutzen, um die Aktualität und die Nachrichtenvermittlung zu verbessern. Täglich gab es eine Fülle neuer Nachrichten, die die Redaktion über sechs Fernschreiber erreichten. Daneben brachte ein Bildempfangs-

---

[74] Vgl. Dokument „Organisation der Tagesschau des Deutschen Fernsehens in Hamburg", ARD T1 a-i d+R = Mappe II, Tagesschau Mappe I, NDR.

[75] Vgl. o.V. (1962): Telemann. Sonntags nie. In: Der Spiegel, Nr. 23, 6.6.1962, S. 81; vgl. o.V. (2006): Fernsehpionier. Journalist Thilo Koch gestorben. Spiegel Online, 13.9.2006; verfügbar unter: http://www.spiegel.de/kultur/gesellschaft/0,1518,436925,00.html [13.2.2012].

[76] vgl. Svoboda, 2003, S. 138.

[77] Vgl. o.V. (1960): Vor dem Bildschirm. In: Telegraf, Berlin, 4.6.1960, Rundfunk Programm Fernsehsendung Tagesschau von 8/52 bis 1/66, NDR; Bleicher, 1993a, S. 97.

[78] Vgl. B. Obachter (Pseudonym) (1960): Das neue Gesicht der Tagesschau. In: Filmpreß, 28.12.1960, Fernsehsendung Tagesschau, NDR.

gerät täglich im Schnitt 60 bis 80 Bilder herein. Für die *Tagesschau* arbeiteten 1963 auch alle Korrespondenten-Büros der ARD in den damals wichtigsten Hauptstädten der Welt: Washington, London, Paris, Madrid, Rom, Neu Delhi und bei der EWG in Brüssel.[79] Wenn ein Flugzeug mit Filmmaterial beispielsweise nicht landen konnte, wurden Konserven genutzt. Dann konnte zum „Giftschrank" gegriffen werden, zu einem „aktuellen Archiv", wie es der *Tagesschau*-Chef Reiche nannte.[80] Wie auch die Wochenschauen behalf sich das Fernsehen mit aufgezeichnetem Material, um z.B. Rückblenden senden zu können, die mit aktuellen Vorfällen in Verbindung standen. Doch war der eigentliche Anspruch, so wenige Aufzeichnungen wie möglich zu verwenden.

Neben der Zentrale in Hamburg-Lokstedt hatte jede der sechs übrigen deutschen Fernsehanstalten eine Außenredaktion der *Tageschau*, mit einem Redakteur und ein oder mehreren Kamerateams. Diese Außenredaktionen in Köln, Berlin, München, Frankfurt, Stuttgart und Baden-Baden meldeten der Zentrale in Hamburg jeweils die wichtigsten Ereignisse aus dem Sendegebiet. In der Zentrale wurde entschieden, welche Meldung noch am selben Abend per Blitzumschaltung in die *Tagesschau* eingeblendet wurde. Für andere Beiträge gab es einen Pendeldienst zwischen Flugplatz, Kopieranstalt, Bahnhof und Studio. Die Filme konnten innerhalb einer Stunde entwickelt sein und wurden dann geschnitten. Eine Cutterin war am Mischpult für das Aus- und Einblenden von Geräuschen verantwortlich. Der Off-Sprecher bekam auch 1960 noch, wie in den Anfangszeiten, ein Einsatz-Zeichen per Antippen auf die Schulter. Im Regieraum schaute ein Redakteur auf einem Monitor als Bildkontrolle zu. Nach der letzten Story ertönte der Schluss-Gong.[81]

Der erste Sprecher, der am 2. März 1959 im Bild erschien, war Gerd Heinz Boening, wochenweise wechselnd mit Karl-Heinz Köpcke (zum ersten Mal am 21. April 1959) und Diether von Sallwitz.[82] Im Dezember 1962 hatte die *Tagesschau* schon fünf Sprecher, von denen drei sich im On abwechselten: Karl-Heinz Köpcke, Manfred Schmidt und Diether von Sallwitz. Die anderen zwei Sprecher Cay Dietrich Voss und Martin Thon waren die Hintergrundsprecher für die Film-Einspieler.[83] Die Sprecher hatten eine große Bedeutung für die *Tagesschau*. Ein neuer Sprecher wurde zunächst in der Spätausgabe „ausprobiert", bevor er für die Hauptausgabe eingesetzt

---

[79] Galweit, G. M. (1963): Der ‚Giftschrank' darf nur im Notfall geöffnet werden. In: Kölner Stadtanzeiger vom 25.4.1963, Rundfunk Programm Fernsehsendung Tagesschau von 8/52 bis 1/66, NDR.

[80] Ebd.

[81] O.V. (1960): Und jetzt: die Tagesschau. Blick in eine präzise und schnelle Arbeit. In: Badisches Tagblatt vom 6.4.1960, Rundfunk Programm Fernsehsendung Tagesschau von 8/52 bis 1/66, NDR. Der Artikel enthält einen Auszug aus Mühlbauer, 1962.

[82] Vgl. Jaedicke, 2002, S. 205.

[83] Galweit, G. M. (1962): Die fünf von der Tagesschau. 20 Minuten vor der Fernsehkamera sind mehr als acht Arbeitsstunden. In: Kölner Stadtanzeiger vom 8.12.1962, Rundfunk Programm Fernsehsendung Tagesschau von 8/52 bis 1/66, NDR.

wurde.[84] Der Sprecher sollte so professionell wie möglich sein, da von ihm die Glaubwürdigkeit der Sendungsinhalte abhing.[85] Er saß vor einer Leinwand, auf der mit einem Projektionsapparat ein Bild oder eine Landkarte geworfen wurde. Zwei oder drei Kameras nahmen die Sendung auf. Kurz vor der Sendung wurden noch letzte Regieanweisungen aus dem separaten Regieraum gegeben. Letzte Nachrichten konnten noch redigiert und dem Sprecher zugeschoben werden.[86]

Nicht nur in der Produktion kehrte Routine ein, sondern auch in der Gestaltung der Berichte. Die *Tagesschau* hatte, wie die Wochenschau, Schemata für bestimmte Berichtstypen entwickelt. Die Fachpresse führte in ihrer Kritik als Beispiele Berichte von Kongressen und Staatsempfängen an, die immer gleich abliefen.[87] Im Oktober 1960 kritisierte eine Fernsehzeitung: Die *Tagesschau* habe in den Jahren kaum einen Wechsel in der Gestaltung erfahren. Manchmal seien die Texte etwas feuilletonistischer gehalten gewesen, manchmal sei Musik unterlegt worden. Aber auf „große Experimente" habe man verzichtet und allzu große Pannen seien nicht vorgekommen. Die *Tagesschau* war schon eine Selbstverständlichkeit geworden.[88] Resümierend lässt sich hier sagen, dass es für die *Tagesschau* sieben bis acht Jahre nach dem Start wichtig wurde, an einer Weiterentwicklung des Formates zu arbeiten, um die Zufriedenheit von Kritikern und Zuschauern zu erhalten – ebenso verhielt es sich bei der *Neuen Deutschen Wochenschau.* Die *Tagesschau* setzte ihre geplanten Neuerungen allerdings auch um.

Durch die gewachsene nationale Bedeutung der Nachrichtensendung traf die Besetzung redaktioneller Leitungsposten auf öffentliches Interesse. Die Personalentscheidungen Anfang der 1960er Jahre, die mit der Gestaltung der *Tagesschau* in Verbindung standen, wurde daher in der Fernsehkritik diskutiert. Die komplexe Form der gemischten Sendung mit Wort- und Filmbeiträgen machte in Hilperts Augen eine

---

[84] O.V. (1962): Jeden Abend: Guten Abend! In: Landeszeitung Lüneburg vom 22.1.1962, Rundfunk Programm Fernsehsendung Tagesschau von 8/52 bis 1/66, NDR. Im Artikel werden die bekanntesten Sprecher vorgestellt: Köpcke (Jahrgang 1922) wurde mit 24 Jahren Rundfunksprecher bei Radio Bremen und wechselte nach drei Jahren in das Hamburger Funkhaus. Seit dem 2.3.1959 war er Sprecher der *Tagesschau.* Von Sallwitz (ebenfalls Jahrgang 1922), war Schauspieler und Regieassistent. Wegen seiner Kriegsverletzung wechselte er zum Rundfunk. Seit 1951 war er beim Hamburger Sender und wurde ebenfalls am 2.3.1959 *Tagesschau*-Sprecher.

[85] Vgl. o.V. (1961). Zuverlässig und glaubwürdig. Kleine Mattscheibenpsychologie: Nachrichtensprecher im Fernsehen. In: Hamburger Echo vom 13.2.1961, Rundfunk Programm Fernsehsendung Tagesschau von 8/52 bis 1/66, NDR.

[86] Filmer, W. (1963): Ohne Titel. Die große Fahrt, Düsseldorf vom Januar 1963, Rundfunk Programm Fernsehsendung Tagesschau von 8/52 bis 1/66, NDR.

[87] Vgl. Spektator (Pseudonym) (1960): Tagesschau auf ausgetretenen Wegen. Mehr Einfälle! In: Welt der Arbeit, Bundesausgabe, Köln vom 21.10.1960, Rundfunk Programm Fernsehsendung Tagesschau von 8/52 bis 1/66, NDR.

[88] HuS (Kürzel) (1960): Auf Wiedersehen, Herr Svoboda! In: Hören und Sehen, Hamburg Nr. 40 vom 2. bis 8.10.1960, Rundfunk Programm Fernsehsendung Tagesschau von 8/52 bis 1/66, NDR.

Arbeitsteilung notwendig: Hans-Joachim Reiche war für den redaktionellen Teil vorgesehen und Svoboda sollte die Produktionsleitung übertragen werden.[89] Die Presse nahm das Thema auf und interpretierte die Planungen als „Ungerechtigkeit", die Svoboda als verdientem „Erfinder" der *Tagesschau* widerfuhr, indem man ihm Hans-Joachim Reiche „vor die Nase" setzte.[90] Dass hinter der Entscheidung die Absicht stand, die Aufgaben auf zwei Schultern zu verteilen,[91] wurde in den Berichten nicht erwähnt. Svoboda selbst hatte die öffentliche Aufmerksamkeit erregt, in dem er mit einem ärztlichen Attest einen „Erholungsurlaub" antrat.[92] Er hatte sich vermutlich zurückgesetzt gefühlt und ging in einen vorübergehenden Ausstand. Die Folge war schließlich, dass die Leitung der *Tagesschau* am 15. September 1960 an Reiche übertragen wurde, der sie während Svobodas „Krankheitsperiode" schon selbstständig geleitet hatte.[93] Svoboda dagegen wurde von Dr. Walter Hilpert beauftragt, nun die Arbeiten zur Vorbereitung des geplanten zweiten ARD-Programms zu übernehmen.[94]

3.8.4 Die Debatte um Qualität und weitere *Tagesschau*-Ausgaben

Eine weitere Maßnahme sollte die Arbeit verbessern helfen: Am 1. Oktober 1960 wurde eine eigene Nachrichtenredaktion für die *Tagesschau* eingerichtet – zuvor war die Nachrichtenabteilung des NDR für den 5-Minuten-Nachrichtenblock verantwortlich gewesen.[95] Da die personellen Fragen geklärt waren, konnte Reiche die Änderung der Form vollziehen, sodass Wort- und Filmnachrichten nicht mehr getrennt wurden. Jede Nachricht sollte zudem „in irgendeiner Form ‚illustriert' " und die Übergänge zwischen den Nachrichten „fließend gestaltet" werden.[96] Reiche hatte weitere Ansprüche: „Schnulzen" wollte er „verbannen", dafür Nachrichten „für die

[89] Dr. Hilpert (Intendant NDR) Brief an Prof. Bischoff (Vorsitzender der ARD), 17.2.1960, ARD T1 a-i d+R = Mappe II, Tagesschau Mappe I, NDR.

[90] O.V. (1960): Tagesschau unter Beschuss. In: Funk-Uhr, Dortmund Nr. 15 vom 10. bis 16.4.1960, Rundfunk Programm Fernsehsendung Tagesschau von 8/52 bis 1/66, NDR.

[91] Vgl. Dr. Hilpert (Intendant NDR) Brief an Prof. Bischoff (Vorsitzender der ARD), 17.2.1960, ARD T1 a-i d+R = Mappe II, Tagesschau Mappe I, NDR.

[92] O.V. (1960): Tagesschau – Auf dem Nagelbrett. In: Der Spiegel, Nr. 10, 2.3.1960, S. 67-69, hier: S. 67.

[93] Dr. Hilpert (Intendant NDR) Brief an Prof. Bischoff (Vorsitzender der ARD), 10.8.1960, ARD T1 a-i d+R = Mappe II, Tagesschau Mappe I, NDR; vgl. Bleicher, 1993a, S. 99.

[94] Ebd.

[95] Vgl. o.V. (1962): Aus Bildermagazin wurde zentrale Nachrichtensendung. Die Tagesschau des Deutschen Fernsehens legt Rechnung ab. In: fff-press Nr. 48, Rundfunk Programm Fernsehsendung Tagesschau von 8/52 bis 1/66, NDR.

[96] M. Z. (Kürzel) (1960): Neue Form für die Tagesschau. In: Hamburger Echo vom 21.9.1960, Rundfunk Programm Fernsehsendung Tagesschau von 8/52 bis 1/66, NDR.

ganze Familie" bringen – auch Mode.[97] Damit scheinen einige Gestaltungselemente zurückzukehren, wie sie in der Wochenschau bzw. teilweise in der frühen *Tagesschau* vorgekommen waren, d.h. fließende Übergänge und zusätzliche feuilletonistische Themen. Die neue Form wurde zum Dezember 1960 eingeführt. Auch die Einrichtung der Spätausgabe war eine Aufgabe Reiches.[98]

Ab 1960 kam es vermehrt zu öffentlichen Diskussionen über die Qualität des Fernsehens. Als besonders wichtig wurde der persönliche Kontakt zum Fernsehzuschauer erachtet. Im Zuge der Umgestaltung gab es eine Veränderung bei der Wetterkarte: Der Meteorologe kam nicht mehr ins Bild, die Wetterkarte wurde „anonym" besprochen. Die Kritik sah damit ein „elementares Gestaltungsprinzip des Fernsehens" verletzt.[99] Die Zuschauer hatten es offenbar genossen, die Wetterkarte allmählich auf einer leeren Tafel entstehen zu sehen – sie wollten „zwanglos zum Mitdenken" angeregt werden. Nun werde der Fernsehteilnehmer in seiner „Bequemlichkeit" unterstützt und das Fernsehen habe ein pädagogisches Gesetz übersehen.[100] Die Wetterkarte wurde zudem gekürzt, indem nur noch die Wetteraussichten für den nächsten Tag angekündigt wurden. Das war notwendig geworden, um das Programm verlässlicher zu gestalten und das Abendprogramm zu einer gleich bleibenden Zeit beginnen zu lassen.[101]

Bereits im Mai 1960 forderte die Kritik, öfter eine bessere, lebendigere und umfassendere *Tagesschau* zu sehen. Die Kritik in *Welt der Arbeit* (DGB-Blatt aus Köln, mit bestimmter tendenzieller Färbung) führte das französische Beispiel an, wo es jeden Tag dreimal dreißig Minuten Nachrichten gebe.[102] Ab Mitte Oktober 1960 bot das französische Fernsehen viermal täglich eine „Tagesschau" an.[103] In Frankreich wurde die erste aktuelle Sendung um 13 Uhr ausgestrahlt – 20 Minuten mit politischen Kurzinformationen, allgemeinen Nachrichten, „amüsantes Tagesgeschehen" und eine Pariser Berichterstattung. [104] Die zweite Sendung erfolgte um 19.15 Uhr mit 30 Minuten – aber ohne jegliche Politik – nur mit Gemischtem, bunten Bildern, Kurz-Features, Reportagen und Sport. Die Spätausgabe war ebenfalls 30 Minuten

---

[97] O.V. (1960): Endlich zweimal Tagesschau. In: Tele – Fernseh-Zeitung, München Nr. 23 vom 1. bis 7.10.1960, Rundfunk Programm Fernsehsendung Tagesschau von 8/52 bis 1/66, NDR.

[98] Vgl. ebd.

[99] Nachrichten des Landesarbeitskreises Fernsehen im Landesverband der Volkshochschulen Schleswig-Holstein e.V., Nr. 6, April 1960, Rundfunk Programm Fernsehsendung Tagesschau von 8/52 bis 1/66, NDR.

[100] Ebd.

[101] Vgl. ebd.

[102] Vgl. Spektator (Synonym) (1960): Dreimal dreißig Minuten gefilmte Nachrichten. In: Welt der Arbeit, Bundesausgabe Köln vom 13.5.1960, Rundfunk Programm Fernsehsendung Tagesschau von 8/52 bis 1/66, NDR.

[103] O.V. (1960): Ohne Titel. np-Feuilleton, Pressemeldung Nr. 798, 11.8.1960, Rundfunk Programm Fernsehsendung Tagesschau von 8/52 bis 1/66, NDR.

[104] Fischer, G. (1960): Liebe TV-Familie. In: TV-Fernseh-Woche, Düsseldorf Nr. 35 vom 28.8. bis 3.9.1960, Rundfunk Programm Fernsehsendung Tagesschau von 8/52 bis 1/66, NDR.

lang und begann mit einem politischen Kommentar zum Tag. Die interessantesten Filmbeiträge wurden darin wiederholt und mit den neuesten Berichten vom Abend ergänzt. In Anbetracht dieses Angebots an aktuellen Informationen glaubte die Kritik, dass in Deutschland „die größte Chance des Fernsehens, Augenzeuge des Zeitgeschehens sein zu können, verpasst“ werde.[105]

Mitte Dezember 1960 fasste die Ständige Programmkonferenz den Beschluss über die Spätausgabe der *Tagesschau*, die am 3. Januar 1961 eingeführt wurde (täglich, außer am Wochenende).[106] Die zweite Ausgabe sollte von der Hauptausgabe variieren und aus dem „zur Verfügung stehenden Material“ bereichert werden – also ohne weitere Kosten für die Sendeanstalten.[107] In der Ausgabe sollten aber 40 % der Inhalte Wiederholungen aus der Hauptnachrichtensendung sein – teilweise neu illustriert. In der inhaltlichen Ausgestaltung plante die Redaktion, zukünftig mehr Korrespondentenberichte aus Weltstädten zu bringen.[108] Innerdeutsche Beiträge durften nicht von der Hauptausgabe in die zweite Ausgabe geschoben werden.[109] Diese Beiträge sollten offenbar die größtmögliche Zuschauerzahl erreichen. Gleichzeitig war eine bessere Verständigung zwischen Tagesschauredaktion und Redaktionen der Regionalprogramme notwendig, um Dopplungen in der Berichterstattung zu vermeiden.[110]

Die *Tagesschau* versuchte, sich den Wünschen der Zuschauer immer mehr anzupassen. Am 3. September 1961 wurde die *Tagesschau* auch sonntags gesendet und der *Wochenspiegel* dafür auf eine neue Sendezeit um 11.30 Uhr verlegt. Ab dem 4. September 1961 wurde die *Tagesschau* im Vormittagsprogramm wiederholt.[111] Das Vormittagsprogramm war zunächst für die DDR-Zuschauer und für die Zuschauer in der Bundesrepublik gedacht, die DDR-Fernsehen empfangen konnten, denn das DDR-Fernsehen sendete bereits am Vormittag und das ARD-Vormittagsprogramm sollte gegensteuern.[112] Die Redaktion nahm 1962 an, dass die ARD noch weitere *Tagesschau*-Ausgaben (um 13 und um 17 Uhr) verlangen wird. In dem Fall wären noch mehr Personal und eine bessere technische Ausstattung notwendig. Um

[105] Ebd.

[106] Vgl. Jaedicke, 2002, S. 206.

[107] Auszug aus dem Protokoll der Sitzung der Ständigen Programmkonferenz vom 14.12. bis 16.12.1960 in München, ARD T1 a-i d+R = Mappe II, Tagesschau Mappe I, NDR.

[108] Vgl. o.V. (1960). Tagesschau-„Spätausgabe“ vom 3. Januar an. In: epd / Kirche und Fernsehen Nr. 38, 28.11.1960, S. 4.

[109] Vgl. Auszug aus dem Protokoll der Sitzung der Ständigen Programmkonferenz vom 14.12. bis 16.12.1960 in München, ARD T1 a-i d+R = Mappe II, Tagesschau Mappe I, NDR.

[110] Vgl. ebd.

[111] Vgl. o.V. (1962): Aus Bildermagazin wurde zentrale Nachrichtensendung. Die Tagesschau des Deutschen Fernsehens legt Rechnung ab. In: fff-press Nr. 48, Rundfunk Programm Fernsehsendung Tagesschau von 8/52 bis 1/66, NDR.

[112] Vgl. Hickethier, 1998, S. 139.

aber Personal einsparen zu können, schlug die Redaktion eine Automatisierung des Studios vor.[113]

1962 wurde der Filmaustausch über die Eurovision nach Reiche „in erhöhtem Maße" genutzt. Nicht nur, um Auslandsberichte schnell zu erhalten, sondern besonders umgekehrt, um „Themen der deutschen Politik in die Nachrichtensendungen der europäischen Länder" einzuschleusen. Die große Bedeutung der Eurovisions-Arbeit hatte sich besonders in Bezug auf die Vorgänge um den 13. August 1961 (Bau der Berliner Mauer) gezeigt, um „deutsche Interessen" zu unterstützen.[114] Bei der Berichterstattung von politischen Vorgängen wurde die *Tagesschau* somit strategisch eingesetzt.

Im August 1962 kritisierte die Fachpresse die Struktur und Gestaltung der *Tagesschau* als zu „überladen". Das „Durcheinander" werde immer größer – „was eine nüchterne Informationssendung sein sollte, sei längst zum überladenen Magazin geworden".[115] Es gebe viel zu viele feuilletonistische Berichte und unaktuelle Streifen. Diese würden die Gliederung der Sendung verwischen und dem „Unbedeutenden" zu viel Gewicht geben – „Gewichtiges" würde aber leicht.[116] Die Fernsehkritik glaubte, dass nach einem lockeren Bericht über Seefahrt dem Bericht über einen drohenden Streik nicht mehr viel Bedeutung beigemessen würde.[117] Wie auch bei der Wochenschau waren die Kritiken an der *Tagesschau* völlig divers – sie konnten dem Format jedoch durch die Rückendeckung der Fernseh-Programm-Verantwortlichen nicht schaden. Stets wurden aber mögliche parteipolitische Einflüsse auf das ARD-Programm diskutiert und daher ein zweites, von den Rundfunkanstalten unabhängiges Programm gefordert. Das konnte entweder privates Fernsehen sein oder einer Anstalt außerhalb der ARD mit den bekannten Aufsichtsorganen entsprechen.[118]

3.8.5 Die Verhandlungen um das zweite Programm

Für die Errichtung eines zweiten Programms gab es gleich mehrere Interessenten. Ende Juli 1959 wurde die Westdeutsche Fernseh-AG ins Handelsregister Wiesbaden eingetragen. Sie sollte die Produktion eines zweiten Fernsehprogramms übernehmen, das über ein neues „zweites Fernseh-Sendernetz" der Bundespost ausgestrahlt wer-

[113] Reiche (Leiter Tagesschau) Brief an Schröder (Intendant NDR) und Dr. Arnold (Fernsehprogrammdirektor NDR), 14.3.1962 mit Niederschrift über den Stand der Tagesschau, ARD T1 a-i d+R = Mappe II, Tagesschau Mappe I, NDR.

[114] Ebd.

[115] Bcc (Kürzel) (1962): Extrablatt. In: Hören und Sehen, Hamburg Nr. 32 vom 12. bis 18.8.1962, Rundfunk Programm Fernsehsendung Tagesschau von 8/52 bis 1/66, NDR.

[116] Ebd.

[117] Ebd.

[118] Vgl. o.V. (1958). Neue Pläne für ein von den Rundfunkanstalten unabhängiges Fernsehen? In: epd / Kirche und Fernsehen, Nr. 2, 27.1.1958, S. 4.

den sollte.[119] Der Gründer, der Fotofabrikant Schleussner, erhielt jedoch keine Konzession.[120] Am 29. Oktober 1959 beschloss der Rundfunkrat des WDR, mit der Ausstrahlung eines zweiten Fernsehprogramms zu beginnen.[121] Außerdem interessierten sich die Zeitungsverlage für eine Beteiligung am Fernsehen. Obwohl später nachgewiesen werden konnte, dass die Presse keine Nachteile durch das Fernsehen erlitten hatte – im Gegenteil, die Erlöse von Abonnementzeitungen hatten sich zwischen 1956 und 1964 „mehr als verdoppelt“[122] –, versuchten Verleger, sich aus Furcht vor übergroßer Konkurrenz an einem privaten Fernsehsender zu beteiligen.

Für die Bundesregierung hatte die *Neue Deutsche Wochenschau* als Informations- und Präsentations-Medium ausgedient. Immer weniger Menschen gingen ins Kino, um vor dem Film die Wochenschau zu sehen. In der Struktur des neuen Fernsehens ließ sich aber eine Einflussnahme auf den Rundfunk nicht verwirklichen. Da sich die von den Ländern geführten Rundfunkanstalten nicht ohne weiteres unter die Kontrolle der Bundesregierung stellen ließen, versuchte es die Bundesregierung schließlich mit einer privatrechtlichen Lösung.[123] Am 8. Dezember 1958 wurde die Freies Fernsehen GmbH (FFG) durch den Wiesbadener Fabrikanten Reinhold Krause und den Verleger Heinrich G. Merkel[124] gegründet, um sich um die Mitwirkung bei der Gestaltung des zweiten Fernsehprogramms zu bewerben.[125]

Am 30. September 1959 ergriff die Bundesregierung die Initiative und verabschiedete den Entwurf eines „Gesetzes über den Rundfunk“.[126] Es war u.a. eine Anstalt unter dem Namen „Deutschland Fernsehen“ geplant, die aber keine eigenen Programme produzieren sollte. Die Programmgestaltung sollte von privaten Gesellschaften ausgeführt werden, die sich aus Wirtschaftswerbung finanzierten. Als Beginn für das zweite Fernsehprogramm war der Januar 1961 vorgesehen.[127] Anträge für die „Vermietung von Sendeanlagen“ und auf eine Übernahme von Bundesbürgschaften (20 Millionen DM) wurden im Dezember 1959 gestellt und vom Bundes-

---

119 Hans Bredow-Institut, 1963, S. 25A.

120 Vgl. o.V. (1960): Mit beschränkter Haftung. In: Der Spiegel Nr. 33, 10.8.1960, S. 18-29, hier: S. 24; vgl. Hook, S. (2004): Aus der Geschichte einer Frankfurter Unternehmerfamilie; verfügbar unter: http://www.frankfurt.de/sixcms/detail.php?id=2855&_ffmpar%5B_id_inhalt%5D=6266369 [7.4.2012].

121 Hans Bredow-Institut, 1963, S. 26A.

122 Zunahme der Vertriebserlöse 55 % und der Anzeigenerlöse 175 %. Der Rückgang in der überregionalen Werbung (das doch eigentlich starke Werbefeld des Fernsehens), war nur minimal und schwankend; ARD, 1969, S. 3. Insbesondere Fernsehen und Tageszeitungen ergänzten sich publizistisch stark. Der Wettbewerb bestand vielmehr zwischen Zeitungen und Zeitschriften und bei den Zeitungen untereinander; ARD, 1969, S. 7.

123 Vgl. Hickethier, 1998, S. 115-116.

124 Vgl. o.V. (1958): Technik – Die gefunkte Zeitung. In: Der Spiegel Nr. 12, 19.3.1958, S. 59-60. Merkel wollte eine „gefunkte Zeitung“ in Deutschland einführen.

125 Hans Bredow-Institut, 1963, S. 23A.

126 Ebd., S. 25A.

127 Ebd.

presseamt bewilligt.[128] Am 30. Dezember 1959 beauftragte die Bundesregierung die Freies Fernsehen GmbH die Vorbereitungen für ein zweites Fernsehprogramm zu beginnen.[129] Die FFG wurde damit zum Instrument eines geplanten ‚Regierungsfernsehens'.

Für die Ländervertreter war es bedenklich, dass die Bundesregierung das zweite Programm im „Deutschland Fernsehen" privaten Gesellschaften übertragen wollte, da es auf jeden Fall zu vermeiden galt, dass die Bundesregierung den Rundfunk und das Fernsehen für parteipolitische Zwecke nutzte.[130] Gleich nach Bekanntgabe des Gesetzentwurfs protestieren die Vertreter der Länder gegen die Verabschiedung.[131] Bereits auf der Konferenz der Ministerpräsidenten der Länder im Juni 1959 in Kiel hatte man einstimmig Stellung gegen ein „Bundesrundfunkgesetz"[132] bezogen sowie gegen ein kommerzielles zweites Fernsehsystem.[133]

Am 25. Juli 1960 wurde der Gesellschaftervertrag der Deutschland Fernsehen GmbH unterzeichnet. Bundeskanzler Adenauer zeichnete für die Bundesregierung und Justizminister Schäffer wirkte als Treuhänder für die Anteile, die den Ländern vorbehalten waren.[134] Die Länder wurden aber nur scheinbar berücksichtigt. Am 25. August 1960 änderte die Bundesregierung die Satzung der Gesellschaft dahingehend, dass sie auch ohne eine Beteiligung der Länder handeln konnte. Die Anteile der Länder, die bis dahin treuhänderisch verwaltet wurden, fielen an die Bundesrepublik Deutschland. Somit war die Bundesrepublik, und folglich der Bundeskanzler, alleiniger Gesellschafter der Deutschland Fernsehen GmbH.[135]

Zwar erhob die Regierung des Landes Hessen am 19. September 1960 beim Bundesverfassungsgericht in Karlsruhe Klage gegen die Bundesregierung der Bundesrepublik Deutschland wegen Gründung der Deutschland Fernsehen GmbH,[136] doch gründete am 11. Oktober 1960 die Freies Fernsehen GmbH die Deutsche Fernseh-Dienst GmbH (DFD) in Köln. Aufgabe der Gesellschaft war die „Gestaltung und Herstellung von Aktualitäten und Informationssendungen jeder Art für das Fernsehen zum Zwecke der Publizierung von Tagesereignissen und Angelegenheiten" aus Politik, Kultur, Wissenschaft, Wirtschaft, Soziales, Religion, Sport.[137] Im bundeseigenen Fernsehen sollten die Nachrichten auf diese Weise gelenkt werden. Damit wurde also

[128] Hickethier, 1998, S. 117.
[129] Bleicher, 1993a, S. 93.
[130] Vgl. o.V. (1959): Bundeskabinett verabschiedete Rundfunkgesetz. In: epd / Kirche und Fernsehen Nr. 20, 5.10.1959, S. 21-22.
[131] Hans Bredow-Institut, 1963, S. 26A.
[132] Vgl. Hickethier, 1998, S. 115. Der bereits 1953 von der Bundesregierung vorgelegte Gesetzentwurf zur Bundesregelung des Rundfunks löste einen "massiven" Bund-Länder-Konflikt aus. Das Bundesgesetz ließ sich letztlich nicht durchsetzen.
[133] Vgl. Hans Bredow-Institut, 1963, S. 25A.
[134] Hans Bredow-Institut, 1963, S. 28A; vgl. Steinmetz, 1996, S. 195.
[135] Hans Bredow-Institut, 1963, S. 29A.
[136] Bleicher, 1993a, S. 99.
[137] Hans Bredow-Institut, 1963, S. 29A.

eine Gesellschaft geschaffen, wie sie Kuntze-Just bereits 1951 mit dem „Deutschen Film- und Fernsehdienst" (DFFD) vorgeschlagen hatte.[138] Und auch jetzt wollte sich die Wochenschau an dem neuen Fernsehen beteiligen. Die Geschäftsanteile der Deutsche Fernseh-Dienst GmbH wurden von der Deutschen Wochenschau GmbH, der Freies Fernsehen GmbH, der Internationalen Fernseh AG in Wiesbaden, der Tellux-Film-GmbH (der Katholischen Kirche nahestehend) und dem Verleger Karl Marx (*Allgemeine Wochenzeitung der Juden in Deutschland*) in Düsseldorf übernommen – auch die evangelische Kirche sollte noch Anteile bekommen.[139] Geschäftsführer sollte Edgar F. Scholz sein,[140] der sich bereits 1958 als Experte für „Zeitungsfunk" (später Fax) einen Namen gemacht hatte. Er war zudem Vorstand der „Deutschen Nachrichten-AG" (Dena), die den „drahtlosen Nachrichtendienst der westdeutschen Presse" unterhielt.[141] Nach Aussage des ehemaligen Geschäftsführers der Deutschen Wochenschau, Wolfgang Esterer, war geplant, u.a. Sprecher und Redakteure von der Deutschen Wochenschau beim neuen Fernsehen einzusetzen.[142]

Ebenfalls im Oktober 1960 gründete die Freies Fernsehen GmbH die Fernseh-Verkaufs- und Werbegesellschaft mbH für die „Herstellung und Durchführung von Werbefernsehprogrammen und Werbeeinschaltungen aller Art sowie in der Vergabe von Werbesendezeiten".[143] Somit wären alle Sparten für ein Regierungsfernsehen abgedeckt und die Finanzierung gesichert gewesen. Die Möglichkeit, sich in das Fernsehen einzubringen, lockte auch Filmgesellschaften an. Die UFA wollte mit einem neuen Film- und Fernsehzentrum ganze Programme für das „Deutschland-Fernsehen" liefern.[144]

Auch personell war das Regierungsfernsehen gut ausgestattet. Das Freie Fernsehen hatte bis März 1961 bereits einen Stab von 490 Mitarbeitern eingestellt. Die Auswahl erfolgte nach mehreren Prinzipien: Es sollten zum einen „politisch" zuverlässige Mitarbeiter sein, die der Idee eines privatwirtschaftlichen Fernsehens nicht abgeneigt waren; außerdem waren möglichst junge Mitarbeiter zu engagieren und zum dritten sollten Mitarbeiter aus der Filmwirtschaft und der ARD abgeworben

---

[138] Exposé von Kuntze-Just über die Errichtung eines Deutschen Film- und Fernseh-Dienstes als Anlage zu NDW (Kuntze-Just) Brief an Betz, Dr. Lüders, Regierungsrat Breme (Aufsichtsrat NDW), 24.10.1951, BArch B 145/112.

[139] O.V. (1960): ‚Deutsche Fernseh-Dienst GmbH' gegründet. In: fff-press Nr. 69, 9. Jg., 17.10.1960, S. 1.

[140] Ebd.

[141] Vgl. o.V. (1958): Technik – Die gefunkte Zeitung. In: Der Spiegel Nr. 12, 19.3.1958, S. 59-60. Aus Furcht davor, mit der „Schnelligkeit und Aktualität" des Fernsehens nicht mithalten zu können, begann sich die Presse für das amerikanische Fax-System zu interessieren, um Zeitung auch über Funk verbreiten zu können; es sei nur noch notwenig, die „bewährten" Systeme bei Presse und Rundfunk miteinander zu kombinieren.

[142] Gespräch mit Wolfgang Esterer, 15.12.2010 bei der Deutschen Wochenschau GmbH.

[143] Hans Bredow-Institut, 1963, S. 29A.

[144] epd / Kirche und Fernsehen Nr. 21, 19.10.1959, S. 7.

werden.[145] Die FFG stieß auf Interessenten: Langgediente Fernsehleute machten sich Sorgen über ihre Zukunft und verhandelten mit der Freies Fernsehen GmbH für das zweite Programm[146] – so auch Peter von Zahn. Denn ab März 1958 gab es eine neue Hauptabteilung „Zeitgeschehen“ und dies bedeutete das „Aus“ für Peter von Zahns Reihe *Bilder aus der Neuen Welt*.[147] Peter von Zahn hatte sich im Juni 1960 über seine eigene Produktionsgesellschaft mit der Freies Fernsehen verbunden.[148] Auch der Redakteur Wilhelm G. Bohnes von der *Tagesschau*[149] war zur Freies Fernsehen gewechselt. Sogar Fernseh-Pioniere wanderten ab – Joachim Hessling, der am Aufbau des NWDR-Fernsehens beteiligt gewesen war, und Dr. Walter Schwarz, der mit Dr. Fritz Below den technischen Aufbau geleitet hatte.[150] Der Programmbeginn war für den 1. Januar 1960 geplant, wurde jedoch durch eine einstweilige Verfügung des Bundesverfassungsgerichtes vom November 1960 bereits in den Vorbereitungen gestoppt.[151]

Die Proben für eine aktuelle Nachrichtensendung durch den eigens dafür gegründeten Deutschen Fernsehdienst überdauerten alle Entscheidungen. Sie begannen im Dezember 1960. Die *Weltschau* wurde in einem schon funktionstüchtigen Teil der Studios bei Eschborn aus Bildmaterial der Agenturen CBS, Visnews und UPI hergestellt.[152] Selbst nach dem verkündeten Urteil über ein bundesstaatlich kontrolliertes Fernsehen wurden die Planungen und Vorbereitungen zur „*Tagesschau*“/“*Weltschau*“ nicht eingestellt.[153] Wegen der unsicheren Lage der FFG kamen die Verhandlungen mit der Deutschen Wochenschau GmbH über die Nutzung ihres Materials für die Nachrichten des Adenauer-Fernsehens nicht mehr zum Zuge. Erst durch die Zahlungsunfähigkeit der FFG wurde die Probeproduktion der *Weltschau* beendet.[154] Das belegt den hohen Stellenwert, der dieer Nachrichtenproduktion im geplanten Regierungsfernsehen zukam.

Am 28. Februar 1961 verkündete der Zweite Senat des Bundesverfassungsgerichts das Urteil im Rechtsstreit der Länder Hamburg, Hessen, Niedersachsen und Bremen

---

[145] Vgl. Steinmetz, 1996, S. 346.

[146] O.V. (1960): Ohne Titel. Bild am Sonntag, Hamburg vom 10.7.1960, Rundfunk Programm Fernsehsendung Tagesschau von 8/52 bis 1/66, NDR.

[147] Svoboda, 1983, S. 137.

[148] Vgl. o.V. (1960): Peter v. Zahn schloss Vertrag mit „Freies Fernsehen“. In: epd / Kirche und Fernsehen Nr. 16, 27.6.1960, S. 2-3. Peter von Zahn kehrte nach dem Scheitern des Freien Fernsehens zur ARD zurück.

[149] O.V. (1960): Ohne Titel. Bild am Sonntag, Hamburg vom 10.7.1960, Rundfunk Programm Fernsehsendung Tagesschau von 8/52 bis 1/66, NDR. Bohnes wurde 1964 Kulturredakteur beim ZDF.

[150] Vgl. o.V. (1960): Abwanderungen zum „Freien Fernsehen“. In: epd / Kirche und Fernsehen Nr. 11, 23.5.1960, S. 3.

[151] Hickethier, 1998, S. 117.

[152] Vgl. Seinmetz, 1996, S. 345.

[153] Ebd.

[154] Vgl. ebd.

gegen die Bundesrepublik Deutschland: Der Bund hatte durch die Gründung der Deutschland-Fernsehen-GmbH gegen Artikel 30 in Verbindung mit dem VIII. Abschnitt des Grundgesetzes, gegen den Grundsatz des bundesfreundlichen Verhaltens sowie gegen Artikel 5 des Grundgesetzes verstoßen.[155] Mit dem Urteil wurde festgelegt, dass der Betrieb des Rundfunks eine öffentliche Aufgabe sei – die Erfüllung dieser Aufgabe obliege dem Staat, „im Rahmen seiner Pflicht zur öffentlichen Daseinsvorssorge".[156] Dafür seien im Wesentlichen die Länder zuständig. Der Bund sei auch nicht für das Werbefernsehen zuständig.[157] Die angemessene Organisationsform für die Rundfunkunternehmen sei die der öffentlich-rechtlichen Anstalt. Sie entspreche am zweckmäßigsten dem öffentlichen Charakter des Unternehmens und verhindere zugleich, dass der Rundfunk in den unmittelbaren Einfluss des Staates gerate. Verfassungsrechtlich zulässig sei aber nach Bundesverfassungsgericht auch die private Rechtsform. In dem Fall hat der Staat jedoch sicherzustellen, dass beim Rundfunkbetrieb die wichtigen sich aus Stellung und Aufgabe ergebenden Grundsätze beachtet würden. Alle gesellschaftlichen „Kräftegruppen" müssten ihre Interessen ihrem Anteil gemäß einbringen können und die Form des Staatsrundfunks wurde ausgeschlossen.[158]

Am 3. März 1961 gab daraufhin der Staatssekretär Felix von Eckardt die Erklärung der Bundesregierung zum Urteil des Bundesverfassungsgerichtes ab: „Die Bundesregierung sieht ihre Bemühungen, ein zweites Fernsehprogramm der Bundesrepublik zur Verfügung zu stellen, als beendet an. Die Verantwortung für die Erstellung eines Zweiten Fernsehprogramms liegt nunmehr in den Händen der Länder."[159] Am 14. Juli 1961 beschloss die Gesellschafterversammlung der Freies Fernsehen GmbH in Bonn die Auflösung der Gesellschaft. Am gleichen Tag wurde der Staatsvertrag über die Errichtung der Länderanstalt für das „Zweite Fernsehen" ratifiziert.[160] Ein Sachverständigengremium der Fernsehkommission der Ministerpräsidenten stellte fest, dass die Hälfte der Produktion des Freies Fernsehens (rund 400 Programmstunden waren bis März 1961 erstellt worden[161]) für das Zweite Deutsche Fernsehen (ZDF) tauglich waren, 20 % waren unbrauchbar, 30 % nur bedingt brauchbar. Die Technik und die bereits fertigen Inhalten konnten im Verkauf 20 bis 30 Millionen DM erzielen.[162]

[155] Hans Bredow-Institut, 1963, S. 31A.
[156] Ebd., S. 3-4C.
[157] Ebd., S. 4C.
[158] Ebd.
[159] Ebd., S. 31A.
[160] Ebd., S. 33A.
[161] Vgl. Bleicher, 1993a, S. 99.
[162] O.V. (1961): Das Schicksal der Produktion „Freies Fernsehen". In: epd / Kirche und Fernsehen Nr. 36, 11.9.1961, S. 4.

3.8.6 Die Einrichtung des zweiten ARD-Programms und des ZDF

Bemerkenswert ist, dass die Zuschauer den Wunsch nach einem zweiten Programm zur Erweiterung der Auswahl bereits im April 1958 in einer Umfrage äußerten: 75 % der Fernsehzuschauer stimmten für ein privatrechtlich organisiertes zweites Fernsehprogramm.[163] Der Streit um das Fernsehen hatte in der Bevölkerung Erwartungen geweckt.[164] Im Juni 1959 wurde auf der Bremer Tagung der ARD beschlossen, dass die Rundfunkanstalten alle Vorbereitungen für ein zweites Fernsehprogramm bis 1960 zu treffen hatten.[165] Zudem gab es Einzelinitiativen: Am 10. März 1961 ermächtigte der Verwaltungsrat des WDR den Intendanten für das Land ein zweites Fernsehprogramm herzustellen und ab dem 1. Juni 1961 auszustrahlen.[166] Außerdem hatte der Bayerische Rundfunk vor, ein zweites Programm mit „süddeutscher Prägung“ zu erstellen – BR-Intendant Wallenreiter forderte am 14. März 1961 auf der ARD-Intendantentagung ein zweites Fernsehprogramm für seine Rundfunkanstalt.[167]

Die Anstalten der ARD verpflichteten sich auf einer Tagung in Heidelberg im März 1961 in gegenseitiger Hilfe alle Maßnahmen zu treffen – mit dem Ziel, so bald wie möglich ein Zweites Fernsehprogramm auszustrahlen. Die Rundfunkanstalten waren dazu bereit, „geeignete Produktionen privater Produktionsgesellschaften zu erwerben“.[168] Ebenfalls im März 1961 sprachen sich die Ministerpräsidenten der Bundesländer einstimmig dafür aus, dass das Zweite Programm von einer „unabhängigen gemeinnützigen Anstalt des Öffentlichen Rechts betrieben werden soll, die die Länder gemeinsam errichten“.[169] Der Verwaltungsrat des NDR setzte den Beginn der Ausstrahlung eines zweiten ARD-Fernsehprogramms auf den 1. Juni 1961 fest.[170] Die Intendanten beschlossen, dass für das zweite Programm eine Programmkonferenz mit Vertretern der einzelnen Rundfunkanstalten gebildet wird. Der Koordinator des zweiten Programms wurde für ein Jahr Hans Joachim Lange. Das erste und das zweite Programm wurden auf gemeinsamen Sitzungen der Konferenzen aufeinander abgestimmt. Dazu hatten die Anstalten die geplanten Sendungen für beide Programme zu melden. Die Beiträge der einzelnen Anstalten wurden wiederum mit einem Schlüssel geregelt.[171] Es sollte ein „Kontrastprogramm“ zu dem bestehenden ARD-Programm sein und über die Sender der Bundespost oder von ihr „lizenzierte Sender“

163 Hans Bredow-Institut, 1963, S. 21A.
164 Hickethier, 1998, S. 139.
165 Hans Bredow-Institut, 1963, S. 22A.
166 Hans Bredow-Institut, 1963, S. 31A; Bleicher, 1993a, S. 104.
167 Bleicher, 1993a, S. 104.
168 Hans Bredow-Institut, 1963, S. 32A.
169 Ebd.
170 Ebd., S. 31A.
171 Sitzung der Intendanten am 20.4.1961, STAHH.

ausgestrahlt werden.[172] Das Motiv für diese Planungen war, dass die ARD ihre Alleinstellung so lange wie möglich erhalten wollte. Die *Tagesschau* sollte für das zweite Programm eine „etwas andere Form" entwickeln.[173] Aber für beide Programme galt, dass die innen- und außenpolitische Berichterstattung intensiviert, die Berichterstattung aus Bonn erweitert und ständige Berichtsreihen aus Washington, Paris und London aufgenommen werden sollten. Sport, Eurovisionssendungen und die aktuelle Berichterstattung waren „kontrastierend und zeitversetzt" auf beide Programme zu verteilen.[174]

Am 1. Juni 1961 eröffneten die Rundfunkanstalten der ARD ihr zweites Fernsehprogramm. Der WDR sendete ab dann „als einzige Anstalt im Zweiten Fernsehprogramm" ein Regionalprogramm (von 19.30 bis 20 Uhr) unter dem Titel *Prisma des Westens.*[175] Das zweite ARD-Programm übernahm auch die 20-Uhr-Ausgabe der *Tagesschau*[176] – in beiden Programmen lief die aktuelle *Tagesschau* parallel. Fast zeitgleich, am 6. Juni 1961, unterzeichneten die Ministerpräsidenten der Bundesländer einen Staatsvertrag über die Errichtung einer neuen Fernsehanstalt zusätzlich zur ARD, der jedoch erst am 1. Januar 1962 in Kraft trat.[177] In der Folge billigte am 19. Januar 1962 der Niedersächsische Landtag einstimmig den Staatsvertrag über die Errichtung des Zweiten Deutschen Fernsehens. Am 6. Februar 1962 konstituierte sich in Mainz der Fernsehrat des Zweiten Deutschen Fernsehens.[178] Damit war der Weg frei für ein zweites Programm als Kontrast zur ARD und damit auch für eine weitere Nachrichtensendung. Ein besonderer Streitpunkt war der Sendeplatz der Nachrichten am Beginn des Abendprogramms. Ursprünglich wollte Mainz das Programm mit seiner Nachrichtensendung um 19.50 Uhr beginnen. Dann aber kündigte das ZDF an, den Beginn des Abendprogramms auf 19.30 Uhr zu legen, um einen Nachrichtenvorsprung zu haben. In der Folge würden die 20-Uhr-Nachrichten im Ersten dann etwas „abgestanden wirken".[179] Die ARD wollte gleichziehen, um nach Einschaltung eines Werbeblocks mit dem Abendprogramm um 20 Uhr zu beginnen. Dann aber, so die Kritik, hätten die Zuschauer nicht mehr die Möglichkeit, beide Nachrichten-Sendungen zu sehen, um so ein „abgerundeteres" Bild der Geschehnisse

---

[172] O.V. (1961): Nun doch ein zweites Gemeinschaftsprogramm der ARD. Aber ein Ausweichen auf regionale Sondersendungen vorbehalten. In: epd / Kirche und Fernsehen Nr. 12, 27.3.1961, S. 3.

[173] Ebd.

[174] Ebd.

[175] Hans Bredow-Institut, 1963, S. 33A.

[176] Vgl. o.V. (1962): Aus Bildermagazin wurde zentrale Nachrichtensendung. Die Tagesschau des Deutschen Fernsehens legt Rechnung ab. In: fff-press Nr. 48, Rundfunk Programm Fernsehsendung Tagesschau von 8/52 bis 1/66, NDR.

[177] Hans Bredow-Institut, 1963, S. 33A.

[178] Ebd., S. 34A.

[179] ws (Kürzel) (1962): Zeit-Kampf. In: Ruhr-Nachrichten, Dortmund vom 18.12.1962, Rundfunk Programm Fernsehsendung Tagesschau von 8/52 bis 1/66, NDR.

zu erhalten.[180] Eine Vorverlegung der *Tagesschau* und damit ein früherer Beginn des Abendprogramms wäre akzeptiert worden, wenn es aus Rücksicht auf die Arbeitszeiten oder das Alter der Zuschauer geschehen wäre – aber nicht aus „Konkurrenzgründen“, wie es der Fall war.[181] Auch das Werbefernsehen fühlte sich gestört, da eine attraktive Sendung um 19.30 Uhr die Zuschauer wegnehmen würde. Wenn die *Tagesschau* dagegen um eine halbe Stunde vorverlegt würde, befürchtete man amerikanische Verhältnisse, denn die Werbung würde dann in das Abendprogramm fallen.[182] Die Intendanten wiesen den Plan, die *Tagesschau* um 19.30 Uhr beginnen zu lassen, als „nicht realisierbar“ zurück; stattdessen wurde überlegt, die *Tagesschau* ab dem 1. Januar 1963 um 19.45 Uhr zu senden.[183]

In Großbritannien hatte man bereits Erfahrungen mit einem zweiten Programm gemacht. Dort kam es zu einem Konflikt zwischen Fernsehsendeanstalten – zwischen der BBC mit dem öffentlich-rechtlichen Prinzip und einer privaten Gesellschaft, der ITA. Beide Sender zeigten zeitlich parallel Sendungen der gleichen Art. Damit dies in Deutschland nicht geschah, hatte sich das ZDF „verpflichtet“ ein „Kontrastprogramm“ aufzustellen. Damit sollte den Fernsehteilnehmern die Möglichkeit gegeben werden, zwischen zwei „grundverschiedenen“ Programmen zu wählen. Der Zuschauer sollte auf diese Weise auch jeweils die „Qualität“ beurteilen können.[184] Die Fernsehkritik der Tagespresse befürwortete im Januar 1963 den Beginn des zweiten Programms um 19.30 Uhr im Interesse des Zuschauers, da Fernsehen „in erster Linie Information“ sei und man sich „gar nicht vielseitig genug informieren“ könne.[185] Analog zu den Tageszeitungen, von denen mancher Bundesbürger zwei oder noch mehr lese, sollte man auch im Fernsehen die Möglichkeit haben, ein Ereignis aus verschiedenen Perspektiven zu sehen. Mit der Sendung des ZDF um 19.30 Uhr wäre auch solchen geholfen, die wegen der Arbeitszeiten schon eher eine Nachrichtensendung sehen könnten und dafür eher schlafen gingen. Schließlich widersprach die Gleichzeitigkeit beider Nachrichtensendungen – unter dem Sammelbegriff „Tagesschauen“[186] gefasst – dem Staatsvertrag, wonach die Zuschauer „zwischen zwei in-

[180] tt (Kürzel) (1963): Unangebrachte Tagesschau-Konkurrenz. In: teleskript, Düsseldorf vom 3.1.1963, Rundfunk Programm Fernsehsendung Tagesschau von 8/52 bis 1/66, NDR.

[181] Ebd.

[182] Vgl. ws (Kürzel) (1962): Zeit-Kampf. In: Ruhr-Nachrichten, Dortmund vom 18.12.1962, Rundfunk Programm Fernsehsendung Tagesschau von 8/52 bis 1/66, NDR.

[183] Auszug aus der Niederschrift über die Arbeitssitzung der Intendanten am 23.5.1962 in Stuttgart, ARD T1 a-i d+R = Mappe II, Tagesschau Mappe I, NDR.

[184] tt (Kürzel) (1963): Unangebrachte Tagesschau-Konkurrenz. In: teleskript, Düsseldorf vom 3.1.1963, Rundfunk Programm Fernsehsendung Tagesschau von 8/52 bis 1/66, NDR.

[185] R. H. (Kürzel) (1963): Tauziehen. In: Hannoversche Presse vom 14.1.1963, Rundfunk Programm Fernsehsendung Tagesschau von 8/52 bis 1/66, NDR.

[186] Die Verwendung „Tagesschau“ als Sammelbegriff lässt eine Gewöhnung an einen Markenbegriff erkennen.

haltlich verschiedenen Programmen" wählen können sollen.[187] Damit war es verzeihlich, dass das ZDF die ursprünglich anvisierte Nachrichtenzeit von 19.50 Uhr einfach vom Tisch gewischt hatte, bevor irgendetwas unterzeichnet wurde.

Der Rundfunkrat des SFB begrüßte zwar die Idee, den Beginn des Abendprogramms der ARD vorzuverlegen, war aber gegen Werbung, die nach der *Tagesschau* platziert sein würde. Die Begründung bezog sich auf die schon bestehende Tradition der *Tagesschau*: Sie sei in den letzten zehn Jahren immer der „Beginn des offiziellen Programms" gewesen.[188] Eine „Vermengung" der kommerziellen Sendungen der Werbegesellschaften mit den Programmteilen, die das Deutsche Fernsehen verantwortete, war undenkbar. Die Zuschauer seien an die 20 Uhr gewöhnt – es hätte sich ihnen „eingeprägt".[189] Die Habitualisierung des Zuschauens wurde nicht nur zum Argument, sondern gab zum großen Teil einen Ausschlag dafür, dass der Platz der *Tagesschau* und damit der Beginn des Abendprogramms bestehen blieb.

Die Intendanten beschlossen am 29. Januar 1963 auf der Hauptversammlung der ARD, dass es auch nach dem Start des ZDF am 1. April 1963 bei dem Beginn der *Tagesschau* um 20 Uhr bleiben sollte. Die ARD-Intendanten bedauerten noch immer, dass das ZDF schon um 19.30 Uhr mit dem Abendprogramm begann und ihre Nachrichtensendung dort platzierte. Sie meinten, dass dem Zuschauer so die Möglichkeit genommen werde, „an allen Tagen in der Woche zu Beginn des Abendprogramms zwischen dem ersten und dem zweiten Programm zu wählen"[190]. Es wurde davon ausgegangen, dass die Zuschauer bei dem Programm blieben, das sie einmal mit den Nachrichten eingeschaltet hatten, und Brücken zur Entscheidung für einen Programmwechsel brauchten. Die Zuschauer sollten „praktikable Schaltstellen" im Programm erhalten, damit sie zwischen den (zu verhandelnden) „inhaltlich verschiedenen" Programmen wählen konnten.[191] Im März 1963 wurde auf der Konferenz der Rundfunkintendanten beschlossen, noch mehr Programmplätze für Nachrichten einzuplanen, um dem ZDF entgegenzutreten. Ab dem 1. April sollte es vier Ausgaben geben: neben der Hauptausgabe und der Spätausgabe, die auf 22.30 Uhr gesetzt wur-

[187] R. H. (Kürzel) (1963): Tauziehen. In: Hannoversche Presse vom 14.1.1963, Rundfunk Programm Fernsehsendung Tagesschau von 8/52 bis 1/66, NDR.

[188] Steigner (Intendant SFB) Telex an Schröder (Intendant NDR), 11.1.1963 mit einem Brief von Dr. Suchan (Vorsitzender Rundfunkrat SFB) an Dr. Wülfing (Vorsitzender Fernsehrat ZDF), ARD T1 a-i d+R = Mappe II, Tagesschau Mappe I, NDR.

[189] Ebd.

[190] O.V. (1963): Es bleibt bei 20 Uhr. In: Hannoversche Allgemeine vom 30.1.1963, Rundfunk Programm Fernsehsendung Tagesschau von 8/52 bis 1/66, NDR. Es handelt sich um eine dpa-Meldung.

[191] Radio Bremen Mitteilung an NDR, 8.2.1963, Zusammenfassung „Briefwechsel zwischen fff-press-Chefredakteur Karl Heinz Ressing und dem Intendanten von Radio Bremen Heinz Kerneck", Rundfunk Programm Fernsehsendung Tagesschau von 8/52 bis 1/66, NDR. Der Briefwechsel wurde in fff-press Nr. 11 veröffentlicht.

de, sollten die Zuschauer bereits um 18.10 Uhr (fünf Minuten lang) und um 19 Uhr (drei Minuten lang) informiert werden.[192]

Wie heute noch, sollte das attraktivste Programm nach den Hauptnachrichten beginnen. Die „konstante Drehscheibe" für den Beginn des unterhaltenden Abendprogramms war weiterhin 20.15 Uhr.[193] Das zweite ARD-Programm wurde noch bis April 1963 von den Landesrundfunkanstalten ausgestrahlt[194] – bis das ZDF die Frequenzen übernahm. Gerd Elgo Lampel, Verantwortlicher für die Bildredaktion der *heute*-Sendung des ZDF, vertrat in einer Rückschau die Ansicht, dass die Formen, die sich im Zweiten Deutschen Fernsehen entwickelten, „frei vom Vorbild der Wochenschau" entstanden seien, obwohl es als „Vorbilder" nur die Wochenschau und die ARD gab.[195] Dagegen sah Svoboda die *Tagesschau* klar in der Tradition der Wochenschau. Er betonte, dass die ARD-*Tagesschau* in einiger Hinsicht eine „Fortentwicklung der Wochenschau" gewesen sei: „Wir haben ganz stark auf der Wochenschau aufgebaut".[196] Zu der Frage, warum die Deutsche Wochenschau sich nicht z.B. als Nachrichtenagentur oder Zulieferer von Beiträgen in das ZDF einbringen konnte, vermutete ZDF-Redakteur Lampel, dass die Wochenschau aufgrund ihrer Unternehmensstruktur selbstständig bleiben wollte. Zum anderen konnte das Fernsehen die Einschaltung eines Dienstleisters nicht zulassen – in Anbetracht der Verantwortung für die Nachrichten.[197] Eine andere Erklärung ist, dass das Fernsehen Nachrichten als seine spezifische Form und seine Angelegenheit betrachtete und in dieser Hinsicht eine Abhängigkeit von der Wochenschau unbedingt vermeiden wollte, die nur den Film als Ausgangsmaterial kannte.

3.8.7 Zusammenfassung zur Weiterentwicklung der *Tagesschau*

Obwohl Entscheidungen bei der ARD erheblich mehr Zeit brauchten als bei der Wochenschau, konnte das Fernsehen seine Weiterentwicklung und Etablierung gut vorantreiben. Die Intentionen für die Umgestaltungen der *Tagesschau* stehen im Einklang mit den besseren technischen Möglichkeiten der Übertragung und der Erweiterung des Programms. Sie sind weiterhin zu begründen mit den Bedürfnissen der wachsenden Zuschauerzahl und nicht zuletzt mit den Qualitätsansprüchen und Forderungen der Fernsehkritik. Die *Tagesschau* konnte sich auf verschiedenen Ebenen mit-

[192] Bleicher, 1993a, S. 118.

[193] Radio Bremen Mitteilung an NDR, 8.2.1963, Zusammenfassung „Briefwechsel zwischen fff-press-Chefredakteur Karl Heinz Ressing und dem Intendanten von Radio Bremen Heinz Kerneck", Rundfunk Programm Fernsehsendung Tagesschau von 8/52 bis 1/66, NDR.

[194] Vgl. o.V. (1963): Es bleibt bei 20 Uhr. In: Hannoversche Allgemeine vom 30.1.1963, Rundfunk Programm Fernsehsendung Tagesschau von 8/52 bis 1/66, NDR.

[195] Lampel, 1983, S. 143.

[196] Ebd., S. 145.

[197] Vgl. ebd., S. 146.

hilfe technischer Entwicklungen professionalisieren: in der Produktion und Distribution, in der Struktur und der Kombination ihrer verschiedenen Gestaltungsmittel und hinsichtlich verschieden gestalteter Ausgaben zu verschiedenen Sendezeiten im sich ausweitenden Programm. Damit konnten alle Gruppen der Bevölkerung unter Berücksichtigung ihrer Lebensverhältnisse (z.B. Schichtarbeiter, Zuschauer in der ‚Ostzone') erreicht werden. In parallelen Entwicklungen mit den gescheiterten Plänen für ein Staatsfernsehen Adenauers geriet die Bereitstellung eines zweiten Programms durch die ARD zu einem Wettlauf. In dem Zuge wurde das zweite ARD-Programm zu einem Experimentierfeld für neue Sendungsformen. Nach dem Gründungsbeschluss für das ZDF wurde der Sendeplatz der Nachrichten als zentraler Bestandteil des Fernsehprogramms zum großen Streitpunkt. Die Einführung des ZDF bewirkte aber keine weitere Gestaltungsänderung der *Tagesschau* und der Platz der Hauptnachrichten blieb 20 Uhr. Die Wochenschau konnte in Anbetracht des großen Informationsangebotes der ARD – und nun auch des ZDF – keine Rolle mehr spielen.

In der folgenden Darstellung werden die Phasen der parallelen institutionellen und strukturellen Entwicklung von *NDW* und Fernsehen mit der *Tagesschau* verdeutlicht. Dabei ist der gleiche Beginn von Umgestaltungen bzw. Umgestaltungsbestrebungen (bei der *NDW*) nach dem Start der beiden Formate zu beachten.

Abbildung 2: Phasen der Entwicklung von *NDW*, Fernsehen, *Tagesschau*

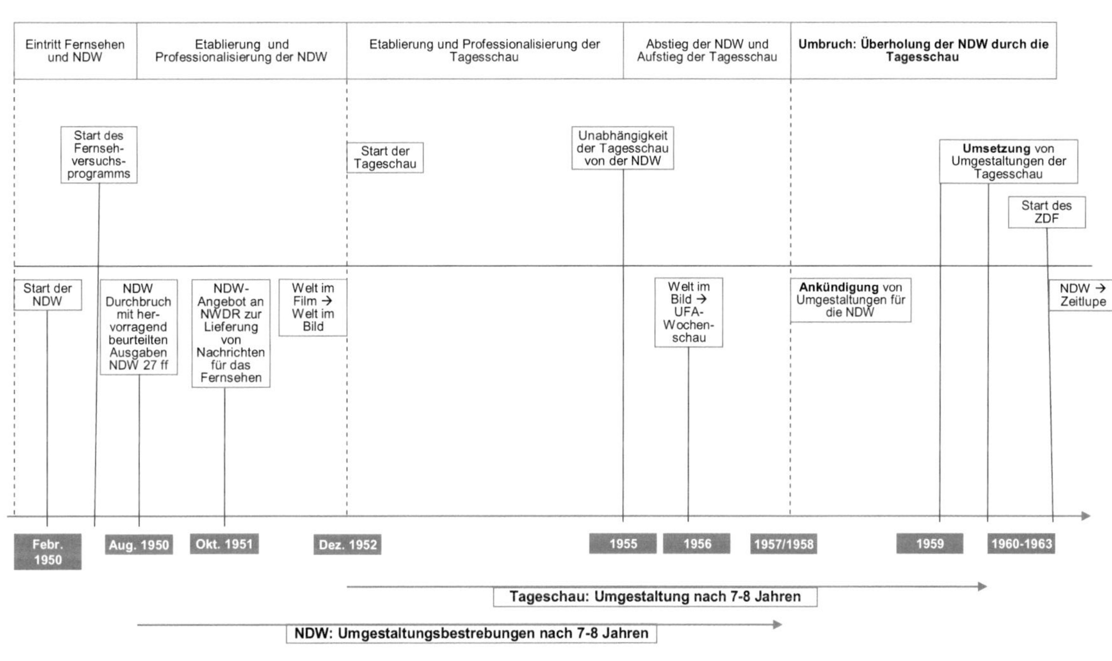

(Quelle: eigene Darstellung)

4. Struktur- und Gestaltungsentwicklung von *NDW* und *Tagesschau*

Wochenschau und *Tagesschau* sind audiovisuelle Formen: die Wochenschau ein reines Filmformat, die *Tagesschau* eine Verbindung von Filmbeiträgen und Live-Sendung. Durch die Zugehörigkeit zu den unterschiedlichen institutionellen Systemen hatten beide jeweils völlig unterschiedliche Voraussetzungen für ihre Entwicklung. Die Intentionen, mit denen die Formate produziert wurden, sind in das Produkt eingeschrieben, treten aber bei der Rezeption in den Hintergrund. Forscher und Zuschauer stehen mit ihren Seherfahrungen, ihrem kulturellem Hintergrund und ihren Erwartungen dem Film gegenüber.[1] Je nach Interpretationsvermögen entscheidet der Zuschauer über die Nützlichkeit der (Bild-)Information für sein Leben; der Forscher zieht Schlüsse für wissenschaftliche Erkenntnisse. Gründe für eine Ablösung der Wochenschau durch die *Tagesschau* können in den Erwartungen liegen, die den beiden Formaten von verschiedenen Seiten entgegen gebracht wurden. Daher werden in den folgenden Abschnitten im Sinne einer historischen Rezeptionsforschung u.a. Zuschauerkritiken herangezogen. Im Anschluss werden Ausgaben bzw. Beiträge der *NDW* und *Tagesschau* exemplarisch analysiert und verglichen, um gestalterische und strukturelle Unterschiede herauszustellen. Dazu wird die hermeneutische Filmanalyse eingesetzt. Mit ihrer Hilfe können „die Strukturen der Gestaltung" von Wochenschau und *Tagesschau* gehoben und, wie von Hickethier formuliert, die „vorhandenen Bedeutungsebenen und Sinnpotentiale" erkannt werden.[2] Das exemplarische Vorgehen ermöglicht, vom Einzelnen auf das Ganze eines Phänomens zu schließen.

Wie Körber am Beispiel der französischen Besatzungswochenschau *Blick die Welt* belegt, ist eine Wochenschau dreifach zu interpretieren. Untrennbar sind (1) publizistische Aussage, (2) historischer „Überrest" und (3) filmisches Kunstwerk miteinander verbunden.[3] Da ist zunächst das Bild, das mit seinem Rahmen wie ein Fenster zur Welt wirkt. Nach der Aufnahme des Geschehens durch den Kameramann ist der Cutter für die Komposition der Bilder verantwortlich, um durch ihren Wechsel bestimmte Rhythmen und eine intendierte Atmosphäre zu schaffen. Die Kamera beobachtet das Geschehen nicht laufend nur aus einer Position, sondern die Beobachtung wird durch den Schnitt unterbrochen und verändert. Der „ständige Wechsel im Zeigen" bildet bereits eine gewachsene Konvention.[4] Filmaufnahmen entstanden im Untersuchungszeitraum meist noch ohne Ton. Sprache, Musik und Geräusche wurden zugemischt. Waren Geräusche künstlich hergestellt, mussten sie so gut in die Handlung passen, dass dies nicht auffiel. Sie dienten dazu, den Wirklichkeitseindruck zu ver-

[1] Vgl. Hickethier, 2007, S. 5-6.
[2] Ebd., S. 30.
[3] Körber, 1994, S. 149.
[4] Hickethier, 2007, S. 52.

stärken, konnten aber auch karikieren und dazu für den Zuschauer als absichtlich erzeugtes Geräusch erkennbar sein. Die Begleitmusik kann Stereotype unterstützen, imitieren, das Gezeigte verdoppeln, emotionalisieren und Genres charakterisieren.

Die publizistische Aussage wird durch den Text und die Themen der Wochenschau geliefert.[5] Die Sprache tritt nicht nur als gesprochener, sondern auch als geschriebener Text auf, indem beispielsweise mit Zwischentiteln gearbeitet wird. Der gesprochene Kommentar soll einordnen, erklären aber auch die Aufmerksamkeit lenken. Die Stimme des Sprechers ermöglicht die „Deutungen des Textes".[6] Audiovisuelle Medien verbinden so auf unterschiedlichste Weise Wort und Bild. Wort und Bild können sich gegenseitig steigern und ergänzen oder auch im Widerspruch zueinander stehen.[7] Das Bild kann als Teil für ein Ganzes stehen oder als Metapher für etwas Übergeordnetes dienen.[8] Eine analytische Reflexion des Gezeigten war für den Zuschauer im Moment der Rezeption kaum möglich. Für sie zählte, was sie beobachteten und mit ihrem individuellen Hintergrund verstanden. Der interpretierende Forscher aber muss versuchen, die Eindrücke, die die Wochenschau auf verschiedenen Ebenen vermittelt, voneinander zu trennen und zu analysieren.

Gleichzeitig transportieren die Bilder auch viele „unabsichtliche Informationen",[9] d.h. solche, die beispielsweise im alltäglichen Straßenbild über den baulichen Zustand oder die Bekleidung der Menschen enthalten sind. Die Bildsequenz mit Schrift, gesprochenem Kommentar, Geräuschuntermalung und Begleitmusik: In allen drei Ebenen werden Informationen übermittelt – einzeln oder in Kombination miteinander. Meinungs- und tatsachenorientierte Elemente können vermischt sein.[10]

4.1 Erwartungen an die *Neue Deutsche Wochenschau*

Über den Erfolg von großen Kinofilmen in den 1950er und 1960er Jahren liegt Literatur vor.[11] Doch darüber, wie die Wochenschau gefallen hat und warum sie gefallen hat oder nicht, ist kaum etwas bekannt. Die *Neue Deutsche Wochenschau* wurde bundesweit in den unterschiedlichsten Kinos (kleine, große, Vorstadt-, Großstadt-, Land-Kinos) gezeigt. So setzte sich das Publikum äußerst heterogen zusammen – aus allen Schichten und Altersgruppen. Es liegt nahe, dass die Wünsche und Erwartungen vielfältig waren und sich widersprechen konnten. Die Wochenschau hatte zuvorderst zwei Gruppen zufriedenzustellen: die Kinobesitzer und die Zuschauer. Wobei die Kinobetreiber an der Zufriedenheit der Zuschauer am Gesamtprogramm interes-

[5] Vgl. Körber, 1994, S. 149.
[6] Hickethier, 2007, S. 101.
[7] Vgl. Hickethier, 2007, S. 102-103.
[8] Vgl. ebd., S. 112.
[9] Körber, 1994, S. 136.
[10] Ebd., S. 139.
[11] Vgl. z.B. Jacobsen, Kaes & Prinzler, 2004.

siert waren und der Verleih wiederum an der Zufriedenheit der Kinobetreiber. Zuschauer und Kinobesitzer haben Beifall und Kritik an der *NDW* in Briefen geäußert. Auch die in Protokollen und Schriftwechseln vermittelten Ansprüche der Gremien an die Gestaltung der *NDW* und die Rezensionen in der Fach- und Tagespresse tragen zum Bild über die Bedingungen von Erfolg oder Misserfolg der Wochenschau bei. Im Folgenden wird ein Erwartungsprofil herausgearbeitet – ein Profil dessen, was den Interessengruppen an der *Neuen Deutschen Wochenschau* wichtig war und die Verantwortlichen bei der Gestaltung zu berücksichtigen hatten.

4.1.1 Erste Beurteilungen der *NDW*

Die Verantwortlichen der *NDW* überprüften die inhaltliche Qualität und die Dramaturgie so oft wie möglich selbst, indem sie Vorführungen in unterschiedlich großen Lichtspieltheatern besuchten. Wo das nicht oder kaum möglich war, haben sie nachdrücklich um „Stimmen“ der Kinobesitzer gebeten und bezeichneten diese als „so ungefähr das einzige Regulativ“, nach dem sie die Gestaltung der *NDW* ausrichten konnten.[12] Diese Beurteilungen reichten von harscher negativer bis zu konstruktiver Kritik mit Verbesserungsvorschlägen, sie drückten aber auch Lob aus.

Unmittelbar nach dem Start der *NDW* versuchte der Schorcht Filmverleih mit Fragebögen die Kundenzufriedenheit zu erfassen. Aus den Jahren 1950 und 1951 sind einige dieser Fragebögen erhalten.[13] Die teilweise durch Stichworte gestützten und leicht suggestiv gestellten Fragen zeigten einerseits die eigenen Qualitätsansprüche des Verleihs bzw. der *NDW*-Redaktion und verraten andererseits Aspekte, die die Verantwortlichen an ihrer Wochenschau vermutlich selbst als kritisch ansahen. Die erste Frage des Fragebogens lautete: „Welche Sujets haben Ihnen am besten gefallen und welche Ihrem Publikum und welche Sujets wurden ablehnend beurteilt?“ Der Filmtheaterbesitzer sollte außerdem die vermuteten Gründe für Gefallen und Ablehnung des Publikums anführen. Andere Fragen bezogen sich auf die Zusammenstellung, die als „abwechslungsreich“ oder „eintönig wirkend“ eingestuft werden konnte. Ein weiterer Punkt betraf den Schnitt: Zu entscheiden war zwischen „zu kurz“ oder „zu lang“ geschnittenen Sujets. Die sprachliche Verständlichkeit der Begleittexte war von den Befragten als „wirkungsvoll, treffend, zündend“ oder „unzureichend, schwach, trocken“ zu beurteilen. Weiterhin wurde zur Musik befragt, die im günstigen Falle als „sinnvoll“ und „zweckentsprechend“ von den Kino-Zuschauern aufgenommen werden sollte, oder aber im ungünstigen Fall als „zu laut“, „zu leise“ oder als „überflüssig“ wirkend zu bewerten war. Die vorletzte Frage bezog sich auf die „grundsätzlichen Urteile“ über den „Gesamteindruck“, die die Theaterbesitzer vom Publikum gehört haben: „bejahende“ und „verneinende“. Zuletzt fragte die *NDW*

[12] NDW Brief an Eden-Lichtspiele, Lübeck (Ehrich), 19.10.1951, Beurteilungen bis 1952, DW.
[13] Beurteilungen bis 1952, DW.

nach Sujet-Empfehlungen, die die Kinobesitzer aufgrund ihrer „Praxis und Erfahrung“ geben sollten. Dabei wurde vorgegeben: „z.B. mehr oder weniger feuilletonistische Sujets, heitere Bilder, soziale Themen, Sport, Politik usw.“[14] Die *Neue Deutsche Wochenschau* benannte somit vor allem die Ressorts, die sie anzubieten hatte und über die sie sich definierte. Dabei ist nicht klar, worin der Unterschied zwischen Heiterem und Feuilleton bestand. Die Ressortbenennungen ‚Wirtschaft‘ und ‚Ausland‘ fehlten, was für die Zeit des Wiederaufbaus erstaunlich ist – wollte doch Deutschland wieder Anschluss an die Weltwirtschaft bekommen, dies auch durch die Präsentation des Landes. ‚Lokales‘ und ‚Regionales‘ wurden nicht vorgeschlagen, da die Wochenschau bundesweit vertrieben wurde. Möglicherweise war zunächst nur eine grobe Einteilung wichtig, um sich mit den Filmtheatern zu verständigen.[15]

Wie die Kinobesitzer wiederum die Befragung ihrer Besucher vorgenommen haben, ist nicht eindeutig belegt. Es ist aber anzunehmen, dass sie den Zuschauerraum beobachteten und die Reaktionen, wie Szenenapplaus, Ausrufe und die stets wichtigen Lacher an den intendierten Stellen, registrierten. Die Theaterbesitzer mischten sich auch unter das Publikum und hörten Gesprächen zu,[16] vielleicht in der Nähe der Garderoben, wenn sich die Besucher auf dem Weg dorthin unterhielten.

Die ausgefüllten Fragebögen sendeten die Kinobesitzer an die verschiedenen Geschäftsstellen des Schorcht Filmverleihs, wo man eine grobe Auswertung vornahm. Die Schreiben mit den zusammengefassten Auswertungen dieser Fragebögen wurden den Verantwortlichen der *NDW* zugesandt. Zwar verstand sich Schorchtfilm bei der Weitergabe von Kundenurteilen nach eigenem Bekunden als „Briefträger“,[17] doch lässt sich aus den Schriftwechseln entnehmen, dass die Schreiben von der *NDW* als Druckmittel verstanden wurden. Schorchtfilm machte in einem Brief Anfang 1950 deutlich, dass die Urteile nicht die Urteile des Verleihs seien und dass sie sich bei „der Verschiedenartigkeit des Publikums und bei der differenzierten Einstellung der Theaterbesitzer“ widersprechen konnten.[18] Die Berücksichtigung der Kundenwünsche war jedoch wichtig, um auf dem engen Wochenschaumarkt bestehen zu können.

Durch die Beantwortung der Fragebögen zeigt sich zusammenfassend, dass die Zuschauer zwar Informationen über Deutschland und die ‚weite Welt‘ erwarteten – dies aber mit Amüsement. Dazu gehörten Bilder, auf die die Adjektive hell, freundlich, optimistisch zutreffen mussten. Als Feuilleton-Themen wurden Neuigkeiten aus Königshäusern, Mode, Tiere, spaßige Erfindungen oder spektakuläre Katastrophen gewünscht. Das Kino Turm Film-Palast in Frankfurt schrieb über die *NDW* Nr. 43: „Publikumsstimmen bezeichnen diese Wochenschau als einen sehr guten deutschen Fortschritt.“ Es müsse aber „immer ein Sujet humoristischer Art enthalten sein“, bei-

[14] Fragebögen zur Bewertung der NDW durch Kinobesitzer, Beurteilungen bis 1952, DW.
[15] Vgl. Rossmann, Brandl & Brosius, 2003.
[16] Vgl. UFA Brief an Deutsche Wochenschau, 7.11.1958, UFA-Kritiken, DW.
[17] Schorcht (Zimmermann) Brief an NDW (Kuntze-Just), 7.8.1950, Beurteilungen bis 1952, DW.
[18] Ebd.

spielsweise aus „Kabarett, Varieté, Zirkus oder der gleichen“.[19] Das Colosseum Filmtheater in Flensburg wünschte „einige Bilder aus einem neuen Film“.[20] Die Kammerlichtspiele in Celle erwarteten – im Gegensatz zu einer Vielzahl anderer Stimmen – gerade weniger feuilletonistische Sujets und dafür mehr weltpolitische Ereignisse.[21] Ein vielfach verwendeter Begriff aus den Zuschauerbeurteilungen ist die „Reichhaltigkeit“[22] einer Wochenschau. Wolfgang Esterer, ehemaliger leitender Redakteur der *Ufa-Wochenschau* und Geschäftsführer der Deutschen Wochenschau GmbH, erläuterte in einem Gespräch, dass „Reichhaltigkeit“ bedeutete, viele kurze Berichte mit verschiedenen beliebten Themen zu bringen: etwas zum Staunen, Tiere, Kinder, Royals, etwas zum Lachen.[23] Als Fazit aus den Fragebögen kann zusammengefasst werden: Erwartet wurde eine Wochenschau, die viele unterschiedliche Berichte mit inländischem Bezug in heiteren Bildern mit der entsprechenden Tonalität im Kommentartext brachte.

4.1.2 Erwartungen an die Themen

Die Erwartungen an die Themen der Wochenschau stehen im starken Zusammenhang mit den gesellschaftlichen, politischen und wirtschaftlichen Gegebenheiten Anfang der 1950er Jahre. Die Versorgungslage war noch lange nicht für alle ausreichend. Ein hoher Anteil der deutschen Bevölkerung war durch Flucht und Vertreibung wurzellos und suchte nach einem Neubeginn. Zwar hatte sich der Lebensstandard seit der Währungsreform ständig verbessert,[24] doch der Verdienst war noch immer nicht hoch[25]. Durch die existenziellen Sorgen, die jeder Einzelne hatte, war das Interesse an Politik gering[26]. Ein Münchener Lichtspielhaus lobte an der *NDW* Nr. 8 vom 21. März 1950, dass das Publikum „mit politischen Sachen sehr verschont wurde“ und es „heitere und frohe Bilder“ und „gute Sportaufnahmen“ gab.[27] Von den nur sieben Sujets der Nr. 8 befassten sich allein drei mit sportlichen Ereignissen in den Disziplinen Pferderennen, Fußball und Boxen. Die erwähnten ‚heiteren Bilder‘ bezogen sich vermutlich auf den Bericht zum Frühlingsanfang mit dem Kommentar in Versform und einem langen Modebericht über Diors Frühjahrskollektion aus Paris (73 m, 2’40 Minuten). Das einzig Politische war ein, für die deutschen Zuschauer

[19] Fragebogen vom 15.12.1950 zu *NDW* Nr. 43, Beurteilungen bis 1952, DW.
[20] Fragebogen vom Januar 1951, Beurteilungen bis 1952, DW.
[21] Fragebogen vom 10.3.1951, Beurteilungen bis 1952, DW.
[22] Vgl. u.a. Schorcht (Zimmermann) Kurzbrief an NDW, 14.8.1950, Beurteilungen bis 1952, DW.
[23] Gespräch am 15.12.2010 im Filmarchiv Deutsche Wochenschau.
[24] Dies war auch die Meinung von Befragten (66 %) im Jahr 1952; Noelle & Neumann, 1956, S. 229.
[25] 1950 verdiente die Mehrheit noch 100 bis 249 DM (49 %), 32 % zwischen 250 und 399 DM und nur 8 % mehr als 400 DM; Noelle & Neumann, 1956, S. 4.
[26] Vgl. Noelle & Neumann, 1956, S. 51.
[27] Schorcht (Zimmermann) Kurzbrief an NDW, 14.3.1950, Beurteilungen bis 1952, DW.

wohl eher belangloser, Bericht über die Landnahme in Italien nach einer Agrarreform.

Der Grund für die strikte Ablehnung von politischen Themen im Frühjahr 1950 kann in der Demontage und der Kontrolle der deutschen Wirtschaft gesehen werden. Das Saarland war der größte Lieferant von Eisenerz für die Produktion von Stahl im Ruhrgebiet. Dort wurde eine „Internationale Ruhrbehörde" eingesetzt, die auf Preise, Löhne, Zölle und „Produktionsverteilungen" der Montanindustrie einwirken konnte. Die Kontrolle von „Kohle, Koks und Stahl" bedeutete jedoch im Grunde die Kontrolle der „gesamten deutschen Wirtschaft".[28] Die Stimmung in der Bevölkerung war vermutlich dementsprechend angespannt.

Sportberichte trugen zur Ablenkung und Abwechslung bei. Gerade weil der Sport eine große Beliebtheit in der Bevölkerung genoss, ist in Bezug auf die Erwartungen in den Sportarten zu differenzieren: Besonders gefragt waren Boxen und Fußball. Sportberichte waren zudem meist saisonal ausgerichtet, wie Ski-Wettbewerbe oder Eiskunstlauf im Winter und Wassersportarten im Sommer. Am Ende jeder Ausgabe konnte idealerweise ein strahlender deutscher Sieger mit Lorbeerkranz gefeiert werden. Zum Sport in der *NDW* gab es aber auch durchaus kritische Stimmen. Ein Kinobesitzer aus Freiburg monierte den Sportteil und nannte ihn einen „kindischen Rummel vom Boxring". Es passiere „in dieser Welt doch allerhand Interessantes ausser diesen blöden Fussball- und Boxwettkämpfen und Motorradrennen".[29] Das kann jedoch nur eine Einzelmeinung gewesen sein – denn Sport lag fortgesetzt an der Spitze des Interesses.[30]

Soziale Themen wurden in den Zuschauerkritiken einmal als wenig erbaulich oder langweilig abgetan,[31] ein anderes Mal aber ausdrücklich eingefordert[32]. Die Besucher eines Kinos in Oldenburg wünschten sich Ende 1950 Berichte mit „Kritik an sozialen Dingen", womit jedoch besonders Kriminal-Stories gemeint waren, z.B. Berichte über den Serienmörder Rudolf Pleil. „So etwas hätte man doch sehr schön etwas auf sensationell machen können und hätte großen Beifall gefunden." Der Kinobesitzer schlug außerdem vor, sich in dieser Beziehung an den „amerikanischen Reportern ein

[28] O.V. (1950): Beide gemeinsam an die Saar. In: Der Spiegel Nr.11, 16.03.1950, S. 5-6, hier: S. 5.

[29] Dr. Kuhn, Freiburg (Zuschauer) Brief an Schorcht, Hamburg, 25.3.1951, Beurteilungen bis 1952, DW.

[30] Vgl. Noelle & Neumann, 1957, S. 63. Befragung von Kinobesuchern 1956: Besonders interessant waren die Themen Sport (55 % Männer, 30 % Frauen), Mode (mit Schönheit und Tanz; 51 % Frauen, 7 % Männer), Katastrophen (Krieg, Erdbeben, Überschwemmungen, Unglücksfälle; 28 % Männer, 20 % Frauen) und Tiere (21 % Männer, 26 % Frauen). Danach kamen Kunst und Kultur (16 % Männer, 28 % Frauen), Politik (28 % Männer, 12 % Frauen), Technik (35 % Männer, 6 % Frauen). Themengebiete, die in der Wahrnehmung der Befragten am meisten vorkommen: Politik und Sport, auf dem dritten Platz Katastrophen.

[31] Vgl. Schorcht (Zimmermann) Kurzbrief an NDW, 10.8.1950, Beurteilungen bis 1952, DW.

[32] Vgl. Schorcht (Zimmermann) Kurzbrief an NDW, 27.10.1950, Beurteilungen bis 1952, DW. Kundenurteil eines Kinos in Ravensburg zu *NDW* Nr. 37.

Beispiel" zu nehmen.[33] Bei solchen Inhalten war ein amerikanischer Stil also gefragt, während der rasante Schnitt der *Fox* oftmals abgelehnt wurde.[34]

Bis in die 1960er Jahre wurden soziale Themen ambivalent beurteilt. Beispielsweise geht es in *NDW* Nr. 558 vom 4. Oktober 1960 im zweiten Beitrag um Telefonseelsorge für Einsame in der Schweiz. Das Bavaria Film-Theater in Würzburg war der Ansicht, dass „eine solche Reportage" keinen Menschen interessiere. Weil es der längste Beitrag der Wochenschau war (2'17 Minuten), glaubte der Theaterbesitzer, dass die *NDW* damit „künstlich gestreckt" wurde.[35] Die Verantwortlichen der *NDW* waren dagegen der Ansicht, „dass man in unserer hektisch überforderten Zeit auch auf derartige Dinge Rücksicht nehmen sollte".[36] Die *NDW* ging damit auf die Gesellschaft im Wirtschaftswunder ein, die eine Art Beschleunigung im Alltag erlebte.[37] Es belegt zudem einen Versuch der *NDW*, einen längeren Beitrag mit gesellschaftlicher Thematik einzuflechten und vom üblichen Muster abzukommen. Doch wurde das vom Publikum nicht honoriert.

Themen, die das Ausland betrafen oder aus dem Ausland kamen, waren offenbar weniger bedeutend für die Zuschauer. Auslandsberichte sollten nur kurz sein und sich nicht mit der Vergangenheit beschäftigen. Ein großes Kino in Ratzeburg forderte mehr „aktuelle Begebenheiten aus unserem Reich".[38] Offenbar hat sich der Sprachgebrauch nur langsam modernisiert – der Ausdruck ‚Reich' aus der Vorkriegs- und Kriegszeit war noch geläufig. Diese Aussage ist zugleich als Wunsch nach solcher Information zu verstehen, die den eigenen Lebensbereich betrifft. Auf der anderen Seite wurde die amerikanische *Fox* wegen ihrer qualitativ guten Auslandsbilder gelobt.[39] Allerdings konnte die *Fox* ihre Filme durch eigene international tätige „Aufnahmestäbe" herstellen lassen, während die *NDW* auf Austauschabkommen mit anderen Wochenschauen und deren Qualität angewiesen war.[40]

Während das ‚Ausland' als pauschale Themengröße genannt wurde – undifferenziert nach den Ländern der Erde oder Europa – hatte die *NDW* oftmals zwischen regionalen Themen-Erwartungen abzuwägen. Beispielsweise wurde an die Zweigstelle des Schorcht Filmverleihs in Düsseldorf durch Theaterbesitzer herangetragen, dass ein großer Teil der Zuschauer „fanatisch fussballbegeistert" sei und „alle Fußballfreunde" das Spiel Offenbach gegen Dellbrück sehen wollten.[41] Für einen anderen

[33] Capitol Lichtspiele, Oldenburg Brief an NDW, 10.12.1950, Beurteilungen bis 1952, DW.

[34] Vgl. Schorcht (Zimmermann) Kurzbrief an NDW, 27.10.1950, Beurteilungen bis 1952, DW.

[35] Bavaria Film-Theater, Würzburg, Brief an Bavaria (Koschnick), 13.10.1960, NDW Echo, DW.

[36] NDW (Purzer) Brief an Bavaria-Film-Theater, Würzburg (Dietz), 11.11.1960, NDW Echo, DW.

[37] Vgl. Schildt, 1995, z.B. S. 59. Schildt spricht von einem sozialen Aufstiegsprozess, der sich beschleunigte. Die Arbeitswelt veränderte sich, indem eine höhere Konzentration an Maschinen notwendig war; vgl. Schildt, 1995, S. 89.

[38] Schauburg, Ratzeburg (Steinhusen), Brief an Schorcht, Hamburg, 20.3.1950, Beurteilungen bis 1952, DW.

[39] Schorcht (Zimmermann) Brief an NDW, 23.3.1950, Beurteilungen bis 1952, DW.

[40] Roeber & Jacoby, 1973, S. 271.

[41] Schorcht, Hamburg Brief an NDW, 21.6.1950, Beurteilungen bis 1952, DW.

Kunden aus Weilheim war die *NDW* Nr. 29 zu norddeutsch: Der gesamte Sportteil dieser *NDW*-Ausgabe kam aus Hamburg sowie Hannover und davor lief ein Beitrag über einen Hamburger Zauberer. Der Kinokunde forderte, dass in jeder Wochenschau eine „Szene" aus Bayern „vertreten" sein sollte.[42] Dies zeigt, dass den Zuschauern die bundesweite Verbreitung der Wochenschau nicht recht bewusst war – für sie war ihr eigenes Umfeld das Wichtigste und ein Ausdruck des Heimatgefühls. Berliner Kinobesucher waren vermutlich aufgrund der Stellung der Stadt besonders sensibel. Gleich mehrere Filmtheater beschwerten sich über die zu laute Musikuntermalung in *NDW* Nr. 39, als es um die Einweihung der Freiheitsglocke in Berlin ging. Die Musikuntermalung sei so laut gewesen, dass „der Ton der Glocke nicht mehr hörbar" gewesen sei.[43]

Berichte, die sich mit Kriegsfolgen auseinandersetzten, waren riskant und konnten sogar massive Reaktionen zur Folge haben. In Mannheim und Berlin protestierten Zuschauer und Filmtheaterbesitzer stark, als in der 5. Ausgabe der *NDW* vom 28. Februar 1950 an dritter Stelle ein Beitrag mit Aufnahmen zum 32. Jahrestag der Gründung der Roten Armee zu sehen war. Russische Soldaten legen darin im Tiergarten einen Kranz am russischen Ehrenmal nieder. Obwohl die darauf folgende Szene den Gedenktag für deutsche Gefallene aufgreift, waren die Zuschauer keineswegs zufrieden. Sie gingen von einer rein absichtsvollen Berichterstattung zugunsten der Sowjetunion aus, was vermutlich an der Reihenfolge der Szenen lag. Wären zuerst deutsche Kriegsgräber ins Bild gekommen, wäre der intendierte Kontrast zwischen pompösem Auftreten der Sowjet-Soldaten und stiller deutscher Trauer möglicherweise besser von Zuschauern und Kinobesitzern verstanden worden.[44] Nachdem Zuschauer in einigen Fällen mit lautem Protest den Kinosaal verlassen hatten, sollen nach Angaben des Filmverleihs einige Filmtheaterbesitzer kurzerhand die „Sovjetsujets [sic]" aus dem Film-Positiv herausgeschnitten haben.[45] Andere Filmtheaterbesitzer ließen vorsichtshalber vor der Wochenschau ein Dia einblenden, mit dem die Zuschauer gebeten wurden, von Protesten „Abstand" zu nehmen.[46] Dass diese Vorgänge dem Filmverleih sogar ein Telegramm an die Verantwortlichen der *NDW* wert war, zeigt die alarmierende Dringlichkeit. Der Verleih forderte in einem zusätzlichen Brief: „Wir bitten [...] im eigenen Interesse von der Verwendung derartiger Aufnahmen in der gebrachten Form Abstand zu nehmen." Die Verantwortlichen der *NDW* nahmen dies offenbar nicht recht ernst. Das verraten die nachträgliche Unterstreichung dieses Satzes und der Kommentar „Quatsch!", der handschriftlich auf dem Brief zugefügt wurde.[47] Die Redaktion vermutete, dass weniger die Zuschauer

42 Schorcht (Zimmermann) Brief an NDW, 13.9.1950, Beurteilungen bis 1952, DW.
43 Schorcht (Zimmermann) Brief an NDW, 1.11.1950, Beurteilungen bis 1952, DW.
44 Vgl. ausführliche Darstellung in Aktennotiz der NDW, Ordner der Sprechertexte NDW 1-48, DW.
45 Schorcht Telegramm an NDW, März 1950, Beurteilungen bis 1952, DW.
46 Schorcht, Hamburg Brief an NDW, 20.3.1950, Beurteilungen bis 1952, DW.
47 Ebd.

protestierten, als vielmehr der Theaterbesitzer des Filmtheaters in Mannheim, der ihrer Meinung nach ein „Sowjetgegner“ war. [48]

Während Krieg in Verbindung mit der eigenen deutschen Vergangenheit ein riskantes Thema darstellte, wurden Berichte von dem Krieg in Korea mit Interesse[49] – vielleicht auch mit Faszination – betrachtet. Im August 1950 wünschte man sich ausdrücklich „weltpolitische Beiträge, z.B. Korea“.[50] Während im Herbst 1950 diejenigen *NDW*-Ausgaben, die Beiträge über den Koreakrieg enthielten,[51] noch als gut bzw. herausragend bezeichnet wurden, gab ein Kinobesitzer 1951 in einem Fragebogen für *NDW* Nr. 54 an, dass „jede Aufnahme vom Kriegsschauplatz“ von den Zuschauern „abgelehnt“ werde. Es gab aber auch die Ausnahme: „wenn das letztere in kurzen Bildern“ gezeigt werde, nehme es jeder Besucher hin[52]. Vermutlich war es der geschützte Raum des Kinos, der das Interesse an den Kriegsbildern unterstützte. Was Käppeli unter „Militainment“ des Fernsehens versteht, [53] könnte bei der Wochenschau schon einen Vorläufer gehabt haben. Eine absichtsvolle Einbettung von Berichterstattern kann jedoch höchstens von der Austauschwochenschau angenommen werden, von der die Filmberichte aus Korea stammten. Bei der *Neuen Deutschen Wochenschau* ist eher von einem Bestreben zu sprechen, eine Kriegssituation wirklichkeitsnah zu vermitteln. Allerdings hatte gerade die Berichterstattung über den Koreakrieg für den *NDW*-Chefredakteur Kuntze-Just negative Folgen. Wegen der Art der Berichte, die nicht amerikafreundlich ausfielen, forderten im März 1952 die Amerikaner seinen „Kopf“.[54] Kriegsdarstellungen waren schon immer mehr als eine nur politische Angelegenheit – es ging um Nationalstolz.

Auch bei kirchlichen Themen war auf Seiten der *NDW* Vorsicht geboten, um wichtige Kinobetreiber nicht zu verärgern. Theaterbesitzer großer Häuser schrieben an den Schorcht Filmverleih, dass viele Besucher sich über „sehr starke kirchliche Tendenzen“ beschwert hätten. Die Kinobesitzer drückten aus, „dass es traurig sei, wenn eine Privatfirma wie die *Neue Deutsche Wochenschau* von Geistlichen gestellt würde“. [55] Offenbar glaubten sie, dass die *NDW* von kirchlichen Institutionen gesteu-

---

[48] Aktennotiz der NDW, Ordner der Sprechertexte NDW 1-48, DW.

[49] Vgl. Noelle & Neumann, 1956, S. 53. 78 % der Männer, die in Nord- und Südbaden vom Institut für Demoskopie befragt wurden, informierten sich laufend, 43 % der Frauen gelegentlich durch Nachrichten aus Korea.

[50] Schorcht (Zimmermann) Brief an NDW (Kuntze-Just), 7.8.1950, Beurteilungen bis 1952, DW.

[51] *NDW* Ausgaben Nr. 25 bis Nr. 30, Nr. 32 und Nr. 34.

[52] Fragebogen von Bavaria Lichtspiele, Nürnberg, 20.2.1951, Beurteilungen bis 1952, DW.

[53] Beim Militainment „arrangiert das Fernsehen selbst den Krieg“, wobei die Soldaten als „Handlanger“ im Wettstreit um Einschaltquoten dienen und die Medien das Militär einbetten; Käppeli, 2005. Diese Einbettung der Wochenschau in den Krieg hat bemerkenswerterweise eine Wochenschau-Tradition. Auf „Anforderung des griechischen Königs“ nahm 1913 ein Wochenschaureporter der Deutschen Expreß-Filmgesellschaft am Balkankrieg teil; von Zglinicki, 1956, S. 336.

[54] Paschen, 2010, S. 29.

[55] Schorcht, Hamburg Brief an NDW, 21.9.1950, Beurteilungen bis 1952, DW.

ert würde; dabei gibt es im Aufsichtsrat keinen Vertreter der Kirche[56]. Die Ablehnung kirchlicher Themen wurde von dem Kinobetreiber mit dem Alter der Besucher begründet. Die Besucher würden sich vorwiegend „aus Jugend und ‚Mittelalter'" zusammensetzen, also aus „Menschen, die die kirchliche Tendenz ablehnen, oder sich zumindest im großen Ganzen nicht dafür interessieren. [...] Das ‚Alter' [...] kommt nur vereinzelt ins Theater". [57] Die Besucher also, die in der NS-Zeit erzogen wurden, interessierten sich kaum für kirchliche Themen, während das bei Besuchern, die noch vor dem Krieg aufgewachsen waren, eher anzunehmen war. Das Nichtinteresse war teilweise regional begründet. Das Colosseum-Filmtheater in Flensburg mahnte im Januar 1951 für *NDW* Nr. 50 an, „nicht so viel Katholisches" wegen der überwiegend evangelischen Bevölkerung zu bringen.[58]

Bei politischen Themen waren die Erwartungen tendenziell klar: Wenn sich eine Zuschrift von Zuschauern oder Filmtheatern auf politische Sujets bezog, dann waren es meist ablehnende Äußerungen.[59] Der Beirat der *NDW* hatte jedoch ein Augenmerk auf den Politikanteil der Wochenschau. Auf der Beiratssitzung im Januar 1958 äußerte das Beiratsmitglied Elisabeth Noelle-Neumann Sorge darüber, dass im Jahresrückblick für 1957 „die politischen Vorgänge in naiv vereinfachender Form" gebracht wurden. Sie verband das mit den Befunden ihres Instituts für Demoskopie in Allensbach (IfD), wonach in den Schulen eine „solide staatsbürgerliche Erziehung" fehle. „Demagogen" würden „in jeder zukünftigen Krisensituation" begünstigt, wenn politische Zusammenhänge nicht begriffen werden könnten. In Bezug auf die Gestaltung von politischen Berichten der *NDW* war die Demografin der Meinung, „[d]ie Neigung, politische Vorgänge stark personifiziert zu sehen, ist verständlich, aber gefährlich".[60] Die häufige Präsenz von Politikern in der Wochenschau habe dazu geführt, dass Minister als starke Kostenverursacher galten. Ein großer Teil der Befragten der Untersuchungen habe auf die Frage nach der Einschätzung, was dem Staat am meisten kostet, angegeben, dass dies die Ministergehälter seien. Dieser Teil der Bevölkerung sei „am anfälligsten [...] für radikale destruktive Tendenzen".[61] Dr. Noelle-Neumann maß der Wochenschau offenbar noch 1958 eine hohe Bedeutung und Möglichkeit der Einflussnahme auf die Zuschauer zu, obwohl die Zuschauerzahl aufgrund

---

[56] Nur für den Beirat ist in 1959 als Mitglied Oberkirchenrätin Dr. Schwarzhaupt belegt; vgl. Deutsche Wochenschau Brief an Senator Heinrich Landahl, 11.2.1959, Verwaltungsrat 1958-1960, DW.

[57] Ebd.

[58] Fragebogen des Collosseum-Filmtheaters zu *NDW* Nr. 50, Beurteilungen bis 1952, DW.

[59] Vgl. Eck, Hamburg (Zuschauer) Brief an NDW, 22.1.1952, Beurteilungen bis 1952, DW. Eck stimmt zu, dass man die Regierung selbst gewählt hat, diese tue aber „leider nicht, was wir wollten, sondern das, was immer noch von Seiten des Auslandes her diktiert wird".

[60] Institut für Demoskopie, Allensbach (Noelle-Neumann) Brief an Vorsitzender des Beirats der Deutschen Wochenschau, Senator Heinrich Landahl, Hamburg, 10.2.1958, Verwaltungsrat 1958-1960, DW.

[61] Ebd.

der Kinokrise spürbar abnahm. Zu beachten ist, dass solche Umfragen des IfD auch intendiert konzipiert worden sein konnten.

Zwar waren die Politiker durch die Wochenschau-Berichte Personen öffentlicher Bekanntheit – aber bekannter und beliebter waren Prominente. Beispielsweise Komiker wie Cläre Schlichting und Jupp Hussels[62], die sich für die Belustigung auf der Jubiläumsfeier der Zigarrenfabrik Gildemann zur Verfügung stellten. Damit konnte das Wirtschaftsunternehmen sicherstellen, dass die *NDW* ihre Kameramänner entsandte und heimste gleichzeitig einen Werbeeffekt ein. Die Ausgabe Nr. 44 vom 29. November 1950 zeigt die anzüglichen Witzsequenzen mit den Komikern. Ein Kinokunde in Oldenburg wies darauf hin, dass solche Scherze nicht „zu jedem Publikum" passten – die Zuschauer hätten den Witz zum großen Teil negativ aufgenommen.[63]

Gelobt wurden Berichte über Stars, wie Hildegard Knef – besonders, wenn sie vom Star-Kameramann der Wochenschau, Erich Stoll, gedreht worden waren. In der Rubrik „Menschlich gesehen" wurden regelmäßig bekannte Künstler, wie z.B. der Schauspieler Willy Birgel, in ihrer privaten Umgebung besucht. Die Zuschauer bekamen in der *NDW* Nr. 44 vom 29. November 1950 einen Einblick in eine heile Welt: Willy Birgel am Schreibtisch in seinem Haus voller Kunstgegenstände, seine Frau stopft Socken und die kleine Tochter kocht brav in der Puppenküche.

Während solche Sujets klar zum Stil der Wochenschau passten, zensierte sich die *NDW* selbst und sortierte „Heiße Eisen"[64] aus – diese Beiträge kamen nie zur Aufführung. Darunter waren Sujets über Fakire, knitterfreie Nachthemden, Wäschemode mit Nerzbesatz, eine Korsettmodenschau, Sophia Loren beim Mambotanz und Stierkämpfe; aber auch Berichte über heimtückische Morde, Aufstände, Folgen eines KZ-Aufenthaltes, Leprakranke, Versehrten-Sport und tödliche Sportunfälle, wie in Le Mans[65]. Die Kriterien, nach denen Themen selektiert wurden, sind nicht dokumentiert. An der Aufstellung der ‚Heißen Eisen' lässt sich jedoch ablesen, dass darauf geachtet wurde, Grausamkeiten an Mensch und Tier, allzu große Freizügigkeit, nach damaligen Normen moralisch Zweifelhaftes sowie Verletzungen, Tod und Verstümmelungen nicht zu zeigen. Daraus ist zu schließen, dass das Geschichtsbild der 1950er und 1960er Jahre, das mit der Wochenschau gezeichnet wird, verzerrt ist. Ge-

---

62 Jupp Hussels spielt in den „Schussel und Clever"-Stories zum Unfallschutz die Figur von ‚Clever'. Hussels bekam nach 1945 Berufsverbot wegen seiner Mitwirkung in den ebenso belehrenden Kurzfilmen „Tran und Helle" der NS-Wochenschau; vgl. o.V. (1956). Verkehrserziehung. In: Der Spiegel Nr. 17, 24.4.1956, S. 56.

63 Capitol Lichtspiele, Oldenburg, Brief an NDW, 10.12.1950, Beurteilungen bis 1952, DW.

64 Vgl. Dokument „Heisses Eisen" Was die Wochenschau nicht veröffentlicht, Verwaltungsrat 1958-1960, DW. Die Filmstreifen wurden während der Beiratssitzung im Januar 1958 vorgeführt.

65 Beim Autorennen von Le Mans kam es 1955 zu einem schweren Unfall, durch den 82 Menschen tödlich verletzt wurden; vgl. o.V. (1955): Gibt es höhere Gewalt? In: Der Spiegel, Nr. 26, 22.6.1955, S. 31-33.

rade die nicht gezeigten Filme wären für die Widerspiegelung der damaligen Verhältnisse möglicherweise sehr interessant.

4.1.3 Erwartungen an die Dramaturgie

Am Beginn muss etwas passieren – das steht für den Spielfilm eindeutig fest – eine Geschichte nimmt ihren Anfang. Der Zuschauer erwartet ein Ereignis, das es „wert wäre, erzählt zu werden", d.h. etwas, das von den „Routinen des Lebens" abweicht.[66] Es kommt darauf an, den Zuschauer zu fesseln, seine Neugier zu wecken – er soll „auf den Film eingestimmt" und auch „für ihn eingenommen" werden.[67] Die Zuschauer erhalten gleich zu Beginn Hinweise, um sie in die Erzählung hineinzuziehen.[68] Im Fall der *NDW* kann dies besonders für das Anfangs-Sujet angenommen werden. Der Kinobesucher musste auf Anhieb interessiert sein – das gilt aber auch für jedes andere Sujet einer Wochenschau-Ausgabe.

Für die gesamte Dramaturgie einer Ausgabe waren heitere Szenen unabdingbar. Das Tivoli-Theater in Landau war der Auffassung, dass die deutschen Besucher „Aufheiterung" und „Schwung" liebten.[69] Im Kino wollten die Zuschauer nicht auch noch an den anstrengenden Alltag der 1950er Jahre[70] erinnert werden – das erlebten sie schließlich selbst. Von der *NDW* wurde Frische erwartet, besonders vom Sprecher[71] und eine Filmgestaltung mit „Tempo sowie Schmiss" [72]. Die Zuschauer standen offenbar Anfang der 1950er Jahre zwischen dem Bedürfnis nach Ruhe und Harmonie und schwungvoller Moderne. Im Februar 1952 warf ein Zuschauer grundsätzliche Fragen über schnellen Schnitt, hohe Informationsdichte und Kurzberichte auf. In einem Brief bat der Besucher sein Kino (das Capitol in Dortmund) darum, die Wochenschau, „langsamer ablaufen" zu lassen – er könne „selbige mit dem Auge" kaum verfolgen.[73] Mit dieser grundlegenden Kritik bezog er sich auf die Rubrik „Kurz belichtet", die das Mittelstück der *NDW* bildet und mit Berichten deutlich unter einer Minute Länge gefüllt ist. Das Capitol Filmtheater in Dortmund, war um seinen Zuschauerbestand besorgt und schrieb dem Filmverleih: „Durch den Einbau [...] hat [...] Ihre Wochenschau außerordentlich stark gelitten, da gerade diese einzelnen Sujets zu abgehackt und kurz sind." Das Publikum könne die schnelle Bildfolge nicht

---

66 Hartmann, 2009, S. 18.

67 Ebd., S. 26.

68 Vgl. ebd.

69 Schorcht (Zimmermann) Brief an NDW, 17.5.1950, Beurteilungen bis 1952, DW.

70 Vgl. dazu Schildt, 2003, S. 4-5.

71 Vgl. Schauburg, Ratzeburg (Steinhusen) an Schorcht, Hamburg, 20.3.1950, Beurteilungen bis 1952, DW.

72 Schauburg, Erlangen (Kuchenreuther) Brief an Schorcht, München (Löbel), 6.4.1950, Beurteilungen bis 1952, DW.

73 Schulze, Dortmund (Zuschauer) Brief an Capitol, Dortmund, 19.2.1952, Beurteilungen bis 1952, DW.

aufnehmen. Das Filmtheater forderte, dass die Wochenschau für „jedermann verständlich“ gestaltet sein sollte.[74] Daraus lässt sich folgern, dass man zur Verständlichkeit audiovisueller Information länger geschnittene Beiträge akzeptierte.

Da das Capitol Filmtheater ein wichtiger Kunde war, bemühten sich Filmverleih und Produzenten um eine schnelle Erklärung und antworteten binnen einer Woche: Die *NDW* solle eine „konstante Länge“ haben, die „nach Möglichkeit“ 300 Meter nicht überschritt. Man sei aber bemüht, „in ganz kurzer Szenenfolge die interessantesten Dinge aus aller Welt zu zeigen, weil sie sonst unaktuell würden und unter den Tisch fallen müßten“.[75] Die *NDW* habe „außerordentlich viel ausländisches Material“, womit es möglich sei, jede Woche „so etwa 15-20 [...] unterzubringen“. Es würden so in der Rubrik 10-12 verschiedene Ereignisse in nur 40 Metern (entspricht 1'28 Minuten) gezeigt.[76] Man sei bemüht, die Wochenschau „so vielseitig und interessant zu machen, dass sie jedem Ihrer Besucher etwas gibt“.[77] Tatsächlich wurden in der Rubrik „Kurz belichtet“ meistens vier oder fünf Beiträge gezeigt und eine Wochenschau hatte nicht mehr als 13 Beiträge. Nach Angaben des *NDW*-Kameramannes Brandes wurde ein Beitrag zu einem „KB“ (in der Rubrik „Kurz belichtet“), wenn man zu einem Thema nicht genügend Material für einen tragenden Beitrag hatte sammeln können.[78] Der Kunde wurde also mit einer geschönten Aussage befriedet, und es wurde ihm zugesichert: Der „Versuch“ würde wieder fallen gelassen, wenn sich die Kritik häufen sollte.[79] Die Rubrik wurde jedoch lange fortgesetzt – die Mehrheit der Zuschauer hatte sie offenbar akzeptiert.

Gerade weil die Wochenschau zum (Kino-)Alltag gehörte, sollte ihre Gestaltung nicht allzu erwartbar sein, sondern abwechslungsreich. Ende 1951 war einem Kinobesitzer aufgefallen, dass die Wochenschau-Szenen bestimmten Mustern folgten. Die gesamte Darstellung sei zu „chematisch [sic]“ geworden.[80] Auf der einen Seite forderten Zuschauer Abwechslung, auf der anderen Seite versuchte die *NDW*-Redaktion, eine bestimmte Verlässlichkeit für die Zuschauer herzustellen: „umso mehr bemühen wir uns, von einem Schema der Wochenschau abzukommen“. Es ginge aber nicht, „von einer Woche zur anderen Änderungen“ durchzuführen, um „nicht den Eindruck der Grundsatzlosigkeit in der Gestaltung zu erwecken“.[81]

Auch wenn alle filmischen Mittel für die Gestaltung zur Verfügung standen, konnte die *NDW eine* Erwartung nicht erfüllen: Seit dem Start der *NDW* wurden von

---

[74] Capitol, Dortmund, Brief an Schorcht, Düsseldorf, 21.2.1952, Beurteilungen bis 1952, DW.
[75] Schorcht, Hamburg, Brief an Capitol, Dortmund, 25.2.1952, Beurteilungen bis 1952, DW.
[76] NDW Brief an Capitol, Dortmund, 26.2.1952, Beurteilungen bis 1952, DW.
[77] Schorcht, Hamburg, Brief an Capitol, Dortmund, 25.2.1952, Beurteilungen bis 1952, DW.
[78] Vgl. Stamm, 2005, S. 24.
[79] Schorcht, Hamburg, Brief an Capitol, Dortmund, 25.2.1952, Beurteilungen bis 1952, DW.
[80] Eden Lichtspiele, Lübeck (Ehrich) Kurzbrief an Schorcht, Hamburg, 6.10.1951, Beurteilungen bis 1952, DW.
[81] NDW Brief an Eden-Lichtspiele, Lübeck (Ehrich), 19.10.1951, Beurteilungen bis 1952, DW.

den Wochenschaukunden Farbbilder gefordert.[82] Was für den ersten deutschen Spielfilm in Farbe „Schwarzwaldmädel" (Regie Hans Deppe, 1950) und Werbefilme[83] möglich war, sollte auch für die Wochenschau[84] gelten. Da die Kosten für Farbaufnahmen indiskutabel waren, konnte die *NDW* den Vorteil des Farbfilms gegenüber dem schwarz-weißen Bild des Fernsehens bis zuletzt nicht nutzen.

Selbst an die Reihenfolge der Themen stellten die Kunden Anforderungen. Während ein Theaterbesitzer die übliche Abfolge „erst Politik, dann Neues, dann Lustiges und am Ende Sport" befürwortete,[85] sollte für einen Kinobesitzer aus Varel vor allem das Ende der Wochenschau lustig sein, sodass „das Publikum zum Schluß noch einmal angenehm erheitert oder sonst wie angenehm angeregt wird". Es habe sich herausgestellt, dass „problematische oder ernste Bildberichte" am Schluss der Wochenschau „auf keinen Fall das Richtige" seien, um das Publikum in die Pause zu entlassen.[86] Sein Ziel war es, für den Zuschauer stets einen guten Übergang zum Hauptfilm zu bieten – oder zum Rest des Programms (je nach Position der Wochenschau). Auch in der Pause durfte deshalb die Stimmung nicht bedrückt sein.

Bei einem Spielfilm ist der Schluss ein Punkt, den man am liebsten so lange wie möglich hinausschieben möchte – denn er stellt die Beendigung des Vergnügens dar.[87] Bei der Wochenschau spielte das Ende eine andere Rolle: Erstens war der Schluss wegen der festgelegten Länge von zehn Minuten absehbar und zweitens war man auf den Film gespannt, für den man ja hauptsächlich ins Kino ging[88]. Im Spielfilm kann der Schluss wie magnetisch wirken, sodass alles auf ihn zusteuert.[89] In der Wochenschau war es der beliebte Sportteil, von dem man wusste, dass er höchst wahrscheinlich zum Ende hin kommen wird und vielleicht enttäuscht war, wenn dies nicht so eintrat.

4.1.4 Erwartungen an Titel, Trenner und Schluss

Während das Schlussbild der Wochenschau normalerweise zum weiteren Kinoprogramm überleitete, war der Titel ein Opening für den Kinoabend. Im Unterschied zum Spielfilm bestehen bei der Wochenschau Anfang und Ende aus einem Ensemble

---

82 Vgl. Schorcht (Zimmermann) an NDW, 17.3.1950, Beurteilungen bis 1952, DW.

83 Schon ab 1952 soll es bereits Tendenzen zum Werbefilm in Farbe gegeben haben; vgl. Roeber & Jacoby, 1973, S. 616.

84 Möglicherweise erinnerte man sich auch, dass bereits 1944 eine „Panorama" Monatsschau zu Propagandazwecken von der Deutschen Wochenschau in Farbe gefertigt wurde (drei Ausgaben); vgl. Fuhrmann, 2010.

85 Schorcht (Zimmermann) Brief an NDW, 22.8.1950, Beurteilungen bis 1952, DW.

86 Schorcht Brief an NDW, 30.9.1950, Beurteilungen bis 1952, DW.

87 Vgl. Christen, 2002, S. 11.

88 Vgl. Luft, F. (1959): Das öde Beiprogramm. In: Film-Telegramm Nr. 51-52, 15.12.1959, UFA-Kritiken, DW.

89 Vgl. Christen, 2002, S. 10.

eines steten Bildes mit der zugehörigen Musik. Beides diente der Wiedererkennung durch die Zuschauer und hatte für die Wochenschau einen Markenwert, um sich von der Konkurrenz abzusetzen. Das bekannte Titelbild und eine eingängige Titelmusik konditionierten die Aufmerksamkeit der Zuschauer. So wurde die Einleitung vom Publikum kritisch betrachtet. Auch der Schluss der Wochenschau war sorgfältig auszuwählen. Im Gegensatz zum Film, bei dem der Nachspann (bis auf die Einblendung der Credits) auch ganz fehlen kann,[90] war bei der Wochenschau der Endetitel unabdingbar. Man brauchte einen klaren ‚Schnitt' – als Abschluss dieses Programmteils.

Bei der Gestaltung des Beginns und des Schlusses der *Neuen Deutschen Wochenschau* gab es bis Mitte 1951 mehrere gravierende Änderungen. Für die ersten Nummern wurde eine von Franz R. Friedl komponierte Eingangs- und Schlussmusik eingesetzt.[91] Schon im März 1950, kurz nach Erscheinen der *NDW*, wurde in den Zweigstellen des Schorcht Filmverleihs „von allen Seiten" nach einem neuen Titel und einer neuen Einleitungsmusik gefragt.[92] In *NDW* Nr. 12 vom 18. April 1950 löste eine neue Eingangsmusik mit Fanfarenstößen aus den „Festklängen" von Liszt die Titelmusik von Friedl ab.[93] Auch das Titelbild änderte sich: Drehte sich vorher eine Weltkugel, um die sich langsam ein Filmstreifen schlängelte, auf dem der Schriftzug der *NDW* erschien, so flogen nun Punkte von Orten der Weltkugel auf den Filmstreifen, wo sie die Buchstaben des Schriftzugs „Neue Deutsche Wochenschau" bildeten und schließlich neigte sich das Gebilde nach links.

Bei der Länge der Eingangs- und Schlussmusik mussten die Produzenten bedenken, dass das Bild erst erscheinen bzw. verschwinden durfte, wenn der Vorhang noch nicht bzw. nicht mehr die Leinwand verdeckte. Die Musik musste lange vor dem ersten Bild einsetzen, und auch die Schlussmusik musste länger spielen.[94] Die Kinobesitzer beschwerten sich, dass „die Schlußmarke zu kurz" sei und daher „nicht ausreiche, um den Vorhang zu schliessen",[95] was aber bei jedem Kino abhängig von der Lauflänge des Vorhangs unterschiedlich sein konnte. Außerdem sollten der Titel und die Trenner langsam abgeblendet bzw. aufgeblendet werden,[96] um fließende Übergänge zu gewährleisten – nichts sollte abrupt geschehen. Der Schluss sollte aber durch die Musik eindeutig erkennbar sein. Die Begleitmusik des letzten Sujets als Ausklang der Wochenschau zu benutzen, fand ein Filmvorführerlehrling aus Köln

[90] Vgl. ebd., S. 62.

[91] Musikaufstellungen zu den Ausgaben der *NDW*, DW.

[92] Schorcht, Hamburg Kurzbrief an NDW, 27.3.1950, Beurteilungen bis 1952, DW.

[93] Musikaufstellungen zu den Ausgaben der *NDW*, DW.

[94] Die Musik von *NDW* Nr. 12 hatte eine Länge von 11,2 Meter und war damit fast doppelt so lang wie die von den Ausgaben Nr. 1 bis Nr. 11 (ca. 6 m). Das traf auch auf die Schlussmusik zu, die zuvor nur 2,5 bis 3 m und nun 4,8 m lang war; Musikaufstellungen zu den Ausgaben der *NDW*, DW.

[95] Schorcht, Hamburg Kurzbrief an NDW, 12.8.1950, Beurteilungen bis 1952, DW. Da die Lauflänge des Vorhangs in den Kinos unterschiedlich war, wurde dieser Punkt schon länger kritisiert; vgl. Schorcht (Zimmermann) Brief an NDW, 27.3.1950, Beurteilungen bis 1952, DW.

[96] Schorcht (Zimmermann) Brief an NDW, 27.3.1950, Beurteilungen bis 1952, DW.

„etwas primitiv". Er erinnerte in einem Brief an die Kriegswochenschauen, die die Endmusik „von der Schallplatte, von dem Komponisten Liszt" spielte. Der Schreiber meinte: „ohne Musik kein Erfolg".[97] Mit der *NDW* Nr. 14 vom 2. Mai 1950 wurde nochmals eine andere Eingangs- und Schlussmusik ausprobiert: Ein flotter Marsch von Lothar Olias setzte beim Öffnen des Vorhangs ein[98]; das Titelbild blieb aber gleich. Trotzdem wurde mehr Schwung verlangt. In der Jubiläumsausgabe, der *NDW* Nr. 50 vom 9. Januar 1951, änderte man Titel und Titelmusik dann in radikaler Weise. Das Musikmotiv war zwar im Grunde erhalten geblieben – das Tempo der Musik aber war doppelt so hoch. Um die schnell rotierende Weltkugel flirrten nun Sterne und die Weltkugel mit dem Filmstreifen füllte fast das gesamte Bild aus. Zudem wurde der Vorschlag eines Kunden aus Landau in der Pfalz umgesetzt, das Wort „Ende" am Schluss einzublenden.[99]

Ein Filmtheaterbesitzer aus Cuxhaven reagierte wenige Tage später und urteilte, dass die schnelle Musik „zu hart im Ton" sei und merkte an, dass sich die „Weltkugel" des Vorspanns „mit einem enormen Tempo" drehe. Der Brief beweist, wie wichtig der Vorspann als Erkennungsmerkmal war. Das Kino schrieb eindringlich: „Ändern Sie doch bitte nicht immer Ihren Kopf, den Besuchern ist die Neue Deutsche Wochenschau jetzt vollkommen fremd". Er wollte seinen Besuchern eine Wochenschau in „ruhiger Form" vorführen und wünschte sich die alte Musik zurück.[100] Aufgeschreckt durch die Beschwerden mehrerer Filmtheater über den neuen Titel, sendete Schorchtfilm ein Rundschreiben an die Theaterbesitzer, um nach dem Gefallen der neuen Eingangs- und Schlussmusik zu fragen. Das Lichtspielhaus Straubing teilte mit, die alte Musik habe wegen des Marschtempos, das „weitaus mehr im Ohr" liege, besser gefallen.[101] Ein anderes Kino regte an, die Musik einmal mit der Titelmusik von *Welt im Film* zu vergleichen – die Musik der *NDW* falle dagegen dem Publikum „plötzlich ins Ohr". Es gebe sicherlich „Motive alter Weisen", die die *NDW* „wahrscheinlich sehr gut verwenden" könne – es brauche „ja nicht immer gerade Marschmusik zu sein".[102] Hier spiegelt sich, dass die Bevölkerung neuen Musikstilen wenig aufgeschlossen gegenüber stand. Allgemein empfahlen die Kinobetreiber, dass man es „bei einer guten einprägsamen Einleitungsmusik" lassen sollte, „die

[97] Filmvorführlehrling, Köln handschriftlicher Brief an vermutlich Schorcht, 9.9.1950, Beurteilungen bis 1952, DW.

[98] Eingangskomponente mit einer Länge von 8 m, Schlusskomponente mit 5 m. Später erhöhte man die Länge auf 9,1 m am Anfang und 6,3 m am Schluss – als Versuch, die Lauflänge des Vorhangs der Kinos zu berücksichtigen; vgl. Musikaufstellungen zu den Ausgaben der *NDW*, DW.

[99] Schorcht (Zimmermann) Kurzbrief an NDW, 27.10.1950, Beurteilungen bis 1952, DW.

[100] Kammer-Lichtspiele, Cuxhaven (Thode) Brief an NDW, 14.1.1951, Beurteilungen bis 1952, DW.

[101] Lichtspiel-Haus, Straubing Kurzbrief an Schorcht, Hamburg, 19.1.1951, Beurteilungen bis 1952, DW.

[102] Residenz-Lichtspiele, Celle, Brief an Schorcht, Hamburg, 20.1.1951, Beurteilungen bis 1952, DW.

sich beim Publikum auch schon eingebürgert hat".[103] Die Gewöhnung an die akustische Gestaltung der Wochenschau spielte somit eine große Rolle. Die vorherige, alte Musik wurde sofort in der nächsten Ausgabe, in der *NDW* Nr. 51 vom 16. Januar 1951, wieder eingesetzt und ab dieser Ausgabe beibehalten. Noch im Jahr 1951 verlor die Weltkugel des Titelbildes ihren Filmstreifen und die Buchstaben „NDW" werfen ihren Schatten – ebenso wie bei der *Welt im Film*. Trotz der Bestrebungen, sich von anderen Wochenschauen abzugrenzen, hatte sich die *NDW* in dieser Beziehung angeglichen. Andererseits gab es diesen Schattenwurf bereits bei der *Ufa-Tonwoche* der 1930er Jahre.[104]

Abbildung 3: Veränderungen des *NDW*-Titelbildes

(Quelle: DW) [105]

Wie im Spielfilm, so markierte auch bei der *NDW* der Endetitel mit Informationen über den Verleih den Schluss der Projektion. Der Endetitel wirkt wie ein „Buchumschlag" – für das Publikum entsteht am Ende eines Spielfilms ein Übergangsstadium des „Noch-nicht-in-der-Alltagswelt- und Nicht-mehr-in-der-Filmwelt-Seins".[106] Bei der Wochenschau allerdings wusste der Zuschauer, dass es nicht lange dauern wird, bis er in einer fiktionalen Filmwelt eintauchen kann. So hat der Schluss der Wochenschau die Aufgabe, die Spannung zu halten.

Im Spielfilm hat die Exposition die Funktion, in das Thema einzuführen und dem Zuschauer die Identifikation des Filmgenres und des Stils des Regisseurs zu ermöglichen.[107] Die Sujets der Wochenschau waren jedoch zu kurz, um eine lange Einführung zu geben. Über das Thema und den Schauplatz wird daher bereits mit einem Zwischentitel informiert. Der Kommentar kann im ersten Satz mit wenigen Worten die Situation erläutern oder den Namen des Schauplatzes vom Zwischentitel plakativ wiederholen. Der Zuschauer soll sich eindeutig orientieren können und sein Wissen und seine Erwartungen mit dem Kommenden verbinden.

---

[103] Alster Lichtspiele, Mannheim, Brief an Schorcht, Hamburg, 22.1.1951, Beurteilungen bis 1952, DW.

[104] Vgl. Hoffmann, 2005a, S. 219.

[105] Die Abbildung in der Mitte zeigt das Titelbild von *NDW* Nr. 50, das nur einmal eingesetzt wurde.

[106] Christen, 2002, S. 62.

[107] Vgl. Hartmann, 2009, S. 40.

Auch die Zwischentitel, die für diese Orientierung im Fluss der Wochenschaubilder sorgten, waren Gegenstand von Kritiken. Das zeigt, wie dezidiert die Gestaltung der *NDW* beobachtet wurde. Im Laufe der Entwicklung sind verschiedene Trenner-Varianten festzustellen: von verschiedenen Blendenarten über Titel mit Schriftarten, die dem Thema des folgenden Sujets angepasst waren (z.B. Frakturschrift bei einem Bericht über mittelalterliche Traditionen) und optische Tricks. Oder aber die Trenner wurden ganz weggelassen und die Übergänge durch Bildanalogien hergestellt, z.B. Hundeköpfe mit Hüten im letzten Bild des einen Beitrags zu neuester Pariser Hutmode als erstes Bild des nächsten Beitrags – was zudem einen Lacher garantierte. Außerdem hat man zur Trennung der Beiträge mit Kameraschwenks gearbeitet, sodass der Zuschauer „sozusagen von einem Land oder von einem Ereignis zum anderen rutscht"[108].

Besonders umstritten war der Zwischentitel der Rubrik „Kurz belichtet", der mit *NDW* Nr. 18 eingeführt wurde. Er bestand aus einer Kamera die beim ersten Beitragswechsel das Objektiv auf den Zuschauer richtete und sich für jeden nächsten Beitrag drehte. Die Bewegung in diesem Trenner irritierte die Zuschauer und wirkte „beunruhigend" auf sie.[109] Die Verantwortlichen konnten jedoch bald feststellen, dass sich das Publikum an die Aufmachung der Rubrik gewöhnt hatte.[110] Interessant ist, dass diese drehenden Bewegungen überhaupt negativ thematisiert wurden – denn in den Wochenschauen wurden oft rollende Motive als Stilelemente und Symbolbilder genutzt (z.B. laufende Zeitungsrotationen als Sinnbild für die vergehende Zeit). Die Zuschauer hätten daran gewöhnt sein müssen. Die *Tagesschau* nutzte 1952 ebenfalls eine schwenkende Kamera im Titelbild.[111]

Abbildung 4: Kameras als Motiv für Titelbild und Zwischentitel

(Quelle: intern.tagesschau.de)

(Quelle: DW)

108 NDW Brief an Apollo-Theater, Bamberg (Rohland), 16.11.1951, Beurteilungen bis 1952, DW.
109 Schorcht (Zimmermann) Brief an NDW, 12.6.1950, Beurteilungen bis 1952, DW.
110 Schorcht (Zimmermann) Brief an NDW (Kuntze-Just), 7.8.1950, Beurteilungen bis 1952, DW.
111 Vgl. Jaedicke, 2002, S. 202.

Im Lauf der Gestaltungsentwicklung der *NDW* wurden die Trenner oft variiert, verschiedene Möglichkeiten ausprobiert, z.B. wurden Zwischengongs eingesetzt und wieder abgelöst. Den Produzenten der *NDW* war wichtig, dass der Zuschauer „blitzschnell“ erkennt, dass „die Szene wechselt“ und wollten für Trenner aber „keinen Raum“ opfern.[112] Die Gestaltung der *NDW* hatte also die Balance zwischen Materialökonomie und Zuschauerfreundlichkeit sowie zwischen fließendem Übergang und erkennbarer Trennung zu halten.

4.1.5 Erwartungen an die Begleitmusik der Sujets

Die Begleitmusik der Beiträge in der *NDW* spielte eine zentrale Rolle. Für die Produzenten sollte sie als reine ‚Funktionsmusik‘ die Szenen unterstreichen, sie spiegeln oder emotionalisierend wirken. Die Zuschauer wünschten sich Begleitmusik, die für sie „sinnvoll und angenehm“ war.[113] Sie sollte also zu den Bildern passen, das Sujet unterstützen und zugleich eingängig sein. Von der Musik wurde Lebhaftigkeit erwartet.[114] Sie sollte aber auch „immer wiederkehrende und die Mentalität des deutschen Volkes berührende Musiktaktzeichen“ enthalten und damit „die NDW bekannt und populär machen“.[115] Die Musik musste also einen hohen kulturellen Wiedererkennungswert haben, was die Verwendung neuer Musikstile von vornherein ausschloss. Wenn moderne Musik eingebracht wurde, dann war sie dazu da, Klischees zu unterstützen und die Zuschauer an fremde Orte zu versetzen. Jazz wurde beispielsweise bei Szenen gespielt, die ein amerikanisches Thema berührten – das zeichnete ein ‚akustisches Bild‘ einer anderen Kultur. Als Begleitmusik diente nicht nur Instrumentelles, sondern auch Gesang, der jedoch nicht gut bei den Zuschauern ankam – besonders, wenn ein ganzer Beitrag damit unterlegt war – wie das Sujet über einen Schimpansen beim Zahnarzt mit einer Minute Länge in *NDW* Nr. 41. Das Lied, das nicht ganz passend von einem Pavian statt von einem Schimpansen handelt, ging den Besuchern „auf die Nerven“[116]. Gewünscht wurden allgemein Konzert-Solisten- und Orchester-Aufnahmen. Dabei sollte die Wochenschau wie Hörfunk klingen: „Alle Musik muss UKW-Brillanz haben!“[117] – denn Musik schlug „Brücken“ zwischen der

[112] NDW Brief an Apollo-Theater, Bamberg (Rohland), 16.11.1951, Beurteilungen bis 1952, DW.

[113] Schorcht (Zimmermann) Kurzbrief an NDW, 27.10.1950, Beurteilungen bis 1952, DW. Mit Kundenurteil eines Kinos in Ravensburg zu *NDW* Nr. 37.

[114] Vgl. Schorcht (Zimmermann) Brief an NDW, 20.3.1950, Beurteilungen bis 1952, DW.

[115] Schorcht (Zimmermann) Brief an NDW, 23.3.1950, Beurteilungen bis 1952, DW.

[116] Schorcht (Zimmermann) Brief an NDW, 21.11.1950, Beurteilungen bis 1952, DW.

[117] Apollo-Theater, Bamberg (Rohland) an NDW, 7.11.1951, Beurteilungen bis 1952, DW.

Leinwand und dem Zuschauer[118]. Der Lichtton des Films gab jedoch keine UKW-Qualität (12-15.000 khz) her;[119] so konnte diese Erwartung nicht erfüllt werden.

4.1.6 Erwartungen an Stimme und Kommentar

Ebenso wie Titelmusik und Titelbild galten die Sprecherstimmen als Visitenkarten der Wochenschau. Auch wenn die Sprecher niemals im Bild erschienen, waren sie den Zuschauern wohlbekannt. Ein Wechsel des Stamm-Sprechers wurde sofort bemerkt. Beispielsweise hatte die Schorcht-Zweigstelle in Hamburg festgestellt, dass die *NDW* Nr. 9 „ein anderer Sprecher mit einer weniger angenehmen Stimme als der bisherige" begleitete, und sie fragten bei der *NDW*-Redaktion an, ob dies nur eine „vorübergehende Maßnahme" sei.[120]

Außerdem war die Stimmfarbe für die Zuschauer entscheidend. Ein Sprecher mit heller Stimme kam 1950 schlecht an, besonders dann, wenn sie sich bei den mit nachdrücklichem Rufen kommentierten Sportreportagen „bald zu überschlagen droht". Das Publikum lachte über ihn.[121] Acht Jahre später waren dagegen eine hohe Stimme und Schallfülle gefragt. Der Bavaria Filmverleih bemängelte an der *NDW* Nr. 441 vom 11. Juli 1958 den Einsatz eines neuen Sprechers, der nicht die gewohnte „tenorale Höhe und Sonorität" hatte, die „für den Sprachstil einer Reportage erwünscht ist".[122] Nicht nur der beliebte Sprecher Hermann Rockmann sprach die Texte, sondern auch Frauenstimmen waren in verschiedenen ‚Rollen' zu hören, besonders bei Mode-, Misswahl- oder Kultur-Sujets. Wechselnde Sprecher sollten mit schmeichelndem Organ „die Stimmung wie die aufmerksame Erwartung des Publikums auf das Kommende […] heimelicher und gespannter" machen.[123] Die appellierende Art der NS-Wochenschau war absolut unakzeptabel – obwohl die Stimmen teilweise noch immer rufend waren,[124] hatten sie nun vor allem angenehm im Ohr zu liegen.

---

118 Paech & Paech, 2000, S. 82.

119 Vgl. NDW Brief an Apollo-Theater, Bamberg (Rohland), 16.11.1951, Beurteilungen bis 1952, DW. Es handelt sich um die Reaktion auf den Brief des Kinobesitzers vom 7.11.1950.

120 Schorcht, Hamburg Brief an NDW, 3.4.1950, Beurteilungen bis 1952, DW.

121 Stadthallen-Lichtspiele, Bayreuth, Brief an Schorcht (Abschrift), 19.12.1950, Beurteilungen bis 1952, DW.

122 Bavaria (Siegel) Brief an NDW (Groll), 12.7.1958, NDW Kritiken, DW. Im Kopf des Briefs ist gedruckt: früher Schorcht Filmverleih.

123 Apollo-Theater, Bamberg (Rohland) Brief an NDW, 7.11.1951, Beurteilungen bis 1952, DW.

124 Vgl. dazu Hallig, 1983, S. 47. Bei der *Welt im Film* war es wichtig, den Stil des Sprechers als Wiedererkennungsmerkmal für die deutsche Bevölkerung beizubehalten, um die Re-education gut zu ‚verkaufen' und zu vermitteln.

Der Kommentartext selbst sollte kurzweilig und pointiert, vor allem aber „treffend und wirkungsvoll" sein.[125] Diese Forderungen haben sich über die Erscheinungsjahre der *NDW* unverändert erhalten. An der *NDW* Nr. 489 vom 12. Juni 1959 wurde vom Bavaria Filmverleih kritisiert, die Überleitungen des Kommentars würden als zu krampfhaft, „zu gewollt originell" empfunden. Gefragt sei mehr „Geschliffenheit und die Eleganz einer Plauderei"[126] – ähnlich wie ein Conférencier, der im Theater die Besucher in Themen oder Nummern einweist, für sie Informationen vorsortiert und auf bestimmte Aspekte aufmerksam macht. Der Kinobesitzer Dr. Franz Kuhn aus Freiburg forderte dagegen, „die witzig sein sollenden schnoddrigen Begleitglossen des Wochenschausprechers sollten besser wegfallen". Das Kinopublikum sei „mündig genug, um sich seine eigenen Gedanken über die Wochenschau Bilder zu machen. [...] Kino ist schliesslich kein Kabarett!"[127] Auf der anderen Seite waren Sarkasmus und bissige Kommentare durchaus gewünscht: Sie sollten den „wunden Punkten eine heitere Note" geben.[128] Die *NDW* hatte zwischen Humor, Ironie und Ernsthaftigkeit zu jonglieren, um eine gute Atmosphäre in den Kinosaal zu bringen. Der Wunsch nach pointierten Texten bedeutet auch, dass die Zuschauer von der Wochenschau keine hohe Objektivität erwarten konnten.[129]

4.1.7 Erwartungen an Effekte und Trick

Obwohl die *NDW* als Informationsformat im Kino den Gegenpol zum Spielfilm herstellten sollte,[130] arbeitete sie mit Fiktionalisierung. Die Inszenierung und das Verfremden waren sogar ausdrücklich gewünscht. Vorgeschlagen wurden beispielsweise Kobolde als Trickaufnahmen, die in die „Aufnahmen aktueller Geschehnisse"[131] eingreifen. Der Kinobesitzer forderte außerdem die *NDW* auf: „Besuchen Sie Komiker-Humoristen."[132] Der Theaterbesitzer Kuhn aus Freiburg wollte gerne die „netten humoristischen Kurzfilme und Trickfilme" zurück, die „zu Zeiten des Stummfilms dem Hauptfilm voran zu gehen pflegten" und begründete dies mit den „politisch stagnie-

[125] Schorcht (Zimmermann) Kurzbrief an NDW, 27.10.1950, Beurteilungen bis 1952, DW. Kundenurteil eines Kinos in Ravensburg zu *NDW* Nr. 37.

[126] Bavaria (Siegel) Brief an NDW (Groll), 16.6.1959, NDW Kritiken, DW. Im Kopf des Briefs ist gedruckt: früher Schorcht Filmverleih.

[127] Dr. Kuhn, Freiburg (Zuschauer) Brief an Schorcht, Hamburg, 25.3.1951, Beurteilungen bis 1952, DW.

[128] Schorcht (Zimmermann) Brief an NDW, 2.6.1950, Beurteilungen bis 1952, DW.

[129] Vgl. Wiers, 1983, S. 113. Wiers sagt in einer Rückschau: „Kein Mensch wird behaupten, die Wochenschauen seien objektiv gewesen [...]."

[130] Vgl. o.V. (1959): Im Kino nichts Neues. In: Christ und Welt 12. Jg., Nr. 5 vom 29.1.1959, UFA-Kritiken, DW. Die Zeitung schreibt, Kinobesucher wollten von der Wochenschau anders bedient werden, als mit „Traumfabrik", die schon der Hauptfilm bietet.

[131] Apollo-Theater, Bamberg (Rohland) Brief an NDW, 7.11.1951, Beurteilungen bis 1952, DW.

[132] Ebd.

renden und ewig bedrückenden Zeiten".[133] Der Grund für das Empfinden einer bedrückenden Lage konnte die Erwartung einer Gipfelkonferenz über die Deutschlandfrage[134] sein. Zudem wurde bekannt, dass Großbritannien eine eigene Atombombe bauen wollte.[135] Wie in vielen Briefen an die *NDW*, klingen in klagendem Tenor die gesellschaftlich-politischen Bedingungen an – ein Zeichen dafür, dass das Kino als ein Entlastungsort vom Alltag genutzt wurde und auch die Wochenschau gefordert war, dazu beizutragen.

4.1.8 Erwartungen an die Unterstützung der Kino-Atmosphäre

Heitere Bilder, etwas zum Lachen, gelöste Stimmung – das sollte am Ende einer Wochenschau im Kinosaal zur Vorbereitung auf den Hauptfilm verbleiben. Eine sichtbare oder hörbare Begeisterung der Zuschauer machte eine gute Wochenschau aus. Die Donaulichtspiele Obernzell beschreiben die *NDW*-Ausgabe Nr. 9 mit ihren humorvollen Bemerkungen als „sehr wirkungsvoll": Sie würden „einen engeren Kontakt" schaffen, verursachten „Lebhaftigkeit" unter den Besuchern und rissen sie aus „ihrer passiven Tätigkeit als ‚unbeteiligte Beobachter' heraus". Es herrsche „nach Beendigung der Wochenschau bereits eine frohere Stimmung unter den Besuchern".[136] Beim Karneval-Auftakt von 1950 fehlte nach Angaben eines Kinos aus Rheydt-Mülfort nur wenig „zum Schunkeln".[137] Offenbar verstand es die *NDW* nicht nur die Bilder, sondern auch die Karnevalsstimmung in den Zuschauersaal zu projizieren. Lacher des Publikums waren dabei das ‚Lackmus-Papier' für den Erfolg einer *NDW*-Ausgabe. Selbst die Mitglieder des Beirats wurden vom Verleih aufgefordert, die *NDW* nur in einem vollen Kinosaal anzusehen, um die Wirkung und damit die Güte der Wochenschau eindeutig feststellen zu können und ob die Wochenschauredaktion das „richtige Fingerspitzengefühl" hatte.[138]

4.1.9 Die Erfüllung der Erwartungen: Der Durchbruch für die *NDW*

Während sich im ersten Halbjahr nach Erscheinen der *NDW* viele kritische Stimmen äußerten, bescheinigen Briefe ab August 1950 großes Lob für Themen, Gestaltung

133 Dr. Kuhn, Freiburg (Zuschauer) Brief an Schorcht, Hamburg, 25.3.1951, Beurteilungen bis 1952, DW.

134 Anfang März 1951 trafen sich die Alliierten zu einer Vorkonferenz, um die Gipfelkonferenz vorzubereiten.

135 Vgl. Tageseinträge für März 1951; verfügbar unter: Portal in Kooperation mit wissen.de und dem Chronik-Verlag http://www.chroniknet.de/daly_de.0.html?year=1951&month=3 [20.12.2011].

136 Schorcht (Zimmermann) Brief an NDW, 13.5.1950, Beurteilungen bis 1952, DW.

137 Schorcht (Zimmermann) Brief an NDW, 12.12.1950, Beurteilungen bis 1952, DW.

138 Schorcht (Zimmermann) Brief an NDW (Roellenbleg), 13.2.1950, Beurteilungen bis 1952, DW.

und Struktur. Die Ausgaben Nr. 27 (vom 1. August 1950), Nr. 28 und Nr. 29 können als Durchbruch der *Neuen Deutschen Wochenschau* in Bezug auf die Akzeptanz der Kinobesitzer und Zuschauer bezeichnet werden, denn sie wurden in mehreren Schreiben als die bisher besten Ausgaben der *NDW* tituliert. Von einer „Reihe von Kunden" wurde die *NDW* Nr. 28, nach Mitteilung von Schorchtfilm, als die bisher beste Folge besprochen.[139] Auch die *NDW* Nr. 27 habe gut gefallen: Sie sei abwechslungsreich mit einer ausgezeichneten Zusammenstellung, die Texte seien „gut und witzig".[140] Ein Kinobesitzer aus Weilheim schrieb: „Dies ist d i e [Hervorhebung im Text] Wochenschau für die breite Masse gewesen!"[141]

Die Ausgabe Nr. 27 beginnt mit einem Beitrag zum Koreakrieg, danach geht es um den Wiederaufbau einer Autobahnbrücke, Landgewinnung aus dem Meer in Ostfriesland und als Royality-Geschichte die Rückkehr des Belgischen Königs Leopold III. aus dem Exil. Es folgen leichte und lustige Beiträge: das Rosenfest in Schleswig-Holstein, Sommerschlussverkauf, Kleinstwagenrennen in Barcelona, ein künstliches eisernes Pferd in Kanada und als sportlicher Abschluss Turmspringen in Florida sowie – besonders wichtig für die sportbegeisterten Zuschauer – ein Bericht über die Boxmeisterschaft, bei dem der beliebte Sportler Hein ten Hoff erfolgreich war. Durch den hohen Feuilleton-Anteil sind die Texte überwiegend humoristisch.

Wie bei Nr. 27 wurden auch bei Nr. 28 die Begleittexte gelobt – von den Leichtathletik-Meisterschaften hätte es nach dem Urteil eines Weilheimer Kinos noch mehr geben können, bei dem Ochsenrennen in Bayern sei „viel gelacht" worden.[142] Der Aufmacher ist allerdings ein ernsteres gesundheitliches Thema: die Großproduktion von Penicillin. Als nächstes geht es, ebenso wie in Nr. 27, um den Koreakrieg; dann folgt ein Bericht über eine Großkundgebung der Ostvertriebenen, mit denen sich vermutlich viele Kinobesucher identifizieren konnten, danach ein Weiterführungsbericht aus Nr. 27 über Belgiens König, gefolgt vom Glamour der Mode; das bereits erwähnte Ochsenrennen in Bayern bildet einen Kontrast zum vorherigen Beitrag und ist eine ‚Brücke' zum Sport aus Ruder- und Leichtathletikmeisterschaften. Zum Abschluss zeigt die *NDW* ein spannendes Pferderennen zwischen einem römischen Streitwagen und einem modernen Sulky.

In *NDW* Nr. 29 vom 15. August 1950 hatten, wie auch in den beiden Nummern davor, die Bilder aus dem Kriegsgebiet in Korea sehr gut gefallen – ebenso der Text und die Tiergeschichten, wie die Hunde-Leistungsschau. Besonders das Sujet, in dem Fußballspieler von einem Stier gejagt wurden, sei ein „großer Lachschlager" gewesen.[143] Außerdem mochten die Zuschauer das Kostümfest und lobten die drei Sportberichte – bei insgesamt zehn Berichten ein großer Sportteil für eine Ausgabe. Zusammengefasst waren folgende Themen für die ‚Masse' entscheidend und als span-

---

[139] Schorcht (Zimmermann) Kurzbrief an NDW, 19.8.1950, Beurteilungen bis 1952, DW.

[140] Schorcht (Zimmermann) Brief an NDW, 22.8.1950, Beurteilungen bis 1952, DW.

[141] Schorcht (Zimmermann) Brief an NDW, 13.9.1950, Beurteilungen bis 1952, DW.

[142] Ebd.

[143] Schorcht (Zimmermann) Brief an NDW, 24.8.1950, Beurteilungen bis 1952, DW.

nende Vielfalt notwendig: Erstaunliches, Royals/Glamour, Exotik, etwas zum Lachen, etwas Nützliches, Sport.

Dem Urteil eines Kinobesitzers in Erlangen zufolge, war die *NDW* nun fähig, mit den anderen Wochenschauen zu konkurrieren. Er war sogar stolz, dass er „als erstes und bis jetzt einziges Filmtheater in Erlangen gerade Ihre – die Neue Deutsche Wochenschau zur Vorführung" brachte.[144] Ein anderer Kinobetreiber in Mindelheim schrieb: Die *NDW* werde „lieber gesehen als die Welt im Film", weil sie „einfach eine ‚Deutsche' Wochenschau" sei. Die *Welt im Film* sei „immer als zu amerikanisch angesehen" worden. Man wollte aber „nicht zu viele politische Reden hören".[145] Offenbar war es gerade der Politikteil, der in der Wahrnehmung der Zuschauer die *NDW* von anderen Wochenschauen unterschied. Da in allen Kritiken der ‚Durchbruch-Ausgaben' der Text positiv beurteilt wurde, ist davon auszugehen, dass den Zuschauern offenbar die verbale Information trotz der verfügbaren Bilder sehr wichtig war.

Die Fachzeitschrift *Filmblätter* glaubte auch 1956 noch an die „Konkurrenzfähigkeit" der Wochenschau gegenüber dem Fernsehen und stellte die Vorteile der Wochenschau vor allem durch die Bilder heraus: „Wo das Fernsehen schneller sein konnte, kompensierten die Wochenschauen an Bildqualität und Dramatik des schnellen Schnittes"[146]. In derselben Rezension vom Dezember 1956 wurde jedoch bereits eine Umgestaltung der Wochenschau aufgrund der Etablierung der *Tageschau* propagiert:

> *„Die Wochenschauen vollziehen eine Schwenkung, die im Hinblick auf die wachsende Bedeutung der Fernseh-Tagesschau ebenso wichtig wie richtig ist: Neben dem Aktuellen wird ein Schlaglicht auf dieses oder jenes Zeitproblem geworfen."*[147]

Die Kritik der Filmzeitschrift *Filmblätter* sah die Wochenschauen als glänzendes Vorbild für den Film – als einen Teil des Kinoprogramms, der der Fernsehkonkurrenz trotzte[148] – gleichwohl sah man schon in der Zeit des Kinobooms einen Weiterentwicklungsbedarf bei den Wochenschauen.

---

144 Schauburg, Erlangen (Kuchenreuther) Brief an Schorcht, München (Löbel), 12.8.1950, Beurteilungen bis 1952, DW; Schorcht (Zimmermann) Brief an NDW, 24.8.1950, Beurteilungen bis 1952, DW.

145 Schorcht (Zimmermann) Brief an NDW, 18.9.1950, Beurteilungen bis 1952, DW.

146 Roger, G. (1956): Der aufregendste Film. In: Filmblätter, 14.12.1956 (Ausschnitt), Rundfunk Programm Fernsehsendung Tagesschau von 8/52 bis 1/66, NDR.

147 Ebd.

148 Ebd.

4.1.10 Zusammenfassung des Erwartungsprofils der *NDW*

Die Verantwortlichen der *NDW* haben es nach einem halben Jahr offenbar verstanden, die geäußerten Erwartungen der Zuschauer und Kinobesitzer in ihre Wochenschau-Produktion zu kanalisieren. Die Zuschauer wollten durch die Wochenschau einen schönen Einstieg in den Filmabend mit dem Hauptfilm erleben. Dementsprechend kann das nachfolgende Erwartungsprofil gelten:

1. Eine Ausgabe der *Neuen Deutschen Wochenschau* war thematisch dann ideal aufgestellt, wenn sie wenig Politik, aber viel Heiteres anbot. Soziales war kaum gewünscht – und wenn, dann eher in sensationeller Aufmachung. Zudem war viel Sport mit Berichten von Wettkämpfen in einer beliebten und bekannten Sportart gefragt. Die *Neue Deutsche Wochenschau* wurde erkennbar als die ‚deutsche' Wochenschau wahrgenommen, die sie sein wollte. So wurden die Nachrichten aus dem Inland mehr geschätzt als die aus dem Ausland. Den Forderungen einiger Zuschauer nach regionalen Themen konnte die *NDW* als Wochenschau im bundesweiten Vertrieb nur wenig entsprechen. Obwohl die Wochenschau auf deutsche Interessen abgestimmt sein sollte, gehörte die jüngste deutsche Vergangenheit nicht zum Interessengebiet der Zuschauer. Dagegen bekam der Koreakrieg – vermutlich auch wegen der großen wirtschaftlichen Auswirkungen[149] – eine große Aufmerksamkeit. Kirchliche Themen wurden oft genauso abgelehnt wie politische Berichte. Prominente, die ‚Glamour' auf die Leinwand brachten, waren beliebt, z.B. wenn dem Zuschauer ein Blick in die Privatsphäre gewährt wurde. Dies durfte aber nicht übertrieben werden – moralisch Bedenkliches wurde von den Verantwortlichen der *NDW* als ‚Heiße Eisen' in Selbstzensur aussortiert[150]. Heiter, erstaunlich, unpolitisch und deutsch, aber auch etwas exotisch sollten die Themen der *NDW* sein.
2. Als Erwartungen an die allgemeine Dramaturgie wurden konträre Ansichten geäußert. Auf der einen Seite ging es den Zuschauern um Tempo und mitreißenden Schnitt, auf der anderen Seite um Harmonie und ein sanftes Hinübergleiten von einem Beitrag zum anderen. Der Schluss sollte nicht abgehackt erscheinen, der Sprecher nicht zu schnell und die Lautstärken nicht zu unterschiedlich sein. Zuschauer äußerten ihre Ablehnung gegenüber erkennbaren Mustern – trotzdem erwartete man eine bestimmte Verlässlichkeit, wie sich an dem Wunsch einer bestimmten Abfolge der Themenblöcke ablesen lässt: Politik, Neues, dann Lustiges und am Ende Sport[151].

---

[149] Vgl. Abelshauser, 1987, S. 21. Mit dem Krieg in Korea wuchs die Nachfrage nach Investitionsgütern und Rohstoffen im Ausland, die Westdeutschland bedienen konnte.

[150] Vgl. Dokument „Heisses Eisen" Was die Wochenschau nicht veröffentlicht, Verwaltungsrat 1958-1960, DW.

[151] Vgl. Schorcht (Zimmermann) Brief an NDW, 22.8.1950, Beurteilungen bis 1952, DW.

3. Selbst an die einleitenden und verbindenden Elemente wurden Erwartungen geknüpft. Das belegt, dass die Wochenschau – ebenso wie ein Film – als ein Gesamtwerk wahrgenommen wurde. Die Einheit von Titelmusik und Titelbild sowie Schlussmusik und Endebild waren für die Zuschauer zur Wiedererkennung elementar wichtig. Diese Stücke mussten eingängig sein – schwungvoll, aber nicht zu schnell. Dasselbe galt für die Trenner der Sujets, bei denen die Zuschauer zwar offenbar Abwechslung akzeptierten aber keine hektisch bewegten Trickbilder. Anfang und Schluss wirkten wie Scharniere, die Spannung für die Wochenschau aufbauen und für den folgenden Film halten konnten. Für die Kinobesitzer war die Länge von Titel und Schluss außerdem funktional wichtig, um die Vorhänge zur richtigen Zeit zu bedienen.
4. Als Begleitmusik der einzelnen Sujets erwarteten die Kinobesucher die Verwendung von Stücken deutscher Musiktradition. Die Musik musste zugleich das Sujet sinnvoll unterstützen. Ebenso wie die Eingangs- und Schlusstitel hatte auch diese Musik eine Wiedererkennungsfunktion für die *Neue Deutsche Wochenschau.*
5. Kommentartext und Sprecherstimme sollten eher gefällig und kaum eine aufrüttelnde Meinungsäußerung sein. Das Höchste, was sich ein Kommentar erlauben konnte, war etwas Ironie ohne grobe Scherze – aber mit angenehmer Stimme des gewohnten Stammsprechers.
6. Auf der einen Seite wurde die Einhaltung von Gestaltungsweisen erwartet, auf der anderen Seite erwarteten die Zuschauer Kreativität durch humorvolle Inszenierungen und Trickfiguren. Dies rückte die Wochenschau mit wenigen Momenten in die Nähe des fiktionalen Films.
7. Schließlich hatte die Wochenschau eindeutig die Aufgabe, zum Gelingen des Kinoabends beizutragen. Die Themen und ihre Gestaltung sollten die Atmosphäre unterstützen und eine positive Stimmung in den Kinosaal bringen.

4.2 Erwartungen an die *Tagesschau*

Das Fernsehen war zwar als neues Medium in seiner Art konkurrenzlos, doch hatte es die Fernsehgebühren und alle mit dem Empfang verbundenen privaten Anschaffungskosten, z.B. für den Antennenanschluss, zu legitimieren. Für die Zuschauer musste sich das Fernsehen ‚rechnen'. Das bedeutete auch, dass das Programm dem Publikum gefallen und sich seinen Wünschen anpassen musste. Im Unterschied zur *NDW* gab es für die *Tagesschau* keinen Verleih (als zusätzliche Distributionsstufe), der seine Erwartungen formulierte. Dafür äußerten sich Kritiker der Tagespresse, von Magazinen, Fernsehprogrammzeitschriften und publizistischen Zeitschriften, die sich zum ‚Sprachrohr' der Zuschauer machten. Erwartungen aus der Intendanz oder anderen Fernsehstationen waren in den Protokollen und Dokumenten kaum zu finden. Der erste Chefredakteur der *Tagesschau* hatte offenbar große Entscheidungs- und Gestaltungsfreiheit – war er doch der Einzige, der sich mit der Berichterstattung durch das neue Medium auskannte. Nachfolgend werden Kritiken zur *Tagesschau* untersucht, um ein Erwartungsprofil zu erstellen, dem die *Tagesschau* entsprechen sollte.

4.2.1 Erwartungen an die Themen

Von den Themen der *Tagesschau* wurde vor allem Aktualität erwatet. Die *Aachener Nachrichten* schrieben im Januar 1956: „Martin S. Svoboda müht sich mit seinem Team um die richtige Auswahl der Themen, aktuellen Vortrag, aber es bleibt doch jener Rest zu einer echten Tagesschau hin." Aus dem anfänglichen „Fernseh-Filmbericht" sei nach vier Jahren noch immer nicht eine „Tagesschau" geworden – die „endgültige Lösung" sei für die Sendung noch nicht gefunden.[1] Die Präsentation von Soldaten, Manövern und Paraden wurde als das „Erbübel der Film-Wochenschau" bemängelt.[2] Außerdem sollte die *Tagesschau* Themen bringen, die den Menschen „auf den Nägeln brennen"[3]. Die Aktualität der Themen machte technisch bedingte Improvisation wett. Die *Stuttgarter Nachrichten* schrieben im April 1956, Schwächen der *Tagesschau* nehme der Zuschauer „widerspruchslos hin, [...] wenn er das sieht, was sich tags zuvor oder vielleicht sogar am gleichen Tag ereignete".[4]

---

1 O.V. (1956): Eingefahrenes Schema. In: Aachener Nachrichten vom 13.1.1956, Rundfunk Programm Fernsehsendung Tagesschau von 8/52 bis 1/66, NDR.

2 Wolf, M. (1956): Meine Wünsche. In: Abendzeitung, München vom 17.8.1956, Rundfunk Programm Fernsehsendung Tagesschau von 8/52 bis 1/66, NDR.

3 Feddersen, J. (1956): Tagesschau war überholt. Keine innenpolitischen Ereignisse – aber Razzia in Kalifornien. In: Neue Ruhr-Zeitung vom 18.2.1956, Rundfunk Programm Fernsehsendung Tagesschau von 8/52 bis 1/66, NDR.

4 O.V. (1956): Die Woche im Fernsehen: Tagesschau kommt bald täglich. In: Stuttgarter Nachrichten vom 27.4.1956, Rundfunk Programm Fernsehsendung Tagesschau von 8/52 bis 1/66, NDR.

Die *Tagesschau* konnte in 20 Minuten nicht alle aktuellen Geschehnisse des Bundesgebietes abdecken. Wie schon bei der Wochenschau gab es aber auch regionale Empfindlichkeiten, denn die *Neue Ruhr-Zeitung* störte sich daran, dass kein „Interview oder Bericht über die Koalitionskrise in Nordrhein-Westfalen“ gezeigt wurde.[5] Im Jahr 1957, als es eine Million angemeldete Fernseh-Teilnehmer gab, lobte der Berliner *Telegraf* die *Tagesschau* als „schnelle, objektive, optische Berichterstattung“ – und als „beste Ergänzung der Tageszeitung“.[6] Diese Feststellung bestätigt, dass man sich für gründliche Informationen – besonders zu regionalen Themen – durch die Tagespresse informierte.

Die *Tagesschau* nutzte die Tageszeitung zu Themenanregungen[7] und brachte solche Themen, die in allen Medien gleichermaßen beliebt waren, wie z.B. Berichte aus Königshäusern.[8] Schon 1955 taten Journalisten fast alles, um an gute Bilder von den beim Publikum beliebten Royals und Prominenten zu kommen. Beim Besuch des iranischen Kaiserpaares blieben die Kameras der *Tagesschau* dem Paar „auch dann auf den Fersen“, als die Hamburger Polizei mit Absperrungen die „Berichterstattung von der Hafenrundfahrt“ einzuschränken versuchte.[9] 1960 war bei der Themenselektion eine gewisse Routine eingetreten, was der Branchenkritik auffiel. Die *Tagesschau* zeige nur selten Initiative zu eigenen Ideen, sondern richte sich nach dem Kongresskalender, der im Voraus bekannt war, und nach den Tageszeitungen, die die Themen bestimmten.[10] Der Autor der *Fernseh-Woche* kritisierte nicht etwa eine fehlende Aktualität, sondern sprach eine Fixierung der *Tagesschau* auf bereits im Voraus feststehende Ereignisse an.

Von der *Tagesschau* als national bedeutendem Nachrichtenmedium wurde erwartet, umfassend aus ganz Deutschland zu berichten. Außerdem begann das DDR-Fernsehen sein unterhaltendes Hauptabendprogramm um 20 Uhr – konkurrierend mit der *Tagesschau*. Daher sollte die *Tagesschau*-Redaktion die Berichterstattung aus Ost- und Mitteldeutschland intensivieren, um die Zuschauer in der Bundesrepublik über die Vorgänge in der ‚Ostzone‘ zu unterrichten, über die sie bisher nur wenig erfuhren.[11]

5 Feddersen, J. (1956): Tagesschau war überholt. Keine innenpolitischen Ereignisse – aber Razzia in Kalifornien. In: Neue Ruhr-Zeitung vom 18.2.1956, Rundfunk Programm Fernsehsendung Tagesschau von 8/52 bis 1/66, NDR.

6 O.V. (1957): Fernsehen nah betrachtet. Ein Gesicht. Ein Jubiläum, ein Höhepunkt und ein Mißgriff. In: Telegraf, Berlin vom 17.3.1957, Rundfunk Programm Fernsehsendung Tagesschau von 8/52 bis 1/66, NDR.

7 Vgl. Jaedicke, 2002, S. 61.

8 Gespräch mit Wolfgang Esterer am 15.12.2010 bei der Deutschen Wochenschau GmbH.

9 O.V. (1955): Gut gemacht. In: Ruhr Nachrichten vom 5.3.1955, Rundfunk Programm Fernsehsendung Tagesschau von 8/52 bis 1/66, NDR.

10 Vgl. o.V. (1960): ohne Titel. In: Fernseh-Woche, Düsseldorf vom 1.5. bis 7.5.1960, Rundfunk Programm Fernsehsendung Tagesschau von 8/52 bis 1/66, NDR.

11 Vgl. o.V. (1963): Dem Zonenfernsehen nicht immer gewachsen. In: epd / Kirche und Fernsehen Nr. 13, 30.3.1963, S. 2.

4.2.2 Erwartungen an die Gestaltungselemente

Die Presse identifizierte 1953 die *Tagesschau* explizit als „das eigentliche Arbeitsgebiet des Fernsehens“ und bezeichnete sie als „recht gelungen“. Allerdings sollten die Texte ausführlicher sein und es waren Kommentare gefragt,[12] denn die Zuschauer verlangten nach einer Einordnung des aktuellen Geschehens durch die Nachrichtensendung. Doch hatte Chefredakteur Martin S. Svoboda die Vision von einem Fernsehen als absolutes Bildmedium mit möglichst wenig Text,[13] um ein ‚bebildertes Radioprogramm‘ zu vermeiden. Für ihn war das Texten außerdem ein hemmender Faktor im Ablauf der Redaktionsarbeit.[14]

Wenn die Bilder auch wenig Text begleitete, so war die Musikuntermalung zunächst noch wichtig. Im Gegensatz zur Wochenschau, die bis zum Schluss nur mit Musikbegleitung denkbar war, ging bei der *Tagessschau* die Akzeptanz der Zuschauer in Bezug auf die Hinzumischung von Musik und Geräuschen aus der Konserve bereits 1956 zurück. Die Musikunterlegung von Berichten wurde von der Fernsehkritik als „uraltes Wochenschauproblem“ bezeichnet, das in der *Tagesschau* „fröhliche Urständ“ feiere. Es erinnere an den Stummfilm: Die richtige „Hurra-Stimmung“ werde vom Tonmeister unter den rechten Haken beim Boxkampf gelegt.[15] Offenbar wurde die Musik als ein Mittel der ästhetischen Inszenierung wahrgenommen, die nicht zur Glaubwürdigkeit einer Nachrichtensendung notwendig war oder diese sogar reduzierte.[16] Die *Star-Revue* schrieb dagegen: Die Musik stelle bei dokumentarischen Formen keine „Begleitung“ dar, sondern erfülle eine „dramaturgische Aufgabe“.[17] Zugleich fiel der Fernsehkritik negativ auf, dass die *Tagesschau* nicht nur auf Musik, sondern manchmal auch auf die Geräuschkulisse verzichtete:

> *„So kommt es, daß auch in den Sprecherpausen Eisenketten geräuschlos zu Boden gleiten, Flugzeuge lautlos landen, Hubschrauber geisterhaft aufsetzen und Menschenmassen stumm bleiben. Sogar Kanonen werden ohne Knall abgefeuert.“*[18]

[12] O.V. (1953). Auf den Bildschirmen wurde es lebendig. Die ersten Tage am Fernseh-Empfänger – Start mit kleinen Fehlern. In: Schleswig-Holsteinische Volkszeitung, Kiel vom 29.1.1953, Rundfunk Programm Fernsehsendung Tagesschau von 8/52 bis 1/66, NDR.

[13] Vgl. Straßner, 1983, S. 256.

[14] Vgl. Svoboda Brief an Dr. Pleister (Intendant), 9.6.1953 mit Überschrift „Die Tagesschau zu Fuß?“, NDR (621-1-144), 194, STAHH.

[15] Jakobäus (Pseudonym) (1956): Vor dem Bildschirm: Iwan und die Schreckliche. In: Aachener Nachrichten vom 10.12.1956, Rundfunk Programm Fernsehsendung Tagesschau von 8/52 bis 1/66, NDR.

[16] vgl. Klüppelholz, 2005, S. 179.

[17] Star-Revue Nr. 26, 1956, Rundfunk Programm Fernsehsendung Tagesschau von 8/52 bis 1/66, NDR.

[18] Ebd.

Zwar war den Kritikern bewusst, dass die *Tagesschau* bei der Zusammenstellung mit einem erheblich geringeren Zeitbudget auskommen musste als die Wochenschau – aber Erwartungen an die Gestaltung blieben. Wenn schon keine Musikuntermalung aus Zeitmangel möglich sei, solle wenigstens eine „Tonbearbeitung" erfolgen.[19] Für die Zuschauer musste es unerträglich gewesen sein, wenn der gewohnte Begleitton fehlte. Im Zuge negativer Beurteilungen wurde nicht nur an den Wochenschau-Stil erinnert, sondern auch an die Gebühreneinnahmen und die daraus resultierende Legitimationsverpflichtung. Wenn Musik und Ton durch Personalmangel weggelassen würden, sollten eben „überflüssige Beamte aus der Verwaltung verschwinden" – man wolle „jede Mark des Etats auf dem Bildschirm sehen!"[20]

Bis Anfang der 1960er Jahre verlor die Begleitmusik der *Tagesschau* ihre Beliebtheit und Notwendigkeit. Der Programmbeirat für das Deutsche Fernsehen[21] sprach sich im August 1961 wiederholt gegen eine „unnötige musikalische Untermalung" von *Tagesschau*-Sendungen aus. Klassische Werke sollten vor Sendebeginn und in den Pausen nur als Ganzes und nicht „in Bruchstücken" gebracht werden.[22]

Nicht nur die Musik, auch die Illustrationen und Grafiken mussten sinnvoll und passend sein. Die Illustrierung der vom Sprecher verlesenen Nachrichten erfolgte durch Standfotos und Zeichnungen (Statistiken, Symbole, Karikaturen, Karten usw.). Da das Fernsehen mit aktuellen, laufenden Bildern identifiziert wurde, wundert es nicht, wenn Standbilder als leblos kritisiert wurden.[23] Sie wurden sogar teilweise als überflüssig charakterisiert. Wenn die *Tagesschau* über Kohleabbau berichte, sei es nicht notwendig, „eine gezeichnete Halde zu bringen". Die Illustrationen seien zudem oft nicht aktuell; ihre negative Qualität wurde teils durch unzureichende „Fernseh-Apparaturen" noch verstärkt.[24]

---

[19] Ebd.

[20] Ebd.

[21] Der Programmbeirat wurde im Februar 1956 auf Wunsch der Aufsichtsgremien gegründet; vgl. ARD richtet Fernsehbeirat ein; verfügbar unter: http://web.ard.de/ard-chronik/index/5781?year=1956 [20.2.2012]. Seine Aufgabe ist, die Rundfunk- und Verwaltungsräte, die Intendanten und Direktoren der ARD zu beraten, um die Qualität der Sendungen zu verbessern. Ihm gehören Persönlichkeiten aus dem Kulturleben (Theater, Musik) aber auch Bürgermeister, Ministerialräte an – der Beirat hatte aber wenig Macht; vgl. o.V. (1972). Fernseh-Gremien. Wie ein Freund. In: Der Spiegel, Nr. 6, 31.1.1972, S. 119-120.

[22] O.V. (1961): Gegen Musikuntermalung. In: Der Kurier, Spätausgabe, Berlin vom 4.8.1961, Rundfunk Programm Fernsehsendung Tagesschau von 8/52 bis 1/66, NDR.

[23] Vgl. o.V. (1959): Liebe Bildschirm-Freunde. In: Bildschirm, Stuttgart Nr. 15 vom 12.4. bis 18.4.1959, Rundfunk Programm Fernsehsendung Tagesschau von 8/52 bis 1/66, NDR.

[24] O.V. (1959): Die Schwierigkeiten der Illustrierung dieser Nachrichten. In: Fernseh-Informationen, München Nr. 10, 1.4.1959 (Abschrift), Rundfunk Programm Fernsehsendung Tagesschau von 8/52 bis 1/66, NDR.

Vom Sprechertext der *Tagesschau* wurde erwartet, dass er nicht „alltäglich" war.[25] Was die *Neue Ruhr Zeitung* in Essen 1959 darunter verstand, bleibt jedoch unklar. Zum Textinhalt finden sich nur wenige Kritiken – wohl aber zahlreiche zum Nachrichtensprecher, der einen Glaubwürdigkeitseffekt auf die verlesene Nachricht hatte. Er sollte dem Fachblatt *Fernseh-Informationen* zufolge nicht zu jung sein – je älter er sei, desto überzeugender wirke er als „Nachrichtenübermittler". Man solle die Nachricht, die er verliest, glauben können und man verband „in gewisser Weise sein Aussehen mit der Redlichkeit des Nachrichteninhalts".[26] Die Nachrichtensprecher sollten die Sätze auch nicht auswendig lernen – gerade das Ablesen wurde wie ein „sinnvolles Rückversichern über die Richtigkeit des Textes" angesehen.[27] Der Sprecher durfte nicht nervös sein – sonst würde man ihm die Überlegenheit absprechen, die man einem Nachrichtenmann zuwies. Man verlangte von ihm eine gute Allgemeinbildung. Denn nur, wenn er die Nachricht verstehe, könne er sie auch glaubwürdig weitergeben. Nicht zuletzt sollte er in Kleidung und Haltung keine Besonderheiten aufweisen, die von den Nachrichten ablenken könnten, z.B. eine Armbanduhr. Der Zuschauer identifizierte den Sprecher mit der Nachricht. Daher erwartete er „Seriosität, Verhaltenheit und Sachlichkeit, ja eine gewisse ‚Strenge'".[28] Trotz des persönlichen Auftretens des Sprechers durfte der Nachrichtendienst die einzige Fernsehsendung sein, die „unpersönlich" war. Sie sollte frei sein von „Regie", die der Nachricht abträglich sein könnte,[29] d.h. Inszenierungen sollten von Fernsehnachrichten ferngehalten werden. Bei aller Routine wurde vom Sprecher aber auch erwartet, in Einzelfällen schnell und überlegt zu handeln.[30]

Ende 1960 wünschte sich die Kritik der Kölner Presse[31] einen „Plauderton", in dem die einzelnen Vorzüge und Nachteile der *Tagesschau*-Inhalte erklärt und gedeutet werden. „Es muß ja kein strenger Kommentator sein." Gewünscht wurde vielmehr ein „Conférencier der Aktualitäten von Format", der die Beiträge „ein wenig aufschlüsselt".[32] Die *Kölnische Rundschau* wollte keine ausführliche Information, nicht

[25] O.V. (1959): Fernsehen kritisch betrachtet. In: Neue Ruhr Zeitung, Essen vom 31.12.1959, Rundfunk Programm Fernsehsendung Tagesschau von 8/52 bis 1/66, NDR.

[26] O.V. (1959): Die Sprecher als Nachrichtenübermittler. In: Fernseh-Informationen, München Nr. 10, 1.4.1959 (Abschrift), Rundfunk Programm Fernsehsendung Tagesschau von 8/52 bis 1/66, NDR.

[27] Ebd.

[28] O.V. (1961): Zuverlässig und glaubwürdig. Kleine Mattscheibenpsychologie: Nachrichtensprecher im Fernsehen. In: Hamburger Echo vom 13.2.1961, Rundfunk Programm Fernsehsendung Tagesschau von 8/52 bis 1/66, NDR.

[29] Ebd.

[30] Vgl. o.V. (1961): Fernsehsprecher – leichter Job? In: Kieler Nachrichten vom 24.10.1961, Rundfunk Programm Fernsehsendung Tagesschau von 8/52 bis 1/66, NDR.

[31] Bei Kritiken von der Kölner Presse aus dieser Zeit ist zu beachten, dass der WDR die *Tagesschau* an den Standort Köln ziehen wollte, was nicht gelang. So wäre die negative Tendenz zu erklären.

[32] Paul, W. (1960): Mein Fernseh-Tagebuch. In: Kölnische Rundschau vom 9.12.1960, Rundfunk Programm Fernsehsendung Tagesschau von 8/52 bis 1/66, NDR.

ernst und trocken, sondern wünschte sich offenbar den Wochenschau-Stil zurück. Das DGB-Blatt *Welt der Arbeit* aus Köln[33] warf dem *Tagesschau*-Sprecher eine unpersönliche „Steifheit“ vor und kritisierte die Aussprache von Eigennamen. Die *Tagesschau*-Sprecher würden versuchen, die ausländischen Eigennamen so wie im Ursprungsland auszusprechen, was dem Durchschnitts-Bundesbürger aber nicht gerecht werde – die Nachrichtensprecher sollten doch deutsch sprechen.[34] Das zeigt, wie bedeutend der Sprecher geworden war – sowohl mit den Einzelheiten seines Auftretens als auch mit richtungsweisender Funktion für die Sprache.

4.2.3 Erwartungen an eine Dramaturgie

Auch 1960 noch war die Tageszeitung das Referenzmedium. Der neue Themenaufbau der *Tagesschau* wurde von der Fernsehkritik mit einer Tageszeitung verglichen, um das Prinzip und die Vorteile zu verdeutlichen. Die „wichtigste Weltnachricht“ sollte als „Schlagzeilen-Meldung“ am Anfang stehen. Danach sollten je nach Wichtigkeit Politik, Kultur oder Sport folgen. Der Sprecher sollte nicht kommentieren, sondern nur informieren. Kommentare und Interviews sollten wenn, dann nur die *Tagesschau* abschließen, bevor die Wetterkarte kam. So beschrieb Intendant Hilpert in *epd / Kirche und Fernsehen* den neuen Aufbau der *Tagesschau*, der so den Erwartungen der Zuschauer entgegenkommen sollte.[35]

Mit der Wochenschau vergleichbar, wurde der Sportanteil der *Tagesschau* lobend erwähnt. Besonders begeistert schienen die Zuschauer von der Fußball-Direktübertragung am zweiten Sendetag des offiziellen Programms gewesen zu sein. Hierbei wurde aber die „Vollendung“ vermisst, die man von der Wochenschau gewohnt war, die bei Fußballspielen drei Aufnahmekameras einsetzte.[36] Besonders bei Live-Berichten war eine Dramaturgie kaum möglich. Eine dramaturgische Montage der wirksamsten Bilder eines Sportereignisses wie bei der Wochenschau – auch wenn mit einer Montage viel vom Spiel ausgelassen wurde – konnte die *Tagesschau* nicht bieten.

Mit dem neuen und schnellen sowie vielseitigen Informationsangebot kam es offenbar zu einer Überforderung der Zuschauer und sie brauchten mehr Übersicht. Ein Reporter der Münchener *Abendzeitung* forderte 1956, dass die *Tagesschau* am

---

[33] Das Blatt kann durch die DGB-Mitgliedschaft im Verwaltungsrat der *NDW* als tendenziell parteiisch gelten.

[34] Vgl. o.V. (1961): Schluss mit der Besserwisserei. In: Welt der Arbeit, Köln vom 27.10.1961, Rundfunk Programm Fernsehsendung Tagesschau von 8/52 bis 1/66, NDR.

[35] Vgl. o.V. (1960): Vor der Umstellung der Tagesschau. Dr. Hilpert bleibt keine Wahl. In: epd / Kirche und Fernsehen Nr. 15, 16.6.1960, S. 3.

[36] O.V. (1953): Auf den Bildschirmen wurde es lebendig. Die ersten Tage am Fernseh-Empfänger – Start mit kleinen Fehlern. In: Schleswig-Holsteinische Volkszeitung, Kiel vom 29.1.1953, Rundfunk Programm Fernsehsendung Tagesschau von 8/52 bis 1/66, NDR.

Schluss „kurz und bündig die wichtigsten Tagesnachrichten" zusammenfasste.[37] Bemerkenswert ist, dass der Fernsehbeirat 1957 empfahl, nicht mehr „kurze Streifen" in „raschem Wechsel", sondern eine geringere Anzahl von Ereignissen länger zu gestalten.[38] Dann wäre man jedoch den Möglichkeiten des Fernsehens nicht mehr gerecht geworden. Das erinnert außerdem an die Umbruchphase[39] der Wochenschauen, die ebenfalls eine Konzentration auf wenige Sujets geplant hatten.

Nach und nach wurde die Herstellung der *Tagesschau*-Berichte routinierter. Auch hier ergab sich eine Ähnlichkeit zur Wochenschau: Wie in der *NDW* wurde der *Tagesschau* im Laufe der Zeit eine schematische Berichterstattung vorgehalten. Von der *Delmenhorster Zeitung* wurden im April 1960 „Kategorien von Szenen" der *Tagesschau* herausgestellt. Es handelt sich dabei um die Beschreibung von Begrüßungen ankommender und Verabschiedungen abreisender Politiker und Staatsgäste oder Prominenter: Danach taucht jemand aus einem Flugzeugrumpf auf und schaut von der Gangway herab oder verschwindet im Flugzeug; Hauseingänge werden mit einem Auto erreicht, aus der „Polsterung" erhebt sich jemand, blickt bedeutungsvoll oder lächelt. Dann zwinge man die Gefilmten vor das Mikrofon, um sie sagen zu lassen, „was man ohnedies schon weiß, nämlich daß sie etwas Wichtiges vor oder hinter sich haben".[40] Die Kritik an der Schematisierung der *Tagesschau* hatte dazu geführt, dass die Filmbeiträge mit den An- und Abflügen der Staatsmänner etwas vermindert wurden.[41] Doch das war in den Augen der Kritik noch immer keine Verbesserung. Die Flugzeugtypen waren sattsam bekannt und die Staatsmänner auch – die An- und Abreisen gehörten aber zum Melderepertoire der *Tagesschau* und die Meldungen würden durch „den optischen Beleg erst glaubhaft".[42] Trotz des Repertoires wurde das laufende Bild zur Meldung geschätzt. In Bezug auf die Kameraführung bei politischen Beiträgen wurden die häufigen Politikerdarstellungen kritisiert. Der Fernsehzuschauer erwartete Ereignisse, Bewegung – aber keine Köpfe: „Nasen von rechts, Ohren von links" waren zu langweilig.[43]

Die *Tagesschau* musste sich zudem mit anderen Informationssendungen des Fernsehens und des Hörfunks vergleichen lassen, wie z.B. mit der Sendung *Der Interna-*

[37] Wolf, M. (1956): Meine Wünsche. In: Abendzeitung, München vom 17.8.1956, Rundfunk Programm Fernsehsendung Tagesschau von 8/52 bis 1/66, NDR.

[38] O.V. (1957): Empfehlungen für die „Tagesschau". Eine Sitzung des Fernsehbeirates in Frankfurt/Main. In: epd / Kirche und Fernsehen Nr. 16, 12.8.1957, S. 1.

[39] Vgl. Abschnitt 3.7.

[40] O.V. (1960): Ankommende und Abreisende. In: Delmenhorster Zeitung vom 30.4.1960, Rundfunk Programm Fernsehsendung Tagesschau von 8/52 bis 1/66, NDR.

[41] Vgl. Wulfen, C. (1962): Nehmen wir Fernsehen zu ernst? Die Tagesschau ist eine furchtbare Lehrmeisterin geworden. In: Oberbergische Volkszeitung, Gummersbach vom 13.4.1962, Rundfunk Programm Fernsehsendung Tagesschau von 8/52 bis 1/66, NDR.

[42] Ebd.

[43] O.V. (1956): Blick hinter die Kulissen des Fernsehens. Besuch in der ‚Tagesschau'. In: Hamburger Anzeiger vom 14.11.1956, Rundfunk Programm Fernsehsendung Tagesschau von 8/52 bis 1/66, NDR.

tionale Frühschoppen mit Werner Höfer. Von den vielen Formaten, die vom Hörfunk in das Fernsehen wechselten, war *Der Internationale Frühschoppen* ein besonders Erfolgreiches.[44] Die Sendung war sowohl aus dem Radio wie auch aus dem Fernsehen bekannt, sodass die Zuschauer die Struktur genau kannten und so der Vergleich mit der *Tagesschau* leicht fiel. *Der Internationale Frühschoppen* hatte Standards gesetzt. In der Sendung kämen „kenntnisreiche Menschen" zu Wort, die „ungeschminkt" ihre Meinung sagten, sodass sich auch die Zuschauer ihre Meinung bilden könnten. Politische Ereignisse würden so „plastisch".[45] Die Fernsehzeitschrift *Funk und Familie* fragte, warum die *Tagesschau* nicht daraus lerne. Es wurde ein Kommentar zur Vertiefung der Nachricht oder ein „kurzes Zwiegespräch zwischen Fachleuten" gewünscht, wie es auch im Hörfunk zu finden sei.[46]

Im Gegensatz zur Wochenschau konnte die *Tagesschau* längere O-Töne bringen – gerade aber diese Stärke wurde zu einem Kritikpunkt. Nach jeder Parteisitzung würden die verantwortlichen Personen vor die Kameras und Mikrofone geholt, um ihnen den „stets gern servierten Extrakt dessen abzuluchsen, von dem gerade die Rede war oder demnächst die Rede sein soll".[47] Diese Statements dienten kaum der Einordnung der Sachverhalte für die Zuschauer, sondern können eher als Mittel betrachtet werden, dem Fernsehpublikum das Gefühl des Dabeiseins und des Kontakts zu einer wichtigen Persönlichkeit zu geben. Der *Weser Kurier* schrieb im Juni 1962: Seit „geraumer Zeit" würden allabendlich Appelle und Parolen von Politikern, Festansprachen, Lageberichte von Experten, Forderungen und Mahnungen von Gewerkschaften gebracht. Pro Woche würde die *Tagesschau* 20 bis 25 solcher Berichte bringen. Es würde in der *Tagesschau* viel zu viel geredet – stattdessen gab es den Wunsch nach mehr aktuellen Filmberichten „aus aller Welt".[48] Bereits 1957 hatte der Fernsehbeirat empfohlen, Interviews zu planen und damit „belanglose Gespräche" zu vermeiden.[49] Improvisation war nicht mehr gefragt und war kein ausreichender Authentizitätsbeweis mehr.

Zu der Zeit, als 1960 über eine Umgestaltung der *Tagesschau* entschieden wurde, sah die Fernsehprogrammpresse den Stil der *Tagesschau* als „reformbedürftig" an. Die Filmberichte seien langweilig „heruntergekurbelt" und mit mangelhaften Kommentaren versehen.[50] Für die mangelnde Qualität wurden bürokratische Hürden und

---

44 Vgl. Lührs, 2008, S. 303.

45 O.V. (1962): „...und Ihre Meinung? In: Funk und Familie, Hamburg, Nr. 17 vom 29.4. bis 5.5.1962, Rundfunk Programm Fernsehsendung Tagesschau von 8/52 bis 1/66, NDR.

46 Ebd.

47 O.V. (1962): Tagesschau – nicht Tagesrede. In: Weser Kurier, Bremen vom 9.6.1962, Rundfunk Programm Fernsehsendung Tagesschau von 8/52 bis 1/66, NDR.

48 Ebd.

49 O.V. (1957): Empfehlungen für die ‚Tagesschau'. Eine Sitzung des Fernsehbeirates in Frankfurt/Main. In: epd / Kirche und Fernsehen Nr. 16, 12.8.1957, S. 1.

50 O.V. (1960): ohne Titel, Fernseh-Woche, Düsseldorf vom 1.5. bis 7.5.1960, Rundfunk Programm Fernsehsendung Tagesschau von 8/52 bis 1/66, NDR.

fehlende Bewilligung finanzieller Mittel verantwortlich gemacht. Bemängelt wurde, dass „innerbetriebliche Bestrebungen" gute Ideen erstickten.[51] Die Kritik nahm damit auf den großen Verwaltungsapparat der Rundfunkanstalten Bezug, der die Flexibilität in der Gestaltung behindern konnte.

Die Nutzung von Aufzeichnungen (Konserven) war immer wieder ein Kritikpunkt. Es werde nur „aktueller Schmuck" angelegt, um den Zuschauer zu überraschen und im Sessel festzuhalten, „damit er erkenne, was alles aufgeboten wird".[52] Das aktuelle Bild werde nicht immer eingesetzt, sondern „aus dem Archiv Filmstreifen gekramt" und man bediene den Zuschauer mit „älteren Aehnlichkeiten".[53] Doch manchmal konnten nur Aufzeichnungen eingesetzt werden, wie z.B. bei Kulturmeldungen. Ausschnitte aus einem Theaterstück führten selbst 1962 noch zu dem Vergleich mit der Filmwochenschau: Dann sei es „wie einst in der Wochenschau des Kinos".[54] Durch den kurzen Film werde das Gezeigte unverständlich, so unverständlich, dass es noch nicht einmal der Verfasser verstehen würde, denn es ist ja nur ein „Pünktchen" aus einem Stück. Die *Tagesschau* reiße etwas an und lasse etwas fallen.[55] Dabei war es nicht realistisch, lange Kulturberichte in der Tagesschau zu fordern – das übrige Fernsehprogramm hatte in diesem Bereich bessere Möglichkeiten, die Interessen zu bedienen.

Die *Tagesschau* sollte alle ansprechen – sie wurde nach Ansicht der Presse zu den „demokratischen 20 Minuten der Nation".[56] Vom Schuljungen bis zum Staatssekretär informierten sich die Deutschen in der *Tagesschau* über das aktuelle Weltgeschehen. Daher war die journalistische Qualität der Sendung entscheidend, um eine demokratische Partizipation der Gesellschaft zu ermöglichen.

4.2.4 Erwartungen an die Beachtung journalistischer Grundsätze

Der Pressekodex mit Maßregeln für qualitätsvollen Journalismus wurde zwar erst 1970 aufgestellt[57] – seit 1949 galt jedoch das Grundgesetz, das in Artikel 5 die Presse-, Film- und Rundfunkfreiheit sowie das Zensurverbot aufgenommen hatte. Diese Freiheit der Berichterstattung und Meinungsäußerung hat Grenzen in den Vorschriften der allgemeinen Gesetze (Artikel 5, Absatz 2 GG).[58] Außerdem war seitdem in

[51] Ebd.

[52] Paul, W. (1960): Mein Fernseh-Tagebuch. In: Kölnische Rundschau vom 9.12.1960, Rundfunk Programm Fernsehsendung Tagesschau von 8/52 bis 1/66, NDR.

[53] Ebd.

[54] Vgl. Wulfen, C. (1962): Nehmen wir Fernsehen zu ernst? Die Tagesschau ist eine furchtbare Lehrmeisterin geworden. In: Oberbergische Volkszeitung, Gummersbach vom 13.4.1962, Rundfunk Programm Fernsehsendung Tagesschau von 8/52 bis 1/66, NDR.

[55] Ebd.

[56] Ebd.

[57] Vgl. Heimann, 2008, S. 60.

[58] Vgl. Fuhr, 1967, S. 67; vgl. von Hartlieb, 1959.

Artikel 1 des Grundgesetzes die Menschenwürde verbürgt, woraus sich das allgemeine Persönlichkeitsrecht ableitet: Es sichert die Freiheit jedes Einzelnen, selbst zu entscheiden, „ob und wie er sich in der Öffentlichkeit darstellt".[59] Das Persönlichkeitsrecht konkretisiert sich wiederum in allgemeinen Gesetzen, wie dem Recht auf Ehre und dem Recht am eigenen Bild (KunstUrhG).[60] Die publizistischen Mittel, wie Zeitung und Film (also Fernsehen und Wochenschau) unterscheiden sich „allein" durch die Gestaltungsmöglichkeiten und sind sonst hinsichtlich der Grundrechte und deren Einschränkungen gleichgestellt.[61] Im August 1957 empfahl der Fernsehbeirat der *Tagesschau*-Redaktion, das persönliche Leid von einzelnen Personen „zurückhaltender" zu zeigen[62] und äußerte damit Erwartungen an die Einhaltung des Persönlichkeitsrechtes.

Die NWDR-Hörerforschung ermittelte für das Jahr nach dem Fernsehstart die Erwartungen der Zuschauer an aktuelle Sendungen. Die Forscher gingen davon aus, dass die Menschen ein „gesteigertes Bedürfnis" hätten, „möglichst unmittelbar beim ‚Entstehen der Wirklichkeit' dabeizusein".[63] Dies sei der Grund dafür, dass „Sendungen, die an die Brennpunkte des öffentlichen Lebens heranführen", stark zugesprochen wurde. Allerdings verlangten die Zuschauer, dass diese Sendungen „ungestellt" sein müssten.[64] Die Zuschauer wussten offenbar um die Inszenierung der Wochenschau und trauten dies auch den Fernsehnachrichten zu.

Nachdem in den 1950er Jahren eher die Vor- und Nachteile der *Tagesschau* und des Fernsehens abgewogen wurden, entstand bis Ende der 1950er Jahre/Anfang der 1960er Jahre eine Diskussion um die Beeinflussung des Zuschauers durch die Bildselektion der Medien. Die Fernsehkritik der Presse merkte an, dass die Fernsehangebote einen besonderen Umgang erforderten, denn man könne nicht, wie bei der Tageszeitung, selbst auswählen.[65]

Die Zusammenstellung der wichtigsten Ereignisse in fünf Minuten, die ab März 1959 vor den Filmberichten eingesetzt wurde, bedeutete für die öffentliche Kritik eine Auswahl, die die Wahlberechtigten hätte beeinflussen können. Die *Frankfurter Allgemeine Zeitung* bezweifelte nicht, dass bei aller „gewollten Objektivität", eine subjektive oder parteiische Auswahl der Nachrichten stattfinden könnte. Die „Nachrichtendienste" der deutschen Rundfunkanstalten hätten unbestreitbar eine „politische

[59] Heimann, 2008, S. 69.
[60] Vgl. Fuhr, 1967, S. 67; vgl. von Hartlieb, 1959.
[61] von Hartlieb, 1959, S. 145-147.
[62] O.V. (1957): Empfehlungen für die „Tagesschau". Eine Sitzung des Fernsehbeirates in Frankfurt/Main. In: epd / Kirche und Fernsehen Nr. 16, 12.8.1957, S. 1.
[63] Hahn, 1954, S. 267.
[64] Ebd.
[65] Vgl. Paul, W. (1959): Allzuviel ist ungesund. Anmerkungen zur abendlichen Tagesschau. In: Kölnische Rundschau vom 13.9.1959, Rundfunk Programm Fernsehsendung Tagesschau von 8/52 bis 1/66, NDR.

Färbung" – und offenbarten so das Ergebnis des „Parteienproporzes" ihres „internen Aufbaus".[66]

Das inzwischen weit verzweigte Korrespondentennetz der ARD wurde 1962 gelobt.[67] Die Kritik der katholischen Wochenzeitung *Mann in der Zeit* stellte jedoch gleichzeitig die Frage, „wer die Reporter legitimiert, durch ihre Brille die Blicke von Millionen zu lenken!"[68] Fernsehberichte wurden hier auch als ein Instrument angesehen, mit dem „Stimmung" gemacht, „Ideen unters Volk" gebracht und Meinungen geschürt werden konnten. Bei aller Schnelligkeit, Nachrichten zu verbreiten, sollte Gewissenhaftigkeit und Objektivität „nicht in den zweiten Rang rutschen".[69] In dieser Kritik schwang die Befürchtung mit, die *Tagesschau* könnte durch ihre Auswahl die Meinung der Bevölkerung absichtsvoll manipulieren. Allerdings wurde die angelsächsische Auffassung von „meinungsfreier Faktenwiedergabe" den deutschen Journalisten von den Alliierten nahegebracht.[70] Der Sinn dieser Trennungsregel von Meinung und Nachricht liegt im „Respekt vor der Mündigkeit des Publikums"[71].

In den Rundfunkgesetzen war zudem das Gebot der Ausgewogenheit festgelegt worden, d.h. jede Gruppe sollte im Fernsehen berücksichtigt werden und zu Wort kommen können.[72] Das Gebot war besonders für die politischen Parteien[73] interessant. Im *Tagesschau*-Jahresrückblick für 1959 zählte die Fernsehkritik, dass Kanzler Adenauer siebzehnmal gezeigt wurde, Bundespräsident Lübke als Staatsoberhaupt dagegen noch fünfmal. Erhard war im Sommer 1959 wegen seiner möglichen Nachfolge als Kanzler zwar nach Einschätzung des Autors der „Tagesschau-Star", war dann aber im Jahresrückblick nur sechsmal zu sehen. Die Opposition sei kaum abgebildet worden – Ollenhauer als Führer der größten Oppositionspartei nur zweimal. Brandt, der mehr auf Publicity bedacht sei, komme achtmal vor.[74] Die Kritik mutmaßte einen Einfluss Svobodas und zweifelte an seiner Objektivität: „Für die Freien Demokraten als dritte Partei im deutschen Bundestag hat Herr Svoboda, Chefredak-

---

66 O.V. (1959): Fernseh-Nachrichten. In: Frankfurter Allgemeine Zeitung vom 31.3.1959, Rundfunk Programm Fernsehsendung Tagesschau von 8/52 bis 1/66, NDR.

67 Vgl. o.V. (1962): Am Fernsehglas: Die Neuigkeiten. In: Mann in der Zeit, Augsburg Nr. 5/62, Rundfunk Programm Fernsehsendung Tagesschau von 8/52 bis 1/66, NDR.

68 O.V. (1962): Am Fernsehglas: Die Neuigkeiten. In: Mann in der Zeit, Augsburg Nr. 5/62, Rundfunk Programm Fernsehsendung Tagesschau von 8/52 bis 1/66, NDR.

69 Ebd.

70 Pöttker, 2008.

71 Ebd.

72 Vgl. Wittig-Terhardt, 1977, S. 163. Rundfunkgesetze seit 1948 regeln u.a. Programmauftrag und -grundsätze; vgl. Rundfunkgesetze; verfügbar unter: http://www.ard.de/intern/rechtsgrundlagen/rundfunkgesetze/-/id=54400/18xh01b/index.html [17.6.2012].

73 Das Recht auf völlig gleiche Behandlung der Parteien wurde jedoch erst später festgelegt. Das „Parteiengesetz" vom 24.7.1967, regelt in § 5, dass alle Parteien gleich behandelt werden müssen, z.B. bei Wahlsendungen im Fernsehen; vgl. Lehr, 1967, S. 56.

74 O.V. (1960): Das freie Wort am Bildschirm. In: Deutscher Kurier, Frankfurt vom 9.1.1960, Rundfunk Programm Fernsehsendung Tagesschau von 8/52 bis 1/66, NDR.

teur der *Tagesschau*, bekanntermaßen nicht viel übrig. Sie wurden im Jahresrückblick nur einmal erwähnt!" Der *Deutsche Kurier* aus Frankfurt drückte in diesem Artikel deutlich aus, dass die Redaktion des Blattes „seit langem" an der Überparteilichkeit und Unabhängigkeit der *Tagesschau* zweifelte.[75] Aufgrund der Gremienstrukturen der öffentlich-rechtlichen Anstalten wurde eine Beeinflussung der Berichterstattung gemutmaßt. Obwohl sich das breite Publikum im Allgemeinen für politische Themen eher weniger interessierte, war dies im Fall von Bundestagsdebatten anders. Die Ausschnitte in der *Tagesschau* zeigten jedoch lediglich die Aussprachen zum Thema „Berlin und die Wiedervereinigung", bei dem „keine Panne zu befürchten war", denn über diese Probleme gab es in der Bundesrepublik nur *eine* Meinung.[76] Die Fernsehkritik fürchtete im Februar 1960, dass diese „Ausschnitt-Praxis" in der *Tagesschau* „sehr leicht" zu einem „falschen Bild" führen könnte[77] und glaubte an eine zu seichte und weiche Berichterstattung. Mitte 1960 wurde die *Tagesschau* bereits als brav, ordentlich und langweilig kritisiert; sie sei sachlich, anonym und verursache niemals „Ärger".[78] Im Frühjahr 1962 bemängelte das *Hamburger Echo*, dass der *Tagesschau* die „Knüller" fehlten, die sonst in die *Tagesschau* „eingeschmuggelt" worden seien. Es wird angenommen, die Redakteure seien „vorsichtiger" und „loyaler" geworden.[79] Dahinter steckte die Annahme, dass man sich in der *Tagesschau*-Redaktion an die Vorgaben von Gremien hielt, sodass Unangenehmes nicht mehr aufgegriffen wurde.

4.2.5 Zusammenfassung des Erwartungsprofils der *Tagesschau*

Für die *Tagesschau* zeigt sich für Struktur und Gestaltung ein Bild der Erwartungen:

1. Auf der einen Seite verlangte die öffentliche Kritik die Abgrenzung von dem Thementableau der Wochenschau, auf der anderen Seite waren sensationelle Berichte in der *Tagesschau* akzeptiert. Der wesentliche Unterschied besteht in der Forderung nach einer absoluten Aktualität der Themen. Das Angebot der *Tagesschau* führte erkennbar zu einer gesteigerten Erwartungshaltung hinsichtlich der Aktualität aller Meldungen – selbst beim Feuilleton.

[75] Ebd.

[76] O.V. (1960): abends am Bildschirm. In: 5 Uhr Blatt, Ludwigshafen vom 11.2.1960, Rundfunk Programm Fernsehsendung Tagesschau von 8/52 bis 1/66, NDR.

[77] Ebd.

[78] O.V. (1960): Kleine Pause. In: Kölner Stadt-Anzeiger vom 16.6.1960, Rundfunk Programm Fernsehsendung Tagesschau von 8/52 bis 1/66, NDR.

[79] O.V. (1962): Was ist mit der Tagesschau los? In: Hamburger Echo vom 14./15.4.1962, Rundfunk Programm Fernsehsendung Tagesschau von 8/52 bis 1/66, NDR.

2. Von der Gestaltung der *Tagesschau* wurden im Vergleich zur Wochenschau grundsätzliche Neuerungen erwartet. Auch wenn zu Anfang Musik noch eine große Rolle für die Zuschauer spielte, so war sie doch verzichtbar, solange Geräusche zum Einsatz kamen. Die *Tagesschau* sollte die Möglichkeiten des Fernsehens voll ausschöpfen und in der Hauptsache laufende Bilder zeigen – keine Standbilder.
3. Auch in Bezug auf Sprecher und Sprache wurde eine Distanzierung vom Wochenschau-Stil erwartet. Der Nachrichtensprecher war zu einer Identifikationsfigur geworden und verkörperte Glaubwürdigkeit und Seriosität. Von ihm wurden keine ironischen Witze verlangt, sondern eine professionelle, sachliche Sprache.
4. Die Zuschauer waren schematische Abläufe von den Stories der Wochenschau gewohnt und nahmen sie in der *NDW* als gegeben hin. Von der *Tagesschau* erwartete man anderes. Die Berichterstattungsmuster wurden von der Kritik aufgedeckt. Formelhafte Aussagen von Politikern vor der Kamera konnten aber trotzdem nicht die gehaltvolle Aussage haben, die man von der *Tagesschau* insgesamt verlangte.
5. Von der *Tagesschau* wurden Spontaneität und schnelle Reaktionen erwartet, wobei Improvisation akzeptiert war – nicht aber Inszenierung. Man wollte Bilder sehen und keine Reden der ständig selben Köpfe. Ein ‚Wochenschau-Stil' wurde abgelehnt – zugleich aber auch zu viel Berichterstattung über ernsthafte Politik.
6. Im Gegensatz zur Wochenschau wurde bei der *Tagesschau* die Einhaltung journalistischer Grundsätze, die von den Alliierten eingeführt worden sind, stark beobachtet. Die Gefahr der Beeinflussung durch ein Medium, das schon ab 1957 über eine Million Nutzer hatte, war in den Augen der Kritiker ein ernstes Problem.

4.3 Vergleich der Erwartungen an *NDW* und *Tagesschau*

Die in den letzen Abschnitten erläuterten Erwartungen sollen nun verglichen werden: auf Seiten der Wochenschau die Erwartungen der Kinobetreiber (stellvertretend für die Kinobesucher) und auf Seiten der *Tagessschau* die der öffentlichen Fernsehkritik (die sich als ‚Sprachrohr' der Fernsehzuschauer verstand). Dabei sind die unterschiedlichen Intentionen zu beachten. Die Filmtheaterbesitzer waren daran interessiert, ihr Publikum in jeder Vorstellung zufriedenzustellen. Im Fall der Fernsehkritik sind verschiedene Intentionen möglich: die Herstellung von Transparenz über die Rolle der Fernsehinformation oder auch – je nach Ausrichtung der Zeitung – hierzu eine medienpolitisch intendierte Sichtweise wiederzugeben.

Im Fall der *Neuen Deutschen Wochenschau* fällt an den Beurteilungen der Kinobesitzer auf, dass sie sich präzise auf die verschiedenen Gestaltungselemente der Wochenschau bezogen: u.a. auf die Stimme des Sprechers, die Kommentartexte, die Musik, die Anmutung der Bilder (wie z.B. heiter, hell), die Lautstärke. Die Beurteilungen bezogen sich weiterhin auf die Komposition der Wochenschau, die Abfolge der Sujets, die Dramaturgie, die Abwechslung oder Variationsbreite der Themen (Reichhaltigkeit), auf die Länge der Beiträge, auf das Tempo des Schnitts und das

Tempo in der Abfolge der Stories. Zudem ging es um die Bestandteile, wie Opening, Schluss, Trenner-Elemente. Analog zum Kinofilm war sogar der Einsatz von fiktionalen Elementen, wie Trick, gewünscht. Bei den Themen, die sich nicht eindeutigen Ressorts zuordnen ließen, wurde Humoristisches ausdrücklich eingefordert. Als besonders brisante Themenkomplexe haben sich Krieg (in Verbindung mit der deutschen Vergangenheit), Kirchliches und Soziales herausgestellt. Wirtschaft und Erfolge des Wiederaufbaus waren offenbar nicht bedeutend für die Zuschauer. Dass auch auf die Stimmung, die während und nach der Wochenschau-Vorführung im Kinosaal entstand, eingegangen wurde, zeigt eine allgemeine konstante Erwartungshaltung: Die Wochenschau sollte zum unterhaltenden und entspannenden Kinoabend beitragen. Die Kritik hatte also das Gesamtprogramm im Blick. Neben dieser inhaltlichen Ausrichtung gab es den Vergleich mit anderen Wochenschauen, wobei die *NDW* (subjektiv beurteilt) mindestens genauso gut sein musste wie die Konkurrenz.

Von der *Tagesschau* forderte die öffentliche Fernsehkritik zuallererst ein Anderssein im Vergleich zur Wochenschau. Dabei ging es im Grundsatz um die Verwendung der neuen Möglichkeiten des Fernsehens: um absolute Tagesaktualität sowie Objektivität durch Nutzung aktueller Informationsquellen, realistische Darstellung (ohne Trick oder Inszenierung) und möglichst ohne Filmkonserven sowie um eine moderne Haltung zum Journalismus mit Einhaltung journalistischer Grundsätze (u.a. Neutralität). In Bezug auf die Inhalte waren gerade solche Themen gefragt, die dringende Probleme der Menschen ansprachen und diese nicht vermieden, wie in der Wochenschau. Mit den Möglichkeiten des neuen Mediums änderten sich die Ansprüche in Bezug auf die Gestaltung – Musik wurde weniger wichtig, Geräusche blieben unabdingbar. Unterschiedliche Formen der Berichterstattung bekamen eine hohe Bedeutung, wie z.B. Interviews, Gesprächsrunden, Übertragungen. Elemente wie Opening oder Schluss waren offenbar nicht bedeutend – die Kritik bezog sich höchstens auf eingebrachte Grafiken oder Standbilder. Der Fernsehkritik ging es nicht darum, von der *Tagesschau* Unterhaltung einzufordern, es ging nicht um Humor – aber teilweise um eine weniger ‚steife' Ausdrucksweise. Technische und gestalterische Improvisationen wurden hingenommen – sollten aber professionell bewältigt werden können. Hohe Bedeutung hatten die Übertragungsmöglichkeiten des Fernsehens, z.B. in Bezug auf grenzüberschreitende Sendungen – auch in Anbetracht der Konkurrenz zum DDR-Fernsehen. Die Erwartungen an die *Tagesschau* wandelten sich im Laufe der Zeit und mit den erweiterten Möglichkeiten des Programms. Sie bezogen sich dann auf die Vermehrung von *Tagesschau*-Ausgaben und deren Inhalte.

Eine auffällige Gemeinsamkeit in der Beurteilung beider Formate bestand in der Bedeutung des Sprechers bzw. der Sprecherstimme. Bei beiden wurde vom Sprecher die Rolle eines Conférenciers gewünscht: bei der *NDW* als Stimme, bei der *Tagesschau* dann als gesamte Erscheinung. Die Ansprüche an einen *Tagesschau*-Sprecher gingen noch weiter – zu einer Persönlichkeit, die die Glaubwürdigkeit der Nachrichten unterstützen sollte. Schemata und Muster in der Berichterstattung wurden bemerkt und abgelehnt bei gleichzeitiger Erwartung von z.B. einer verlässlichen Länge der Darbietung. Eine weitere Gemeinsamkeit bestand in dem regionalen Denken der Zuschauer. Obwohl beide Formate im ganzen Bundesgebiet gezeigt wurden, gab es regionale Empfindlichkeiten. Die Erwartungen blieben über den gesamten Untersuchungszeitraum heterogen. In der folgenden Tabelle 3 sind die Erwartungsprofile gegenüber gestellt.

Tabelle 3: Unterschiede in den Erwartungsprofilen *NDW – Tagesschau*

Erwartungen an die *NDW*	**Erwartungen an die *Tagesschau***
Weites Themen-Tableau: ‚Reichhaltigkeit' jeder Folge mit heiterem Feuilleton, Prominente, Mode, Katastrophen, Erfindungen, viel Sport, wenig Politik	Weitgehende thematische Abgrenzung von der Wochenschau, aber auch Sensationelles, Royals beliebt
Dramaturgie mit fließenden Übergängen, Schwung, wirkungsvolle und passende Musik (Begleit- und Titelmusik), passender und lockerer Kommentar, gute Sprecherstimme (alle dramaturgischen Elemente wurden von Kinobesitzern, Zuschauern und Rezensenten beobachtet).	Keine Erwartung an die Dramaturgie, aber Kritik an ‚Anreißen' und an zu vielen ‚sprechenden Köpfen', Improvisation und technische Experimente wurden akzeptiert, ab Mitte der 1950er Jahre wurde Musik als Mittel ästhetischer Inszenierung abgelehnt, dafür wurde die Seriosität des Sprechers wichtig.
Angestrebte Wirkung: Spannung bis zum Hauptfilm, gelöste Stimmung	Die *Tagesschau* bekam die Rolle der Eröffnung des Feierabends, Habitualisierung als festgelegter Punkt und Signal für das Ende des Arbeitstages.
Kaum ernstliche Ansprüche an hohe Aktualität und Objektivität (selbst bei den Produzenten); u.a. aufgrund der Distributionsweise und des Unterhaltungscharakters	Höchste Erwartung an die Aktualität (keine Konserven) und Einhaltung journalistischer Grundsätze, Objektivität und keine gestellten Szenen
Unterhaltungsfunktion, Präsentationsfunktion für die Politik. Diskrepanz: zur „halbamtlichen Aufgabe" und zum *NDW*-Selbstverständnis gehörten politische Themen, die das Kino-Publikum nicht schätzte.	Informationsfunktion, weniger Unterhaltungsfunktion (besonders ab Mitte 1950er Jahre), politische Themen wurden im Fernsehen begrüßt, besonders Übertragungen aus dem Bundestag.

(Quelle: eigene Darstellung)

4.4 Gestaltungsentwicklung der *Neuen Deutschen Wochenschau*

Die in den letzten Abschnitten vorgestellten Erwartungsprofile von Wochenschau und *Tagesschau* spiegeln das ‚Soll' – eine Idealvorstellung über die Gestaltung von Informationsdarbietungen. Die Wünsche und Bedürfnisse, die zu dieser Idealvorstellung führten, waren ebenso vielfältig wie die Personen und Institutionen, die sie äußerten. In den folgenden Abschnitten geht es um das ‚Ist' der Gestaltung. Bei dem Versuch, den Erwartungen der Kinobesitzer und Zuschauer gerecht zu werden, entwickelte die *Neue Deutsche Wochenschau* neue Strategien. Sie folgte aber auch Wochenschau-Konventionen aus der Kriegs- und Vorkriegszeit, denn Kameramänner, wie Erich Stoll, konnten ihre professionell-ästhetischen und Aufnahmeprinzipien weitergeben. Um die Gestaltungsmuster herauszuarbeiten, werden in diesem Abschnitt *NDW*-Ausgaben aus verschiedenen Jahren analysiert: eine besonders kritisierte Ausgabe aus der Aufbauphase, eine in Rezensionen besonders positiv beurteilte Ausgabe nach dem Durchbruch der *NDW* sowie zwei Nummern aus der Phase der angekündigten Umstrukturierung. Jede dieser Ausgaben wird außerdem in den Kontext der veröffentlichten Kritik gesetzt. Zu den Wochenschaufilmen werden jeweils die Inhaltsankündigungen herangezogen, die zum großen Teil auch die gesprochenen Texte wiedergeben, sowie die Musikaufstellungen[1]. Außerdem wird anhand von stichprobenartig ausgewählten *NDW*-Ausgaben[2] die Entwicklung von Gestaltungsmustern herausgestellt.

4.4.1 Die Gestaltungsmuster der *NDW* im Jahr 1950

Im ersten Halbjahr nach der ersten Ausgabe der *Neuen Deutschen Wochenschau* sind bereits Muster für Inszenierung und Perspektiven, für filmische und musikalische Zitate festzustellen. Für jede Wochenschau lässt sich ein ‚Thema' identifizieren, das sich subtil durch die Sujets zieht: Es geht z.B. um technische Leistungen, Arbeit und Wiederaufbau oder Traditionen.

Die *NDW* nutzt Bildsymbole, beispielsweise stehen Schlagbäume für die Eröffnung oder Schließung von Grenzen, Flaggen werden zu Symbolen der nationalen und internationalen Beteiligung. Geht es in einem Beitrag um Unglück, Vertreibung oder Unrecht, werden meist ältere oder alte Frauen, Mütter und Kleinkinder in Nah- oder Großaufnahmen gefilmt. Straßen- und Ortsschilder dienen der Orientierung, Informationstafeln mit Warnungen oder Hinweisen, fördern das Verständnis der Zuschauer, Transparente und Banner von Demonstranten in lesbarer Größe ermöglichen es dem

[1] Inhaltsangaben und Musikaufstellungen zu jeder Ausgabe der *NDW*, DW.

[2] Analysen der *NDW* Nr. 6, 7, 11 und 17 (Nr. 6 und 7, um Fortsetzungen zu prüfen, dann Auswahl-Schritte von +5 und +6).

Publikum, Meinungen und Standpunkte zu erfassen. Aufnahmen von Pferden bei Paraden sollten Assoziation zum beliebten Zirkus bewirken.

Unterschiedliche Kameraperspektiven lassen Dinge bedeutsam werden. Menschenmassen (z.B. Versammlungen oder Demonstrationen) sind aus der Vogelperspektive zu sehen, während beispielsweise produzierte Autos in Reihen dargestellt werden, um eine große Anzahl beeindruckend zu präsentieren. Obwohl der Krieg noch lange nicht vergessen war, werden Umzüge, Märsche, Menschen in Uniformen in ‚Reih und Glied' als Zeichen von Ordnung gezeigt. Bei Sportveranstaltungen erhalten die Zuschauer als Erstes einen Überblick über die Arena. Zwischenschnitte ins Publikum belegen die Stimmung vor Ort, verbinden die Zuschauer im Kinosaal mit denen auf den Stadion-Rängen und greifen Komisches auf, z.B. auffällige Brillen und Hüte. Geht es um Kunst-Ausstellungen, sind die gezeigten Stücke zahlreich, um den kulturellen Reichtum Deutschlands zu belegen. Allerdings handelt es sich dabei nicht um zeitgenössische, moderne Kunst,[3] sondern um vertraute, berühmte Werke.

Bei Gegenständen in Bewegung lässt die Kamera z.B. Motorräder an sich vorüberziehen. Schiffe laufen als Sinnbild des Fortschritts und des Aufbruchs vom Stapel oder werden unter Dampf fahrend gezeigt. Bei technischen Anlagen schaut die Kamera auf Details und verfolgt für die Zuschauer die Funktion von Maschinen. Stahltürme aus der Untersicht stehen für den Fortschritt der Industrie.

Typische Geräusche und klischeehafte Musik unterstützen die Bilder und ordnen sie ein, z.B. wirbelnde Musik bei Katastrophen und Naturgewalten oder orchestrale Musik bei Kunst und deutschen Traditionen, Zithermusik für Österreich. Bei amerikanischen Produkten, amerikanischen Sportlern, bei Mode oder Frauen kommt Jazz oder Swing-Musik in verschiedener Lebhaftigkeit zum Einsatz. Sie unterstreicht die Bilder von Modernität, Luxus, vom Westen und von schönem Leben und spiegelt damit Anzeichen der „Amerikanisierung"[4] in der Gesellschaft der 1950er Jahre. Die Bilder sind auf den Takt der Musik geschnitten.

Der Kommentar besteht oft aus Statements, die anscheinend keinen Widerspruch zulassen, und enthält oft den indirekten Ruf nach Ruhe und Frieden. Der Kommentar vermittelt nicht nur Fakten, sondern auch Wertungen und Superlative sowie einordnende Vergleiche. Rufende männliche und seichte weibliche Sprecherstimmen wechseln sich teilweise ab. Sie erläutern Sachverhalte und sind Stellvertreter für Referenten, die nicht im O-Ton zu hören sind, weil der Zuschauer sonst zu lange auf den Kern der Aussage hätte warten müssen.

Schlagzeilen aus Zeitungen werden oft als Aktualitätsbeweis und Rückversicherung in die Kamera gehalten, in den Fokus seitlich eingeschoben oder hineingeblättert. Die Wochenschau nutzte verschiedene Materialien, wie Grafiken oder Archivaufnahmen. Zwischentitel mit Text werden teilweise durch geschickt gestaltete

[3] Vgl. Stamm, 1983, S. 100. Berichte über zeitgenössische Kunst sind in den 1950er Jahren insgesamt selten.

[4] Vgl. Doering-Manteuffel, 2011, S. 4-5.

Übergänge ersetzt: z.B. Bilder von bayerischer Tradition des letzten Beitrags und Schnitt auf eine bayerische Landschaft im nächsten Sujet oder Motorradrennen mit vielen Helmen im Übergang auf Helme bei Trabrennen. Sind diese Bilder des Übergangs sehr ähnlich, entspricht dies fast einer Spielfilm-Continuity.

Die *Neue Deutsche Wochenschau* Nr. 19 vom 6. Juni 1950

Die ersten Ausgaben der *NDW* begleitend, befragte der Schorcht Filmverleih die Kunden nach ihrer Zufriedenheit. Die Kinobesitzer äußerten daraufhin ihre Erwartungen nach mehr Schwung, lebhafter Musik, nach heiteren Bildern und wenig Politik. Beispielsweise wurde die *NDW* Nr. 6 als „dünn" bezeichnet, die Begleittexte als „schwach und trocken" und nicht „zündend" – es gebe zu wenig „Interessantes und Aktuelles aus aller Welt".[5] Nach nur wenigen *NDW*-Ausgaben wollten die Kinobesitzer eine Tendenz in der Qualität erkannt haben: Die NDW hätte „nachgelassen in der Qualität".[6]

Auch in Bezug auf *NDW* Nr. 9 äußerten Kinos hohe Unzufriedenheit, was zudem von der Erlanger Tagespresse aufgegriffen wurde. In der Rezension zu Nr. 9 wurden mehrere Punkte bemängelt: eine schnelle Folge der Berichte, schwache musikalische Begleitung, Sprache mit geringem Niveau, ein zu langes Sujet über das Grand National Pferdeturnier in England, das außerdem von zu wenig Text begleitet war. So sei die *Neue Deutsche Wochenschau* „noch keineswegs konkurrenzfähig".[7]

Ein halbes Jahr nach dem Start der *Neuen Deutschen Wochenschau* waren die Kinobesitzer mit ihrer Geduld offenbar am Ende. Die Ausgabe Nr. 19 wurde von mehreren Kinos als eine der schwächsten *NDW*-Ausgaben bezeichnet. Nur das Modesujet sei interessant gewesen. An diesem Sujet wurde aber kritisiert, dass beim Kameraschwenk in das Modenschau-Publikum der bekannte Schauspieler weniger ins Bild kam als die Filmproduzenten, die den meisten Kinobesuchern unbekannt sein mussten.[8] Der Besitzer des Union-Theaters in München-Gladbach, einer der besten Kunden des Schorcht Filmverleihs (zwei Kinos mit 1.400 und 700 Plätzen), bezeichnete die *NDW* in einem Schreiben an Schorcht als „einzige grosse Enttäuschung". Das Publikum frage ihn, warum er nicht, wie bisher, die *Welt im Film* zeige. Bemängelt wurden die Vorspann-Musik, die Übergänge zwischen den Sujets und überhaupt „die ganze Gestaltung".[9] Schorcht teilte der *NDW* außerdem mit, dass zwei Kinos den Leihvertrag gekündigt hätten, da sie die „langweilige ermüdende Art der Reportage" für nicht tragbar für ihr Publikum hielten.[10] Der Schorcht Filmverleih musste von den

[5] Schorcht (Zimmermann) Brief an NDW, 17.3.1950, Beurteilungen bis 1952, DW.

[6] Ebd.

[7] Schauburg, Erlangen (Kuchenreuther) an Schorcht, München (Löbel), 6.4.1959, mit Abschrift eines Artikels von Rolf Grassner, Beurteilungen bis 1952, DW.

[8] Schorcht (Zimmermann) Brief an NDW, 10.6.1950, Beurteilungen bis 1952, DW.

[9] Schorcht (Zimmermann) Brief an NDW (Kuntze-Just), 20.6.1950, Beurteilungen bis 1952, DW.

[10] Schorcht (Zimmermann) Brief an NDW, 23.6.1950, Beurteilungen bis 1952, DW. Die Kinos bezogen sich dabei auf die letzten gespielten Ausgaben, die die Nummern 18 und 19 einschlossen.

finanziellen Schwierigkeiten der *NDW*[11] gewusst haben und äußerte in dem Brief sein Verständnis, dass das Wochenschau-Unternehmen „alle Möglichkeiten" wahrnehme, die „Herstellungskosten" zu senken – dies dürfe aber nicht zu Lasten der Qualität gehen.[12] Es hatte also etwas zu geschehen.

Als Vorspann der *NDW* Nr. 19 wird neun Sekunden lang der „Flotte Marsch" von Lothar Olias gespielt, bis das Titelbild mit dem *NDW*-Emblem erscheint. Im Ganzen vergehen 25 Sekunden bis zum ersten Beitrag, um dem Kino ausreichend Zeit für das Öffnen des Vorhangs zu geben. Die Ausgabe Nr. 19 hat zehn Beiträge. Als übergeordnete Themen sind die Rückbesinnung auf Traditionen, der Wiederaufbau und die geforderte Zusammenarbeit in Europa identifizierbar – zudem kommt unterschwellig die noch immer hohe Bedeutung der ehemaligen Besatzungsmächte zum Ausdruck.

Der Titel des ersten Beitrags „Die Regensburger Domspatzen" trägt die passende altertümliche Schrift. Der singende Traditionschor vor der Domkulisse ließ bei den Zuschauern vermutlich Erinnerungen an friedliche Zeiten vor dem Krieg aufkommen. Die engelsgleichen Chorknaben kamen gerade, so erklärt der Kommentar, von einer Reise in die Schweiz zurück. Die *NDW* weist auf andere Medien als Nachweis für die Beliebtheit des Chors hin. Die Schweizer Presse habe ebenfalls darüber berichtet. Die Regensburger Domspatzen wirken daher wie Friedensbotschafter für eine Verbindung Deutschlands mit dem westlichen Ausland. Durch das Bach'sche Orgelpräludium am Beginn und den Chor-Gesang vor der Domkulisse wirkt der Beitrag länger als seine 1'30 Minuten.

Als Übergang von der Fassade des Regensburger Doms zum nächsten Beitrag geht der Fokus der Kamera auf gotisches Gemäuer. Es ist der Blick aus dem Fenster des Londoner Büros des zukünftigen britischen Hohen Kommissars für Deutschland, Sir Ivone Kirkpatrick. In seiner Ansprache dankt er der „Deutschen Wochenschau" für die Gelegenheit, zu sprechen und liefert damit Werbung für die *NDW*. Er liest seinen Text erkennbar vom Blatt ab und richtet den Gruß an deutsche „Freunde". Kirkpatrick fordert Mut, das „alte Europa" wieder aufzubauen und seine frühere Stellung zurückzugewinnen. Bei der phrasenhaften Zusage seines persönlichen „verständnisvollen" Einsatzes ist er nach einem erkennbaren Schnitt besonders groß aufgenommen, was die Aufmerksamkeit intensiv auf das Gesicht des Hohen Kommissars richtet. Mit der Ansprache kommt eine Rückbesinnung an Zeiten vor dem Krieg zum Ausdruck, aber auch die Abhängigkeit Deutschlands von den Alliierten. Durch den Einsatz des O-Tons bleibt für Begleitmusik nur das Ende des Beitrags – er schließt mit einer musikalischen Schlussfloskel.

Das dritte Sujet mit dem Titel „Aus einer kleinen Stadt" zeigt, unterlegt mit Violinenmusik (ein altniederländischer Tanz), die unzerstörten, mittelalterlichen Bauten

[11] Vgl. 5. Sitzung des Aufsichtsrates am 6.5.1950, Protokolle Aufsichtsrat 1949-1952, DW. Ab dem 1. Juni 1950 waren 486 Kopien, davon 112 erste Folgen vermietet. Aber erst bei mindestens 1.000 Verträgen in einer guten Staffelung war eine zufriedenstellende Einnahme von 20.000 DM möglich.

[12] Schorcht (Zimmermann) Brief an NDW, 23.6.1950, Beurteilungen bis 1952, DW.

von Rothenburg ob der Tauber. John McCloy, der amerikanische Hohe Kommissar, ist als Ehrenbürger zu Besuch und durchschreitet die Straßen des „lieblichen Tauberstädtchens“, wie der Kommentar erläutert. Der Sprecher weist auf die Rolle der Alliierten als Retter deutscher Traditionen hin – McCloy habe die Stadt im Krieg vor der Zerstörung bewahrt. Um die Beliebtheit des Gastes zu dokumentieren, gibt die Aufsicht dem Zuschauer einen Überblick über die Menschenschar, die sich um ihn versammelt hat. Mittelalterliche Trachten bei der Erinnerungsfeier an die Verschonung der Stadt im Dreißigjährigen Krieg bilden den Abschluss und den Übergang zu ‚modernen Kostümen‘ des nächsten Sujets: dem Modebericht.

Als Trenner wird die nächtliche Fassade des Hamburger „Welthotels“ Altlantic in der Untersicht gezeigt und damit den Zuschauern der Ort der Modenschau vorgestellt. Das Sujet wirkt nach den Bildern von Tradition, Wiederaufbau und Rückblicken wie eine abrupte Wendung, wozu auch die plötzlich einsetzenden Bläser verstärkend beitragen. Sie spielen das Thema „Put the Blame on Mame“ aus dem Film „Gilda“ (1946) mit Rita Hayworth. Der Beitrag zeigt auch hier wieder die Verbundenheit Deutschlands mit der westlichen Welt (Betonung des Sprechertextes auf „Welthotel“ Atlantic), mit Europa (Mannequins des Pariser Modeschöpfers Jacques Fath) und mit Amerika (Hollywood-Zauber). Mit einem Schnitt ist der Zuschauer in einem glanzvollen Saal mit Kronleuchtern über dem Laufsteg. Die Nahaufnahmen der Mannequins werden von einer Frauenstimme mitunter ironisch kommentiert: „Kenner sitzen in der ersten Reihe“, wobei ein interessiert blickender Herr mit Brille ins Bild kommt. Schnitte ins Publikum dienen dem Kommentar als Aufhänger für die ‚Beurteilung‘ der Kleider, deren Details teilweise beschrieben werden. An den passenden Stellen ist Applaus als Geräuschkulisse unterlegt. Die Kamera fängt Filmprominenz ein, als ein Kleid von Rita Hayworth präsentiert wird. Die Wochenschau spielte offenbar mit den Filmkenntnissen der Zuschauer. Sie rechnete damit, dass der Film so bekannt ist, dass das Publikum durch die Musik aus „Gilda“ und den Kommentartext eine Assoziation zu den Kleidern sowie den Hollywood-Stars aufbauen konnte.

Es folgt ein harter Wechsel zur Rubrik „Kurz belichtet“ mit kurzen Sujets von 30 bis 45 Sekunden Länge. Als Trenner dient eine schwenkende Kamera. Der erste Beitrag der Rubrik will wiederum die neue Weltverbundenheit Deutschlands demonstrieren. Das Sujet über die ersten deutschen Diplomaten beginnt mit Bildern von den jeweils bedeutenden Bauwerken der Ziel-Städte Paris und London, Eiffelturm und Tower Bridge. Begleitet wird dies von Fanfarenmusik (einer Ballettmusik aus „Der Rossdieb“). Die Fanfaren lassen die Assoziation von Herolden entstehen, die offiziell aufbrechen. Einer dieser ‚Herolde‘ sollte Dr. Wilhelm Hausenstein sein, der als Generalkonsul in Paris vorgesehen war – er wird vor seiner Abreise an seinem Schreibtisch in München gezeigt. Hans Schlange-Schönigen sollte nach London entsandt werden und erhält in einem O-Ton die Möglichkeit, eine „einmütige“ und „anständige“ Zusammenarbeit in Europa anzumahnen. Dabei ist das Mikrofon des *NDW*-Reporters am Bildrand demonstrativ sichtbar und lässt einen Eindruck von Unmittelbarkeit und Aktualität entstehen. Der Generalkonsul zeigt sich im Ledersessel mit Zigarre in der Hand als Zeichen des nahenden Wohlstands.

Die Kamera dreht sich zum nächsten Kurzbeitrag. Dieser handelt im Sinne des Wiederaufbaus von der Kreditbeschaffung durch Lebensversicherungen – dem Sprecher zufolge ein „vordringliches Problem" Deutschlands. Bundespräsident Heuss wird am Rednerpult gezeigt – aber der O-Ton ist nicht zu hören. Der Kommentar nennt Wiederaufbauminister Wildermuth, auf den sich kurz die Kamera richtet, als Teilnehmer im Publikum. Als Beleg für den Text des Sprechers, dass für 440 Millionen DM zahlreiche neue Häuser gebaut werden sollen, zeigt ein eingeschnittenes Filmstück Neubauten in der Totale. Die Begleitmusik vermittelt Aufbruchstimmung.

Der dritte Beitrag der Rubrik „Kurz belichtet" greift das Seifenkistenrennen von Hamburger Kindern mit Galopp-Musik auf. So konnte bei den Zuschauern eine Assoziation entstehen, dass in den demnächst entstehenden neuen Wohngebieten aus dem vorherigen Beitrag auch wieder Kinder spielen werden. Am Ende wird der „Promoter" des Rennens, „Onkel Jo", gezeigt – vermutlich der Unterstützer aus den Reihen der ehemaligen Besatzungsmächte, der kleine Vergnügen im Alltag spendierte. Der junge Sieger bekommt ein Segelboot und den obligatorischen Lorbeerkranz. Im Trenner dreht sich die Kamera zum Kick-Boxen in Siam. Obwohl sich die Wochenschau mit Musikunterlegungen gut auskennt, ist der Beitrag mit unpassender Swing-Musik unterlegt, um die Szene noch ‚schräger' wirken zu lassen. Sie wird ironisch kommentiert: „[…] dann boxen sie gar nicht fein – mit Händen und Füßen." Hier ist Exotik mit einem heiteren Sujet gekoppelt.

Mit einem Kurzbeitrag aus dem Feuilleton geht es weiter. Bei einem ‚Glatzenwettbewerb' schaffen bekannte Filmschauspieler, die vom Sprecher vorgestellt werden, eine Nähe zum Publikum. Die ‚Putzmittel' für die kahlen Köpfe kommen plakativ ins Bild und die Politur-Maßnahmen werden in Szene gesetzt. Als Begleitmusik dient, wie im vorherigen Beitrag, Swing-Musik. Die Musik und das Geräusch des Siegerkusses auf ein haarloses Haupt durch ein prominentes Jury-Mitglied, Schauspielerin Marina Ried, unterstützen die Komik.

Zwar ist der Sportbeitrag der längste dieser *NDW*-Ausgabe, doch wird ebenfalls die schwenkende Kamera als Trenner eingesetzt, der sonst nur bei kurzen Beiträgen zu sehen ist. Der Sportteil berichtet von Wettkämpfen im Schwimmen und Turmspringen und wird mit Fanfaren eingeleitet. Passend zum Subthema von *NDW* Nr. 19 – die internationale und besonders die europäische Verbundenheit – handelt es sich beim Schwimmen um einen Wettkampf zwischen Schweden und Deutschland. Die Kamera filmt ins Wasser und verfolgt die Schwimmer; der Sieger ist in einer Nahaufnahme zu sehen. Unterlegte Rufe, Applaus und Pfiffe vermitteln die richtige Wettkampf-Atmosphäre. Zwischenschnitte in das Publikum fangen ulkige Kopfbedeckungen an dem offenbar heißen Sommertag ein. Die Sportler werden jeweils mit Namen und bereits errungenen Titeln vorgestellt. Wichtig für die deutschen Zuschauer: In beiden Sportarten gewinnen Deutsche. Ein Schnitt auf einen Hund ist zur Auflockerung eingefügt. Zum Schluss gehen Zirkusmusik und die *NDW*-Titelmusik ineinander über, die langsam unter die letzten Bilder gelegt wird, während Turmspringer in Zeitlupe kopfüber ins Wasser stürzen.

Zusammenfassung zu *NDW* Nr. 19

Der Modebericht sticht mit seiner Eleganz eindeutig heraus. Den Glatzenwettbewerb fand das Publikum offenbar nicht so erheiternd, wie von den Wochenschauproduzenten intendiert – trotz des Star-Aufgebots bei den Jury-Mitgliedern. Voller Tradition und Stolz läuft diese Wochenschau ab. Die Phrasen des alliierten Hohen Kommissars Kirkpatrick mussten auf die Zuschauer ermüdend gewirkt haben. Zudem nahm die Bevölkerung tendenziell einen zu großen Einfluss der Besatzungsmächte auf die Bundesregierung an,[13] sodass die lange Rede für manchen Zuschauer zusätzlich ärgerlich gewesen sein musste. Dazu kamen zweimal Vertreter der ehemaligen Besatzungsmächte vor, die Gutes tun. Die Zuschauer könnten als ‚Tenor' herausgehört haben, dass man diesen etwas schuldig war. Weiterhin ist nachvollziehbar, dass – bis auf den Musiktitel des Modesujets – die erwartbaren Musik-Einsätze kaum die Aufmerksamkeit geweckt haben konnten. Mit der Titelmusik als Ausklang des letzten Beitrags hatte man es sich einfach gemacht – das war nicht originell. Die *NDW* Nr. 19 steht als Beispiel für das Bemühen der Produzenten, den Erwartungen nach einer harmonischen aber trotzdem schwungvollen Wochenschau gerecht zu werden, konnten diese aber nach einem halben Jahr noch nicht voll erfüllen.

Die *Neue Deutsche Wochenschau* Nr. 34 vom 19. September 1950

Nach den negativen Reaktionen auf die Ausgaben des ersten halben Jahres haben die Verantwortlichen der *NDW* offenbar Anstrengungen für eine Verbesserung der Wochenschau unternommen. Etwa drei Monate später konnten sie für die Wochenschauausgabe Nr. 34 Lob ernten. Diese *NDW*-Ausgabe wurde durch Zusammenstellung, Text und Musik als „bis jetzt die beste Ausgabe der NDW" bezeichnet.[14] „Wie Nr. 34 sollen alle sein!", schrieb ein Kinobetreiber aus Regensburg an den Schorcht Filmverleih.[15] Auch der Bericht über den Krieg in Korea wurde gelobt – obwohl Kriegsbilder ansonsten abgelehnt wurden.[16] Schon die Ausgaben *NDW* Nr. 27, Nr. 28 und

[13] Vgl. Noelle-Neumann & Neumann, 1956, S. 170. Mehr als die Hälfte der Befragten stimmten im Mai 1951 der Behauptung zu, dass es egal sei, was Adenauer will oder sagt. Solange die Besatzungsmächte da seien, könne man doch nichts ändern (57 %). Adenauer wird zudem von mehr als der Hälfte als zu nachgiebig gegenüber den Besatzungsmächten wahrgenommen (53 %). Ein Beispiel dazu in *Der Spiegel*: Adenauers (unnötige) Nachfrage zu Kontrollen der Alliierten über die westdeutsche Industrieprodution führte zu einer erneuten Prüfung und Festlegung von Kontrollen; vgl. o.V. (1950): Hochöfen. In: Der Spiegel Nr. 14, 6.4.1950, S. 27-28.

[14] Schorcht (Zimmermann) Kurzbrief an NDW, 27.9.1950, Beurteilungen bis 1952, DW.

[15] Ebd.

[16] Vgl. Vermerke auf dem Fragebogen der Bavaria Lichtspiele, Nürnberg vom 20.2.1951 (jede Aufnahme von Kriegsschauplätzen werden abgelehnt – außer wenn es mit kurzen Bildern gezeigt

Nr. 29 brachten Bilder des Koreakriegs an exponierter Stelle, und der Beitrag der Nr. 32 über den Koreakrieg war einem Kinobesitzer sogar zu kurz.[17] Diese Häufung des Themas ist möglicherweise auch auf das Engagement des Chefredakteurs Kuntze-Just zurückzuführen, der nach Stamm „seine Betroffenheit“ über diesen neuen Krieg deutlich zum Ausdruck bringen und die Menschen mit einem „pazifistischen“ Kommentar über die „Sinnlosigkeit und Ungerechtigkeit“ des Krieges aufrütteln wollte.[18] Die Nachrichten von neuen Kriegen und Konfliktherden in aller Welt, wie vom Koreakrieg und der Kuba-Krise, die Tests von Atomwaffen und die Aufrüstung im Kalten Krieg mögen die ‚Katastrophen‘ des eigenen Alltags verdeckt haben. Denn es ging noch längst nicht allen Bundesbürgern gut.[19] Im geschützten Raum des Kinos war es risikolos möglich, ‚dabei‘ zu sein, teilzuhaben und sich die bedrohlichen, aber auch aufregenden Bilder anzusehen.

Nach der üblichen Titelmusik mit Anfangsmarke beginnt die *NDW* Nr. 34 mit dem Schriftzug „Neue Lage in Korea“, der wie mit einem weißen Pinsel dramatisch anmutend geschrieben ist. Die in schneller Folge in den Kamerafokus geschobenen Titelblätter von deutschen Tageszeitungen mit ihren Schlagzeilen belegen die Aktualität des Ereignisses (da neben dem Radio die Tageszeitung das schnellere Medium war). Dass auch schon die Presse darüber berichtet hatte, unterstreicht die Glaubwürdigkeit des Berichts und erinnerte möglicherweise die Zuschauer daran, dass sie schon darüber gelesen hatten. Die Zeitungsblätter und Bilder von Panzern sind überblendet und so scheinen Panzer bereits aufzufahren. Der Filmbeitrag stammte vermutlich von einer ausländischen Austauschwochenschau, da ein Bombereinsatz in der Luft gezeigt wird. Der Kameramann fliegt mit und erhält so die Möglichkeit, von Cockpit zu Cockpit sowie den Abwurf von Bomben zu filmen. Die rufende Sprecherstimme scheint gegen das Dröhnen der Motoren ankämpfen zu müssen. Der Kommentar setzt bei den Zuschauern einiges Wissen um die bisherigen Vorkommnisse voraus. Nach Luftbildern mit Bombeneinschlägen geht es um Kampfmaßnahmen am Boden: mit Geschützen und schießenden Panzern in Halbtotale, teilweise in Aufsicht (vermutlich von einem Hügel aus). Die dramatisierende Musik, ein Marsch, war für das Militär-Thema verbindlich. Die Musik setzt zwar sofort am Beginn des Sujets ein, dringt aber kaum durch die zugefügte Geräuschkulisse aus Geschützfeuer. Der dramatische Kommentar erklärt das Ziel der Operation, die Nordkoreaner von den Nachschublinien abzuschneiden und einzukesseln. Eine Weitaufnahme mit einer Landschaft im Pulverdampf schließt das Sujet ab.

Der nächste Zwischentitel „Brücke nach Holland“ ist in das erste Bild des Beitrags geschrieben. Nach den Kriegsbildern aus Korea geht es nun um ein Friedenswerk: Eine schwenkbare Brücke von Leer in Ostfriesland nach Holland wird einge-

wird) und Mundsburg-Theater, Hamburg vom 15.1.1951 (keinerlei Kriegsbilder), Beurteilungen bis 1952, DW.

[17] Vgl. Schorcht (Zimmermann) Brief an NDW, 18.9.1950, Beurteilungen bis 1952, DW.

[18] Stamm, 2005, S. 81.

[19] Vgl. Schildt, 1995, S. 102.

weiht und als Wunderwerk der Technik gerühmt. Die Musik ist zunächst dominierend, schwächt sich aber ab, als der gesprochene Kommentar beginnt. Die Szenen sind nicht ganz passend mit britischer („Pomp and Circumstance“ von Edward Elgar) statt mit holländischer Musik unterlegt. Die Musik unterstreicht aber die Herrlichkeit des Bauwerks. Während die Brücke ausschwenkt, ist zum Größenvergleich ein Ruderboot auf der Ems zu sehen. Die *NDW* zeigte die üblichen Bilder einer Einweihung: Eine Rede wird gehalten, eine Gedenktafel enthüllt, ein Band durchschnitten. Mit dem Ausschwenken der Brücke und dem Hochziehen eines Schlagbaums wird eine Öffnung Deutschlands demonstriert und die wiederhergestellte Verbindung zu anderen Staaten. Mädchen in Tracht, die lachend den geöffneten Schlagbaum passieren, symbolisieren Traditionsverbundenheit.

Traditionell geht es im nächsten Beitrag weiter: Das 50-jährige Bestehen des Hamburger Schauspielhauses wird gefeiert. Nach dem Zwischentitel vor der erleuchteten Kulisse des Schauspielhauses zeigt die Kamera drinnen in Aufsicht, dass zahlreiche festlich gekleidete Besucher gekommen waren – was wiederum die große Beliebtheit der Schauspieltradition dokumentiert. Nach der lebhaften pompösen Musik der Brückeneinweihung kehrt durch Konzertmusik von Georg Friedrich Händel Ruhe ein. In Nahaufnahmen kommen einige Persönlichkeiten des Kulturlebens sowie Ornamente des prächtigen Baus ins Bild. Es folgt eine Szene aus „Iphigenie auf Tauris“ im O-Ton, die die Zuschauer in das Schauspiel hinein versetzten. Die männliche Kommentarstimme wechselt zu einer Frauenstimme, die die Schauspieler des Eröffnungsstücks mit ihren Rollen vorstellt. Die *NDW* zeigt mit diesem Sujet das aufblühende Kulturleben, während in den Straßen noch der Schutt des Krieges lag.

Nach der kulturellen ‚Erbauung‘ geht es in der Rubrik „Kurz belichtet“ zunächst um die Schönheitskonkurrenz von „Miss Amerika“ und das Pendant „Miss Europa“. Die Kandidatinnen der amerikanischen Bundesstaaten gehen im Badedress auf dem Laufsteg auf die Kamera zu und liefern so die Nahaufnahmen selbst. Die Siegerin mit Krönchen und strahlendem Lächeln leitet mit ihrem Blick aus dem Bild heraus zu den Aufnahmen aus dem beliebten italienischen Urlaubsort Rimini über, wo die Wahl der „Miss Europa“ stattfindet. Die anschließenden Laufsteg-Szenen mit Miss Italien, Miss Germany und der Siegerin Miss Austria im Bikini spielen sich – passend zum Titel – zu den Klängen von „My Heart Goes Crazy“ von Johnny Burke ab. Der Kommentar, hauptsächlich von einer Frauenstimme gesprochen, ist in Reime gefasst. Davon ausgenommen ist die verbale Spitze, dass „aus politischen Gründen“ die deutsche Kandidatin nicht gewählt werden durfte, obwohl sie „die Schönste“ gewesen sei. Diesen Satz aus der ‚harten Politik‘ spricht eine Männerstimme, so als hätte dies nicht zu einer weiblichen Stimme gepasst.

Von der Schönheitskonkurrenz geht die Wochenschau zu glitzernden Bildern einer amerikanischen Eisrevue aus Atlantic City mit musikalischem Originalton. Der Kommentar dieses Feuilleton-Stücks ist, wie im vorherigen Beitrag, von einer Frau gesprochen. In Aufsicht werden Reigen von Schlittschuhläufern in glänzenden Kostümen gezeigt, wobei das Bild horizontal zweigeteilt wird (vermutlich schon im Auslandsmaterial eingebracht). Der Schwenk ins applaudierende Publikum soll die Kinobesucher mit den Zuschauern auf der Tribüne in Amerika verbinden. Nach ein paar Szenen mit ‚Walt-Disney'-Figuren und lustigem Kommentartext wird eine kunstvolle Pirouette einer Eiskunstläuferin von oben gezeigt. Die von der Kamera schräg aufgenommene Linie von Läuferinnen in weißen Katzen-Kostümen bildet den Übergang zu den Tragflächen der neuen amerikanischen Atombomber B36 des nächsten Beitrags.

Die Bomber werden am Boden, beim Start und in der Luft gezeigt und als „Symbol des Atomkriegs" bezeichnet – der Kommentar nimmt aber nicht weiter Stellung zu einer möglichen Bedrohung, sondern liefert Angaben zum Fassungsvermögen für Bomben und Größenvergleiche über die Flügelspannweite mit Maßen eines Fußballplatzes, um die Vorstellung der Zuschauer zu stützen. Die Kraft Amerikas als Schutzmacht kommt in der Zahl von 50 Bombern zum Ausdruck, die bereits zur Verfügung stünden und den 250, die innerhalb von zwei Jahren gebaut würden, wie der Sprecher erläutert. Da es sich um einen Bericht einer Austauschwochenschau handelte, ist Originalton verwendet worden, dazu eine Marschmusik passend zum Thema. Dieses Sujet schließt die Rubrik „Kurz belichtet" ab.

Der daran anschließende Beitrag beginnt mit Titelblättern diverser Filmzeitschriften, wie *Filmblätter, film* und zuletzt *Film-Echo*, die aufeinander gestapelt werden. Die Fassaden verschiedener Lichtspielhäuser mit ihren gemalten Ankündigungen zur „Woche des deutschen Films" werden gezeigt. Die Musik ist eine schnelle „Tarantella". Der Kommentar erwähnt den Inhaber von Schorchtfilm (Verleih der *NDW*), Kurt Schorcht, als sich die Kamera auf ihn richtet, sowie den Titel seines neuesten Films. Für die *NDW* war es vermutlich selbstverständlich, Werbung für den eigenen Verleih einzuflechten. Die Hauptdarsteller, die im Premierenkino in Hannover eingetroffen waren, präsentieren sich vergnügt und vermitteln so den Eindruck, dass der Film erfolgreich werden wird. Die Kamera lässt im Straßenverkehr draußen einen Bus vorüberziehen, der auf diese Weise die Sicht auf das gemalte Plakat des ersten deutschen Farbfilms nach dem Krieg „Schwarzwaldmädel" (Regie Hans Deppe, mit Sonja Ziemann und Rudolf Prack) frei gibt. Ein applaudierendes Publikum im Kinosaal belegt die Begeisterung für den Film, als sich die Schauspieler auf der Bühne des Filmtheaters verneigen. Der Kommentar erwähnt mehrmals, dass sich in der Woche des „Deutschen Films" die Filmtheater „verpflichtet" hätten, ausschließlich Filme deutscher Produktion zu zeigen. Die Film-PR wurde mit einem Sonderstempel der Post unterstützt. Einige bekannte Schauspieler benutzen den Stempel gut gelaunt und mit Späßen – im Takt der Aufzählung deutscher Filmproduktionsstädte.

Der nächste Zwischentitel mit dem Schriftzug „Ein Millionär" lässt aufmerken. In diesem Bericht feiert die Funkzeitschrift *Hör zu* die millionste Auflage. Die Schrift des Zwischentitels ist modern und passend zum Schriftzug der *Hör zu* gestaltet. Der Kommentar, von einer Frauenstimme gesprochen, erstellt die Verbindung zum vorherigen Beitrag und den Übergang: „Millionen von Menschen gehen ins Kino, Millionen hören Radio", dass aber eine Zeitschrift eine Millionenauflage erreicht, sei auf dem Kontinent „einmalig“. Die Rotationsmaschinen drehen sich im Zeichen der Produktivität. Mit einer musikalischen „Groteske“ unterlegt, bekommt Verleger Axel Springer in einer gestellt wirkenden Szene das millionste Exemplar „mit berechtigtem Stolz“ von „Hauptschriftleiter“ Eduard Rhein überreicht. Statt des Ausdrucks ‚Chefredakteur‘ wird noch die alte Bezeichnung aus der NS-Zeit verwendet, die dem Publikum noch geläufig war.

Nach den Rotationsmaschinen sieht man ‚Fahren und Drehen‘ auch im folgenden Sujet über das Autorennen am Grenzlandring. Der Kommentar weist auf die Superlative „die schnellste Rennstrecke der Welt“ hin. Die Fahrer werden vor dem Start in Helm und Brille in Nahaufnahme gezeigt. Der Ablauf des Rennens ist mit schneller Musik (ein Galopp mit dem Titel „Frisch und Munter“) unterlegt und wird vom Sprecher rufend kommentiert. Die üblichen Phasen des Wettkampfes laufen ab. Der Start in der Totale aufgenommen mit der schwenkenden Flagge, die Rennwagen fahren vorbei, kommen an anderer Stelle im Panorama-Blick wieder auf die Kamera zu. Die Wagen drehen ihre Runden und ziehen mehrmals an der Kamera vorüber – die auch das Publikum auf den Tribünen zeigt. Alles endet, wie gewohnt, mit einem Sieger, dem der Lorbeerkranz umgehängt wird.

Den Schluss bildet ein Beitrag über das traditionelle Münchner Oktoberfest, der ebenfalls viel ‚Drehendes’ zeigt. Die Kamera fängt die Bratochsen und Brathähnchen am Spieß ein, den geschäftigen Rummel, Menschen in Tracht und Fahrattraktionen, einen kleinwüchsigen Menschen, der um sich selbst tanzt. Alles ist mit Kirmesmusik, Rufen, Pfeifen und Lachen als Geräuschkulisse unterlegt. Das Drehen des Karussells, in dem der Kameramann selbst mitgefahren ist, um die Fahrt-Bilder aufzunehmen, geht in das Drehen der Weltkugel für das Schlussbild der *NDW* über. Die Wochenschau endet mit dem gewohnten Schlussbild und mit einem Tusch statt mit der üblichen Schlussmusik.

Zusammenfassung zu NDW Nr. 34

Diese Ausgabe der *NDW* bot den Zuschauern sehr viel ‚Action‘ – viel Aufregendes. Kriegsbilder und Bomber werden kontrastiert mit Friedensbrücken, Schauspiel, Schönheitskonkurrenz, Tradition und Erfolgsnachrichten aus der Medien- und Sportwelt. In fast allen Beiträgen gibt es drehende Elemente: Sei es eine schwenkende Brücke, Pirouetten in der Eisrevue, Rotorblätter von Flugzeugen, Zeitungsrotationen, Rundenfahrten beim Motorsport oder die Karussells auf dem Münchener Oktoberfest. Von ernsten und bedrohlichen bis zu friedvollen und humorvollen Bildern und Texten ist alles vertreten. Eine solche Mischung war vermutlich das, was Kinokunden als ‚reichhaltig‘ bezeichneten. Im Gegensatz zur negativ kritisierten *NDW* Nr. 19 ist hier alles im Fluss. Die Verantwortlichen der *NDW* entsprachen in dieser Ausgabe den Bedürfnissen der Zuschauer nach Harmonie und Tradition auf der einen Seite und Schwung, Glamour und aufregenden Berichten auf der anderen Seite. Ein so großer Erfolg einer Wochenschau-Ausgabe war sicher vor allem möglich durch das Zusammenspiel von günstiger Ereignislage in der Welt (Koreakrieg), guten Auslandsbildern (Misswahlen, amerikanische Eisrevue), deutschen Traditionsereignissen (Schauspielhaus und Oktoberfest) und geschicktem Schnitt (Analogien als Überleitungen, viele drehende Motive). Trotzdem kann als ‚Erfolgs-Rezept' der *NDW* festgehalten werden: eine Mischung aus aufregendem Weltgeschehen, deutscher Tradition, glitzernder Show und sportlichen Erfolgen mit fließenden Übergängen.

4.4.2 Die Gestaltungsmuster der *NDW* von Durchbruch bis Umbruch

Nimmt man an, dass das ‚Erfolgs-Rezept' gefunden und von den *NDW*-Verantwortlichen erkannt worden war, ist es interessant zu prüfen, ob es weiter angewandt wurde. Im Folgenden geht es daher um die Gestaltung der *NDW* in den Jahren nach dem ‚Durchbruch' bis zu dem Zeitraum, in dem aufgrund der Konkurrenz des Fernsehens von den Wochenschauen massive Änderungen im Stil angekündigt wurden. Stichprobenartig wurden solche Wochenschauen untersucht,[20] die in Kritiken behandelt und also von der Öffentlichkeit bewusst wahrgenommen wurden.

Nach dem Durchbruch ab Folge Nr. 27 vom 1. August 1950 zeigt die *NDW* kaum Veränderungen in den gestalterischen und narrativen Mustern. Staatsbesuche werden stets mit den Bildern von Flaggen eingeleitet, die mehrmals im Beitrag wiederholt werden. Politiker oder hochrangige Gäste entsteigen dem Wagen oder dem Flugzeug, werden begrüßt, die Kamera zeigt das Tagungsgebäude. Drinnen oder draußen treten Politiker vor die Mikrofone. Als O-Ton oder stellvertretend durch den Kommentar werden phrasenhafte Versicherungen ausgesprochen. In der *NDW* geht es implizit oft um ‚Heimat'. Assoziationen dazu werden durch Landschaftspanoramen und Fahnen der ehemaligen deutschen Ostgebiete angeregt, z.B. bei Berichten über Zusammenkünfte von Vertriebenen. Diese Berichte passten zu den Heimatfilmen, die in dieser Zeit große Erfolge im Kino feierten.

Immer, wenn es darauf ankam, die Beteiligung zahlreicher Menschen zu zeigen, ging die Wochenschau in die Vogelperspektive. Schiffe werden bei der Taufe von unten gezeigt, um die Ingenieursleistungen herauszuheben und einen Aufbruch in der Wirtschaftswunderzeit zu symbolisieren. Auch für Prominente und gekrönte Häupter wandten die Kameramänner die Untersicht an, um die Position der Persönlichkeiten zu verdeutlichen.

Die Existenz von Konflikten und Krisen bewies die *NDW*, indem sie kurz Schlagzeilen aus Zeitungstiteln einblendete, obwohl der Zuschauer die Zeilen unmöglich in der kurzen Zeit erfassen und lesen konnte. Wenn es um Zerstörungen ging, wurden die Leidtragenden in Nahaufnahme ins Bild gesetzt – vor allem Kinder, Frauen, alte Menschen, Verletzte.

Nach Berichten über Krisen und traurige Anlässe gab es zur Beruhigung der Zuschauer stets etwas Heiteres – in Wort und Bild, wie z.B. Modenschauen, Feste,

[20] Aus Analysen von zehn Wochenschau-Filmen der *NDW* von 1951 bis 1956: Nr. 40, 50, 66, 152, 177, 178, 249, 309, 324, 354.

Tanz, Tiere. Die Mannequins der Modenschauen, Hutschauen und Misswahlen sowie Tierstories boten stets einen guten Anlass zu lustigen Kommentaren. Mit diesen Sujets schaffte die *NDW* pfiffige und ästhetisch anmutende Übergänge, die den Ablauf der Berichte im Fließen halten. Selbst neue Erfindungen werden meist nicht ernsthaft besprochen, dagegen sind die Präsentationen von neuen Automodellen, Flugzeugen und sogar Bombern bewundernd kommentiert.

Fußball, Leichtathletik, Boxen und Motorsport sowie Pferderennen waren offenbar die beliebtesten Sportarten – über die die *NDW* daher oft berichtete. Auch hier gab es keine Veränderung in den Mustern: Zunächst wird der Überblick über das Geschehen geboten, danach kommt die Verfolgung der Sportler mit der Kamera, witzige Zwischenschnitte ins jubelnde oder mitfiebernde Publikum.

Geräusche, wie Applaus oder Lachen, wurden nachträglich zugefügt. Die Musik passte teilweise nicht ganz zum Thema des Beitrags – reichte aber, um Assoziationen bei den Zuschauern anzuregen. Der Kommentar ist wertend, besonders wenn es um deutsche bzw. deutsch-deutsche Angelegenheiten ging – in der Politik wie auch im Sport. Die Struktur aus Ernstem oder Politik am Anfang, in der Mitte Feuilleton und dem Sport am Schluss blieb überwiegend bestehen. Auffällig ist, dass im Gegensatz zu Wochenschauen des Jahres 1950 nun Gesundheits-Themen eingebracht wurden. Verletzte wurden mit schwarzen Balken unkenntlich gemacht. Das alles sind jedoch zu geringe Veränderungen, um von einer vollständigen Modernisierung der Wochenschau zu sprechen.

4.4.3 Die Gestaltung der *NDW* in der Umbruchphase

Im vorangegangenen Kapitel wurde eine Phase beschrieben, in der die *NDW* versuchte, verschiedene Konzepte für eine Umgestaltung zu entwerfen. Es stellt sich aber die Frage, ob die Konzepte umgesetzt wurden. Der *NDW*-Chefredakteur Heinz Kuntze-Just konstatierte in einem Artikel des *Film-Telegramm* vom April 1958, dass den Wochenschauen die „Umstellung" gelungen sei. Alle vier Wochenschauen hätten „einen Stil gesucht und gefunden" und würden weiterhin „neue Versuche" unternehmen. Als Vorbild für eine neue Gestaltung hob er die *Ufa-Wochenschau* heraus, die sich ein „Leitmotiv, ein Thema" gestellt und „die einzelnen Berichte in Schnitt und Kommentar" aufeinander abgestimmt habe.[21] Die erwähnte Abstimmung von Schnitt und Kommentar war jedoch nichts Besonderes, und die Wochenschauen hatten schon immer ‚verdeckte' Themen, wie Wiederaufbau, Heimat und Tradition, die vom Zuschauer vielleicht auch nur unterbewusst wahrgenommen wurden.

Wären die Umgestaltungsabsichten aus Kuntze-Justs Artikel im *Film-Telegramm* vom April 1958 verwirklicht worden, dann müsste beispielsweise an der Ausgabe

[21] Kuntze-Just, H. (1958): Den Wochenschauen gelang die Umstellung. In Konkurrenz zur Tagesschau. In: Film-Telegramm/Kommentare Nr. 16, 15.4.1958 (Abschrift), UFA-Kritiken, DW.

Nr. 450 vom 12. September 1958 eine gravierende Veränderung abzulesen sein. Diese Ausgabe wird hier für eine nähere Betrachtung ausgewählt, da sie bei den Mitarbeitern der Bavaria besondere Zustimmung fand. Diese hatten sich als Tester unter das Publikum gemischt und zogen den Vergleich zu den anderen auf dem Markt angebotenen Wochenschauen. Sie lobten besonders die „zum Schluss hin fortschreitende Spannungssteigerung".[22] Das lässt die Umsetzung eines neuen Konzeptes vermuten, da die *NDW* normalerweise abwechselnd aufregende und entspannende Beiträge brachte. Von einer Vermutung, dass die Bavaria-Mitarbeiter eine positive Bewertung abgaben, um ihren Arbeitgeber nicht zu brüskieren, wird hier einmal abgesehen.

Die *Neue Deutsche Wochenschau* Nr. 450 vom 12. September 1958

Die Wochenschau-Ausgabe zeigt die übliche Anzahl von zehn Beiträgen mit gemischten Themen, wobei auffällt, dass auch gesellschaftliche Probleme vorkommen. Den Aufmacher bildet das Thema der anhaltenden Flüchtlingsströme aus der DDR[23] mit Bildern von verzweifelten Menschen in Durchgangslagern und einer Spendenscheck-Übergabe an den Regierenden Bürgermeister von Berlin, Willy Brandt. Es folgt ein Beitrag über Fischerei-Streitigkeiten zwischen Island und England, der gewissermaßen ebenfalls Menschen zwischen den Fronten zeigt. Diesen Beitrag hatte bereits die *UFA* Nr. 111 vom 9. September 1958 im Programm und lieferte ausführliche Hintergrundinformationen.[24] Die *NDW* setzte ihn nur verkürzt als Übergang zum nächsten Sujet ein, wodurch das Thema nur angerissen wird – beim Zuschauer wurde Wissen um den Konflikt vorausgesetzt.[25]

Das nächste Sujet zeigt, wie der französische Ministerpräsident, Charles de Gaulle, es verstand, die Franzosen trotz der Proteste gegen die neue Verfassung für sich zu gewinnen. De Gaulles Rede vor den Massen bleibt ohne Übersetzung – durch geläufige französische Worte, wie „Vive la France", haben die Zuschauer aber den Zweck der Rede erahnen können. Die deutschen Zuschauer hörten außerdem bis zum Schluss die vom Präsidenten und den Franzosen gesungene Nationalhymne. Das kann als Aufforderung an die Deutschen zur Einigkeit aufgefasst werden – also trotz des Flüchtlings-Problems (aus dem ersten Beitrag) zusammenzustehen.

Im nächsten Sujet wird eine Kriegsfolge aufgegriffen, die nun wieder gutgemacht sein soll: Eine wieder aufgebaute Synagoge wird in Düsseldorf, in Anwesenheit von Staatssekretär Felix von Eckardt als Vertreter der Bundesregierung, feierlich eingeweiht. Der Kommentar gibt Auskunft über die Zahl der zerstörten und bisher wieder aufgebauten Synagogen. Das folgende Sujet zeigt verschiedene Volkstanzgruppen beim Fest der Nationen vor dem Hamburger Rathaus. Eine marschierende Militärka-

[22] Bavaria (Siegel) Brief an NDW (Groll), 13.9.1958, NDW Kritiken, DW. Im Kopf des Briefes ist gedruckt: früher Schorcht Filmverleih.

[23] Vgl. ausführlich dazu in Abschnitt 4.5.2.

[24] Vgl. Inhaltsangabe der *UFA* Nr. 111 vom 9.9.1958, DW.

[25] Vgl. Inhaltsangabe der *NDW* Nr. 450 vom 12.9.1958, DW.

pelle als beliebtes Motiv der ‚Ordnung' wird vom Kommentar und durch die Kameraperspektive besonders hervorgehoben.

Das Feuilleton-Thema handelt von einem Künstler, der Perspektiven wechselt – er sucht Baumwurzeln, aus denen er im traditionellen und modernen Stil Plastiken herstellt – darunter auch einen Adenauer-Kopf. Der Kommentar gibt den Hinweis, dass hier aus dem Vieldeutigem etwas „Eindeutiges" entstanden sei, was als ein Appell für eine einmütige Zustimmung zu Adenauer gesehen werden kann und verdeutlicht die Rolle der *NDW* als „halbamtliches Organ"[26] der Bundesregierung.

Bemerkenswert ist, dass sich ein Sportbeitrag mit dem Titel „Die Sport-Betrachtung" durch die Autorität eines Sportmediziners (zeitweise im Bild, zeitweise aus dem Off sprechend) ganz ausführlich den Gefahren und Chancen des Sports widmet. Nachdem stürzende, verletzte und zusammenbrechende Sportler zu sehen sind, beschreibt der Mediziner Verbesserungsmöglichkeiten, wie z.B. eine sportärztliche Überwachung. Der ‚Zeigefinger' wird erhoben und die gesundheitlichen Gefährdungen des Alltags in kurzen Bildern gezeigt: Völlerei, Stress und zu wenig körperliche Bewegung durch das Autofahren. Zum Schluss präsentiert die *NDW*, begleitet von die Olympiade assoziierenden Klängen eines ‚Sport-Galopps', einen Weltrekordler als Vorbild.

Nahtlos schließt sich ein Bericht über den Europapokal im Kegeln an, der mit einem ‚amerikanischen Zirkusmarsch' untermalt ist, was die ‚Exotik' dieser Sportart verdeutlicht, denn Kegeln war für die *NDW* ein ungewöhnliches Sportthema. Auch hier bildet den Schluss eine Weltrekord-Leistung mit einem Zwischenschnitt auf eine Reihe applaudierender Damen im Publikum.

Der letzte Beitrag über einen Hochhausbau konnte das Publikum noch einmal zum Staunen bringen. Die Wochenschau lobt ihren mutigen Kameramann, der Arbeiter bei einem Hochhausbau in Düsseldorf in schwindelerregender Höhe filmte. Der Kommentar nennt dies eine „Aktualität des Alltags" – hier wird deutlich, dass mit ‚Aktualität' eigentlich ‚Attraktion' gemeint ist. Die Arbeiter sind nicht abgesichert und so hat dieses Sujet etwas von Zirkus ‚ohne Netz und doppeltem Boden'. Der Kommentar erwähnt nicht nur die „sportlich artistischen Züge" dieser Szenerie und schlägt so eine Brücke zum vorherigen Sportbeitrag, sondern erwähnt auch die geringe Gefahrenzulage der Arbeiter. Es folgt die Schlussmusik und im Schlussbild wirft das Wort „Ende" einen Schatten auf die Erdkugel.

[26] Vgl. 11. Sitzung des Aufsichtsrates am 18.5.1951, Protokolle Aufsichtsrat 1949-1952, DW.

Zusammenfassung zu *NDW* Nr. 450

Das Konzept der Wochenschau im Jahr 1958 hat sich gegenüber den Vorjahren nicht grundlegend geändert. Noch immer wurde eine bunte Mischung geliefert und ein ruhiger Beitrag im Wechsel mit einem eher rasanten Beitrag gezeigt. Allerdings ist auffällig, dass Widrigkeiten des modernen Lebens aufgegriffen werden. Obwohl Sujets mit zusammenbrechenden Sportlern noch Anfang 1958 als ‚Heiße Eisen' aussortiert wurden,[27] wurden im September die Gefahren des Sports in Verbindung mit Gesundheitsgefährdungen aufgezeigt. Ob dies aber die Zuschauer begeistern konnte, ist fraglich, da sie sich in der Zustimmung zu sozialen Themen ohnehin ambivalent verhielten. Auch der Bericht über die ungewöhnliche Sportart löste vermutlich keine Begeisterung aus, denn man sah doch sehr gerne Fußball und Boxen. Auf der anderen Seite wurden Nervenkitzel durch das Aufzeigen gefährlicher Aktionen erreicht, die die Zuschauer wie im Zirkus den Atem anhalten ließen bei gleichzeitigem Hinweis auf die Arbeitsbedingungen. Die Ausgabe zeigte sich schwankend zwischen Wochenschau-Tradition und herausfordernden Themen der modernen Gesellschaft.

Die *Neue Deutsche Wochenschau* Nr. 520 vom 12. Januar 1960

Wenn eine für 1958 intendierte Umgestaltung nicht feststellbar ist, soll geprüft werden, ob nach zehn Jahren des Bestehens der *Neuen Deutschen Wochenschau* ein Wandel in der Gestaltung zu beobachten ist. Das „Streiflicht" der *Süddeutschen Zeitung* schrieb im Mai 1960, dass die Wochenschauen einen „New Look" herstellen wollten, als sie erkannt hatten, dass gegen die „aktuelle Sendung des Fernsehens kein Kraut gewachsen" war:

> *„Die Rezepte hießen: Vom Weltspiegel zum bunten Magazin, von der Chronik zum Feuilleton, von der flüchtigen Tagesaktualität hinein in den Tiefgang, der auch die dritte Dimension der Dinge vermittelt."* [28]

Die *Süddeutsche Zeitung* bezweifelte aber die Umsetzung. Es habe zwar Versuche gegeben, einen intelligenten Ausweg zu finden, doch habe die Wochenschau den „Weg des geringsten Widerstandes" gewählt – sie habe das Bedürfnis der Kinobesucher nach Heiterkeit entdeckt und sei „niedlich bis albern" geworden. Der Kommentar im „Streiflicht" beschreibt den Themen-„Cocktail" als „neckisch pointiertes Feuilleton serviert" wie folgt:

> *„Es mehrten sich die zähneputzenden Affen, das künstliche Vogelnest auf dem Damenhut, [...] die Dämlichkeiten des Schussel, der immer noch am elektrischen Bohrer scheitert. [...] die Wellenreiterin im Bikini, das Tanzgewühl im Künstler-*

[27] Dokument „Heisses Eisen" Was die Wochenschau nicht veröffentlicht, Verwaltungsrat 1958-1960, DW. Die Filmstreifen wurden während der Beiratssitzung im Januar 1958 vorgeführt.

[28] O.V. (1960): Das Streiflicht. In: Süddeutsche Zeitung, Ausgabe München Nr. 119 vom 18.5.1960, NDW Echo, DW.

lokal mit freimütigem Überwerfen der Damen und das mißliche Aufgebot bei den weltweiten Miß-Wahlen.“[29]

Fast gleichzeitig bescheinigte die Spitzenorganisation der Filmwirtschaft (SPIO) den Wochenschauen, dass sie aus der Konkurrenz mit der *Tagesschau* Konsequenzen gezogen hätten. Die „politischen Bildnachrichten“ der Wochenschauen sollen einen „dokumentarischen Hintergrund“ erhalten haben, die übrigen Beiträge seien „feuilletonistischer“ geworden. Offenbar zweifelte die Pressestelle der SPIO an der Kraft der Wochenschau für eine grundsätzliche Veränderung, denn sie hob hervor, dass „neue Wege“ nicht „auf Anhieb“ gelängen.[30]

Als Beispiel für eine Wochenschau, die im Zuge der propagierten Veränderungen produziert wurde, wird nachfolgend die *NDW* Nr. 520 vom 12. Januar 1960 näher betrachtet. Die Ausgabe Nr. 520 umfasst elf Sujets von meist weniger als einer Minute Länge. Jegliche Musik für diese Nummer stammte vom Hauskomponisten Gerhard Trede, d.h. es wurden keine populären Melodien, sondern Funktionsmusik eingesetzt. Nach dem Titelbild und der seit Jahren bewährten Titelmusik von Olias folgt die Rubrik „Die aktuelle Information“. Im Rahmen eines Berichtes gegen antisemitische Ausschreitungen wird zunächst eine Synagoge gezeigt, vor der zwei Polizisten postiert sind. Die unterlegte Musik ist ein von Gerhard Trede komponierter „Anklage Marsch“. Als in dem Beitrag der Fund von Nazi-Emblemen behandelt wird, werden beschlagnahmte „Requisiten“, wie das Buch „Mein Kampf“ mit Hitlerbild, NS-Hemden, ähnlich wie in einem Museum auf einem Ausstellungstisch drapiert, um zu verdeutlichen, dass die Stücke der Vergangenheit angehören.

Die Bilder gehen über in Aufnahmen aus der Berliner Innenstadt von Demonstranten mit Flaggen, Transparenten und Fackeln, die zum Mahnmal für die Opfer des Nationalsozialismus marschieren. Die Gesichter junger Menschen im Fackelschein werden eindringlich in Großaufnahme gezeigt. Die Bilder sollen die Masse von Zehntausenden Berliner Bürgern hervorheben, die gegen antisemitische Ausschreitungen in aller Welt demonstrierten. Damit stellte die Wochenschau die besondere Sühnebereitschaft Deutschlands heraus – auch die der jungen Generation. Der Fackelzug erinnert gleichzeitig an die Fackel-Aufmärsche aus der Zeit der Nationalsozialisten. Die Darstellung wurde nun als Umkehrung für Versöhnung genutzt.

Ohne Trennung wird als nächster Beitrag ein Bericht über den Besuch des Bundeskanzlers in Berlin gezeigt. Wie meist bei Staatsbesuchen, ist zunächst das gelandete Flugzeug im Bild. Der Gast wird auf dem Flughafen begrüßt. Der Kommentar erklärt, dass es um die Berlin-Frage geht und Adenauer betont in seiner Rede, der

---

[29] Ebd.

[30] SPIO, Pressestelle (1960): Informationsdienst Nr. 104, Ausgabe B vom Juni 1960, NDW Echo, DW. Der erste Absatz ist eine Reaktion auf: Keil, H. (1960): Weg mit der Wochenschau? Harte Szenen – langweilige Späßchen. In: Bild Nr. 127 vom 1.6.1960, DW-Allgemein Kritiken Werbung ab 1960, DW.

Rechtsstatus Berlins[31] dürfe „nicht angetastet" werden – es sind wenig aussagekräftige Statements. Wie üblich, wird das Schöneberger Rathaus als Ort des Geschehens ins Bild gesetzt und wie immer bei den unbeliebten politischen Themen, gibt es keine bedeutenden Handlungen. Unterlegt mit einer leichten, festlichen Musik, die kaum durchdringt, winkt der Bundeskanzler aus einem Gebäude kommend den Menschen zu – in Nahaufnahme winken die Menschen zurück, wodurch die Verbundenheit der Berliner Enklave mit dem Bonner Kanzler demonstriert wird.

Es folgt der traditionelle Neujahrsempfang, bei dem Adenauer erneut auftritt. Diese Empfänge waren zwar ein „gewohntes Bild", würden aber von Jahr zu Jahr immer „glanzvoller", erklärt der Kommentar wie zur Entschuldigung. Der Bundespräsident Lübke und die Vertreter in den verschiedensten Uniformen kommen nach und nach, von einer Polonaise musikalisch begleitet, ins Bild. Die Kamera sucht besonders exotisch anmutende Persönlichkeiten in Nah- und Halbnahaufnahmen heraus, um dem Zuschauer etwas Besonderes zu bieten und die Weltverbundenheit Deutschlands zu zeigen. Der glanzvolle Beitrag bildet eine Brücke zur darauf folgenden Rubrik „Bunte Palette" des Feuilletons.

Bevor aber leichte Themen serviert werden, gibt die Wochenschau noch einen belehrenden ‚Tipp' zur Unfallverhütung mit „Clever und Schussel", gespielt von damals bekannten Kabarettisten. „Schussel" bleibt an seinem Arbeitsplatz mit seinen viel zu weiten Ärmeln an einer großen Bohrmaschine hängen – und es geht, wie üblich, gerade noch einmal glimpflich aus. Hier wurde auf die Gefahren durch die Arbeit mit neuen schnellen Maschinen aufmerksam gemacht, die zunehmend in den Produktionsstätten eingesetzt wurden.

Diese Story gibt mit ihrem ‚Gefahrenaspekt' den Übergang zu französischen Fallschirm-Schülern. Die mit musikalischem Allegro begleiteten Schüler müssen dem Kommentar zufolge „Mutproben" im Trockenkurs absolvieren. Die Kamera beobachtet den Sprung aus einer Holzkonstruktion von oben sowie die weiche Landung im Sand in Untersicht. Danach wird der Weg in die „Realität" gezeigt: die Schüler auf dem Weg zum Flugzeug – geordnet in einer Reihe hintereinander marschierend. Sie steigen ein und ein drehendes Flugzeugrad symbolisiert den Start. Großeinstellungen auf alle Sicherheitsmaßnahmen und die reihenweisen Absprünge in die Tiefe beweisen eine hohe Disziplin der Protagonisten.

Nach strenger Disziplin und zweckmäßiger Uniformierung mit Helmen bilden „Lufthansa-Hostessen", die „appetitlich" ihren Dienst tun, einen assoziativen Kontrast. Die jungen Damen werden von der Untersicht und nah aufgenommen, z.B. beim Umgang mit Make-up und dem Zurechtrücken ihrer Uniformhütchen. Mit Anzüglichkeiten im Text und Foxtrott-Musik nimmt die Kamera einen männlich-interessierten Blick ein, der sich vom Flugzeuggang aus auf die Beine der Hostessen

[31] Vgl. o.V. (1960): Berlin-Frage. Kein entscheidender Faktor. In: Der Spiegel Nr. 4, 20.1.1960, S. 15-16.

bietet. Das nachfolgende Thema ist ebenfalls mit Fliegen und ‚Vögelchen' verbunden.

Ein Schild „Achtung lebende Vögel" leitet das Sujet über eine bedeutende Kanarienvogel- und Exoten-Ausstellung ein. Die Assoziationen sind für die Zuschauer geschickt vorbereitet worden. Statt Lufthansa-Kranich gibt es nun Nahaufnahmen der gefiederten Freunde des Menschen. Ein Papagei hält als Kunststück einen Löffel mit seinem Fuß und „bedient" sich daraus selbst, anstatt wie alle anderen gefüttert zu werden. Der Kommentar spielt damit auf die Selbstbedienungsläden an, die sich in den Städten durchzusetzen begannen[32]. Die Ziervogelzucht und -pflege scheint ein eher männliches Hobby zu sein, wie Bild und Text herausheben. Das Gesicht eines pfeifenden Vogelliebhabers (ein Statist) wird durch das Käfiggitter gefilmt und geht in das Bild eines Hutes mit Blumen zum nächsten Beitrag über.

Zwei junge Damen sitzen mit extravaganten Kopfbedeckungen an einer Bar. Die „Arbeitsgemeinschaft Hut" bekommt die Gelegenheit, ihre Frühjahrskollektion vorzustellen. Mehrere junge hübsche Damen zeigen die Modelle, indem sie ihre Köpfe für den Betrachter langsam drehen. Der Kommentar betont, dass auch die „Männerwelt" mit der neuen Hutmode zufrieden gestellt sei, um zu verdeutlichen, wer die Hüte wahrscheinlich bezahlen sollte.

Mit einem Kopfschmuck beginnt auch der nächste Beitrag über den „Madame-Ball". Einer jungen Frau wird eben noch das üppige weiße Kleid auf dem Rücken zugeknöpft. Die Modenschau der „erlesenen" Ballkleider sowie die Stars und Sternchen, wie Christine Kaufmann, sind nah aufgenommen. Der Kommentar verwendet Superlative von Worten, wie „glanzvoll", „exquisit", „luxeriös", um den Ball als das „Ereignis des Jahres" herauszuheben. Die Musik von Gerhard Trede unterstützt den Glamour – bis auf die Musik zur Tanz-Szene mit Blick auf die Füße der Gäste –, die „Old-Time-Musik" der Kapelle ist eingeschnittener O-Ton.

Etwas abrupt geschieht der Wechsel zum „Sport der Woche" mit einem Bericht von den Damenskiwettkämpfen in Grindelwald. Wie zu erwarten war, werden die Slalomläuferinnen auf dem Parcours mit der Kamera verfolgt – bis zur Siegerin im Ziel. Die rasanten Bilder werden musikalisch von einem speziellen „Ski-Galopp" unterstützt. Ein Kameramann, der mit dem Schnee kämpft, bildet das Einstiegsbild für den Abfahrtslauf der Herren. Es herrschte jedoch vor Ort so viel Schneetreiben, dass kaum etwas im Bild zu erkennen ist. Trotzdem zeigt der Beitrag über 1'30 Minuten die Skiläufer und deren Stürze, die durch die lustig klingende Musik mit dem Titel „In der Zielgraden" abgemildert werden. Besonders wichtig: Der Sieg des jungen Deutschen Willy Bogner. Als witziges Element am Schluss, das vermutlich für einen Lacher im Publikum sorgte, fängt die Kamera einen Mops-Hund mit einem umgebundenen Kopftuch im Schnee ein. Es erscheint das Endebild mit der Weltkugel mit Titelmusik.

---

[32] Vgl. o.V. (1950): Läden – Mit Samba-Rhythmen. In: Der Spiegel Nr. 8, 23.2.1950, S. 30.

Zusammenfassung zu *NDW* Nr. 520

Die *Neue Deutsche Wochenschau* Nr. 520 vom Januar 1960 ist ein typisches Beispiel dafür, dass keine Wandlung der Wochenschau stattgefunden hat. Der Glamour des Feuilletons wurde hier stark betont. Der Bericht über den Neujahrsempfang war bei Folgespielern unter den Kinobesuchern nach mehreren Wochen vollkommen antiquiert. Wie so oft kamen reichlich Tiere, artistische Bilder (hier die Fallschirmspringer) und junge Frauen vor, sowie Mode und ein unterhaltsam-belehrender Teil mit einem ‚lustigen' Sketch zum Thema Unfallschutz. Ebenfalls wie üblich, errang ein Deutscher einen sportlichen Sieg. Die *NDW* bediente noch immer die Erwartungen und Bedürfnisse der Zuschauer vom Anfang der 1950er Jahre und folgte dem ‚Erfolgs-Rezept' aus dem vorherigen Jahrzehnt mit Unaktuellem, dafür aber möglichst mit Nervenkitzel und Nettigkeiten, Erfolgen und außergewöhnlichen Perspektiven. Die Probleme der Gesellschaft konnten mit ‚erhobenem Zeigefinger' in kurzen Beiträgen und Sketchen nicht ausreichend und ernsthaft behandelt werden.

4.5 Wochenschau und *Tagesschau* im Vergleich

Ebenso wie für die *NDW* wurden für die Gestaltung der *Tagesschau* Erwartungen und Kritiken geäußert. Wochenschau und Fernsehnachrichten hatten jedoch ganz unterschiedliche technisch bedingte Produktionsweisen. Außer der unterschiedlichen Aufnahmetechnik, gab es noch einen weiteren gravierenden Unterschied: die Distribution und die Ausgabe-Frequenz. Außerdem wollten sich beide voneinander distanzieren und „bildverschieden" sein.[1] Will man Wochenschau und *Tagesschau* vergleichen, ist es notwendig, die Berichterstattung von bedeutenden Ereignissen der deutschen Geschichte zu betrachten – also Ausgaben mit solchen Themen zu suchen, die kein informierendes Medium auslassen durfte. Für den Vergleich werden neben den *Tagesschau*-Einspielfilmen und Wochenschau-Filmen die zugehörigen schriftlich fixierten Sprechertexte[2] herangezogen. Da im Untersuchungszeitraum, anders als bei der Wochenschau, keine vollständigen Ausgaben archiviert wurden, kann die Tonalität der Stimme des Nachrichtensprechers nicht in die Analyse einbezogen werden. Das gilt zumeist auch für die Musikunterlegung[3]. Für jedes der drei ausgewählten Ereignisse wird zunächst der historische Kontext dargestellt, um die Analyse der jeweiligen *NDW*- und *Tagesschau*-Berichte daran anzuschließen. Die Unterschiede der Darstellungsmuster werden zum Schluss zusammengefasst.

---

[1] NDW (Purzer) Brief an Institut für Demoskopie, Allensbach (Noelle-Neumann), 12.7.1960, DW-Allgemein Kritiken Werbung ab 1960, DW. Schon 1953 hatten *NDW* und *Tagesschau* gegenseitig vereinbart, sich inhaltlich und im verwendeten Bildmaterial voneinander abzugrenzen; vgl. NDW (Wiers) Brief an NWDR (Intendant Pleister), 17.2.1953, BArch B 145/122.

[2] Sendungsprotokolle der *Tagesschau*, ARD aktuell, NDR; für die *NDW* Inhaltsangaben, DW bzw. Sprechertext im Wochenschaufilm.

[3] Für die *NDW* wurden zu jeder Ausgabe die Musikaufstellungen herangezogen, DW.

4.5.1 Das Thema ‚Aufstand in Ungarn 1956'

Die Revolution in Ungarn begann am 23. Oktober 1956 mit einer friedlichen Studenten-Demonstration aus Solidarität mit dem polnischen Arbeiteraufstand, bei der Demokratie und Freiheit gefordert wurden.[4] Die Revolution wurde im Kern ausgelöst durch den ständigen Wechsel von kommunistischer Herrschaft und Lockerung, wieder zu einem kommunistischen Regime mit Zwangskollektivierung und Planwirtschaft, die nicht funktionierte. Ungarn trat am 1. November 1956 aus dem Warschauer Pakt aus. Dazu kam, dass sich zum ersten Mal ein kommunistischer Ministerpräsident, Imre Nagy, öffentlich gegen Moskau auflehnte. Wie *Der Spiegel* vom 7. November 1956 berichtete, lenkten die Sowjets scheinbar ein und zogen die Truppeneinheiten aus der Stadt Budapest ab, auf der anderen Seite erklärten sie, dass sie es nicht hinnehmen würden, wenn die neu geschaffene „volksdemokratische Ordnung" ins „Wanken" geriete.[5] Die Drohung wurde ausgeführt: Zwei sowjetische Divisionen marschierten von Norden und Südosten in Ungarn ein und kesselten die Stadt Budapest ein – zusammen mit der sowjetischen Besatzungsarmee, die noch vor Ort war. Das löste Wut und Protest in der Bevölkerung aus, die mit einer spontanen Revolution reagierte. Imre Nagy wurde verhaftet.[6] Im Zuge der Revolution spielten sich am 27. Oktober 1956 in einer westungarischen Kleinstadt grausame Szenen ab. Die wütenden Bewohner marschierten in einem Demonstrationszug zum Hauptquartier der Sicherheitspolizei. Ein Oberleutnant feuerte mit seiner Maschinenpistole auf die Demonstranten, als die Gruppe nur noch wenige Meter entfernt war – es gab 80 Tote. Der Oberleutnant wurde schließlich zur Abschreckung an einem Baum aufgeknüpft.[7] Solche Lynchjustiz ereignete sich auch in der ungarischen Hauptstadt.

Für die Deutschen war der Aufstand in Ungarn 1956 ein bedeutender Vorgang, da er sie an ihre eigenen Erlebnisse mit der sowjetischen Armee erinnerte. Zur selben Zeit verstrickten sich Frankreich und England in kriegerische Streitigkeiten, die zwischen Ägypten und Israel aufgebrochen waren. Somit gerieten drei der ehemaligen Besatzungsmächte in ein negatives Blickfeld. Im November wurden die Geschehnisse in Ungarn zu einem wichtigen Thema in den Medien. Die Berichterstattung der ARD zum Thema wurde von einem Gremium aus Fernsehkritikern zu einer der besten Fernsehleistungen gewählt.[8]

---

4 Stiftung Haus der Geschichte der Bundesrepublik Deutschland (o.J.). Teilung Deutschlands: Ungarn 1956. Verfügbar unter: http://www.hdg.de/lemo/html/DasGeteilteDeutschland/DieZuspitzungDesKaltenKrieges/TeilungDeutschlands/ungarn1956.html [1.11.2011].

5 O.V. (1956): Aufstand – Um ein besseres Leben. In: Der Spiegel Nr. 45, 7.11.1956, S. 43-46, hier: S. 43.

6 Vgl. o.V. (1956): Aufstand – Um ein besseres Leben. In: Der Spiegel Nr. 45, 7.11.1956, S. 43-46.

7 Vgl. o.V. (1956): Ungarisch-Altenburg. In: Der Spiegel Nr. 45, 7.11.1956, S. 36-42.

8 O.V. (1957): Kritikergremium wertet die Fernsehsendungen eines Jahres. In: epd / Kirche und Fernsehen Nr. 3, 11.2.1957, S. 2. Das Gremium bestand aus Andrea Brunnen, Prof. Dr. Hans Gebhart, Dr. Gerd Krollpfeiffer und Dr. Kurt Wagenführ.

Der Ungarn-Aufstand in der *NDW*

Die *NDW* Nr. 354 vom 9. November 1956 ist eine außergewöhnliche Ausgabe, da sie nur zwei Sujets enthält. In der ersten Hälfte werden die Konflikte in Ungarn und in Nahost behandelt; in der zweiten Hälfte geht es um den Auftakt der Olympischen Spiele. Die *Neue Deutsche Wochenschau* zeigte damit, dass sie auch profunderen, längeren Berichten fähig war – und dies *noch bevor* eine Umgestaltung der *NDW* angekündigt wurde. Vermutlich war diese ungewöhnliche Form als Ausnahme möglich – aufgrund des brisanten Themas, das die Deutschen berührte. Die Inhaltsangabe kündigt die Berichte mit der Überschrift „Die Politik der Gewalt“ an und spezifiziert die Sujets wie Schlagzeilen einer Zeitung: „Ausführlicher und erschütternder Bericht von den blutigen Tagen in Ungarn“ und „Der Kampf Englands, Frankreichs und Israels gegen Ägypten“.[9] Allerdings wurde der Ungarn-Bericht bereits am 7. November 1956 in der *UFA* Nr. 15 gezeigt – mit gleichen Bildern aber einem ausführlicheren, chronologischen Text mit mehr Hintergrundinformationen über den Beginn des Konfliktes und abgewandelter Musik. Damit hatte die *Ufa*-Wochenschau die aktuellere Ausgabe und eine Vorreiterrolle (entsprechend ihrer Tradition) eingenommen.

Der Titel „In diesen Tagen“ und der Sprechertext[10] betonten die hohe Aktualität: „Wir schreiben Mittwoch, den 7. November, 4 Uhr morgens. Das ist der Zeitpunkt, an dem dieser Bericht der *NDW* zusammengestellt wurde.“ Zum Beleg der Vorkommnisse und der Versicherung der Neuheit werden Schlagzeilen großer Zeitungen gezeigt. „Der Aufstand“ begann mit einer Demonstration der Menschen gegen das „sowjetisch orientierte Regime“, erläutert der Kommentar. Menschen mit Transparenten werden in der Totalen und Halbtotalen gezeigt, um die Menge zu verdeutlichen. Eine Barrikade aus Pflastersteinen in Nahaufnahme deutet den Beginn der Revolte an. Das Laub, das über die Straße weht, wird von einem musikalischen Wirbel gespiegelt. Dies kündigt außerdem den ‚Wirbel‘ an, der bald real toben wird; der Panzer im Hintergrund symbolisiert die drohende Gewalt. In Nahaufnahme werden die Hände von Männern gezeigt, die Gewehrpatronen abzählen und einlegen. Eine weitere Kriegs-Metapher wird durch Männer mit geschulterten Gewehren bedient, die auf die Kamera zulaufen. Andere fahren auf Lastwagen an der Kamera vorbei. Der Sprechertext mutet mit seinen stakkatohaften Sätzen dramatisch und theatralisch an: „Die Revolte nahm ihren unerbittlichen Verlauf. Ungarn schossen auf Ungarn. Der unselige Bürgerkrieg war da.“ In der Halbtotalen sind die Szenen des Häuserkampfes zu sehen. Das Schießen ist unter der Musik zu hören, wahrscheinlich handelte es sich jedoch um Geräusche, die zugemischt wurden. Als nächstes folgen brennende Fahnen und brennende Bücher, die der Sprecher als „sowjetische Literatur“ bezeichnet. Als Beweis zeigt die Kamera im Staub der Straße ein Buch mit dem Titel „Lenin“. Fahrende Panzer und zahlreiche Soldaten sind im Pulverdampf zu se-

[9] Inhaltsangabe mit Sprechertexten der *NDW* Nr. 354 vom 9.11.1956, DW.

[10] Nachfolgend aus Inhaltsangabe und Film der *NDW* Nr. 354 vom 9.11.1956 und zugehörige Musikaufstellung, DW.

hen. Die Kamera hält sich teilweise hinter den Schützen auf, nimmt die Zuschauer so mit in den Kampf. Die Bilder von der Erstürmung des Gebäudes der Staatssicherheit (Avo-Haus) zeigen Tote – zunächst in der Ferne auf Bahren getragen, dann auf dem Boden in nahen Einstellungen. Die Gesichter werden jedoch nicht gefilmt – eine der Leichen wurde von Kopf bis Fuß mit einzelnen Buchseiten bedeckt. Die Posaunenstöße der Musik begleiten die „Rache“ der Menschen, die sie an den Beamten der Polizeizentrale üben, wie der Sprecher hervorhebt. Weitere unkenntliche Leichen werden gezeigt, die inmitten von teils brennenden Aktenblättern auf der Straße liegen. Andere Beamte werden von den Aufständischen in einem Gedränge von Menschen abgeführt. Diesen Vorgang zeigt die Kamera in Aufsicht, um die Unterlegenheit der Abgeführten darzustellen. Die Musik stoppt und macht damit ein Ende des Revolten-Sturms deutlich, was die Zuschauer vermutlich zunächst aufatmen ließ.

Die Bilder der Zerstörung und traurig-tragische, langsame Musik setzen wieder ein, als die Verwüstung in den menschenleeren Straßen ins Bild kommt. Blumen und Kerzen stehen für die „zahllosen“ Toten, wie der Sprecher erwähnt. Die Kamera zeigt in Nahaufnahme eine weinende alte Frau, was wie ein anrührendes Porträt wirkt. Danach fahren wieder sowjetische Panzer und andere Militärfahrzeuge in den Straßen auf. In einem Fahrzeug befindet sich offenbar auch der Kameramann, der dadurch Männergesichter an der Kamera vorüberziehen lässt, und dem Zuschauer das Gefühl vermittelt, mitzufahren. Die Musik wird wieder lebhaft-dramatisch und passt zu den von hinten gefilmten flüchtenden Menschen. Militärfahrzeuge im Schnee und Flüchtlinge auf dem Weg nach Österreich werden mit Nah- und Großaufnahmen gezeigt: besonders Kinder und Säuglinge, weinende Frauen, eine vollgestopfte Tasche, in der vermutlich sämtliche Habseligkeiten Platz finden mussten. Bilder des marschierenden Trecks vermitteln das menschliche Drama. Ungarische Soldaten, von denen der Kommentar sagt, dass sie verhaftet und interniert wurden, steigen auf Lastwagen und aufgehäufte Waffen belegen das Ende der Kämpfe. Mit den Bildern von Frauen und Kindern auf der Flucht und mit der Tatsache, dass Tausende ihre Heimat verlassen mussten, konnten sich vermutlich viele Zuschauer identifizieren. Die Trompetenstöße der Musik unterstreichen die Tragik der Szenerie. In der Ferne hinter Gestrüpp sind sowjetische Panzer zu sehen, die den Flüchtlingsstrom stoppten, wie der Sprecher erklärt.

Dann vollzieht der Bericht einen Ortswechsel und zeigt Demonstrationen in Europa gegen das Vorgehen der Sowjets. Menschen mit Transparenten erscheinen im Bild, deren Aufschrift in französischer und englischer Sprache die Internationalität belegen soll. Der Kommentar erweitert dies zu ‚weltweiten‘ Protesten. Zum bildlichen Beleg des Kommentartextes, dass die UNO gegen die Intervention der Sowjetunion eine Resolution verfasst, wird der Sitzungssaal der Vereinten Nationen in Aufsicht mit Emblem gezeigt. Beim Übergang zu dem zweiten Thema des Sujets, dem Konflikt von England, Frankreich und Israel gegen Ägypten, kommt eine Karte der Halbinsel Sinai mit animierten, auf den Suez-Kanal gerichteten Pfeilen, ins Bild. Die *NDW* zeigt die Abstimmung im UNO-Sicherheitsrat über die Herstellung des Friedens – das Abstimmungsergebnis mit dem Veto Großbritanniens ist im O-Ton zu hören. Es folgen Bilder der Mobilmachung Englands und Frankreichs auf Kriegsschiffen, von israelischen Panzern und Soldaten in der Wüste am Suezkanal und gefangen genommenen Ägyptern – alles ist mit orientalisch klingender Musik und Schuss-Geräuschen unterlegt. Der Bericht geht weiterhin auf die Demonstrationen von Engländern gegen den Konflikt ein. Tumulte mit Demonstranten und berittener Polizei sowie Redner mit erhobenen Fäusten vermitteln Dramatik. Dies wird mit ebensolcher Fanfaren-Musik wie die Bilder aus Ungarn begleitet. Als der Kommentar die Vereinbarung des Waffenstillstands erwähnt, ändert sich die Musik zu würdevollen Klängen und die Kamera schwenkt von einem Kronleuchter auf die Olympia-Mannschaft, die vom Hamburger Senat zum friedlichen Wettkampf in Melbourne verabschiedet wird.

Der Ungarn-Aufstand in der *Tagesschau*

Am Beispiel der Berichterstattung über den Ungarn-Aufstand lässt sich der Vorteil der *Tagesschau* als einer fortlaufenden Berichterstattung erkennen. Zwar waren die Berichte mit wenigen Sequenzen nur kurz, doch konnten sich die Zuschauer fast täglich auf den neuesten Stand bringen. Absolut aktuell berichten zu wollen, war aber auch mit Gefahren verbunden. Reporter, die gerade noch der Einkesselung in Ungarn entkommen waren, konnten zwar sofort Informationen übermitteln, doch es kam zu einer gefährlichen Panne, als sie im Verlauf ihres Berichts auch die Namen ihrer „Gewährsleute" erwähnten.[11] Dies wurde von einer Tageszeitung als Leichtfertigkeit kritisiert, obwohl es auch schon aufgrund von Zeitungsberichten Verhaftungen von Informanten gegeben hatte.[12]

Die *Tagesschau* sendete am 3. November 1956 bereits den vierten Bericht aus Ungarn und am Montag darauf, am 5. November 1956, weitere Berichte zur Lage, während die *Ufa-Wochenschau* und die *NDW* das Thema erst am 7. bzw. am 9. November 1956 aufgriffen. Der *Wochenspiegel* der *Tagesschau* erstellte am 11. November 1956 einen chronologischen Ablauf der Aggression am Suez-Kanal aus *Tagesschau*-Berichten und neuem Material und brachte zum Thema Ungarn zusammenfassende Berichte mit Bildern der UNO, von Flüchtlingen an der Grenze und „Widerstandsnestern der Freiheitskämpfer" sowie aus der „toten Stadt Sporon [sic]".[13]

Am 3. November 1956 beschäftigte sich die *Tagesschau* als Aufmacher (3 Minuten) mit der Lebensmittelverteilung in der ungarischen Hauptstadt Budapest.[14] Der Text und die Bilder beschreiben die knappe Versorgungslage: „Eine Handvoll Mehl

[11] O.V. (1956): Gehört – Gesehen. In: Segeberger Zeitung, Bad Segeberg vom 24.11.1956, Rundfunk Programm Fernsehsendung Tagesschau von 8/52 bis 1/66, NDR.

[12] Ebd.

[13] Sendeprotokoll des *WSP* Nr. 185 vom 11.11.1956, Sprecher: Voss und Henn, ARD aktuell, NDR. Die Stadt Sopron ist gemeint; im Sendeprotokoll mehrmals als „Sporon" benannt.

[14] Folgende Zitate aus dem Sendeprotokoll der *TS* Nr. 597 vom 3.11.1956, Sprecher: Voss, ARD aktuell, NDR.

bedeutet Reichtum." Die Spenden aus dem Ausland sollen wegen der Abriegelung der Grenzen durch sowjetische Panzer zum Stoppen gekommen sein. Der Kommentar berichtet weiter, dass die *Tagesschau* ein Telefongespräch mit Budapest geführt habe. Damit hebt sich die *Tagesschau* selbstreferenziell hervor. So habe man erfahren, dass sich die Sowjets in zwei bis drei Wochen zurückziehen wollten. Zur Illustration dieses Textes wurde ein Panzer gezeigt. Zum Schluss schwenkt die Kamera über das „Schöne Budapest"-Panorama und zeigt den aus der Verbannung zurückgekehrten Kardinal Mindszenty, der die Öffentlichkeit zur Hilfe für Ungarn aufforderte. Als Beleg der Vorkommnisse wird das Schicksal eines Prominenten aufgegriffen. Der tot geglaubte Kapitän der ungarischen Fußballnationalmannschaft wird bei der Ankunft in seinem Wiener Exil gezeigt. Mit der Kamera groß aufgenommen, dankt er Österreich für die Hilfslieferungen nach Ungarn. Am Ende der *Tagesschau*-Sendung folgen zwei Spendenaufrufe: als Film für das Bundesgebiet, live gesprochen und als eingeblendetes Postscheck-Konto für Berlin-West.[15]

Am 5. November 1956 war das zweite große Thema dieser Tage, der Konflikt um den Suez-Kanal, für die *Tagesschau* in den Vordergrund gerückt und bildet den Aufmacher der Ausgabe. Die Berichterstattung über die Krisenherde Israel-Ägypten und Ungarn hat die Redaktion aber im Zusammenhang behandelt – der vierteilige Bericht füllt insgesamt eine Länge von 7'47 Minuten.[16] Zur Einordnung stellt die *Tagesschau* die rhetorische Frage, welchen Wert noch Beschlüsse der Vereinten Nationen hätten, wenn sie durch England und Frankreich wieder gebrochen würden. Fallschirmtruppen seien „heute morgen" in Ägypten gelandet, womit die *Tagesschau* auf ihre Aktualität hinwies. Die Bilder des Beitrags zeigen eine Ansprache des britischen Delegierten, Sir Pierson Dixon, vor dem UNO-Sicherheitsrat im O-Ton ohne Übersetzung, aber mit Erläuterung des Gesagten durch den Nachrichtensprecher. Der Sprecher wertet: Dixon stünde „mit seiner Rechtfertigung des Angriffs ziemlich allein da". Es folgen Bilder von protestierenden Menschen vor dem UNO-Gebäude in New York und der Universität von San Francisco (Bilder aus UP-Material, die im archivierten Original der *Tagesschau*-Ausgabe verloren sind, d.h. es ist nur Schwarzfilm an dieser Stelle zu sehen)[17]. Der Sprecher stellt wiederum Fragen: „Geht Gewalt vor Recht?" und „Gibt es noch einen Schutz für kleine Völker?" Es folgen Bilder (sind wieder erhalten) von Studentenprotesten in Hamburg, die sich gegen den Überfall in Nahost und gegen den „Gewaltakt der Sowjets in Ungarn" wenden – beispielsweise vor dem amerikanischen Generalkonsulat in Hamburg. Die Kamera fängt die Aufschrift der Transparente ein, wie „UNO erwache", und stellt sich in die Mitte des Stroms, sodass die Menschen auf die Kamera zukommen und der Zuschauer einzelne Nationalitäten an den Gesichtern erkennen konnte. Die Szene ist mit ernster,

[15] Sendeprotokoll der *TS* Nr. 597 vom 3.11.1956, Sprecher: Voss, ARD aktuell, NDR.

[16] Folgende Zitate aus dem Sendeprotokoll der *TS* Nr. 598 vom 5.11.1956, Sprecher: Voss, ARD aktuell, NDR.

[17] Dem Sendeprotokoll lässt sich entnehmen, dass an dieser Stelle ein Beitrag war; nur die Musik blieb jedoch erhalten.

aber lebhafter Musik unterlegt. Der Sprecher erwähnt zuletzt, dass sich „vor wenigen Stunden“ – also ganz aktuell – in Berlin Tausende zu Protesten gegen das „sowjetische Vorgehen“ versammelt hätten und weist darauf hin, dass das Deutsche Fernsehen dies live übertragen hatte.

Nach einem Zwischenschnitt mit der Silhouette des Berliner Rathauses sieht man den Bürgermeister, Dr. Otto Suhr, und hört ihn im Originalton über die Lage in Ungarn sprechen. Er wird in Nahaufnahme gezeigt. So ist zu erkennen, dass die damaligen Politiker im Umgang mit dem neuen Medium nicht sehr geübt waren: Otto Suhr las ganze Passagen seines eindringlich-dramatischen Textes ab und musste sich zeitweise in seinem Papier orientieren. Seine Rede handelt von der Solidarität der Berliner mit den Ungarn, da die Berliner ebenfalls um Recht und Freiheit im Kalten Krieg kämpften. In den letzten Sekunden der Rede fährt die Kamera zurück und zeigt den Schreibtisch – mit dem Papier, aus dem er gelesen hatte.

Nach einer Zacken-Blende stellt der Sprecher die rhetorische Frage: „Und in Ostberlin?“ und berichtet nachfolgend im Tenor des Kalten Krieges von der Solidaritätserklärung der DDR-Volkskammer mit der Sowjetunion in der Ungarn-Frage. Die Bilder zeigen die Ränge der Volkskammer – mit ernster Orchester-Musik unterlegt. Die Musik ist wenig abwechslungsreich, denn es ist die Musik des vorherigen Beitrags. Die Kamera zeigt schreibende Protokollführerinnen und applaudierende Abgeordnete (ohne hörbaren Applaus), darunter den Vorsitzenden des Ministerrates Otto Grotewohl und seinen Stellvertreter Walter Ulbricht. Bei Angelegenheiten des Ost-West-Konflikts war es auch für die *Tagesschau* offenbar schwer, eine neutrale Haltung zu bewahren. Der Text ist spitz und wertend: Er besagt, dass die Volkskammer sich „beeilte“, der Sowjet-Union „ihre unverbrüchliche Freundschaft zu versichern“[18].

Zusammenfassung zur Darstellung des Aufstands in Ungarn 1956

Die *NDW* lieferte Hintergrundinformationen über den Beginn des Ungarn-Konflikts, um die Zuschauer auf den Stand zu bringen. Durch die Kameraführung wird der Zuschauer in gefährliche Situationen mitgenommen, in die er sich vor Ort sicher nicht hinein getraut hätte. Die Wochenschau erzeugt eine weit höhere Emotionalität durch Bilder, Kommentar, Geräusche und Musik. Der Text ergänzt die emotionalisierenden Bilder mit zusätzlichen dramatischen Formulierungen und einer entsprechenden Tonalität in der typisch rufenden Stimme. In der *NDW* wurden viele bildliche Metaphern für Krieg und Flucht bedient. Dass Tote ausschließlich unkenntlich gezeigt wurden, belegt eine ethische Rücksichtnahme der *NDW*, die jedoch für die zahlreich aufgenommenen weinenden und leidenden Frauen nicht zu gelten scheint. Bilder von Kleinkindern sollten offenbar besonders berühren und die Tragik der Bilder von Flüchtenden weiter verstärken. Das Sujet über den Ungarn-Aufstand ist durch die Aspekte ‚Kämpfe‘ und ‚Flucht‘ mit dem Stoppen der Musik zweigeteilt. Der Zu-

[18] Sendeprotokoll der *TS* Nr. 598 vom 5.11.1956, Sprecher: Voss, ARD aktuell, NDR.

schauer erkennt den Bruch, was eine spannungssteigernde Wirkung gehabt haben konnte.

Die *Tagesschau* berichtete fortlaufend über aktuelles Geschehen. In der *Tagesschau* gehen die Konflikte in Ungarn und Nahost aus Zeitgründen ineinander über. Obwohl, wie belegt ist, Fernsehreporter vor Ort waren, sieht man in der *Tagesschau* keine Kampfhandlungen, sondern sie konzentriert sich auf Demonstrationen. Die *Tagesschau*-Kameras zeigten Perspektiven, die auch der Zuschauer hätte einnehmen können, wenn er vor Ort gewesen wäre. Die *Tagesschau* zeigte keine leidenden Menschen und gebrauchte keine spannungssteigernden Mittel, sondern bringt lange O-Töne und weltweite Reaktionen. Der Sprechertext kann durch rhetorische Fragen zum Mitdenken anregen und zugleich werten.

4.5.2 Das Thema ‚Flüchtlingsproblem 1958'

Für viele im Krieg vertriebene Deutsche setzte sich die Flucht in den 1950er Jahren fort. In großen und mittelgroßen Städten gab es durch den hohen Verlust an Wohnraum eine drangvolle Enge. Durch die Flüchtlinge und Vertriebenen aus den „ehemaligen Ostgebieten" verschärfte sich die Wohnsituation noch.[19] Bei der Volkszählung 1950 wurden ca. 7,9 Millionen Vertriebene und 1,5 Millionen Zugewanderte aus der Sowjetisch besetzten Zone (SBZ/DDR) ermittelt. Diese Zuwanderung hielt die weiteren Jahre hindurch an.[20] Nach Erhebungen des Bundesvertriebenenministeriums waren seit dem Zusammenbruch bis 1958 rund drei Millionen Mitteldeutsche in den Westen geflohen. Eine wichtige Anlaufstelle war neben agrar- und industriereichen Bundesländern (Niedersachsen, Bayern, Nordrhein-Westfalen) besonders Westberlin.

Im Juli 1958 verließen 19.283 Menschen die Sowjetzone, um nach Westen zu fliehen. Im August waren es immer noch 12.595. Diese Zahlen waren jedoch nicht ungewöhnlich. In den Jahren davor gab es erheblich mehr Flüchtlinge – um die 27.500 Personen jeweils im August 1956 und 1957.[21] Der Sommer- und Ferienmonat war ohnehin ein beliebter Zeitpunkt für eine Flucht. Das Besondere der Fluchtbewegung im Jahr 1958 aber war, dass diese sich fast ausschließlich auf das Ziel Westberlin konzentrierte (80 % der Flüchtlinge), während im Vorjahr nur 40 % der Flüchtlinge die Notaufnahme in Westberlin beantragten und die übrigen 60 % in Gießen und in Uelzen (Niedersachsen). So entstand für Westberlin ein täuschender Eindruck von einer akuten Zunahme der Fluchtbewegung.[22]

Die legale Urlaubsreise aus der DDR zu West-Verwandten war schwierig und risikoreich geworden. Außerdem arbeitete die DDR-Regierung daran, den Todesstrei-

[19] Schildt, 1995, S. 48.
[20] Vgl. ebd., S. 48-49.
[21] O.V. (1958): Zonenflucht – Es stand in der ‚Welt'. In: Der Spiegel Nr. 37, 10.9.1958, S. 13-15, hier: S. 13.
[22] Ebd.

fen zu verbreitern, Umgehungsstraßen zu bauen und den Verkehr der S-Bahn-Linien einzuschränken. Das einzige Schlupfloch, das den Flüchtenden für einen relativ gefahrlosen Grenzübertritt blieb, war Westberlin. Der Prozess des „Ausblutens der Zone", wie es der Minister für gesamtdeutsche Fragen, Ernst Lemmer, beschrieb, vollzog sich schon seit Jahren.[23] Es erstaunt deshalb, warum die Zeitungen des Hamburger Zeitungsverlegers Axel Springer (*Die Welt*, *Bild* und *Hamburger Abendblatt*) gerade seit Mitte Juli 1958 das Thema des Zonenflüchtlings-Problems fokussierten. Das Magazin *Der Spiegel* erklärte die Hintergründe für die Berichterstattung: Diese Verstärkung der Zonen-Berichterstattung soll von der Springer-Presse intendiert worden sein, der alle nordwestdeutschen Zeitungen nachfolgten. Im August des Vorjahres waren die über 27.000 Flüchtlinge allerdings kein Thema auf den Titelblättern von *Die Welt* gewesen.[24] Die nun von der Presse stimulierte „Gemütsbewegung" riss auch die Politiker mit, die schwerlich „gegen den Strom der veröffentlichten Meinung [...] schwimmen" konnten.[25] Der Staatssekretär im Vertriebenenministerium erklärte dagegen auf einer Pressekonferenz, dass weder in Berlin noch in Bonn eine „Alarmstimmung" herrsche – man habe „schon höhere Flüchtlingszahlen erlebt" als im Juli und August 1958.[26]

Das Flüchtlingsproblem in der *NDW*

Die *Ufa-Wochenschau* Nr. 111 berichtete erst am 9. September und die *NDW* am 12. September 1958 über die Flüchtlingsdramatik, die seit Juli Thema in den Zeitungen war. Die *NDW* Nr. 450 setzte das Thema mit einer Länge von 1'30 Minuten an die erste Stelle und betitelte den Beitrag als „Die aktuelle Information".[27] Der Kommentar nennt die Flüchtlinge das „Problem Nr. 1". Mit tragischer Musik wird zunächst die Beobachtung der Grenze durch Volkspolizisten mit Fernglas in den Vordergrund gerückt, was durch die Musikuntermalung bedrohlich wirkt. Dem Blick des Fernrohrs folgend, zeigt die Kamera weitere bewaffnete Volkspolizisten, die sich hinter Bäumen in einem Wald zu verstecken scheinen. Ein provisorisch anmutendes Schild „Zonengrenze" und die mit Stacheldraht verbarrikadierten und abgetrennten Bahngleise vervollständigen die Symbolbilder einer gewaltsamen Teilung. Der Kommentar nennt Tausende, die täglich über die Grenze kommen, was durch gehende Füße zur Trauermarsch-Musik ins Bild gesetzt wird. Der Sprecher erklärt das Ausmaß des Problems mit der plakativen Zahl von zwei Millionen, die in nur zehn Jahren über die Grenze gekommen sein sollen. Begleitet von dem Kommentartext, dass 27.000 Menschen in 40 Durchgangslagern warten, versetzt die Wochenschau den Zuschauer per Bild in das Lager. Aktenschränke und ein in einer Mappe blät-

---

[23] Ebd., S. 14.

[24] Ebd.

[25] Ebd., S. 15.

[26] Ebd.

[27] Nachfolgend aus Inhaltsangabe und Film der *NDW* Nr. 450 vom 12.9.1958 und zugehörige Musikaufstellung, DW.

ternder Verwaltungsangestellter werden gezeigt. Dadurch ist klar: Jeder Flüchtling wurde mit ‚Gründlichkeit' registriert. Eine mögliche Sorge, dass die Lage außer Kontrolle geraten könnte, sollte vermutlich zerstreut werden. Die Kamera zeigt eine Seite in einer aufgeschlagenen Akte mit der ansteigenden Kurve eines Halbjahresberichts. Diese abstrakte Darstellung belegt die *NDW* mit Bildern einer größeren Familie an einem Esstisch und einer Kinderschar unter Aufsicht einer Krankenschwester. Um die Atmosphäre im Lager zu beschreiben, werden Schilder mit der Warnung vor „Lauschangriffen" oder „Menschenraub" gefilmt sowie Erwachsene, die in hoffnungsloser Geste ihren Kopf aufstützen. Immer wieder werden Kinder jeden Alters als Leidtragende gezeigt – bis zum schlafenden Säugling in Nahaufnahme. Diesen emotionalisierenden Bildern folgt die Erklärung, dass die erste Station stets Westberlin und die Stadt dem Flüchtlingsstrom nicht mehr gewachsen sei.

Der Hilferuf Berlins wird durch Zeitungs-Schlagzeilen belegt, die in das Kamerabild gezeigt werden. In einer gestellt wirkenden Szene überreicht der DGB-Vorsitzende Willi Richter dem Berliner Bürgermeister Willy Brandt einen Scheck. Der Scheck über 10.000 DM kommt nach dem obligatorischen Händeschütteln groß ins Bild und wird von einer Hand sorgsam in einer Brieftasche verwahrt. Der Kommentar lobt die „vorbildliche Weise", auf die der DGB half. Dabei ist anzumerken, dass der DGB auch einen Sitz im Beirat der *Neuen Deutschen Wochenschau* hatte (Georg Reuter, stellvertretender Vorsitzender des DGB[28]) und es daher selbstverständlich gewesen sein musste, dass der Vorsitzende mit der Scheckübergabe herausgehoben wird. Der Schriftzug, „aktuelle Information" auf dem eingesetzten Rubrikentitel, mit dem der Beitrag begann, bezieht sich offenbar auf diese Scheckübergabe – nicht so sehr auf die Situation der Flüchtlinge, die schon lange nach Berlin strömten. Folgende Abbildungen aus der *NDW* Nr. 450 belegen die Dramatik der Darstellung.

[28] Vgl. Deutsche Wochenschau Brief an Senator Heinrich Landahl, Hamburg, 23.10.1958, Verwaltungsrat 1958-1960, DW.

Abbildung 5: Standbilder zum Thema Flüchtlinge 1958 in der *NDW*

Gehende Füße und übervolle Taschen als Symbol der Vertreibung

Sprechertext: *„Tag für Tag kommen sie [die Flüchtlinge] zu Tausenden über die Grenzen. Westberlin ist meist ihre erste Station.“*

Musik: Klage-Marsch („düstere 46“ von Gerhard Trede)

Eine Großfamilie am Tisch (11 Personen) im Hintergrund Gitterfenster als Zeichen der Enge im Lager Marienfelde bei Berlin.

Sprechertext: *„Dem besonders in den letzten Monaten anschwellenden Flüchtlingsstrom ist Westberlin nicht mehr gewachsen. Zurzeit leben und warten hier etwa 27.000 Menschen in 40 Durchgangslagern.“*

Musik gleichbleibend.

Das Schild mit Warnung von Bespitzelungsgefahr und Menschenraub verdeutlicht die relative Unfreiheit und Bedrückung im Lager.

Ohne Sprechertext.

Musik gleichbleibend.

Nahaufnahmen – besonders von Frauen und Kindern – zeigen die Verzweiflung der Flüchtlinge.

Ohne Sprechertext.

Musik gleichbleibd.

Zeitungstitel als Beleg der Aktualität und Glaubwürdigkeit.

Sprechertext: *„Der SOS-Ruf der Berliner verhallte nicht ungehört. In vorbildlicher Weise half der DGB.“*

Musik leise.

(Quelle: DW)

Scheckübergabe des DGB an Willy Brandt. Ohne O-Ton, vermutlich ein gestelltes Bild, da Szene mit der im *Wochenspiegel* des Fernsehens (s.u.) stark differiert.

Sprechertext: *„Der Vorsitzende Willi Richter übergab dem Regierenden Bürgermeister Brandt einen Scheck über 100.000 Mark zur Linderung der Flüchtlingsnot.“*

Musik endet mit Fanfare zum Händeschütteln (groß).

Das Flüchtlingsproblem in der *Tagesschau*

Den ersten kurzen Bericht sendete die *Tagesschau* am 2. September 1958 mit einer Länge von 1'12 Minuten.[1] Am 4. September berichtete die *Tagesschau* an dritter Stelle[2] noch etwas länger als am 2. September über die Lage in Berlin. Der Beitrag ist an zweiter Stelle zu sehen und besteht aus zwei Teilen: der Besuch des Bundesministers für Gesamtdeutsche Fragen, Ernst Lemmer, im Notaufnahmelager Marienfelde mit einem O-Ton von 2'38 Minuten und der Erklärung von Willy Brandt zur Flüchtlingssituation von 1'09 Minuten. Das Material stammte vom SFB.[3] Der Kommentar spricht von einem „überraschenden" Besuch Lemmers in Marienfelde, was angesichts der bereitstehenden Reporter nicht ganz glaubwürdig ist. Als Aktualitätshinweis wird betont, dass der Besuch „heute" stattfand. Auch in der *Tagesschau* werden Zahlen genannt: 26.700 Menschen (etwas genauer als in der *NDW*) in 40 Auffanglagern. Zum Vergleich werden die Bevölkerungszahlen von Freising oder Zweibrücken angeführt, was wohl voraussetzte, dass alle Bürger der gesamten Bundesrepublik diese Orte kannten. Möglicherweise war dies auch ein Zugeständnis an das föderale System der ARD-Anstalten – jeder Zuschauer sollte sich eine Vorstellung machen können. Auch die *Tagesschau* folgte der Agenda der Presse und hob das Flüchtlingsproblem heraus. Sie erklärte, warum 85 % (nicht nur 80 %, wie im Bericht des *Spiegel* genannt) der Flüchtlinge in Westberlin ankommen: Wegen der Reisebeschränkungen, die von der DDR-Regierung auferlegt wurden, gebe es den „unvorhergesehenen Ansturm". Als hoffnungsvolle Zusatzinformation wird der Einsatz von Flugzeugen „ab morgen" angekündigt, die die Flüchtlinge in die Bundesrepublik weiterverteilen sollten. Dieser Text wurde vermutlich gesprochen, während sich Lemmer, begleitet von einer Menschengruppe, durch das Lager bewegt. Dann spricht Lemmer im Originalton zu einigen jungen Männern, die im Halbkreis vor ihm und um ihn herum stehen, und sichert Abhilfe der menschenunwürdigen Bedingungen im Lager zu. Der Reporter ist dabei mit dem Mikrofon in der Hand im Bild zu sehen. Die Szene wird durch einen eiligen Schnitt im Wort abgebrochen. Nach einer Kurzblende folgt die Rede Willy Brandts, der ebenfalls Mut zuspricht und die Not in den Lagern lindern will. Die Unmittelbarkeit der O-Töne und das Thema vermitteln hier nicht den Eindruck von leeren politischen Phrasen, wie sie sonst in Wochenschau und *Tagesschau* zu hören waren. Sie offenbaren aber durch das Stocken und das Suchen nach Formulierungen in den letzten Sätzen die Ungeübtheit mit dem Medium Fernsehen.

---

[1] Sendeprotokoll der *TS* Nr. 1144 vom 2.9.1958, Sprecher: Henn, ARD aktuell, NDR.

[2] Zuvor liefen eine Schaltung nach Paris zu de Gaulles Verkündung eines neuen Verfassungsentwurfs und ein Bericht über Eisenhower.

[3] Folgende Zitate aus dem Sendeprotokoll der *TS* Nr. 1146 vom 4.9.1958, Sprecher: Voss, ARD aktuell, NDR.

Im *Wochenspiegel* vom 7. September 1958[4] wurden die Zuschauer auf den neuesten Stand gebracht: Die Weiterverteilung der Flüchtlinge sei nun angelaufen. Es werden noch mehr Impressionen aus dem Lager gezeigt: wartende und lesende Menschen auf Bänken und Koffern sitzend – Frauen, Kinder und Männer aller Altersstufen, teils mit Händen vor dem Gesicht als Zeichen der Verzweiflung. Es kommen jedoch keine bedrohlichen Schilder wie in der *NDW* ins Bild, sondern ein Hinweis auf die Registrierungs- und Arbeitsvermittlungs-Stellen. Der Sprecher erwähnt zum Bild, dass Menschen „aller Berufe" täglich ihre Heimat verließen und weist damit indirekt darauf hin, dass nun versierte Arbeitskräfte in die Bundesrepublik gekommen seien. Der Kameramann stellt sich in eine Reihe von Wartenden vor einer Registrierungsstelle – so erhält der Zuschauer den Eindruck, selbst vor Ort zu sein. In schnellen Schnitten erhalten die Zuschauer Impressionen der wartenden Menschen im Lager. Der *Wochenspiegel* wiederholte den Text vom 2. September: „Berlin ruft SOS! Der Flüchtlingsstrom übersteigt die Aufnahmefähigkeit Westberlins." Westberlin ist das „Vorfeld der freien Welt" und die Verantwortung für die „überfüllten Flüchtlingslager" wird eindeutig zugewiesen: „die verstärkte Sozialisierungskampagne der SED vertreibt täglich mehr Menschen aus der Zone". Außerdem seien es die „sowjetzonalen Reisebeschränkungen", die dazu führten, dass sich 80 % bis 85 % der Flüchtlinge in Westberlin meldeten. Es folgen Aufnahmen, wie sie ähnlich schon in der *Tagesschau* vom 4. September vorkamen: Ernst Lemmer spricht zu den Flüchtlingen. Dabei ist der Minister aus einer anderen Perspektive zu sehen und der O-Ton (1'05 Minuten) ist anders zugeschnittenen als in der *Tagesschau*. Der *Wochenspiegel* versuchte, mit dem Beitrag Hoffnung zu transportieren statt Dramatik. Während die *NDW* Warnschilder vor ‚Lauschangriffen' zeigt, lässt der *Wochenspiegel* Lemmer sagen, dass man in der Bundesrepublik keine Angst vor Bespitzelung haben müsse und Meinungsfreiheit herrsche. Nun schließt sich die Scheckübergabe durch den DGB-Vorsitzenden Richter an. Die Szene ist von längeren O-Tönen über die Motive für die Spende und dem Dank Willy Brandts bestimmt (1'34 Minuten). Im Gegensatz zur Wochenschau konnte es sich die *Tagesschau* zeitlich leisten, längere O-Töne zu senden. Für unser Bildempfinden ungewöhnlich: Ein Reporter steht in der Mitte und hält das Mikrofon. Er ist die gesamte Zeit frontal im Bild zu sehen, während Brandt und Richter fortwährend nur von der Seite aufgenommen werden. Offenbar war nur eine Kamera vor Ort, sodass eine abwechselnde frontale Aufnahme der Hauptpersonen im Schuss-Gegenschuss-Verfahren nicht möglich war.

Die folgenden Abbildungen aus der *Tagesschau* vom 4. September und aus dem *Wochenspiegel* vom 7. September verdeutlichen mit den Sprechertexten (die nicht mehr eindeutig den einzelnen Bildern zugeordnet werden können) und O-Tönen im Vergleich zur *NDW* die gravierenden Unterschiede in der Darstellung des Problems.

[4] Folgende Zitate aus dem Sendeprotokoll des *WSP* Nr. 280 vom 7.9.1958, Sprecher: Voss und Henn, ARD aktuell, NDR.

Abbildung 6: Standbilder zum Thema Flüchtlinge 1958 in *Tagesschau*/*WSP*

Tagesschau: Der Bundesminister für Gesamtdeutsche Fragen, Ernst Lemmer, besucht Marienfelde

O-Ton Lemmer: *„Das sind unruhige Tage, wenn man sich entschließt, die Heimat zu verlassen. Ich habe das vor 9 Jahren auch getan. […] Und ich bin sehr mit dem Herzen bei Ihnen. Ich weiß, wie schwer es ist, aber ich bin ganz sicher, dass Sie schon nach kurzer Zeit wieder des Lebens froh werden."*

Lemmer sichert menschenwürdige Unterbringung zu.

Tagesschau: Ansprache von Willy Brandt.

„Wir haben nun heute vor dem Abgeordnetenhaus dargelegt, was unserer Meinung nach geschehen muss […], um das Los unserer Landsleute, die hierher kommen, zu erleichtern."

Man solle nicht so tun, als sei „der tagtägliche Flüchtlingsstrom etwas Normales".
„Wir wollen an das Gewissen der Welt appellieren und haben die Hoffnung, dass es gelingen möge, den Flüchtlingsstrom wieder etwas einzudämmen."

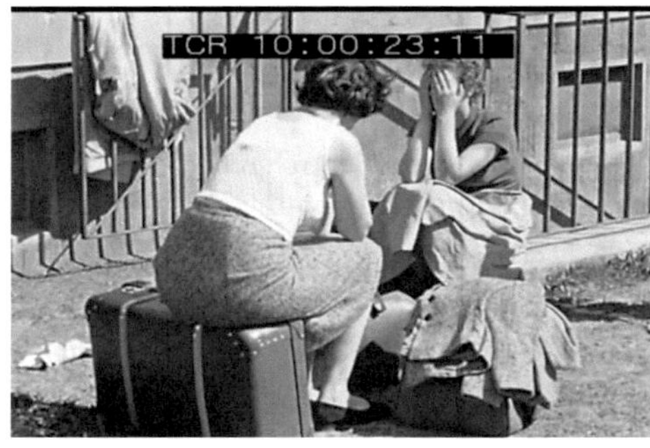

Wochenspiegel: Wahrung von ethischer Distanz bei den Aufnahmen von Menschen.

Sprechertext: *"Berlin ruft SOS! Der Flüchtlingsstrom übersteigt die Aufnahmefähigkeit Westberlins. Da sitzen sie und warten und kennen ihre Zukunft nicht. Sie haben fast alles zurückgelassen, als sie die Sowjetzone verließen."*

Wochenspiegel: Hinweisschild auf Möglichkeiten der Wahrung der persönlichen Rechte, z.B. auf Auskunft und Arbeit.

Sprechertext: *"Fast tausend Menschen aller Berufe, junge und alte, verlassen täglich ihre Heimat. Hier in einem Lager werden sie überprüft und registriert."*

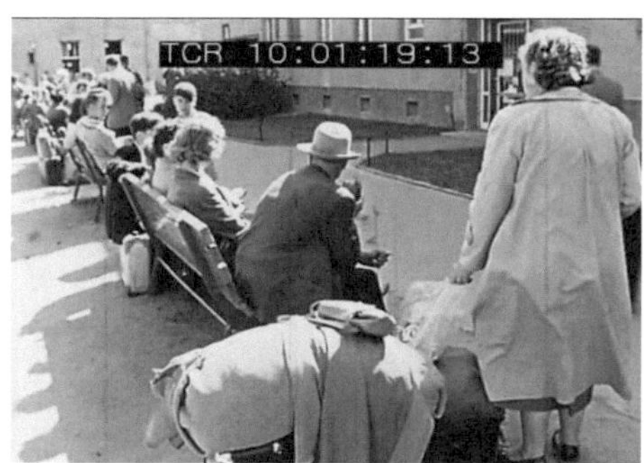

Wochenspiegel: Kamera auf Augenhöhe mit dem Zuschauer, der Eindruck des ‚Dortseins' wird gefördert. Die *Tagesschau* bzw. der *Wochenspiegel* zeigen Straßen, Häuser, gepflegte Menschen.

Sprechertext: *„Die über die ganze Stadt verteilten 40 Durchgangslager sind überfüllt, denn die verstärkte Sozialisierungskampagne der SED vertreibt täglich mehr Menschen aus der Zone."*

(Quelle: NDR Fernseharchiv)

Wochenspiegel: Scheckübergabe des DGB-Vorsitzenden an Brandt.

O-Ton Willi Richter: *„Wir haben uns mit Fragen der Wiedervereinigung befasst, wir haben auch das Flüchtlingselend behandelt. Wir sind zu dem einmütigen Beschluss gekommen, Ihnen einen Scheck von 100.000 Mark zu überreichen, damit Sie in der Lage sind, die Flüchtlingsfrage weitgehend zu lösen."*

Langer Dank Brandts und kurze Erwiderung Richters darauf.

Zusammenfassung zur Darstellung des Flüchtlingsproblems 1958

In der *NDW* sind Musik und Bilder außerordentlich emotional ausgewählt worden. Der Trauermarsch und Nahaufnahmen – besonders von Frauen und kleinen Kindern – verdeutlichten das menschliche Leid. Darauf aufbauend inszenierte die *NDW* die Rettung durch eine großzügige Spende des DGB. Da das Bild der Scheckübergabe in der *NDW* ein völlig anderes ist als im *Wochenspiegel*, ist anzunehmen, dass es sich um eine gestellte Szene handelte, die für die *NDW* eigens aufgenommen wurde. Die *Tagesschau* zeigte dagegen Unmittelbarkeit und Bürgernähe: durch den Besuch des verantwortlichen Ministers im Flüchtlingslager, durch seine Ansprache im O-Ton sowie durch die Rede Willy Brandts. Die *Tagesschau* erzeugte ebenfalls eine Emotionalisierung – jedoch zumeist durch den wertenden Kommentar. Während die *NDW* auf Bedrohungen hinwies, die selbst im Flüchtlingslager nicht auszuschließen waren (Menschenraub und Lauschangriff), zeigte das Fernsehen die Hoffnung auf (Meinungs-)Freiheit und garantiertes Menschenrecht (Arbeit). Während das Ziel der Emotionalisierung bei der *NDW* offenbar Mitleid war, war es bei der *Tagesschau* bzw. beim *Wochenspiegel* die Solidarität mit den Flüchtlingen als neue Bürger Westdeutschlands. Der *Tagesschau*-Beitrag mit den langen O-Tönen zeigte außerdem einleuchtend, wie die Politiker auf die Presse reagierten und sich dann der audiovisuellen Medien bedienten.

4.5.3 Das Thema ‚Bau der Berliner Mauer 1961'

Viel überraschender als der Flüchtlingsstrom war der Bau der Berliner Mauer, über den die Medien allerdings nur zögerlich berichteten – ebenso zögerlich, wie die Politik in der Sache vorging. In der Nacht vom 12. zum 13. August 1961 wurde die innerstädtische Demarkationslinie Berlins von der Volkspolizei, der Nationalen Volksarmee und Betriebskampfgruppen mit Stacheldraht abgesichert. Später wurde dieser durch eine Mauer aus Hohlblocksteinen und Betonpfählen ersetzt. Diese Operation war, wie sich später herausstellte, lange geplant und wurde „präzise" umgesetzt.[5] Am 13. August 1961 fuhren Panzer der Volksarmee an der Sektorengrenze auf. Die alliierten Verbände nahmen davon allerdings nur wenig Notiz. Berlins Polizeisenator sah sich allein der Aufgabe gegenüber, die Sektorengrenze abzusichern und wollte unbedingt ein „Budapest" vermeiden[6] – einen Aufstand also, wie er 1956 in Ungarn stattgefunden hatte. Dabei wäre es für die Alliierten leicht gewesen, schon vorbeugend einzugreifen, denn den amerikanischen Einheiten wurde bereits 48 Stunden vorher erhöhte Alarmbereitschaft befohlen. Die Truppenbewegungen der Sowjets aus dem DDR-Inneren zur Ost-Berliner Grenze waren bekannt. Erst drei Tage nach der Sperrung der Sektorengrenze wurde eine Protestnote der Westmächte abgeschickt. Die Berliner waren so verbittert, dass bei einer Protestkundgebung von 250.000 Berlinern Sicherheitsvorkehrungen vor dem Schöneberger Rathaus getroffen werden mussten.[7]

Nach Angaben des Magazins *Der Spiegel* wurden 12.000 Westberliner Polizisten aufgeboten, um „spontane Demonstrationszüge" zum Brandenburger Tor und zum Hauptquartier der Amerikaner zu stoppen.[8] Auch Willy Brandt konnte nur äußern, dass er dem Präsidenten Kennedy in einem Brief „in aller Offenheit" die Meinung der Berliner gesagt habe.[9] Karl-Eduard von Schnitzler[10] (als ‚Hetzer' gegen den Westen bekannt) fragte unterdessen seine Zuschauer im DDR-Fernsehen polemisch: „Haben Sie schon gehört, dass Brandt die Alliierten zu Hilfe gerufen hat?" Die Antwort gab er selbst: „Ja, ich hab's gehört, aber die Alliierten nicht."[11]

---

[5] Kleßmann, 2003, S. 31.

[6] O.V. (1961): Stadtkommandanten – Nichts gehört. In: Der Spiegel Nr. 35, 23.8.1961, S. 18-19, hier: S. 19.

[7] Ebd.

[8] Ebd.

[9] Ebd.

[10] Karl-Eduard von Schnitzler wurde in der Rundfunkschule des NWDR ausgebildet, war Kommentator beim NWDR und wurde Ende 1947 aufgrund seiner kommunistischen Einstellung entlassen – er übersiedelte in die DDR und wurde Chefkommentator des DDR-Fernsehens. Weitere Informationen verfügbar unter: http://www.hdg.de/lemo/html/biografien/SchnitzlerKarlEduardV/index.html [20.4.2012].

[11] O.V. (1961): Stadtkommandanten – Nichts gehört. In: Der Spiegel Nr. 35, 23.8.1961, S. 18-19, hier: S. 19.

Die Berichterstattung aus Berlin nahm in der *Tagesschau* einen herausragenden Platz ein. Besonders nach dem 13. August 1961 berichtete die *Tagesschau* vorrangig über die Situation in der geteilten Stadt. Die Medienkritik der Presse war der Auffassung, dass „die Nachrichtensendung des Deutschen Fernsehens neben den Rundfunknachrichten für die Zone die wichtigste Informationsquelle" bildete.[12] Man war sich aber auch der Zuschauer aus den angrenzenden Ländern bewusst, denen man die „deutsche Politik" näher bringen konnte. Die Redaktion versorgte in den Tagen nach dem 13. August 1961 die westeuropäischen Staaten über den täglichen Filmaustausch mit den Eurovisionsländern täglich mit Filmmaterial von der Situation an der Mauer. Die *Tagesschau* überspielte während dieser Zeit täglich an etwa 15 Stationen.[13] Wie die *Neue Deutsche Wochenschau* sollte auch die *Tagesschau* das (außen)politische Aushängeschild sein – brisante Hintergründe kamen daher auch hier nicht vor.

Der Bau der Berliner Mauer in der *NDW*

Die Wochenschau berichtete intensiv über den Bau der Berliner Mauer – allerdings zuerst und bevorzugt die *Ufa-Wochenschau*.[14] Die *NDW* Nr. 604 vom 22. August 1961 zeigte in ihrer Rubrik „Der aktuelle Bericht" nur den zweiten Berlin-Bericht. Mit Musik unterlegt, die wie das Ticken einer Uhr anmutet, wird in der *NDW* eine unheimlich wirkende, leere Asphalt-Straße gezeigt. Der Kommentar spricht passend zum Bild eines Mauerstücks mit einem treffenden Wortspiel davon, dass „Pankow" die deutsche Spaltung „zementiert".[15] Das Straßenschild „Potsdamer Platz" stellt die Orientierung der Zuschauer sicher. Danach sind Stacheldrahtrollen zu sehen, ein Volkspolizist trägt abgecoilten Draht, andere Volkspolizisten nageln Stacheldraht an Betonpfeiler und werden dabei von einem Bewaffneten bewacht. Der Kommentar erklärt, dass eine Frau mit ihrer Familie noch in „letzter Sekunde" vor der Räumung ihres Hauses an der Sektorengrenze durch das Fenster flüchten konnte. Die *NDW* wirkt wie eine Zeugin der Flucht und zeigt, wie eine Frau nachgeworfenes Gepäck vor der Hauswand einsammelt und zwei Frauen mit Gepäck über die Straße laufen. Der Kommentar ist fortgesetzt wertend: Ein Ende der „Terrormaßnahmen Pankows" sei nicht abzusehen. Über ein Stück Mauer hinweg ist gerade noch ein Schild mit der

[12] O.V. (1963): Deutsches Fernsehen: Die Tagesschau. In: Hamburger Monatsblatt vom Dezember 1963, Rundfunk Programm Fernsehsendung Tagesschau von 8/52 bis 1/66, NDR.

[13] Ebd.

[14] *UFA* Nr. 264 vom 16.8.1961 und in den fortgesetzten Nummern 265 und 266 vom 23.8.1961 bzw. 29.8.1961, Nr. 268 vom 14.9.1961, Nr. 270 vom 26.9.1961 und Nr. 271 vom 4.10.1961, Nr. 274 vom 24.10.1961. Die *NDW* Nr. 604 berichtete am 22.8.1961 und dann erst wieder im November (Nr. 616 vom 14.11.1961 und 617 vom 21.11.1961); die *UFA* Nr. 265 (bildet das Äquivalent zu *NDW* Nr. 604) ist ebenfalls in zwei große Blöcke geteilt, mit gleichen Bildern, aber ausführlicher und mit eingeschnittenem SFB-Material mit den bekannten Bildern der Flucht eines Volksarmisten und seinem Sprung über den Stacheldraht an der Bernauer Straße; vgl. Inhaltsangabe zu *UFA* Nr. 265, DW.

[15] Nachfolgend aus Inhaltsangabe und Film der *NDW* Nr. 604 vom 22.8.1961 und zugehörige Musikaufstellung, DW.

Aufschrift „Ende“ zu erkennen. Das geschriebene Wort und das Bild der Mauer verstärken sich gegenseitig und symbolisch. Als der Kommentar auf die US-Soldaten zu sprechen kommt, die auf Kennedys Befehl hin nach Berlin verlegt wurden, sind Fetzen von jazziger Musik („Mystic-Fox“ von Hauskomponist Trede) als musikalische Metapher für Amerika zu hören. Militärautos fahren an der Kamera vorbei. Von den Schaulustigen an einem Schlagbaum nimmt die Kamera einen kleinen Jungen auf, um zu zeigen, wer möglicherweise besonders geschützt werden soll: die Kinder. Zur Verstärkung der Klischees über die Amerikaner werden Soldaten-Hände mit Zigarette gezeigt, die sich auf ein Gewehr stützten, ein Ärmel-Sticker „US Army“ in Großaufnahme sowie Kaugummi kauende US-Soldaten mit Helm.

Im zweiten Teil des Berichts wird der Besuch des US-Vizepräsidenten Lyndon B. Johnson zum Thema. In einer Perspektive, die aus amerikanischen Filmen bekannt ist – die Straße von oben zeigend – fährt er an jubelnden Westberlinern vorbei. Der Kommentar spricht von „Hunderttausenden“, um den „stürmischen Empfang“ zu verdeutlichen. Auf seinem Fußweg zum Kundgebungsplatz schüttelt er Hände. Die Menschen bilden eine Traube um den Vizepräsidenten, andere zeigen Transparente vor dem Schöneberger Rathaus. Vom Balkon spricht Johnson im O-Ton, der zum Teil übersetzt wird. Die Kamera sieht von oben auf die Massen. Dann fahren Johnson und Berlins Bürgermeister Willy Brandt im offenen Wagen durch die Stadt und in das Aufnahmelager Marienfelde. Ebenso wie der Wagen, wird die Menschenmasse, die sich um den Wagen versammelt hat, von oben gezeigt, um die Freude der Menschen zu demonstrieren. Der Sprecher erwähnt die „Welle der Herzlichkeit“, mit der der US-Besuch empfangen wird. Es folgt die Fahrt des US-Konvois mit Militärfahrzeugen und Soldaten über den Kurfürstendamm mit jubelnden Berlinern.

Im dritten Teil kommt Adenauer am Flughafen Tempelhof an. Wie bei Staatsbesuchen obligat, wird er beim Verlassen des Flugzeugs gezeigt. Er wird von Brandt begrüßt, Kameraleute kommen selbstreferenziell ins Bild. Kanzler Adenauer, Berlins Bürgermeister Brandt und sein Pressesprecher Bahr stehen ohne O-Ton hinter Mikrofonen. Der Kommentar erklärt, dass der Kanzler das Vorgehen der DDR-Führung verurteilt, und die Berliner auffordert „einen kühlen Kopf“ zu bewahren. Adenauer besucht danach mit seiner Delegation die Mauer – wieder kommt das „Ende“-Schild in den Blick und bildet so eine Klammer des Berichts. Bei seinem Besuch im Flüchtlingslager Marienfelde wird Adenauer von Menschen umdrängt gezeigt, zum Schluss winkt er – frontal mit der Kamera aufgenommen – aus einem Fenster, mit Fanfaren-Musik unterstrichen. Eben noch inmitten der Bevölkerung, ist er zwar nun auf Distanz, aber noch durch ein Fenster mit Berlin verbunden. Der Kommentar spricht davon, dass die Berliner „nach sieben bangen Tagen wieder Mut gefasst“ hätten und vermittelt die gewünschte Wirkung des Kanzler-Besuchs.

Der Bau der Berliner Mauer in der *Tagesschau*

Die *Tagesschau* berichtete in ihren Haupt- und Spätausgaben über den Bau der Berliner Mauer.[16] Die *Tagesschau* zeigte am 15. August 1961 in der Spätausgabe[17] als ersten Beitrag die Situation in Berlin zwei Tage nach dem Beginn des Mauerbaus und der Teilung der Stadt in Sektorengrenzen. Darin ist zu sehen, wie Pioniere der Volksarmee im Stadtteil Neukölln die Barrikaden verstärken. Westberliner Kinder und Erwachsene sehen als Schaulustige zu, wie die Grenze undurchdringlicher wird. Die Kamera filmte in wackeligen Bildern, wie Stacheldraht gerollt wird und zeigte als Standortmarkierung das Straßenschild „Elsenstraße". Aus der Ferne nur sind Lastkraftwagen mit Betonplatten zu erkennen – wichtiger scheinen Straßenschilder (Wollankstraße, Nordbahnstraße) zu sein, um den Ort des Geschehens für die Zuschauer abzuzirkeln. Am Übergang vom französischen in den sowjetischen Sektor müssen Berliner Autos umkehren, sie werden von den Sicherheitskräften zurückgeschickt. Mit Reißschwenks entstanden authentisch wirkende Bilder. Als nächstes zeigte die *Tagesschau*, wie im ‚freien' Teil Berlins der Alltag weitergeht – mit Aufnahmen von Einkaufsstraßen mit geschäftigen Menschen aus einer erhöhten Perspektive sowie von ganz normalem Straßenverkehr. Im Hintergrund erscheint der zerstörte Turm der Kaiser-Wilhelm-Gedächtnis-Kirche, als Mahnmal des Krieges und um klar werden zu lassen, dass es sich um den Westteil der Stadt handelt, in dem alles in Ordnung ist.

Drei Tage später, am 18. August 1961, berichtete die *Tagesschau* in der Spätausgabe[18] weiter von den Vorgängen an der entstehenden Mauer in Berlin. Ecke Linden/Zimmerstraße arbeiten die Maurer unter Aufsicht von bewaffneten Posten. Offiziere patrouillieren hinter ihnen, um Fluchtversuche aus den eigenen Reihen zu verhindern, wie der Sprecher an dieser Stelle erklärte. Auf die Betonplatten, die in der vorherigen *Tagesschau* auf den Lastkraftwagen zu sehen waren, werden Steine gemauert. Die Kamera zielte besonders auf die Bewacher und die Mörtelarbeiten in Großaufnahme. In der nächsten Einstellung stehen Uniformierte an einer Abgrenzung an der Spree scheinbar ganz entspannt mit dem Rücken zur Kamera. Die Mauer ist zu erkennen, um zu dokumentieren, dass die Einbindung der Wasserwege in die

---

[16] Die Beiträge der Hauptausgaben vom 15. August 1961 und 18. August 1961 sind zur Verwendung im Wochenspiegel vom 20. August 1961 vom Band entfernt worden. Da die Beiträge für den Wochenspiegel teilweise verändert wurden, ist eine Unverfälschtheit nicht mehr gewährleistet. Daher wird hier auf die Spätausgaben zurückgegriffen. Am 23. August 1961 wurde in Haupt- und Spätausgabe berichtet – jedoch war wiederum nur die Spätausgabe verfügbar. Danach berichtete die *Tagesschau* am 31. August 1961 mit einem Statement des Bundespräsidenten Lübke zur Berlinfrage. Erst die Sonntagsausgabe vom 10. September 1961 ergab wieder eine gute Analysebasis.

[17] Sendeprotokoll der *TS* Nr. 2039/I vom 15.8.1961, Sprecher: von Sallwitz (Wort), Schmidt (Film), ARD aktuell, NDR.

[18] Sendeprotokoll der *TS* Nr. 2042/I vom 18.8.1961, Sprecher: von Sallwitz (Wort), Schmidt (Film), ARD aktuell, NDR.

Grenze hier die Flucht erschweren würde. Auf den Kanälen werden Schiffe kontrolliert. Offenbar wird ein Boot von einem kleineren angehalten, was die Kamera nur von Ferne aufnahm. Beim Schild „You are leaving the american sector“ wird gezeigt, wie S-Bahn-Gleise entfernt werden. Das Schild ist nur angeschnitten zu sehen, doch wusste vermutlich jeder Zuschauer, was gemeint ist. Arbeiter lösen an einem Bahndamm Schienenwege mit Gabeln auf, ein Arbeiter schraubt hoch oben an einem Mast die Halter für Stromkabel ab, was in Untersicht gefilmt ist. Ein Laufband transportiert vom Gleisbett entfernten Schotter auf einen LKW. Die Kamera folgte dem Laufband zu der Ladefläche eines LKW, wo Arbeiter den Schotter umverteilen. Betonmasten mit Stacheldraht und einer daran aufgehängten Jacke geben das Schlussbild – dahinter ist schemenhaft ein Gewehrkolben zu erkennen, was auf einen bewaffneten Soldaten als Bewachung schließen lässt. Der *Tagesschau*-Beitrag endet so mit einem bedrohlich wirkenden Bild.

Der nächste Bericht über die Lage in Berlin erfolgte am 23. August 1961 – jedoch nur mit einem Beitrag von 1’30 Minuten über die Aufteilung der Übergänge (nach Personenkreisen geregelt) und der Handhabung von Genehmigungen zum Passieren der Kontrollpunkte.[19] Meist sind die Straßen zu sehen, die vermutlich die Berliner Zuschauer am besten kannten. Durch die Wortmeldungen vor dem Filmbeitrag war es der *Tagesschau* aber möglich, zahlreiche Informationen zusätzlich zum Kommentar während des Filmbeitrags zu liefern.

Am Sonntag, dem 10. September 1961, berichtete eine 20-Uhr-Sendung der *Tagesschau* mit einem Beitrag unter einer Minute und an zweiter Stelle über das Thema. Nach einigen Wortnachrichten über aktuelle Unglücksfälle[20] bildete eine Papstmesse für den Weltfrieden den Aufmacher (1’47 Minuten). Die Lage in Berlin war offenbar schon nach einem Monat nicht mehr der erste Fokus des Fernsehens. Nach den nächsten kurzen Wortnachrichten begann der Beitrag zur Lage in Berlin (47 Sekunden).[21]

Die Kamera der *Tagesschau* scheint zu Beginn des Beitrags durch einen Tunnel auf die Mauer mit Stacheldraht dahinter zu blicken, zwei Passanten davor lassen die Dimensionen klar werden. Die Kamera zoomt heraus und man erkennt, dass die Unterführung einer Straße gefilmt wurde. An einer anderen, offen zugänglichen Stelle, ist ein Arbeiter der Volksarmee damit beschäftigt, die Mauer weiter zu erhöhen. Dort sprang ein Ostberliner einen Tag zuvor über die Mauer, erklärt der Sprechertext. Ein weiterer Volksarmist ist bei Mörtelarbeiten zu erkennen. Die Kamera schwenkt auf zusammengerollten Stacheldraht vor der Mauer und zeigt das Baumaterial als Symbol einer gewaltsamen Trennung. Der Kommentar spricht von dem „Gefängnis Ostberlin“, das noch höher vermauert werde. Ein Militärfahrzeug mit französischen Sol-

---

[19] Sendeprotokoll der *TS* Nr. 2046/I vom 23.8.1961, Sprecher: Voss (Film), Köpcke (Wort), ARD aktuell, NDR.

[20] Seit Dezember 1960 wechselten sich Wortnachrichten und Filmbeiträge in der *Tagesschau* ab.

[21] Folgende Zitate aus dem Sendeprotokoll der *TS* Nr. 2063/Sonntag-Ausgabe vom 10.9.1961, Sprecher: Schmidt (Film), Köpcke (Wort), ARD aktuell, NDR.

daten, die die Maurer beobachten, kommt ins Bild. Der Text sagt dazu aus, dass die Franzosen, die den Schutz der Mauer an dieser Stelle übernommen hatten, zur Untätigkeit verurteilt waren: Die Soldaten „mußten diesem Schauspiel zusehen". Danach sieht man aus einem größeren Abstand wieder die Arbeiter, die aus einem offenen LKW heraus Steine setzen. Mit einem Zwischenschnitt werden Menschen gefilmt, die aus Fenstern von Häusern winken, und die Kamera blickt über die Mauer auf Passanten dahinter. In der nächsten Einstellung fährt das Militärfahrzeug an der Baustelle vorbei, und die Kamera zoomt noch einmal näher an die Bauarbeiter heran, die ungestört weiterarbeiten konnten. Der Beitrag wirkt durch die geringe Anzahl der Motive und Wiederholungen eingängig. Die wenigen Motive werden aber durch eine aufwendigere Kameraführung und visuelle Klammern ausgeglichen.

Zusammenfassung zur Darstellung des Berliner Mauerbaus 1961

Während die *NDW* auch in diesem Beispiel durch ins Bild gesetzte menschliche Einzelschicksale emotionalisierte, blieb die Kamera der *Tagesschau* auf Augenhöhe mit den Protagonisten und nahe an der Perspektive, die auch dem Zuschauer vor Ort möglich gewesen wäre. Sie war eher ein Dokumentar des Geschehens als ein Filmer von herausgehobenen Ereignissen. So ließ die *Tagesschau* eine große Authentizität entstehen. Für sie war es offensichtlich nicht vordergründig wichtig, artifiziell zu sein (obwohl auch ungewöhnliche Perspektiven eingesetzt wurden). Gerade dadurch gerieten die Aufnahmen realistisch. Es bedurfte aber immer auch des Textes, um die Bilder verständlich werden zu lassen – die narrative Qualität der Bilder ist geringer als bei der *Neuen Deutschen Wochenschau*. Dafür war es der *Tagesschau* eher möglich, lange O-Töne von Politikern einzuflechten, wodurch dem Publikum wiederum eine hohe Aktualität und eine große Direktheit vermittelt wurden. Diese Zeit für O-Töne hatte die Wochenschau nicht – ihre Szenen waren kurz, aber wirkungsvoll.

4.5.4 Darstellungsmuster und Darstellungsprinzipien

Die *Neue Deutsche Wochenschau* musste durch ihre Erscheinungsfrequenz die wichtigsten Bilder einer Woche zusammenfassen. Sie nutzte daher teilweise Aktualitäts- und Authentizitätsbeweise, z.B. durch das Zeigen von Zeitungsüberschriften. Für eine große Berichterstattung, auch über die bewegenden deutschen Themen, hatte sie kaum Raum. Die Wochenschau verwandte zwar Filmkameras mit Stativ, wodurch die traditionell ruhigen Bilder entstanden, aber mithilfe von Schnitt und Montage konnte sie alle filmischen ‚Register ziehen' und den Bildern eine emotionalisierende Wirkung verleihen. Auf der einen Seite vermitteln die Aufnahmen den Eindruck eines Spielfilms mit Szenen, die ein Zuschauer keinesfalls auf diese Weise und so nah hätte selbst erleben können. Auf der anderen Seite zeigt die Kamera einzelne Gesichter so nah wie bei einer Porträtaufnahme. Der Sprecher verstärkte durch seinen rufenden Stil die emotionalisierende Dramatik der Szenen. Die Sätze sind kurz und teilweise wertend – es ging um einen Kommentar und nicht um einen objektiven Bericht. Dazu kam die Musik, die mit den Bildern korrespondierte, wie z.B. der Wirbel von Blättern mit wirbelnder Musik. Bilder und Musik bildeten eine Symbolik, die wiederholt eingesetzt wurde, wie z.B. Bilder von wandernden Füßen mit Trauermarsch unterlegt als Sinnbild für die Vertreibung von Menschen. Die Sujets der Wochenschau besitzen eine erkennbare Dramaturgie, eine logische Abfolge von Bildern, thematische Reihung sowie geschickte Übergänge mit Analogien zwischen den Sujets.

Die *Tagesschau* hatte im Gegensatz zur Wochenschau den Vorteil, fortlaufend (und ab 1956 täglich) berichten zu können. Damit war es für sie machbar, kurze Berichte mit differenzierten Bildern zu bieten – gab es doch am nächsten Tag die Möglichkeit, neue Meldungen aufzunehmen. Sie brauchte keine Aktualitätsbeweise. Die Berichterstattung vermied zwar nicht Aufnahmen von Betroffenen und damit emotional anrührende Bilder, dramatisierte aber nicht ausdrücklich durch Porträtbilder von Personen, sondern blieb halbnah. Wenn verschiedene Perspektiven zum Einsatz kamen, dann durch die Verwendung von unterschiedlichen Kameraobjektiven und Zoom. Die *Tagesschau*-Bilder wirkten durch Aufnahmen mit der Handkamera authentisch – teilweise improvisiert und auf Augenhöhe der Zuschauer und der gefilmten Menschen. Der Bildschirm brachte ihnen die Möglichkeit zu einer Teilhabe – bei wackeligen Bildern. Auch bei der *Tagesschau* waren die Sätze kurz, teilweise wertend (besonders in Bezug auf das Verhältnis der Bundesrepublik zum Osten im Kalten Krieg) – aber im Gegensatz zur Wochenschau waren längere O-Töne möglich. Die *Tagesschau* konnte außerdem seit dem Wechsel von Wort- und Filmbeiträgen ab 1960 ergänzende Informationen vor dem Filmbericht einstreuen. Die nur noch rudimentär nachvollziehbare Musik wirkt beliebig. Bei der *Tagesschau* ist in der Zusammenstellung der kurzen Berichte keine Dramaturgie erkennbar. Die Beiträge sind aneinander gereiht und durch schlichte Blenden getrennt. Bei *NDW* und *Tagesschau* sind in den untersuchten Ausgaben kaum gemeinsam genutzte Bilder festzustellen. Allerdings waren vermutlich immer Kamerateams beider Formate vor Ort, um wichtige Szenen einzufangen. Außerdem konnte die Tagesschau-Redaktion Aufnahmen im *Wochenspiegel* zweitverwerten oder neu zusammenstellen. Als Gemeinsamkeit ist zu nennen, dass die *NDW* und die *Tagesschau* Aufnahmen von Straßenschildern und Hinweisschildern sowie die Vogelperspektive zur Orientierung der Zuschauer nutzten. Beide schienen Wert darauf gelegt zu haben, dass der Zuschauer erkennen konnte, wie die Bilder aufgenommen worden sind, denn Kameraleute kamen ins Bild oder *NDW* und *Tagesschau* wurden selbstreferenziell erwähnt. Dadurch liefern sie einen zusätzlichen Authentizitätsbeweis. In Tabelle 4 werden die wichtigsten Prinzipien als Unterschiede gegenüber gestellt.

Tabelle 4: Unterschiede in den Darstellungsprinzipien *NDW – Tagesschau*

Neue Deutsche Wochenschau	***Tagesschau***
Beweis einer ‚Aktualität', z.B. Zeigen von Zeitungsseiten notwendig	Durch fortlaufende Berichterstattung keine Verdeutlichung von Aktualität notwendig
Ruhige Bilder durch Kamera mit Stativ	Häufig verwackelte Bilder durch Handkamera
Bilder und Musik korrespondieren bzw. ergänzen sich, auf Musiktakt geschnitten	Musik ist nicht im Einklang mit den Bildern, oft nicht dramaturgisch passend
Dramatisierte Sprache und rufende Stimme	Rhetorische Fragen, häufiger Einsatz von langen O-Tönen
Wiederholter intendierter Einsatz von Bild- und Musik-Symbolik	Wenig symbolhafte Darstellungen, Bildnarration aus dem Geschehen heraus
Zahlreiche Nah- und Detailaufnahmen	Distanz zum Geschehen – Einsatz von Zoom
Eingriff in das Persönlichkeitsrecht[1] durch Nahaufnahmen von Gesichtern	Halbnahe oder halbtotale Aufnahmen, mit dem Zuschauer und den Protagonisten auf Augenhöhe
Emotionalisierte und dramatisierte Berichterstattung durch Perfektion in Musik, Sprache, Bild	keine zusätzliche Dramatisierung
Fließende, geschickt geschnittene Übergänge – teils mit Analogien	Aneinanderreihung der einzelnen Berichte durch Blenden (Ring- und Zackenblenden), harte Schnitte getrennt

(Quelle: eigene Darstellung)

[1] Wenn es sich um Personen handelt, die nicht „Personen der Zeitgeschichte" sind, ist die filmische Darstellung unzulässig und stellt einen Verstoß gegen den Schutz der Privat- und Intimsphäre dar; vgl. von Hartlieb, 1959, S. 161.

5. Funktions- und Bedeutungsentwicklung

Welche Funktionen und welche Bedeutung ein Medium durch die Nutzung erhält, hängt von seinen Möglichkeiten ab, die Rezipienten zu erreichen und anzusprechen. Die schnellsten und aktuellsten Medien waren zu Anfang der 1950er Jahre noch Presse und Hörfunk. Die Presse hatte den Vorteil, die geschriebene Information durch visuelle Elemente, wie Fotos, Abbildungen und Grafiken anzureichern. Der Vorteil des Hörfunks lag für den Rezipienten in der akustischen Teilhabe – besonders bei Live-Übertragungen. Das NWDR-Hausblatt *Die Ansage* erklärte 1950 den Unterschied zwischen gesprochenen und geschriebenen Nachrichten, der für die Gestaltung des Medienprodukts maßgeblich war: „Die Rundfunknachricht trifft nur das Ohr des Menschen und unterliegt damit in ihrer Verbreitung anderen Regeln als die gedruckte Meldung.“ Die Nachrichten im Hörfunk könnten die Aufmerksamkeit nicht „durch besondere Aufmachung“ wecken. Eine Nachricht müsse deshalb so gestaltet sein, dass gleich der „erste Satz, den der Nachrichtensprecher verliest“, den Hörer „ins Bild“ setzt.[1] *Die Ansage* benutzte die Formulierung ‚ins Bild setzen‘ ganz selbstverständlich für das imaginäre Bild, das im Kopf des Hörers entstehen sollte.

Was aber Presse und Hörfunk fehlte, um für ein umfassendes Erleben mehrere Sinne gleichzeitig anzuregen, war das ‚laufende‘ Bild mit Ton. Der Journalist Fritz Sänger[2] erläuterte seine Ansicht über die Stärke der Wochenschau: „Bild und Wort, miteinander verbunden, bringen wirkungsvolle, leicht faßbare Informationen.“[3]

Weitere Vorteile der Wochenschau wurden in zeitgenössischen Veröffentlichungen hervorgehoben. Je aktueller das Dargebotene, desto größer sei das Interesse und „je sensationeller der kurze Filmstreifen, desto dankbarer das Publikum“, das nur durch Bilder „tief genug beeindruckt“ werden könne. „Erst das Auge schafft die Welt.“[4] „Radio genügt nicht, Fernsehen muss es sein“, schrieb eine Zeitung 1962 und stellte für die damalige Gesellschaft schon fest, dass „wir fast alle Bilderseher geworden sind, optische Menschen, die ohne Illustration nicht mehr auskommen“.[5] Die Menschen, so behauptet der Autor, glaubten den *Tagesschau*-Meldungen mehr als dem Radio. Auch wenn die Bilder, die hinter dem Nachrichtensprecher erscheinen „noch so langweilen“, sie unterstützten doch die gesprochene Nachricht und fesselten die Aufmerksamkeit.[6] Allerdings erkannte man 1962 schon die beabsichtigte Wirkung der Nachrichten-Illustrationen.

---

[1] Die Ansage Nr. 43, 27.10.1950, S. 1-2.

[2] Sänger war Beiratsmitglied bei der Deutschen Wochenschau.

[3] Sänger, 1965, S. 465.

[4] von Zglinicki, 1956, S. 331.

[5] Wulfen, C. (1962): Nehmen wir Fernsehen zu ernst? Die Tagesschau ist eine furchtbare Lehrmeisterin geworden. In: Oberbergische Volkszeitung, Gummersbach vom 13.4.1962, Rundfunk Programm Fernsehsendung Tagesschau von 8/52 bis 1/66, NDR.

[6] Ebd.

> *„Wenn das Dienstsiegel des Präsidenten der Vereinigten Staaten hinter dem [Tagesschau-]Sprecher auftaucht, dann bekommt man das Gefühl, Kennedy auf den Schreibtisch sehen zu können, was nun ganz bestimmt nicht stimmt."*[7]

Trotz einiger Kritik gewann das Fernsehen an Bedeutung. In diesem Kapitel wird aufgezeigt, wie sich einzelne Funktionen des Kinos und Fernsehens bzw. der Wochenschau und der *Tagesschau* entwickelten, die für die Zuschauerakzeptanz des Mediums und des medialen Produkts bedeutend waren.

5.1 Die Bedeutungsentwicklung der Aktualität

„Aktuell + schnell = Tagesschau",[8] das war die Devise der neuen Fernsehnachrichten. Durch die Fernsehtechnik war es der *Tagesschau* möglich, schnell zu reagieren: Ein Ereignis konnte schon am selben Abend zur gewohnten Sendezeit auf dem Bildschirm erscheinen oder sogar live übertragen werden. Auch die Wochenschau beanspruchte für sich, ‚Aktualitäten' anzubieten, obwohl sie nur einmal in sieben Tagen neu erschien. Die Kinobesitzer mussten jedoch feststellen, dass die Besucher verspätet in die Vorstellung kamen, um die Wochenschau zu umgehen. Selbst Kinogänger zogen die *Tagesschau* im Fernsehen vor. Es ist daher zu vermuten, dass sich das Informationsbedürfnis der Zuschauer geändert hatte. Offenbar war es nicht mehr nur entscheidend, laufende Bilder mit Ton und Bild in hoher filmischer Professionalität zu sehen. Es musste eine andere Qualität geben, die Kinobesucher die Wochenschau meiden und zu dauerhaften Fernsehteilnehmern werden ließ. Die Verbreitung von aktueller, audiovisuell dargebotener Information war zum Alleinstellungsmerkmal des Fernsehens geworden. Im Folgenden werden Definitionen von ‚Aktualität' aufgezeigt und die Umsetzung des Aktualitätsverständnisses bei *NDW* und *Tagesschau* u.a. im Licht von Kritiken dargestellt.

5.1.1 Die Herstellung von Aktualität

Zunächst stellt sich die Frage: Wie misst man ‚Aktualität'? Voraussetzung für die Beurteilung von ‚Aktuellsein' ist ein gesellschaftlich anerkanntes Zeitverständnis. Für Nachrichten gilt heute im Allgemeinen: Je geringer der Zeitabstand zwischen Ereignis und Bericht ist, desto aktueller ist die Information. Mit dem Begriff der Aktualität ist die Auffassung und Beobachtung von Zeit eng verbunden. Hickethier weist auf die Existenz einer „individuellen Zeit" hin, die von uns Menschen unterschiedlich wahrgenommen wird. Jeder von uns hat subjektiv unterschiedliche „Zeit-

[7] Ebd.
[8] Svoboda, 1983, S. 135.

perspektiven und Zeithorizonte".[9] Als objektiver Zeitmesser wurde im 18. und 19. Jahrhundert die Uhr für das Zeitbewusstsein maßgeblich.[10] Mithilfe der Uhr konnte man das Vergehen der Zeit beobachten und „alle Tätigkeiten der Menschen einem Zeitraster unterwerfen" – dies wurde zu einem „Motor der Industrialisierung".[11] Im Wirtschaftswunder der 1950er Jahre blühte die Industrie nach der Zerstörung wieder auf[12] und mit der geregelten Arbeit bekam die Zeit eine erhebliche Bedeutung.

Die Medien integrierten die Zeitmessung. Beispielsweise war das Zeitzeichen im Radio der Fünfziger- und Sechzigerjahre ein „selbstverständlich eingesetztes Programmelement", das häufig zu hören war und den Menschen immer wieder „eine neue Abstimmung mit der ‚Normalzeit' ermöglichte".[13] Als visuelle Uhr-Adaption bereitete die „Fernsehuhr" auf den Beginn der neuen Sendung vor[14] und steigerte durch die vorrückenden Zeiger die Spannung auf das kommende Neue. Dies galt besonders für die Nachrichten, von denen man eine Pünktlichkeit erwartete, nach der man ‚die Uhr stellen' konnte. Jede Sendung war durch die Einbindung in das getaktete Programm einer zeitlichen Disziplinierung unterworfen. Für den Zuschauer bedeutete das Zeitraster des Fernsehprogramms, dass auch er pünktlich sein musste, um nichts zu verpassen: nichts Aktuelles in den Nachrichten und nichts Lustiges bei einer Show. Der Programmfluss führte zur Ausrichtung des Alltags der Zuschauer auf fixe Anfangszeiten von Sendungen oder Reihen mit regelmäßigem Sendeplatz. Für einen abendlichen Kinobesuch blieb dagegen keine Zeit, wenn man eine beliebte Fernsehsendung nicht versäumen wollte.

Der Begriff ‚Aktualität' hat sich im Lauf der Mediengeschichte ständig neu definiert. Bei Zeitungen im Straßenverkauf hing seit jeher der Erfolg von der aktuellen Schlagzeile der Titelseite ab. Jede Zeitung versuchte schneller und informierter zu sein als das Konkurrenzblatt, sonst drohten Absatz-Einbußen. Eine aktuelle Titelzeile hatte somit gleichbedeutend mit einer sensationellen Titelzeile zu sein. Im Jahr 1958 definierte die Filmkritik: Aktualität ist, wenn das, was am Tag Bedeutendes geschieht, am gleichen Abend auf dem Bildschirm erscheint.[15] Darüber hinaus stellten Live-Berichte eine „Gleichzeitigkeit" mit dem eigentlichen Ereignis her, d.h. die Masse der Zuschauer wurde durch das gemeinsame Erlebnis eines Medienangebotes

[9] Hickethier, 2005, S. 2.
[10] Vgl. ebd., S. 3.
[11] Ebd.
[12] Vgl. Schildt, 1995, S. 442. Das Wirtschaftwunder war nach Schildt zum großen Teil ein „Industriewunder".
[13] Hickethier, 2005, S. 8.
[14] Ebd.
[15] Kaha (Kürzel) (1958): Gibt es einen Ersatz für Aktualität? Konkurrenz zwingt zu neuen Wochenschau-Wegen. In: Film-Telegramm/ Feuilleton Nr. 38, 16.9.1958, UFA-Kritiken, DW.

zu einem Gemeinschaftsgefühl gebracht.[16] Diese „Suggestion von Teilhabe“ und direktem Dabeisein machte das Faszinierende an den Rundfunkmedien aus.[17]

Die Wochenschau nutzte aber ihre Gestaltungselemente, um indirekt ihre ‚Aktualität‘ auszudrücken: Für den Wortlaut des Kommentars war beispielsweise der aktuelle politische Kontext zu beachten. Ausdrucksweisen und Pointen waren so zu setzen, dass das Publikum sie mit seinem aktuellen Hintergrundwissen verstand. Die Redakteure konnten davon ausgehen, dass die Zuschauer von den Ereignissen bereits in der Zeitung gelesen hatten und das Wissen des Publikums einkalkulieren. Nur bei der Begleitmusik der Beiträge war Aktualität nicht notwendig – die Wochenschau-Musik griff nicht etwa neueste Musikrichtungen auf, sondern war dem Mainstream angepasst. Sie bestand aus zeitlos-bekannten Melodien oder an diese angelehnte, speziell komponierte Funktionsmusik.

Während die Wochenschau eine ‚Aktualität‘ zu vermitteln versuchte, die de facto nicht gegeben war, konnte auch die *Tagesschau* Aktualität ‚vortäuschen‘. Die Aufzeichnung auf Magnetband ermöglichte es, aktuelle Ereignisse, die nicht sofort in einer Sendung Platz hatten, für eine spätere Verwendung bereitzuhalten. Die Aufzeichnungen konnten mit einem Live-Bericht verbunden werden – so entstand trotzdem ein Eindruck des ‚Hier und Jetzt‘. Obwohl Konserven gerade das Gegenteil von Live-Berichterstattung waren, unterstützten sie die Aktualität. Mithilfe von Konserven konnte das Medium auf überraschende Ereignisse kurzfristig mit Rückblenden reagieren. Die Verwendung von Konserven diskutierte die Fernsehkritik jedoch negativ. Das Fernsehen sollte ihrer Meinung nach das Medium bleiben, das es erlaubte, bei einem Ereignis unmittelbar dabei sein zu können.[18] Wenn zudem nicht angekündigt wurde, dass es sich bei der Sendung um eine Aufzeichnung handelte, war nach Meinung der Kritik die Glaubwürdigkeit des Fernsehens erschüttert. Es wurde befürchtet, dass Interviews gespielt oder gestellt sein könnten, was bei den Zuschauern zu einem Vertrauensverlust führen würde.[19] Das Fernsehen solle den Menschen und seine Reaktionen zeigen, es käme sonst zu einer „Verarmung des Erlebniswertes“ beim Zuschauer.[20] Die Verwendung von Aufzeichnungen wurde als Betrug an den Zuschauern ausgelegt.

Das *Internationale Handbuch für Rundfunk und Fernsehen* bezeichnet die Gleichzeitigkeit von Ereignis, Übertragung und Empfang als „totale Aktualität“.[21] Beim Bericht über die Landung einer sowjetischen Rakete auf dem Mond im Oktober 1959

[16] Hickethier, 2005, S. 15-16.

[17] Ebd., S. 9.

[18] Vgl. o.V. (1957): Jede Unwahrhaftigkeit rächt sich. Zu Direktübertragungen, die keine sind. In: epd / Kirche und Fernsehen Nr. 24, 2.12.1957, S. 15.

[19] Vgl. ebd.

[20] O.V. (1959): Ist die Bildkonserve unaufhaltsam? Bereiche, die ihr immer verschlossen sein sollten. In: epd / Kirche und Fernsehen Nr. 6, 23.3.1959, S. 1-3, hier: S. 2.

[21] Hans Bredow-Institut, 1963, S. 6A.

konnte die *Tagesschau*-Sendung, dieses Ereignis früher als das Radio bringen.[22] Ein weiteres Beispiel für die herausragende Aktualität einer *Tagesschau*-Sendung ist die Rede des französischen Ministerpräsidenten de Gaulle zur Algerien-Frage am 29. Januar 1960. An der Direktübertragung eines Ausschnitts der Rede wurde zunächst kritisiert, dass dieser nicht unbedingt aussagekräftig gewesen sei. Für die Redaktion war das in diesem Fall jedoch zweitrangig. Wichtig war hier, eine Zusammenfassung der Rede nach der Wetterkarte zu bringen. Die Rede war jedoch erst um 20.23 Uhr beendet und die Eurovisionsleitung musste wieder frei gemacht werden. So war innerhalb von zwei Minuten eine ins Deutsche übersetzte Zusammenfassung von 20.23 Uhr (als Ende der Originalrede) bis 20.25 Uhr zu senden. „Aktueller ging es nicht", schrieb die Münchener *Abendzeitung*, und zugleich konnte man den Programmablauf des Deutschen Fernsehens und der Eurovision pünktlich fortsetzen.[23] Das Experiment war gelungen, aber im Wettlauf mit der Zeit – im Dienst der Aktualität – war in diesem Fall eine hohe inhaltliche Qualität nicht möglich.

Fast gleichgültig, ob Live, Konserve oder Mischform – bedeutend war und ist noch heute, dass die Menschen den Eindruck gewinnen können, sich mithilfe der Massenmedien ‚auf dem Laufenden' zu halten und nichts Wichtiges zu versäumen. Das Hören bzw. Sehen der Nachrichten diente dabei der Vergewisserung, dass nichts „Gravierendes" geschehen war, das den Alltag gefährlich stören könnte.[24] Dieses Verlangen nach gehörten oder gesehnen Nachrichten war bald in eine Gewöhnung übergegangen – besonders, wenn man an die festgelegte Zeit der 20-Uhr-*Tagesschau* denkt.

5.1.2 Die ‚Aktualität' der Wochenschau

Als die *Neue Deutsche Wochenschau* 1950 herauskam, war aus Sicht des Schorcht Filmverleihs u.a. die „Aktualität" ein wichtiges „Grundmerkmal" der Wochenschau.[25] Doch nach dem Redaktionsschluss am Dienstag konnten keine Berichte über neu auftretende Ereignisse mehr in die jüngste Ausgabe aufgenommen werden. Der Bericht konnte nur für die nächste Ausgabe eingeplant werden, wenn das Ereignis bis dahin noch relevant und nicht längst von bedeutenderen überholt worden war. Das Auswahlkriterium musste daher nicht vordergründig der kürzeste Zeitabstand zum Ereignis sein, sondern die Attraktion des Ereignisses, die Sensation im gesellschaftlichen oder saisonalen Kontext. Um die Kundenwünsche nach einer sozusagen ‚lang anhaltenden' Aktualität zufriedenzustellen, versuchten die Wochenschauen bei-

[22] Fischer, G. (1959): Liebe TV-Familie. In: TV Fernseh-Woche, Düsseldorf, Nr. 10 vom 4. bis 10.10.1959, Rundfunk Programm Fernsehsendung Tagesschau von 8/52 bis 1/66, NDR.

[23] O.V. (1960): Man schreibt uns: Aktueller ging es nicht. In: Abendzeitung, München vom 9.2.1960, Rundfunk Programm Fernsehsendung Tagesschau von 8/52 bis 1/66, NDR.

[24] Hickethier, 2005, S. 11.

[25] Schorcht, Hamburg an Schorcht (Zimmermann), 18.3.1950, Beurteilungen bis 1952, DW.

spielsweise eine ‚Pseudo-Aktualität', indem aus Archivmaterial Rückblenden zu aktuellen Themen hergestellt wurden. *Film-Echo* schrieb 1962, man habe bei *Blick in die Welt* und *Fox* den Jahrestag des 13. August nicht abgewartet, sondern schon vor diesem Jahrestag Film-Material aus dem Jahr 1961 zusammengestellt. Somit konnte ein ‚aktueller Bericht' zum Gedenken an den Berliner Mauerbau pünktlich zum entsprechenden Datum in den Kinos erscheinen. Die Filmzeitschrift regte an: Es gäbe „noch viele Erinnerungsdaten und andere Ereignisse, die sich so mithilfe von Archivmaterial zum richtigen Termin auf die Bildwand bringen lassen".[26]

Unabhängig davon, wie lange ein berichtetes Ereignis zurücklag oder wie zeitnah in der Wochenschau darüber berichtet wurde, hatten die Folgespieler unter den Kinos ein Problem. Die ‚Aktualität' der Wochenschau-Ausgabe selbst blieb zwar unberührt, doch je verzögerter die Ausgabe im Kino eingesetzt wurde, desto veralteter mussten dem Zuschauer ihre Informationen vorkommen. Auf diesen Umstand hatten die Produzenten der Wochenschau Rücksicht zu nehmen. Das hieß für die Auswahl der Beitragsthemen, dass sie auch dann noch attraktiv für die Zuschauer sein mussten, wenn sie, z.B. in kleinen Landkinos, erst Wochen später gezeigt wurden. Abgesehen davon waren für die Kameramänner die „besten Stories" grundsätzlich die, die nicht aktuell sein mussten, weil man noch mehr Zeit hatte, diese filmisch gründlich auszuarbeiten.[27]

Trotzdem gelang es den Wochenschau-Unternehmen, für eine Aktualitätskonkurrenz zu sorgen. Ein Kinokunde beklagte sich im Juli 1950 beim Schorcht Filmverleih, dass vier Sujets in *NDW* Nr. 23 von der *Welt im Film* bereits eine Woche vorher gezeigt worden waren. Dies traf den Kunden besonders bitter, da dieser sich vor dem Abschluss mit der *NDW* die *Fox* und die *Blick in die Welt* als Erstfolge hatte leisten können – bei der *NDW* hatte er die zweite Folge abgeschlossen. Somit war er im Informationsteil seines Programms nicht nur eine, sondern gleich zwei Wochen im Rückstand. Der Kunde kündigte den Vertrag mit der *NDW*.[28]

Um in der Verwertung von ausländischem Material schneller zu werden, entsandten *NDW* und *Welt im Bild* ab 1955 eigene Teams ins Ausland (Monza, Moskau und Belgrad).[29] Zwar verringerte sich so die Abhängigkeit von den Austauschwochenschauen, doch der grundsätzliche Produktions- und Distributionsvorgang blieb un-

---

[26] O.V. (1962): Rezension zu NDW 654. In: Film-Echo/Filmwoche Nr. 65, 15.8.1962, NDW Echo, DW.

[27] NDW-Kameramann Justus Pankau, Interview auf der Tagung „Zwischen Aktualität und Unterhaltung", 12.-13.10.2011, Funkhaus des SWR in Stuttgart; verfügbar unter: http://dokumentarfilmforschung.de/dff/cms/?p=335 [8.11.2011].

[28] Vgl. Schorcht (Zimmermann) Brief an NDW (Kuntze-Just), 19.7.1950, Beurteilungen bis 1952, DW.

[29] O.V. (1955): Intensivierung. Berichterstattung aus dem Ausland. In: Film-Echo Nr. 60, 15.10.1955, Presseveröffentlichungen 1955, DW.

verändert. Weder durch die eigene Synchronisationsanlage[30] noch durch personelle Maßnahmen wurde die Wochenschau aktueller.

In einer Rückschau bekennt Dr. Wiers als ehemaliger Geschäftsführer der Deutschen Wochenschau, dass Aktualität in der Wochenschau nicht möglich war: Die Wochenschau kam, wegen der „Schwerfälligkeit der Entwicklung des Negativs, des Kopierens, der [...] Produktionsabläufe und der zeitraubenden Herstellung der Massenkopien, wie deren Verteilung im Verleihapparat allenfalls einem Lesezirkel gleich".[31]

Manchmal war eine hohe zeitliche ‚Aktualität' für die Zuschauer auch nicht wichtig. Ob ein Beitrag unbedingt aktuell sein musste, um für sie akzeptabel zu sein, hing vom jeweiligen Ressort ab. Im Allgemeinen empfanden die Zuschauer aktuelle politische Themen als uninteressant. Ein Filmtheater hatte im November 1961 den Vertrag für den Bezug der *NDW* beim Bavaria Filmverleih gekündigt und dies mit einer zu starken Politisierung begründet. Das Filmtheater argumentierte, man habe in den letzten Wochen „nur Adenauer und Anhänger" über sich „ergehen lassen müssen".[32] Für die Zuschauer ging es offenbar am Beginn der 1960er Jahre nicht darum, aktuelle politische Berichte und Politiker im Kino zu sehen. Aber auch die *Ufa-Wochenschau* wurde wegen ihrer politischen Berichterstattung kritisiert. Das *Film-Echo* befand 1961 die Präsentation von Staatsoberhäuptern als typisch für die Wochenschau: Die *Ufa-Wochenschau* beschränke sich „mit der gewohnten Ausführlichkeit auf wenige Motive" und liefere „obligate Aktualität" – mit Adenauer, McMillan, Kennedy.[33]

Schlimmer als politische Berichte waren für den Zuschauer offenbar nicht aktuelle politische Berichte. Ein Beispiel dafür sind die jährlich wiederkehrenden Staatsakte, wie z.B. Neujahrsempfänge. Sie hatten zwar eine hohe Bedeutung, liefen jedoch in jedem Jahr gleich ab. Der Bavaria Filmverleih erkannte das Problem: „Ein nicht zeitgebundener Bericht über eine kleine Tiergeschichte" finde immer noch mehr Beifall „als das längst vergessene Händeschütteln von Politikern".[34]

Bei sportlichen Ereignissen – besonders, wenn sie mit einem deutschen Sieg ausgingen – war die zeitliche Aktualität weniger bedeutend. Als das Fußballspiel-Länderspiel Deutschland-Holland 1959 nicht mehr in der *NDW* berücksichtigt wurde, weil das Spiel zum Einsatzzeitpunkt der Ausgabe schon eine Woche zurück lag und schon im Fernsehen direkt übertragen worden war, zeigten sich die Besucher der

---

30 Die eigene Synchronisation brachte nur einen Zeitgewinn von ein paar Stunden. Die Tagespresse war jedoch der Meinung, dass mit einer „hausgemachten" Wochenschau das „Weltgeschehen" schneller geliefert werden könne; o.V. (1955): Wochenschau künftig noch aktueller. NDW macht sich technisch unabhängig / 7,5 Millionen Besucher haben den Vorteil. In: Remscheider Generalanzeiger vom 16.7.1955, Presseveröffentlichungen 1955, DW.

31 Wiers, 1983, S. 119.

32 Bavaria, Frankfurt (Kisseberth) Brief an Bavaria, Hamburg (Engel), 7.11.1961, NDW Echo, DW.

33 O.V. (1961): Rezension zu NDW 585 und UFA 246. Film-Echo Nr. 31, 19.4.1961, NDW Echo, DW.

34 Bavaria, Düsseldorf, Brief an Bavaria (Siegel), 31.1.1959, Korrespondenz ab 1958, DW.

Aktualitätenkinos enttäuscht. Man könne „solche, die großen Massen interessierenden Berichte, nicht ohne weiteres unter den Tisch fallen lassen".[35]

Von Beginn an wurden die verschiedenen Wochenschau-Angebote insbesondere anhand der Sportberichte abgeglichen. Von der *NDW* wurde erwartet, dass sie zumindest Beiträge zu den großen – besonders sportlichen – Ereignissen brachte, die auch die Konkurrenzwochenschauen enthielten. So beklagten sich Lichtspielhäuser beim Schorcht Filmverleih, dass in der Ausgabe Nr. 7 nichts über die Skiflugwoche in Oberstdorf zu sehen war, während die anderen Wochenschauen einen Bericht darüber in ihren Ausgaben hatten. Auf der anderen Seite wurde die *NDW* gerügt, wenn sie Sujets brachte, die schon eine Woche zuvor in den Konkurrenzwochenschauen zu sehen waren.[36] Eine Redundanz von aktuellen Berichten – besonders Sport – wurde 1950 also akzeptiert, für ein Nachhinken mit anderen Themen wurde die *NDW* kritisiert. Bei der Vergleichsbeschauung, die wöchentlich vom Bavaria Filmverleih abgehalten wurde, wurde die *NDW* Nr. 451 im September 1958 negativ besprochen: Das „aktuelle Weltgeschehen" sei nicht ausreichend beachtet worden – die Zuschauer hätten bemerkt, dass Berichte über das Treffen de Gaulle–Adenauer und die Goldene Hochzeit Churchills fehlten.[37] Wenn die Wochenschauen die Erwartungen erfüllten, redundante Stories z.B. von Prominenten zu bringen, war eine Austauschbarkeit der Wochenschauen im westlichen Bundesgebiet vorprogrammiert.

Beiträge, die „beim Publikum ein Schmunzeln" bewirkten, waren stets ein wichtiger Bestandteil der Wochenschauen. Der Bavaria Filmverleih äußerte in einem Schriftwechsel mit der *NDW*, dass diese Geschichten „nicht unbedingt aus dem Tagesgeschehen" entnommen werden mussten.[38] Bei ‚heiteren Bildern' war die Aktualität also beliebig. Für Berichte über gesellschaftliche Probleme galt, dass die Themen eine Lebensnähe zum Alltag der *deutschen Zuschauer* aufweisen sollten, um dem Kriterium ‚Aktuell sein' zu genügen. Der Beitrag über Telfonseelsorge in der Schweiz (*NDW* Nr. 558 vom 4. Oktober 1960) wurde von einem Kinokunden abweisend beurteilt: „eine solche Reportage" gehöre überhaupt nicht in eine Wochenschau, denn sie besitze keine Aktualität.[39] Das Wort ‚Aktualität' ist in diesem Fall mit ‚innerer Nähe' der Zuschauer zu übersetzen. Wenn es bei der ‚Aktualität' der Wochenschau um die Nähe zum Zuschauer sowie um seine Interessen und Wünsche ging, was war dann für die Nachrichten der *Tagesschau* ‚aktuell'?

---

[35] AKI-Aktualitäten-Kino Betriebs-GmbH & Co., Frankfurt (Petzholtz) Brief an Deutsche Wochenschau, 3.11.1959, UFA-Kritiken, DW.

[36] Vgl. Schorcht, Hamburg Brief an Schorcht (Zimmermann), 18.3.1950, Beurteilungen bis 1952, DW.

[37] Bavaria (Siegel) Brief an NDW (Groll), 20.9.1958, NDW Kritiken, DW.

[38] Bavaria (Siegel) Brief an NDW (Groll), 23.8.1958, NDW Kritiken, DW.

[39] Bavaria Film-Theater, Würzburg, Brief an Bavaria (Koschnick), 13.10.1960, NDW Echo, DW.

5.1.3 Die Aktualität des Fernsehens und der *Tagesschau*

Fernsehnachrichten sollen dem ehemaligen *Tagesschau*-Redakteur Michael Abend zufolge den Wissensstand erhöhen, Bewusstsein erweitern und Meinungsbildung der Menschen ermöglichen.[40] Als eines der Auswahlkriterien für Mitteilungen, die zur Nachricht werden, nennt Abend die Aktualität. Eine Nachricht sei dann aktuell, wenn es eine Mitteilung über Verhältnisse ist, die sich „an dem betreffenden Tag" geändert haben.[41] Bei der Auswahl von aktuellen Mitteilungen geht es beim Fernsehen u.a. um folgende Fragen: [42]

1. Was ist neu, das heißt tagesaktuell?
2. Was von dem Neuen ist für viele wichtig, a) weil es viele direkt interessiert, b) weil es viele indirekt betrifft, c) weil es Missstände aufdeckt (durch Ereignis, Untersuchung, Stellungnahme, Aktion)?

Damit sind Aspekte einer idealen Fernseh-Aktualität genannt: Tagesgeschehen, Beachtung von Interesse und Betroffenheit möglichst vieler Zuschauer und das Aufgreifen von Missständen. Bei Roeber und Jacoby kommt noch ein weiterer Aspekt dazu. Als Vorteil des Fernsehens wird u.a. die „Schnelligkeit der Nachrichtenübermittlung" genannt.[43] Daher kann man sagen, dass ‚Aktualität' hier mit Schnelligkeit übersetzt wird. Dabei erschien die *Tagesschau* zu Anfang nur dreimal pro Woche und hatte daher noch keine Tagesaktualität. Niemand stieß sich daran, denn für die eilige Nachricht hatte man den Hörfunk.[44] Trotzdem drängte der erste Redakteur der *Tagesschau*, Martin S. Svoboda, zu größtmöglicher Aktualität. Er mahnte die Rundfunkanstalten an, wenn sie Beiträge nicht liefern konnten oder wollten.[45]

Weil alle Rundfunkhäuser zu den Berichten und zum gesamten Fernsehprogramm beitrugen und wegen der hohen Bedeutung der *Tagesschau* für das Programm, verschwammen in den Kritiken die Grenzen zwischen ‚Fernsehen' und ‚Sendung'. Die *Stuttgarter Nachrichten* forderten im Februar 1956: „Fernsehen muss – dreimal unterstrichen – immer wieder aktuell sein!"[46] Solchen Forderungen versuchte die Redaktion nachzukommen: Bis zur täglichen Erscheinungsweise (beginnend Oktober 1956) hatte die *Tagesschau* den Anspruch, spätestens innerhalb von zwei Tagen auf

[40] Vgl. Abend, 1974, S. 169, zit. nach Scharf, 1981, S. 207.
[41] Ebd., S. 206-207.
[42] Ebd., S. 207.
[43] Roeber & Jacoby, 1973, S. 878.
[44] Vgl. Jaedicke, 2002, S. 10.
[45] Vgl. Svoboda Brief an von Plato (Fernseh-Programmleiter), 10.8.1954, NDR (621-1-144), 194, STAHH.
[46] O.V. (1956): Die Woche im Fernsehen: Tagesschau kommt bald täglich. In: Stuttgarter Nachrichten vom 27.4.1956, Rundfunk Programm Fernsehsendung Tagesschau von 8/52 bis 1/66, NDR.

ein Ereignis zu reagieren, sonst würden Stories anfangen zu „riechen“.[47] Schon im Februar 1956 behauptete die Fernsehprogrammzeitschrift *Funkstunde* von der *Tagesschau*, sie sei „schneller, als jede andere Nachrichteninstitution“ und bescheinigte den Zuschauern eine Augenzeugenschaft: „Mit ihr werden Sie auf dem Umweg über ihr Fernsehgerät am unmittelbarsten zum Zeugen der wichtigsten Geschehnisse.“[48]

Nach Ansicht der Funkfachhändler war die Aktualität der „alleinige Wertmesser“ für die Zuschauer. Vielleicht nicht nur, um ihr Geschäft zu stärken, lobte die Fachpresse der Funkfachhändler, dass die *Tagesschau* durch die tägliche Ausgabe den Ereignissen ihre Berichte „fast auf dem Fuße“ folgen lassen könne.[49] Die gleichzeitig erheblich kürzer werdenden Umschaltpausen begünstigten zusätzlich die Aktualität. Mit einem „Knüller“ musste nicht mehr bis zum nächsten Tag gewartet, sondern es konnte sofort in das Rundfunkhaus umgeschaltet werden, in dessen Sendebereich sich das Ereignis abgespielt hatte.[50]

Die *Tagesschau*-Sendung, in der 1957 der millionste Fernsehteilnehmer vorgestellt wurde, konnte nach Ansicht der Presse mit einer nahezu „idealen Aktualität“ aufwarten.[51] Diese perfekte Aktualität war allerdings den glücklichen Begleitumständen zu verdanken, denn die Nachrichtenlage am 1. Oktober 1957 war interessant und der Transport der Beiträge reibungslos möglich. Beispielsweise fanden an diesem Tag die Beisetzungsfeierlichkeiten von König Haakon in Oslo statt. Der Termin war rechtzeitig vorher bekannt, sodass ein Kameramann direkt in Oslo für die *Tagesschau* beauftragt werden konnte. Der Kameramann kannte auch die Abflugszeit der Airlines nach Hamburg, damit das Filmmaterial um 17.30 Uhr in der Kopieranstalt sein konnte und um 19 Uhr das entwickelte Negativ im Schneideraum war. Der Bericht wurde durch den Einsatz neuer Technik direkt vom Negativ gesendet. Daher konnte man die Zeit für das Umkopieren des Films einsparen. Für den nächsten Beitrag von der ersten Generalkonferenz der internationalen Atom-Energie-Behörde aus Wien erstellte die *Tagesschau* eine Filmaufzeichnung der Eurovisions-Sendung, die die Eröffnung der Konferenz (um 15 Uhr) zeigte. Auch hier hatte die *Tagesschau* beste Voraussetzungen, um aktuell zu sein: Sie nutzte einfach das Material des Eurovisions-Verbundes. Der Beitrag vom Prozess gegen den früheren Generalfeldmarschall Schörner war aktuell, weil der Prozess in München bereits morgens um 9.30 Uhr begann, d.h. dass der Film schon um 13.30 Uhr mit dem Flugzeug nach Ham-

---

47 O.V. (1956): Eine Fernsehsendung riecht. Filmentwicklung im 300-Stundenkilometer-Tempo! In: Funkstunde, Lübeck vom 12.2.1956, Rundfunk Programm Fernsehsendung Tagesschau von 8/52 bis 1/66, NDR.

48 Ebd.

49 O.V. (1956): Tagesschau wird aktueller. Funkfachhändler, Rubrik „kurz gefunkt“, 2. Ausg., Sept. 1956, Rundfunk Programm Fernsehsendung Tagesschau von 8/52 bis 1/66, NDR.

50 Ebd.

51 O.V. (1957): Am 1.10. hat alles geklappt. Die „Tagesschau“ feierte ein Jubiläum. In: Die Allgemeine Sonntags-Zeitung, Düsseldorf vom 20.10.1957, Rundfunk Programm Fernsehsendung Tagesschau von 8/52 bis 1/66, NDR.

burg gebracht wurde. Für den Bericht über ein Eisenbahn-Unglück bei Stuttgart war es ‚günstig', dass sich dies am frühen Morgen ereignete – trotzdem war das Material erst sechs Minuten vor Sendebeginn als Negativ im Schneideraum und musste als „Bericht nach Redaktions-Schluß" gesendet werden. Eine zweite Filmgeber-Maschine hatte den Film an die *Tagesschau* angefügt. Es passte also fast alles zusammen: Die Kameramänner waren vor Ort, die Orte des Geschehens lagen so, dass das Filmmaterial die Flugzeuge erreichte und die Abflugzeiten waren passend, die Fahrer konnten die Filme rechtzeitig auf dem Flughafen bekommen, die Kopier-Anstalt arbeitete zuverlässig und die Redakteure hatten die Texte schon ‚im Kopf' fertiggestellt.[52] Damit war diese Ausgabe die bislang aktuellste *Tagesschau* – doch das reichte nicht mehr.

Die *Tagesschau* geriet unter Zugzwang, denn die Öffentlichkeit forderte absolut aktuelle Nachrichten. Die Fernsehprogrammpresse *TV Fernseh-Woche* aus Düsseldorf war im August 1959 der Ansicht, dass es für die Fernsehzuschauer äquivalent zum Rundfunk mehrere Ausgaben der Nachrichten geben sollte. So könnten in einer zweiten Ausgabe die Berichte, die nicht zu Redaktionsschluss der 20-Uhr-Sendung vorlagen, gesendet werden.[53] Wenn es um Berichterstattung über extrem erschütternde Ereignisse mit menschlichen Schicksalen ging, werden die gewachsenen Ansprüche an die Aktualität relevant. Das Fachblatt *fff-press* aus Hamburg titelt: „Ist das Fernsehen noch aktuell?" und bezieht sich auf die Tagesschauberichte über das Erdbebenunglück von Agadir mit 15.000 Toten, das sich am 29. Februar 1960 ereignete.[54] Hier konnte die *Tagesschau* nicht absolut aktuell sein und brachte am 2. März zunächst nur internationales Agenturmaterial und Interviews mit Touristen. Erst dann sollen Reporter mit Flugzeugen der Bundeswehr nach Marokko geflogen sein.[55] Am 3. März 1960 wurde ein Bericht vom Ort des Unglücks gesendet.[56] Dafür aber mit eindringlichen Bildern. Die Kritik in *fff-press* betrachtete das Programmschema bereits als zu starr, um Gespräche mit Experten und Wissenschaftlern, wie im Fall von Agadir, kurzfristig ins Programm aufzunehmen.[57] Die Wochenschauen wurden an dieser Stelle als Nachrichtenmittel jedoch nicht mehr diskutiert, obwohl auch sie über Agadir berichteten – aber später als die *Tagesschau* (*UFA* Nr. 189 vom

[52] O.V. (1957): Am 1.10. hat alles geklappt. Die „Tagesschau" feierte ein Jubiläum. In: Die Allgemeine Sonntags-Zeitung, Düsseldorf vom 20.10.1957, Rundfunk Programm Fernsehsendung Tagesschau von 8/52 bis 1/66, NDR.

[53] Vgl. Fischer, G. (1959): Liebe TV-Familie. In: TV Fernseh-Woche, Düsseldorf, Nr. 31 vom 2.8. bis 8.8.1959, Rundfunk Programm Fernsehsendung Tagesschau von 8/52 bis 1/66, NDR.

[54] O.V. (1960): Ist das Fernsehen noch aktuell? In: fff-press, Hamburg, 10.3.1960, Rundfunk Programm Fernsehsendung Tagesschau von 8/52 bis 1/66, NDR.

[55] Ebd.

[56] Die Wochenschauen waren dagegen noch weniger aktuell – die *Ufa-Wochenschau* berichtete am 8. März 1960 und die *NDW* erst am 11. März 1960 über die Katastrophe.

[57] O.V. (1960): Ist das Fernsehen noch aktuell? In: fff-press, Hamburg, 10.3.1960, Rundfunk Programm Fernsehsendung Tagesschau von 8/52 bis 1/66, NDR.

8. März 1960 und *NDW* Nr. 528 vom 11.3.1960). Das Fernsehen hatte bereits einen Ruf als „das modernste journalistische Unterhaltungsmittel“[58] zu verlieren.

Um für aktuelle Meldungen einen festen Platz auch außerhalb der *Tagesschau* zu schaffen, wurde 1961 die wöchentliche Sendereihe *Panorama* hergestellt. Sie wollte als „weißer Fleck im Abendprogramm“ solche Aktualitäten vermitteln, die keine sofortige Programmänderung rechtfertigten, aber auch nicht aufgeschoben werden sollten. Die Sendung war für den Sonntag (19 bis 20 Uhr) und zweigeteilt geplant: der erste Teil aus *Panorama* bestehend, der zweite Teil aus *Sport am Wochenende.* Zu dieser Sendung sollten alle Anstalten Beiträge anmelden können. Der *Wochenspiegel* sollte dafür an das Ende des Programmtages gelegt werden.[59] Neue aktuelle Sendungsformen einzuführen und im Programm unterzubringen, war bereits Routine.

Alle Medien stellten sich Anfang der 1960er Jahre dem Wettlauf um die Aktualität. Der ehemalige *Tagesschau*-Redakteur Horst Jaedicke beschreibt die Berichterstattung über das Grubenunglück von Lengede als einen Meilenstein der Medien-Aktualität. Ein Wasser- und Schlammeinbruch hatte im Oktober 1963 in der Erzgrube „Mathilde“ bei Lengede 43 Bergleuten unter Tage den Weg ins Freie versperrt. Bei den Rettungsarbeiten wurde die so genannte Dahlbusch-Bombe eingesetzt – ein Hohlkörper, der durch ein Bohrloch jeweils nur eine Person aus der Tiefe heraufbefördern konnte. Durch die Vorbereitungen für den Einsatz blieb dem Fernsehen jedoch Zeit, seine Kameras für einen Livebericht in Stellung zu bringen.[60] Ganz Deutschland verfolgte in Sonderberichten der *Tagesschau*, wie Bundeskanzler Ludwig Erhard den Bergleuten im Innern des Stollens Mut zusprach und wie zuerst drei und später elf weitere Bergleute befreit wurden. In diesem Moment „überholte“ die *Tagesschau* die Zeitungen.[61]

5.1.4 Die konkurrierende ‚Aktualität‘ von *NDW* und *Tagesschau*

Spätestens Anfang der 1960er Jahre war die Aktualität das bedeutendste Kriterium für die Informationsrezeption. Die Wochenschau konnte allein aus diesem Grund nicht mithalten. Die Kronen-Lichtspiele in Unterhausen kündigten Mitte 1961 den Vertrag für die *NDW* beim Bavaria Filmverleih. Man war zwar mit der *NDW* zufrieden, aber der Kinobesitzer bedauerte:

> *„[...] nur muss ich leider erwähnen, dass eben die Aktualität allgemein der Wochenschauen vorbei ist durch die Tagesschau des Fernsehens. Wir dürfen uns dieser Tatsache nicht entziehen und evtl. eine Vogel Strauss Politik an den Tag legen*

58 Ebd.
59 Ständige Programmkonferenz vom 26.1. bis 27.1.1961, STAHH.
60 Vgl. Jaedicke, 2002, S. 72.
61 Ebd.

wie eben leider in der Filmbranche zur Zeit des öfternen der Fall ist, denn das Publikum sagt uns ja unverblümt seine Meinung."[62]

In der *Tagesschau* ging es an erster Stelle um schnelle und tagesaktuelle Informationen – in der Wochenschau waren dagegen die Themen und ihre Attraktivität ausschlaggebend für den Erfolg: „ein bißchen Politik, etwas Nervenkitzel, ein wenig Mode für die Dame, sehr viel Sport für den Herrn und ein paar Tiere fürs Gemüt. Nach der Devise: für jeden etwas"[63]. Die Presse wertete bereits 1960 die Wochenschau als etwas Vergangenes, das „auf den Menükarten" der Filmtheater einst den beliebtesten Teil dargestellt habe:

„*Jedermann genoß es mit Vergnügen, sich ein wenig von den photogenen Ereignissen der letzten Tage unterhalten zu lassen, bevor ihn die Traumwelt des Films gemächlich einlullte.*"[64]

Das Fernsehen habe nun die Wochenschau aus dem „Garten Eden ihrer Einmaligkeit" herausgedrängt. Bei der Wochenschau habe es sich so und so immer um eine „Scheinaktualität" gehandelt – je nach der Gunst oder Ungunst der Umstände. Der „Makel" der Wochenschau wurde durch das Fernsehen bloßgelegt. Wer auf dem Bildschirm sehen könne, was sich wenige Stunden vorher ereignet hatte, habe für die „Neuigkeiten" Tage später im Kino „nur ein Lächeln übrig".[65] Dieses Manko der Aktualität wird von der Filmkritik bildlich gesprochen mit Schulterzucken hingenommen:

„*Aber das ist nun einmal das große Aber bei allen Wochenschauberichten über aktuelle Geschehnisse: Man kann nur versuchen, durch Ausnutzung aller filmischer Möglichkeiten den zeitlichen Vorsprung wettzumachen, den Presse, Funk und Fernsehen nun einmal haben.*"[66]

Es wird jedoch nicht deutlich, welche filmischen Mittel das sein sollten. Es folgte der hilflose Appell an die Kinobesucher, dass „die Majorität die Situation der Wochenschau begreift und die Berichte nicht als den Versuch einer aktuellen Information, sondern als einen zusätzlichen […] sogar hochinteressanten Kommentar wertet".[67] Der *Tagesschau* wurde so die aktuelle Information zugesprochen und der Wochenschau eine kommentierende Funktion. Vermutlich hatte auch *NDW*-Chefredakteur Purzer diese ‚Arbeitsteilung' im Sinn, als er für das *Film-Echo* schrieb, die Wochen-

62 Kronen-Lichtspiele, Unterhausen, Brief an Bavaria, 6.6.1961, NDW Echo, DW.

63 O.V. (1960): Politiker, Mannequins und siamesische Katzen. Zur Situation der Wochenschauen im Zeitalter des Fernsehens. In: General-Anzeiger vom 9.1.1960, DW-Allgemein Kritiken Werbung ab 1960, DW.

64 Ebd.

65 Ebd.

66 O.V. (1962): Rezension zu NDW 667. In: Film-Echo/Filmwoche Nr. 91/92, 16.11.1962, NDW Echo, DW.

67 Ebd.

schau wolle sich als eine Art „Zeitbild“ begriffen wissen.[68] Die Wochenschau sollte im Gegensatz zur TV-Tagesaktualität eine „Gesamtschau“ über das Zeitgeschehen geben. Schnitt, Kommentar, Musik, Geräusche und Kontraste sowie Übergänge wollte sie einsetzen, um beispielsweise mit Bildern einer Katastrophe „echtes Entsetzen“ bewirken zu können – wogegen die *Tagesschau* jedes Ereignis verkleinere.[69] Dieses generelle Verständnis änderte jedoch nichts daran, dass die *Tagesschau* schneller sein konnte als die Wochenschau.

Die Kinobesucher, die kein Fernsehgerät besaßen, bekamen durch die Filmwochenschau im Kino nicht nur unterschiedliche Informationen, sondern eine völlig andere Aufmachung zu sehen und das Dispositiv sorgte für eine unterschiedliche Wirkung des Gesehenen. Zu dieser Erkenntnis kam auch ein damals viel beachteter Artikel der *Bild* vom 1. Juni 1960. Der Artikel macht die Veränderungen des Nutzens der Wochenschau für das Publikum deutlich:

> *„Kinobesucher mit Fernsehapparat gähnen [...] Kinobesucher ohne Fernsehapparat werden durch die wenigen nachrichtlichen Aufnahmen längst nicht mehr wie früher informiert und finden sich durch die Wochenschau-Späßchen nur unvollkommen entschädigt.“*[70]

Selbst ein Verfechter des Kinos, der Theaterkritiker Friedrich Luft, nahm von der Wochenschau Abstand. Er schrieb: Der Film gebe „ganze Aufgaben- und Verdienstbereiche auf, die bis vor wenigen Jahren sein Monopol waren“. Seit es die *Tagesschau* gebe, sei die Wochenschau „hinfällig, anachronistisch, zeitraubend, eine Zumutung im Kinoprogramm“. Der Gang ins Kino werde überflüssig, weil man sich Krimis oder „Larifari-Unterhaltung“ besser Zuhause und in der Nähe des Eisschranks ansehen könne.[71] Doch das Kino müsse nicht sterben – der Film sei nach wie vor unersetzbar. Er beschädige sich aber selbst, „wenn er die falschen Rückzugsgefechte“ liefere. Er solle „Positionen, die nicht zu halten sind, nicht halten wollen“. Wer nun ins Kino ginge, tue dies mit einem „neuen, höheren Anspruch“.[72] Die Wochenschau war offenbar keine Notwendigkeit mehr, sondern konnte sogar ein Hindernis für den Kinobesuch sein. Es ging beim Kinobesuch um Unterhaltung mit und durch den Film und nicht mehr um Information. Das alte Medium Kino konzentrierte sich folglich nur noch auf seine Unterhaltungsfunktion.

---

[68] Text von NDW (Purzer) vom 16.10.1961 für Film-Echo (Axtmann), NDW Echo, DW.

[69] Ebd.

[70] Keil, H. (1960): Weg mit der Wochenschau? Harte Szenen – langweilige Späßchen. In: Bild Nr. 127 vom 1.6.1960, DW-Allgemein Kritiken Werbung ab 1960, DW.

[71] Luft, F. (1963): Der Film wird immer unersetzbar bleiben... wenn er sich zu beschränken weiß – Keine falschen Rückzugsgefechte. In: Die Welt vom 26.1.1963, DW-Allgemein Kritiken Werbung ab 1960, DW.

[72] Ebd.

5.1.5 Zusammenfassung zur Bedeutungsentwicklung der Aktualität

Die ‚Aktualität' der Wochenschau hatte weniger mit zeitlicher Nähe zum Ereignis zu tun als mit Themen, die eine innere Beteiligung der Zuschauer herstellen konnten. Solche Themen, wie politische Entscheidungen, die nur durch eine zeitnahe Berichterstattung Sinn machten, waren wenig interessant. Unterhaltende Themen und sportliche Siege interessierten das Publikum zwar, mussten aber nicht aktuell sein (im Sinne von ‚gestern stattgefunden'), sondern waren auch noch nach einigen Wochen für sportbegeisterte Zuschauer von Interesse. Außerdem war viel schon aus anderen Medien bekannt und viele der Zuschauer brauchten nur noch eine Bestätigung und die Ergänzung in laufenden Bildern. Nimmt man dies als generelle Beobachtung und nicht als Ausnahmen und Einzelmeinungen, gab es für die Wochenschau keine große Not, aktueller zu werden – was ihr aufgrund des Distributionssystems auch nicht möglich war. Der Anspruch der Wochenschau, das Aktuellste zu bieten (wie im Vorspann der *NDW* Nr. 1 angekündigt), blieb zwar immer bestehen – die Wahrnehmung der Kinobesitzer und Kinozuschauer in Bezug auf die ‚Wochenschau-Aktualität' aber wandelte sich.

Was ‚aktuell' ist, wurde durch das Medium Fernsehen neu spezifiziert. Es bot durch die Möglichkeit der Live-Sendung ein Gefühl des Dabeiseins im Moment des Geschehens und schuf eine Faszination. Eine Veränderung der Bedeutung von medialer Aktualität ist für die Zuschauer erst durch die Vergleichsmöglichkeit von Fernsehen und Kino entstanden. Durch die *Tagesschau* lernten die Rezipienten kennen, was Tagesaktualität heißt, und sahen einen Vorzug darin, ständig durch das ‚Fenster zur Welt' informiert zu sein – besonders im Hinblick auf die deutsch-deutsche Politik und den wirtschaftlichen Aufschwung. Veränderte gesellschaftliche und wirtschaftliche Verhältnisse forderten zudem einen neuen, geplanten und achtsamen Umgang mit der zur Verfügung stehenden Zeit. Die Wochenschau konnte dagegen keine echte Hilfe mehr für das tägliche Leben im Wirtschaftswunder bieten.

5.2 Advertisierung – Instrumentalisierung für Werbung

„Die Stärke der Wochenschau und ihre eigentliche Aufgabe liegt in der Bild- und Wort-Nachricht“,[1] schrieb Fritz Sänger noch 1965, Journalist und Mitglied im Beirat der *NDW*. Nach der Isolation des Landes im Nationalsozialismus sollten die Medien dazu beitragen, Deutschland wieder in die weltweite Öffentlichkeit zu integrieren. Die audiovisuellen Medien mit ihrer großen Publikumswirkung boten sich aber auch an, der Bundesrepublik zu einem neuen wirtschaftlichen Status zu verhelfen. Auf Messen und Ausstellungen erregten Produkte ‚Made in Germany‘ bereits Aufmerksamkeit. Aber bereits 1912 nutzte man den Film, um für deutsche Wirtschaft, Industrie, Handel, Fremdenverkehr und deutsche Kultur zu werben.[2] Gezielte Produktwerbung war jedoch für Formate, die objektiv berichten und unabhängig sein wollten, zumindest grenzwertig. Für die Wochenschau war Werbung und PR jedoch Tradition: 1926 ließ der Automobilhersteller Opel die Opel-Wochenschau herstellten. Es zeigte sich aber bald, dass die Verbindung mit Unternehmenswerbung eine objektive Berichterstattung „unmöglich“ werden ließ.[3] Diese Erfahrung machten alle Wochenschauen auch in Bezug auf die „Interessenpolitik“ von Parteien.[4] Somit stellt sich die Frage, ob die *Neue Deutsche Wochenschau* und die *Tagesschau* für Werbung und Polit-PR genutzt wurden, was ihre Gestaltung beeinflussen und auch die Zuschauer-Akzeptanz gefährden konnte.

5.2.1 Die Situation der Kinowerbung in den 1950er Jahren

In den 1950er Jahren stiegen die allgemeinen Ansprüche an die Lebenshaltung; denn man wohnte wieder besserer, der Wohnraum hatte eine Mindestausstattung, die Arbeitslosigkeit sank rapide, die Löhne stiegen und auch die Ernährungslage hatte sich gebessert – trotz aller Nachwirkungen des Krieges. Dies alles war verbunden mit einer rasanten industriellen und wirtschaftlichen Entwicklung. Durch die Währungsreform war das Geld wieder etwas wert und steigerte die Kaufkraft. Infolge dessen kam es zu einer Wandlung vom Nachfrage- zum Angebotsmarkt. Alles in allem entstand ein Konsumklima, das dafür sorgte, dass der Produktwerbung eine hohe Bedeutung zukam.[5]

Durch die Bereitstellung der Leinwand für Werbung erzielten Kinobetreiber ansehnliche Einnahmen. Die Kinowerbung kannte zwei Formen: Werbefilme und Dia-

[1] Sänger, 1965, S. 465.
[2] Vgl. Barkhausen, 1982, S. 16.
[3] von Zglinicki, 1956, S. 340. Die *Opel-Woche* wurde 1928 von der UFA übernommen und erschien bis 1930.
[4] von Zglinicki, 1956, S. 340-341.
[5] Vgl. Schildt, 1995, S. 356-360; vgl. Abelshauser, 1987, S. 56-60.

werbung. Im Vergleich zu den Werbefilmen war die Diawerbung einfach und preisgünstig herzustellen.[6] Damit konnten es sich auch ortsansässige Firmen leisten, im Kino auf ihr Geschäft oder auf ihre Waren aufmerksam zu machen. Trotz der regionalen Ausrichtung kann Diawerbung nur eine geringe Wirkung gehabt haben, und „tönende" Dias waren nur umständlich zu realisieren, denn Musik, Ton und Sprache mussten vom Filmvorführer von einem Tonband passend zum Bild abgespielt werden. Werbefilme wurden von speziellen Produktionsfirmen im Auftrag hergestellt, waren teurer und mit einem hohen Realisationsaufwand verbunden (Text, Drehbuch, Aufnahme, Material, Kopien). Wenn die Werbemittel aber erst einmal zur Verfügung standen, waren Werbebuchungen im Kino kurzfristig möglich. Oftmals kürzten die Kinobesitzer die Wochenschau, um mehr Werbefilme zeigen zu können und so mehr nebenbei einzunehmen.[7] Werbefilme und Dias wurden in Blöcken zusammengefasst, was für die Werbetreibenden jedoch nachteilig war. Durch Zuspätkommen war es den Zuschauern möglich, die Werbebotschaften zu umgehen. Zudem war aus Sicht der werbetreibenden Unternehmen die Gefahr groß, vor oder hinter dem Werbefilm des Konkurrenzproduktes eingesetzt zu werden, sodass ungünstige Abstrahlungseffekte auf das eigene Produkt entstehen konnten. Teilweise wurde Werbung daher vor *und* nach der Wochenschau gezeigt.[8]

Als Werbemedium stand nun aber auch das Fernsehen zur Verfügung. Bei der 1956 offiziell begonnenen Fernsehwerbung bestand für Werbetreibende ein besonderer Vorteil durch die ständig wachsende Zahl der Fernsehteilnehmer, die die mögliche Zahl der Werberezipienten in den Kinos schnell überrundet hatte. Nachteilig an der Fernsehwerbung waren vor allem die Kosten – es konnten nur eigens dafür produzierte Werbefilme eingesetzt werden und die Einschaltpreise für Werbespots waren sehr hoch. Außerdem konnten Unternehmen nur einmal im Jahr Werbeplätze buchen, und der Umfang der Werbezeit im Programm war beschränkt.[9]

Obwohl die Kino-Werbung preisgünstiger angeboten wurde, sanken die Werbeumsätze in Filmtheatern innerhalb eines Jahrzehnts auf nahezu die Hälfte,[10] was in Wechselwirkung mit der allgemeinen Kinokrise stand. 1960 war das Jahr, in dem die Werbeumsätze des Fernsehens erstmals die Werbeumsätze der Filmtheater in West-

---

[6] Vgl. Roeber & Jacoby, 1973, S. 615.

[7] Vgl. o.V. (1955): Die tapferen Schneider. In: Der Spiegel Nr. 51, 17.12.1958, S. 58-59, hier: S. 59.

[8] Vgl. Roeber & Jacoby, 1973, S. 610. Die Werbemenge war allerdings durch die „Allgemeinen Geschäftsbedingungen" des Fachverbandes Film- und Diapositiv-Werbung e. V. beschränkt: Für Werbung in Filmtheatern dürfen bis zu 30 Diapositive und bis zu 200 m Werbefilm pro Vorstellung gezeigt werden; Eisenführ, 1958, S. 4.

[9] Vgl. Roeber & Jacoby, 1973, S. 613.

[10] Roeber & Jacoby, 1973, S. 613, S. 614 (Tabelle 30). Die Werbeumsätze der Filmtheater sanken von 1959 mit 105,6 Millionen DM bis 1968 mit 55,7 Millionen DM.

deutschland überschritten.[11] Dementsprechend sind die Werbeumsätze für das Fernsehen ständig gestiegen – bis 1968 auf das Zehnfache der Werbeumsätze der Kinos.[12]

Die Entwicklungen ergaben für die werbetreibende Wirtschaft ein Dilemma: Auf der einen Seite war die Fernsehwerbung noch teuer – auf der anderen Seite wurde die Kinowerbung oft durch die Zuschauer umgangen. Um trotzdem wirkungsvolle, audiovisuell gestaltete und zugleich kostengünstige Werbung im Kino zu zeigen, fanden einige Unternehmer des Wirtschaftswunders eine Alternative.

5.2.2 ‚Schleichwerbung' in der *NDW*

Jede Werbemaßnahme muss bereits seit 1909 nach dem „Gesetz gegen unlauteren Wettbewerb" (UWG) so beschaffen sein, dass sie von dem Rezipienten als solche erkannt werden kann.[13] Die Blockform sollte gewährleisten, dass sich die Zuschauer auf die Werbung einstellen konnten. Weniger zulässig ist, Werbung so in eine Filmdarbietung einfließen zu lassen, dass sie den Zuschauer nicht als Werbung wahrnimmt, aber Produkte oder Leistungen zumindest assoziieren kann (Werbeeinblendung).[14] Dementsprechend wird ‚Schleichwerbung' als eine absichtlich in Medien eingestreute Produktinformation definiert, die den Zuschauer hinsichtlich des eigentlichen Zwecks dieser Erwähnung oder Darstellung irreführen kann.[15] Dies galt bereits in den 1950er Jahren. Von Schleichwerbung wird heute Product Placement abgegrenzt. Bei Product Placement werden Produktnamen, Verpackungen, Logos oder Dienstleistungen in die Handlung, z.B. eines Films, integriert. Das ist heute erlaubt, wenn die Unternehmen ihre Produkte unentgeltlich für die Filmproduktion zur Verfügung stellen. In den 1950er und 1960er Jahren war der Begriff Product Placement

---

[11] Roeber & Jacoby, 1973, S. 614 (Tabelle 30). Im Jahr 1960 betrugen die Werbeumsätze der Filmtheater 96,8 Millionen und die der ARD-Anstalten 132,1 Millionen DM.

[12] Roeber & Jacoby, 1973, S. 614 (Tabelle 30). Im Jahr 1968 betrugen die Werbeumsätze der ARD-Anstalten 546,9 Millionen DM.

[13] Vgl. §4 UWG; verfügbar unter: http://www.gesetze-im-internet.de/uwg_2004/__4.html [10.3.2013]. Die Fassung mit dem noch heute gültigen Titel ist von 1909. Die Pressegesetzgebung war Anfang der 1950er Jahre von Bundesland zu Bundesland verschieden. Nur Bayern und Hessen hatten Paragraphen erlassen, die die Trennung von Werbe-Anzeige und redaktionellem Text vorschrieben (für Bayern, § 9 Gesetz über die Presse) und (für Hessen, § 8 Hessisches Gesetz über Freiheit und Recht der Presse); vgl. Lüders, 1952, S. 48, S. 62. Erste Urteile dazu fielen erst ab Mitte der 1950er Jahre; vgl. Spenger, 1959, S. 177. Das OLG Celle brachte in einem Urteil vom 3.7.1957 (BB vom 10.8.1959, Ziffer 1436) zum Ausdruck, „daß ein Verstoß gegen den Grundsatz der Trennung von redaktionellem Teil und Anzeigenteil unlauter ist". Auch wenn dieses Urteil auf Zeitungswerbung ausgelegt ist, kann es nach Eisenführ „unbedenklich auf den Film übertragen werden"; Eisenführ, 1962, S. 4.

[14] Vgl. Spengler, 1959, S. 175, S. 183.

[15] Vgl. DRPR-Richtlinie zur Schleichwerbung; verfügbar unter: http://www.drpr-online.de/statische/itemshowone.php4?id=17 [7.2.2012].

noch unbekannt[16] und Produkteinblendungen wurden als Schleichwerbung aufgefasst.

Industrie- Image- und Werbefilme sicherten schon im ‚Dritten Reich' die Existenz von kleinen und großen Produktionsfirmen, wie der UFA.[17] Wegen der ständig angespannten finanziellen Lage schuf sich die *Neue Deutsche Wochenschau* durch das Geschäft mit Dokumentarfilmen vor allem für das Bundespresseamt[18] ein zweites ‚Standbein'. Der Markt für Beifilme war 1951 jedoch schon überlaufen, sodass darüber hinaus kein Geschäft zu erwarten war. Um doch noch zu Geld zu kommen, schlug im Februar 1951 auf der 10. Aufsichtsratssitzung der *NDW* der Wirtschaftsprüfer Dr. Haupt vor, es mit Werbefilmen zu versuchen.[19] Das Protokoll der 10. Aufsichtsratssitzung bestätigt, dass die *NDW* auch Werbe-Sujets plante:

> *„Dr. Wiers teilt mit, dass die NDW mit verschiedenen Firmen Verhandlungen wegen Werbefilmen aufgenommen hat. Die Firma Mannesmann ist bereit, für eine Wochenschau-Story DM 5 – 6.000 zu bezahlen."*[20]

Während die *NDW* Werbeaufträgen also nicht abgeneigt war, kritisierte Geschäftsführer Wiers auf der nächsten Aufsichtsratssitzung am 18. Mai 1951 die Konkurrenten wegen ihrer Werbeaktivitäten. Das Protokoll bestätigt zudem, dass Werbung in Wochenschauen eine gängige Praxis war. Wiers monierte, dass die *Blick in die Welt* mit einer „verdeckten Werbung" arbeite, die ihr pro Wochenschau etwa 5.000 DM einbringe. Werbung für „Trumpf, Dujardin und andere namhafte Wirtschaftsunternehmen" habe es dort schon gegeben. In der *NDW* als „halbamtliches Organ" sei aber kommerzielle Werbung in der planmäßigen Wochenschau „nicht tragbar", sagte Wiers.[21] „Allerdings sei bei einer Wochenschau der Eindruck einer Werbung nicht immer zu vermeiden" – beispielsweise bei Auto- und Industrieausstellungen. Wiers räumte jedoch ein, dass es zweifellos möglich sei, innerhalb einer Wochenschau ein „Werbegeschäft" aufzuziehen. Hierbei müsse man sich aber besonderer Vermittler bedienen, was „gewisse Gefahren" in sich berge – in den Kinos „sei die gesamte Werbung monopolartig bestimmten Werbeunternehmen übertragen".[22] Die Mitglieder des Aufsichtsrates kamen zu dem Schluss,

> *„[...] dass die NDW zwar unter keinen Umständen eine Werbeakquisition durchführen dürfe, dass sie aber durchaus in zurückhaltender Weise Möglichkeiten*

[16] Product Placement wurde in den USA entwickelt und wird seit den 1980er Jahren auch in Europa verstärkt eingesetzt; vgl. Product Placement, verfügbar unter: http://wirtschaftslexikon.gabler.de/Definition/product-placement.html [8.7.2011].

[17] Vgl. Hoffmann, 2005b, S. 242.

[18] Vgl. Leisner, 1966, S. 32-33. Ausführlich zur Zuständigkeit der Abteilung V: Filme im Auftrag des Amtes.

[19] 10. Sitzung des Aufsichtsrates am 23.2.1951, Protokolle Aufsichtsrat 1949-1952, DW.

[20] Ebd.

[21] 11. Sitzung des Aufsichtsrates am 18.5.1951, Protokolle Aufsichtsrat 1949-1952, DW.

[22] Ebd.

> *ausnutzen solle, z.B. von Firmen, deren Werke oder Erzeugnisse zufällig von der Wochenschau aufgenommen würden, Zuschüsse für Beleuchtung und dergl. zu erhalten. Natürlich müsse der Eindruck einer besonderen Werbung innerhalb der gezeigten Schau vermieden werden".* [23]

Wie Schriftwechsel mit der *Neuen Deutschen Wochenschau* zeigen, fiel den Zuschauern Werbung aber auf. Der Besitzer der Capitol Lichtspiele in Oldenburg schrieb im Dezember 1950 an die *NDW*, dass das Publikum für die Rubrik „Menschlich gesehen" (mit Künstler-Porträts) Beifall gespendete habe, allerdings seien „die Aufnahmen zu gestellt" gewesen und mitunter habe es leicht nach „Reklame" für „Schmeling Eierkognac" gerochen.[24]

Auch das ‚Sponsoring' der Wochenschau-Konkurrenz durch öffentliche Stellen wurde von der *NDW* beobachtet. Auf der 14. Sitzung des Aufsichtsrats 1952 wurde über die *Blick in die Welt* diskutiert, die einen deutschen Kunden gefunden haben soll, der sie wöchentlich subventionierte. Es sollte sich dabei „wahrscheinlich" um den Bundesverband Deutscher Arbeitgeber handeln – dies sei daran erkennbar, dass die *Blick in die Welt* „fast in jeder Woche" ein Sujet bringe, das die „Interessen der Arbeitgeber" vertrete.[25] Dieses ‚Sponsoring' erregte möglicherweise deshalb die Aufmerksamkeit, weil die Gegenseite, der Deutsche Gewerkschaftsbund (DGB), einen Sitz im *NDW*-Verwaltungsrat hatte. Auf der anderen Seite zeigte die *NDW* bereits in Nr. 9 vom 28. März 1950 mit einem Bericht ihre Verbindung zum Presse- und Informationsamt der Bundesregierung. Obwohl Heinrich Brand der Bundespressechef war, kommt sein Stellvertreter, Dr. Heinrich Böx, lange in Nahaufnahme ins Bild – Brand spielt kaum eine Rolle. Es ist zu vermuten, dass dies ein Zugeständnis an Böx als Mitglied des Aufsichtsrats der *NDW* war. Die Wochenschau stand zudem der Bundesregierung als Begleitung zur Verfügung – Adenauer verreiste niemals ohne den *NDW*-Kameramann Wilhelm Luppa, der ihn zudem hinsichtlich des Auftretens vor der Kamera beriet.[26] Hier kam die *NDW* offenbar ihren Pflichten als „halbamtliches Organ"[27] nach.

Nachfolgend zeigen Korrespondenzen mit den verschiedensten Konsumgüterunternehmen, mit Politikern und Sportverbänden, wie Marken und Public Relations in die *Neue Deutsche Wochenschau* eingestreut wurden. Zwar wurde auch in Kulturfil-

---

[23] Ebd.

[24] Gemeint war *NDW* Nr. 39 vom 24.10.1950. In den letzten Einstellungen ist das Ehepaar Max Schmeling (Boxweltmeister) und Anny Ondra (Schauspielerin) beim Verladen von Produkten ihrer Hühnerfarm zu sehen, der Sprecher weist auf die eigenhergestellte Cognac-Marke von Schmeling hin „es sind Cognac-Eier – Sie kennen das ja – Eier-Cognac von Schmeling" und beim Zuklappen der Wagentür ist das Firmenschild mit der Aufschrift „Max Schmeling Advocaat" zu sehen. Die *NDW* wirbt damit in einer Prominenten-Story für deren Markenprodukt; vgl. Capitol Lichtspiele, Oldenburg, Brief an NDW, 10.12.1950, Beurteilungen bis 1952, DW.

[25] 14. Sitzung des Aufsichtsrates am 29.2. und 1.3.1952, Protokolle Aufsichtsrat 1949-1952, DW.

[26] Vgl. Schwarz, 2002, S. 356.

[27] Vgl. 11. Sitzung des Aufsichtsrates am 18.5.1951, Protokolle Aufsichtsrat 1949-1952, DW.

men und Spielfilmen „diskret für Markenartikel und anderes geworben“,[28] doch im Unterschied zur Wochenschau hatten diese Filme keine Berichtsfunktion, die der Bevölkerung dazu dienen sollte, im Alltag informiert zu sein.

Da die Wochenschau alle Bereiche des modernen Lebens berührte, war es der *NDW* oft möglich, den Werbewunsch eines Unternehmens in ein allgemein interessierendes Thema eines Beitrags einzusetzen, z.B. in ein Reisethema. In der *NDW* Nr. 653 vom Juli 1962 wurde die Ankunft der „Bremen“ in New York präsentiert. Der Chefredakteur Purzer teilte der Reederei Norddeutscher Lloyd in einem Brief mit: Es habe „doch noch geklappt“.[29] Was darauf schließen lässt, dass die Aufnahme zuvor ausgehandelt wurde. Aufgrund der neuen Mobilität und Reisefreudigkeit der Deutschen waren nicht nur Schiffsreisen beliebt, auch Flugreisen hatten den Reiz des Exotischen. Daher waren Berichte darüber besonders attraktiv. In dem Bericht über Stewardessen in der *NDW* Nr. 520 vom 12. Januar 1960 wurde der Firmenname „Lufthansa“ nicht genannt. Die Großaufnahme zeigt aber das Emblem der Fluggesellschaft am Uniformhut der Hostess. Die Pressestelle der Lufthansa bedankte sich, dass die Hostessen mit 26 Meter (fast 1 Minute) bedacht wurden.[30] Dass sich die Protagonistinnen für anzügliche Kommentare eigneten, kam der *NDW* entgegen, um einen für die Zuschauer unterhaltsamen Beitrag zu erstellen. Auch in der *NDW* Nr. 562 vom 1. November 1960 geht es um die Lufthansa – gleich im ersten Beitrag wird von dem Rekordflug einer Lufthansa-Boing nach Amerika berichtet. Nach Einschätzung von *Film-Echo* wies die *NDW* aber dabei „ein wenig zu auffällig auf die Annehmlichkeiten der Luftreise hin“.[31]

Auch im Beitrag 7 der *NDW* Nr. 481 vom 17. April 1959 ging es um das Unternehmen und nicht etwa um die 250-jährige Geschichte der Porzellanherstellung. Die *NDW* beauftragte im Frühjahr 1959 den Kameramann Heinz Sasse die Porzellan-Schau der Firma Selb zu drehen, in der auch Mode vorgeführt wurde. Dazu erhielt er die ausdrückliche Anweisung, die Geschichte des deutschen Porzellans zu behandeln, da man keine „Firmenwerbung“ machen dürfe, „so dass der Bericht neutral gehalten sein müsste“.[32] Im Sujet wird der Firmenname „Selb“ trotzdem explizit erwähnt. Die Story sollte mit 50 Meter (1’50 Minuten) in einer „ungewöhnlichen Breite“ angelegt sein und auch in der *Ufa-Wochenschau* erscheinen.[33] So wurden durch den Austausch der Sujets beide Produkte der Deutschen Wochenschau GmbH von Werbung beeinflusst.

---

[28] O.V. (1951): Kulturfilm – keinesfalls fürs Kinoprogramm. In: Der Spiegel Nr. 24, 13.6.1951, S. 40-41, hier: S. 40.

[29] Vgl. NDW (Purzer) Brief an Norddeutscher Lloyd (Lepach), 31.7.1962, NDW Echo, DW.

[30] Deutsche Lufthansa (Pressestelle) Brief an NDW (Purzer), 23.1.1960, NDW Echo, DW.

[31] Bohlius, E. (1960): Rezension NDW 562 vom 1.11.1960 und UFA 222. In: Film-Echo, November 1960, NDW Echo, DW.

[32] NDW Brief an Sasse-Film, München (Sasse), 31.3.1959, Korrespondenz ab 1958, DW.

[33] Ebd.

Fast ebenso angelegt war der Bericht über die Schaufensterpuppenherstellung der Firma Hackemer in Deggendorf-Donau im Ressort ‚Kurioses' der *NDW* Nr. 40 vom 31. Oktober 1950. Der Kommentar bettet den Sitz des Unternehmens in einen Scherz ein: „Versuchsanstalt für bessere Damen in Deggendorf" und zeigt besonders die farbliche Gestaltung der Figuren. Die Firma bedankte sich in einem Brief für die meisterhafte „Arrangierung". Der *Fox* habe das Unternehmen mitgeteilt, dass sie „an einer nochmaligen Veröffentlichung" ihrer Figuren kein Interesse habe.[34] Dem Brief nach zu urteilen, handelt es sich um einen Auftrag, der auch an andere Wochenschau-Unternehmen, wie die *Fox*, herangetragen worden war. Die *NDW* hatte die Idee aber vermutlich zuerst umgesetzt und bekam das Lob.[35] Obwohl der Firmenname nicht erwähnt wird, ist anzunehmen, dass die Menschen im weiteren Umkreis von Deggendorf wussten, um welches Unternehmen es sich handelte – denn Schaufensterpuppenhersteller dürfte es nicht allzu häufig gegeben haben.

Mit dem ausdrücklichen Ziel der Zuschauergewinnung griff die *NDW* Nr. 654 ein für jeden Zuschauer wichtiges Thema auf: die Preissteigerungen bei Nahrungsmitteln. In dem Bericht wurde die Zeitschrift *DM* als Testzeitschrift erwähnt.[36] Geschäftsführer Purzer informierte den Verlag über die geglückte Platzierung mit einem Brief und den Worten: „Was lange währt, wird endlich gut. Ich hoffe, der Bericht gefällt Ihnen."[37] Offenbar gab es eine Verzögerung – aber es lohnte sich für Unternehmen zu warten, bis sich eine Gelegenheit zu einer Story ergab, in der das Produkt untergebracht werden konnte.

Außer den Preisen für Nahrungsmittel stellte ‚Wohnen und Wohnungsbau' ein existenziell wichtiges Thema dar, sodass hier mit einer hohen Aufmerksamkeit der Zuschauer gerechnet werden konnte. In der *NDW* Nr. 500 vom 28. August 1959 ist ein Beitrag über einen Wasserspielplatz in Hamburg-Harburg zu sehen. Die *NDW* hat in diesem Zusammenhang das Bauunternehmen Neue Heimat im Beitrag untergebracht und bestätigt die Nennung. „Wie Sie [...] ersehen, hat es geklappt mit dem Satz: ‚Grosse Baugesellschaft etc.' "[38] Auch dies lässt den Schluss auf eine Vereinbarung zu.

Wegen der gesteigerten Mobilität und Reiseaktivität im Zusammenhang mit der Motorisierung in den 1950er Jahren waren Automobil-Unternehmen ebenfalls an Werbung interessiert. Der Pressechef der Volkswagen Werke (VW) lud die *NDW* im Frühjahr 1958 ein, bei der Auslieferung eines neuen Feuerwehrtransporters für Helgoland dabei zu sein.[39] Die Redaktion war nicht abgeneigt, konnte aber keinen Exklusivbericht über das Feuerwehrauto versprechen. Die *NDW* wollte versuchen, die

---

[34] Hackemer Figuren, Deggendorf-Donau, Brief an NDW (Kuntze-Just), 14.11.1950, Beurteilungen bis 1952, DW.

[35] Vgl. ebd.

[36] Bohlius, E. (1962): Rezension zu NDW 654. In: Film-Echo Nr. 65,15.8.1962, NDW Echo, DW.

[37] NDW (Purzer) Brief an Verlag von DM (Schweitzner), 9.8.1962, NDW Echo, DW.

[38] NDW Brief an Neue Heimat, Hamburg, 1.9.1959, Korrespondenz ab 1958, DW.

[39] Volkswagenwerke (Pressechef Novotny) Brief an NDW (Wiers), 14.3.1958, Korrespondenz, DW.

Auslieferung des Transporters in einen ohnehin geplanten Bericht über die Vorbereitungen zur Saisoneröffnung auf Helgoland einzubauen.[40] Für die Dauer der Arbeiten an dem Bericht wurden die Kameramänner von VW zu Abendessen und Hotelübernachtung eingeladen.[41] In *NDW* Nr. 433 vom 16. Mai 1958 lief der versprochene Helgoland-Bericht – mit Bildern von klargemachten Booten, bereitgestellten Strandkörben und Wiederaufbauprojekten und zeigt dann, wie per Zufall, das neue Feuerwehrauto Helgolands. Das VW-Emblem kommt kurz aber erkennbar ins Bild. Die *NDW*-Redaktion gab im Brief an den VW-Pressechef später zu: „Die Szene ist zwar nicht übermässig lang, aber lang genug, um Ihren Wagen deutlich dem Publikum vorzustellen. Wir hoffen, dass wir damit Ihrem Wunsche wenigstens annähernd entsprechen konnten."[42] Das Ziel war also eindeutig die Präsentation des Produkts, die mit einem saisonal interessierenden Thema verbunden wurde.

Vergleichbar mit der Art, wie für den VW-Tansporter geworben wurde, ist die Einschaltung für Nivea Hautpflegecreme gelungen. Die Niveacreme-Dose ist beim ‚Glatzenwettbewerb' in der *NDW* Nr. 19 vom 6. Juni 1950 neben anderen ‚Poliermitteln' für die Häupter der Kandidaten für die Kamera platziert.

Abbildung 7: Product Placement für Nivea in der *NDW* Nr. 19

(Quelle: DW)

Die Aufmerksamkeit für den Beitrag wird durch die mitwirkenden Prominenten, wie Schauspieler Rudolf Platte garantiert – dessen Name sich zudem für einen assoziativen Scherz des Kommentars eignete: „Rudolf Platte ohne Platte." In der Kombination mit dem Nivea-Emblem an der Seifenkiste eines Kindes beim Seifenkistenrennen in einem Beitrag derselben Wochenschau kann man hier möglicherweise schon von einer ‚Penetrierung' sprechen – denn im Film wie in der Wochenschau wird nichts ohne Zweck gezeigt.

Bei der in die *NDW*-Sujets eingestreuten Werbung ging es nicht nur um Produkte, sondern auch um Sponsoring und Public Relations. Von Unternehmen gesponserte

[40] NDW Brief an Volkswagenwerke (Novotny), 21.3.1958, Korrespondenz ab 1958, DW.
[41] Volkswagenwerke (Novotny) Brief an NDW, 26.3.1958, Korrespondenz ab 1958, DW.
[42] NDW (Groll) Brief an Volkswagenwerke (Novotny), 16.5.1958, Korrespondenz ab 1958, DW.

Ereignisse wurden teilweise mit einer beachtlichen Länge in die Wochenschau aufgenommen. Hierzu gehören Aufnahmen des Madame-Balls, den die Frauenzeitschrift *Madame* finanziert hatte und zu dem Stars und Sternchen eingeladen wurden. Darunter waren bekannte Musiker (Hazy Osterwald), und die Schauspielerin Christine Kaufmann feierte um Mitternacht ihren 16. Geburtstag. Der Chefredakteur der Zeitschrift bedankte sich bei der *NDW* für „die großartigen Aufnahmen und den netten Text“ über den „Madame-Ball 1960“.[43] Der Beitrag erschien in der *NDW* Nr. 520 vom 12. Januar 1960 mit einer Länge von 46 m, was 1’41 Minuten und bei einer Gesamtlänge von 10 Minuten 15 % der Wochenschau ausmachte. Das Staraufgebot und die strahlenden Mannequins waren für die Wochenschau geradezu verpflichtend und der Beitrag konnte genutzt werden, um gute Beziehungen zur Zeitschrift zu halten. Wenn es einem Unternehmen gelang, Prominente für einen Werbe-Auftritt zu engagieren, ist anzunehmen, dass es umso leichter war, die Wochenschau für die Berichterstattung zu gewinnen. Beliebte Stars sahen die Zuschauer gern, sodass der Zusammenhang zur Nebensache werden konnte. Außerdem waren Firmenjubiläen stets ein guter Anlass für einen Bericht, um die Fortschritte der deutschen Wirtschaft zu zeigen. Die *NDW*-Ausgabe Nr. 44 brachte unter der Rubrik „Aus einer kleinen Stadt“ einen Beitrag über „100 Jahre Zigarettenwerk Gildemann in Soltau“. Die damals bekannten Komiker Claire Schlichting und Jupp Hussels spielten darin einen Sketch. Auch Minister waren anwesend – damit wurde es ein ‚legitimer‘ Beitrag mit Werbung für einen verdienten Betrieb der Stadt.

Berichte über Produktneuheiten konnten auch einen unmittelbaren positiven Effekt haben. Zwar haben Erfindungen immer etwas Kurioses, weshalb es sich für die Wochenschau lohnte, darüber zu berichten – gleichzeitig war der Bericht oft eine (unbeabsichtigte) Werbung für das Produkt. In der *NDW* Nr. 585 vom 11. April 1961 hat die Wochenschau eine neue Erfindung – einen universell zu befestigenden Rückstrahler für Fußgänger und PKW gezeigt. Der Erfinder bedankte sich in dem Brief, denn er führte seinen derzeitigen Erfolg beim Absatz seines Produkts auf den Wochenschau-Bericht zurück.[44]

Versteckte Werbung war nicht nur für ein einzelnes Produkt oder ein bestimmtes Unternehmen möglich, sondern es wurde auch für Produktgruppen in der *NDW* geworben. Die „Arbeitsgemeinschaft Hut“ hatte die *NDW* zur Modellschau der Hutmode für das Frühjahr 1963 eingeladen. Hüte eigneten sich außerdem besonders gut für lustige Kommentare, und Mode war immer ein beliebtes Thema, das saisonal zuverlässig wiederkehrte. Die *NDW*-Redaktion kündigte im Antwortbrief an, mit einem Kamerateam zu erscheinen. Als Unterfütterung des Kommentars bat sie auch um einige Textunterlagen.[45] Schon in den Jahren davor (z.B. in *NDW* Nr. 520 vom 12. Ja-

[43] Madame, Verlag Dr. Heilmaier (Weigt) Brief an NDW, 18.1.1960, NDW Echo, DW.
[44] Vgl. Leist, Rechtsanwalt und Notar, Frankfurt, Brief an NDW, 19.4.1961, NDW Echo, DW.
[45] NDW (Peters) Brief an Arbeitsgemeinschaft Hut, Wiesbaden (Marx), 6.12.1962, Korrespondenz ab 1958, DW.

nuar 1960) wurde die Werbung für das Produkt ‚Hut' gebracht, um durch einen unterhaltsamen Beitrag einen Bedarf bei den Zuschauern zu wecken. Konsumzweige, die sonst mit weniger starker Aufmerksamkeit rechnen konnten, waren schon für eine kurze Erwähnung in der Wochenschau dankbar. Die *NDW* filmte im August 1958 die Herren-Mode-Woche in Köln. Der Bericht erschien in der *NDW* Nr. 448 vom 29. August 1958 – jedoch zusammen mit einem Modebericht für Damenmode aus Paris in einem Beitrag. Insgesamt wurden nur 33 Meter (1'12 Minuten) darauf verwendet. Die Messe- und Ausstellungsgesellschaft bedankt sich aber für die große „Mühewaltung" und hoffte auf eine gute Zusammenarbeit im nächsten Jahr.[46] Dies belegt, dass die Wochenschau regelmäßig mit Unternehmen und Verbänden zusammenarbeitete. Die Gestaltung der Wochenschau richtete sich teilweise also auch nach den Kontakten, die die *NDW* für jährlich wiederkehrende Aufnahmen aufrechterhielt.

In den meisten Fällen von verdeckter Werbung in der *NDW* sind eine aktive Akquise und eine Vergütung nicht nachweisbar. Jedoch ist ein Fall belegt, durch den die Deutsche Wochenschau unter massivem Verdacht geriet, dass für einen Wochenschau-Bericht Leistungen von werbewilligen Unternehmen erbracht wurden. Die *Ufa-Wochenschau* Nr. 186 vom 16. Februar 1960, die wie die *NDW* bei der Deutschen Wochenschau GmbH hergestellt wurde, zeigte in einem Bericht über die Internationale Möbelmesse in Köln „Schöner Wohnen" eine Kücheneinrichtung der Firma Sell. Herr Wischmann von der Firma Sell besaß eine Kopie der Wochenschau und wollte sie 30 Kunden vorführen. Der Wirtschaftsverband der Filmtheater war bei der telefonischen Nachfrage damit einverstanden. Auf die Bemerkung des Ersten Vorsitzenden des Wirtschaftsverbandes, Wöller, dass dieser Beitrag eine gute und billige Werbung gewesen sei, soll Wischmann gesagt haben: „Diese Werbung war ganz und gar nicht billig, denn sie kostete uns eine komplette Einbauküche."[47] Wöller wollte daraufhin herausfinden, an wen bei der *Ufa-Wochenschau* die Kücheneinrichtung geliefert worden war, konnte aber nur mit einem Mitarbeiter der Küchenmöbel-Firma Sell sprechen. Der Mitarbeiter bestätigte die Lieferung und deutete an: „Hier hat wieder einmal einer zu viel geredet."[48] Die Deutsche Wochenschau GmbH sah die Angelegenheit als böswillige Unterstellung der Firma Sell an.[49] Das Unternehmen Sell bemühte sich, die Wogen zu glätten und erklärte dem Wirtschaftsverband der Filmtheater, dass die Küche bezahlt sei[50] und bestätigte so indirekt, dass es eine Küchenlieferung gegeben hatte. Dr. Wiers gibt in einem Schreiben zu, die Küche auf

46 Messe- und Ausstellungs-Ges., Köln (Wrede) Brief an NDW (Groll), 4.9.1958, Korrespondenz ab 1958, DW.

47 Wirtschaftsverband der Filmtheater, Landesverband Hessen, Frankfurt (1. Vorsitzender Wöller) Brief an Deutsche Wochenschau, 9.6.1960, DW-Allgemein Kritiken Werbung ab 1960, DW.

48 Ebd.

49 Vgl. Deutsche Wochenschau (Wiers) an Vorstand UFA-Theater, Düsseldorf, 29.3.1960, DW-Allgemein Kritiken Werbung ab 1960, DW.

50 Deutsche Wochenschau (Schwamkrug) Brief an Firma Sell, Herborn, 13.6.1960, DW-Allgemein Kritiken Werbung ab 1960, DW.

der Messe „gekauft“ zu haben; er könne dies mit Bankbeleg nachweisen.[51] Die Geschichte hat also einen ‚wahren Kern‘ und es fragt sich, wie bei den über die Jahre zahlreichen Wochenschauaufnahmen von Messen und Ausstellungen vorgegangen wurde.

Die *NDW* streute nicht nur für Unternehmen der Konsumgüterindustrie Werbung ein, sondern auch für Kulturunternehmen. Während die Filmtheater offenbar Produkt Placement in der Wochenschau hinnahmen, interpretierten sie Berichte über andere kulturelle Ereignisse als Werbung für die Konkurrenz. Die *NDW* Nr. 530 zeigte im März 1960 einen Bericht über den „Start des Neger-Balletts ‚Broadway-Express‘ “. Die Filmzeitschrift *Film-Echo*, als Fachzeitschrift der Filmwirtschaft, hielt der *NDW* daraufhin vor, für einen Konkurrenten der Filmtheater kostenlos Werbung gemacht zu haben.[52] Die Reaktion ist eindeutig mit der Kinokrise zu erklären und der Sorge der Lichtspielhäuser um ihre Besucherzahlen.

Während der Bericht über das ‚Neger-Ballett‘ kritisiert wurde, war es bei einer anderen kulturellen Sensation ganz anders. Der Zirkus war in den 1950er und 1960er Jahren bei den Zuschauern sehr beliebt, und die Wochenschauen nahmen gerade Zirkus-Elemente gerne auf. In der *NDW* Nr. 568 vom 16. Dezember 1960 trat das Nilpferd „Poppäa“ des Zirkus Krone auf: Das Nilpferd geht in Nürnberg an einem Schaufenster vorbei und bekommt an einem Gemüsestand etwas zu fressen. Das Management von Krone bedankte sich in einem Schreiben für das Sujet, war aber enttäuscht, dass der Name des Zirkus’ nicht erwähnt worden war. Der Kameramann habe unter Zeugen versprochen, dass „bei dieser Reportage auf jeden Fall der Name ‚Krone‘ im Kommentar genannt würde“.[53] Redakteur Groll äußert im Schriftwechsel das Bedauern der *NDW* – der Kameramann habe nichts von der Abmachung erzählt.[54] Die *NDW* war also durchaus zur Werbung bereit. Entweder war die Namensnennung nur aus Versehen nicht geschehen oder der Kameramann wollte sich nicht für Werbezwecke nutzen lassen, sondern nur eine gute Story drehen.

Und schließlich konnte die *NDW* auch für sich selbst Werbung gebrauchen – beispielsweise in einschlägigen Zeitschriften. Die Fachzeitschrift *film* war begeistert, dass ihr Titel in der *NDW* vom 20. September 1950 eingeblendet wurde. Man bat darum mitzuteilen, in welchen Frankfurter Kinos die Wochenschau lief, damit es sich die Chefredaktion ansehen könne. Vielleicht als Gegenleistung äußerte die Zeitschrift in dem Brief ihr Interesse, einen Bericht über die Wochenschau zu bringen – eine „nette Reportage über das Thema ‚Wochenschau mit Hindernissen‘ “ – also mit

[51] Wiers (Ufa-International) Brief an Deutsche Wochenschau, 8.6.1960, DW-Allgemein Kritiken Werbung ab 1960, DW.

[52] Bohlius, E. (1960): Rezension zu NDW 530. Film-Echo Nr. 26, 30.3.1960, NDW Echo, DW.

[53] Circus Carl Krone (Presse-Abteilung, Schramek) Brief an Deutsche Wochenschau (Possehl), 22.12.1960, Korrespondenz ab 1958, DW.

[54] NDW (Groll) Brief an Circus Carl Krone (Presse-Abteilung, Schramek), 5.1.1961, Korrespondenz ab 1958, DW.

„welchen Schwierigkeiten" die *NDW* bei der Berichterstattung „zu kämpfen" hatte.[55] Entsprechendes Bildmaterial sei natürlich notwendig, um den Bericht zu unterstützen. Der Schriftwechsel belegt, dass die Redaktion von der *NDW* zudem regelmäßig Ausschnitte erhielt, um darüber zu schreiben. Die Zeitschrift beklagte sich aber darüber, dass zuletzt keine Texte beigelegt wurden.[56] Angesichts dieser Belege ist offenbar in Bezug auf die Glaubwürdigkeit von Wochenschau-Kritiken in Filmzeitschriften Vorsicht geboten.

Nach Meinung des Hamburger Juristen Dr. Gottfried W. Eisenführ war die Werbung ein legitimes Mittel zur Förderung der freien Marktwirtschaft und „auch nicht zu entbehren" – allerdings dürfe der Verbraucher nicht belästigt werden, der sich im Kino „unterhalten und entspannen" möchte. Er sprach von „Schleichwerbung" durch Werbeeinblendungen in Wochenschauen, die man als „einen Verstoß" nach UWG werten könne.[57] Werbung im Film könne darüber hinaus „eine Verletzung der Ausschließlichkeitsverträge" der Kinobesitzer mit den Werbemittlern bedeuten. Eigentlich sei ein Theaterbesitzer verpflichtet, dafür zu sorgen, dass in seinem Theater keine andere Werbung, als die des Werbemittlers zu sehen ist.[58] Dies war für das Filmtheater jedoch bei Werbeeinblendungen völlig unmöglich, da es keinen Einfluss auf die Filmgestaltung haben konnte und davon auch nicht in Kenntnis gesetzt wurde.[59]

5.2.3 Widerstand und Verteidigung der *NDW*

Auf der einen Seite ist belegbar, dass die Wochenschau Vereinbarungen über Werbung traf, auf der anderen Seite, wehrte sie sich, wenn ihre Berichte unfreiwillig zu Werbezwecken genutzt wurde. Die *NDW* Nr. 609 vom 26. September 1961 brachte einen Beitrag über die Wildwassermeisterschaften in Monschau. An den interessantesten Stellen des Parcours häuften sich die Werbeschilder, sodass die Wochenschau-Kameras keine andere Wahl hatten, als diese mitzufilmen. Der Kommentar griff diesen Umstand polemisch auf. Der Werbeleiter der Firma Martini & Rossi in Bad Kreuznach beschwerte sich telefonisch bei der UFA Werbefilm: Der Sprecher habe in einem Beitrag „die Spruchbänder von Spirituosen- und Knödelfabrikaten als geschmacklos bezeichnet". Es sei sogar dazu gekommen, dass „der Kameramann die

---

[55] Illustrierte Filmzeitschrift (film), Erbach (Chefredaktion) Brief an NDW, 9.10.1950, Beurteilungen bis 1952, DW.

[56] Ebd.

[57] Eisenführ, 1962, S. 4.

[58] Ebd, S. 5; vgl. Eisenführ, 1958, S. 2.

[59] Vgl. hierzu auch ausführlich von Hartlieb, 1958, S. 7-9. Es gebe keine gesetzlichen Vorschriften, die Einblendungen von Produkten verbieten, und ein Werbevermittler könne nur Ansprüche gegenüber dem Kinobesitzer geltend machen, wenn der gezeigte Film in einem so großen Umfang von Werbung durchsetzt ist, dass er ein Werbefilm sein könnte. Das sei bei einzelnen Einblendungen in einzelnen Filmszenen aber nicht gegeben.

Aufnahme einer Veranstaltung ablehnte, wenn die Martini-Schilder nicht entfernt würden".[60] Da das Unternehmen bei der UFA Fernsehwerbespots herstellen ließ, wollte die UFA den Kunden nicht verlieren und bat die Deutsche Wochenschau GmbH um ein „Beruhigungsschreiben" an den Werbeleiter.[61] Der Boots-Club räumte in der schriftlichen Korrespondenz ein, dass die Werbung zwar eher an den „anwesenden Zuschauer" [Hervorhebung im Text] gerichtet sei, sich aber „in den letzten Jahren [...] einige Großfirmen auf die Werbung bei Veranstaltungen spezialisiert" hätten, die von Wochenschauen und Fernsehen übertragen wurden.[62] Diese Werbe-Fachleute seien erheblich versierter als die meist nur ehrenamtlich tätigen Organisatoren der Sportvereine. Es stehe aber fest, dass Werbegelder fließen müssten, um die Kosten zu decken – und je mehr, desto besser. Die Organisatoren des Boots-Clubs versuchten das Problem auf die Medien abzuschieben:

> *„Dagegen glauben wir, daß Wochenschau, Fernsehen und Bildjournalisten – hätten [Hervorhebung im Text] sie in diesen Dingen einen gemeinsamen Standpunkt – durch Verhandlungen mit den Sportverbänden sehr wohl auf eine Drosselung der Werbung hinwirken könnten."*[63]

In Zukunft wolle man „die im Flußbett stehenden Hindernisse von Reklameschildern freihalten" [Hervorhebung im Text].[64] Die Geschäftsführer der Deutschen Wochenschau, Wiers und Purzer, nutzten die Gelegenheit, um sich in einer schriftlichen Reaktion an den Bootsclub als rechtschaffende „Publizisten" zu präsentieren. Sie wollten alles vermeiden, was die *Neue Deutsche Wochenschau* in den „unangenehmen Geruch des Werbeträgers" bringe, und nannten den Filmbericht in Nr. 609 einen „kritischen Text", der „Erfolg" gehabt habe.[65] Produkteinblendungen in die *NDW* einzustreuen, war also für die Verantwortlichen annehmbar – aber es war unakzeptabel, wenn die Wochenschau unfreiwillig zu Werbung genutzt werden sollte, ohne selbst Einfluss nehmen zu können.

Zum Schleichwerbungs-Vorwurf äußerte die Deutsche Wochenschau im März 1960 gegenüber dem Vorstand der UFA: Bei Reportagen über Ausstellungen ließe sich „nicht immer vermeiden", dass Marken aufgenommen würden. Um den Verdacht der Beeinflussung zu zerstreuen, versicherten die Verantwortlichen, die Wochenschau werde „grundsätzlich nicht von dritter Seite finanziert".[66]

---

60 UFA-Film, Abteilung Werbefilm, Düsseldorf (Wülfing, Beissert) Brief an NDW (Purzer), 18.10.1961, NDW Echo, DW.

61 Ebd.

62 Aachener Boots-Club (Hansen) Brief an NDW, 10.11.1961, NDW Echo, DW.

63 Ebd.

64 Ebd.

65 NDW (Wiers, Purzer) Brief an Aachener Boot-Club (Hansen), 15.11.1961, NDW Echo, DW.

66 Deutsche Wochenschau Brief an Vorstand der UFA-Theater, Düsseldorf, 29.3.1960, DW-Allgemein Kritiken Werbung ab 1960, DW.

In der Diskussion um verdeckte Werbung verteidigte im September 1962 Hans Hubert Pesch vom Zentralverband der Deutschen Filmtheater die *NDW* und die *Ufa-Wochenschau*, indem er betonte, sie würden sich „weitgehend der Werbeeinblendungen" enthalten. [67] Dagegen wurden die *Blick in die Welt* und *Fox Tönende Wochenschau* verdächtigt, sie würden diese „Wege der lukrativen Nebeneinnahmen" beschreiten. Die *Fox* habe „eine Werbung für die Ford-Werke" gebracht, und *Blick in die Welt* habe „dann wieder Opel, Rüsselsheim" eingestreut.[68] Die Wochenschauen ließen sich also auch für das Konkurrenzgerangel der Autohersteller benutzen. Das Thema sollte an höherer Stelle (Präsidialsitzung des Verbandes) vorgebracht werden, „um die Filmtheater davor zu schützen, dass ihnen auf dem [...] schmal gewordenen Werbemarkt die letzten Möglichkeiten [...] genommen werden".[69]

Auch die *NDW* wollte gegen werbende Wochenschau-Konkurrenz vorgehen und versuchte, sich im März 1963 mit Partnern zu verbünden, die ein Interesse daran haben mussten, die Werbefilmproduktion aufrechtzuerhalten. Wiers und Purzer schreiben der UFA-Werbefilm mit dem Vermerk „vertraulich", dass sie „rein kollegial" anregen wollten, „demallernächst das Thema ‚kommerzielle Werbung in Wochenschauen' auf's Korn" zu nehmen.[70] Die Geschäftsführer Wiers und Purzer schlugen einen „Ehrenkodex" vor, der verpflichten sollte „die Spielregeln der einzelnen Sparten der deutschen Filmproduktion einzuhalten".[71] Dieser sollte mit Unterstützung anderer Werbefilmhersteller an den Verband Deutscher Filmproduzenten herangetragen werden. Ein Verstoß gegen diesen Kodex sollte als unlauterer Wettbewerb gelten.[72] In Anbetracht aller nachzuweisenden Product Placements in der Wochenschau klingt dies fast höhnisch und lässt verwundern.

Der Verantwortliche der Abteilung Werbefilm der UFA, Lüder von Blücher, brachte kurz darauf das Anliegen vor die Fachversammlung des Produzentenverbandes. Er bekam jedoch nur wenig Resonanz, da die Produktion von Werbefilmen für das Kino zu dieser Zeit schon „als nicht sehr interessant bezeichnet wird". [73] Von Blücher versicherte in einem Schreiben an Wiers, er habe alles getan, um bei den Werbefilmproduzenten das Interesse für das Problem zu wecken. Er habe erklärt, dass möglicherweise auch die *Tagesschau* auf die Idee von Werbeeinblendungen kommen könnte und in diesem Fall das Werbefernsehen geschädigt würde – das

---

[67] Zentralverband der Deutschen Filmtheater (Hans Hubert Pesch) Brief an Zentralverband der Deutschen Filmtheater e.V. (Fischer), 4.9.1962, DW-Allgemein Kritiken Werbung ab 1960, DW.

[68] Ebd.

[69] Ebd.

[70] Deutsche Wochenschau (Wiers und Purzer) Brief an UFA-Werbefilm (Lüder von Blücher), Düsseldorf, 11.3.1963, DW-Allgemein Kritiken Werbung ab 1960, DW; das Schreiben hat einen Vermerk „Vertraulich" (unterstrichen) und W.V. (vermutlich Wiedervorlage) 18.3.1963.

[71] Deutsche Wochenschau (Wiers und Purzer) Brief an UFA-Werbefilm, Düsseldorf (Blücher), 11.3.1963, DW-Allgemein Kritiken Werbung ab 1960, DW.

[72] Ebd.

[73] UFA-Film, Abteilung Werbefilm, Düsseldorf (von Blücher) Brief an UFA-Wochenschau GmbH (Wiers), 25.3.1963, DW-Allgemein Kritiken Werbung ab 1960, DW.

„fand bei den Mitgliedsfirmen bedeutend mehr Interesse“.[74] Offensichtlich konnte es nur Aufmerksamkeit für die Probleme der Wochenschauen geben, wenn auch das wichtige Fernsehgeschäft Schaden nehmen konnte. Damit wurde gleichzeitig belegt, dass die *Tagesschau* von der Praxis der Werbeeinblendungen keinen Gebrauch machte.

5.2.4 Die Situation der Fernsehwerbung in den 1950er Jahren

Das Fernsehen und seine Inhalte sollten von allen Einflüssen politischer und wirtschaftlicher Art unabhängig sein, so war es für alle öffentlich-rechtlichen Rundfunkanstalten von Beginn an festgelegt worden. Für Hans Bredow, der den britischen Controller Hugh Carleton Greene beriet, stand fest, dass der Rundfunk nicht erwerbsmäßig organisiert sein durfte. Es durfte seiner Ansicht nach keine Vermischung von kommerziellen Interessen und Rundfunk geben. Er wollte auch Werbesendungen nicht zulassen – mit Ausnahme von solchen, die vom öffentlichen Interesse gewesen wären.[75]

Die Zuschauer waren offenbar nicht abgeneigt. Noch vor dem Start des offiziellen Fernsehprogramms im Dezember 1952 sprachen sich in einer Umfrage 40 % der Befragten des „Bevölkerungsquerschnitts“ gegen „Reklamesendungen“ aus, fast ebenso vielen waren solche Sendungen „gleichgültig“ (38 %) – immerhin sprachen sich 22 % für sie aus.[76] Offenbar gab es einige Bürger, die sich durch das Fernsehen über den neuen Konsumgütermarkt informieren lassen wollten.

Doch schon im Versuchsprogramm war beabsichtigt, Werbung in Sendungen einzustreuen, ohne den Zuschauer davon in Kenntnis zu setzen. Die erste Quizsendung in der Jugendstunde im August 1952 war nach *epd / Kirche und Rundfunk* nicht nur „lehrhaft-trocken und humorlos“, sondern auch mit Reklame und Werbetexten versehen. Diese Einschübe waren offenbar auch nicht besonders geschickt positioniert, denn die Stellen wirkten nicht wie „zufällig“ gewählt, sondern wie „krampfhaft gesucht“.[77] Die Wirtschaft fand mit Einschüben in Sendungen eine Werbemöglichkeit, denn das Werbefernsehen war umstritten und ließ auf sich warten.

Im März 1953 wurde ein Fernsehetat von 12 Millionen DM bekannt gegeben, wobei 8,5 Millionen aus Hörergebühren, 1,5 Millionen aus Teilnehmergebühren und 2 Millionen bereits aus Erträgen des Werbefernsehens stammen sollten.[78] Daher ver-

---

[74] Ebd.

[75] Vgl. Roß, 1990, S. 127.

[76] O.V. (1952): Es gibt nicht so viel Fernsehgegner – Eine aufschlussreiche Umfrage. In: epd – Kirche und Rundfunk Nr. 1, 14.1.1952, S. 7.

[77] O.V. (1952): Tennis, Quiz und unerfreuliche Reklame. In: epd / Kirche und Rundfunk, Nr. 17, 25.8.1952, S. 18.

[78] O.V. (1953): Reklame-Sendungen – Für kulturelle Zwecke. In: Der Spiegel Nr. 39, 23.9.1953, S. 26.

stärkte der NWDR seine Initiativen, ein Werbefernsehen auf den Weg zu bringen und mit Werbekaufleuten zu verhandeln. Beim NWDR war der Start des Werbefernsehens für den 1. April 1954 vorgesehen, wurde dann aber wieder zurückgezogen.[79] Noch im Mai 1955 dementierte der Bayerische Rundfunk auf einer Tagung der ARD, dass ein Werbefernsehen in Bayern eingeführt werden sollte, und es sollte auch nicht mehr weiter diskutiert werden.[80] Im April 1956 erhob der Bundesverband Deutscher Zeitungsverleger (BDZV) Protest gegen das Werbefernsehen und argumentierte mit unlauterem Wettbewerb, da Werbung nicht mit der öffentlich-rechtlichen Bestimmung des Fernsehens konform ginge.[81] Doch im November 1956 wurde das Werbefernsehen beim Bayerischen Rundfunk als erster Rundfunkanstalt eingeführt und nach und nach von allen anderen Rundfunkanstalten kopiert. NDR, WDR und RB begannen erst ab April 1959 mit Fernsehwerbung.[82] Die Rundfunkanstalten übertrugen das Werbegeschäft auf Tochtergesellschaften, da sie als öffentlich-rechtliche Anstalten keine Gewinne erwirtschaften durften.[83]

Das Programm sollte aber nicht vorwiegend von der Werbung finanziert werden – „eine direkte Finanzierung von Sendungen" durch Werbung sollte ausgeschlossen und das Werbefernsehen „vom übrigen Programm getrennt" sein.[84] Damit war aber nicht auszuschließen, dass das Werbefernsehen das „übrige Programm" beeinflussen konnte.[85] Schon in einem Brief vom Januar 1955 ließ der Intendant des Bayerischen Rundfunks, Clemens Münster, deutlich werden, dass Industrieunternehmen versucht hätten, auf das Fernsehen Einfluss zu nehmen. Man wisse, dass die „Wünsche der Industrie (von wenigen Ausnahmen abgesehen) in Richtung auf ein Programm gehen, das wir nicht verantworten könnten".[86] Münster führt das auf eine „gewisse Direktionslosigkeit und manche Konzessionen" zurück, „die in den letzten zwei Jahren gemacht worden sind".[87] Dies belegt wiederum, dass es Werbeeinstreuungen in Sendungen des frühen Fernsehens gab.

Das offizielle Werbefernsehen wurde wegen der guten „Bildwirkung" in Kombination mit anderen Werbemedien eingesetzt[88]. Für die Werbungtreibenden bestand

[79] Vgl. Ebd.

[80] Vgl. o.V. (1955). „Keine Werbung!". Erklärungen der Intendanten Dr. Pleister (NWDR) und Beckmann (HR). In: Die Ansage Nr. 231, 1.6.1955, S. 3.

[81] Vgl. Bleicher, 1993a, S. 78.

[82] Vgl. ebd., S. 94.

[83] Vgl. ARD, 1969, S. 55. NWF und WWF sind Tochtergesellschaften des Nord- und Westdeutschen Werbefernsehverbandes (gegründet September 1958), Gesellschafter Intendanten Hilpert (NDR) und Hartmann (WDR). Aufgabe der Gesellschaften ist, die Einführung und Koordinierung des Werbefernsehens; vgl. Bleicher, 1993a, S. 87.

[84] ARD, 1969, S. 48.

[85] Ebd.

[86] Clemens Münster (Fernsehdirektor BR) Brief an Dr. Pleister (Intendant NWDR), 25.1.1955, NDR (621-1-144), 194, STAHH.

[87] Ebd.

[88] ARD, 1969, S. 49.

der große Vorteil des Fernsehens in der Überregionalität. Nachteilig waren die Kürze der Werbespots (von 15 bis höchstens 60 Sekunden) und der hohe Preis, der sich nach dem Sendeplatz staffelte[89] (je nach Sendeanstalt unterschiedlich)[90]. Durch die festgelegten Werbezeiten im Programm wurden, ebenso wie im Kino, Werbe-Blöcke gezeigt.[91] Wer von den Zuschauern keine Werbung sehen wollte, konnte diese somit problemlos umgehen. Da Werbung ab 20 Uhr (im Rahmen des gemeinschaftlichen Programms der ARD) ausgeschlossen war, man aber damit rechnen konnte, dass die Zuschauer schon einige Minuten vor der *Tagesschau* einschalteten, um nichts zu verpassen, waren die Werbeminuten kurz vor 20 Uhr am teuersten[92]. Wegen der Werbezeit-Beschränkung auf 20 Minuten am Tag, gab es einen „Nachfrageüberhang" – trotzdem sollen alle Werbetreibenden „bedient" worden sein.[93] Die Anstalten hatten eine starke Position gegenüber den Werbetreibenden. Das Fernsehen musste also nicht wie das Kino um Werbeaufträge kämpfen.

5.2.5 Werbung in Fernsehsendungen

Die saubere Trennung von Redaktionellem und Werbung – von Programm und Werbefernsehen – gehört zu den „vornehmsten Grundsätzen des Journalismus", wie die *Frankfurter Rundschau* 1962 betonte. Das Fernsehen müsse darauf besonders achten, da es viel mehr Menschen erreiche „als alle Tageszeitungen zusammen".[94] Die Wochenschau war kein Thema mehr. Am empfindlichsten reagierten Firmen, sobald der Name der Konkurrenz oder eines ihrer Erzeugnisse in den Medien fiel. Sie beschwerten sich dann über die „kostenlose Werbung", die der Konkurrent genieße, während sie selbst hohe Summen im Werbefernsehen zahlen müssten. Nach Meinung der *Frankfurter Rundschau* war diese Trennung von Werbung und redaktionellem Text aber dann aufzuweichen, wenn es sich um Unternehmen handelte, „die des allgemeinen öffentlichen Interesses sicher sind".[95] So sei es durchaus statthaft und im Sinne des öffentlichen Interesses, den Autohersteller zu nennen, der in Bochum ein neues Werk bauen will, und welche Automarke dort hergestellt werden soll. Die Zeitungen hatten diese Informationen schließlich auch ungeniert mitgeteilt.[96] Ebenso wie die Wochenschau hat die *Tagesschau* Firmenjubiläen aufgegriffen. In der Sendung vom

[89] Vgl. ARD, 1969, S. 53.
[90] Vgl. Eckert, 1961, S. 227. Der Preis pro Werbeminute schwankte 1961 zwischen 22.000 DM (WDR) und 2.500 DM (SR).
[91] Vgl. ebd.
[92] Vgl. Roeber & Jacoby, 1973, S. 611.
[93] ARD, 1969, S. 54.
[94] O.V. (1962): Ein bekanntes Werk. In: Frankfurter Rundschau vom 3.5.1962, Rundfunk Programm Fernsehsendung Tagesschau von 8/52 bis 1/66, NDR.
[95] Ebd.
[96] Ebd.

9. März 1956 wurde das 50-jährige Bestehen des Glühbirnen-Herstellers Osram mit einem Beitrag bedacht. Darin geht es nicht nur um das Unternehmen. Die *Tagesschau* lobte die Glühbirnen-Produktion in dem „größten Werk dieser Art in Europa“ – trotz vollständiger Demontage nach dem Krieg sei das Unternehmen ein „Leistungsbeweis der Westberliner Wirtschaft“.[97] Der Beitrag bestätigte den Bundesbürgern ihre Fähigkeit zum Wiederaufbau. Diese Art der Information kann als durchaus erwünscht gelten – etwas anderes ist es aber, wenn Beiträge über Unternehmen und Produkte abgesprochen wurden.

Die Fernsehkritik zog 1959 bei „Schleichwerbung“ dann eine Grenze, wenn sich das Fernsehen „unbeabsichtigt“ in den „Dienst einer Firma“ stellte.[98] Es sei „unvermeidbar, dass fast jede Fernsehsendung auf irgendwelchen Umwegen auch den Nebeneffekt einer Käuferwerbung hat.“ Wenn beispielsweise der Unterwasserforscher Hass seine Filme zeige, so diene das auch dem Absatz seiner Bücher.[99] Dem Chefredakteur der *Hör zu*, Eduard Rhein, zufolge, soll das Fernsehen allerdings selbst Akquise bei Unternehmen der Produktindustrie betrieben und Vorschläge zur verdeckten Werbung bei sportlichen Ereignissen unterbreitet haben. Der Werber vom Fernsehen habe einem Werbeleiter angeboten: „Wir könnten Ihnen beispielsweise bei dem großen internationalen ...-Rennen die Möglichkeit geben, mit Ihren Erzeugnissen groß im Bilde zu erscheinen.“ Der Mann vom Fernsehen soll einige Tausend Mark gefordert haben, um diese „inoffizielle“ Werbung zu ermöglichen, noch bevor es das offizielle Werbefernsehen gab.[100]

Nach Eduard Rhein habe der Geschäftsführer der Deutschen Fernseh-Werbung GmbH,[101] Karl Lesch, zugegeben, bei großen Sportveranstaltungen zu wissen „wo die Kameras stehen, welche Objektive benutzt werden und welche Einstellungen erfolgen“. Er stritt aber ab, „Werbesendungen“ zu machen, die aus Reklame bei sportlichen Ereignissen bestanden, weil dies die Zuschauer gegen das geplante offizielle Werbefernsehen aufbringen würde.[102] Nach Meinung von Lesch hatten „viele Firmen eigene Fernseh-Außenbeamte engagiert“, die darauf achteten, dass „die Plakate ihrer

[97] Sendeprotokoll der TS Nr. 482 vom 9.3.1956, Sprecher: Voss, ARD-aktuell, NDR. Ein Beitrag des SFB.

[98] O.V. (1958): Die kostenlose Plattenreklame. Zu den Grenzen der Schleichwerbung im Fernsehprogramm. In: epd / Kirche und Fernsehen Nr. 3, 9.2.1959, S. 1-2, hier: S. 1.

[99] Ebd.

[100] O.V. (1955): Die Ein-Schiebungen. In: Der Spiegel Nr. 20, 11.5.1955, S. 42-45, hier: S. 42. Der Spiegel gibt den Artikel von E. Rhein wieder; vgl. Rhein, E. (1955): Schiebung. In: Hör zu Nr. 15, S. 2.

[101] Die Deutsche Fernseh-Werbung GmbH war eine von zwei Werbe-Agenturen, die 1953 in Verhandlungen mit dem NWDR standen, die Vermarktung der Fernsehwerbung exklusiv zu übernehmen; vgl. o.V. (1953): Reklame-Sendungen – Drei Mark pro Sekunde. In: Der Spiegel Nr. 27, 1.7.1953, S. 30.

[102] O.V. (1955): Die Ein-Schiebungen. In: Der Spiegel Nr. 20, 11.5.1955, S. 42-45, hier: S. 43.

Erzeugnisse" richtig platziert wurden[103] – ebenso wie das offenbar auch beim Wettkampf im Wildwasserfahren in Monschau geschehen war.

NWDR-Intendant Dr. Werner Pleister war alarmiert und mahnte in einem aufgefrischten alten Rundschreiben seine Mitarbeiter:

> *„Es steht zu befürchten, daß mit der wachsenden Verbreitung des Fernsehens auch die Versuche nicht ausbleiben werden, das Fernsehen zu privaten Reklamezwecken zu mißbrauchen. Diese Gefahr ist besonders groß bei Außenübertragungen. Ich mache es jedem zur Pflicht, auf diese Dinge mit aller Sorgfalt zu achten und mir gegebenenfalls sofort Meldung zu erstatten."*[104]

Um Schleichwerbung ansatzweise zu begegnen, hatte NWDR-Intendant Pleister beispielsweise angeordnet, dass in Fernseh-Diskussionen, die bei denen Getränke und Zigaretten konsumiert wurden, die Etiketts aller Wein- oder Bierflaschen überklebt und Zigaretten nur in neutralen Packungen herumgereicht wurden.[105]

Die Maßnahmen waren berechtigt, denn schon in den 1950er Jahren war die enorme Wirkung des Fernsehens auf die Zuschauermassen zu erkennen. Als der Fernsehkoch Clemens Wilmenrod während der Düsseldorfer Funk- und Fernseh-Ausstellung einen Kabeljau zubereitete, war bei den vierzehn Fischgeschäften der Nordsee-Filialen in Düsseldorf diese Fischsorte ausverkauft. Man kann hier zwar nicht von einer Markenwerbung für ein bestimmtes Produkt sprechen, jedoch von einer „Bedarfsweckung", die fast alle Industrie- und Handelszweige durch Gemeinschaftswerbung beabsichtigten. Slogans sind z.B. „Eßt mehr Obst" oder „Tee belebt!"[106] Fernsehen zeigte auf jeden Fall seine Wirkung und zwar in allen Bereichen.

Auf der anderen Seite musste das Fernsehen lernen, mit Markennamen vorsichtig umzugehen. Eine Bekleidungsfirma gewann einen Schadensersatz-Prozess gegen das Fernsehen des Bayerischen Rundfunks, denn in einer Modesendung war ein Erzeugnis der Firma genannt und der Markenname gezeigt worden – aber „sehr negativ" bewertet worden. Infolgedessen ging der Umsatz des Unternehmens im Sendegebiet Bayerns im Vergleich zu den übrigen Verkaufsgebieten zurück. Das Gericht hatte hier einen Präzedenzfall geschaffen, in dem dem Fernsehen zwar das „Recht zu sachlicher Kritik" zugestanden wurde – aber aufgrund der tiefgreifenden Wirkung des Fernsehens, war man hier strenger.[107]

Besonders prädestiniert für versteckte Werbung war offenbar das Fernseh-Quiz. Der Journalist Kurt Wagenführ hatte aufgedeckt, dass der Hessische Rundfunk am 16. April 1955 eine Quizsendung mit fünf Preisen abschloss, deren Stifter-Firmen mehrmals genannt und auch „minutenlang" als Bild gezeigt worden seien.[108] Außer-

---

[103] Ebd., S. 44.
[104] Ebd., S. 43.
[105] Vgl. ebd., S. 44.
[106] Ebd., S. 43-44.
[107] epd / Kirche und Fernsehen Nr. 6, 13.2.1961, S. 3.
[108] O.V. (1955): Die Ein-Schiebungen. In: Der Spiegel Nr. 20, 11.5.1955, S. 43.

dem wurden Quizsendungen aus dem Werbeprogramm in das normale Programm übernommen. Die Quizsendung *Alles oder Nichts* (ein „Spiel um 6000 Mark“), die nach amerikanischem Muster konzipiert war, wurde zunächst nur eingesetzt, um das Werbefernsehen des Bayerischen Rundfunks bekannt zu machen. Wegen ihres Erfolges sollte die Sendung auch im regulären Abendprogramm laufen. Das Gleiche ist bereits mit einer ähnlichen Werbefernsehsendung geschehen: *Die ideale Frau* wurde in das Abendprogramm übernommen.[109] Den Hintergrund für die Ausbreitung von Werbung im regulären Programm bildete die Furcht der Rundfunkanstalten um ihren Alleinstellungsvorteil bei einer Einführung eines kommerziellen zweiten Programms. Der Fernsehdirektor des BR, Clemens Münster, erklärte, er habe der Einführung des Werbefernsehens „in erster Linie“ zugestimmt, „um ein von den Rundfunkanstalten unabhängiges Fernsehprogramm zu verhindern“. Daher sei man auch bereit gewesen, die Werbesendung *Alles oder nichts* in das Abendprogramm aufzunehmen.[110]

5.2.6 ‚Polit-PR‘ in der *Tagesschau*

Hans Bredow war als Aufbau-Berater des NWDR neben der kommerziellen Unabhängigkeit die Überparteilichkeit des Rundfunks wichtig – worin er mit Greene übereinstimmte.[111] Bredow formulierte auch Vorschläge für Programmrichtlinien. Der oberste Grundsatz lautete, dass der Rundfunk der Allgemeinheit dienen sollte und die Programmgestaltung „weder von einer politischen Partei noch von einer weltanschaulichen oder wirtschaftlichen Interessengruppe“ abhängig sein darf. Von „Fall zu Fall“ sah er Sendezeiten für Parteien und andere Gruppen vor, um diese zufriedenzustellen und damit „Angriffe“ auf den Rundfunk abzuwehren.[112] Der Nachrichtendienst sollte „streng objektiv“ sein und die Meinungsfreiheit als Grundrecht dürfe nicht „beschränkt“ werden.[113] Allerdings wurde der Rundfunkrat des NDR nach den „Grundsätzen der Verhältniswahl“ von der Legislative gewählt. Dadurch ergab sich eine Zusammensetzung der Aufsichtsgremien beim NDR nach dem „parlamentarischen Parteienproporz“.[114] So konnte ein Einfluss der regierenden Partei auf die Entscheidungen des Rundfunkrates entstehen.

Die freien Wahlen forderten von den Politikern eine ihren Zielen entsprechende Selbstdarstellung. Die audiovisuellen Medien mit ihren authentisch wirkenden Bildern konnten dem am besten dienen – insofern hatten Kino-Wochenschau und Fern-

---

109 Vgl. o.V. (1957): Programmverlegenheit oder Reklame für die Reklame? „Alles oder nichts“ im Abendprogramm. In: epd / Kirche und Fernsehen Nr. 19, 23.09.1957, S. 2-3.

110 O.V. (1957): Ganze Entschlüsse sind notwendig. In: epd / Kirche und Fernsehen Nr. 26, 30.12.1957, S. 1-3, hier: S. 1.

111 Vgl. Roß, 1990, S. 127.

112 Ebd., S. 130.

113 Ebd.

114 Wittig-Terhardt, 1977, S. 161.

sehen einen maßgeblichen Anteil an der politischen PR dieser Jahre. Schon damals verstanden es Organisationen, Parteien und Behörden, die Wochenschau und das neue Nachrichtenmedium *Tagesschau* für ihre Öffentlichkeitsarbeit zu nutzen. Die CDU/CSU-Fraktion nahm beispielsweise Anstoß an Aufnahmen von den „Demonstrationen kommunistischer Elemente", die bei einer Bundestagssitzung gezeigt worden sein sollten. So sei das eigentliche politische Ereignis im Bundestagsplenum „völlig in den Hintergrund" gerückt.[115] Der Chef der *Tagesschau* Svoboda rechnete daraufhin in Filmmetern vor, wie lange die angebliche Demonstration, Rede und Gegenrede gezeigt wurden, sodass der Vorwurf, politische Ereignisse seien in den Hintergrund gedrängt, „nicht nachvollziehbar" war.[116]

Mit zunehmender Verbreitung des Fernsehens wurde die *Tagesschau* stärker von der Politik beobachtet. Vor allem am Ende der Legislaturperiode und im Vorfeld von Wahlen nahm das Gerangel zu. Die Intendanten hatten in ihren Programmen alle Berichte über Wahlveranstaltungen untersagt und die Parteien auf die Wahlspots verwiesen, die um die *Tagesschau* herum gesendet wurden. Svoboda erstellte vor der Bundestagswahl eine Strichliste, mit der er notfalls beweisen konnte, dass keine der Parteien bevorzugt worden war. Das Gefecht um Fernsehminuten war nur ein Teil des schärfer werdenden Machtkampfes der politischen Parteien untereinander. Die *Tagesschau* auf der eigenen Seite zu wissen – oder zumindest nicht auf der des Gegners – war das „erklärte Ziel".[117] Die Pressestellen der Parteien und später auch die Regierenden oder die Kandidaten gingen gegen angebliche Fehlleistungen der *Tagesschau* vor. Dem ehemaligen *Tagesschau*-Redakteur Jaedicke zufolge, erinnerten sich bei diesen Gelegenheiten die Intendanten daran, dass sie sich ebenfalls regelmäßig einer Wahl stellen mussten; dadurch wuchs ihre „Neigung" nachzugeben.[118] Wahlsendungen der Parteien liefen im August 1957 nach der *Tagesschau* mit jeweils fünf Minuten. Die Reihe wurde mit einer Sendung von 10 Minuten abgeschlossen. Insgesamt standen der CDU 45 Minuten zur Verfügung, weitere 15 Minuten der CSU (also 60 Minuten für die Koalition), 40 Minuten der SPD, 15 Minuten der FDP und DP/BHE je 10 Minuten.[119] Das bedeutet, dass die Koalition CDU/CSU insgesamt vorgezogen wurde und erweiterte Zugeständnisse genoss. 1961 entwarfen die Intendanten für die politischen Sendungen während des Bundestagswahlkampfes einige Richtlinien. Danach sollte es bei aktuellen politischen Ereignissen Aufgabe der *Tagesschau* sein, dass Bild- und Tonausschnitte ausgeglichen gebracht würden. Sollten über die Wahlspots hinaus Sachinformationen gegeben werden, so würden diese in den Wortmeldungen der *Tagesschau* aufgenommen. Politische Diskussionen waren nach der *Tagesschau* als Runde-Tisch-Gespräche ohne Bildeinschaltungen vor-

---

115 Jaedicke, 2002, S. 168.
116 Ebd.
117 Jaedicke, 2002, S. 185.
118 Ebd.
119 O.V. (1957): Ab 12. August Fernseh-Wahlsendungen der Parteien. epd / Kirche und Fernsehen Nr. 14, 15.7.1957, S. 3.

gesehen.[120] Damit sollte eine Überparteilichkeit im Sinne der Rundfunkgesetze garantiert werden – ob dies gelang, hing letztlich stark von der Entwicklung der Diskussion während der Sendung ab. Ebenso wie bei der *NDW* der Kameramann Juppe den Bundeskanzler auf Reisen filmte und entsprechend präsentieren konnte, gab es auch beim Fernsehen einen Kameramann, der Adenauer begleitete. Seine Weltreise, die er im März 1960 antrat, wurde von Dieter Riwola (SDR) für die *Tagesschau* mit der Kamera festgehalten.[121] Wenn die *Tagesschau* auch nicht für Produktwerbung benutzt wurde, so doch für Polit-PR – in oder nach der Sendung.

5.2.7 Zusammenfassung zur Advertisierung

Die *Neue Deutsche Wochenschau* hatte mit einer Vielzahl von Interessen umzugehen. Sie stand mit ihrem offiziellen Auftrag zur Darstellung Deutschlands unter Regierungseinfluss, war finanziell von der Bundesregierung abhängig, war auf das Wohlwollen der Kinobesitzer angewiesen und hatte eine starke Konkurrenz auf dem Markt. Als weitere Einflussgruppe kamen Wirtschaftsunternehmen mit Werbeabsichten dazu. Aus Sicht der Unternehmen bot die Form der verdeckten Werbung in der Wochenschau erhebliche Vorteile gegenüber der Werbung im Kino und im Fernsehen. Sie war günstig und bei entsprechenden Verbindungen zum Wochenschau-Unternehmen schnell und unkompliziert zu platzieren. Die Zuschauer konnten die in die Wochenschau integrierte Werbung durch Zuspätkommen nicht umgehen und nahmen sie möglicherweise unbewusst wahr. Wie sich zeigte, war keine der westdeutschen Wochenschau-Angebote frei davon. So liefern Wochenschauen offenbar ein mit Produkt- und Unternehmenspräsentationen gespicktes Bild der 1950er Jahre. Bei Werbeeinblendungen in Spielfilmen waren Ausnahmen geduldet, soweit sie das Wesen des Films nicht veränderten (ihn nicht zum Werbefilm machten), beim Fernsehen war man wegen der öffentlich-rechtlichen Institutionsform strenger – besonders nach Einrichtung des Werbefernsehens.[122] Die Deutsche Wochenschau stand genau zwischen den ‚Welten': Information (Pressepublizistik) und Unterhaltung (Film) sowie kommerziellem Anspruch und offiziellem Auftrag. Während die *Neue Deutsche Wochenschau* von eingestreuter Wirtschaftswerbung betroffen war, kam die *Tagesschau* in Gefahr, unter politischem Einfluss zu stehen. Auch bei Aufnahmen von Messen und Ausstellungen oder Sportveranstaltungen war es für die *Tagesschau* schwer, keine Marken zu zeigen. Die meiste verdeckte Werbung gab es aber in Unterhaltungssendungen. Seit Mitte der 1950er Jahre und besonders ab Ende der 1950er Jahre wurde die Schleichwerbung in Fernsehen und Film von der Kritik aufgegriffen – vom Fernsehen wurde absolute Unabhängigkeit von Interessen jeglicher Art erwartet, um das Vertrauen in das Medium aufrecht zu erhalten.

---

[120] Sitzung der Intendanten am 20.4.1961, STAHH.
[121] epd / Kirche und Fernsehen Nr. 5, 7.3.1960, S. 7.
[122] Vgl. Spengler, 1959.

5.3 Eigenwerbung und Werbung für Film und Fernsehen

Die *Neue Deutsche Wochenschau* und die *Tagesschau* standen in einem besonderen Abhängigkeitsverhältnis zu ihren Distributionsmedien. Die *NDW* wurde im Kino eingesetzt,[1] die *Tagesschau* war ohne Fernsehen nicht denkbar. Abhängigkeitsverhältnisse schaffen meist Erwartungen auf Seiten des Förderers und auf Seiten des Abhängigen ein Interesse, sich in den Dienst des Unterstützers zu stellen. So liegt es nahe, dass die Medienprodukte auch Werbung für sich selbst und ihre eigenen Distributionsplattformen bringen. Als Nachrichtensendung konnte die *Tagesschau* auch über Fortschritte des Fernsehens berichten. Es ist aber anzunehmen, dass durch die Konkurrenzlosigkeit des Fernsehens, die Eigen- und Sympathiewerbung für das Fernsehen nicht existenziell wichtig war. Anders verhielt es sich bei der *NDW* und dem krisenbehafteten Kino. Dagegen geht Adorno per se von einer Eigenwerbung der Medien aus: Die Produkte der „Kulturindustrie" verstünden sich als „Ware", hätten eine „Werbefunktion" und würden den Rezipienten dazu auffordern, sie als eine „Gefälligkeit" zu betrachten – so, als seien sie nur für ihn da.[2] Schriftwechsel und Kritiken der Tagespresse belegen im Folgenden Bemühungen, die darauf abzielten, eine hohe ZuschaUERakzeptanz zu erreichen.

5.3.1 Eigenwerbung der *NDW* und Werbung für den Film

Das Kino war nicht nur das Distributionsmedium für die Wochenschau, sondern gehörte zum Kulturleben, sodass es für die *Neue Deutsche Wochenschau* mehrfach interessant war, über neue Filmproduktionen zu berichten: als kulturelle Berichte über beim Publikum beliebte Prominente und zur Sicherung der eigenen Existenzgrundlage durch Werbung für das Medium. In der Reihe „Atelier-Spiegel" gab es Bilder von Dreharbeiten und den beliebten Film-Stars. Man sollte annehmen, dass diese kostenlose Werbung von den Kinos begrüßt wurde. Bei einigen Theaterbesitzern stieß sie jedoch auf Unverständnis und erzeugte Gegenwehr. Die Kinobesitzer befürchteten, mit der Wochenschau im Vorprogramm „Propaganda" gerade für solche Filme zeigen zu müssen, die sie im Hauptprogramm nicht anbieten konnten – wohl aber das Kino nebenan.[3] Sie befürchteten, dass die Zuschauer beim nächsten Mal die Konkurrenzkinos besuchen würden. Bei den so genannten Premierenkinos mögen Wochenschau-Berichte über neue Filmproduktionen weniger auf Ablehnung gestoßen sein. Diese Kinos konnten sich die aktuellen Filme leisten – kleinere Häuser konnten das meist nicht oder erst erheblich später als die Konkurrenz.

---

[1] Nur einmal wurde aus Verlegenheit eine komplette Wochenschau gezeigt. Es war jedoch kein Erfolg, denn der Anspruch an aktuelle Informationen hatte sich bereits geändert; vgl. Svoboda, 1983, S. 131.

[2] Adorno, 1990, S. 164.

[3] Vgl. Schorcht (Zimmermann) Brief an NDW (Roellenbleg), 1.3.1950, Beurteilungen bis 1952, DW.

Vermutlich führten die anhaltenden Proteste der Filmtheater dazu, dass die Rubrik „Atelier-Spiegel" in der *NDW* nur im Jahr 1950 zu sehen war. Erst nach fortgeschrittener Kinokrise, als für jedes Kino jegliche Werbung wichtig wurde, startete sie 1958 neu – jedoch nur mit einer Ausgabe[4]. Außerhalb von Filmrubriken brachte die *NDW* aber Schauspieler-Porträts.[5] *Die Ufa-Wochenschau*, die ebenfalls von der Deutschen Wochenschau produziert wurde, nahm die Reihe regelmäßig ab 1961 auf (mit einer Ausnahme schon im Jahr 1959) und hatte so einen attraktiven Teil mehr als die *NDW*. Die UFA besaß damit ein Mittel zur Werbung für ihre Filme und einen Vorteil gegenüber dem Bavaria Filmverleih. Nach Angaben der Deutschen Wochenschau habe die *Ufa-Wochenschau* den „Atelier-Spiegel" allerdings „gegen den Widerstand zahlreicher Theaterbesitzer durchgefochten", und es sei dadurch zu Vertragskündigungen gekommen.[6]

Der Protest der Kinos gegen die Vorschauen auf neue Filmproduktionen in der *NDW* begann schon kurz nach der Einführung der Wochenschau. Die zweite Ausgabe vom 7. Februar 1950 berichtete über die Produktion „Gabriela" mit Zarah Leander bei Real-Film. Dabei ist Regisseur Géza von Cziffra bei Anweisungen zu sehen; die Hauptdarstellerin singt im Abendkleid ein Lied einer Filmszene mit O-Ton. Das Filmtheater Schwanen-Lichtspiele in Frankfurt-Bockenheim beschwerte sich in einem Brief beim Filmverleih der *NDW*, denn der Film „Gabriela" war bei den Schwanen-Lichtspielen nicht im Programm. Das Kino befürchtete, durch die Vorführung der Wochenschau für andere Kinos in der näheren Umgebung zu werben.[7] Dass die *NDW* ausgerechnet über den Film „Gabriela" berichtete, hängt vermutlich mit den geschäftlichen Beziehungen zur Filmproduktionsgesellschaft Real-Film unter Leitung von Walter Koppel (mit Gyula Trebitsch) zusammen. Die Neue Deutsche Wochenschau GmbH erwartete von Koppel noch eine erhebliche Summe an Kreditrückzahlung und die Finanzlage des Wochenschau-Unternehmens war gerade zu Anfang schwierig, denn es war damit zu rechnen, dass die Unterstützung des Bundes zunächst ausblieb.[8] Die *NDW* musste schon deshalb ein Interesse an dem Erfolg dieses Films gehabt haben. Auch der nächste Beitrag über den Schauspieler Victor de Kowa und seine Frau stieß auf Ablehnung. Victor de Kowa stellte in diesem Sujet nicht nur seine japanische Frau vor, sondern wies auch auf seinen neuen Film hin, in dem sie seine Partnerin sein würde.[9] Das Sujet hatte den Titel: „Michi Tanaka singt

---

4 „Atelier-Spiegel" in der *NDW* nur vereinzelt: in *NDW* Nr. 2 vom 7.2.1950, *NDW* Nr. 3 vom 14.2.1950 und *NDW* Nr. 35 vom 26.9.1950; *NDW* Nr. 437 vom 13.6.1958 (Vorstellung eines Bavaria Films), in *NDW* Nr. 668 vom 16.11.1962 und *NDW* Nr. 672 vom 14.12.1962.

5 Vgl. Bavaria, Hamburg Brief an Harmonie, Hamburg (Besse), 23.6.1958, UFA-Kritiken, DW.

6 NDW (Wiers, Purzer) Brief an Bavaria, Frankfurt (Kisseberth), 10.11.1961, NDW Echo, DW.

7 Vgl. Schorcht (Zimmermann) Brief an NDW (Roellenbleg), 13.2.1950; Schorcht (Zimmermann) Brief an NDW (Roellenbleg), 1.3.1950, Beurteilungen bis 1952, DW.

8 Vgl. 3. Sitzung des Aufsichtsrates, 8.2.1950, Protokolle Aufsichtsrat 1949-1952, DW.

9 Vgl. Schorcht (Zimmermann) Brief an NDW (Roellenbleg), 13.2.1950; Schorcht (Zimmermann) Brief an NDW (Roellenbleg), 1.3.1950, Beurteilungen bis 1952, DW.

japanisches Lied" und ist auf dem Ankündigungsblatt mit dem Inhalt der Wochenschau nicht erwähnt[10] – so waren die Kinobesitzer vermutlich von der zusätzlichen Filmwerbung in dieser Wochenschau-Ausgabe überrascht.

Selbst Beiträge über den Aufbau von Filmgesellschaften waren einigen Filmtheatern ein Dorn im Auge. Beispielsweise wurde der Beitrag über das Richtfest bei Real-Film in Hamburg in *NDW* Nr. 26 von einem Weilheimer Kinokunden negativ beurteilt: „Man soll die Besucher nicht hinter die Kulissen schauen lassen."[11] Auch bei diesem Beitrag der Ausgabe Nr. 26 kann man einen geschäftlichen Hintergrund annehmen, denn die *NDW* wurde teilweise mithilfe des technischen Equipments von Walter Koppels Produktionsgesellschaft Real-Film hergestellt.[12]

Obwohl die Premiere des ersten deutschen Farbfilms im Jahr 1950 eine Sensation gewesen sein musste, wurde die Berichterstattung darüber in der *NDW* Nr. 35 vom 26. September 1950 von einem großen Kinokunden kritisiert. Er wolle nicht Wochenschau-Leihgebühren für Filmwerbung bezahlen. Der Inhaber der Vereinigten Lichtspiele in Fulda war so verärgert, dass er den Vertrag für die *NDW* kündigte. Die *NDW* Nr. 35 brachte als Aufmacher einen 88 Meter langen Beitrag (3'13 Minuten) über die „Woche des deutschen Films", in dem auch ein Ausschnitt aus „Schwarzwaldmädel" (Regie Hans Deppe, 1950) gezeigt wurde. Der Kinobesitzer war der Meinung, die *NDW* habe „der Firma Herzog [Produzent] einen beachtlichen Teil für Reklame" eingeräumt und vermutete, dass die Schorcht dafür einen „namhaften Betrag" erhalten habe.[13] Doch schon in der *NDW* Nr. 34 gab es einen Beitrag zur „Woche des deutschen Films" – allerdings als achtes Sujet – also nicht an exponierter Stelle. Hierüber sind keine negativen Kritiken belegt – obwohl darin ebenfalls Werbung eingebunden war: Kurt Schorcht kam ins Bild und sein neuer Film „Der Mann der zweimal leben wollte" (Regie Viktor Tourjansky, 1950) wurde explizit genannt.

Inzwischen hatte der Schorcht Filmverleih herausgefunden, dass eine ganze Reihe von Theaterbesitzern die Bilder über die „Woche des deutschen Films" herausschnitten. Der Filmverleih nannte die Theaterbesitzer in dem Zusammenhang „unvernünftig", aber „mit einer solchen Einstellung" müsse man „anscheinend leider rechnen".[14] Der Verleih sah keine Möglichkeit, die Kinobesitzer zu einer anderen Sichtweise zu bewegen.[15]

10 Inhaltsangabe der *NDW* Nr. 2 vom 7.2.1950, DW.
11 Schorcht (Zimmermann) Brief an NDW, 13.9.1950, Beurteilungen bis 1952, DW.
12 Vgl. 7. Sitzung des Aufsichtsrates, 9.8.1950, Protokolle Aufsichtsrat 1949-1952, DW.
13 Schorcht (Zimmermann) Brief an NDW (Kuntze-Just), 12.10.1950, Beurteilungen bis 1952, DW.
14 Ebd.
15 Vgl. auch o.V. (1958): Die tapferen Schneider. In: Der Spiegel Nr. 51, 17.12.1958, S. 58-59.

Der Höhepunkt der Einnahmen der westdeutschen Kinos lag im Jahr 1957.[16] Für das erste Halbjahr 1957 hatte die Statistik über den Kinobesuch zwar noch einen leichten Anstieg von 2,1 % in Städten ausgewiesen, aber schon für das zweite Halbjahr rechnete selbst die SPIO mit einem Rückgang und gab die Schuld an der Misere einer „Grippewelle".[17] „Mach' dir ein paar schöne Stunden – geh' ins Kino" war der Slogan in der groß angelegten Werbeaktion der Spitzenorganisation der deutschen Filmwirtschaft (SPIO) in den Jahren 1957 und 1958. Diese Aktion sollte das Kinogeschäft „nachhaltig beleben".[18] Für den Schorcht Filmverleih war die Krise zu dieser Zeit bereits spürbar – die Bavaria kaufte den Verleih 1957.[19]

Schriftwechsel belegen, dass einige Kinos auch im Sommer 1958 noch nicht erkannten, dass sie auf eine Krise zusteuerten. Ein Kinobesitzer beschwerte sich über die Berichte mit Schauspieler-Porträts und neuen Filmen der Bavaria in *NDW* Nr. 435 bis 437. Er würde eher noch Geld vom Bavaria Filmverleih dafür verlangen, als die „Werbefilme" für die Bavaria Produktionen zu zeigen, für die er gar keine Verträge abgeschlossen habe. „Das Interesse für eine solche Werbung liegt doch nur bei den Produzenten, den Verleihern und ihren anonymen Vertragspartnern", war seine Vermutung, und er kündigte den Vertrag für die *NDW*.[20] In einer Antwort versuchte die Bavaria zu verdeutlichen, dass diese Berichte auch im Zuge der Gemeinschaftswerbung der SPIO „Mach' dir ein paar schöne Stunden – geh ins Kino" im Interesse aller Kinobesitzer liegen müssten. Und außerdem sei es „doch wohl [...] verständlich", dass für die Berichte Schauspieler ausgesucht würden, die Bavaria-Filme drehten. Zudem sei „das Interesse namentlich des jüngeren Filmtheaterpublikums für private Schauspielerberichte sehr gross".[21] Trotz des überheblich klingenden Tons, versuchte der Verleih, den Wochenschau-Kunden um jeden Preis zu halten und bat ihn, seinen Standpunkt und die Vertragskündigung zu überdenken.[22]

Auf der anderen Seite tat die *NDW* alles, um ihren eigenen Verleih zu bewerben. Als 1958 die Bavaria beim Filmball „groß herauskommen" wollte, sollte das dem Redakteur Helmut Groll zufolge, „natürlich für die Wochenschau Grund genug sein,

[16] Kasseneinnahmen 1957: 1.014 Millionen bei 801 Millionen Besuchern, 1958 1.013 Millionen DM bei nur noch 750 Millionen Besuchern (durch gestiegene Eintrittspreise von 1,17 DM in 1956 auf 1,27 DM in 1957 und auf 1,35 DM in 1958) – doch ein Anstieg des Eintritts auf 1,38 DM bei 671 Millionen Besuchern und Senkung der Vergnügungssteuer brachte keinen Ausgleich mehr; Roeber & Jacoby, 1973, S. 286 (Tabelle 12).

[17] O.V. (1957): Werbe-Aktion. Geh ins Kino. In: Der Spiegel Nr. 51, 18.12.1957, S. 54-55, hier: S. 54.

[18] Ebd.

[19] Vgl. o.V. (1958): Eine neue Ära? In: Der Spiegel Nr. 50, 10.12.1958, S. 59-61; vgl. Wilharm, 2007.

[20] Harmonie, Hamburg (Besse) Brief an Schorcht, Hamburg, 14.6.1958, UFA-Kritiken, DW.

[21] Bavaria, Hamburg Brief an Harmonie, Hamburg (Besse), 23.6.1958, UFA-Kritiken, DW.

[22] Ebd.

um einen guten Bericht von dem Ereignis zu veröffentlichen".[23] Der Kameramann Kurt Rau wurde vom Pressechef des Filmverleihs instruiert, „auf welche Damen und Herren der Bavaria die Gesellschaft besonderen Wert legt". So war es auch dem Kommentar möglich, auf diese Personen einzugehen. Außerdem müsse nach Meinung von Groll „auch das neue Firmenzeichen [...] groß herausgestellt werden".[24]

Im Jahr 1959 hatte sich das Verhältnis zwischen Wochenschau und Verleih offenbar geändert. Geschäftsführer Dr. Wiers wurde von der Bavaria zu der Premiere einer Reportage mit dem Titel *Schäfer von Trutzberg* eingeladen. Als impliziten Grund für die Einladung konnte Wiers annehmen, dass die Wochenschau die Premiere in einem Bericht aufgreifen sollte. Er wehrte sich gegen das Ansinnen, für die Bavaria Werbung zu machen und dazu persönlich eingespannt zu werden. Man hatte Wiers damit gelockt, dass neben Bavaria-Prominenten auch „ehedem fürstliche Häupter" eingeladen würden. Es war aber offenbar bei dem Bericht trotz hohen Aufwands nur wenig herausgekommen. Wiers reagierte in einem Brief nicht nur deswegen ärgerlich: „wir haben es doch nicht nötig, daß man uns als Wochenschauproduzenten selbst zu Objekten werblicher Überzeugungskünste macht". [25] Er sah die Einladung nach Berchtesgaden als Auftrag an und drohte indirekt damit, 2.500 DM in Rechnung zu stellen.[26] Die ‚heimliche' Nutzung der Wochenschau zu Werbung für den Verleih stieß nun auf den Widerwillen der Wochenschau.

Mit fortschreitender Kinokrise aber erwarteten die Filmtheater geradezu von der Wochenschau, dass diese im werblichen Sinn dem Film einen Dienst erwiesen. In einem Brief beschwerte sich das Palast-Theater Mannheim, dass in der *NDW* Nr. 625 nicht über die „Bambi"-Verleihung berichtet worden sei. Dies sei umso unverständlicher, da es ja das einzige Filmereignis sei, an dem „das noch filminteressierte Publikum" [Hervorhebung im Text] nicht nur als Zuschauer, sondern durch die Bambiwahl direkt beteiligt sei.[27] Die unterstrichene Stelle im Brief ist ein Hinweis darauf, dass die Kinokrise nun wirklich bewusst war. Der „Bambi" wurde in Karlsruhe verliehen – daher wohl auch die empfindliche Reaktion des Mannheimer Kinos, für das der Bericht zudem regionale Relevanz gehabt hätte. Die *NDW* wurde daraufhin mit den anderen Wochenschauen verglichen; die anderen hätten „einmal mehr ihren Sinn für Publikumswirksamkeit, Aktualität und vor allem die filmwerbende Wirkung der „Bambi"-Verleihung [...] bewiesen".[28]

---

[23] NDW (Groll) Brief an Bavaria-Filmkunst, München (Pressechef Kaesbach), 28.1.1958, Korrespondenz ab 1958, DW.

[24] Ebd.

[25] NDW (Wiers) Brief an Bavaria-Filmkunst, München (Pressechef Kaesbach), 9.1.1959, Korrespondenz ab 1958, DW.

[26] Ebd.

[27] Palast-Theater, Mannheim, Brief an Bavaria, Hamburg, 27.5.1962, NDW Echo, DW. Die Preisträger wurden von Lesern der Karlsruher Zeitschrift *Filmrevue* gewählt; vgl. Bambi Geschichte; verfügbar unter: http://www.bambi.de/historie/ [19.6.2012].

[28] Palast-Theater, Mannheim, Brief an Bavaria, Hamburg, 27.5.1962, NDW Echo, DW.

Der Bavaria Filmverleih wies Purzer darauf hin, dass es sich bei dem Palast-Theater Mannheim um einen „wichtigen Wochenschaukunden“ handele (Besitzer mehrerer Filmtheater in der Stadt).[29] Daher antwortete die Deutsche Wochenschau sofort und teilte dem Kinobesitzer mit, die *NDW* bemühe sich „seit mehreren Monaten“ in der Rubrik „Neues vom Film“ das „Interesse des Publikums am Film zu fördern“, indem über „Dreharbeiten, Film-Diskussionen, Vergnügungssteuer-Debatten, Filmvorführerlehrgänge“[30] berichtet werde.

Die *NDW* fühlte sich für einen einmaligen „subjektiven Fehler“ geprügelt. Man habe dem Film noch nie einen schlechten Dienst erwiesen, nur falle „das dem verwöhnten Betrachter [...] nicht mehr so auf“.[31] Auch hier zeigten sich die Verteidigungshaltung der *NDW* und das Bestreben, die Schuld für Schieflagen bei anderen zu suchen. Auf der anderen Seite war es offenbar nicht leicht, an Aufnahmen zu neuen Filmen zu kommen. Nach Wiers und Purzer gebe es Produzenten, die die *NDW* „auf Knien“ bitten musste, damit sie über ihren Film im „Atelier-Spiegel“ berichten durfte – nur Gloria, Europa und die UFA fragten bei der *NDW* selbst an.[32]

Ein großer Kinobetreiber, sprach in seinem Schreiben die Fernseh-Konkurrenz an: Es müsse „jede Gelegenheit für eine Eigenwerbung des Films“ ausgenutzt werden. Die *Tagesschau* mache „ohnehin genug Kummer“ und nehme „Möglichkeiten“ weg.[33] Die *NDW* sollte von sich aus darauf hinweisen, dass eine Wochenschau „nach wie vor aktuell und interessant ist und ein Kinobesuch ohne gute Wochenschau undenkbar ist“. Sie sollte Preise, die die Wochenschau und Kameramänner im Ausland bekommen hatten, auf den Plakaten nennen.[34] Großkinobesitzer Scheer aus Würzburg bat darum, „unter allen Umständen die Eigenwerbung und Sympathiewerbung [...] weitgehendst auszunutzen“ und jede Gelegenheit wahrzunehmen, „unsere Besucher in geschickter Form anzusprechen“.[35] Das zeigt, wie dringend die Werbung von den Filmtheatern nun gebraucht wurde – und zwar in jeder Form und von jedem Anlass ausgehend, um die Aufmerksamkeit der Zuschauer zu lenken. Die *Tagesschau* wurde von den Kinobesitzern als Hindernis für den Kinobesuch wahrgenommen.

Die *NDW* nannte sich in den Sujets oft selbst, um ihr aktives Dabeisein zu dokumentieren und betrieb damit Eigenwerbung. Eine andere Form waren Porträts in eigener Sache: Kameramann Erich Stoll bekam anlässlich seines Dienstjubiläums ei-

---

[29] Bavaria, Hamburg, Brief an NDW (Purzer), 5.6.1962, NDW Echo, DW.

[30] In *NDW* Nr. 625 vom 16.1.1962 werden neben einem Filmausschnitt Bilder eines Filmvorführerlehrgangs gezeigt; vgl. Blitzwerbung (Kaindl) Brief an NW, 8.2.1962, NDW Echo, DW.

[31] Deutschen Wochenschau (Wiers) Brief an Palast Theater Mannheim am 7.6.1962, NDW Echo, DW.

[32] Deutsche Wochenschau (Wiers, Purzer), Brief an Bavaria, Frankfurt (Kissebert), 10.11.1961, NDW Echo, DW.

[33] L. Scheer & Co, Würzburg (Besitzer Bavaria Filmtheater) Brief an NDW, 5.7.1962, NDW Echo, DW.

[34] Ebd.

[35] Ebd.

nen Beitrag (in Nr. 66 vom 1. Mai 1951), der ihn im Garten beim Rasenmähen und im Kreise seiner Familie zeigt sowie im Einsatz mit seiner Kamera und der charakteristischen Zigarre.

5.3.2 Filmwerbung und Filmsendungen im Fernsehen

Ungefähr zur selben Zeit, als das erste Plakat der Kinogemeinschaftswerbung der SPIO unter dem Motto„Mach' dir ein paar schöne Stunden" in Druck gegeben wurde, konnte das Fernsehen den millionsten Fernsehzuschauer begrüßen. Doch ausgerechnet das Fernsehen mit seiner wachsenden Reichweite wurde von der Kampagne ausgespart.[36] Dabei gab es im Fernsehen schon lange Sendungen, die neue Kinofilme vorstellten. Im Fernsehen ging es jedoch nicht nur um Filmwerbung; nach Hickethier „schmückten" sich Fernsehsendungen mit Kinostars, um am Glamour teilzuhaben.[37] Seit Sommer 1954 brachte die Sendereihe *Der Hauptfilm hat noch nicht begonnen* Ausschnitte von neuen Filmen, Arbeitsberichte aus der Produktion und Interviews.[38] Das Format war im Gegensatz zu den Wochenschau-Beiträgen des „Atelier-Spiegels" erweiterbar: Außer Film- und Produktionsausschnitten sollten auch Starporträts gezeigt werden, und es war ein „Filmbriefkasten" geplant, mit dem Fragen an die Filmredaktion gestellt werden konnten. Zur Förderung des Filmverständnisses sollte auch über Filmberufe gesprochen werden.[39] Die Sendereihe bot also in einem Turnus und ‚unter einem Dach', alles das, was die *NDW* in vereinzelten Beiträgen brachte. Ein weiterer Vorteil war, dass bei Filmwerbung im Fernsehen kein Filmtheater befürchten musste, unfreiwillig für das Programm der Konkurrenzkinos zu werben.

Die Sendungen wurden im Gemeinschaftsprogramm der ARD durch verschiedene Rundfunkanstalten erstellt. Im November 1954 lobte die Fernsehkritik besonders die Gestaltung durch den Bayerischen Rundfunk, die in dieser Form nur im Fernsehen möglich war. Filmabschnitte wurden plaudernd besprochen, die Studio-Gesprächsgäste wurden „hereingebeten" und „zum Platz geleitet" und der Filmprojektor live eingeschaltet – es sei „nichts erzwungen und willkürlich" gewesen.[40] Natürlichkeit und Improvisation, als fernsehspezifische Machart, wurde auch bei den Informationen über Film und Kino geschätzt.

---

[36] Vgl. o.V. (1957): Werbe-Aktion – Geh ins Kino. In: Der Spiegel Nr. 51, 18.12.1957, S. 54-55, hier: S. 55.

[37] Hickethier, 1998, S. 149.

[38] O.V. (1955): Filmbriefkasten im Fernsehen. Neue Pläne für „Der Hauptfilm hat noch nicht begonnen". In: Die Ansage Nr. 219, 9.3.1955, S. 3.

[39] Ebd.

[40] O.V. (1954): Der Hauptfilm hat noch nicht begonnen. In: epd / Kirche und Rundfunk Nr. 24, 29.11.1954, S. 17-18.

5.3.3 Eigenwerbung der *Tagesschau* und Werbung für das Fernsehen

Gleich in der ersten Ausgabe warb die *Tagesschau* mit einem Beitrag über das Richtfest des „ersten deutschen Fernsehstudios“ in Hamburg-Lokstedt für das Fernsehen. Als Hinweise auf sich selbst sind in den Sprechertexten Formulierungen, wie z.B. bei Schiffstaufen „die Tagesschau wünscht gute Fahrt“ einzustufen. Bei runden Produktionsnummern, versuchte die *Tagesschau*-Redaktion etwas Herausragendes zu bieten – was ebenfalls eine gute Werbung für das Fernsehen sein konnte, wie z.B. bei Sendung Nr. 700 mit Ausschnitten von einem Fußball-Länderspiel mit „ausgezeichnetem Sprecher“[41].

Während in der *Tagesschau* für das Fernsehen geworben wurde, gewährten andere Sendungen des Fernsehprogramms umgekehrt einen Blick hinter die ‚Kulissen‘ der Nachrichtenproduktion. Am 14. April 1955 filmten Fernsehkameras des NWDR in einer Nachrichtenagentur und den Zuschauern wurden die verschiedenen Nachrichtenarten und der Weg der Nachrichten erläutert. Die Sendung war für eine Zeit von 21.15 Uhr bis 22 Uhr geplant und erforderte einen hohen Aufwand. Ein Übertragungswagen wurde bei der Deutschen Presseagentur (dpa) stationiert, Kameras standen in der Telefonzentrale, in der Zentralredaktion und im Zimmer des Chefredakteurs Fritz Sänger. Ein zweiter Übertragungswagen stand am Haus des Hamburger Funkhauses mit Kameras in der Nachrichten-Hauptredaktion und im Nachrichten-Sprecherraum. Die Reporter, die für diese Sendung mit dem Titel *Von Mund zu Mund* zur Verfügung standen, waren Hermann Rockmann und Max Helmuth Rehbein. Die Sendung sollte außerdem darstellen, wie der NWDR in der Nachrichtengestaltung mit der dpa zusammenarbeitete. Es sollte ein Beweis dafür sein, dass „der Wunsch nach einer guten und fundierten Nachricht mit aktuellem Wert allem vorausgeht“[42]. Die Sendung konnte dazu beitragen, die Glaubwürdigkeit der *Tagesschau* und das Vertrauen in das Fernsehen zu stärken, denn im selben Monat fragte *epd /Kirche und Fernsehen*: „Warum hat Norddeutschland so wenig Fernsehteilnehmer?“ Die NWDR-Hörerforschung hatte festgestellt, dass es am 1. April 1955 im Bereich West des NWDR mehr als dreimal so viele Teilnehmer gab als im Norden.[43] Zwar wurden als Gründe die geringere Besiedelung der Nord-Gebiete und in der doppelt so hohen Kaufkraft der Bevölkerung im Westen angenommen,[44] aber trotzdem konnte Werbung für das Fernsehen förderlich sein. Denn die ‚Fernsehfamilien‘ hatten oft Gäste, die bald zu Teilnehmern mit eigenen Geräten werden konnten. Die Funktionsweise des Fernsehens und die Herstellung der *Tagesschau* wurden in den

[41] Vgl. o.V. (1957): Fernsehen nah betrachtet. Ein Gesicht. Ein Jubiläum, ein Höhepunkt und ein Mißgriff. In: Telegraf vom 17.3.1957, Rundfunk Programm Fernsehsendung Tagesschau von 8/52 bis 1/66, NDR.

[42] O.V. (1955): Von Mund zu Mund. In: Die Ansage Nr. 223, 6.4.1955, S. 3.

[43] Vgl. o.V. (1955): Warum hat Norddeutschland so wenig Fernsehteilnehmer? Eine Untersuchung der NWDR-Hörerforschung. In: epd / Kirche und Fernsehen Nr. 13, 20.6.1955, S. 3.

[44] Vgl. ebd.

1950er Jahren häufig und in den verschiedensten Presseprodukten thematisiert. Als aber in der *Tagesschau* vom 3. November 1956 das Werbefernsehen vorgestellt wurde, kritisierte die *Hör zu* dies als „Reklame“ für Werbesendungen, was die „Grenzen des Erträglichen“ übersteige.[45] Knapp ein Jahr später war die *Tagesschau* bei der „Suche nach dem millionsten Teilnehmer“ behilflich und integrierte Aufrufe an die Zuschauer, sich doch bald anzumelden.[46] Als weitere Beispiele für Sympathie- und Eigenwerbung für Fernsehen und *Tagesschau* können Beiträge über Jahrestage des Fernsehens genannt werden, wie in der *Tagesschau* vom 26. November 1960, die als letzten Beitrag einen Rückblick auf 10 Jahre Fernsehen brachte. Dabei wurden die Rundfunkanstalten im Bild gezeigt sowie einige Neubauten, Studioausstattungen und Prestige-Sendungen, die inzwischen zum festen und publikumswirksamen Repertoire der Funkhäuser geworden waren.

5.3.4 Zusammenfassung zur Eigen- und Sympathiewerbung

Beide Formate – Wochenschau und *Tagesschau* – warben für ihr Distributionsmedium. Diese Werbung war jeweils durch den Kontext der Medienentwicklung bestimmt. Beispielsweise wurde die Notwendigkeit der Werbung für Kino und Film durch die Wochenschau erst mit der Kinokrise wirklich erkannt. Zudem hatte die *NDW* durch ihr Abhängigkeitsverhältnis geradezu die Verpflichtung, für ihren Verleih zu werben und sah sich zudem im Dienst des Kinos. Dass Sujets mit Berichten über neue Filmproduktionen von den Kinobesitzern aus der Wochenschau kurzerhand entfernt wurden, macht nicht nur den großen Konkurrenzkampf der Filmtheater deutlich. Es bedeutet auch, dass die Wochenschau, die in Archiven lagert, nicht unbedingt in dieser Vollständigkeit in den Kinos gezeigt und rezipiert wurde. Bei der *Tagesschau* bestand diese Gefahr nicht. Zudem gab es für sie durch die Alleinstellung keine zwingende Notwendigkeit, für sich selbst zu werben – wohl aber für das Fernsehen insgesamt. Das Fernsehen warb für sich selbst mit einem Blick hinter die Kulissen. Diesen Blick hinter die Kulissen ermöglichte das Fernsehen den Zuschauern auch in Bezug auf den Film. In speziellen Sendungen wurden neue Kinofilmproduktionen vorgestellt. Damit übernahm das Fernsehen eine Werbefunktion, die die Wochenschau nur unter Protest der Filmtheater erfüllen konnte.

[45] O.V. (1956): Das war ein Mißgriff der Tagesschau. In: Hör zu Nr. 49 vom November 1956, Rundfunk Programm Fernsehsendung Tagesschau von 8/52 bis 1/66, NDR.

[46] Sendeprotokoll des WSP Nr. 229 vom 15.9.1957, ARD aktuell, NDR.

6. Zusammenfassung und Diskussion

Das Ziel war, eine vorwiegend auf Primärquellen basierende Forschung zu den Gründen für die Ablösung der Kino-Wochenschau durch die Fernseh-Nachrichten in den 1950er Jahren bis 1963 durchzuführen. In diesem Zusammenhang ging es um den Vergleich der *Neuen Deutschen Wochenschau* (NDW) mit der *Tagesschau* der ARD, um die Entwicklung ihrer Distributionsmedien und deren Programme, die Entwicklung von Gestaltungs- und Strukturmustern der Formate sowie um Veränderungen von Funktionen und Bedeutung.

Zum Verständnis der Medienentwicklung wurden neben dem Dispositiv-Ansatz und dem Riepl'schen Ansatz zur Verdrängung oder Ergänzung von alten Medien die wirtschaftlichen, gesellschaftlichen und politischen Gegebenheiten der 1950er Jahre dargestellt. In deren Kontext waren die Bedingungen für die parallele Entwicklung der *Neuen Deutschen Wochenschau* und *Tagesschau* zu betrachten: der Wiederaufbau der Filmwirtschaft und der Aufbau des Fernsehsystems, Redaktions-, Produktions- und Distributionsvorgänge sowie Selbstbild und Image der Formate. Phasen des Aufbaus, der Etablierung und eine besondere Umbruch-Phase konnten festgestellt werden – letztere als der Zeitraum, in der die *Tagesschau* die Wochenschau ‚überholte'. Dies war wiederum von der Kinokrise und dem zeitgleichen Aufstieg des Fernsehens bedingt. Es schloss sich eine Untersuchung der Erwartungen, die verschiedene Seiten (z.B. Zuschauer, Kinobesitzer, Gremien) an die audiovisuellen Informationsformate herantrugen, an. Mit diesen Erwartungsprofilen im Hintergrund folgten exemplarische Untersuchungen von *NDW*-Ausgaben und *Tagesschau*-Berichten sowie ein Vergleich beider Formate am Beispiel dreier Themen, die für Deutschland in den 1950er und Anfang 1960er Jahre bedeutend waren. Hierbei konnten Gestaltungs- und Strukturmuster bei beiden Formaten identifiziert werden. Um weiter der Frage nachzugehen, wie es trotz der Ausrichtung der *NDW* an die Erwartungen der Zuschauer zur Ablösung der Wochenschau durch die *Tagesschau* kommen konnte, wurden die unterschiedlichen Auffassungen von Aktualität, die werbend-präsentierende Funktion der Formate für Politik, Wirtschaft, für das Distributionsmedium und sich selbst belegt. Folgende Punkte lassen sich herausstellen:

1. Bei der *Neuen Deutschen Wochenschau* ist eine Zerrissenheit durch eigenen Erneuerungswillen und öffentlichem Druck deutlich geworden. Dieser Druck entstand durch die wachsenden Ansprüche an die zeitliche Aktualität der Sujets (als möglichst kurze Zeitspanne zwischen Ereignis und Bericht), die wiederum ihren Ursprung in den politischen, gesellschaftlichen und wirtschaftlichen Entwicklungen im Wiederaufbau des Landes hatten. Auf der einen Seite wurde von der *Neu-*

en Deutschen Wochenschau die Beibehaltung ihrer traditionellen Form erwartet,[1] auf der anderen Seite reichte in dieser Darbietungsform die wöchentliche Information im Kino nicht mehr aus.

2. Die *Neue Deutsche Wochenschau* und die *Tagesschau* planten jeweils sieben bis acht Jahre nach ihrem offiziellen Start (1950 bzw. 1952) wichtige Schritte für eine Umstrukturierung. Die *NDW* konnte jedoch die 1958 propagierten Konzepte kaum umsetzen, während die *Tagesschau* 1960 die Form eingeführt hat, wie wir sie noch heute kennen.
3. Mit der Akzeptanz des neuen aktuellen Mediums kam es zu einer Verschiebung der Medienfunktionen. Die ‚zeitliche Aktualität' der Fernseh-Information bekam eine hohe Bedeutung,[2] während die Informationsfunktion der Wochenschau verblasste. Auch die unterhaltende Funktion der Wochenschau war schließlich wegen der Unterhaltungsangebote des Fernsehens nicht mehr gefragt. Darüber hinaus konnte das Fernsehen ausführlicher Rat und Service für die Probleme der 1950er Jahre weitaus besser bieten, als es die Wochenschau in ihren kurzen Sujets unterbringen konnte.
4. Informationsformate sollten nicht nur den Zuschauern im Alltag nutzen, sondern auch Politik und Wirtschaft dienen. Indem es gelungen ist, in der Art des heutigen Product Placements Produktpräsentationen in die Sujets der *Neuen Deutschen Wochenschau* einzustreuen, wurde in ihre Gestaltung eingegriffen. Darüber hinaus konnten politische Sujets Zugeständnisse an die Gremienmitglieder der Wochenschau-Gesellschaft oder an die Bundesregierung sein. Das bedeutet, dass die Wochenschau nicht objektiv informiert hat – es ist auch fraglich, ob dies ernsthaft erwartet wurde. Für die *Tagesschau* können mit Wirtschaftsunternehmen verabredete Produktplatzierungen nicht festgestellt werden – dies ist jedoch für andere Fernsehsendungen bekannt. Dafür geriet die *Tagesschau* in Bezug auf mögliche politische Einflussnahme durch den Parteienproporz in den Aufsichtsgremien des NWDR unter Beschuss und erntete öffentliche Kritik.
5. Während die *Tagesschau* schnell zu einem unverzichtbaren Teil des Fernsehprogramms wurde und durch ihre Alleinstellung nicht zwingend selbst für sich werben musste, stand die *NDW* in starker Konkurrenz am Markt und auch im eigenen Produktionshaus. Ausgelöst durch ihre konkurrierenden Verleiher standen *NDW* und *Ufa-Wochenschau* miteinander im Wettbewerb. Aufgrund der Abhängigkeit von den Lichtspielhäusern als Distributionsmedium wurde in der Kinokrise die Eigen- und Sympathiewerbung für die Wochenschau elementar. Schließlich be-

[1] Die Wochenschau machte also eine Erfahrung, die Brecht in seiner Radiotheorie (1927-1932) beschrieb. Brecht nennt den Publikumsgeschmack ironisch das „letzte absolute Hemmnis allen Fortschritts"; Brecht, 1967, S. 174.

[2] Vgl. Kaha (Kürzel) (1958): Gibt es einen Ersatz für Aktualität? Konkurrenz zwingt zu neuen Wochenschau-Wegen. In: Film-Telegramm/Feuilleton Nr. 38, 16.9.1958, UFA-Kritiken, DW. Der Autor schreibt: „Die Aktualität ist alles; was am Tage Bedeutendes geschieht, hat abends bereits auf dem Bildschirm zu informieren."

stand die unterschwellige Pflicht, für den eigenen Verleih zu werben. Durch selbstreferenzielle Aufnahmen, z.B. von Kameramännern, durch Eigennennungen und Werbung für das jeweilige Distributionsmedium waren aber beide, *Neue Deutsche Wochenschau* und *Tagesschau*, darum bemüht, die Aufmerksamkeit der Zuschauer auf sich selbst und auf das Kino bzw. das Fernsehen zu lenken.

In den nächsten Abschnitten geht es als Auswirkungen der Medienentwicklung um die Veränderungen von Zeitnutzung und die Entstehung von virtuellem Raum sowie um die Veränderung der Medienkompetenz der Rezipienten. Anschließend wird diskutiert, wie der Ansatz zur Verdrängung von alten durch neue Medien auf das Beispiel Wochenschau und *Tagesschau* passt. Danach werden die festgestellten Gründe für die Etablierung des Fernsehens mit der *Tagesschau* als Faktoren zusammenfassend dargestellt. Den Schluss bildet ein Fazit, in dem die zu Beginn aufgestellten Fragen und Annahmen behandelt werden und ein Ausblick auf mögliche Forschungen gegeben wird.

6.1 Auswirkungen der Medienentwicklung der 1950er Jahre

Da es für uns heute kaum vorstellbar ist, uns wöchentlich im Kino mit Nachrichten zu versorgen, musste bei den audiovisuellen Informationsformaten nicht nur eine Verschiebung in Funktion und Bedeutung, sondern auch eine Veränderung der Rezeptionssituation stattgefunden haben. Für einen Fernseh-Abend blieb man zu Hause und sah die *Tagesschau* mit den neuesten Nachrichten. Dabei sind Menschen in Dispositive als Anordnungssysteme[3] eingebunden. Die statischen Systemelemente sorgen für das Bestehen eines Dispositivs – die dynamischen Elemente passen das Dispositiv an, z.B. hinsichtlich der Bedürfnisse auf der Rezipientenseite. Wie in jedem System, wirken sich im Dispositiv die Änderungen des einen Elementes auf andere aus. Dementsprechend stellt sich die Frage, was sich durch das Fernsehen wie verändert hat – mit dem Effekt, dass die Zuschauer die *Tagesschau* für ihre Informationsversorgung wählten und nicht mehr die Wochenschau.

6.1.1 Auswirkungen auf den Umgang mit Zeit

In Bezug auf die Rezeptionszeit waren das Kino und das Fernsehen wirkliche Konkurrenten. Die Stunden, die das Fernsehprogramm von Beginn an beanspruchte (von 20 bis 22 Uhr), umfasste genau die Zeit, in der man auch üblicherweise abends ins Kino ging. Das Fernsehen ermöglichte nach der Erweiterung des Programms eine andere Gestaltung der freien Zeit. Das Gerät war ständig einschaltbereit. Der Zuschauer konnte autonom entscheiden, wann und wie lange er zusah – obwohl man zu

[3] Vgl. Abschnitt 2.1.

Beginn der Etablierung des Fernsehens noch bemüht war, nichts zu verpassen. Das Abschalten fiel schwer.

Nach Hickethier ermöglichte das Fernsehdispositiv eine „Beschleunigung", indem Bilder im Augenblick des Geschehens an einem anderen Ort für den Zuschauer zuhause sichtbar wurden.[4] Stöber hebt hervor, dass zur Beurteilung einer ‚Beschleunigung' der Kontext zu berücksichtigen sei, z.B. Medieninhalt, Inszenierung, Medienausgestaltung, Erleben und Erinnern von Inhalten.[5] Außerdem berichteten mehrere Medien aktuell und gleichzeitig. Je nach Medieninteresse und Nutzungsgewohnheit konnte der Eindruck einer Beschleunigung entstehen. Fernseh- und Radioprogramme mit interessanten Sendungen überschnitten sich und brachten manchen Rezipienten in ein Entscheidungsdilemma.[6] Das Fernsehen bestimmte die Zeiteinteilung von Feierabend und Wochenende.[7] Die Ausstrahlungszeiten wurden zu Anhaltspunkten der Tageseinteilung. Man sah die Kinderstunde oder das Vorabendprogramm, die *Tagesschau* und dann kam das Abendprogramm der ARD.[8]

Die Abteilung Hörerforschung des NWDR untersuchte fortlaufend, welche Teile der Bevölkerung das Fernsehgerät wann einschaltete. In einer „Repräsentativ-Befragung" für das Sendegebiet des NWDR im Frühjahr 1955 stellte sich heraus, dass 82 % „im allgemeinen täglich abends" einschalteten. Dabei war aber zwischen den Milieus zu unterscheiden: Arbeiterfamilien standen dabei an der Spitze sowie Einwohner kleiner und mittlerer Orte und Befragte mit Volksschulbildung.[9] Diese Gruppen verbrachten also mehr Zeit als alle anderen Zuschauer mit dem Fernsehen. Wie intensiv die Beschäftigung mit dem Fernsehen war, hing aber auch von der Dauer des Gerätebesitzes ab. Nach einem halben Jahr nahm das Interesse nach den Untersuchungen der Hörerforschung ab, und der Fernseher blieb im Tagesdurchschnitt häufiger ausgeschaltet.[10]

Die seriellen Darbietungen, wie die Nachrichten, strukturierten den Alltag und erforderten geradezu eine Anpassung der Lebensgewohnheiten an das Fernsehprogramm.[11] Die *Tagesschau* wurde zu einem Wendepunkt – vom Tag in den Abend. Die meisten Geräte wurden 1955 von 20.15 Uhr bis 20.30 Uhr eingeschaltet (65 %) – also nach der *Tagesschau*. Es sei denn, es handelte sich um Neuteilnehmer (die das Gerät höchstens seit einem halben Jahr besaßen) – diese Gruppe mochte den Beginn des Abendprogramms mit der *Tagesschau* nicht versäumen und schaltete um 20 Uhr

---

[4] Hickethier, 2003a, S. 194.

[5] Vgl. Stöber, 2008, S. 145-146.

[6] Vgl. Wolf, M. (1956): Meine Wünsche. In: Abendzeitung, München vom 17.8.1956, Rundfunk Programm Fernsehsendung Tagesschau von 8/52 bis 1/66, NDR.

[7] Vgl. Schildt, 1998, S. 483.

[8] Vgl. Helmes, 2000, S. 66.

[9] O.V. (1955): Wieviel Zuschauer sitzen vor dem Bildschirm? Das Sehverhalten und die Sehgewohnheiten der Fernsehteilnehmer. In: epd / Kirche und Fernsehen Nr. 11, 23.5.1955, S. 1-2.

[10] Ebd.

[11] Vgl. Eurich & Würzberg, 1983, S. 76-77.

ein.[12] Ab 21 Uhr ließ die Sehbeteiligung langsam nach – als Grund dafür machten die Publikumsforscher des NWDR nicht das Bedürfnis nach Schlaf aus, weil man in den 1950er Jahren früh aufstehen musste, sondern dass der Bedarf an Fernsehkonsum gedeckt war. Trotzdem zeigt sich hierdurch, dass die Fernsehteilnehmer 1955 eine halbe Stunde länger aufblieben als die Rundfunkhörer.[13] Es war zwar im Durchschnitt nur eine halbe Stunde – verdeutlicht aber, wie sich die Menschen mit ihrer Zeit im Alltag anpassten.

Der normale Sendeschluss war 22 Uhr. Es kam aber vor, dass das Programm während der Woche auch noch nicht um 23 Uhr zu Ende war, sondern es folgte noch ein ungeplanter, „aktueller politischer Bericht"[14]. Das Fernsehen wurde für Müdigkeit von Angestellten und Arbeitern im Dienst verantwortlich gemacht. Während der Hörfunk sich an den Sendeschluss spätestens um 22 Uhr hielt, wurde dem Fernsehen vorgeworfen, dass es nicht danach frage, ob ein Arbeiter an seiner Maschine am nächsten Morgen genügend Aufmerksamkeit aufbringen konnte.[15] Die Fernsehkritik bezweifelte somit die Fähigkeit der Zuschauer zur Eigenverantwortung.

Je länger aber ein Zuschauer das Fernsehgerät besaß, desto mehr achtete er darauf, wie viel Zeit er mit dem Fernsehen verbrachte. 84 % der Altteilnehmer lasen regelmäßig eine Rundfunkzeitschrift (aber auch 76 % der Neuteilnehmer), um sich genau über die Sendezeiten und Sendungsinhalte zu informieren, 32 % der Altteilnehmer sahen nicht das gesamte Abendprogramm.[16] Außerdem musste das Programm 1955 schon so vielfältig gewesen sein, dass die Teilnehmer ausreichend Auswahl hatten, denn das Selektionsverhalten hängt auch vom Angebot ab. Mit dem Ausbau des Programms wurde auch die Auswahl größer und der Anreiz, seine Zeit nach dem Fernsehangebot auszurichten. Doch innerhalb des Fernsehprogramms änderte sich der Umgang mit der Zeit. Diese Entwicklung wurde kritisch betrachtet: Weil die Sendezeit teuer sei und die Gelegenheit der Präsentation vor Millionen Menschen genutzt werde, drängten sich die Programmbeiträge nacheinander – auch durch die „Blitzumschaltungen".[17]

„Eben erst ist ein kurzer Kriminalfilm zu Ende gegangen, und 20 Sekunden später [...] nimmt man schon an einer Diskussion teil oder befindet sich mit den Augen eines Reporters in Mittelamerika. Kaum kann man sich nach dieser Sendung in

---

12 Vgl. o.V. (1955): Wieviel Zuschauer sitzen vor dem Bildschirm? Das Sehverhalten und die Sehgewohnheiten der Fernsehteilnehmer. In: epd / Kirche und Fernsehen Nr. 11, 23.5.1955, S. 1-2.

13 Vgl. ebd.

14 O.V. (1960): Schlaf schneller, Zuschauer! 'Nachtprogramme' des Deutschen Fernsehens und ihre Kehrseite. In: epd / Kirche und Fernsehen Nr. 9, 2.5.1960, S. 1.

15 Ebd.

16 O.V. (1955): Wieviel Zuschauer sitzen vor dem Bildschirm? Das Sehverhalten und die Sehgewohnheiten der Fernsehteilnehmer. In: epd / Kirche und Fernsehen Nr. 11, 23.5.1955, S. 1-2.

17 O.V. (1961): Die vergessene Funktion der Pause. Fließbandprogramm entwertet sich und lässt die Familie verstummen. In: epd / Kirche und Fernsehen Nr. 7, 20.2.1961, S. 1.

Ruhe die Nase putzen, denn schon hat der Zuschauer umzuschalten: Varieté ist dran.“ [18]

Die Fernsehkritik der evangelischen Kirche *epd* wünschte sich daher zur ‚Entschleunigung' die Umschaltpausen und Pausenfilme zurück und weist auf die „Heilsamkeit“ von zeitweisem Leerlauf hin. Ein Beitrag sei wirksamer, wenn er sich zwei Minuten setzen oder wenn die Familie ein paar Worte über den Beitrag wechseln könne. Durch die Pausenlosigkeit gerate die Familie vor dem Fernsehschirm in einen Zustand „trostlos schweigender Passivität“. Das Programm werde zu einer „Massenware“, die dem Zuschauer keine Möglichkeit lasse, „neugierige Erwartung“ zu verspüren.[19] Mit dem Fernsehen setzte ein Zeitbewusstsein ein, jede Minute zu nutzen.

6.1.2 Erstellung eines ‚virtuellen' Raums

Mit dem Einzug des Fernsehgerätes war nicht nur das Wohnzimmer der Zuschauer umzugestalten.[20] Durch das Fernsehen entstand ein weiterer Raum in der (unbewussten) Wahrnehmung der Zuschauer, der nichts mit der örtlichen Fixierung der Kino- oder Fernseh-Apparate zu tun hatte, und als ‚virtuell'[21] bezeichnet werden kann.[22] In der „visionären Literatur“ der damaligen Zeit war es der Traum des Menschen, sich unsichtbar zu machen und in „Gedankenschnelle“ an einen anderen Ort zu ‚beamen', um dort unbemerkt „Augen- und Ohrenzeuge“ im öffentlichen und privaten Raum sein zu können.[23] Gerhardt glaubte 1952, dass dies mit dem Fernsehen nicht zu verwirklichen sei.[24] Doch das Fernsehen kann für die Zuschauer einen imaginären Raum herstellen, sodass man durch den ‚virtuellen' Raum des Fernsehdispositivs dem „Lieblingstraum der Menschheit“[25] näherkommt. Bei einer Fernsehsendung (als Aufzeichnung oder live) werden Millionen gleichzeitig angesprochen. Dadurch entsteht ein öffentlicher Raum, den jeder einzelne Fernsehzuschauer als seinen eigenen, privaten Raum wahrnehmen kann. Die zweieinhalbstündige Zauber-Revue des Magiers „Kalanag“ aus dem Flora-Theater in Hamburg wurde gleich von drei Fernsehkame-

---

[18] Ebd.
[19] Ebd.
[20] Vgl. Helmes, 2000, S. 64. Vgl. Abschnitt 2.3.9.
[21] ‚Virtuell' wird hier definiert als ein Ausdruck für ‚der Wirkung oder dem Anschein nach vorhanden'; nicht wirklich vorhanden, aber echt erscheinend.
[22] So wurde das Kinopublikum, das als reagierende Masse für Lacher und Atmosphäre sorgt, durch das Studiopublikum ersetzt. Das Gefühl des Zuschauers, direkt im Fernsehen dabei zu sein, wurde so verstärkt; vgl. o.V. (1954): Praktisch genutzte Erfahrungen. Ein Jahr öffentliches Fernsehen – Festumrissene Sendeformen. In: Die Ansage Nr. 159, 13.1.1954, S. 3-4, hier: S. 4.
[23] Gerhardt, 1952, S. 363.
[24] Ebd.
[25] Ebd.

ras aufgenommen.[26] Durch den Zusammenschnitt sollte der Zuschauer den Eindruck gewinnen, selbst in der Parkettreihe zu sitzen oder auf der Bühne zu sein. Vom NWDR-Blatt *Die Ansage* wurde sogar die Meinung vertreten, dass der Zuschauer so eine „Privatvorstellung" des Magiers erlebte.[27]

Einerseits schätzten die Zuschauer eine ‚Privatvorstellung', andererseits konnte je nach Sendungsform die Illusion eines großen Publikums wichtig sein. Dem Blatt *Die Ansage* zufolge, habe sich als „wirksam" erwiesen, Unterhaltungssendungen mit Studiopublikum zu produzieren. Für die Zuschauer vor dem Bildschirm habe sich das Gefühl verstärkt, selbst dabei zu sein.[28] Um die gemeinsamen Lacher im Kinosaal zu ersetzen, wurde das Publikum des Kinosaals als Studiopublikum in den ‚virtuellen Raum' des Fernsehens gehoben. Die Privatheit des Fernsehens wurde so mit der Öffentlichkeit verbunden.

Die Fernsehsendungen forderten zudem zur familienähnlichen Interaktion auf. Im Fernsehen wurde gebastelt und zur Nachahmung angeregt, wie in einer der ersten Kochshows mit Clemens Wilmenrod. Auch Werner Höfer verband mit seinem *Internationalen Frühschoppen* politische Öffentlichkeit mit Wohnzimmer-Atmosphäre in der Studioausstattung. Nach Elsner und Müller hatte Werner Höfer die Rolle eines „Stammtischunterhalters" eingenommen.[29] Das Erfolgsrezept Höfers lautete, das komplexe Weltgeschehen zu erklären und dabei die Komplexität zu reduzieren, in dem er Privatheit im virtuellen Raum mimte.[30] Selbst die *Tagesschau* stellte in der ersten Minute eine Nähe zum Zuschauer her. Nach dem Vorspann mit Musik folgte die persönliche Ansprache an die Zuschauer: „Guten Abend, meine Damen und Herren." Bei der Wochenschau blieben die Sprecher anonym und unsichtbar.

6.1.3 Auswirkungen auf die Medienkompetenz

Trotz des Besitzes eines Fernsehgerätes hätte man weiterhin wöchentlich ins Kino gehen können, um dort vor dem Hauptfilm die Wochenschau zu sehen und visuelle Eindrücke von Ereignissen zu bekommen. Rezipienten nutzten die Medien jedoch unterschiedlich – vor allem aufgrund der Gratifikationen, die sie sich vom Medienkonsum erhofften – auch wenn sie dies nicht reflektierten.[31] In Bezug auf die möglichen Auswirkungen von Medienentwicklungen auf die Menschen (als Subjekt im

[26] O.V. (1952): Die Fernseh-Kamera war dabei. HSV gegen Altona 93 – Zauberschau aus dem Flora-Theater. In: Die Ansage Nr. 87, 28.8.1952, S. 1.

[27] Ebd.

[28] Vgl. o.V. (1954): Praktisch genutzte Erfahrungen. Ein Jahr öffentliches Fernsehen – Festumrissene Sendeformen. In: Die Ansage Nr. 159, 13.1.1954, S. 3-4, hier: S. 4.

[29] Elsner & Müller, 1991, S. 19-20.

[30] Vgl. ebd., S. 19.

[31] Vgl. Hickethier, 2001a.

Mediendispositiv) sind den Bedürfnissen der Rezipienten die Intentionen der Medienmacher gegenüberzustellen.

Barthes verglich das Kinoerlebnis mit einer Hypnose, die eine „heilende" Kraft habe.[32] Auch das Nachkriegs-Fernsehen sollte nach Ansicht des NWDR-Generaldirektors Grimme für die Menschen etwas Heilendes haben: Der Inhalt sollte „zur Gesundung der deutschen Seele beitragen".[33] Das ‚neue' Medium Fernsehen sollte auch von den Rezipienten gehandhabt werden können. Professor Emil Dovifat rief 1950 die Presse dazu auf, der Öffentlichkeit zu helfen „das neue technische Phänomen geistig zu bewältigen".[34] Das potenzielle Publikum sollte gründlich auf die neuen Möglichkeiten vorbereitet werden.

Da Intentionen von Medienproduzenten nicht immer klar erkennbar sind oder geäußert werden, fühlen sich Kritiker aufgerufen, die neuen Möglichkeiten eines Mediums einzuordnen. Zeitgenössische Stimmen warnten vor einer Manipulierbarkeit der Menschen durch das neue Medium. Adorno geht von „offenen und verdeckten Botschaften" aus, die die Fernsehproduktionen an den Zuschauer herantrügen und davon, dass das Fernsehen das „Bewußtsein des Publikums" umkreisen und einfangen wolle.[35] Mit seiner Annahme, dass die Medien die Zuschauer manipulieren könnten, zeigt er, dass er nicht von der Mündigkeit der Rezipienten überzeugt war. Er geht zudem von einer Selbstbestätigungs-Funktion für die Zuschauer aus: Die Fernsehinhalte bestätigten der Gesellschaft, dass es ihr gelungen war, sich im Nachkriegs-Deutschland anzupassen und ermöglichten eine Identifikation mit den eigenen Leistungen. Der „Druck" unter dem die Menschen stünden, sei „derart angewachsen", dass sie Bilder zur Bestätigung ihrer Leistung bedürften.[36]

Auch die Politik glaubte an eine Macht der Medien über die Zuschauer, ohne die Rezipienten selbst einzubeziehen. Wenn sich neue Dispositive in die Lebensbereiche der Subjekte ausdehnten, versuchte der Staat regulativ einzugreifen.[37] Die ständig verfügbaren Bilder des Fernsehens, die auf die Menschen wirken konnten, waren der Anlass zu Einflussbestrebungen des Staates. Als die *Neue Deutsche Wochenschau* praktisch bedeutungslos wurde, wurde die *Tagesschau* von Politikern und Staatsoberhäuptern bevorzugt genutzt, um die Aufmerksamkeit der Menschen auf sich und ihre Botschaften zu lenken. Außer der Anziehungskraft für Massen hatte das Fernsehen den großen Vorteil, dass es durch bebilderte Live-Sendungen dem Zuschauer eine direkte Teilhabe suggerieren konnte. Im Miterleben von Ereignissen sah Dovifat die „große publizistische und politische" Verantwortung. Es müsse eine „ganz neue

---

[32] Barthes, 1976, S. 290.

[33] O.V. (1952): Verschlossene Tore aufgestoßen. Ansprachen zur Inbetriebnahme der Fernsehbrücke am 1. Januar. In: Die Ansage Nr. 105, 31.12.1952, S. 6.

[34] Dovifat, E. (1950): Sollen wir Fernsehen? In: Die Ansage, Sonderausgabe, 18.11.1950, S. 1-6, hier: 5-6.

[35] Adorno, 1990, S. 162.

[36] Ebd., S. 163.

[37] Vgl. Hickethier, 2007, S. 14.

Form der Ereignisübermittlung“ erarbeitet werden, die eine Einseitigkeit und Polarisierung ausschließe.[38]

Es kann aber festgehalten werden, dass diejenigen, die sich über die *Tagesschau* mit neuesten Informationen versorgten, andere visuelle Eindrücke von der Welt bekamen als Wochenschau-Besucher. Doch ohne die Akzeptanz der Zuschauer war es keinem Medium möglich, einen Einfluss auf diese auszuüben. Die Medienkritik von *epd / Kirche und Fernsehen* beschreibt die Entwicklung der selbstverständlichen Akzeptanz des Fernsehens als etwas Unheimliches: Das Fernsehen sei durch die „Vielzahl“ der vermittelten Eindrücke und Fakten in die „Erkenntnis- und Erlebniswelt“ des Menschen eingedrungen.[39] Beim Hörfunk fehlte dagegen das Bild; der Hörer musste der Beschreibung des Sprechers glauben. Es fehlte ein Stück am wirklichen Dabeisein; man befand sich zudem in einem ganz anderen Dispositiv.

Das Fernsehen wurde genutzt, obwohl sich die Zuschauer dazu umgewöhnen mussten. Bisher saßen sie für Informationen aus aller Welt im Kinosaal und betrachteten eine große Leinwand, nun mussten sie sich auf einen kleinen Bildschirm konzentrieren. Der Regisseur und Kameramann Rudolf W. Kipp nahm an, dass der kleine Bildschirm im Gegensatz zum großen Kinobild leicht zu überschauen sei – Svoboda war vom Gegenteil überzeugt.[40]

Das Zusehen sollte trainiert werden: Im Jahr 1953 entstand die Showreihe „Ich seh‘ etwas, was du nicht siehst“. Das Showprogramm war gleichzeitig eine „Sehschule“ für die Nutzer des neuen Bildmediums.[41] *Die Ansage* kündigte an, die Sendung verlange vom Zuschauer hohe Aufmerksamkeit – er musste auf „kleinste Kleinigkeiten“ achten, um mitzuspielen.[42] Auf der anderen Seite gab es zahlreiche Kinofilme, die auch im Fernsehen zu sehen waren und problemlos rezipiert wurden. Die Zuschauer lernten, durch das Programmangebot unterschiedliche und wechselnde Anforderungen an ihre Wahrnehmung kennen, z.B. war gleichzeitig auf den *Tagesschau*-Sprecher und daneben auf Standbilder zu achten, danach kam ein Wechsel zu einem Filmbericht, dessen laufenden Bildern man folgen können musste. Sprach ein Reporter direkt in die Kamera, konnten sich die Zuschauer auch direkt angesprochen fühlen.

Indem man sich an das neue Medium gewöhnte, stiegen die Ansprüche. Beispielsweise reagierte man schon 1959 „höchst ärgerlich, wenn eine Umschaltung

[38] Dovifat, E. (1950): Sollen wir Fernsehen? In: Die Ansage, Sonderausgabe, 18.11.1950, S. 1-6, hier: S. 4.

[39] O.V. (1959): Das Fernsehen verändert unsere Welt. Notizen zu einer Wandlung, die nicht notiert wird. In: epd / Kirche und Fernsehen Nr. 18, 7.9.1959, S. 1-3, hier: S 1.

[40] Vgl. Svoboda, 1983, S. 130.

[41] Bleicher, 2008, S. 331.

[42] O.V. (1953). Richtig sehen – richtig raten! Ein neues Preisrätsel für alle Fernseh-Zuschauer. In: Die Ansage Nr. 150, 12.11.1953.

nicht präzis klappt oder das Bild aus England etwas verschwommen ankommt",[43] wie *epd / Kirche und Fernsehen* beobachtet hat. Die Gewöhnung an das Medium veränderte die Erwartungshaltung an die Professionalität – technische Pannen wurden im Laufe der Zeit weniger toleriert. Infratest stellte 1961 fest, dass über die Hälfte der Befragten nur teils zufrieden waren. Die kritische Haltung erklärte man damit, dass das Publikum sich nun nicht mehr als Zeugen einer Pionier-Leistung sehe, sondern vielmehr „Vollkommenheit in jeder Beziehung" verlange – besonders, weil nur eine Minderheit das zweite ARD-Programm empfangen könne.[44] Ein schlechtes Programm sei schon ausreichend für das Gefühl eines „verpfuschten Abends" – eben weil der Zuschauer sich auf das eine Programm angewiesen sehe. Solche Verärgerungen steigerten eine „kritische Gesamteinstellung".[45] Unter den einzelnen Sendungen wurden aber besonders die „aktuellen Informations- und Dokumentarsendungen" als positiv bewertet. Der Kritiker von *epd* schloss daraus, dass der Zuschauer doch nicht nur auf leichte Unterhaltung aus sei, „wie oft angenommen wird".[46] Trotzdem könne man es sich bei den Sendern nicht mehr so einfach machen, wie in der Zeit des Aufbaus. Der Zuschauer sei nun im Umgang mit dem Fernsehen „geschulter" und sein „Blick" sei kritischer.[47] Der Umgang mit dem Fernsehen bewirkte mit der Zeit eine größere Medienkompetenz und Kritikfähigkeit der Zuschauer, die von den Gestaltern der Programme zu beachten war. Das Fernsehen war Teil des Feierabends zu Hause, von dem sich der Zuschauer qualitätsvolle Information und Unterhaltung erwartete.

6.1.4 Mediennutzung als Motor der Medienentwicklung

Während das Fernsehen der Presse nachweislich nicht schadete,[48] blieb das Kino von der Entwicklung des Fernsehens nicht unbeeinflusst. Seine Rolle veränderte sich – das Kino wurde von einem ‚Alltagsmedium' zu einem Medium für bestimmte Gelegenheiten. Solche Anpassungsprozesse bedeuten zwar keine grundsätzlichen existenzbedrohenden Probleme – aber es kann zu „wirtschaftlichen Konfrontationen" kommen.[49]

[43] O.V. (1959): Das Fernsehen verändert unsere Welt. Notizen zu einer Wandlung, die nicht notiert wird. In: epd / Kirche und Fernsehen Nr. 18, 7.9.1959, S. 1-3, hier: S. 1

[44] O.V. (1961): Der Zuschauer ist kritischer geworden. Feststellungen über Beifall und Ärger unter Fernsehteilnehmern. In: epd / Kirche und Fernsehen Nr. 25, 26.6.1961, S. 1-2, hier: S. 1. Studienergebnisse von Infratest werden wiedergegeben.

[45] Ebd.

[46] Ebd.

[47] O.V. (1961): Der Zuschauer ist kritischer geworden. Feststellungen über Beifall und Ärger unter Fernsehteilnehmern. In: epd / Kirche und Fernsehen Nr. 25, 26.6.196, S. 1-2, hier: S. 2.

[48] Vgl. ARD, 1969, S. 31.

[49] Lerg, 1981, S. 195.

Mehr noch als der Kinofilm, für den man einen besonderen Ort kollektiv mit fremden Menschen aufsuchen musste, hatte das Fernsehen im privaten Raum eine Regenerationsfunktion. Nach einem anstrengenden Arbeitstag von etwa elf Stunden[50] stand der Apparat einschaltbereit zur Verfügung und ein „Irgendwie-Dabeisein"[51] konnte auch mit einem Dösen vor dem Fernsehbildschirm verbunden werden. Für solche Zwecke war der Aufwand des Kinobesuchs zu hoch und das Kinoprogramm mit Wochenschau, Kulturfilm und Hauptfilm zudem beschränkt. Beim Fernsehen dagegen bestand durch Programmerweiterungen die Möglichkeit, unter vielen Sendungen zu wählen. Wiederkehrende Sendungen (sog. „Ritualisierungskerne"[52]) bekamen eine besondere Bedeutung. Die Bedeutung der Hauptnachrichtensendung ist ein legendäres Beispiel – Telefonanrufe nach 20 Uhr, zur *Tagesschau*-Zeit, entsprachen nicht der Etikette. Bei dieser ritualisierten Haltung des Zuschauens kam es weniger auf den Inhalt der Sendungen an, sondern wichtig war vielmehr die Kontrolle. Das Interesse an der Wochenschau war dagegen anders geartet: Man wollte nicht nur ‚Kontrollsehen', sondern vor allem von Sensationen aus der Welt draußen erfahren und schon vor dem Hauptfilm etwas Aufregendes und Unterhaltendes erleben. Beim Fernsehen reagierten die Zuschauer mit unterschiedlichen Fernsehgewohnheiten je nach Situation und ihren aktuellen Bedürfnissen.[53] Es kam zu einer Differenzierung des Zuschauerverhaltens und zu verschiedenen Formen des ‚Fern-Sehens'.

Durch das neue Medium Fernsehen und das verbreiterte audiovisuelle Angebot differenzierte sich das Zuschauerverhalten aus, d.h. mehrere Nutzungsstile existierten nebeneinander.[54] Es war möglich, dass ein Zuschauer die Rezeption für andere Tätigkeiten unterbrach oder den Fernsehempfänger laufen ließ, während er sich in der Wohnung bewegte. All dies wäre im Kino kaum möglich gewesen. Erst durch die Nutzung und die Vergleichsmöglichkeit von zwei ‚aktuellen' Informationsformaten, erkannten die Zuschauer auch die Informationsintentionen der Medien und schätzten die tägliche Information als Qualität des Fernsehens.

6.1.5 Substitution oder Funktionsverschiebungen

Zu Beginn der *Tagesschau*-Entwicklung wurden Wochenschau-Filme in der *Tagesschau* gezeigt und bis 1955 besonders Auslandsmaterial der *Neuen Deutschen Wochenschau*. Im Laufe der Zeit entstand eine neue, eine fernsehgerechte Form. War zuvor die Wochenschau dazu da, die Informationen der Tageszeitung mit laufenden Bildern lebendig zu ergänzen, übernahm nun die *Tagesschau* diese Funktion völlig.

50 Vgl. Schildt, 1995, S. 85. Mit der Einführung der 5-Tage-Woche verlängerten sich zunächst die Arbeitstage.
51 Hickethier, 2000, S. 26.
52 Ebd.
53 Ebd., S. 27.
54 Vgl. Ebd.

Je weniger die Wochenschau noch von den Zuschauern genutzt wurde, desto uninteressanter wurde sie für die Bundesregierung. Sie verlor die Präsentationsfunktion an das Fernsehen, das grenzüberschreitend senden und auch die DDR erreichen konnte, was der Bundesregierung im Kalten Krieg wichtig war. Will man also den Ansatz von Riepl[55] anwenden, ist die Betrachtung von einem Medium, wie Kino oder Fernsehen, auf das Format und seiner Eigenart der Informationsvermittlung herunterzubrechen. Die Wochenschau wurde ersetzt – das Kino dagegen nicht!

Der Kreislauf der Innovation,[56] wie bei Stöber beschrieben, trifft nur teilweise auf das Beispiel von Wochenschau und *Tagesschau* zu. Zunächst wuchs die Unzufriedenheit mit den Inhalten und der Gestaltung der Wochenschau – zahlreiche Schriftwechsel belegen dies – dann wurden die Nutzungsmöglichkeiten des Fernsehen propagiert und damit auch der *Tagesschau*. Es gab genügend Nutzungsanreize durch ein Programm, das sich im Einklang mit dem Alltag der Zuschauer ausweitete. Für das Fernsehen wurden ganz neue Rechtslagen geschaffen und das neue Medium nicht in alte rechtliche Strukturen eingefügt, obwohl versucht wurde, an die aus der Weimarer Republik anzuknüpfen. Ebenfalls abweichend von Stöber, war die Rentabilität der Wochenschau nie gegeben – im Fall der Wochenschau war das Geschäftsmodell nicht zu modernisieren. Ganz entscheidend waren bei Wochenschau und *Tagesschau* die technischen Entwicklungen. Beim Fernsehen war schon früh das Bewusstsein gewachsen, dass etwas konkurrenzlos Neues entstand. Der Intendant des Hessischen Rundfunks Eberhard Beckmann äußerte bereits ein Jahr nach dem Start des Fernsehens:

> *„Es ist meine feste Überzeugung, dass die Wochenschau aus den Filmtheatern verschwindet, wenn die Sättigung des Marktes mit Fernsehgeräten erfolgt ist. Im Gegensatz zu der intensiven Raffung des Geschehens in der Filmwochenschau [...] wird das Fernsehprogramm dem Publikum eine wohltuende, ausführliche Schilderung des Ereignisses bieten können. Es wird sich dabei um eine Tagesschau handeln, die zugleich aktueller ist.“*[57]

Das Kino musste nach und nach seine Funktion als wöchentlich genutztes Alltagsmedium aufgeben – der Kinobesuch wurde seltener und galt dann einem neuen Film oder einem besonderen Regisseur. Allerdings gab es schon immer Spielfilme im Fernsehen und noch heute ist der Spielfilm heute ein wichtiger Bestandteil des Programms. Umgekehrt können die neuen Medien kaum Eingang in alte Medien finden. Die *Tagesschau* durfte nicht im Kino gezeigt werden, obwohl dies möglich gewesen wäre und zu einer Erhöhung von Aktualität im Kino beigetragen hätte.[58] Mit der

55 Vgl. Riepl, 1913/1972; vgl. Peiser, 2008, S. 158-159.

56 Vgl. Stöber, 2008, S. 139-141.

57 O.V. (1953): Ein Offener Brief und eine Offene Antwort. Wird das Fernsehen die Wochenschau verdrängen? In: fff-Press, Nr. 46, 16.11.1953, BArch B 145/112.

58 Vgl. Bleicher, 1993a, S. 91. Den Aktualitäten-Kinos wurde 1959 per Gerichtsbeschluss verboten, die *Tagesschau* oder andere „Bildreportagen“ des Fernsehens in ihren Kinos zu zeigen.

Verdrängung der Wochenschau ist auf der anderen Seite die Informationsfunktion des Kinos nicht ganz verschwunden, denn dokumentarische Filme und Kulturfilme werden noch immer gezeigt[59] – wenn sie auch den geringsten Teil ausmachen und der Kreis der Zuschauer nur klein ist.

Bereits im November 1953 war für den Intendanten des Hessischen Rundfunks, Eberhard Beckmann, erkennbar: Es könne doch möglich sein, dass das Vorprogramm im Kino nicht mehr „genügend zusätzlichen Reiz" biete, wenn es möglich ist, „den Menschen das Miterleben aktueller Geschehnisse ins Haus zu liefern".[60] Wenn die Wochenschau nicht mehr im Filmtheater bestehen könne, dann würde allein der Spielfilm „genügend Anziehungskraft" für das Kino entwickeln. „Der Spielfilm würde noch bedeutender, das Ereignis des Filmbesuchs in seiner Wirkung noch gesteigert, so wie es immer schon beim Bühnentheater der Fall gewesen ist."[61]

Nach diesen Ausführungen ist in Bezug auf das Verhältnis von Wochenschau und *Tagesschau* nicht von Komplementierung zu sprechen – denn es steht fest, dass die Wochenschau in keinem aktuellen Medium mehr existiert. Für das Verhältnis der Medien Kino und Fernsehen ist zu differenzieren und festzuhalten:

Die Nachrichten der *Tagesschau* haben die Wochenschau durch die größere Aktualität verdrängt: durch Berichte mit möglichst kurzer Distanz zwischen Ereignis und Ausstrahlung bis zur Übertragung in Echtzeit. Andere Inhalte der Wochenschau sind im Fernsehen in speziellen Formen abgebildet worden, z.B. in Magazinen. Die Wochenschau war nicht mehr in der Lage, den Zuschauern weiterführende Informationen (zur Ergänzung der Presse) zu bieten – das Aktuellste hatte die *Tagesschau* bereits berichtet. Auch der unterhaltende Teil der Wochenschau wurde von unterschiedlichen Fernsehformaten übernommen. In Bezug auf das mediale Produkt ‚Wochenschau' ist von Substitution zu sprechen.

Das Fernsehen hat den Film vom Kino in das Programm übernommen – das Kino besteht aber aufgrund des völlig anderen und vom Zuschauer geschätzten Dispositivs weiter, wenn auch mit ökonomischen Einbußen. Hier besteht Komplementariät in Bezug auf ein Medium.

Neue Medien übernehmen Bestandteile, Präsentationsformen der Formate der alten Medien und entwickeln sie weiter – so wie die *Tagesschau* zunächst Elemente der Wochenschau übernommen hat. Es entsteht eine neue Vielfalt, worauf das Publikum reagiert. Durch die Forderung nach neuen Formen ergeben sich wiederum Anforderungen an die Medientechnik – so schließt sich ein Kreislauf.

59 Roeber & Jacoby ordnen allerdings auch Dokumentarfilme im Kino der Unterhaltung zu. Dies ist jedoch eine historische Betrachtungsweise; vgl. Roeber & Jacoby, 1973, S. 52.

60 O.V. (1953): Ein Offener Brief und eine Offene Antwort. Wird das Fernsehen die Wochenschau verdrängen? In: fff-Press, Nr. 46, 16.11.1953, BArch B 145/112.

61 Ebd.

6.1.6 Zusammenfassung zu den Auswirkungen der Medienentwicklung

Der Übergang von der Kinonutzung zur Fernsehnutzung zum Zweck der täglichen audiovisuellen Information hat die Dispositive verändert: die Anordnung der Menschen im Raum vor dem Gerät bzw. seine Flexibilität, die Gewöhnung der Zuschauer an das Angebot sowie die Anpassung ihrer zeitlichen Ressourcen an das Programm, das veränderte das Erleben der audiovisuellen Medieninhalte, die den Eindruck einer ‚Privatvorstellung' vermitteln konnten oder das Gefühl des Alleinseins eines Zuschauers unterbinden, indem er sich inmitten des Studiopublikums wähnte. Privatheit des Zuschauers und Öffentlichkeit gehen ineinander über. Das Medium Fernsehen erstellte Programmgattungen und Präsentationsformen, die dazu beitrugen, dass sich in den 1950er Jahren ein spezifischer Typ medialer Wirklichkeitskonstruktion herausbildete – die Fernsehwirklichkeit[62].

[62] Vgl. Elsner & Müller, 1991, S. 20.

6.2 Faktoren der Etablierung einer audiovisuellen Form

Als das Fernsehen mit der *Tagesschau* die Informationsfunktion des Kinos übernahm, wurde die Wochenschau von Seiten der Medienkritik und der Wochenschau-Rezipienten für überflüssig erklärt: Sie sei „eine abgestandene Vorspeise zum Hauptfilm".[1] Selbst die Produzenten der *Neuen Deutschen Wochenschau* mussten schließlich in Anbetracht der Kundenreaktionen einsehen, dass ihre Wochenschau der Konkurrenz der *Tagesschau* nicht gewachsen war. Ein Kinobesitzer schrieb dem Verleih, „dass eben die Aktualität allgemein der Wochenschauen vorbei ist durch die Tagesschau des Fernsehens".[2] Welche Gründe genau konnte es für das Scheitern der *NDW* gegeben haben? Warum konnte sich die *Tagesschau* gegenüber der Wochenschau durchsetzen, obwohl beide den Anspruch hatten, aktuelle Themen zu vermitteln und beide ein audiovisuelles, sinnlich vielfältiges Erlebnis boten? Zur Beantwortung dieser Fragen werden ausgehend von den bisherigen Ergebnissen und den Erkenntnissen zehn Faktoren aufgestellt und begründet,[3] die die Etablierung des damals neuen Mediums Fernsehen und seiner *Tagesschau*-Sendung im Vergleich zur Kino-Wochenschau begünstigt haben.

6.2.1 Die institutionelle Verankerung und Finanzierung

Zunächst ist entscheidend, in welches institutionelle Umfeld ein Medienformat eingegliedert ist. Die Filmwirtschaft mit dem Verleihgeschäft stand als privatwirtschaftliches System dem öffentlich-rechtlichen System des Fernsehens gegenüber. Die Neue Deutsche Wochenschau[4] war eine eingetragene GmbH mit Unternehmensbeteiligung der Bundesregierung, die den halböffentlichen Auftrag hatte, Aktualitäten-Filme für das Kino herzustellen. Die Gesellschaft hatte hohe, teilweise an Fristen gebundene, Verbindlichkeiten und war auf Kredite und Bundesmittel angewiesen.[5] Sie stand unter einem hohen Erfolgsdruck, denn die Marktetablierung ihres Wochenschauproduktes musste sich schnell vollziehen, um Investitionen und die laufenden

[1] Keil, J. (1960): Weg mit der Wochenschau? Harte Szenen – langweilige Späßchen. In: Bild Nr. 127 vom 1.6.1960, DW-Allgemein Kritiken Werbung ab 1960, DW.

[2] Kronen-Lichtspiele, Unterhausen, Brief an Bavaria, 6.6.1961, NDW Echo, DW.

[3] Vgl. Stöber, 2003, S. 209. Während Stöber auf der Suche nach den in einander greifenden Faktoren zur Medienentstehung und Medienausdifferenzierung vier Prozesse abbildet (Technik, Kultur, Politik/Recht und Ökonomie) wurden in der vorliegenden Untersuchung zehn Faktoren identifiziert, die am Beispiel zur Etablierung von Tagesschau und Fernsehen beigetragen haben.

[4] Die Neue Deutsche Wochenschau GmbH änderte Ende 1955 ihren Namen in Deutsche Wochenschau GmbH, angeblich um eine Unterscheidung von Firmen- und Produktnamen zu verbessern; vgl. Roeber & Jacoby, 1973, S. 261.

[5] Das Gründungskapital stammte aus der Liquidationsmasse von aufgelösten Filmunternehmen, Darlehen von Bankhäusern und aus Krediten der Bundesregierung; vgl. Abschnitt 3.4.

Produktions- und Distributionskosten[6] von der ersten Ausgabe an zu decken. Trotz einer strategischen Absatzlenkung waren hohe Erträge zunächst vollkommen ausgeschlossen. Als zusätzliche Einnahmequelle diente die Produktion von Dokumentarfilmen für die Bundesregierung – nicht aber kommerzielle Werbung. Das Werbegeschäft und die daraus resultierende Einnahmen waren den Kinobesitzern vorbehalten. Als Präsentationsmedium für Westdeutschlands Politik und Wirtschaft war die *NDW* jedoch anfällig für beeinflussende Unternehmens-Interessen. Im Gegenzug hatte sie ein Interesse an dauerhaften Kontakten für attraktive und exklusive Stories, um damit ein möglichst positives Image zu gewinnen und die Wettbewerbsposition zu stärken.

Die *Tagesschau* war dagegen Teil eines sich ausweitenden Programms in einem föderal gebildeten öffentlich-rechtlichen Rundfunksystem mit gegenseitiger Unterstützung der einzelnen Rundfunkanstalten. Sie war in ihrer materiellen Existenz geschützt, da die Gebühreneinnahmen durch die Fernsehteilnehmer garantiert waren – nach der Einrichtung des Werbefernsehens konnte sich das Fernsehen außerdem zum Teil durch Werbe-Einnahmen finanzieren. Diese Einnahmen standen dem Fernsehsystem und damit auch der *Tagesschau* zur Verfügung. Als einzige überregionale Nachrichtensendung des Programms war sie unverzichtbar und stand daher auf dem Medienmarkt außer Wettbewerb – außer mit anderen Informationssendungen der regionalen Rundfunkanstalten.

6.2.2 Die Konkurrenz

Die institutionelle Eingliederung kann die Wettbewerbsfähigkeit eines Medienprodukts stärken oder auch schwächen. Obwohl sie vom Bund gestützt wurde, war die *Neue Deutsche Wochenschau* Teil eines kommerziellen Verleih- und Vermarktungssystems und hatte damit eine starke Konkurrenz. Der Wochenschau-Markt war mit vier Wochenschauen dicht besetzt[7]. Die Wochenschauunternehmen bzw. deren Verleiher versuchten, sich gegenseitig mit den Leihmieten für die unterschiedlichen Folgen (erste bis achte Folge) zu unterbieten. Zudem entstand für die *NDW* Konkurrenz im eigenen Haus, denn die *Ufa-Wochenschau* wurde in ihrer Entwicklung vorgezogen. Mit der *Ufa-Wochenschau* hatte die UFA ihre Prestige-Wochenschau mit dem mächtigen traditionsbezogenen Namen zurückgewonnen. An der Gestaltung und

[6] Darunter Filmmaterial, Kopierkosten, Kameraleute, Zoll, Transportkosten im In- und Ausland.

[7] Die ursprünglich britisch-amerikanische Wochenschau *Welt im Film* (ab 1952 als *Welt im Bild*), die *Blick in die Welt* als ehemalige französische Besatzungswochenschau, die amerikanische *Fox Tönende Wochenschau* (von Beginn an privatwirtschaftlich) und die *Neue Deutsche Wochenschau* als erste von den ehemaligen Besatzungsmächten unabhängig hergestellte Wochenschau. Die *Welt im Bild* wurde im selben Unternehmen wie die *NDW* produziert und wurde 1956 zur *Ufa-Wochenschau* (zunächst im Herzog Filmverleih, ab Nr. 71 im UFA-Filmverleih).

Struktur der *Ufa-Wochenschau* wurden neue ‚Konzepte' verwirklicht[8]. Sie bekam bei der Materialverwertung oft den Vortritt und hatte damit die im Vergleich zur *NDW* die ‚aktuelleren' Themen zu bieten.

Während auf dem Wochenschau-Markt jedes Unternehmen für sich allein um exklusive Stories und Verleihaufträge kämpfen musste, schlossen sich die Rundfunkanstalten zusammen, um gemeinsam ein Programm sowie Sendungen, wie die *Tagesschau*, zu gestalten. Die regionalen Nachrichtensendungen der einzelnen Rundfunkanstalten waren zwar Ergänzungen des bundesweit interessierenden Nachrichtenangebots der *Tagesschau*, aber weniger eine wirkliche Konkurrenz – obwohl Dopplungen und Differenzen bei Themen vorkommen konnten, und die Koordination der Programmbeiträge im Laufe der Zeit schwieriger wurde.

6.2.3 Die Produktions- und Distributionsmöglichkeiten

Wie konkurrenzfähig ein Medienprodukt ist, hängt entscheidend von seinen Produktions- und Distributionsmöglichkeiten ab, um die Kunden bzw. Rezipienten zu bedienen. Die Wochenschau war an das Medium Kino und das Trägermaterial Film gebunden und musste sich bei Produktion und Distribution in diesen Rahmen bewegen. Sie war seit Beginn ihrer Entwicklung aus der Anfangszeit des Films[9] auf einen Verleih angewiesen und die Verbreitung konnte nur durch eine massenweise Vervielfältigung und Verteilung der Kopien an die Kinobetreiber funktionieren. Die *NDW* konnte daher in ihrer Themenwahl nicht auf regionale und lokale Interessen eingehen, was ein beständiger Kritikpunkt war. Nach Redaktionsschluss folgte die Vervielfältigung und Auslieferung – so konnte die *Neue Deutsche Wochenschau* nicht mit tagesaktuellen Berichten ergänzt werden. Wie aktuell die Informationen waren, die die Zuschauer zu sehen bekamen, hing außerdem davon ab, welche Wochenschau-Folge sich das jeweilige Kino leisten konnte. Je höher die Folgezahl, desto geringer die Aktualität. Die Aktualität als zeitliche Nähe von Ereignis und Bericht gewann jedoch im Laufe der 1950er Jahre stark an Bedeutung für die Zuschauer.

Beim Bezug von Auslandsmaterial war die *NDW* auf ihre ausländischen Partner-Unternehmen in der International Newsreel Association (INA) angewiesen, was die Lieferung der Auslandsbeiträge verzögern konnte. Selbst als der Linien-Flugverkehr wieder anlief und Filmrollen mit Auslandsberichten zuverlässig transportiert wurden, förderte dies nicht die Aktualität, denn die wöchentliche Auslieferung der *NDW* blieb unverändert. Deswegen war auch die Zusammenarbeit mit Nachrichtenagenturen, die minutengenau aktuelle Meldungen lieferten, kaum relevant. Viel wichtiger war es, Exklusiv-Stories bringen zu können. Doch internationale Agenturen warfen ihre Nachrichtenfilme für alle Film- und Fernsehschaffenden gleichermaßen auf den

[8] Nicht immer stand der Sport am Schluss. Beispielsweise beginnt die *UFA* Nr. 264 vom 16.8.1961 mit einem großen Sportteil und berichtet erst in einem zweiten Block über den Mauerbau.

[9] Vgl. Abschnitt 3.1.

Markt. Durch diese Öffnung des Informationsmarktes wurden die Wochenschauen austauschbarer und verloren ihre ‚Marke'.

Auch bei der *Tagesschau* gab es in Abhängigkeit von technischen Neu- und Weiterentwicklungen Zwänge in der Produktion und Distribution. Durch den Ausbau der Übertragungswege wurde die *Tagesschau*, wie jede andere Fernsehsendung, über die Senderkette ausgestrahlt und so mit einer großen „technischen Reichweite" sofort an die Vielzahl der Empfänger gesendet.[10] Zwar war sie in Bezug auf die Entwicklung von Filmmaterial von Sachleistern abhängig, aber da die Komponenten der *Tagesschau* erst im Moment der Sendung zusammengeführt wurden, konnte sie flexibel reagieren und aktuelle Berichte selbst noch kurz vor Sendebeginn einbringen. Die *Tagesschau* war ein Gemeinschaftsprodukt und die Übertragungstechnik ermöglichte ein direktes Umschalten zu allen Rundfunkanstalten im Bundesgebiet. Durch das Korrespondentennetz der einzelnen Rundfunkanstalten, durch den Kontakt zu ausländischen Nachrichtenagenturen und anderen ausländischen Fernsehsendern (wie der BBC) war es möglich, Auslandsvorkommnisse relativ schnell (etwa einen Tag später) aufzugreifen.

Fernsehen war grundsätzlich für alle da, d.h. jeder, der ein Gerät besaß oder eines mitnutzen konnte, war imstande, die *Tagesschau* zu sehen. Die Sendungen waren für alle Empfänger gleich und gleich aktuell. Ab Oktober 1956 erschien sie täglich (außer sonntags); ab September 1961 an allen sieben Wochentagen. Die hohe Flexibilität und Ausbaufähigkeit im Programm war ein erheblicher Vorteil gegenüber der Wochenschau, die ihre Produktions- und Distributionsvorgänge kaum ändern oder beeinflussen konnte.

6.2.4 Die Einbindung in einen Programmkontext

Um akzeptiert und genutzt zu werden, ist der Platz des Medienprodukts im Programmrahmen von hoher Bedeutung. Beide, Wochenschau und *Tagesschau*, waren das Tor zur Unterhaltung. Die Hauptnachrichten der *Tagesschau* waren der Beginn des Abendprogramms des Fernsehens, die Wochenschau leitete über zum Film (Kultur- bzw. Hauptfilm – meist lief die Wochenschau vor dem Kulturfilm). Während die *Tagesschau* auf den Sendeplatz pünktlich um 20 Uhr fixiert war und zur Gewöhnung der Zuschauer führte, war der Beginn der Wochenschau je nach Kino und Dauer der vorgeschalteten Werbung unterschiedlich. Beide waren aber auf eine erwartbare Länge festgelegt. Dabei war die *Tagesschau* ein kleiner Teil in einem sich immer mehr ausweitenden Programm. Obwohl laufend neue Formate im Fernsehen entstanden, die das Programm bereicherten, behielt die *Tagesschau* ihre Stellung und Bedeutung im Programmablauf, denn sie wurde zum Dreh- und Angelpunkt des Fernsehabends. Auch die Wochenschau war ein fester Bestandteil – allerdings als Teil

[10] ARD, 1969, S. 113.

eines Beiprogramms in einem weniger kleinteiligen Kinoprogramm; und obwohl es nicht durch attraktivere Programmpunkte erweitert wurde, verlor die Wochenschau ihre Bedeutung. Die *Tagesschau* blieb für das Publikum und die Programmplaner stets herausragend wichtig.

6.2.5 Die Möglichkeiten zur Qualitätsentwicklung

Allgemein gilt: Wenn Kosten entstehen, wächst die Erwartung an die Qualität. Die Wochenschau sah sich mehreren Gruppen mit unterschiedlichen Qualitätsansprüchen gegenüber: Der Verleih hatte Absatzkosten, z.B. Vertreterkosten sowie Aufwendungen für Marketing zu decken, und die Kinos hatten Leihgebühren für die Wochenschau zu zahlen. Außerdem trug die Wochenschau nicht dazu bei, die Vergnügungssteuer für das Filmtheater zu senken, wie es durch die prädikatisierten Kulturfilme möglich war. Die Zuschauer zahlten einen Eintrittspreis für das Kino-Programm (mit der Wochenschau im Beiprogramm), hatten vielleicht Wegekosten und einen gewissen Zeitaufwand. Dazu kommt, dass die *NDW* durch den Qualitätsvergleich mit den Konkurrenz-Wochenschauen leicht angreifbar war. Auch der Kampf der Kinos um die Besucher, deren Zahl Ende der 1950er Jahre ständig zurückging, wirkte sich als Qualitätsdruck auf die Wochenschau aus. Die Filmtheaterbesitzer wollten die schwindende Zahl der Zuschauer nicht durch ein schlechtes Beiprogramm verärgern.

Nicht immer konnten die Wochenschauen Mängel in der Qualität verhindern. Auf jeder Stufe der Herstellung waren Beeinträchtigungen möglich. Im Kopierwerk konnten in der Produktion der Massenkopien Fehler auftreten. Im Kino konnte der Vorführer beispielsweise die Lautstärke falsch regeln. Die Zuschauer ordneten die Verantwortung für solche Pannen aber der Wochenschau zu und bemängelten allgemein die Qualität. In ihren beiden Heften des Hausblattes *Das Neueste* adressiert die *NDW* einen Aufruf an die Theaterbesitzer und Filmvorführer, den Ton richtig zu steuern (nicht herauf- oder herabzusteuern), denn man gebe sich bei der *NDW* große Mühe, den Ton „von Anfang bis Ende auf e i n e m [Hervorhebung im Text] Niveau zu halten“.[11] Dies belegt, wie sehr die *NDW* befürchtete, für Tonschwankungen direkt verantwortlich gemacht und mit schlechter Qualität in Verbindung gebracht zu werden.

Aufgrund des Absatzdrucks musste die *NDW* ihre Qualität schnell festigen und dabei auf die Erwartungen der Kinos und Zuschauer eingehen. Durch ihre Anpassung an den Publikumsgeschmack glichen sich aber die Wochenschauen bald „wie ein Ei dem anderen“[12]. Ausgelöst durch die Kinokrise waren die Wochenschauen angehalten, ihre Gestaltung zu modernisieren. Ambitionen der *NDW*, neue Konzepte umzu-

[11] Das Neueste, Heft 1, September 1951, S. 15, Privatbesitz Stamm; vgl. Das Neueste, Heft 2, Oktober 1951, S. 4, Privatbesitz Stamm.

[12] Kaha (Kürzel) (1958): Gibt es einen Ersatz für Aktualität? Konkurrenz zwingt zu neuen Wochenschau-Wegen. In: Film-Telegramm/Feuilleton Nr. 38, 16.9.1958, UFA-Kritiken, DW.

setzen, führten meist zu so starken Widerständen seitens der Zuschauer, dass sie kaum verwirklicht werden konnten – im Gegensatz zum Schwesterprodukt der *Ufa-Wochenschau*. Mit ihrer ‚modernisierten' Gestaltung musste sich die *NDW* vergleichen lassen. Auf der anderen Seite wurde die *NDW* mit der *Tagesschau* verglichen.

Bei der *Tagesschau* entstand der Qualitätsdruck zunächst nur intern durch den ersten Redakteur Martin S. Svoboda. Die *Tagesschau* hatte ein Selbstbild, das sich an journalistischen Grundsätzen ausrichtete – beispielsweise Nachricht und Kommentar sowie Nachricht und Werbung zu trennen. Diese Grundsätze, abgeleitet aus dem Grundgesetz Artikel 5 und aus den zehn Geboten, die die ehemaligen amerikanischen Besatzer dem Rundfunk gaben, wurden als Programmgrundsätze der Rundfunkanstalten aufgenommen. Mit steigender Beliebtheit und größerer Bedeutung und Funktion kamen Erwartungen des Publikums und der Medienkritik hinzu. Das Publikum schätzte zunächst noch die gewohnte filmische Machart des Vorgängerformates im Kino. Aber gerade der Reiz des Neuen und der Vorteil, tagesaktuell informiert zu sein, sowie der Eindruck des ‚Dortseins', führten bei den Zuschauern und anderen Interessengruppen zu einer größeren Geduld und Toleranz gegenüber den spürbaren technischen Schwierigkeiten der *Tagesschau*-Produktion. Die neuen Gestaltungswege des Fernsehens konnten trotz Improvisationen in der ersten Zeit überzeugen. Ende 1960 hatte die *Tagesschau* ihre ideale Form gefunden. Mögliche Störungen des Sendebetriebs bei der Übertragung konnten nicht der *Tagesschau* angelastet werden. Andere Störungen, wie beim Fernsehempfangsgerät lagen in der Verantwortung des Teilnehmers selbst. Der Zuschauer konnte Fehlerquellen möglicherweise selbst erkennen und (mithilfe des Fernseh-Technikers) beheben.

Bei Wochenschau und *Tagesschau* gab es jedoch zwei Gemeinsamkeiten hinsichtlich der Qualität. Beide bemühten sich einerseits um Exklusivität der Berichte, andererseits entstanden in der Darstellung von Ereignissen Berichterstattungs-Schemata, z.B. die Ankunft von Politikern. Wochenschau und Fernseh-*Tagesschau* wurden dafür von der Fachpresse gleichermaßen kritisiert.

6.2.6 Die Interessen und Erwartungen Dritter

Der *Neuen Deutschen Wochenschau* standen Interessen verschiedener Seiten gegenüber. Bei diesen Interessen ging es nicht nur um die gestalterische Qualität, sondern auch um politischen Einfluss auf ein Informationsmedium. Da war zunächst die Bundesregierung als Geld- und Auftraggeber; sie legte Wert auf eine ‚politisch richtige' Darstellung Deutschlands durch die Wochenschau und ihre eigene Profilierung. Der Verleih als Absatzmittler war an einem bestmöglichen Absatz interessiert, um über die Vertretung der *NDW* andere Verleiher und ihre Programme aus den Kinos zu verdrängen, denn die Wochenschau war an das Verleihprogramm gekoppelt. Die Kinobesucher wollten einen guten und stimmungsvoll harmonischen Übergang zum Hauptfilm – und die Kinobesitzer wollten eine möglichst hohe Zufriedenheit der Zuschauer mit dem Gesamtprogramm erzielen. Diesen eher legitimen und nachvollziehbaren Einflussmöglichkeiten sind weitere hinzuzufügen, die nur selten von öffentlicher Kritik aufgedeckt und kaum von den Medien selbst thematisiert wurden. Dazu zählen der Einfluss von Gremien, wie Verwaltungsrat bzw. Beirat und Aufsichtsrat, durch repräsentative Berichte als Zugeständnis an Gremienmitglieder. Die *NDW* war gezwungen, konträre Interessen zu berücksichtigen: Beispielsweise hatten die Zuschauer nur wenig Interesse an politischen Inhalten – die Bundesregierung aber wohl. Außerdem übten an Public Relations und Werbung interessierte Personen und Firmen Einfluss auf die Gestaltung der *NDW* aus.

Bei der *Tagesschau* ist die Gemengelage weniger vielfältig: Es gab keine Absatzmittler, keinen Einfluss von Kinobesitzern und kaum Konkurrenz. Aber auch beim Fernsehen gab es Interessen und (medien-)politischen Einfluss durch Gremien (Rundfunkrat und Intendanz), Rundfunkanstalten, die ihre Zulieferungen in die *Tagesschau* bringen wollten und die Wünsche der Fernsehkritik als ‚Anwälte' der Gebührenzahler. In Bezug auf die Inhalte muss man sich fragen, welches Bild von den gesellschaftlichen, wirtschaftlichen und politischen Verhältnissen die Zuschauer durch die audiovisuellen Medien vermittelt bekamen.

6.2.7 Die Gestaltungsmöglichkeiten des Bildes

Wochenschau und *Tagesschau* hatten unterschiedliche Möglichkeiten der Bildgestaltung. In der zeitgenössischen Diskussion wurde konstatiert, dass das Fernsehbild nicht mit dem des Films vergleichbar sei – wie auch *NDW*-Chefredakteur Kuntze-Just sagte: „Nichts läßt den Bildunterschied Film-Fernsehen besser erkennen, als der Vergleich *Tagesschau*-Wochenschau."[13] Die *Tagesschau* konnte sich aber nicht, wie die Wochenschau, mit der filmischen Gestaltung mehrere Tage Zeit lassen. Erst durch die tägliche Routine konnte sie eine verlässliche Produktionsweise entwickeln, bei der trotzdem noch eine schnelle Reaktion durch Improvisation möglich war. Zu Anfang war nicht klar, welche Inhalte für den Fernsehschirm geeignet waren, und ob die sonst so wirksamen Kinofilme nur unzulänglich erscheinen. Daher bemühte man sich zunächst um Darstellungen von kleinen Gegenständen, wie Puppenbühnen. Schließlich erkannten die Fernsehmacher, dass selbst Monumentalfilme auf dem kleinen Bildschirm funktionierten.

Für Kritiker, wie Adorno, war das Kinobild die beste Darstellungsart. Er ging davon aus, dass „das Miniaturformat der Menschen" im Fernsehen die aus dem Kino „gewohnte Identifikation und Heroisierung" behindern würden: „Die da mit Menschenstimmen reden, sind Zwerge. Sie werden kaum in demselben Sinn ernst genommen wie die Filmfiguren."[14] Die Stereotypen des Fernsehens würden außerdem

[13] Kuntze-Just, H. (1958): Den Wochenschauen gelang die Umstellung. In Konkurrenz zur Tagesschau. In: Film-Telegramm/Kommentare Nr. 16, 15.4.1958, UFA-Kritiken, DW.

[14] Adorno, 1990, S. 163.

„Hinz und Kunz“ gleichen[15] – aber gerade die Nähe machte den Reiz des Fernsehens aus. Die *Tagesschau* bot ein fernsehspezifisches Bild, das auf eine schnelle Berichterstattung abgestellt war – und nicht darauf, ein künstlerisches Produkt zu liefern. Sie war auf Augenhöhe mit den Zuschauern und vermittelte authentisch ein imaginäres ‚Dabeisein‘. Das Fernsehbild passte zum Zweck und Ziel der Rezeption im privaten Raum. Durch die Nähe zum Kino konnte die Wochenschau auch Inszenierungen und Filmtrick als fiktionale Elemente einbringen – für die *Tagesschau* wäre dies als objektiv berichtendes Medium unakzeptabel gewesen.

6.2.8 Die Aktualität der Darbietungen

In der Gesellschaft der 1950er Jahren nahm der Bedarf zu, sofort unterrichtet zu sein, wenn z.B. wichtige nationale Entscheidungen getroffen wurden, wie über die neue Souveränität Deutschlands. Es gab das Bedürfnis, wieder an den Weltereignissen teilzunehmen. Dazu trug auch der wirtschaftliche Aufstieg bei. Die *Tagesschau* hatte nicht nur die Möglichkeit, täglich zu senden, sondern auch live zu berichten – auch durch die Umschaltung zu anderen Rundfunkanstalten aus dem gesamten Bundesgebiet. Mit Ausweitung des Programms sorgten mehrere Ausgaben pro Tag dafür, dass neu eingetroffene Nachrichten berücksichtigt werden konnten. Bei der Wochenschau war durch die Herstellungsweise keine Tagesaktualität möglich. Außerdem mussten nicht alle Beiträge absolute Aktualität besitzen – bei einer Wochenschau waren Politik-Sujets aus Sicht der Zuschauer schnell, Sportereignisse dagegen weniger schnell veraltet; auch Lachnummern brauchten keine ‚Aktualität‘. Wochenschau und *Tagesschau* war jedoch gemeinsam, dass sie eine Art ‚Pseudo-Aktualität‘ herstellen konnten, indem sie so genannte ‚Konserven‘ nutzten. Die archivierten Filme wurden verwendet, um ein Thema anzureichern oder ein erwartbares aktuelles Thema (z.B. Jahrestage) vorzubereiten.

Indem man von einer Wochenschau-Aktualität‘ und einer ‚Fernseh- bzw. Tagesschau-Aktualität‘ sprechen kann, wird eine Verschiebung und von lebensweltlicher Aktualität der Wochenschau zu einer zeitlichen Aktualität der *Tagesschau* erkennbar. Der Fernseh-Aktualität können die Aktualitätsgrade ‚Live‘ und ‚tagesaktueller Bericht‘ zugeordnet werden; die Wochenschau-Aktualität war eine wöchentliche Vermittlung von Dingen, die für die engere Lebenswelt wichtig oder sensationell waren. Für die Mediennutzer gab es nach dem Aufkommen des Fernsehens die Möglichkeit, audiovisuelle Formate zu vergleichen und die Nützlichkeit für das tägliche Leben abzuschätzen. Die Aktualität konnte durch die Rezeption anderer Medien wie Hörfunk und Presse leicht überprüft werden – Glaubwürdigkeit und Vollständigkeit dagegen nicht.

[15] Ebd., S. 168.

6.2.9 Die Akzeptanz und Habitualisierung

Die *Tagesschau* zu sehen, stellte nur einen Zeitaufwand für den Zuschauer dar (die Fernsehgebühr wurde ohnehin gezahlt), während für jeden Besuch der Kino-Wochenschau aufs Neue ein Aufwand an Weg, Zeit und Geld betrieben werden musste. Im Dezember 1954 bis Januar 1955 wurde eine repräsentative Befragung unter den privaten Fernsehteilnehmern im Sendegebiet des NWDR durchgeführt. Das Ergebnis: In rund 90 % der Fernseh-Haushalte wurde das Gerät täglich eingeschaltet. Der Schwerpunkt des Fernsehkonsums lag auf dem Abendprogramm von 20 bis 22 Uhr.[16] Zuerst ging der Fernsehzuschauer eher „wahllos" vor und verfolgte das gesamte Programm, um etwas von der gezahlten Fernsehgebühr zu haben; nach einiger Zeit ging er dazu über, eine Auswahl zu treffen, wurde selektiver.[17]

Allerdings sah man die *Tagesschau* meist in Gänze, wenn man sie eingeschaltet hatte.[18] Ob man aber wirklich die ganze Zeit über zusah, ist heute nicht mehr zu klären – der Fernsehzuschauer konnte im Gegensatz zum Kinobesucher auch den Raum verlassen, wenn ihn ein Thema nicht interessierte. Zudem war die Nebenbeinutzung von Zeitung, Zeitschrift oder Buch möglich. Aber manch einer hätte gerne Radio und Fernsehen gleichzeitig genutzt – ohne weder von dem Programm des einen noch von dem des anderen Mediums etwas zu versäumen. Noch vier Jahre nach dem offiziellen Start wurde beklagt, dass es Programmüberschneidungen mit den Rundfunk-Nachrichten gab.[19] Dies zeigt, dass sich die Menschen nicht so leicht von gewohnten Medien im Alltagsgebrauch trennen. Wie groß die Gewöhnung an die Fernsehnachrichten war, zeigt, dass sie schon Ende 1960 als „alte Tante Tagesschau"[20] betitelt wurde.

[16] O.V. (1955). Der deutsche Fernsehteilnehmer – heute. 90 Prozent schalten täglich ein – „Selektives" Sehen. In: Die Ansage Nr. 235, 29.6.1955, S. 4.

[17] O.V. (1955). Der deutsche Fernsehteilnehmer – heute. 90 Prozent schalten täglich ein – „Selektives" Sehen. In: Die Ansage Nr. 235, 29.6.1955, S. 4. Wie bei allen technischen Innovationen ließ aber auch beim Fernsehen das Interesse nach. Die Hörerforschung des NWDR musste schon 1955 feststellen, dass bei zunehmender Dauer der Teilnahme das Interesse am Fernsehen rückläufig war. Im zweiten Halbjahr nach der Anschaffung ebbte das Interesse etwas ab.

[18] Vgl. Interessen und Gewohnheiten der Fernsehteilnehmer der Bundesrepublik und West-Berlin. Ergebnisse einer repräsentativen Umfrage Mai 1959, DIVO Frankfurt, 2. Band Fernsehgewohnheiten und Bedeutung des Fernsehprogramms, NDR (621-1-144), 956, STAHH. Nach Umfrage-Ergebnissen des DIVO-Instituts, Frankfurt zu Interessen und Gewohnheiten der Fernsehteilnehmer der Bundesrepublik und West-Berlin aus zwei Testwochen im Mai 1959 haben durchschnittlich 66 % der Befragten die 20 Uhr-Nachrichten vollständig gesehen (alle Wochentage mit Schwankungen von 51 % bis 77 %).

[19] Wolf, M. (1956): Meine Wünsche. In: Abendzeitung, München vom 17.8.1956, Rundfunk Programm Fernsehsendung Tagesschau von 8/52 bis 1/66, NDR.

[20] Paul, W. (1960): Mein Fernseh-Tagebuch. In: Kölnische Rundschau vom 9.12.1960, Rundfunk Programm Fernsehsendung Tagesschau von 8/52 bis 1/66, NDR.

6.2.10 Die (Eigen-)Werbung

Durch die Habitualisierung mussten die Zuschauer nicht mehr durch Eigen- und Sympathiewerbung dazu bewegt werden, die *Tagesschau* im Fernsehen zu schauen – im Gegensatz zur Wochenschau, die ständig darauf bedacht sein musste, Zuschauer zu halten. Die Wochenschau wurde von jeher mit Plakaten beworben, und das Kino kündigte die Inhalte per Aushang an. Außerdem waren Werbemaßnahmen durch Verleih-Vertreter notwendig, um Verträge mit den Kinos abzuschließen. Wie sich eine Wochenschau im Markt aufstellen konnte, hing u.a. von ihrem Verkaufstalent und ihrem Erfolg bei den Kinokunden ab. Da das Fernsehen eine öffentlich-rechtliche Struktur zugewiesen bekommen hatte und nicht kommerziell ausgerichtet war, gab es keine solcher Abhängigkeiten. Die Inhalte der *Tagesschau* waren so aktuell, dass eine Ankündigung der einzelnen Beiträge in Fernsehzeitschriften nicht möglich und auch nicht notwendig war. Die *Tagesschau* wies jedoch in eigenen Beiträgen auf sich selbst und andere Fernsehsendungen hin.

Der Fernsehrundfunk sollte nicht auf wirtschaftlicher, sondern auf öffentlich-rechtlicher Grundlage erarbeitet werden und „nicht von Reklamesendungen leben“[21]. Die überwiegende Finanzierung aus Gebühren sollte eine Beeinflussung der Programmgestaltung durch wirtschaftliche Interessen verhindern. Auf der anderen Seite kamen die Erlöse des später bei allen Rundfunkanstalten eingerichteten Werbefernsehens der Finanzierung des gesamten Programms zugute. Die Wochenschau konnte dagegen von der kommerziellen Kinowerbung weder materiell noch immateriell profitieren – aber das Einstreuen von Produkten in den Wochenschauen war schon beinahe üblich. Gegen Produktaufnahmen bei Messen oder Bandenwerbung bei Sportveranstaltungen waren Wochenschau und *Tagesschau* gleichermaßen machtlos.

6.2.11 Zusammenfassung zu den Faktoren der Etablierung

Jeder der zehn Faktoren war für die ‚Überholung‘ der Wochenschau durch die *Tagesschau* mehr oder weniger bedeutend. Sie wirkten zusammen und bezogen sich aufeinander, sodass kein einzelner Faktor als der Ausschlaggebende zu identifizieren ist.[22] Für die Wochenschau war wegen der Kundenwünsche keine Umgestaltung möglich und sie hing an ihrer Abspielbasis, dem Kino – für sie war nur das Medium Film vorstellbar. Das Fernsehen kam für ihre Distribution nicht in Frage – die Wochenschau hätte sich für eine Aufnahme in das Fernsehen zu stark, z.B. in der Bild-

[21] Dovifat, E. (1950): Sollen wir Fernsehen? In: Die Ansage, Sonderausgabe, 18.11.1950, S. 1-6, hier: 4.

[22] Vgl. Stöber, 2007, S. 207. Auch wenn, einzelne Faktoren sehr wichtig sind, führt erst die Bündelung und das Zusammenwirken zu einer nicht vorhersehbaren Entwicklung. Die Mediengeschichte kann nach Stöber nicht vollständig erklärt werden und nur in „Grundzügen“ verstanden werden.

gestaltung, verändern müssen. Sie passte nicht in das Konzept des schnellen Mediums und hegte andere, historisch gewachsene Ansprüche an sich selbst und ihre filmische Gestaltung. Die *NDW* musste schnell an Kundenakzeptanz gewinnen, war man doch von einem Film mit allen seinen Darstellungsmitteln schon lange einen gewissen Standard im Kino gewohnt. Als Produkt eines kommerziellen Systems hatte sich die *NDW* außerdem einem Preiskampf mit der Konkurrenz zu stellen.

Die *Tagesschau* im Fernsehen hatte die Freiheit, sich langsam zu entwickeln. Man verzieh ihr lange grobe Unzulänglichkeiten beispielsweise in der Bildqualität. Während Einstiegs- und Etablierungsphasen unterschiedlich lang waren, zogen *NDW* und *Tagesschau* bei der Zeitspanne bis zur Planung oder Umsetzung von Umgestaltungskonzepten gleich (etwa sieben bis acht Jahre). Bei der *Tagesschau* ist die finale Umgestaltung geglückt – bei der Wochenschau nicht. Das Format der Wochenschau blieb durch die aufwendige Distribution in Hunderten von Kopien und die Erscheinungsfrequenz in ihren Entwicklungsmöglichkeiten eingeschränkt.

Einer der zehn Faktoren bezog sich auf heterogene Interessen, die zu einer Einzwängung und zugleich Zerrissenheit und Desorientierung bei der Wochenschau führten. Zu viele unterschiedliche Interessen verhinderten also eine Innovation. Das Fernsehen dagegen konnte durch seine neuen technischen Möglichkeiten für Aufnahme und Übertragung auf die Ansprüche und Veränderungen in der Gesellschaft reagieren und umgekehrt durch die aktuelle Informationsvermittlung den gesellschaftlichen Wandel mitgestalten. Entscheidend für den Fortbestand eines Mediums ist somit die Entwicklungsfähigkeit hinsichtlich Aktualität, Flexibilität, Erweiterungsoptionen und Einbezug der Rezipienten in die Gestaltung (heute würden wir sagen Interaktion).

6.3 Fazit und Ausblick

Was macht also ein langfristig erfolgreiches Medienprodukt aus, das fähig ist, ein anderes im Gebrauch der Rezipienten abzulösen? Wie gezeigt, ist es ein Zusammenwirken einer Reihe von Faktoren, die vom Medium selbst, von Konkurrenzverhältnissen, Interessenvertretern, von Abnehmern bzw. Nutzern (heute Stakeholder genannt) gebildet werden. Der Theaterkritiker Friedrich Luft wies schon 1957 darauf hin. In der *Süddeutschen Zeitung* prophezeite er, dass die Wochenschau nicht so weiter existieren könne, wie bisher. Er erklärte allein das Fernsehen dafür verantwortlich, das in dem Jahr den millionsten Teilnehmer registriert hatte: „Ein Kasten steht in unserer Stube, der sie [die Wochenschau] überholt und in der Form [...] auslöscht und läppisch macht."[1] Auch wenn Luft beispielsweise an „dilettantischen" Fernsehspielen und „Heiterkeitsversuchen" Kritik übet, sei die *Tagesschau* eine verlässliche „Attraktion", die täglich erscheine. Er hob die absolute Aktualität und das starke Gefühl des Dabeiseins heraus, das die *Tagesschau* gegenüber der Wochenschau auszeichnete: „Flugzeugkatastrophen, die sich in der Nacht zuvor ereignet haben, kann ich um 20 Uhr des gleichen Tages schon schaudernd erblicken."[2] Vor der Existenz des Nachkriegs-Fernsehens war die Wochenschau für den Kritiker Friedrich Luft „mit das Schönste" bei den Kinobesuchen. Heute sehe er dort „um eine Woche verspätet, lauter alte Hüte". Die Wochenschau habe sich seit den Zeiten von Pathé und Messter kaum geändert und wurde von Luft aufgefordert, das „alte Schema" abzulegen. Die Wochenschau solle „munterer", „abwechslungsreicher" und „themeneigener" werden und „größere Komplexe" bebildern. Sich „in Zufallsaktualität zerfleddern" zu müssen – so klingt es bei Luft an – sei nicht mehr notwendig und könne den Fernsehnachrichten überlassen werden. Eine „wirkliche Reportage" und eine „Bilddokumentation" der Zeit könne in der Wochenschau einen Platz finden.[3]

Die Untersuchung legt dar, dass Änderungskonzepte, die 1958 für die *NDW* konstatiert wurden, selbst nach Angaben der *NDW*-Verantwortlichen nicht oder nur halbherzig umgesetzt werden konnten. Das Publikum erwartete von der Wochenschau fortgesetzt einen abwechslungsreichen, bunten Einstieg in den Kinoabend[4]. Stamm spricht davon, dass die Wochenschau als „Beeindruckungsmedium" vom „Informationsmedium" Fernsehen abgelöst wurde und dies ein „überfälliger Schritt" gewesen sei, obwohl das Fernsehen damals seiner Ansicht nach eher eine ästhetische „Dürf-

[1] Luft, F. (1957): Sind die Tage der Wochenschau gezählt? Süddeutsche Zeitung, München vom 9./10.3.1957, Rundfunk Programm Fernsehsendung Tagesschau von 8/52 bis 1/66, NDR.

[2] Ebd.

[3] Ebd.

[4] Dieses Festhalten an traditionellen Formen war bereits beim Übergang vom Kurzfilm zum Langfilm zu beobachten – das Kinopublikum hielt in den 1910er Jahren daran fest (wie gewohnt) eine bunte Vielzahl von Filmen geboten zu bekommen; vgl. Müller, 1998, S. 63.

tigkeit" aufwies.[5] Das ‚Plus' der Wochenschau, hohe filmische Qualität bieten zu können, wurde vom Vorteil der *Tagesschau*, tagesaktuell zu sein, aufgehoben.

Eine wichtige Beobachtung als ein Grund für die Ablösung besteht darin, dass für die Wochenschau verschiedenste Anspruchsgruppen feststellbar sind. Besonders die Zuschauer, die sich noch nicht mit Fernsehinformationen versorgen konnten, forderten konstant unterhaltsame Sujets mit Mode, Tiergeschichten, Neuigkeiten von Royals und Prominenten, wenig Politik aber dafür mehr Sport und Sensationen. Diese Anforderung an das Themenspektrum änderte sich nicht. Man kann daher nicht sagen, dass die *Neue Deutsche Wochenschau* mit der Zeit immer unterhaltsamer geworden wäre – sie war durch den Einsatz im Kino immer und fortgesetzt zur Unterhaltung gedacht. Die *Tagesschau* hatte zunächst ein ähnliches Thementableau, konnte sich jedoch durch ihre Konkurrenzlosigkeit nach und nach einen größeren politischen Schwerpunkt leisten – und zwar, ohne das Publikum zu verprellen. Politik gehörte zwar zum Informationsanspruch beider Formate, war aber bei den Wochenschau-Zuschauern nicht beliebt. Die Wochenschau war streng auf 300 Meter, d.h. 10 Minuten festgelegt, – es gab keine Möglichkeit einer Erweiterung oder Änderung, wie im Fernsehen. Die *Tagesschau* konnte über die Länge von 15 Minuten hinausgehen. Sonderberichte, Interviews oder politische Diskussionen konnten sich an die *Tagesschau* anschließen. Fernsehübertragungen aus dem Bundestag (sozusagen ‚pure' Politik) waren beliebt. Ab März 1960 bekam die allgemein interessierende Wetterkarte ihren festen Platz nach der *Tagesschau* – Wettervorhersagen waren in der Wochenschau nicht möglich.

In der Gestaltung war der Unterschied gravierend. Zwar konnte die Wochenschau durch ihre Produktionsweise eine größere Sorgfalt auf die Bilddramaturgie und Musikbegleitung legen – die *Tagesschau* konnte jedoch trotz Improvisationen und Schnitt unter stetigem Zeitdruck überzeugen. Während beispielsweise die Begleitmusik zur Unterstützung der Aussage in Wochenschau-Sujets bis zuletzt vom Publikum gefordert wurde, war die Musik in der *Tagesschau* ab Mitte der 1950er Jahre von der Medienkritik zunehmend verpönt.[6] Offenbar passte Musik nicht mehr zu einem ernsthaften Nachrichtenmedium und die Zuschauer verlangten eine Abgrenzung vom Stil der Wochenschau. Da die Wochenschau im Beiprogramm des Kinos der Unterhaltung diente, waren Texte und bissige Kommentare und Reime (besonders im Feuilleton) gewünscht und akzeptiert. Von der *Tagesschau* erwartete man dagegen eine sachliche Darstellung, die im Kalten Krieg aber dennoch – wie auch bei der *NDW* – teils in spitze rhetorische Fragen und in Schärfe abglitt. Beispielsweise berichtet die *Tagesschau* Nr. 1295 vom 4. März 1959 im 3. Beitrag von dem Besuch des sowjetischen Ministerpräsidenten Chruschtschow auf der Leipziger Messe. Der

[5] Stamm, 2011, S. 215.

[6] Vgl. Jakobäus (Pseudonym) (1956): Vor dem Bildschirm: Iwan und die Schreckliche. In: Aachener Nachrichten vom 10.12.1956, Rundfunk Programm Fernsehsendung Tagesschau von 8/52 bis 1/66, NDR.

Text erwähnt, dass Chruschtschow in seiner Rede „den Westen angriff". Das Wort „angriff" wurde handschriftlich in das Sprecher-Manuskript eingefügt – dafür wurde die Passage „gegen den Westen Stellung nahm" ausgestrichen,[7] sodass hier eine Verschärfung des Tenors deutlich wird. Als ein wichtiges Element der Tagesschau sind längere O-Töne zu nennen, die sich die ‚durchkomponierte' Wochenschau zeitlich nicht leisten konnte.

Die Wochenschau hatte ihre Funktionen an das Fernsehen verloren: neben der nationalen und wirtschaftlichen Präsentation und der unterhaltenden Aufmunterung nach dem Krieg besonders die Funktion der ‚aktuellen' Information und audiovisuellen Ergänzung zur Tageszeitung. Was ‚Aktualität' für den einzelnen Menschen in den 1950er und 1960er Jahren bedeutete, lässt sich nicht mehr empirisch gesichert belegen. Die Bedeutung lässt sich jedoch aus den Reaktionen der Zuschauer ablesen, die in ihren Briefen erhalten sind. Es ist aber anzunehmen, dass sich durch die Vergleichsmöglichkeit mit der *Tagesschau* ein veränderter Wunsch nach tagesaktueller Information durchgesetzt hat.

Die *Tagesschau* hatte durch die Fernsehtechnik ein Wachstumspotenzial, was der Wochenschau fehlte. Dieses Potenzial erlaubte es ihr, ihr Selbstbild „schnell + aktuell = Tagesschau" zu verwirklichen[8]. Durch die Berichte der *Tagesschau* konnte der Zuschauer täglich das ‚Fenster zur Welt' öffnen, um zu wissen, was gestern oder heute in der Welt geschehen war. Wie zweckmäßig dies für den einzelnen Zuschauer war, lässt sich nur erahnen. Für die Wirtschaft hatte es mit Sicherheit eine große Bedeutung, nämlich auf handelsrechtliche oder politische Entscheidungen schnell reagieren zu können. Für den privaten Zuschauer war die tagesaktuelle, audiovisuelle Information u.a. insofern wichtig, als er sich mit anderen über die Bilder von den Neuigkeiten austauschen konnte. Passend zur neuen Häuslichkeit in den 1950er Jahren bot das Fernsehen die Möglichkeit, sich zurückzuziehen und sich trotzdem zu versichern, dass keine direkte Bedrohung herrschte. Das Sicherheitsbedürfnis war durch die Erfahrung des Zweiten Weltkriegs noch immer dominant – gab es doch bereits wieder neue Bedrohungen durch Wiederbewaffnung, Atomversuche und neue Kriege in der Welt, wie den Koreakrieg. Auch die *Neue Deutsche Wochenschau* berichtete über diese Themen – jedoch oft nur in kurzen Sujets, die nicht tagesaktuell waren. Grundsätzlich kann die Wochenschau wegen der Klischeelastigkeit nicht als vollständiges Zeitbild betrachtet werden. Trotzdem war sie aber ein Spiegel der Zeitgeschichte, in dem sich auch indirekt politische Herrschaftsverhältnisse, Publikumsgeschmack und die Entwicklung künstlerischer Mittel zur Massenbeeinflussung ablesen und deuten ließen.

Von der *Tagesschau* wurden überwiegend Berichte von Ereignissen erwartet, die am Vortag oder noch am selben Tag geschehen waren. Die *Tagesschau* hatte als einziges audiovisuelles Medium die Möglichkeit, live in Bildern zu berichten und gab

[7] Sendeprotokoll der *TS* Nr. 1295 vom 4.3.1959, Sprecher: Köpcke, Voss, ARD aktuell, NDR.
[8] Svoboda, 1983, S. 135

noch mehr, als die Wochenschau es konnte, ein starkes Gefühl des Dabeiseins. Die ‚Aktualität' der Wochenschau bezog sich auf Ereignisse, die in einem variablen Zeitraum um den nächsten Auslieferungstermin der Wochenschau geschehen waren. Ob die Aktualität eines Ereignisses noch für die Zuschauer relevant war, hing zudem vom Ressort ab. Bilder von sportlichen Großereignissen waren für die Wochenschau-Besucher selbst dann noch akzeptabel, wenn sie mehr als eine Woche zurücklagen. Während die per se als uninteressant eingestuften politischen Sujets dann noch mehr langweilten – besonders Anlässe, wie der Neujahrsempfang des Bundespräsidenten. ‚Aktualitäten' waren für die Wochenschau allgemein solche Geschehnisse, die die Zuschauer berühren sollten, dazu zählten emotional aufbereitete Stories von Katastrophen, Sensationen, Prominenten und saisonal bedeutende Geschichten wie die neueste Frühjahrsmode. Darüber hinaus waren für die Kameramänner der *Neuen Deutschen Wochenschau* nach eigenen Aussagen stets solche Stories am dankbarsten, die nicht aktuell sein mussten, aber exklusiv zu haben waren.

In der Entwicklung von Wochenschau und *Tagesschau* waren Zäsuren festzustellen. Die Wochenschau war nach acht Jahren, um den Zeitraum 1957/58, so weit ausgestaltet, dass sie sich nicht mehr weiterentwickeln konnte. Die *Tagesschau* hatte die Wochenschau in diesem Zeitraum ‚überholt' – diese Jahre bilden eine Zäsur. Ab 1960 hatte die *Tagesschau* die Form gefunden, die noch heute im Grundsatz besteht – ebenfalls acht Jahre nach der ersten offiziellen Sendung. Fünf Jahre nach der Überrundung der Wochenschau, im Jahr 1963, war die *Tagesschau* schneller als die Tageszeitung.[9]

Der überragenden funktionalen Vorteile der *Tagesschau* bestanden in der absoluten Aktualität, der Glaubwürdigkeit als Beobachter, der häuslichen Verfügbarkeit und dem Potenzial, in den Alltag eingegliedert zu werden. Zuschauer sind habitualisiert – fixiert auf das Dispositiv in Verbindung mit einer bestimmten Gestaltung des Mediums; Aktualität und Erweiterungsfähigkeit des neuen Mediums in einem neuen Dispositiv wurde für die Nutzung ausschlaggebend. Entscheidend war zu allen Zeiten aber auch, wie die Zuschauer mit ihren Erwartungen und Wünschen Druck auf die audiovisuellen Informationsformate ausübten. So muss die Frage der Mediennutzung nicht nur lauten: ‚Was machen die Menschen *mit* den Medien?', sondern: ‚Was machen die Menschen *aus* den Medien?'

Hier wurde erstmals zusammenfassend dargestellt, dass die Wochenschau in den 1950er Jahren eine hohe präsentierende bis werbende Funktion hatte – für Unternehmen und ihre Produkte, für das Medium Kino sowie eine PR-Funktion für die Bundesregierung. Werbung in der Wochenschau war eine günstige Alternative zu anderen Werbeformen, die teuer bezahlt werden mussten. Während die verdeckte Werbung in den Sujets der *Neuen Deutschen Wochenschau* von den Gremien der *NDW* gebilligt wurde, gab es beim Fernsehen wachsenden Widerstand gegen verdeckte Werbung. Für die *Tagesschau* konnten im Gegensatz zur *NDW* keine Hinwei-

9 Vgl. Jaedicke, 2002, S. 72. Beispiel der Berichterstattung über das Grubenunglück von Lengede.

se auf Werbeabsprachen gefunden werden – dafür wurden andere Fernsehsendungen diesbezüglich kritisiert. Manche ‚verdeckte Werbung' war aber unvermeidbar, z.B. mitgefilmte Bannerwerbung bei Sportberichten. Während die Objektivität bei der Wochenschau per se nicht hoch eingeschätzt wurde (selbst von den Produzenten nicht), gab es wegen der Wirkung der Fernsehbilder schnell Bedenken bei Fernseh- und Kulturkritikern in Bezug auf eine zu starke Einflussnahme durch werbende Unternehmen. Für die Wochenschau wurde dies höchstens von solchen Zuschauern und Kinobesitzern geäußert, die die Werbeabsichten als ‚Propaganda' wahrnahmen (als Abwandlung der sonst politischen Konnotation). ‚Propaganda' war auch das Wort, das die Kinobetreiber verwendeten, die sich gegen Filmwerbung in der *Neuen Deutschen Wochenschau* wehrten. Für sie war eine solche Werbung hinderlich – besonders, wenn sie den beworbenen Film nicht im Programm hatten. Sie schnitten die fraglichen Sujets teilweise heraus. Die *NDW* hatte damit wenige Möglichkeiten, den Zuschauern Informationen über neue Spielfilme zukommen zu lassen – diese Funktion übernahmen Fernsehsendungen. In der Kinokrise wurde die *NDW* als Werbemedium für Film wieder akzeptiert.

In dem Bereich der werblichen Präsentationsfunktion von Informationsformaten könnte weiter geforscht werden, indem möglichst viel *Tagesschau*- und Wochenschau-Material gesichtet wird. Die Wochenschau war nicht nur als ‚Blick in die Welt' (wie die französische Besatzungswochenschau hieß), sondern vor allem als ‚Schaufenster' für Deutsche und das Ausland zu begreifen. Vergleichend dazu könnten weitere Zeitschauen untersucht werden, wie z.B. der *Karlsruher Monatsspiegel* (1957-1966)[10], der sich teilweise aus Werbung finanzierte und ebenfalls nur acht Jahre überstehen konnte. Mögliche Fragen wären: Wie wirkte sich die Werbung auf die Berichterstattung aus? Welches Bild der Zeit wurde den Zuschauern vermittelt? Bilder beeinflussen die Interpretation von historischen Geschehnissen – so lassen sich möglicherweise bestehende Klischees klären, die in der damaligen audiovisuellen Darstellung ihren Ursprung haben.

[10] Vgl. ausführlich dazu Bräunche, E. O. (2010): Die Karlsruher Monatsspiegel. Kommunale Selbstdarstellung und kommerzielles Werbemedium. Verfügbar unter: http://dokumentarfilmforschung.de/dff/cms/?p=572#more-572 [31.08.2013].

Anhang

Bestand der Nachkriegs-Wochenschauen[1]

Welt im Film (amerikanisch-britische Produktion)
- ab 1949/1950 als *Welt im Bild* (amerikanische Produktion)
- ab 1952 von der Deutschen Wochenschau produziert
- ab 1956 als *Ufa-Wochenschau*
- ab 1968 als *Ufa-dabei* bis 1977

Neue Deutsche Wochenschau (*NDW*) (halbstaatliche deutsche Produktion)
- ab 1950 *NDW*
- ab 1963 als *Zeit unter der Lupe* (*Zeitlupe/ZL*) bis 1969

Blick in die Welt (französischer Lizenznehmer) ab 1949 privatwirtschaftlich hergestellt bis 1986

Fox Tönende Wochenschau (private amerikanische Produktion) ab 1950 auf dem deutschen Markt bis 1978

Der Augenzeuge (für die sowjetische Besatzungszone bzw. DDR) von 1946 bis 1980

Tabelle 5: Kontinuitäten aus Wochenschau- und Fernsehgeschichte

Kontinuitäten der Wochenschaugeschichte aus den 1920er-1930er Jahren	**Kontinuitäten der Fernsehgeschichte**
Dreigeteilter Wochenschaumarkt, mächtige Filmunternehmen (wie die UFA mit eigener Wochenschau) und Verleiher, hohes finanzielles Risiko, kaum Rentabilität, zweites Standbein durch Dokumentar-/Imagefilm-Produktion	Zweistündiges Programm mit Nachrichtensendung um 20 Uhr, Formen aus anderen Medien adaptiert, wie Fernsehspiele, oder übernommmen, wie Kabarett etc., aber auch Filme vorgeführt
Zwei Wochenschauen von einem Unternehmen hergestellt, dadurch Kostenersparnis und Marktmachterhalt	Produktion in kleinen Studios, die nach und nach erweitert werden
Personelle Kontinuitäten: ehemalige Kameramänner der NS-Wochenschau (z.B. Erich Stoll und Bernhard Juppe) geben ihren Stil an Kameranachwuchs weiter. Kontinuitäten in der Leitung	Personelle Kontinuitäten aus der Zeit des NS-Fernsehens: im technischen Bereich (z.B. Werner Nestel) und redaktionellen Bereich (wie Ilse Obrig), Intendanz (Werner Pleister als ehem.

[1] Verfügbar unter: www.wochenschau-archiv.de/wirueberuns.php; www.filmportal.de [4.12.2012].

(Heinrich Roellenbleg) und ‚Graue Eminenzen' (wie Max Winkler), Darsteller (z.B. Jupp Hussels)	Verantwortlicher für Unterrichtsfilme)
Beobachtbare Einflussnahme: Offene Instrumentalisierung zur Präsentation der Regierung, teilweise Beteiligung von Verlagen	*Versuchte* Einflussnahme der Politik, *versuchte* Beteiligung von Verlagen und Filmproduzenten

(Quelle: eigene Darstellung)

Film- und Sendungskorpus

Ausgaben der *NDW* aus dem Filmarchiv der Deutschen Wochenschau GmbH
Beiträge der *Tagesschau* und des *Wochenspiegels* aus dem NDR Fernseharchiv

***NDW*-Nr.**	**Datum**	**Besonderheiten**
019	6.6.1950	als eine der schwächsten *NDW* bezeichnet
034	19.9.1950	als eine der besten *NDW* bezeichnet
450 **520**	12.9.1958 12.1.1960	*NDW* nach propagierter Umgestaltung

Thema	***NDW*-Nr.**	***Tagesschau***
Ungarnaufstand	**354 vom 9.11.1956**	**Sendung 598 vom 5.11.1956** (Band-Nr. 51156/3) Proteste zu Ungarn und Ägypten (mit Musik) und Ansprache des Berliner Bürgermeisters Otto Suhr
Flüchtlingsproblem in Westberlin	**450 vom 12.9.1958**	**Sendung 1146 vom 4.9.1958** (Band-Nr. 40958/3) Minister für Gesamtdeutsche Fragen, Ernst Lemmer, in Marienfelde, O-Ton mit Flüchtlingen, O-Ton von Willy Brandt über das Flüchtlingsproblem ***Wochenspiegel* 280 vom 7.9.1958** (Band-Nr. 2070958/2) mit Bildern von der Scheckübergabe des DGB-Vorsitzenden an Brandt, die nicht in der *Tagesschau* zu sehen sind

Berliner Mauerbau	**604 vom 22.8.1961**	**Spätausgabe Sendung 2039 vom 15.8.1961** (Band-Nr. 150861/6) Mauerbau in Neukölln und Wedding **Spätausgabe Sendung 2042 vom 18.8.1961** (Band-Nr. 180861/6) Mauerbau am Potsdamer Platz und Beseitigung von Bahngleisen im Stadtteil Neukölln durch Volkspolizei **20 Uhr-Ausgabe Sendung 2063 vom 10.9.1961** (Band-Nr. 100961/3) Berliner Mauer wird von Volkspolizisten erhöht und besonders scharf bewacht

Archivquellen

Für die Untersuchung der Entwicklung von Wochenschau und *Tagesschau* wurden folgende Materialien genutzt:

1. Schriftliches Material aus institutions-externen Quellen wie Presseberichte, Rezensionen, Beurteilungen, Ergebnisse von Publikumsbefragungen
2. Schriftliches Material, das intern erstellt wurde, wie Protokolle von Gremiensitzungen, Stellungnahmen, Aktennotizen, Abrechnungen und Schriftwechsel
3. Sendungsprotokolle mit Sprechertexten (für die *Tagesschau*) und Sprechertexte bzw. Inhaltsangaben und Musikaufstellungen (für die *Neue Deutsche Wochenschau*)

Audiovisuelle Dokumente: Wochenschaufilme, bzw. einzelne Sujets und Einspielfilme der *Tagesschau* bzw. des *Wochenspiegels*

Deutsche Wochenschau GmbH (DW), Hamburg

Zitierweise: Dokument, Datum, Ordnerbezeichnung, DW.

Briefe: Absender-Institution, Ort (ggf. Nachname) Brief an Empfänger-Institution, Ort (ggf. Nachname), Erstellungsdatum, Ordnerbezeichnung, DW.

oder bei Privatpersonen:
Absender-Nachname, Ort (Zuschauer oder anderer Status der Privatperson) Brief an Empfänger-Institution, Ort (ggf. Nachname), Erstellungsdatum, Ordnerbezeichnung, DW.

- Wird als Absenderinstitution ein Filmverleih genannt: Schorcht, Bavaria oder UFA, dann stehen nur diese Kurzbezeichnungen. Obwohl es verschiedene Institutionen innerhalb der Konzernstrukturen der Bavaria oder UFA gab, ist dann der Filmverleih (Schorcht Filmverleih, Bavaria Filmverleih und UFA-Filmverleih) gemeint; Ausnahmen werden explizit genannt. Schorcht firmierte auch mit Schorcht Filmgesellschaft (da auch Filme finanziert wurden) und Schorchtfilm.
- Die Ortsangabe wird bei den Filmverleihen nur hinzugesetzt, wenn es sich um Zweigstellen (z.B. Hamburg, Düsseldorf) handelt, sonst wird vom Hauptsitz ausgegangen: Schorcht in Wiesbaden, Bavaria in München, UFA in München.

Protokolle: x. Sitzung des Gremiums am Datum, Ordnerbezeichnung, DW.

Zeitraum	Ordnerbezeichnung im Archiv	Zitierweise des Ordners
1950-1952	Wochenschau Beurteilungen	Beurteilungen bis 1952
1949-1952	Protokolle Aufsichtsrat 23.12.1949 bis 29.2./1.3.1952	Protokolle Aufsichtsrat 1949-1952
1952-1957	Ufa-Kinos Vertrag u. Korrespondenz vom Sept. 1952 bis...	Ufa-Kinos ab 1952
1955	Presseveröffentlichungen 1. April 1955 bis 31. Dez. 1955; Innenmappe: Veröffentlichungen über NDW vom 1. April 1955	Presseveröffentlichungen 1955
1955	Presseveröffentlichungen 1. April 1955 bis 31. Dez. 1955; Innenmappe: Film-Fernsehen allgemein vom 1. April 1955	
1958-1959	NDW Kritiken vom 1.1.1958 bis...	NDW Kritiken
1958-1960	UFA-Kritiken	UFA-Kritiken
1958-1960	Verwaltungsrat vom 1. Januar 1958 bis 31. März 1960	Verwaltungsrat 1958-1960
1958-1962	Allgemeine Korrespondenz A-E vom 1. Jan. 1958 bis...	Korrespondenz ab 1958
1958-1963	Allgemeine Korrespondenz F-K vom 1. Jan. 1958 bis...	

1958-1963	Allgemeine Korrespondenz L-R vom 1. Jan. 1958 bis...	Korrespondenz ab 1958
1958-1963	Allgemeine Korrespondenz S-Z vom 1. Jan. 1958 bis...	
1958-1960	Protokolle Aufsichtsrat 17.1.1958 bis 18.2.1960	Protokolle Aufsichtsrat 1958-1960
1960-1962	NDW Echo	NDW Echo
1960-1963	DW-Allgemein Kritiken Werbung 1. Jan. 1960 bis..., Rubrik „Kritiken"	DW-Allgemein Kritiken Werbung ab 1960

Weiterhin: Musikaufstellungen und Sprechertexte zu den *NDW*-Ausgaben in entsprechend nummerierten Ordnern. Der Ordner für *ringpress* ist beim Archiv zu erfragen.

Abteilung Recherche Presse & Buch/Unternehmensarchiv und ARD aktuell (NDR), Hamburg

Zitierweise bei Presseartikeln:

Name, Vorname (Jahr): Titel. Untertitel. In: Zeitschrift/Zeitung Nr. vom Datum, Ordnerbezeichnung, NDR.

Wenn der Verfasser nicht bekannt ist: O.V. (Jahr): Titel. Untertitel. In: Zeitschrift/Zeitung Nr. vom Datum, Ordnerbezeichnung, NDR.

Wenn der Verfasser mit Kürzel bzw. Synonym bekannt ist: Kürzel bzw. Pseudonym (Kürzel/Pseudonym): Titel. Untertitel. In: Zeitschrift/Zeitung Nr. vom Datum, Ordnerbezeichnung, NDR.

Wenn Verfasser und Titel fehlen: Zeitschrift/Zeitung Nr. vom Datum, Ordnerbezeichnung, NDR.

Zeitraum	Ordnerbezeichnung im Archiv	Zitierweise des Ordners
1948-1958	Programmzeitschriften Magazine Die Ansage	Ordnerreihe gleichbleibend für alle Ausgaben von *Die Ansage*, daher ist ein Ordner nur explizit genannt, falls das Dokument in anderen Ordnern gelagert ist
1952-1963	Rundfunk Programm Fernsehsendung Tagesschau von: 8/52 bis: 1/66	Rundfunk Programm Fernsehsendung Tagesschau von 8/52 bis 1/66
1956-1970	Ordner ARD T1 a-i d+R = Mappe II Tagesschau Mappe I	ARD T1 a-i d+R = Mappe II Tagesschau Mappe I

Zitierweise für Artikel aus *Die Ansage* (oft ohne Verfasser):

Bei längeren Artikeln: O.V. (Jahr): Titel. Untertitel des Beitrags. In: Die Ansage Nr., Datum, Seite(n).

Bei Meldungen oder kurzen Artikeln oder wenn der Titel des Artikels im Text erwähnt ist: Die Ansage Nr., Datum, Seite(n).

Bei Briefen der internen Korrespondenz des NDR stehen die Funktionsbezeichnungen der Personen: Nachname (Funktion) Brief an Empfänger-Name (Funktion), Datum, Ordnerbezeichnung, NDR.

Zitierweise von Sendeprotokollen der *Tagesschau* (TS) und des *Wochenspiegels* (WSP) aus dem Bestand von ARD aktuell, NDR, Hamburg:
Sendeprotokoll der *TS* bzw. des *WSP* Nr. vom Datum, Sprecher: Name(n), ARD aktuell, NDR

Bibliothek Hans Bredow-Institut, Hamburg

Artikel aus der Zeitschrift *epd / Kirche und Rundfunk*, *epd / Kirche und Fernsehen*:

Bei längeren Artikeln (meist ohne Verfasser): O.V. (Jahr): Titel. Untertitel des Beitrags. In: epd / Kirche und Rundfunk Nr., Datum, Seite(n).

Bei Meldungen, d.h. ohne Titel: epd / Kirche und Rundfunk Nr., Datum, Seite(n).

Diese Zitierweiseweise gilt auch für Fachzeitschriften (Filmblätter) und *Der Spiegel*.

Staatsarchiv Hamburg (STAHH)

Zitierweise – wie oben bei Briefen oder Protokollen aber andere Archivangabe: Dokument, Datum, Bestand, Nr. der Archivguteinheit, STAHH.

Bestand/ Bestandsnr.	**Nr. Archivguteinheit**	**Benennung des Inhalts** [2]
NDR (621-1-144)	122	Beschlüsse der Gremien der ARD und des NWDR/NDR und NWRV über das Fernsehen sowie Ranglisten über die Beliebtheit einzelner Sendungen
NDR (621-1-144)	194	Technische, finanzielle, inhaltliche Probleme der Tagesschau
NDR (621-1-144)	515	Kopien zur Aufbauphase des Fernsehens, u.a.: Vorschläge für eine Nachrichten-Sendung 1951
NDR (621-1-144)	956	Dokumente zur Entwicklung der *Tagesschau*, Nordschau und des Fernsehens allgemein

Weitere Dokumente aus dem NDR-Bestand des Staatsarchivs Hamburg (ohne Nr. der Archivguteinheit), aus dem Gremienbüro des NDR und aus dem Historischen Archiv des WDR wurden von Original-Kopien aus Beständen des **Instituts für Medien und Kommunikation (IMK) der Universität Hamburg** entnommen.

Bundesarchiv (BArch), Koblenz

Je ein Exemplar der Hefte *Das Neueste – von der Neuen Deutschen Wochenschau* aus September 1951 und Oktober 1951 befinden sich im Privatbesitz von Dr. Karl Stamm, Bonn – Heft 1 auch in Akte B 145/146.
Zitierweise: Das Neueste, Heft Nr., Monat Jahr, Seite, Privatbesitz Stamm.

Exposé eines „Deutschen Film- und Fernsehdienstes" (DFFD) auf genossenschaftlicher Basis von Heinz Kuntze-Just als Anlage zum Protokoll der Sitzung des NDW-Verwaltungsrates am 22.9.1951 und zu einem Brief an den Aufsichtsrat vom 24.10.1951 in Akte B 145/146 bzw. in B 145/112.

Protokoll der Sitzung des Verwaltungsrates der NDW vom 22.9.1951 in B 145/146.

Brief von *NDW*-Chefredakteur Kuntze-Just an den NWDR-Programmdirektor Dr. Pleister vom 22.10.1951 mit Vorschlag einer Nachrichtensendung in B 145/112.

Untersuchung über die Frage der Rentabilität der *NDW* vom 1.11.1952 – mit einer Chronik zum Aufbau der *Neuen Deutschen Wochenschau* in B 145/112.

Aufzeichnung aus dem Presse- und Informationsamt der Bundesregierung vom 24.3.1953 (Vertraulich) in B 145/112.

[2] Findbuch verfügbar unter: http://www.hamburg.de/contentblob/180340/data/621-1-144.pdf [28.1.2012].

Abbildungen

Tabellen

Literatur

Abelshauser W. (1987): Die Langen Fünfziger Jahre. Wirtschaft und Gesellschaft der Bundesrepublik Deutschland 1949-1966. Düsseldorf: Schwann.

Abend, M. (1974): Die Tagesschau: Zielvorstellungen und Produktionsbedingungen. In: Rundfunk und Fernsehen, 22. Jg., H. 2, S. 166-187.

Adorno, T. W. (1990): Prolog zum Fernsehen. In: Hans-Bredow-Institut (Hrsg.): Rundfunk und Fernsehen 1948-1989. Baden-Baden/Hamburg: Nomos, S. 162-169.

Agamben, G. (2008): Was ist ein Dispositiv? Zürich/Berlin: diaphanes.

Agde, G. (2009): Von der Front aufs Baugerüst. Kontinuitäten und Brüche in Bildern deutscher Wochenschau-Kameraleute 1940-1950. In: Bock, H. M., Distelmeyer, J. & Schöning, J. (Hrsg.): Träume in Trümmern. Film – Produktion und Propaganda in Europa 1940-1950. München: Richard Boorberg, S. 9-22.

ARD (Arbeitsgemeinschaft der öffentlich-rechtlichen Rundfunkanstalten der Bundesrepublik Deutschland) (Hrsg.) (1969): Rundfunkanstalten und Tageszeitungen. Eine Materialsammlung. Dokumentation 5. Untersuchungsergebnisse und Empfehlungen. Mainz: v. Hase & Koehler.

Barkhausen, H. (1982): Filmpropaganda für Deutschland im Ersten und Zweiten Weltkrieg. Hildesheim: Georg Olms.

Bartels, U. (2010): Zwischen Anspruch und Wirklichkeit: Die Wochenschau als Propagandainstrument im Dritten Reich. In: Heidenreich, B. & Neitzel, S. (Hrsg.): Medien im Nationalsozialismus. Paderborn: Ferdinand Schöningh, S. 161-202.

Barthes, R. (1976): Beim Verlassen des Kinos. In: Filmkritik, 20. Jg., H. 7, S. 290-293.

Baudry, J.-L. (1986a): Ideological Effects of the Basic Cinematographic Apparatus. In: Rosen, P. (ed.): Narrative, Apparatus, Ideology. A Film Theory Reader. New York/ Oxford: Columbia University Press, pp. 286-298.

Baudry, J.-L. (1986b) The Apparatus: Metapsychological Approaches to the Impression of Reality in Cinema. In: Rosen, P. (ed.): Narrative, Apparatus, Ideology. A Film Theory Reader. New York/Oxford: Columbia University Press, pp. 299-318.

Bausch, H. (Hrsg.) (1980a): Rundfunkpolitik nach 1945. Erster Teil: 1945-1962. Rundfunk in Deutschland, Band 3. München: dtv.

Bausch, H. (Hrsg.) (1980b): Rundfunkpolitik nach 1945. Zweiter Teil: 1963-1980. Rundfunk in Deutschland, Band 4. München: dtv.

Benckert, A., Czerwinski, M., Hickethier, K. & Willkomm, H. (Hrsg.) (2003): „Wir hatten einen Lacher". Die Geschichte der deutschen Wochenschauen. Hamburger Hefte zur Medienkultur, Heft 6. Hamburg: ZMM Universität Hamburg.

Benz, W. (2003): Demokratisierung durch Entnazifizierung und Erziehung. In: Bundeszentrale für politische Bildung (Hrsg.): Deutschland 1945-1949. Informationen zur politischen Bildung, Heft 259. Bonn: Bundeszentrale für politische Bildung, S. 29-40.

Bessen, U. (1989): Trümmer und Träume. Nachkriegszeit und fünfziger Jahre auf Zelluloid. Deutsche Spielfilme als Zeugnisse ihrer Zeit. Eine Dokumentation. Bochum: Studienverlag Dr. N. Brockmeyer.

Bleicher, J. K. (1993a): Chronik zur Programmgeschichte des deutschen Fernsehens. Berlin: Rainer Bohn.
Bleicher, J. K. (1993b): Institutionsgeschichte des bundesrepublikanischen Fernsehens. In: Hickethier, K. (Hrsg.): Institution, Technik und Programm. Rahmenaspekte der Programmgeschichte des Fernsehens. Geschichte des Fernsehens in der Bundesrepublik Deutschland, Band 1. München: Wilhelm Fink, S. 67-134.
Bleicher, J. K. (2008): Sportler, Gaukler, Komödianten. Unterhaltende Programmangebote im NWDR-Fernsehen. In: Wagner, H.-U. (Hrsg.): Die Geschichte des Nordwestdeutschen Rundfunks, Band 2. Hamburg: Hoffmann und Campe, S. 320-335.
Bock, H. M., Distelmeyer, J. & Schöning, J. (Hrsg.) (2009): Träume in Trümmern. Film – Produktion und Propaganda 1940-1950. München: Richard Boorberg.
Brack, H. (1968): Organisation und wirtschaftliche Grundlagen des Hörfunks und des Fernsehens in Deutschland. Schriftenreihe des Instituts für Rundfunkrecht an der Universität zu Köln, Band 2. München: Beck.
Brecht, B. (1967): Schriften zur Literatur und Kunst I 1930-1932. Berlin: Suhrkamp.
Bruch, W. (1967): Kleine Geschichte des Fernsehens. Berlin: Haude & Spenersche Verlagsbuchhandlung.
Brunhöver, H. W. (2006): Der Filmkomponist Gerhard Trede. In: Hamburger Flimmern, H. 13, S. 14-15.
Bührer, W. (2003): Wirtschaft in beiden deutschen Staaten. Ökonomische Entwicklung der Bundesrepublik 1945 bis 1961. In: Bundeszentrale für politische Bildung (Hrsg.): Deutschland in den fünfziger Jahren. Informationen zur politischen Bildung, Heft 256. Bonn: Bundeszentrale für politische Bildung, S. 32-39.
Christen, T. (2002): Das Ende im Spielfilm. Vom klassischen Hollywood zu Antonionis offenen Formen. Marburg: Schüren.
Clemens, G. (2006): Umerziehung durch Film. Britische und amerikanische Filmpolitik in Deutschland 1945-1949. In: Segberg, H. (Hrsg.): Mediale Mobilmachung II. Hollywood, Exil und Nachkrieg. Mediengeschichte des Films, Band 5. München: Wilhelm Fink, S. 243-271.
Diercks, C. (1999): Der Pilotton: eine Hamburger Erstgeburt. Spurensuche im Medienkeller. In: Hamburger Flimmern, H. 5, S. 26-33.
Diercks, C. (2000): „Die Welt kommt in die Stube". Es begann 1952: Die Anfänge des Fernseh-Dokumentarfilms im NWDR/ARD. Hamburg: Selbstverlag.
Diller, Ansgar (1997): Rundfunkgeschichte: Vorgeschichte, Weimarer Republik, Drittes Reich, Besatzungszeit West, Bundesrepublik Deutschland. In: ARD/ZDF-Arbeitsgruppe Marketing (Hrsg.): Was Sie über Rundfunk wissen sollten. Materialien zum Verständnis eines Mediums. Berlin: VISTAS.
Doering-Manteuffel, A. (2011): Amerikanisierung und Westernisierung. Version 1.0. In: Docupedia-Zeitgeschichte, 18.1.2011. Verfügbar unter: http://docupedia.de/zg/Amerikanisierung_und_ Westernisierung [25.06.2012].
Dorn, M. (2004): Film. In: W. Faulstich (Hrsg.): Grundwissen Medien, 5., vollst. überarb. u. erh. erw. Auflage. München: Wilhelm Fink, S. 218-239.

Drengberg, J. (1986): Die Tagesschau der fünfziger Jahre. Auf dem Weg zu einer täglichen Nachrichtensendung. In: Mitteilungen des Studienkreises Rundfunk und Geschichte, 12. Jg., H. 2, S. 128-139.

Eckert, G. (1953): Die Kunst des Fernsehens. Emsdetten: Verlag Lechte.

Eckert, G. (1961): Knaurs Fernsehbuch. München/Zürich: Droemersche Verlagsanstalt Th. Knaur Nachf.

Eckert, G. & Niehus, F. (Hrsg.) (1963): Zehn Jahre Fernsehen in Deutschland. Dokumentation – Analyse – Kritik. Frankfurt a. Main: Verlag für Funk- und Fernsehpublizistik Fritz Niehus.

Eisenführ, G. W. (1958). Werbeeinblendungen in Spielfilmen. In: Film und Recht, 2. Jg., Nr. 11, S. 2-6.

Eisenführ, G. W. (1962). Grenzen der Werbung in den Filmtheatern. In: Film und Recht, 6. Jg., Nr. 3, S. 2-6.

Elsner, M. & Müller, T. (1991): Das Medium Fernsehen und der Wandel von Kommunikationsformen in den fünfziger Jahren. In: Kreuzer, H. & Schanze, H. (Hrsg.): „Bausteine II". Neue Beiträge zur Ästhetik, Pragmatik und Geschichte der Bildschirmmedien. Arbeitsheft Bildschirmmedien 30. Siegen: Universität-GH Siegen, S. 15-20.

Enzensberger, H. M. (1964): Scherbenwelt. Die Anatomie der Wochenschau. In: Enzensberger, H. M. (Hrsg.): Einzelheiten I: Bewusstseinsindustrie. Frankfurt a. Main: Suhrkamp, S. 106-133.

Eurich, C. & Würzberg, G. (1983): 30 Jahre Fernsehalltag. Wie das Fernsehen unser Leben verändert hat. Reinbek bei Hamburg: Rowohlt.

Fickers, A. (2005): Nationale Traditionen und internationale Trends in der Fernsehgeschichtsschreibung. Eine historiographische Skizze. In: montage/av, 14. Jg., H. 1, S. 7-28.

Forschungsinstitut für Soziologie der Universität Köln (1965): Bericht über das Verhältnis von technischer Entwicklung und sozio-kulturellen Veränderungen. Köln: Universität Köln (unveröffentlicht, erhältlich: NDR Unternehmensarchiv).

Forster, R. (2009): Deutsche Filmpropaganda im „Ostraum". Die Zentral-Filmgesellschaft Ost (ZFO) 1941-1945. In: Bock, H. M., Distelmeyer, J. & Schöning, J. (Hrsg.): Träume in Trümmern. Film – Produktion und Propaganda in Europa 1940-1950. München: Richard Boorberg, S. 46-64.

Foucault, M. (1977): Dites et écrites, Bd. III. Frankfurt a. Main: Suhrkamp.

Fuhr, E. W. (1967): Das Persönlichkeitsrecht im Fernsehen. In: Logolius, C. (Red.): Fernsehen in Deutschland. Gesellschaftspolitische Aufgaben und Wirkungen eines Mediums. Mainz: v. Hase & Koehler, S. 67-72.

Fuhrmann, H.-P. (2009): Ähnlichkeiten in der Form, aber Brüche bei den Konzeptionen. Die Wochenschauen in Deutschland 1939-1950. In: Bock, H. M., Distelmeyer, J. & Schöning, J. (Hrsg.): Träume in Trümmern. Film – Produktion und Propaganda in Europa 1940-1950. München: Richard Boorberg, S. 23-34.

Fuhrmann, H.-P. (2010). Die Panorama-Monatsschau 1944/45. Erschließung und kritische Filmanalyse. Weimar: Verlag und Datenbank für Geisteswissenschaften.

Garncarz, J. (2005a): Der nicht-fiktionale Film im Programm der Wanderkinos. In: Jung, U. & Loiperdinger, M. (Hrsg.): Geschichte des dokumentarischen Films in Deutschland, Band 1 Kaiserreich 1895-1918. Stuttgart: Philipp Reclam jun., S. 108-119.

Garncarz, J. (2005b): Film im Wanderkino. In: Jung, U. & Loiperdinger, M. (Hrsg.): Geschichte des dokumentarischen Films in Deutschland, Band 1 Kaiserreich 1895-1918. Stuttgart: Philipp Reclam jun., S. 101-107.

Garncarz, J. (2005c): Filmprogramm im Varieté. Die „Optische Berichterstattung“. In: Jung, U. & Loiperdinger, M. (Hrsg.): Geschichte des dokumentarischen Films in Deutschland, Band 1 Kaiserreich 1895-1918. Stuttgart: Philipp Reclam jun., S. 80-100.

Gerhardt, P. (1952): Unsere Daseinslage und das Angebot des Fernsehens. In: Rufer und Hörer, Heft 7, S. 359-371.

Göhre, F. (1983): Im Palast der Träume. Kinogeschichten. Reinbek bei Hamburg: Rowohlt.

Greene, H. C. (1990): Rundfunkerfahrungen in Deutschland. In: Hans-Bredow-Institut (Hrsg.): Rundfunk und Fernsehen 1948-1989. Ausgewählte Beiträge der Medien- und Kommunikationswissenschaft aus 40 Jahrgängen der Zeitschrift „Rundfunk und Fernsehen“. Baden-Baden: Nomos, S. 115-124.

Gröschl, J. (1997): Die Deutschlandpolitik der vier Großmächte in der Berichterstattung der deutschen Wochenschauen 1945-1949. Ein Beitrag zur Diskussion um den Film als historische Quelle. Berlin/New York: Walter de Gruyter.

Gustmann, K. (1957): Zusammensetzung und Verhalten des Filmtheaterpublikums in der Großstadt. In: Hagemann, W. (Hrsg.): Filmstudien, Band 3. Emsdetten: Verlag Lechte, S. 1-12.

Hagemann, W. (1954): Fernhören und Fernsehen. Eine Einführung in das Rundfunkwesen. Heidelberg: Kurt Vowinckel.

Hagemann, W. (1959): Filmbesucher und Wochenschau. Emsdetten: Verlag Lechte.

Hahn, G. (1954): Der Fernsehzuschauer. In: Rundfunk und Fernsehen, Heft 3, S. 257-268.

Hallig, C. (1983): Erinnerungen an die Arbeit bei der „Welt im Film“. In: Reimers, K. F., Lerch-Stumpf, M. & Steinmetz, R. (Hrsg.): Zweimal Deutschland seit 1945 im Film und Fernsehen. I: Von der Kinowochenschau zum aktuellen Fernsehen. München: Verlag Ölschläger, S. 41-58.

Hans Bredow-Institut (Hrsg.) (1963): Internationales Handbuch für Rundfunk und Fernsehen. Hamburg: Hans Bredow-Institut.

Hartmann, B. (2009): Aller Anfang. Zur Initialphase des Spielfilms. Marburg: Schüren.

HDF (Hauptverband Deutscher Filmtheater e.V.) (Hrsg.) (2000): HDF: 50 Jahre Kino in Deutschland. Berlin: Hauptverband Deutscher Filmtheater.

Heimann, F. (2008): Der Pressekodex im Spannungsfeld zwischen Medienrecht und Medienethik. Frankfurt a. Main: Peter Lang.

Helmes, G. (2000): Medienglück für Kleine – und für kleine Leute. Fernseherleben Ende der 50er, Anfang der 60er Jahre. In: Flach, S. & Grisko, M. (Hrsg.): Fernsehperspektiven. Aspekte zeitgenössischer Medienkultur. München: KoPäd, S. 58-73.

Hickethier, K. (1990): Die ersten Programmstrukturen im deutschen Fernsehen: Von der wohlkomponierten Mitte zum Viertelstundenraster. In: Hans-Bredow-Institut (Hrsg.): Rundfunk und Fernsehen 1948-1989. Ausgewählte Beiträge der Medien- und Kommunikationswissenschaft aus 40 Jahrgängen der Zeitschrift „Rundfunk und Fernsehen". Baden-Baden: Nomos, S. 366-387.

Hickethier, K. (1991): Wie anfangen? Probleme des Programmbeginns. In: Kreuzer, H. & Schanze, H. (Hrsg.): „Bausteine II". Neue Beiträge zur Ästhetik, Pragmatik und Geschichte der Bildschirmmedien. Arbeitsheft Bildschirmmedien 30. Siegen: Universität-GH Siegen, S. 9-14.

Hickethier, K. (Hrsg.) (1993): Institution, Technik und Programm. Rahmenaspekte der Programmgeschichte des Fernsehens. Geschichte des Fernsehens in der Bundesrepublik Deutschland, Band 1. München: Wilhelm Fink.

Hickethier, K. (1995): Dispositiv Fernsehen: Skizze eines Modells. In: montage/av, 4. Jg., H. 4, S. 63-83.

Hickethier, K. (1997): Film und Fernsehen als Mediendispositive in der Geschichte. In: Hickethier, K., Müller, E. & Rother, R. (Hrsg.): Der Film in der Geschichte. Dokumentation der GFF-Tagung. Berlin: Rainer Bohn, S. 63-73.

Hickethier, K. (1998): Geschichte des deutschen Fernsehens. Stuttgart/Weimar: J.B. Metzler.

Hickethier, K. (2000): Fernsehen, Modernisierung und kultureller Wandel. In: Flach, S. & Grisko, M. (Hrsg.): Fernsehperspektiven. Aspekte zeitgenössischer Medienkultur. München: KoPäd, S. 18-36.

Hickethier, K. (2001a): Spaltprozesse. Die Dramaturgie des Fernsehfilms als Verkaufsgespräch. In: epd medien, 34-35, S. 3-8.

Hickethier, K. (2001b): Das Medien-Dispositiv oder eine Theorie des Mediensubjekts. Eine Erwiderung. In: Tiefenschärfe 01/2002. Hamburg: ZMM Universität Hamburg, S. 28-30.

Hickethier, K. (2002): Die bundesdeutsche Kinoöffentlichkeit in den fünfziger Jahren. In: Schreitmüller, A. & Siebert, J. (Hrsg.): Zwischenbilanz. Eine elektronische Festschrift für Joachim Paech zum Sechzigsten. Verfügbar unter: http://www.uni-konstanz.de/paech2002/zdm/beitrg/Hickethier.htm [15.3.2011].

Hickethier, K. (2003a): Einführung in die Medienwissenschaft. Stuttgart, Weimar: J.B. Metzler.

Hickethier, K. (2003b): Gibt es ein medientechnisches Apriori? Technikdeterminismus und Medienkonfiguration in historischen Prozessen. In: Behmer, M., Krotz, F., Stöber, R. & Winter, C. (Hrsg.): Medienentwicklung und gesellschaftlicher Wandel. Beiträge zu einer theoretischen und empirischen Herausforderung. Wiesbaden: Westdeutscher Verlag, S. 39-52.

Hickethier, K. (2003c): Vorwort. In: Benckert, A., Czerwinski, M., Hickethier, K. & Willkomm, H. (Hrsg.) (2003): „Wir hatten einen Lacher". Die Geschichte der deutschen Wochenschauen. Hamburger Hefte zur Medienkultur, Heft 6. Hamburg: ZMM Universität Hamburg, S. 9-10.

Hickethier, K. (2005): Nach Einstein. Die Veränderung von Zeit und Raum durch die Medien. Skript eines Vortrags vom 24.11.2005 an der Universität Hamburg.

Hickethier, K. (2006): Wochenschauen in Deutschland nach 1945. Mobilisierung für eine neue Gesellschaft? In: Segeberg, H. (Hrsg.): Mediale Mobilmachung II. Hollywood, Exil und Nachkrieg. Mediengeschichte des Films, Band 5. München: Wilhelm Fink, S. 272-298.

Hickethier, K. (2007): Film- und Fernsehanalyse, 4., akt. u. erw. Auflage. Stuttgart, Weimar: J. B. Metzler.

Hickethier, K. (2008a): Die Bilder der Nähe und der Ferne. Die Fernsehtechnik nach 1945 beim NWDR. In: Wagner, H.-U. (Hrsg.): Die Geschichte des Nordwestdeutschen Rundfunks, Band 2. Hamburg: Hoffmann und Campe, S. 269-285.

Hickethier, K. (2008b). Samba, Toast Hawaii, Gottesdienst und Vermisstensuche: Das NWDR-Fernsehen als Ratgeber und Mittel zur Lebensorientierung. In: Wagner, H.-U. (Hrsg.): Die Geschichte des Nordwestdeutschen Rundfunks, Band 2. Hamburg: Hoffmann und Campe, S. 347-357.

Hickethier, K. (2009): Das bundesdeutsche Kino der fünfziger Jahre. Zwischen Kulturindustrie und Handwerksbetrieb. In: Segeberg, H. (Hrsg.): Mediale Mobilmachung III. Das Kino der Bundesrepublik Deutschland als Kulturindustrie (1950-1962). Mediengeschichte des Films, Band 6. München: Wilhelm Fink, S. 33-60.

Hickethier, K. (2011): Repräsentationen von Welt. Von den Kinowochenschauen zur *Tagesschau*. In: Segeberg, H. (Hrsg.): Film im Zeitalter Neuer Medien I. Fernsehen und Video. Mediengeschichte des Films, Band 7. München: Wilhelm Fink, S. 139-155.

Hirsch, W., de Cruppe, T., Bleicher, J. K. & Hickethier, K. (1990): Zur Struktur des Fernsehprogramms der fünfziger Jahre – eine Stichprobenuntersuchung der Jahre 1953-1959. In: Hickethier, K. (Hrsg.): Der Zauberspiegel – Das Fenster zur Welt. Untersuchungen zum Fernsehprogramm der fünfziger Jahre. Arbeitshefte Bildschirmmedien 14. Siegen: Universität-GH Siegen, S. 47-82.

Hoff, P. (2000): Schwierigkeiten, Fernsehgeschichte zu schreiben. In: Flach, S. & Grisko, M. (Hrsg.): Fernsehperspektiven. Aspekte zeitgenössischer Medienkultur. München: KoPäd, S. 37-57.

Hoffmann, K. (2005a): Menschen, Tiere, Sensationen. Die Wochenschau der 30er Jahre. In: Zimmermann, P. & Hoffmann, K. (Hrsg.): Geschichte des dokumentarischen Films in Deutschland, Band 3 „Drittes Reich“ 1933-1945. Stuttgart: Philipp Reclam jun., S. 211-230.

Hoffmann, K. (2005b): Mobilisierung der „Werkgemeinschaft“. Industrie- und Werbefilme. In: Zimmermann, P. & Hoffmann, K. (Hrsg.): Geschichte des dokumentarischen Films in Deutschland, Band 3 „Drittes Reich“ 1933-1945. Stuttgart: Philipp Reclam jun., S. 242-256.

Jacobsen, W., Kaes, A. & Prinzler, H. H. (Hrsg.) (2004): Geschichte des deutschen Films, 2., akt. u. erw. Auflage. Stuttgart/Weimar: J. B. Metzler.

Jaedicke, H. (2002): Tatort tagesschau: Eine Institution wird 50. München: Allitera.

Jaeger, K. & Regel, H. (1976): Deutschland in Trümmern: Filmdokumente der Jahre 1945-1949. Oberhausen: Karl Maria Laufen.

Jung, U. (2005): Aktualitäten und Wochenschauen. In: Jung, U. & Loiperdinger, M. (Hrsg.): Geschichte des dokumentarischen Films in Deutschland, Band 1 Kaiserreich 1895-1918. Stuttgart: Philipp Reclam jun., S. 230-252.

Jung, U. & Loiperdinger, M. (2005): Programmkontext und Verkaufsstrategien von nicht-fiktionalen Kurzfilmen. In: Jung, U. & Loiperdinger, M. (Hrsg.): Geschichte des dokumentarischen Films in Deutschland, Band 1 Kaiserreich 1895-1918. Stuttgart: Philipp Reclam jun., S. 161-178.

Käppeli, H. (2005): Militainment. Verfügbar unter: http://www.maz.ch/service/medien-texte/kaeppeli_0510_Militainment.pdf [25.6.2011].

Keilbach, J. (2005): Die vielen Geschichten des Fernsehens: Über einen heterogenen Gegenstand und seine Historisierung. In: montage/av, 14. Jg., H. 1, S. 29-41.

Kleßmann, C. (2003): Aufbau eines sozialistischen Staates. In: Bundeszentrale für politische Bildung (Hrsg.): Deutschland in den fünfziger Jahren. Informationen zur politischen Bildung, Heft 256. Bonn: Bundeszentrale für politische Bildung, S. 24-31.

Klüppelholz, W. (2005): Musik im Fernsehen. Ein Zwischenbericht. In: Segeberg, H. & Schätzlein, F. (Hrsg.): Sound. Zur Technologie und Ästhetik des Akustischen in den Medien. Marburg: Schüren, S. 172-183.

Körber, E.-B. (1994): Wie interpretiert man eine Wochenschau? Überlegungen an Beispielen aus der Nachkriegszeit. In: Geschichte in Wissenshaft und Unterricht, Band 45, S. 137-150.

Körner, K. (1995): Deutschland nach dem Zusammenbruch: Von der „Stunde Null" zum „Grundgesetz". In: Pleticha, H. (Hrsg.): Deutsche Geschichte, Band 12 Geteiltes Deutschland nach 1945. Gütersloh: Bertelsmann, S. 17-52.

Koster, E. (1952): Was der Fernsehfunk zeigt. In: Rufer und Hörer, Heft 7, S. 371-374.

Kreimeier, K. (1992): Die Ufa-Story. Geschichte eines Filmkonzerns. München: Carl Hanser.

Kreimeier, K. (2005): Frühes Infotainment. Entwicklungstendenzen der Wochenschau. In: Kreimeier, K., Ehmann, A. & Goergen, J. (Hrsg.): Geschichte des dokumentarischen Films in Deutschland, Band 2 Weimarer Republik 1918-1933. Stuttgart: Philipp Reclam jun., S. 322-347.

Kreuzer, H. & Schanze, H. (Hrsg.) (1991): „Bausteine II". Neue Beiträge zur Ästhetik, Pragmatik und Geschichte der Bildschirmmedien. Arbeitsheft Bildschirmmedien 30. Siegen: Universität-GH Siegen.

Krotz, F. (2003): Zivilisationsprozess und Mediatisierung: Zum Zusammenhang von Medien- und Gesellschaftswandel. In: Behmer, M., Krotz, F., Stöber, R. & Winter, C. (Hrsg.): Medienentwicklung und gesellschaftlicher Wandel. Beiträge zu einer theoretischen und empirischen Herausforderung. Wiesbaden: Westdeutscher Verlag, S. 15-37.

Lampel, G. E. (1983): Beitrag zum Svoboda-Referat – aus der Sicht eines ZDF-Redakteurs. In: Reimers, K. F., Lerch-Stumpf, M. & Steinmetz, R. (Hrsg.): Zweimal Deutschland seit 1945 im Film und Fernsehen. I: Von der Kinowochenschau zum aktuellen Fernsehen. München: Verlag Ölschläger, S. 143-146.

Lehr, W. (1967): Rundfunkfreiheit und Rundfunkorganisation. In: Logolius, C. (Red.): Fernsehen in Deutschland. Gesellschaftspolitische Aufgaben und Wirkungen eines Mediums. Mainz: v. Hase & Koehler, S. 55-60.

Leisner, W. (1966): Öffentlichkeitsarbeit der Regierung im Rechtsstaat: Dargestellt am Beispiel des Presse- und Informationsamtes der Bundesregierung. Berlin: Duncker & Humblot.

Lengwiler, M. (2010): Praxisbuch Geschichte. Einführung in die historischen Methoden. Stuttgart: UTB.

Lerg, W. B. (1981): Verdrängen oder ergänzen die Medien einander? Innovation und Wandel in Kommunikationssystemen. In: Publizistik, 26. Jg., H. 2, S. 193-201.

Loiperdinger, M. (2005): „Lebende Photographien in natürlicher Größe und Bewegung". Projektion auf Leinwand. In: Jung, U. & Loiperdinger, M. (Hrsg.): Geschichte des dokumentarischen Films in Deutschland, Band 1 Kaiserreich 1895-1918. Stuttgart: Philipp Reclam jun., S. 44-50.

Lüders, C.-H. (Hrsg.) (1952): Presse- und Rundfunkrecht. Berlin/Frankfurt a. M.: Franz Vahlen.

Lührs, M. (2005): Unterschiedliche Blickwinkel: Die Post und der NWDR. In: von Rüden, P. & Wagner, H.-U. (Hrsg.): Die Geschichte des Nordwestdeutschen Rundfunks. Hamburg: Hoffmann und Campe, S. 337-352.

Lührs, M. (2006): Bausteine einer NWDR-Unternehmensgeschichte. In: Hickethier, K. (Hrsg.): Mediengeschichte als Unternehmensgeschichte. Überlegungen zu einem neuen Paradigma. Hamburger Hefte zur Medienkultur, Heft 3. Hamburg: ZMM Universität Hamburg, S. 60-70.

Lührs, M. (2008): Die Welt kommt in die Stube: Nachrichten und politische Sendungen im NWDR-Fernsehen. In: Wagner, H.-U. (Hrsg.): Die Geschichte des Nordwestdeutschen Rundfunks, Band 2. Hamburg: Hoffmann und Campe, S. 298-310.

Maletzke, G. (1963): Psychologie der Massenkommunikation: Theorie und Systematik. Hamburg: Hans Bredow-Institut.

Matzen, N. & Radler, C. (Hrsg.) (2009): Die Tagesschau: Zur Geschichte einer Nachrichtensendung. Konstanz: UVK.

Meyen, M. (2001): Das „duale Publikum". Zum Einfluss des Medienangebots auf die Wünsche der Nutzer. In: Medien & Kommunikationswissenschaft, 49. Jg., H. 1, S. 5-23.

Mühlbauer, J. (1962): Augenzeuge für Millionen. Als Reporter bei der Tagesschau des Deutschen Fernsehens. Würzburg: Arena-Verlag.

Müller, C. (1996). Anfänge der Filmgeschichte: Produktion, Foren und Rezeption. In: Segeberg, H. (Hrsg.): Die Mobilisierung des Sehens. Zur Vor- und Frühgeschichte des Films in Literatur und Kunst. Mediengeschichte des Films, Band 1. München: Wilhelm Fink, S. 295-325.

Müller, C. (1998): Variationen des Kinoprogramms. Filmform und Filmgeschichte. In: Müller, C. & Segeberg, H. (Hrsg.): Die Modellierung des Sehens. Zur Geschichte des Kinoprogramms zwischen Kurzfilm und Langfilm. Mediengeschichte des Films, Band 2. München: Wilhelm Fink, S. 43-75.

Müller, C. & Segeberg, H. (Hrsg.) (1998): Die Modellierung des Sehens. Zur Geschichte des Kinoprogramms zwischen Kurzfilm und Langfilm. Mediengeschichte des Films, Band 2. München: Wilhelm Fink.

Münster, C. (1955): „Was tut das Fernsehen für die Familie?" In: Evangelische Akademie für Rundfunk und Fernsehen (Hrsg.): Fernsehen und Familie. Referate und Diskussionen einer Tagung der Evangelischen Akademie für Rundfunk und Fernsehen in Bad Boll vom 21. bis 23. November 1955. München: Evangelischer Presseverband für Bayern, S. 39-40.

Noelle, E. & Neumann, E. P. (Hrsg.) (1956): Jahrbuch der öffentlichen Meinung 1947-1955. Allensbach: Verlag für Demoskopie.

Noelle, E. & Neumann, E. P. (Hrsg.) (1957): Jahrbuch der öffentlichen Meinung 1957. Allensbach: Verlag für Demoskopie.

Oheim, G. (1958): Einmaleins des guten Tons. Gütersloh: Bertelsmann.

Paech, A. & Paech, J. (2000): Menschen im Kino. Film und Literatur erzählen. Stuttgart, Weimar: J. B. Metzler.

Paschen, J. (2005): Hamburg im Blick der Wochenschau. Deutschlands Medienhauptstadt zwischen Aktualität und Unterhaltung. In: Hamburger Flimmern, H. 12, S. 13-15.

Paschen, J. (2010): Vor der „Tagesschau" gab es die „Wochenschau". Hamburg als Produktionsort eines untergegangenen Mediums 1950-1977. In: Hamburger Flimmern, H. 17, S. 24-31.

Paul, G. (2006): Von der Historischen Bildkunde zur Visual History. Eine Einführung. In: Paul, G. (Hrsg.): Visual History. Ein Studienbuch. Göttingen: Vandenhoeck & Ruprecht, S. 7-36.

Peiser, W. (2008): Riepls „Gesetz" von der Komplementarität alter und neuer Medien. In: Arnold, K., Behmer, M. & Semrad, B. (Hrsg.): Kommunikationsgeschichte. Positionen und Werkzeuge. Ein diskursives Hand- und Lehrbuch. Berlin: LIT, S. 155-183.

Pohle, H. (1990): Wollen und Wirklichkeit des deutschen Fernsehens bis 1943. In: Hans-Bredow-Institut (Hrsg.): Rundfunk und Fernsehen 1948-1989. Baden-Baden, Hamburg: Nomos, S. 85-101.

Pörzgen, G. (2010): Die Welt im Blick: ARD Auslandskorrespondenten. In: Bundeszentrale für politische Bildung (Hrsg.): 60 Jahre ARD. Aus Politik und Zeitgeschichte, Beilage zur Wochenzeitung „Das Parlament", Heft 20. Bonn: Bundeszentrale für politische Bildung, S. 22-28.

Pöttker, H. (2008): Wie viel Objektivität verträgt der Journalismus: Fragwürdige Dogmatisierung von Grundsätzen. In: Neue Zürcher Zeitung, 15.08.2008. Verfügbar unter: http://www.nzz.ch/nachrichten/kultur/ medien/wie_viel_objektivitaet_vertraegt_der_journalismus_1.806922.html [22.1.2012].

Reiche, H.-J. (1967): Veteran auf dem Bildschirm: Fünfzehn Jahre Tagesschau. In: Logolius, C. (Red.): Fernsehen in Deutschland. Gesellschaftspolitische Aufgaben und Wirkungen eines Mediums. Mainz: v. Hase & Koehler, S. 117-121.

Reimers, K. F. (1983): Deutschland zum Beispiel – Oder: Audiovisuelle Massenmedien als Instrumente zeit-geschichtlicher Trennung und des größeren Zusammenhangs. In: Reimers, K. F., Lerch-Stumpf, M. & Steinmetz, R. (Hrsg.): Zweimal Deutschland seit 1945 im Film und Fernsehen. I: Von der Kinowochenschau zum aktuellen Fernsehen. München: Verlag Ölschläger, S. 23-37.

Reimers, K. F., Lerch-Stumpf, M. & Steinmetz, R. (Hrsg.) (1983): Zweimal Deutschland seit 1945 im Film und Fernsehen. I: Von der Kinowochenschau zum aktuellen Fernsehen. München: Verlag Ölschläger.

Reinisch, L. (Hrsg.) (1963): Fernsehen heute und morgen: Eine Institution im Kreuzfeuer der Meinungen. Gütersloh: C. Bertelsmann.

Riepl, W. (1913/1972): Das Nachrichtenwesen des Altertums. Hildesheim: Georg Olms (zuerst: Leipzig: Teubner 1913).

Roeber, G. & Jacoby, G. (1973): Handbuch der filmwirtschaftlichen Medienbereiche: Die wirtschaftlichen Erscheinungsformen des Films auf den Gebieten der Unterhaltung, der Werbung, der Bildung und des Fernsehens. Pullach: Dokumentation Saur.

Rossmann, C., Brandl, A. & Brosius, H.-B. (2003): Der Vielfalt eine zweite Chance? Eine Analyse der Angebotsstruktur öffentlich-rechtlicher und privater Fernsehsender in den Jahren 1995, 1998 und 2001. In: Publizistik, 48. Jg., H. 4, S. 427-453.

Roß, D. (1990): Der deutsche Rundfunk – ein „Rundfunk der Alliierten“? Der Beitrag Hans Bredows zur Rundfunkpolitik in der Gründungsphase des NWDR. In: Hans-Bredow-Institut (Hrsg.): Rundfunk und Fernsehen 1948-1989. Baden-Baden/Hamburg: Nomos, S. 125-136.

Sänger, F. (1965): Massenmedium Wochenschau. Gewerkschaftliche Monatshefte, Heft 8, S. 465-468. Verfügbar unter: http://library.fes.de/gmh/main/pdf-files/gmh/1965/1965-08-a-465.pdf [10.11.2011].

Scharf, W. (1981): Objektivität und Ausgewogenheit – Bedingungen für die Erfüllungen der Integrationsfunktion des Fernsehens. In: Publizistik, 26. Jg., H. 1, S. 202-223.

Schelsky, H. (1965): Auf der Suche nach Wirklichkeit. Gesammelte Aufsätze. Düsseldorf/Köln: Eugen Dietrichs.

Schildt, A. (1995): Moderne Zeiten: Freizeit, Massenmedien und „Zeitgeist“ in der Bundesrepublik der 50er Jahre. Hamburg: Christians.

Schildt, A. (1998): Der Beginn des Fernsehzeitalters: Ein neues Massenmedium setzt sich durch. In: Schildt, A. & Sywottek, A. (Hrsg.): Modernisierung im Wiederaufbau. Die westdeutsche Gesellschaft der 50er Jahre – Studienausgabe. Bonn: Verlag J.H.W. Dietz Nachf., S. 477-492.

Schildt, A. (2003): Gesellschaftliche Entwicklung. In: Bundeszentrale für politische Bildung (Hrsg.): Deutschland in den fünfziger Jahren. Informationen zur politischen Bildung, Heft 256. Bonn: Bundeszentrale für politische Bildung, S. 3-10.

Schildt, A. & Sywottek, A. (1998) (Hrsg.): Modernisierung im Wiederaufbau. Die westdeutsche Gesellschaft der 50er Jahre – Studienausgabe. Bonn: J.H.W. Dietz Nachf.

Schmitz, U. (1990): Postmoderne Concierge: Die „Tagesschau“. Wortwelt und Weltbild der Fernsehnachrichten. Opladen: Westdeutscher Verlag.

Schwarz, U. (2002): Wochenschau, westdeutsche Identität und Geschlecht in den fünfziger Jahren. Frankfurt: Campus.

Schweiger, W. (2007): Theorien der Mediennutzung. Eine Einführung. Wiesbaden: VS Verlag für Sozialwissenschaften.

Seidel-Dreffke, B. (ohne Jahr): „Ein Spiegel der Zeitgeschichte: Die deutsche Wochenschau“. Verfügbar unter: http://www.filmportal.de/thema/ein-spiegel-der-zeitgeschichte-die-deutsche-wochenschau [28.4.2011].

Segeberg, H. (Hrsg.) (1996): Die Mobilisierung des Sehens. Zur Vor- und Frühgeschichte des Films in Literatur und Kunst. Mediengeschichte des Films, Band 1. München: Wilhelm Fink.

Segeberg, H. (Hrsg.) (2006): Mediale Mobilmachung II. Hollywood, Exil und Nachkrieg. Mediengeschichte des Films, Band 5. München: Wilhelm Fink.

Segeberg, H. (Hrsg.) (2009): Mediale Mobilmachung III. Das Kino der Bundesrepublik Deutschland als Kulturindustrie (1950-1962). Mediengeschichte des Films, Band 6. München: Wilhelm Fink.

Spengler, A. (1959): Gibt es ein generelles Verbot, Wirtschaftswerbung im Gewande von Unterhaltung oder Information zu betreiben? In: Roeber, G. (Hrsg.): Archiv für Urheber- Film- Funk- und Theaterrecht (UFITA), 27, Band – I. Baden-Baden: Verlag für angewandte Wissenschaften, S. 169-188.

Stamm, K. (1983): Zur Darstellung „moderner" Kunst in Wochenschauen der fünfziger Jahre in der Bundesrepublik Deutschland. In: Reimers, K. F., Lerch-Stumpf, M. & Steinmetz, R. (Hrsg.): Zweimal Deutschland seit 1945 im Film und Fernsehen. I: Von der Kinowochenschau zum aktuellen Fernsehen. München: Verlag Ölschläger, S. 91-107.

Stamm, K. (2005): Kleine Beiträge zur deutschen Wochenschau-Geschichte. Mit einem Gespräch mit Kameramann Klaus Brandes und dem Exposé eines von Heinz Kuntze-Just geplanten Wochenschau-Films. Weimar: Verlag und Datenbank für Geisteswissenschaften.

Stamm, K. (2011): Ästhetik des Zeitgeschehens. Leni Riefenstahls Einfluss auf die Wochenschau – ein „deutscher Sonderweg". In: Herzog, M. & Leis, M. (Hrsg.): Kunst und Ästhetik im Werk Leni Riefenstahls. München: Richard Boorberg, S. 206-216.

Stauff, M. (2005): „Das neue Fernsehen". Machtanalyse, Gouvernementalität und digitale Medien. Münster: LIT.

Steinmetz, R. (1996): Freies Fernsehen. Das erste privat-kommerzielle Fernsehprogramm in Deutschland. Konstanz: UVK.

Stöber, R. (2003): Mediengeschichte: Die Evolution „neuer" Medien von Gutenberg bis Gates. Eine Einführung, Band 2: Film – Rundfunk – Multimedia. Wiesbaden: Westdeutscher Verlag.

Stöber, R. (2008): Medien und Zeit. Was machen die Medien mit der Zeit – was macht die Zeit mit den Medien? In: Arnold, K., Behmer, M. & Semrad, B. (Hrsg.): Kommunikationsgeschichte. Positionen und Werkzeuge. Ein diskursives Hand- und Lehrbuch. Berlin: LIT, S. 135-154.

Straßner, E. (1983): Fernsehnachrichten in der Bundesrepublik Deutschland und in der Deutschen Demokratischen Republik. In: Reimers, K. F., Lerch-Stumpf, M. & Steinmetz, R. (Hrsg.): Zweimal Deutschland seit 1945 im Film und Fernsehen. I: Von der Kinowochenschau zum aktuellen Fernsehen. München: Verlag Ölschläger, S. 255-276.

Svoboda, M. S. (1983): Vom Standfoto zur „Tagesschau". In: Reimers, K. F., Lerch-Stumpf, M. & Steinmetz, R. (Hrsg.): Zweimal Deutschland seit 1945 im Film und Fernsehen. I: Von der Kinowochenschau zum aktuellen Fernsehen. München: Verlag Ölschläger, S. 123-140.

van Eeghen, I. (2009): Von „Entgiftungs"-Plänen zur „Verbotsliste". Die West-Alliierten und die Spielfilme des „Dritten Reichs". In: Bock, H. M., Distelmeyer, J. & Schöning, J. (Hrsg.): Träume in Trümmern. Film – Produktion und Propaganda in Europa 1940-1950. München: Richard Boorberg, S. 139-155.

van Rennings, J. (1956): Die gefilmte Zeitung. Werden, Struktur, Wesen und Aspekte der Filmwochenschau. Dissertation an der Universität München.

Vater, K. (1952): Der Aufbau der Wochenschau. In: Hagemann, W. (Hrsg.): Filmstudien. Beiträge des Filmseminars im Institut für Publizistik an der Universität Münster. Emsdetten: Verlag Lechte, S. 61-68.

Voigt, J. (2004): Die Kino-Wochenschau: Medium eines bewegten Jahrhunderts. Gelsenkirchen: Archaea.

von Hartlieb, H. (1958). Grenzen der Werbeeinblendung in Spielfilmen. In: Film und Recht, 2. Jg., Nr. 11, S. 6-12.

von Hartlieb, H. (1959): Persönlichkeitsschutz und Filmfreiheit. In: Roeber, G. (Hrsg.): Archiv für Urheber- Film- Funk- und Theaterrecht (UFITA), 27, Band – I. Baden-Baden: Verlag für angewandte Wissenschaften, S. 145-168.

von Rüden, P. & Wagner, H.-U. (Hrsg.) (2005): Die Geschichte des Nordwestdeutschen Rundfunks. Hamburg: Hoffmann und Campe.

von Zglinicki, F. (1956): Der Weg des Films. Die Geschichte der Kinematographie und ihrer Vorläufer. Berlin: Rembrandt-Verlag.

Vowinckel, A. (2010). Mediengeschichte. Version 1.0. In: Docupedia-Zeitgeschichte, 11.2.2010. Verfügbar unter: https://docupedia.de/zg/Mediengeschichte_Version_1.0_Annette_Vowinckel [20.8.2012].

Wagenführ, K. (1952): Verteidigung des Fernsehens. Rufer und Hörer, Heft 8, S. 416-424.

Wagner, H.-U. (2005): Das Ringen um einen neuen Rundfunk: Der NWDR unter der Kontrolle der britischen Besatzungsmacht. In: von Rüden, P. & Wagner, H.-U. (Hrsg.): Die Geschichte des Nordwestdeutschen Rundfunks. Hamburg: Hoffmann und Campe, S. 13-84.

Wagner, H.-U. (2006): Mehr-Wert-Fragen: Reflexionen auf eine Unternehmensgeschichte des öffentlich-rechtlichen Rundfunks. In: Hickethier, K. (Hrsg.): Mediengeschichte als Unternehmensgeschichte. Überlegungen zu einem neuen Paradigma. Hamburger Hefte zur Medienkultur, Heft 3. Hamburg: ZMM Universität Hamburg, S. 39-59.

Wagner, H.-U. (Hrsg.) (2008): Die Geschichte des Nordwestdeutschen Rundfunks, Band 2. Hamburg: Hoffmann und Campe.

Wagner, H.-U. (2010): „Unsere mit keiner andern meines Lebens vergleichbare Freundschaft": Auf den Spuren von Walter D. Schultz. In: Schriften der Kurt Hiller Gesellschaft, Nr. 4, S. 111-123.

Wagner, H.-U. (2011): Wie neue Medientechniken die Nutzung verändern – Ein geschichtlicher Abriss. In: Hennig J. & Tjarks-Sobhani, M. (Hrsg.): Veränderte Mediengewohnheiten – andere Technische Dokumentation? Schriften zur Technischen Kommunikation 15. Lübeck: Verlag Schmidt-Römhild, S. 43-55.

Wende, W. & Koch, L. (Hrsg.) (2010): Krisenkino. Filmanalyse als Kulturanalyse: Zur Konstruktion von Normalität und Abweichung im Spielfilm. Bielefeld: transcript.

Wiers, H. (1983): Das Wochenschaugeschäft. Wochenschau als Vorläufer der Tagesschau? In: Reimers, K. F., Lerch-Stumpf, M. & Steinmetz, R. (Hrsg.): Zweimal Deutschland seit 1945 im Film und Fernsehen. I: Von der Kinowochenschau zum aktuellen Fernsehen. München: Verlag Ölschläger, S. 111-122.

Wilharm, I. (2007): Schorcht, Kurt. In: Bayerische Akademie der Wissenschaften (Hrsg.): Neue Deutsche Biographie, Band 23. Berlin: Duncker & Humblot, S. 478-479. Verfügbar unter: www.deutsche-biographie.de/sfz115825.htm [10.11.2011].

Winker, K. (1994): Fernsehen unterm Hakenkreuz. Organisation, Programm, Personal. Köln: Böhlau.

Winkler, H. (1989): Der Zuschauer und die filmische Technik. Apparatus-Theorien, Frankreich 1969-75. In: Hickethier, K. & Winkler, H. (Hrsg.): Filmwahrnehmung. Dokumentation der GFF-Tagung 1989, S. 19-25.

Wittig-Terhardt, M. (1977): Rundfunkrecht. In: Schiwy, P. & Schütz, W. J. (Hrsg.): Medienrecht. Stichwörter für die Praxis. Neuwied/Darmstadt: Luchterhand, S. 157-168.

Worscheck, R. (1992): Ein schwaches Remake. Arno Hauke und die Ufa der 50er Jahre. In: Bock, H.-M. & Töteberg, M. (Hrsg.): Das Ufa-Buch. Frankfurt a. Main: Zweitausendeins, S. 486-487.

Zielinski, S. (1994): Audiovisionen. Kino und Fernsehen als Zwischenspiele in der Geschichte. Reinbek bei Hamburg: Rowohlt.

Zimmermann, B. (1991): Fernsehen – ein Medium ohne Gedächtnis? In: Kreuzer, H. & Schanze, H. (Hrsg.): „Bausteine II“. Neue Beiträge zur Ästhetik, Pragmatik und Geschichte der Bildschirmmedien. Arbeitsheft Bildschirmmedien 30. Siegen: Universität-GH Siegen, S. 27-30.

Zimmermann, P. (1991): Vom Kulturfilm zum Fernsehdokumentarismus. Zur Periodisierung der Geschichte des dokumentarischen Films. In: Kreuzer, H. & Schanze, H. (Hrsg.): „Bausteine II“. Neue Beiträge zur Ästhetik, Pragmatik und Geschichte der Bildschirmmedien. Arbeitsheft Bildschirmmedien 30. Siegen: Universität-GH Siegen, S. 33-38.